178
237

Theo Sommer
ZEIT MEINES LEBENS

Propyläen wurde 1919 durch die Verlegerfamilie Ullstein als Verlag für hochwertige Editionen gegründet. Der Verlagsname geht zurück auf den monumentalen Torbau zum heiligen Bezirk der Athener Akropolis aus dem 5. Jh. v. Chr. Heute steht der Propyläen-Verlag für anspruchsvolle und fundierte Bücher aus Geschichte, Zeitgeschichte, Politik und Kultur.

mierend. Trost bot mir indes ein anderes Zitat, das auf der Rückseite des Steines eingemeißelt ist: »Wir sind eine Generation ohne Abschied, aber wir wissen, dass alle Ankunft uns gehört.«

Wäre Borchert nicht 1947 im Alter von 26 Jahren in Basel an einem Leberleiden gestorben, das er sich im Krieg zugezogen hatte, er hätte bestimmt wieder Bindung und Tiefe gefunden. Es war ihm nicht vergönnt. Auch nicht – wie meiner Generation – zu erleben, dass alle Ankünfte uns gehörten: in der pulsierenden Freiheit der westdeutschen Demokratie, im belebenden, Klassenschranken und gesellschaftliche Barrieren niederreißenden Wohlstand der jungen Bundesrepublik, politisch und geistig im liberalen Westen, das heißt in Europa und in der Atlantischen Gemeinschaft, schließlich nach vierzig schmerzlichen Jahren deutscher Teilung auch in der wiedergewonnenen Einheit unseres Mutter- und Vaterlandes.

In diesem Buch erzähle ich, wie wir gelebt haben in der versunkenen Welt von gestern. Und wie wir, als wir unsere Apokalypse hinter uns hatten, uns das Braunhemd auszogen und Demokraten wurden.

I.
KINDHEIT ZWISCHEN DEN KRIEGEN

Anfang auf Burg Hohenzollern

Könnte man sich sein Geburtsdatum selbst aussuchen, hätte ich mich schwerlich für den 10. Juni 1930 entschieden. Er fiel in eine Zeit, in der Unheil dräute von überallher. Noch freilich wollte keiner die Menetekel an der Wand wahrhaben. Beschwingt, benebelt, auf beiden Augen blind, dem rechten wie dem linken, taumelten die Deutschen dem Absturz in die Katastrophe entgegen. Ihr hätte ich mich gern entzogen. So aber wurde ich in eine Welt voller Brüche und Umbrüche hineingeboren.

Wenn ich es recht bedenke, muss ich mit der Burg Hohenzollern anfangen. Dort hat alles begonnen: mit der Schraubkapsel einer Zahnpastatube und einem schicksalhaften Gespräch im Arbeitszimmer des letzten deutschen Kaisers.

Es muss um die Jahreswende 1928/29 gewesen sein. Meine Mutter, die ausgebildete Charité-Krankenschwester Else Römhild, pflegte zeitweilig ihre kranke Tante, deren Mann die Burgschenke auf dem Hohenzollern betrieb. In ihren nachgelassenen Erinnerungen beschreibt sie, wie sie beim Aufräumen im Schlafzimmer der Tante den Tubendeckel auf dem Fußboden liegen sah. Sie hob ihn auf und warf ihn spontan einfach aus dem Fenster. Noch hatte sie den Arm nicht sinken lassen, als sie vom Schlossweg unten ein erschrockenes »Au!« hörte. Verlegen blickte sie aus dem Fenster und fuhr erschrocken zurück. Der Deckel hatte einen blonden jungen Mann direkt auf den Kopf getroffen. Sie hielt ihn für einen Burg-

Anfang auf Burg Hohenzollern

Am Tag meiner Geburt trainierte ein junger deutscher Schwergewichtler namens Max Schmeling in Endicott bei New York für die Boxweltmeisterschaft; zwei Tage darauf wurde er durch Disqualifizierung seines Gegners Jack Sharkey wegen Tiefschlags nach der vierten Runde zum Boxweltmeister aller Klassen erklärt. Die amerikanischen Zeitungen waren voller Berichte, dass Tiefkühlkost reißenden Absatz fand – eine Erfindung des früheren Pelzhändlers Birdseye, der in Labrador beobachtet hatte, wie die Einheimischen im Winter Fischwaren einfroren und sie so über längere Zeit haltbar machten. In Oberstdorf eröffnete der bayerische Ministerpräsident Heinrich Held die 4900 Meter lange Seilbahn auf das Nebelhorn, die längste im Deutschen Reich.

Unterdessen liefen in Gera die letzten Vorbereitungen für eine SA-Kundgebung, auf der Thüringens nationalsozialistischer Innenminister Frick dem Österreicher Adolf Hitler – Kriegsfreiwilliger 1914, Mitgründer der Nationalsozialistischen Deutschen Arbeiterpartei 1919, Putschist vor der Münchner Feldherrnhalle 1923, nun »Führer« der NSDAP – die Ernennungsurkunde zum Gendarmeriekommissar des Landkreises Hildburghausen überreichte, was Hitler automatisch zum deutschen Staatsbürger machte.

Überall in dem noch immer von französischen Truppen besetzten Rheinland, in Mainz, Kreuznach, Ludwigshafen und Trier, bereitete sich die Bevölkerung auf die bevorstehenden Befreiungsfeiern vor, bei denen der Abzug der letzten alliierten Truppen aus dem Deutschen Reich bejubelt wurde – von der Rechten als Triumph des nationalen Willens zum Wiederaufstieg, von Liberalen und Sozialdemokraten als Ergebnis der Stresemann'schen Friedenspolitik.

An diesem 10. Juni 1930 wurde ich frühmorgens um 6.15 Uhr in Konstanz am Bodensee geboren, im Wöchnerinnenheim in der Friedrichstraße. Meine Mutter war, wie der Eintrag ins Geburtenbuch der Stadt festhielt, die ledige Krankenpflegerin Else Nanny Rosa Römhild, Tochter des Glasers Oswald Römhild in Rudolstadt/

Thüringen, wohnhaft in Konstanz, Belfortstraße 8. Meinen Vater erwähnte der Eintrag nicht. Ich war fast sechzig, als ich darauf kam, dass ich die ersten drei Jahre und zwei Monate meines Lebens Theo Römhild geheißen hatte, nicht Theo Sommer.

So seltsam es klingen mag – dies hatte mit der Krankenpflege zu tun, mit dem Hohenzollern und mit der Reichswehr.

Meine Mutter stammte aus dem thüringischen Residenzstädtchen Rudolstadt. Ihr Vater, 1885 in Obermassfeld bei Meiningen geboren, hatte Glaser gelernt, war kurz vor dem Ersten Weltkrieg, wie sich dies gehörte für einen zünftigen deutschen Handwerker, auf Wanderschaft gegangen, durch die Schweiz bis hin nach Burgund und Oberitalien. Eigentlich war er 1905 bei der Musterung als »dauernd untauglich zum Dienst im Heere und in der Marine« anerkannt worden, doch 1915 rief man ihn doch zu den Fahnen. Er gehörte dem Arbeiterbildungsverein und dem Deutschen Bauarbeiter-Verband an, wählte Sozialdemokraten, wurde ins Feld geschickt, überlebte die Schlacht an der Marne wie den Fleischwolf-Krieg vor Verdun, wo 700 000 Deutsche und Franzosen sinnlos geopfert worden sind.

Nach dem Krieg arbeitete er in seinem erlernten Beruf. Seine Frau Hedwig, Jahrgang 1883, geboren in Wurzbach, Kreis Schleitz, hatte Köchin gelernt. Er war 21, sie 23, als meine Mutter zu Füßen der Rudolstädter Heidecksburg zur Welt kam; zwei Jahre darauf folgte Bruder Waldemar. Bei Tischlermeister Emil Prüfer nahm Opa einen Kredit von 164 Mark auf; in Monatsraten von 3, 5, 9, höchstens 10 Mark wurde er von Mai 1907 bis Januar 1911 auf Heller und Pfennig samt Zins zurückgezahlt, insgesamt 264 Mark. Das Heftchen, in dem die Zahlungsraten säuberlich verbucht sind, befindet sich in meinem Besitz.

Die Kinder wurden bei kargem Lebenszuschnitt redlich aufgezogen. Oswalds höchster Luxus waren ein Bier und ein Pfeifchen Tabak. Hedwig ging bei fremden Leuten Kochen und Waschen und hielt die Groschen zusammen. Ansonsten sparten sich die beiden vieles vom Munde ab, damit Else aufs Lyzeum, Waldemar aufs Gymnasium gehen konnte. In einer 160 Seiten starken handschriftlichen Aufzeichnung (»Die Sommers und ihre Sprossen«), in der meine Mutter nach dem Tod ihres Mannes 1979 ihre Erinnerungen für die Kinder niedergeschrieben hat, gedenkt sie ihrer Eltern voller Rührung: »Viele Jahre lang«, schrieb sie, »haben sie ein sehr bescheidenes Leben geführt, um den Kindern höhere Schulen zu ermöglichen, denn damals gab es noch keine Schulgeldfreiheit, kein Kindergeld, keine Erziehungsbeihilfe. Bildung war sehr teuer und nur einer kleinen Oberschicht vorbehalten. Dass meine Eltern sich plagten, um uns durch Bildung einen erweiterten Horizont für das Leben und die Welt zu schaffen, kann ich ihnen nie genug danken.«

Mutter hatte völlig recht mit ihrer Feststellung, dass höhere Schulen damals den Bessergestellten vorbehalten waren. Nur 1 Prozent aller Schüler machte zu jener Zeit das Maturum; noch 1950 schlossen nur 5 Prozent mit dem Abitur ab (2006: 43 Prozent, 2020: 50 Prozent). Der Rest musste sich meist mit acht Jahren Volksschule begnügen. Wobei niemand etwas gegen die gute alte Volksschule sage: Ich besitze noch Briefe meiner Großmutter, die nie über sie hinausgekommen ist, deren Handschrift jedoch von gestochener Klarheit war, kein Gekrakel und Geschmier, und deren Orthografie die meisten Doktoranden heute vor Neid erblassen lassen müsste.

Meine Mutter war die Erste in unserer Familie, die die Mittlere Reife gemacht hat. Dann zog es sie – wie so viele, die etwas werden wollten – nach Berlin. Sie ging an die Charité in Berlin und ließ sich zur Krankenschwester ausbilden; 1927 bestand sie ihr erstes Staatsexamen. Als »beamtet angestellte Krankenschwester« fühlte sie sich nach eigenem Zeugnis in Berlin sehr wohl, als sie der Hilferuf ihrer erkrankten Tante Else erreichte. Deren Mann, Onkel Heinrich Ranft, bewirtschaftete die Burgschenke auf dem Hohenzollern. Dorthin reiste sie nun, um die kranke Tante zu pflegen. »Ich konnte nicht ahnen«, schrieb sie später, »dass dieser Wechsel die bestimmende Wende in meinem Leben werden sollte.« Wie beschrieben: wegen eines Zahnpastatuben-Schraubdeckels.

Der Hohenzollern war gleichsam Sommer'sches Territorium. Mein Urgroßvater Theodor ist dort von 1911 bis 1937 Burgverwalter gewesen. Er war, 1860 als Sohn eines Tagelöhners im westfälischen Beckum geboren, in der Gründerzeit nach Berlin gegangen und hatte in der Garde gedient. Nach seinem Ausscheiden aus dem aktiven Dienst wurde er zunächst »Königlicher Damenlakai«. Als solchen weist ihn jedenfalls die 1892 ausgestellte Geburtsurkunde seiner Tochter – meiner Großmutter – Ella Minna Lucie aus. Später avancierte er zum Reisemarschall des Kaisers. Was immer konkret hinter diesem Titel steckte, ob es ihn überhaupt gab, ob der Urgroßvater ihn wirklich besaß oder nur ein besserer Gepäckmeister war, ich weiß es nicht. »Opa Sommer« begleitete Wilhelm II. jedenfalls auf vielen seiner Reisen, so in den Orient 1898, nach England 1908 und bei den jährlichen Kreuzfahrten entlang der norwegischen Küste; seine Postkarten aus jener Zeit kursierten noch lange in der Familie.

Ich kann mich des alten Herrn gut entsinnen: eine Ehrfurcht einflößende Erscheinung mit seinem weißen Spitzbart, die goldene Uhrkette straff über der Weste und dem darunter verborgenen Embonpoint gespannt, nach den üppigen Mahlzeiten genüsslich an einer Brasil ziehend – für mich als kleiner Junge der Inbegriff unnahbarer Würde. Dass er nicht der Burgherr war, sondern nur der Burgverwalter, tat seiner Wirkung keinerlei Abbruch.

Mit seiner Taschenuhr hatte es übrigens eine besondere Bewandtnis: Sie war ein Geschenk des Kaisers, ein halbes Jahr nach meiner Geburt telegrafisch angekündigt in einem »Brieftelegramm Sr. Majestät des Kaisers und Königs« an den Schlossverwalter Sommer, Burg Hohenzollern: »Ich sende Ihnen zum heutigen Tage, an dem Sie auf eine 50jährige Dienstzeit zurückblicken, Meine besten Glückwünsche und gedenke gern Ihrer langjährigen treuen Dienste in Meinem Hause. Als äußeres Zeichen Meiner Anerkennung und

zur Pflege meiner Tante nicht mehr auf der Burg gebraucht wurde, gab ich ihm und, um ehrlich zu sein, auch meinen eigenen Wünschen nach und ging nach Konstanz. Und etwa anderthalb Jahre später kam unser lieber Theo zur Welt, wir waren trotz vieler Sorgen unsagbar glücklich.«

Der liebe Theo – das war ich. Und ich hieß mit Nachnamen Römhild. Daran aber war die Reichswehr schuld.

Im Hunderttausend-Mann-Heer der Weimarer Zeit galt der »Heiratskonsens«: die Vorschrift, dass kein Reichswehrangehöriger heiraten durfte, der nicht 27 Jahre alt war und außerdem sieben Dienstjahre hinter sich hatte. Dreimal suchte mein Vater Anfang der 30er Jahre um Sondergenehmigung nach, dreimal wurde sein Gesuch abgelehnt. Erst der vierte Antrag hatte Erfolg. So traten meine Eltern am 16. August 1934 in der Rudolstädter Stadtkirche vor den Altar, zugleich mit Mutters zwei Jahre jüngerem Bruder Waldemar und Tante Erika. Man raunte, dass Erika aus einer durch und durch kommunistischen Familie stamme; der Sinn dieser Etikettierung blieb mir lange verschlossen. Die beiden hatten ebenfalls schon einen Sohn, den mit mir fast gleichaltrigen Udo; vor der Trauung trieben wir beide unseren Schabernack zwischen den Kirchenbänken.

In ihrem Erinnerungsbuch schilderte meine Mutter den aufregenden weiteren Ablauf. »Bei der kirchlichen Trauung war unser Junge sehr stolz, Blumen streuen zu dürfen. Aber mitten in der Zeremonie sprang er weinend in den Altarraum hinein, wo wir knieten, und rief, ›Was macht der Mann mit meinem Papa und meiner Mutti?‹ Oma Kruschke hat ihn dann geholt und sich mit ihm bis zum Schluss in der Sakristei aufgehalten.«

Oma Kruschke war die Mutter meines Vaters, eine waschechte Berlinerin, die wieder geheiratet hatte, nachdem ihr erster Mann – mein Großvater – kurz vor dem Ersten Weltkrieg gestorben war. Sie war eine stattliche Person, dunkelhaarig, mit blitzenden Augen, einem unbändigen Temperament und viel »Schnauze«, im Übrigen, wie ich später zu meinem Leidwesen erfahren musste, eine raffinierte, auch dem Schummeln nicht abholde Bridge- und Rommé-spielerin.

Nun waren wir also eine richtige Familie: Mutter Else ehrlich gemacht, der Kegel Theo ehelich. Fünf Tage lagen zwischen der Eheschließung meiner Eltern und dem Eintrag eines Randvermerks auf meiner Geburtsurkunde, der mich zu Theo Sommer machte. Erst als ich in den 80er-Jahren einmal eine beglaubigte Abschrift meiner Geburtsurkunde brauchte, wurde mir der bis dahin angestrengt beschwiegene Sachverhalt klar. In steiler Sütterlin-Schrift stand da geschrieben: »Konstanz, den 21. August 1934. Theodor, genannt Theo, Oskar Georg Sommer, Unteroffizier 14/I.R.14, geboren am 31. März 1909 in Berlin-Rixdorf, wohnhaft in Donaueschingen, hat am 16. August 1934 mit der Else Nanny Rosa Römhild, geboren am 23. Oktober 1906, in Rudolstadt die Ehe geschlossen und dabei das am 10. Juni 1930 in Konstanz geborene Kind Theodor Georg Helmut Römhild als das seinige anerkannt – Anlage Nr. 179 zum Geburtsregister 1934. Der Standesbeamte: Eisinger.«

Die Geschichte der Sommers und Römhilds ist mehr als ein Stück Familiengeschichte. Es spiegelt sich darin der ungeheure Wandel der Zeitläufte in der Spanne von knapp zwei, drei Generationen – ein Wandel, der sich mit einer Geschwindigkeit und Intensität vollzog, wie sie bis dahin ohne jedes Beispiel waren.

Selige Zeit, unselige Zeit

Der kleine Theo Sommer spürte vom Wandel der Zeiten ebenso wenig wie, dreihundert Kilometer rheinabwärts von Konstanz, in Oggersheim der sechs Wochen ältere Helmut Kohl. In Hamburg ging in meinem Geburtsjahr der elfjährige Helmut Schmidt auf die Lichtwarkschule; zu Hause hörte er öfters von »Adolf Nazi«, wie

absetzte, eine weiße Trockenmasse, die ein quietschendes Geräusch abgab, wenn man sie zwischen den Fingern zerquetschte. Die beiden Massen wurden kunstfertig vermengt und zu tennisballgroßen Kugeln geformt, in deren Mitte geröstete Brotwürfel eine leckere Einlage bildeten. Die Klöße brodelten dann in kochendem Wasser, bis sie an die Oberfläche schossen und herausgefischt werden konnten. In guten Wochen gab es dazu Schweinsbraten mit viel Bratensaft, in schlechten Wochen nur Maggi-Soße. Die ganze Prozedur zog sich über mehrere Stunden hin, die Hausfrau war auch am Sonntag voll beschäftigt – an Pfanni-Klöße war noch nicht zu denken, wie überhaupt Fertiggerichte bis auf Maggi-Suppen und Knorr-Erbswürste unbekannt waren.

Nachmittags musste Oma dann noch einmal ihres Amtes walten. Zur Kaffeestunde brachte sie Streuselkuchen oder Bienenstich auf den Tisch, auch Mohnkuchen, dessen feuchte Körnchen mit Rosinen versetzt waren und angenehm zwischen den Zähnen knirschten. Die mächtigen Bleche waren am Sonnabend schon zum Bäcker getragen und dort ausgebacken worden. So machten es alle; die eigenen, mit Holz oder Kohle befeuerten Herde – drei Kochplatten, meist bestehend aus herausnehmbaren Ringen – schafften das bei den wenigsten. Auf den glühenden Herdringen ließen sich höchstens Thüringer »Schneiderfleckchen« backen, mit dem Nudelholz dünn ausgewalzte Vierecke oder Rauten aus Kartoffelteig, die Schicht um Schicht in eine Schüssel gelegt, mit zerlassener Butter bestrichen und mit Zucker bestreut wurden; die Fleckchen ganz unten in der Schüssel, schön durchsaftet und durchzuckert, schmeckten am besten.

Es war eine köstliche Speise, und das Rezept verdient, der Vergangenheit entrissen zu werden. In den 70er-Jahren habe ich es einmal einem Hamburger Prominenten-Kochbuch beigesteuert, einer Sammlung von Lieblingsgerichten, die Loki Schmidt zugunsten der Kinderklinik der Universitätsklinik Eppendorf organisiert hatte. Der hübsche Band, illustriert von Sonny Sottorf, erschien nur in

Gaisburger Marsch, Brotsuppe; später stand sie im Hotel »Kaiser« und im Offizierskasino des neuen Flakbataillons in der Küche. Da fiel immer etwas für uns ab. Oft brachte sie einen Topf Suppe mit nach Hause oder ein Stück Braten; dazu »einen riemischen Kanten« Brot, wie sie auf gut Thüringisch zu sagen pflegte. Meist war es Kommissbrot, wie ich es später in den drei Kasernen, in denen mein Vater im Laufe der Jahre Dienst tat, noch zur Genüge vorgesetzt bekam. Den säuerlichen Geschmack und das den runden Laiben oben aufgedrückte Ringmuster habe ich mein Lebtag nicht vergessen können. In einer Zeit, die noch nicht ein halbes Hundert Sorten Brot kannte, Vollkornbrot, Fünfkornquarkbrot, Nussbrot, Rüblibrot, Zwiebelbrot, türkisches Fladenbrot und italienische Ciabatta, französisches Weißbrot und amerikanisches Toastbrot, das in seiner Ausdruckslosigkeit wie geröstetes Löschpapier schmeckt, prägte sich so etwas dem Gedächtnis tief ein.

Wenn ich es recht bedenke, kannte ich bis zu meinem achtzehnten Lebensjahr überhaupt nur fünf Brotsorten: besagtes Kommissbrot; kastenförmiges Weißbrot (höchstens sonntags!); Bauernbrot, locker gebacken mit großen Löchern im Innern, ganz wie beim Schweizerkäse, in der knusprigen Rinde steckten zuweilen noch Holzkohlestückchen aus dem Backofen; nichtssagendes Graubrot; schließlich, eine selten gereichte Köstlichkeit, Pumpernickel. Der Ursprung dieses Wortes hat mich immer amüsiert: Angeblich soll ein napoleonischer Offizier, dem während der Franzosenzeit in Westfalen dieses schwarze, süßlich-klebrige Brot angeboten wurde, es mit der abfälligen Bemerkung zurückgewiesen haben, es tauge allenfalls für sein Pferd namens Nickel – »*c'est bon pour Nickel*«.

Die Großmutter war eine patente Frau. Sonntags bereitete sie regelmäßig Thüringer Klöße. Dazu mussten Kartoffeln geschält und roh auf der Handreibe gerieben werden. Der Raspelbrei wurde dann zur Hälfte in ein Leinensäckchen gefüllt und auf der hölzernen Kartoffelpresse ausgepresst. Die andere Hälfte wurde in eine Schüssel gefüllt, an deren Boden sich nach einiger Zeit die Kartoffelstärke

haben, und die faltenzerfurchte Stirn. Sie achtete peinlich auf Sauberkeit, flickte und putzte ohne Unterlass; mochten die Strümpfe auch Löcher haben, sie wurden unverdrossen Mal für Mal gestopft. Sich selbst putzte Oma Hedwig dagegen nicht heraus, Lippenstift und Puder benützte sie nie. Ein schlichter Ring, ein Granathalsband war feiertags der größte Schmuck.

So viel über den seligen Teil meiner frühen Kindheit. Wir waren arm, aber glücklich. Dass wir arm waren, fiel mir nicht besonders auf, es waren ja alle arm, die ich kannte. Selbst wer bessere Tage gesehen hatte, musste jetzt kämpfen. Dass ich glücklich war, da behütet und umsorgt, merkte ich schon eher, denn andere Kinder wurden geschimpft, gescholten, geschlagen, in Kammern oder Keller eingesperrt, auf halbe Ration gesetzt oder zur Strafe ins Bett geschickt. Meine Mutter rief mich zärtlich und peinlich, zu meinem ewigen Ärger, »Bubi«. »Unser Bubi« war denn auch das Album betitelt, in welches sie meine frühen Fotos einklebte – Aufnahmen eines pausbäckigen, blauäugigen Lockenkopfes, mit langen, fast weißblonden Haaren, die bis auf die Schultern fielen; ein Thomas Gottschalk in Vor-Haribo-Zeiten. Wenigstens verbargen die Locken meine abstehenden Segelohren (die sich in den Stürmen des Lebens erst anlegten, als ich schon Student war).

Der unselige Teil meiner frühen Kindheit begann zwei Tage nach der Trauung meiner Eltern. In der Einfahrt zum Hinterhof fuhr mich ein Radfahrer an und stieß mich so unglückselig zu Boden, dass ich mit dem rechten Knie in einen rostigen Stacheldraht fiel. Schon am nächsten Tag hatte ich 41 Grad Fieber. Der Hausarzt stellte eine Blutvergiftung fest und wies mich ins Krankenhaus ein. Dies wäre beinahe mein Ende gewesen.

Der Chefarzt des Krankenhauses wollte mir wegen der Sepsis das Bein abnehmen, aber Mutter verweigerte ihm in einer scharfen Auseinandersetzung energisch die Genehmigung. Es blieb bei zwei Einschnitten links und rechts über der Kniescheibe, durch die der

Eiter abfließen konnte. Die Narben verheilten gut, wuchsen später allerdings mit mir. Das rechte Bein blieb schwächer als das linke, auf der Kurzstrecke war ich nie rekordverdächtig – 13,8 Sekunden für die hundert Meter waren später auf der Adolf-Hitler-Schule meine beste Leistung. Doch wenigstens war ich dank Mutters Dazwischentreten kein »Krüppel (wie man damals unbefangen noch sagte), die Krankenschwester hatte obsiegt, der Chefarzt sich beugen müssen.

Sechs Wochen später – ich war noch immer im Krankenhaus – gab es zwischen den beiden den nächsten großen Krach. Eines Tages fand mich Mutter, als sie zu ihrem täglichen Besuch aufkreuzte, nicht mehr in dem gewohnten Zimmer vor. Jede Auskunft wurde ihr verweigert. Erst zwei Tage später fand sie mithilfe eines befreundeten Arztes vom Gesundheitsamt heraus, dass ich mit Diphtherie angesteckt worden war. Offenbar hatte man mir versehentlich die Zahnbürste eines diphtheriekranken Kindes gereicht. Zugegeben wurde es nie, von »Schmutzinfektion« war allenfalls die verlogene Rede.

Mutter setzte Himmel und Hölle in Bewegung, um mich zur Überführung nach Hause freizubekommen. Am Ende gelang es ihr, wiederum mithilfe des Freundes im Gesundheitsamt. Sie wusste, was sie tat. Diphtherie – wie Scharlach, Masern und Mumps heute dank Schutzimpfung fast verschwunden – verlief damals noch sehr oft tödlich, selbst nach einem Luftröhrenschnitt, der häufig die verzweifelte letzte Chance bot. So unterschrieb sie alles, was man ihr vorlegte, nur um meine Entlassung durchzusetzen. Für sämtliche in der Stadt etwa auftretenden Infektionen übernahm sie eine Regressverpflichtung. Sie stimmte zu, dass mich täglich ein Betreuungs- und Überwachungsarzt besuchte. Und sie akzeptierte, dass für meinen Heimtransport ein Gefährt benutzt wurde, das ansonsten nicht mehr im Gebrauch war. Mithilfe eines Rotkreuz-Sanitäters brachte sie mich schließlich in der Dunkelheit, als nur noch wenige Leute auf der Straße waren, nach Hause – auf einer fahrbaren, hochrädrigen, rundum mit schwarzem Wachstuch überspannten Bahre.

einer Auflage von wenigen Tausend Exemplaren und war rasch vergriffen. Angelika Jahr hatte dafür gesorgt, dass die Redaktion von *Essen und Trinken* alle Lieblingsgerichte vorsichtshalber nachkochte; deshalb weiß ich, dass die Schneiderfleckchen auch anders als auf glühenden Herdringen gebacken werden können, nämlich ganz normal auf einem Blech im Backofen.[1]

Während der Woche gab es nur Malzkaffee, Marke Kathreiner. Am Sonntag jedoch gönnte sich, wer konnte, echten Bohnenkaffee. Ihm war allerdings in der Regel viel Zichorie beigemischt, die seit anderthalb Jahrhunderten die Geldbeutel schonen half – und manchmal enthielt er höchstens ein paar Kaffeebohnen als Alibi. In Thüringen nannte man das labbrige Gebräu »Bliemchenkaffee«, weil es so dünn war, dass man das Meißner Blumenmuster auf dem Grund selbst der vollen Tasse erkennen konnte; in Berlin hieß es Muckefuck, abgeleitet aus dem französischen *mocca faux*.

Zwischen Klößen und Kaffeestunde wurde der obligate Sonntagsspaziergang absolviert, zu dem sich alle in Schale warfen. Tags zuvor war in der Küche die Zinkbadewanne aufgestellt und mit heißem Wasser gefüllt worden, die Familie nahm ihr wöchentliches Bad, einer nach dem anderen im selben Wasser. Man schrubbte, striegelte und polierte sich mit Wurzelbürste und Schwamm – Naturschwamm aus dem Mittelmeer galt noch nicht als Bazillenschleuder. Opa legte

---

1 Für vier Portionen werden benötigt: 500 g mehlige Kartoffeln; gut 250 g Mehl, 1 EL Speisestärke; 1 gestrichener Teelöffel Salz; 1 Ei; 75 g Butter; 50 g Zucker. Kartoffeln in der Schale kochen, durch die Kartoffelpresse drücken und abkühlen lassen. Kartoffelmasse mit Mehl, Stärke, Salz und Ei zu einem glatten Teig verkneten. (Wenn nötig, Mehl zugeben, bis der Teig nicht mehr klebt.) Teig dünn ausrollen, etwa 3–5 mm. 4 × 4 cm große Quadrate ausschneiden. Backblech mit Backpapier auslegen und alles im vorgeheizten Backofen bei 235 Grad 20 Minuten backen. Nach 10 Minuten wenden. Dann die Schneiderfleckchen in eine Schüssel schichten und jede Schicht mit zerlassener Butter einpinseln und zuckern. Die Schneiderfleckchen schmecken am besten mit Kaffee.

vor dem Spaziergang schon das frische Hemd an, das er dann eine Woche lang trug, allerdings alle zwei Tage mit einem neuen abnehmbaren und abwaschbaren Wechselkragen und dito Manschetten, dazu einen »Vatermörder«, den steifen, nach vorn offenen Stehkragen, und den schwarzen Anzug, den er sich zu seiner Hochzeit hatte anmessen lassen. Oma und Mutter kamen zum Sonntagsspaziergang im geblümten Kleid samt gestärktem Klöppelkragen mit, ich stolzierte im Matrosenanzug brav an der Hand des Großvaters.

Die Jungen trugen im Schwabenland jahrein, jahraus Lederhosen. Verstohlen rieben wir die Krachledernen mit Butterpapier oder Schmalzresten ein, um ihnen den begehrten Fettglanz und jene Standfestigkeit zu verleihen, die sie, wenn man sie abends auf den Fußboden stellte, vor dem Umfallen bewahrte. Im Sommer trugen wir dazu Kneipp-Sandalen oder gingen oft genug auch barfuß. Im Winter kratzten uns lange und raue Strickstrümpfe, die mit Strapsen an einem Leibchen befestigt waren, das mir bis heute als schmachvolle Entehrung meiner Männlichkeit in der Erinnerung haftet. Jeans gab es so wenig wie T-Shirts; die Arbeitshose der kalifornischen Goldgräber kam erst in den 1950ern allmählich in Mode.

Oma Römhild konnte nicht nur kochen. Sie stampfte Sauerkraut ein. Sie grub im Wald Wurzeln aus und setzte mit Alkohol aus der Apotheke ihren eigenen Magenbitter an. Sie dörrte Apfelringe, Pilze und Pflaumen. Schwarze Johannisbeeren aus dem Garten am Berg verwandelte sie in köstlichen Wein. Im Übrigen strickte und häkelte sie unentwegt für die Familie: Wollstrümpfe und Pullover für den Winter und Stirnbänder gegen kalte Ohren und Pulswärmer für warme Handgelenke. Sie rackerte sich ab wie die meisten Frauen ihres Standes, ihrer Zeit.

In ihren Arbeitsbüchern wurde sie im Auf und Ab der Jahre als Aufwärterin, Scheuerfrau, Kochfrau, Kalte Mamsell, Kochmamsell, Küchenleiterin geführt. Dabei habe ich nie ein böses Wort von ihr zu hören bekommen. Zu ihren rissigen, schwieligen Händen gehörten in ihrem Gesicht die gütigsten Augen, die mich je angeblickt

Nach der Trauungszeremonie war dies das zweite Ereignis, das sich meinem Gedächtnis eingebrannt hat: der Heimtransport auf dem düsteren Gefährt, das aussah wie ein mittelalterlicher Pestkarren, das Rumpeln der Räder über holpriges Kopfsteinpflaster, das Keuchen des Sanitäters zwischen den beiden Deichselstäben. Ich war halb tot, doch erholte ich mich von Tag zu Tag mehr. Mutter pflegte mich aufopfernd rund um die Uhr. Nach drei Wochen war ich bazillenfrei. Endlich konnten wir nach Münsingen fahren, wohin mein Vater mittlerweile versetzt worden war. Aber die Pechsträhne war noch nicht zu Ende. Zwei Tage erst waren wir in Münsingen und noch beim Einrichten der neuen Wohnung auf einem Bauernhof direkt gegenüber dem Tor zum Truppenübungsplatz, da wurde Mutter schwer krank. Sie wollte Vaters Wunsch erfüllen und ihm Kartoffelpuffer backen. Beim Reiben der rohen Kartoffeln zog sie sich am rechten Zeigefinger eine Schürfwunde zu. Als sie nach dem Mittagessen den Küchenboden scheuerte, kam wohl Schmutz in die Wunde. Am nächsten Tag fühlte sie sich benommen, bekam Fieber und fiel schließlich bewusstlos um. Zwei Wochen lang lag sie im Koma und musste wegen eines Abszesses zwischen Lungenfell und Rippenfell operiert werden. Es dauerte mehrere Monate, bis sie wieder auf den Beinen war.

Ich habe diese Krankengeschichten hier nicht aus Wehleidigkeit oder Hypochondrie ausgebreitet. Sie werfen ein Schlaglicht auf die Welt meiner Jugend, in der es – außer gegen die Pocken – noch keine Massenimpfungen gab und keine Antibiotika; in der die hygienischen Standards weit hinter den heutigen Mindestanforderungen zurückblieben. Wie die Arzt- und Krankenhausrechnungen damals bezahlt wurden, vermag ich nicht zu sagen. Als Soldat war Vater samt seiner Familie wohl umfassend versichert, das Militär hat schon immer gut für seine Angehörigen gesorgt. Den kleinen Leuten jedoch, vor allem den Arbeitslosen, erging es schlechter. Das dichte soziale Netz medizinischer Versorgung, das uns heute so selbstverständlich erscheint, dass schon minimale Einschnitte wütende Proteste auslösen, lag noch jenseits aller Vorstellungskraft.

Opa Römhild besaß, zusammengebaut in einer Zigarrenkiste, ein Detektor-Radio, bei dem man mit einer Nadel in einem Kristall herumstochern musste, um einen Sender einzustellen. Abends zur Hauptnachrichtenzeit legte er den Kopfhörer in der Wohnküche in eine Emaille-Waschschüssel, die als lautverstärkender Resonanzboden diente, sodass alle mithören konnten. Ich verstand freilich noch nicht, was die quäkende Stimme des Sprechers da verkündete. Die rabiaten Umwälzungen der Zeit gingen an mir vorbei: die »Machtergreifung« Adolf Hitlers und das Ermächtigungsgesetz Anfang 1933; im folgenden Jahr die Röhm-Affäre und Hindenburgs Tod; 1935 nach einer heftigen »Heim ins Reich«-Kampagne und einem überwältigenden Volksabstimmungs-Erfolg (445 000 für Deutschland, 2000 für Frankreich, 46 000 für fortdauernde Völkerbundverwaltung) die Wiedereingliederung des Saargebiets; 1936 der Einmarsch deutscher Truppen in die entmilitarisierte Zone des Rheinlands. Nach und nach indessen spürte ich im eigenen Familienkreis, dass die Entwicklung eine neue Richtung nahm.

Oma Römhild war nach Münsingen gekommen, als meine Mutter krank war, um Vater und mich zu versorgen; das muss Ende 1934 oder Anfang 1935 gewesen sein. Opa Römhild kam etwas später nach. Wir holten ihn am Bahnhof Münsingen ab. Die Szene steht mir noch lebhaft vor Augen: ein leuchtender Tag, strahlend blau der Himmel über der Alb, die Eisenbahngleise funkelten im Sonnenschein. Opa, inzwischen fünfzig Jahre alt, kam uns federnd entgegen. Er trug Uniform: SA-Uniform. Hohe, runde Schildmütze, Braunhemd. Koppel und Schulterriemen. Bauschige Hosen über kniehohen Stiefeln. Auf dem Rücken ein Tornister mit Fellklappe. Ein Bild wie aus dem Uniformkatalog der Sturm-Abteilungen. Alles wirkte nagelneu. Der alte Sozialdemokrat, ehedem sogar Reichsbanner-Mann, musste jüngst erst der SA beigetreten sein, geflüchtet in die kollektive Wärme der neuen Zeit.

Wie so viele andere auch. Erst, gleich nach Hitlers Machtübernahme, massenhaft die Beamtenschaft, die »Märzgefallenen«. Dann – soweit sie nicht bald schon emigrierten oder ausgebürgert wurden wie Heinrich und Thomas Mann, Lion Feuchtwanger, Alfred Kerr, Anna Seghers und Albert Einstein – die Intellektuellen, die Künstler, die Hochschullehrer, die Dichter. Die Liste derer, die nicht schnell genug auf das Trittbrett des nationalsozialistischen Regimes aufspringen konnten, war schändlich lang: der Philosoph Martin Heidegger, der Chirurg Ferdinand Sauerbruch, der Staatsrechtler Carl Schmitt, der Schriftsteller Gerhart Hauptmann (»Ich sage ja«), der Dirigent Wilhelm Furtwängler, der Schauspieler Gustaf Gründgens, der Romancier Friedrich Blunck (»Demut vor Gott, Ehre dem Reich, Hochzeit der Künste«). Selbst Gottfried Benn, der eiskalte Rationalist, verkündete nun: »Ich erkläre mich ganz persönlich für den neuen Staat, weil es mein Volk ist, das sich hier seinen Weg bahnt.«

In der Tat schwenkte auch der bislang skeptische Teil des Volkes bald auf die neue Linie ein. Der verarmte Mittelstand ließ sich mitreißen vom rhetorischen Schwung des nationalen Aufbruchs, desgleichen die Bauernschaft. Und es dauerte nicht lange, bis auch die Arbeiterschaft sich in die braunen Kolonnen einreihte.

Als Hitler Reichskanzler wurde, gab es sechs Millionen Arbeitslose. Mit einem Arbeitsbeschaffungsprogramm, das er »gigantisch« nannte, ging er jetzt die Erwerbslosigkeit an. Eine Kette von Grundsteinlegungen und Ersten Spatenstichen versetzte das Volk in Mobilmachungsstimmung. Spektakulär in Szene gesetzte Projekte gaben Hitlers »Ans Werk!«-Reden Glaubwürdigkeit. Der seit Langem erörterte, aber immer wieder verschobene Autobahnbau wurde begonnen; Aufforstung, Urbarmachung von Sümpfen, Regulierung von Flussläufen bekundeten Zukunftswillen; Staatsaufträge für den Bau von Straßen und Siedlungen kurbelten die Wirtschaft an; Investitionsanreize wie Steuernachlässe, Darlehen und Subventionen förderten die Konjunktur. Dabei kam Hitler zugute, dass die Weltwirtschaft allmählich wieder an Fahrt gewann. Schon 1934 wurde, allerdings bei immer noch drei Millionen Arbeitslosen, ein Mangel an Facharbeitern registriert. Zwei Jahre später, als 1936 der erste Vierjahresplan verkündet wurde, herrschte Vollbeschäftigung.

Nach fünf Jahren Arbeitslosigkeit fand auch Opa Römhild im Sommer 1935 wieder Beschäftigung in Rudolstadt: nacheinander als Straßenbauarbeiter, Erdarbeiter, Sprengmeister. Im Frühjahr 1938 stellte ihn die Thüringische Zellwolle, ein neues Unternehmen im benachbarten Schwarza, als Hilfsarbeiter in der Spinnerei ein. Binnen drei Jahren arbeitete er sich in dem Viskose-Werk zum chemischen Vorarbeiter hoch. Tüchtig und sparsam, wie er war, brachte er es auch wieder zu bescheidenem Wohlstand. Das Sparkassenbuch Nr. 2120 der Kreissparkasse Rudolstadt, das im Erbgang auf wunderliche Weise bei mir gelandet ist, weist für den 28. Februar 1945 ein Guthaben von 7179,43 Reichsmark aus.

Was ihn bewogen hat, in die SA einzutreten, Hoffnung, Enttäuschung, Dankbarkeit, ich weiß es nicht. Ich habe nie mit ihm darüber gesprochen. Vielleicht hätte er mir ja erklärt, dass Franklin D. Roosevelt in Amerika ganz ähnliche Instrumente eingesetzt habe wie Hitler, um sein Land aus der Depression zu hieven. Ich hätte dann erwidern müssen, dass der Sozialreformer Roosevelt unbeirrbar auf dem Boden der Demokratie geblieben war.

Ganz anders Hitler. Wohl war dessen Wirtschaftsprogramm erstaunlich ideologiefrei. Nach der Machtübernahme stilisierte er sich rasch als »Genosse der Bosse«, wie man heute sagen würde; die alte Nazi-Forderung »Brechung der Zinsknechtschaft« verschwand alsbald in der Versenkung. Aber das Ziel war klar: die Aufrüstung und damit der Krieg. Hitler stülpte dem Deutschen Reich eine harsche Diktatur über, unduldsam, antisemitisch, brutal, mörderisch. Alle Parteien außer der NSDAP wurden verboten, die Gewerkschaften aufgelöst, die Widersacher in Konzentrationslager geschafft, des Landes verwiesen, zum Schweigen gebracht. Die Armee wurde in die Botmäßigkeit gezwungen, das ganze Land einer infamen Gehirnwäsche unterzogen.

Opa Römhild war kein Einzelfall. Wie er, so ließen sich viele von der Arbeiterfreundlichkeit des NS-Regimes beindrucken, von den Betreuungseinrichtungen der »Deutschen Arbeitsfront«, den Sportfesten, Schulungskursen, »Kraft durch Freude«-Ferienreisen. Sie ließen sich verlocken von ihrem Bedürfnis nach Zugehörigkeit und verführen durch den Schein wiederkehrender Normalität. Ihre demokratische Mündigkeit hatte ihnen wenig eingetragen. Nun setzten sie auf die Versprechungen der neuen Herrschaft. In den Worten des Hitler-Biografen Joachim Fest: »Der Verlust der Freiheit und der sozialen Autonomie, die Gängelung, der deutlich geringere Anteil am Bruttosozialprodukt: dies alles hat die Arbeiterschaft wenig irritiert ... Entscheidend war vielmehr das Gefühl wiederhergestellter sozialer Sicherheit nach traumatischen Jahren der Angst und der Depression. Dieses Gefühl überlagerte alles.« Die wiedergewonnene Arbeit wog schwerer als alle verlorenen Rechte.

Mein Großvater hat für beides teuer bezahlt, für die SA-Mitgliedschaft wie für den Vorarbeiter-Posten bei der Zellwolle. Im Jahre 1946 haben ihn die Russen in einem Wald nahe Rudolstadt erschossen.

Wie ich, wäre ich damals schon zur politischen Analyse fähig gewesen, an Opas Wandlung vom eingefleischten Linken zum stolzen SA-Mann die Veränderung der inneren Zustände hätte ablesen können, so hätte ich an der Laufbahn meines Vaters erkennen können, dass auch auf dem auswärtigen Feld – in der Außen- und Sicherheitspolitik, wie man heute sagen würde – mit einem Schlag ein anderer Wind wehte.

Die Reichswehr war 1935 in »Deutsche Wehrmacht« umbenannt worden. Auf den »Führer und Reichskanzler« als Obersten Befehlshaber mussten die Soldaten seit dem Tode Hindenburgs den

Eid leisten; nicht mehr auf »Volk und Vaterland« wie zuvor, sondern auf Hitler persönlich. Dessen Wunsch, die Fesseln des Versailler Vertrages zu sprengen und die militärischen Beschränkungen zu durchbrechen, die das Diktat von 1919 dem Deutschen Reich auferlegt hatten, wurde von der Generalität aus vollem Herzen geteilt. Auch die Wiedereinführung der allgemeinen Wehrpflicht, verkündet am 16. März 1935, traf auf ihren Beifall, desgleichen der kurz zuvor der Weltöffentlichkeit enthüllte Aufbau der Luftwaffe und bald danach der Flottenpakt mit London, der für das Kräfteverhältnis der deutschen und der englischen Kriegsmarine einen Schlüssel von 35 : 100 festlegte. Die Friedensstärke der neuen Wehrmacht sollte nach Hitlers Willen 36 Divisionen betragen, alles in allem 550 000 Mann.

Dies bedeutete, dass der Umfang der Truppe im Schnellgang verfünffacht werden musste. Überall wurden Kasernen errichtet, Rekruten gemustert und eingezogen, neue Einheiten aufgebaut. Die größere Wehrmacht wurde zur Trumpfkarte in Hitlers Hand. Am 30. Januar 1937, dem vierten Jahrestag seiner Machtübernahme, zog er Deutschlands Unterschrift unter den Versailler Vertrag »feierlichst« zurück. Drei Wochen später brüstete er sich: »Wir sind heute wieder eine Weltmacht geworden!« Kurz darauf höhnte er über die »Esperanto-Sprache des Friedens, der Völkerverständigung«, die das abgerüstete Deutschland jahrelang gesprochen hatte. Es habe sich herausgestellt, dass man diese Sprache international eben doch nicht so gut versteht: »Erst seit wir eine große Armee besitzen, versteht man unsere Sprache wieder.«

Mein Vater war Unteroffizier, als er heiratete, mittlerweile 25 Jahre alt. Schon vier Monate später war er Oberfeldwebel, »Spieß« einer Kompanie. Das »Speckbuch«, eine Art martialische Kladde in ledernem Einband, zwischen den zweitobersten und den viertobersten Knopf in den Uniformrock geschoben, stand er – hochgewachsen, drahtig, Brust raus, Kinn hochgehoben – vor der Front und meldete: »Kompanie zum Befehlsempfang angetreten, Herr Hauptmann!«

extra für mich aus. Und er spielte so wunderbar auf der Trompete, dass mir unfehlbar die Tränen kamen und in dicken Tropfen über die Wangen kullerten. Opa konnte einfach alles, und er war immer für mich da.

Erst viel später ist mir aufgegangen, warum er immer für mich da war: Er war arbeitslos. Arbeitslos waren Anfang 1933 über sechs Millionen Deutsche. Arbeitslos war auch sein Sohn Waldemar, der Dentist gelernt hatte, was damals eine Art Zahnarzt für Arme war, ein Handwerk eher als die zahnärztliche Kunst, die eine akademische Ausbildung vorausgesetzt hätte. (Der Unterschied zwischen Dentisten und Zahnärzten wurde erst 1952 aufgehoben.)

Waldemar spielte fantastisch Geige, und zusammen zogen die beiden nun, so oft es ging, über die Dörfer, um beim »Vogelschießen«, wie die Kirmes in Thüringen heißt, bei Hochzeiten und Vereinsfeiern aufzuspielen. Dazu brauchten sie nicht nur einen Wandergewerbeschein – der seine gab Opa Römhild die Befugnis »zum Musizieren mittels Trompete« –, sondern obendrein jeweils eine Genehmigung der Ortsbehörde. Die Muse war nie ganz frei in Deutschland.

Ich besitze noch das Oktavheft, in dem die musikalischen Auftritte der beiden aufgezeichnet und mit vielen Stempeln genehmigt worden waren – in Blankenhorn, Bad Berka, Döschnitz, Königsee, Kranichfeld, Großbreitenbach; 35 Auftritte allein zwischen Juni 1932 und September 1933. Auf diese Weise kam immer etwas Bargeld ins Haus, obgleich die Bauern die Musikanten auch gern in Naturalien entlohnten: mit einem Laib Brot, einer Speckseite oder einem Korb voll thüringischer Würste. Auch das half, sich über Wasser zu halten und in den schweren Zeiten nicht ganz vom Fleische zu fallen.

Anders als viele haben wir zum Glück nie Hunger gelitten. Oma Römhild kochte erst in einer Suppenküche für die Arbeitslosen, die dort Schlange standen, um einmal am Tag etwas Warmes in den Bauch zu bekommen, Erbsensuppe, Linsensuppe, Kartoffelsuppe,

Selige Kindheit: Die Großeltern wohnten im Baumgarten 5, in einem Siedlungsblock, dritte Etage, Wohnküche plus zwei Zimmer, eigene Toilette, was ein vielbeneideter Fortschritt war. Die Miete betrug im Monat meiner Geburt 17,41 Reichsmark. Ein Kachelofen beheizte die Wohnung, allerdings nicht das Schlafzimmer; im Winter erhitzte Oma aber Backsteine in der Röhre (in der sie sonst gern leckere Bratäpfel für uns brutzelte), wickelte sie dick in Zeitungspapier und alte Wolltücher und legte sie uns unter das eiskalte Plumeau – wärmer ist mir nie ein Bett in meinem ganzen Leben vorgekommen. Gasbeleuchtung im Treppenhaus; die Glühstrümpfe in den Lampen mussten oft ausgewechselt werden, was jedes Mal eine umständliche Prozedur war. Im Hinterhof ein Schuppen für jeden Mieter, dort wurde Holz gelagert, wurden die Fahrräder, Schlitten und Schubkarren untergestellt, vor allen Dingen die Handwagen, auf denen alles Mögliche und Unmögliche transportiert wurde: Kartoffeln, Weißkohl, bei Gelegenheit ein halbes Schwein vom Bauern; selbst gesammeltes Brennholz aus dem Wald, Mist und Humuserde für den Garten.

Hinter dem Schuppen floss und fließt noch heute der Wüstebach, der sich um den Hügel schlängelt, auf dem sich die stolze Heidecksburg erhebt. Gleich hinter dem Bach begann der Wald, wo sich die Schäferhündin Senta austoben konnte. Opa schnitzte mir aus Baumrinde Schiffchen, ganze Flotten ließen wir zusammen vom Stapel, der Wüstebach wurde zum schiffbaren Fluss, das Rinnsal zum Ozean: mein Tor zur großen weiten Welt. Was tat es schon, dass die Rindenschiffchen am nächsten Wehr rüde von den schäumenden Wellen verschlungen wurden? Selbst ihr tänzelnder Untergang belebte die Fantasie.

Großvater konnte alles. Er konnte schreinern, schmieden, löten, Schalter reparieren, Fliesen und Parkett verlegen. Er schnitzte mir nicht nur Rindenschiffchen, er baute mir auch Zwillen aus Astgabeln: Schleudern, für die er selbst die Murmeln aus Ton brannte. Er las mir Geschichten vor – nein, er dachte sich die Geschichten

14. September 1930 zur zweitstärksten Fraktion hinter der SPD. Rund 6,4 Millionen Wähler stimmten für Hitler, 18,3 Prozent; auf seine Partei entfielen 107 Sitze. Es dauerte noch 869 Tage, bis er in die Reichskanzlei einzog.

Wer hätte geglaubt, dass ich zwölf Jahre später lernen musste, ein Dreieck mit Hitlers Namen auf den linken Ärmel meiner Braunhemden zu nähen?

Noch war mein Leben ein Idyll. Vater diente bei den Jägern des Regiments 114/14 in der Konstanzer Klosterkaserne, die heute das Landratsamt beherbergt. Mutter fand wenige Wochen nach meiner Geburt eine Anstellung als Krankenschwester im Psychiatrischen Landeskrankenhaus Reichenau und ganz in der Nähe bei der Familie Schweizer in der Wolmatinger Eichbühlstraße eine Pflegestelle für mich. Dort wohnte auch sie. Vater kam täglich nach dem Dienst. Inmitten der Beete hinter dem Haus tat ich, zwischen den Eltern hin und her tappend, meine ersten Schritte. Der Garten wurde mir zum liebsten Spielplatz, als ich erst einmal entdeckt hatte, wie gut die leuchtend roten Tomaten schmeckten. Der Geruch des paradiesischen Nachtschattengewächses faszinierte mich indes fast noch mehr als der Geschmack. Wenn ich die Augen schließe, so steigt mir noch heute der starke Duft der Tomatensträucher in die Nase.

Nach einem guten Jahr wurde Vater nach Donaueschingen versetzt. Mutter zog erst nach Stuttgart, wo Oma Kruschke in Birkach eine Speisewirtschaft betrieb, aber die beiden waren einander nicht sonderlich grün, deshalb zog sie schon nach acht Monaten weiter nach Rudolstadt. Im Städtischen Versorgungsheim Kumbach wurde sie als Pflegerin angestellt. Wir wohnten bei Oma und Opa Römhild. »Dort fanden wir«, erzählte meine Mutter später, »die familiäre Geborgenheit, die wir uns gemeinsam noch nicht aufbauen durften.« Ich war zwei Jahre alt.

Meine frühesten Erinnerungen stammen aus dieser Rudolstädter Zeit. Es war eine selige Zeit, es war eine unselige Zeit.

er beharrlich noch siebzig Jahre danach den Verderber Deutschlands nannte. Sechzig Kilometer weiter, in Lübeck, besuchte der 17 Jahre alte Herbert Frahm, der später als Willy Brandt seinen Weg machte, das Johanneum-Reform-Gymnasium und schrieb gelegentlich schon, politisch wach und links, Artikel für das SPD-Blatt »Lübecker Volksbote«.

Noch andere Menschen, die später meinen Lebensweg kreuzen und zum Teil beeinflussen sollten, durchliefen damals ihre formativen Jahre. Marion Gräfin Dönhoff studierte bereits Volkswirtschaft in Frankfurt, wo sie morgens mit dem jungen Grafen Montgelas im Park ausritt und abends für die Kommunisten – »die einzigen, die wirklich gegen den braunen Spuk kämpften« – Flugblätter verteilte. Der 24-jährige Rechtsanwalt Gerd Bucerius arbeitete als Rechtsreferendar in der Berliner Anwaltssozietät Carlebach und Koch-Weser. Zur gleichen Zeit besuchte der Lehrersohn Heinz Alfred Kissinger, der mich dreißig Jahre später nach Harvard brachte, in Fürth die zweite Klasse der Volksschule.

Manche anderen, deren Einfluss ich mich später nicht entziehen konnte, waren schon um einiges weiter. Hans Rothfels, mein künftiger Doktorvater, ein zum Protestantismus übergetretener Jude, hochdekorierter Frontkämpfer des Ersten Weltkriegs und wie Kissinger binnen weniger Jahre nach Hitlers Machtübernahme in die Emigration getrieben, lehrte an der Universität Königsberg Geschichte, ein bekennender Konservativer, der einen kämpferischen Grenzlandnationalismus vertrat und vehement gegen das »Diktat von Versailles« zu Felde zog. Der nachmalige Bundeskanzler Konrad Adenauer, gegen den ich Anfang der Sechziger manchen bösen Leitartikel schrieb, amtierte als Oberbürgermeister in Köln. Der NSDAP-Führer Adolf Hitler aber, am 20. April 1930 einundvierzig Jahre alt geworden, ging seinem bis dahin größten Triumph entgegen: Bei den Reichstagswahlen von 1928 hatten die Nationalsozialisten nur 2,6 Prozent der Stimmen erhalten, doch die Folgen der von den USA ausgehenden Weltwirtschaftskrise machten sie am

Wochenende nach Hechingen zu Besuch. Bei dieser Gelegenheit kam es zu der geschilderten Begegnung im Arbeitszimmer des Kaisers, die den Onkel so erzürnte.

Der Wandel der Sitten in den zurückliegenden hundert Jahren lässt sich an diesem Vorfall deutlicher und eindringlicher ablesen als an jeder gelehrten soziologischen Abhandlung. Wer kann sich das heute noch vorstellen? Ein Zwanzigjähriger und eine Dreiundzwanzigjährige bitten um Erlaubnis, zusammen einen Spaziergang machen zu dürfen; eine halbe Stunde sitzen sie einander verschämt gegenüber, geziemend getrennt durch eine Schreibtischplatte; dann wird ihnen vom wetternden Onkel kräftig der Kopf gewaschen; zu mehr als einem zarten ersten Kuss und zum hastig verabredeten Du kommt es trotz eines verdrucksten, aber unmissverständlichen Heiratsantrags nicht. In einer Zeit, in der schon Sechzehnjährige mit Einwilligung der Eltern beim Freund oder bei der Freundin übernachten dürfen, übersteigt solch keusche Zurückhaltung unsere Fantasie.

Aber wir sollten uns auch nichts vormachen. Mit der gehegten und gepflegten, bedachten und bewachten Keuschheit ist uns auch eine Portion kribbelnder Romantik verloren gegangen, in dem Maße jedenfalls, in dem sie nur aus dem Reiz des Verbotenen lebte. Zugleich jedoch kam damit viel Verlogenheit, viel Heuchelei, viel Erniedrigung aus der Welt. Ohnehin sorgt ja die Natur der Sache für jede Menge Romantik. Gelockerte Moralvorstellungen töten nicht die Schmetterlinge im Bauch.

Die Natur der Sache – oder soll ich sagen: die Durchschlagskraft der Natur? – blieb auch im Falle des Burgfräuleins Else und ihres Ritters stärker. Briefe gingen zwischen Konstanz und Hechingen hin und her. »Immer drängender wurde Theos Bitte«, schrieb meine Mutter in ihren Erinnerungen, »nicht, wie ich es plante, zurück nach Berlin zu gehen, sondern mir in Konstanz eine Beschäftigung zu suchen« – damals sagte man noch »Beschäftigung«, das Wort »Job« war noch nicht ins Deutsche eingedrungen. »Und da ich

Dankbarkeit lasse Ich Ihnen eine goldene Uhr mit Meinem Namenszuge zugehen. Haus Doorn, den 3. November 1930.« Das Schriftstück trägt, mit Tintenstift geschrieben, die Unterschrift des Exmonarchen: »Wilhelm I. R.«

Die Uhr erbte jeweils der älteste Sommer – erst mein Vater, dann ich. Bei einem Einbruch wurde sie mir am 6. März 1983 gestohlen.

Zu Opa Sommer auf die Burg wurde mein Vater als Sechsjähriger aus dem hungernden Berlin des Ersten Weltkriegs geschickt. In der Hauptstadt gab es wenig zu essen. Tag für Tag kamen Steckrüben auf den Tisch, die niemanden lange satt machen, und dann wieder Steckrüben und nochmals Steckrüben. Besser, den vaterlosen Jungen »auf die Burg« zu bringen, wo die Speisekammern voll waren. So geriet mein Vater nach Hechingen. Er ging dort bis zur Mittleren Reife aufs Gymnasium und kehrte erst danach wieder nach Berlin zurück. Dort absolvierte er eine Lehre als Textilkaufmann.

Der Beruf erschien ihm jedoch nicht sonderlich attraktiv. Jedenfalls entschloss er sich, lieber Soldat zu werden. Dies war gar nicht so einfach, denn der Versailler Vertrag hatte das deutsche Militär auf hunderttausend Mann beschränkt. Zu diesem Hunderttausend-Mann-Heer meldete sich Vater jetzt freiwillig. Eigentlich wollte er zu dem traditionsreichen I. R. 9 in Potsdam, in dem später unter anderem Wolf Graf Baudissin und Richard von Weizsäcker dienten, doch wurde seine Bewerbung abschlägig beschieden. Von Hechingen aus versuchte er es dann beim Infanterieregiment 14 der Reichswehr in Konstanz. Dort wurde der Neunzehnjährige angenommen. Am 16. April 1928 trat er seinen Dienst an. Es war zwar nicht das Wunschregiment, aber Konstanz als Garnisonsstandort hatte einen Vorteil: Wenn Vater dienstfrei hatte, war er schnell auf dem Hohenzollern.

Wie es der Zufall wollte, kam er, genau zwei Tage nachdem meine Mutter dort bei ihrer kranken Tante eingetroffen war, übers

In diesem Jahr 1930, in das ich hineingeboren wurde, begann die Weimarer Republik aus den Fugen zu geraten. Das Land ächzte unter der Wirtschaftskrise, die nach dem »Schwarzen Freitag«, dem New Yorker Börsenkrach vom Oktober 1929, über die Welt hereingebrochen war. Verschärft von den maßlosen Reparationsforderungen der Sieger des Ersten Weltkriegs, brachte sie die Weimarer Republik an den Rand des finanziellen Ruins. Das Bruttosozialprodukt sank. Die Zahl der Arbeitslosen – zu Jahresbeginn 2,9 Millionen – stieg rapide an; Ende des Jahres stand sie bei 4 Millionen.

In Berlin regierte seit Ende März der Reichskanzler Heinrich Brüning mit einer zerstrittenen, entscheidungsschwachen und handlungsunfähigen Koalition der rechten Mitte. Der greise Reichspräsident von Hindenburg steuerte unter dem Einfluss seiner Berater immer unverhohlener einem autoritären Präsidialsystem zu, in dem Notverordnungen parlamentarische Beschlüsse ersetzten. Kommunisten und Nationalsozialisten lieferten sich ständig Straßenschlachten.

Die demokratische Weimarer Republik löste sich zusehends auf. Sie hatte immer weniger Anhänger, und es gab immer weniger Demokraten, die sie hätten retten können. Dafür meldeten sich zu viele Propheten zu Wort, die das Heil des Landes in apokalyptischen Visionen sahen. Ernst Jünger pries den Arbeiter und Kämpfer als Souverän, Carl Schmitt den starken Staat, Walter Benjamin den proletarischen Revolutionär, Adolf Hitler den »rassereinen« Deutschen; Antidemokraten allesamt. Jünger postulierte, »der Mensch ist nicht auf den Frieden angelegt«; Schmitt propagierte den »totalen Führerstaat« als Ausweg aus »einem chaotischen Gemenge von Staatlich und Nichtstaatlich, Öffentlich und Privat, Politisch und fiktiv Unpolitisch«; Walter Benjamin philosophierte über revolutionäre Gewalt als Mittel zur Durchsetzung der Gerechtigkeit; Hitler jedoch bramarbasierte (in *Mein Kampf*): »Ein Staat, der im Zeitalter der Rassenvergiftung sich der Pflege seiner besten rassischen Elemente widmet, muss eines Tages zum Herrn der Erde werden.«

verliehene Nobelpreis die literarische Szene Deutschlands. Den geehrten Schriftsteller jedoch trieb längst angstvolle Sorge um. Er sah mit Entsetzen, dass sich eine radikale Abkehr vom Kurs der deutsch-französischen Verständigung anbahnte, die Abwendung auch vom paneuropäischen Gedanken, den Gustav Stresemann als Außenminister bis zu seinem Tod Anfang Oktober 1929 beherzt verfochten hatte. Die Hinwendung zum Ziel eines wirtschaftlich und politisch von Deutschland geführten – besser: beherrschten – »Mitteleuropa« beunruhigte Mann.

In der Tat erteilte das Berliner Kabinett Anfang Juli dem Plan eines europäischen Staatenbundes, den Stresemanns Partner Aristide Briand im Frühjahr vorgelegt hatte, eine schroffe Absage. Der Vision des Staatenbundes stellte der Reichskanzler das »Konzept einer gerechten und dauerhaften Ordnung Europas« entgegen, in der »Deutschland einen ausreichenden natürlichen Lebensraum« haben müsse. Das klang zahmer als die Tiraden des Nazi-Führers Adolf Hitler, war aber nicht minder revisionistisch.

Nicht ohne Grund appellierte Thomas Mann im Oktober 1930 im Berliner Beethoven-Saal an das Bürgertum, sich nationaler Verkrampfung »und damit unser aller Unglück« zu widersetzen. Immer wieder wurde er während seines Vortrags von feindseligen Zwischenrufen unterbrochen. Die Buhrufe für den Laureaten machten deutlicher als tausend andere Zeichen, wohin der Wind drehte.

»Was bist du, Deutschland?«, fragte kummervoll und ahnungsvoll Kurt Tucholsky. »Wie wird deine Zukunft sein? Armes Deutschland.« Ihm schwante Schlimmes: »Es soll nicht sein das erste Reich / es soll nicht sein das zweite Reich. / Das dritte Reich? Bitte sehr, bitte gleich! / Im dritten Reich ist alles eitel Glück. / Wir holen unsre Brüder zurück: / die Sudetendeutschen und die Saardeutschen / und die Eupendeutschen und die Dänendeutschen ... / Trutz dieser Welt! Wir pfeifen auf den Frieden. / Wir brauchen Krieg. Sonst sind wir nichts hienieden.«

Anfang auf Burg Hohenzollern

besucher und betete inständig, dass sie ihm nie wieder begegnen werde. Am Nachmittag jedoch stand er ihr plötzlich am Kaffeetisch gegenüber und wurde ihr als Theo Sommer, der Enkel des Kastellans, vorgestellt. Mein Urgroßvater Theodor Sommer war Verwalter der Burg Hohenzollern. Sein Enkel diente beim Infanterieregiment 14 der Reichswehr in Konstanz und hatte gerade vier Tage Urlaub.

Am nächsten Tag bat der blutjunge Soldat Elses Tante um die Erlaubnis, am Abend mit ihrer Nichte auf der Bastei um die Burg herum eine halbe Stunde spazieren gehen zu dürfen. Doch fing es nachmittags so stark zu stürmen und zu schneien an, dass man keinen Schritt aus dem Haus gehen konnte. Theo wusste Rat: »Fräulein Else, Sie dürfen nichts Schlechtes von mir denken, ich weiß einen Platz, wo wir in Ruhe reden können, und reden muss ich mit Ihnen.« Er ging in die Kastellans-Wohnung seines Großvaters und holte sich heimlich den Schlüssel zum Schlosseingang. Durch die Ahnengalerie und den Grafensaal schlich sich das Paar ins Arbeitszimmer Wilhelms II.

Das Zimmer war dunkel, nur der Abglanz des weißen Schnees hellte es auf. Dort setzten sich die beiden in zwei Sessel, getrennt durch einen großen Tisch, und schauten sich scheu an. Sie mahnte bald: »Ich muss gehen, die halbe Stunde ist fast um.« Da platzte es stotternd aus ihm heraus: »Fräulein Else, ich bin zwar noch nichts, ich kann vielleicht mal was werden, würden Sie auf mich warten, bis ich was bin?« Ihr stockte fast der Atem, schließlich kannten sie sich kaum drei Tage. »Sie können mir ja mal schreiben«, gab sie zur Antwort. »Vielleicht werde ich dann warten.«

Dann liefen die beiden, so schnell es die Dunkelheit zuließ, nach draußen. Dort trafen sie auf einen erbosten Onkel Heini, den Pächter der Burgschenke, der mit einer Petroleumlampe in der Hand den Spuren im Schnee bis zum Schlosseingang nachgegangen war. Es setzte ein gewaltiges Donnerwetter; niemand wollte glauben, dass sich zwischen dem Paar nichts Verfängliches abgespielt hatte. Es reichte gerade noch zum verbrüdernden Du und einem ersten Kuss – dem »Siegel unter den Vertrag«, wie sich der junge Mann ausdrückte, ehe er sich auf den Rückweg in seine Kaserne machte.

Anderthalb Jahre später, am 10. Juni 1930, bin ich in Konstanz zur Welt gekommen. Es war eine heillose Welt.

Der Sommer 1930 zeigte sich durchwachsen in Deutschland. Wohl gab es im Juni mehr Wärme und Sonne als sonst, Hitze und Dürre plagten die Menschen, doch der Juli und August wurden nass und kühl. Nur in der Politik herrschte vor den Septemberwahlen zum Reichstag Siedehitze.

Es war ein Jahr voll verschatteter Ausgelassenheit. In *Der blaue Engel* feierte Marlene Dietrich in den Kinos Triumphe; die Preußische Akademie der Künste wählte den Maler Max Liebermann erneut zu ihrem Präsidenten; in Hamburg faszinierte der Welttheaterkongress das verwöhnte Publikum der Hansestadt; die SPD-geführte preußische Regierung lehnte die Rückgabe der Nofretete-Büste an Ägypten ab; Gustaf Gründgens spielte im Berliner Deutschen Theater den Orest in Goethes »Iphigenie auf Tauris«; die Comedian Harmonists sangen: »Wochenend und Sonnenschein / und dann mit dir im Wald allein.« Es war wie ein Nachklang der »goldenen Zwanzigerjahre«, die in Wahrheit ja so golden nie gewesen waren.

Erich Maria Remarques Antikriegsroman *Im Westen nichts Neues* stellte Verkaufsrekorde auf. Vor lauter Jux und Tollerei wollte freilich niemand so richtig wahrhaben, dass dennoch alsbald wieder heldenhafter Glanz und kriegerisches Gloria zur Losung werden sollten. Die erste deutsche Spaßgesellschaft taumelte selbstvergessen ihrem Ende entgegen. Was sich damals als fulminantes Feuerwerk ausnahm – in der Rückschau wird erkennbar, dass es nur der täuschende Vorspann war zu den Feuerwalzen, Feuerstürmen und Feueröfen des kommenden Weltenbrandes.

Noch überstrahlte der im Dezember 1929 an Thomas Mann

EINLEITUNG

Ich bin wohl einer der Letzten jener Generation, die ihre Kindheit und Jugend in einer längst versunkenen Welt verbracht hat. Denn zum einen war es noch eine Biedermeier-Welt, zum anderen die braune Welt des Dritten Reichs.

Wir wurden in eine Zeit hineingeboren, die mit jener von 1820 mehr Ähnlichkeiten hatte als mit der von 2020. Gewiss, es gab seit einem Jahrhundert die Eisenbahn, seit 1852 die Telegrafie, seit 1886 das Automobil, seit 1903 das motorisierte Flugzeug, und zu Beginn des 20. Jahrhunderts hatte auch die Schreibmaschine in den Büros Einzug gehalten. Aber im alltäglichen Leben spielten all diese Neuerungen noch kaum eine Rolle. Leisten konnten sie sich nur wenige. Als ich geboren wurde, besaß kaum jemand ein Auto oder ein Telefon. Selbst elektrischer Strom war keineswegs Gemeingut; Gaslaternen und sogar Petroleumlampen waren noch häufig anzutreffen. Die Box-Kamera der 1930er-Jahre lieferte pro Filmspule ganze zwölf quadratische Sechs-mal-sechs-Fotos. Ein Rundfunkgerät blieb unerschwinglicher Luxus, bis der »Volksempfänger« aus schwarzem Bakelit 1938 auf den Markt kam. Napoleon, Karl der Große, selbst Cäsar hätten sich im ersten Drittel des 20. Jahrhunderts nach kurzer Einweisung zurechtgefunden. Heute würden sie wie Hänsel und Gretel im Wald ratlos durch das Dickicht der Moderne irren. So viel grundstürzenden Wandel in so kurzer Frist hatte keine vorangegangene Generation erfahren – und zu verkraften.

Wir waren zwölf, fünfzehn oder siebzehn, als der Zweite Weltkrieg zu Ende ging. Wir haben noch Tote gesehen: an der Front oder in den zerbombten, brennenden Städten der Heimat. Einige von uns haben als Flakhelfer gedient, andere sind – wie ich – 1945 noch zum

Volkssturm geholt worden oder sollten als Werwolf-Guerilla helfen, den Krieg zu gewinnen. Reichlich indoktriniert fieberten viele von uns dem »Endkampf« entgegen. Doch was wir dann alsbald über die nationalsozialistische Herrschaft erfuhren, immunisierte uns für alle Zeiten gegen sämtliche totalitären Heilslehren. Leidenschaftlich bekannten wir uns zu den Werten des Westens.

Als die Bundesrepublik Deutschland gegründet wurde, war meine Generation um die zwanzig. In den frühen Jahren des Wirtschaftswunders haben wir studiert, Meisterprüfungen abgelegt, Firmen gegründet oder Karrieren begonnen: als Beamte, Geschäftsleute, Akademiker, Politiker, Journalisten. Die »Fünfundvierziger« in der Zunft der Medien haben die Republik mit herbeigeschrieben, in der wir heute leben. Es gab uns in allen politischen Lagern. Wir haben nicht unbedingt auf die gleichen Lehrmeinungen gehört. Unser gemeinsames Erleben brach sich im Prisma der unterschiedlichsten Temperamente. Und dennoch verband uns ein durchgehender Grundzug: die Erfahrung einer Generation, die bei null anfangen musste und seit 1945 mehr geschafft und geschaffen hat, als sie inmitten der damaligen Trümmerberge jemals zu träumen wagte. »Deutschlands zweite Chance«, die uns Fritz Stern so eindringlich vor Augen gestellt hat, war auch unsere Chance. Wir haben sie ergriffen.

Unsere Generation hat 1945 die Hölle hinter sich gelassen. Als Paradies allerdings haben wir uns die Erde nie ausgemalt, dazu hatten wir zu tief in den Abgrund geblickt. »Wir sind die Generation ohne Bindung und ohne Tiefe. Unsere Tiefe ist der Abgrund.« Der Satz aus Wolfgang Borcherts »Hundeblume« steht am Alsterufer in der Nähe des Hamburger Literaturhauses auf einem Gedenkstein für den Dichter, dessen Unteroffizier Beckmann, der Mann mit der Gasmaske und dem steifen Knie aus *Draußen vor der Tür*, zum Sinnbild einer heillosen Epoche wurde. Viele Male bin ich frühmorgens an dem Stein vorbeigejoggt. Ich fand den Satz deprimiert und depri-

Ja, so war es. In den Konferenzen ging es hoch her. Argumente zählten, und Chefredakteur Sommer ließ sich belehren. Mit einem dröhnenden Lachen konnte er eingestehen, wenn seine Argumente nicht fruchteten. Er war der »Mann der offenen Feldschlacht«, charakterisierte die Reporterin Nina Grunenberg ihren Chef. Man sei aufgerufen, »seine sieben Sinne zusammenzuraffen und gegen ihn zu argumentieren«. *Die Zeit*, 1946 gegründet und in ihren Anfängen noch eine Wochenzeitung unter anderen, entwickelte sich in diesen Jahren zum auflagenstärksten und umfangreichsten deutschsprachigen Wochenblatt. Auch international stand sie nun in der ersten Reihe der großen Zeitungen.

Zweiundsiebzig Jahre nachdem Theo Sommer sein erstes Zeilenhonorar – 25 Pfennig – von der der *Rems-Zeitung* erhalten hatte, dachte er noch einmal über die Rolle des Journalisten nach. Er schreibt in diesem Buch: »Für mich war das Attraktivste an meinem Beruf, dass ich dabei Ideen mit Fakten verbinden, Meinungen mit sachlichen Belegen unterfüttern kann.« Er wusste aber auch: »Wir schwanken zuweilen zwischen Anpassung und Anmaßung. Manche unter uns neigen zur Skrupellosigkeit. Alles in Allem brauchen wir uns des Dienstes indes nicht zu schämen, den wir der Gesellschaft, dem Gemeinwesen leisten. Wir müssen unser Licht nicht unter den Scheffel stellen ... Wir taten, was wir konnten.«

Einen Tag nach seinem 92. Geburtstag, am 11. Juni 2022, schon gezeichnet von den Folgen eines schweren Sturzes auf der Treppe seines Hauses in Hamburg-Volksdorf, wagte er bei einem Abendessen seiner Familie einen kurzen Rückblick auf sein Leben, mit dem er auch diese Erinnerungen beschloss: »Nach zeitgenössischem, meist abwertend gemeintem Sprachgebrauch bin ich ein alter weißer Mann. Das bin ich in der Tat. Ich bin es auch in dem Sinne, dass ich, obwohl dem Fortschritt aufgeschlossen, nicht alles an der Gegenwart gut finde und nicht alles an der Vergangenheit verdamme. Ich bin dankbar dafür, dass ich vieles erleben und genießen durfte, was meinen Nachfahren, Kindern und Kindeskindern, nie vergönnt sein wird.«

Im Laufe seines langen Lebens wurde Theo Sommer eine große Zuneigung entgegengebracht. Sie beruhte auf seiner Herzlichkeit und Offenheit, auf seiner Vitalität und Unbekümmertheit, auf seiner großen Professionalität: Er wusste, was die relevanten Themen sind und wie man Zeitung macht. Sein Charisma und seine Kompetenz beruhten ganz einfach auf seinem Interesse an der Welt und seiner nimmermüden Neugier auf das andere und ihm Fremde. Nie arrogant, nie überheblich. Er liebte das Lachen. Er blieb der strahlende, sympathische große Junge mit den kräftigen Pranken, als der er mir im August 1961 auf dem Flur des Hamburger Pressehauses das erste Mal begegnet war.

Hamburg, im Oktober 2022   *Haug von Kuenheim*

Lebens. Sommers Begegnung mit Henry Kissinger in Harvard hatte für ihn zudem eine besondere Bedeutung. Hier liegen die Anfänge des weltweiten Freundeskreises, dessen Teil der junge Journalist mit den Jahren wurde. Der blitzgescheite, redegewandte, liberale Deutsche aus Hamburg gefiel und wurde geschätzt. Er nahm an ungezählten Seminaren und Symposien teil. Nicht nur in den USA. Angesehene internationale Debattenforen baten ihn darum mitzumachen. Die exklusive Bilderbergkonferenz lud Sommer ein, der deutsch-englischen Königswinterkonferenz gehörte er dreißig Jahre lang an, zwei Jahrzehnte saß er im Kuratorium des Internationalen Instituts für Strategische Studien in London. Schließlich gehörte er zwölf Jahre zum Vorstand der Deutschen Welthungerhilfe, überdies war er leitendes Mitglied etlicher internationaler politischer Gesellschaften.

Vor allem nach Asien zog es ihn oft. Auf seiner ersten Reise 1961 machte er in Vietnam Station. Er bekannte: »Vietnam wurde eines der schwierigsten Themen meines journalistischen Lebens.« Ich erinnere mich noch gut an die heftigen Diskussionen in den wöchentlichen Konferenzen der Zeit-Redaktion. Es brauchte eine lange Zeit, bis Theo Sommer erkannte, dass »der notwendige Krieg«, wie er schrieb, ein »sinnlos gewordener« war. Warum er so lange an seiner falschen Einschätzung festgehalten hat, schildert er in diesem Buch mit einer Ehrlichkeit und Offenheit, wie sie in Memoiren selten anzutreffen ist. Auch Südkorea und Japan bereiste er immer wieder. Der japanischen Geschichte galt seine Dissertation, China widmete er 2019 noch sein letztes großes Buch vor den Memoiren, »China first«.

Sosehr sich Theo Sommer in der großen Welt heimisch fühlte, die Stätte seine Wirkens war das Pressehaus am Speersort in Hamburg. Über seine Rolle als Journalist, als Chefredakteur der Zeit hat er viel nachgedacht. In einer Rede vor Studenten der Ruhr-Universität Bochum 1979 zog er ein Fazit seiner ersten sechs Jahre als Chefredakteur: »Es ist heute fast unmöglich, dass ein einzelner alle Bereiche einer Zeitung überblickt, alle Bereiche mit Sachverstand führt oder beurteilt und außerdem noch ein zuverlässiger Verwalter ist. Der Chefredakteur ist Personalboss, Abzeichner von Honoraranweisungen von einer bestimmten Höhe an, der Mann, der den Etat aufstellt und ihn mit den Ressorts und dann mit dem Verlag aushandelt. Er ist der Grüßaugust des Blattes. Er ist der Journalist in dem Sinne, dass er die Meinungsbildung in vielerlei Konferenzen beeinflusst und dass er außerdem auch noch Schreiber ist – wenn es geht Starschreiber.«

»Autorität« kommt von »Autor« war ein Lieblingswort von Sommer, den Platz als Leitartikler ließ er sich von keinem nehmen. Und: »Schreiben heißt Lesen. Schreiben heißt mit Leuten reden. Schreiben heißt Reisen. Andererseits kann ich mir auch schwer vorstellen, dass je ein nichtschreibender Chefredakteur bei der *Zeit* das Regiment ergreift.«

Manches von der Kunst, Chefredakteur zu sein, hatte Theo Sommer sich von seiner Vorgängerin und Wegbegleiterin Marion Gräfin Dönhoff abgeschaut. Doch hatte sie auch von ihm gelernt. An seinem 70. Geburtstag gestand sie: »Egal wer von uns beiden Chef war, die Arbeitsweise blieb die gleiche. Wir berieten zusammen, diskutierten viel, stritten auch gelegentlich, aber immer freundschaftlich. Ich konnte nicht ohne Sommer, und er brachte seinen Aspekt unserer Zusammenarbeit auf die Formel: Mit keiner Frau habe ich es so lange ausgehalten wie mit der Dönhoff.«

1973 übernahm Sommer von Marion Dönhoff die Chefredaktion. Als Helmut Schmidt *Zeit*-Herausgeber seit Mai 1983, einmal in einem langen Sermon viele Gravamina auflistete, schrieb ihm Sommer einen gepfefferten Brief, in dem es hieß: »Eine Redaktion ist ein pulsierender Organismus, kein hierarchisch aufgebautes Ministerium, und der Chefredakteur kein weisungsausführender Staatssekretär. Ich will die Lebendigkeit der Redaktion, auch wenn sie mir zuweilen Schmerzen bereitet. Ich will Offenheit für Neues; ich will nicht regen Köpfen einbläuen, was sie zu denken haben.«

VORWORT

Der strahlende große Junge mit den kräftigen Pranken

Mehr als sechzig Jahre währte unsere Freundschaft, entstanden aus der gemeinsamen Arbeit für die *Zeit*. Eine Freundschaft, die großer Worte nicht bedurfte, nicht einmal des Wörtchens Du. Als ich im Sommer 1961 zu der Hamburger Wochenzeitung stieß, war Theo Sommer schon drei Jahre an Bord. 31 Jahre alt war er damals.

Marion Gräfin Dönhoff, die Chefin des politischen Ressorts des Blattes, hatte ihn aufgespürt im Seminar des Tübinger Politologen Theodor Eschenburg. Sie holte ihn an ihre Seite nach Hamburg ins Pressehaus am Speersort. Etwas Berufserfahrung hatte er da schon gesammelt, als Redakteur der *Rems-Zeitung* in Schwäbisch Gmünd; auch – und das war nicht selbstverständlich für einen Berufsanfänger in der frühen Nachkriegszeit – hatte er vor seinem Tübinger Abschluss zwei Jahre im Ausland verbracht, an der Heimvolkshochschule im schwedischen Asa bei Katrineholm und in den USA auf einem College in Manchester und der Universität in Chicago. Theo Sommer folgte Marion Dönhoff im Laufe der Jahre als Ressortchef Politik, als Chefredakteur und schließlich als Herausgeber. Er verkörperte an ihrer Seite, neben den Gründern des Blattes, eine neue Generation: atlantikorientiert, sozialliberal, kosmopolitisch. *Die Zeit* wurde zur Chance seines Lebens, und aus der Chance wurde sein Leben. Bis zu seinem Tod im August 2022 hatte er ein Büro im Pressehaus. Dieses

Buch, an dem er buchstäblich bis zu seinem letzten Atemzug gearbeitet hat, zeigt sein Leben.

Theo Sommer, geboren 1930 in Konstanz als Sohn eines Angehörigen der Reichswehr, gehörte zu der Generation, die den Krieg, besonders sein Ende, als Jugendlicher noch bewusst erlebt hatte. Er genoss aber eben auch die »Gnade der späten Geburt«, die ihm eine Entscheidung für oder gegen den Hitler-Staat ersparte. Wie er in diesem Buch schreibt: »Die ›Gnade der späten Geburt‹ – ein Wort des sechs Wochen älteren Helmut Kohl, oft verspottet, indes absolut richtig – hat mich dieser existenziellen Entscheidung enthoben. Ich weiß nicht, wie sie ausgefallen wäre. Aber eines weiß ich: Ich bin froh, dass ich nicht das geworden bin, was ich hätte werden sollen.«

Und in der Tat: Das wahnhafte nationalsozialistische Weltbild, das dem Adolf-Hitler-Schüler auf der Ordensburg im bayerischen Sonthofen eingebläut worden war, schüttelte der Fünfzehnjährige schnell ab. Die Worte des um wenige Jahre älteren Wolfgang Borchert »Wir sind die Generation ohne Bindung und ohne Tiefe. Unsere Tiefe ist der Abgrund« machte er sich nicht zu eigen. Selbstbewusst und energisch ergriff er die Chancen, welche die junge Bundesrepublik ihm bot. Er wollte heraus aus der Enge des geistig verödeten Deutschlands in die weite Welt.

Er schaffte es. Theo Sommer wurde zum Weltbürger, zum Kommentator internationaler Medien und gefragten politischen Gesprächspartner vieler Institutionen – und in Hamburg zu einem Zeitungsmacher, der neben Rudolf Augstein, Marion Gräfin Dönhoff, Henri Nannen und Axel Springer die deutsche Pressegeschichte mitprägen sollte.

Sommer blieb zeitlebens ein Transatlantiker. Seine vielen Reisen in die USA, es mögen weit mehr als hundert gewesen sein, anfangs noch per Schiff, führten ihn in alle Ecken des Landes und zu den Handelnden in Washington. Die USA hatten Deutschland nicht nur von Hitler befreit, sie standen für Fortschritt. Wie so vielen seiner Altersgenossen wurde ihm Amerika ein Stück des eigenen

Inhalt 9

      Mein Umdenken: Wiedervereinigung kommt 401
      Die Zeit und die deutsche Frage 405

XI. Themen der *Zeit*: Liberalität und Leitkultur 411
      Gegen den Überwachungsstaat 411
      Leitkultur 412

XII. Die Entdeckung Asiens 417
      Erste Begegnungen 417
      Im Land der aufgehenden Sonne 418
      Im Dschungelkampf gegen die Vietcong 427
      Die Koreaner: Meine Lieblingsasiaten 434
      Fünf Jahrzehnte China im Blick 448
      Begegnung: Deng Xiaoping 453
      Mein Irrtum über Chinas Zukunft 458

XIII. Kriterien und Krisen des Journalismus 464
      Vom Wesen des Journalismus 464
      Was ist ein Chefredakteur? 479
      Reisen: Der schönste Teil des Journalismus 481

XIV. Und unversehens ist es Abend 483

Anhang
      Bildnachweis 487
      Quellennachweis 487
      Personenregister 489

INHALT

Vorwort von Haug von Kuenheim 11
Einleitung 17

I. Kindheit zwischen den Kriegen 20
   Anfang auf Burg Hohenzollern 20
   Selige Zeit, unselige Zeit 32
   Sütterlin, Sauerkraut und Strickstrümpfe 51

II. Im Braunhemd für Führer und Fahne 74
   Auf dem Weg nach Sonthofen 74
   Manch Richtiges in vielem Falschen 92
   Sparta, Barbarossa und Edda 107
   Von der braunen Politprägung blieb nichts 121
   Mein Kriegsende: Als alles in Scherben fiel 126

III. Umbruch, Umdenken, Aufbruch 144
    Nach dem Ende, vor dem Anfang:
    »Eine bitterböse Zeit« 144
    Nicht mehr der Flamme Trabant 163

IV. Lehr- und Wanderjahre 187
    Vor- und Leitbild Schweden 187
    Amerika: Ein erster Anhauch 193
    Chicago: Startrampe ins Leben 209
    Heirat ad hoc 219
    Lokalredakteur zwischen Markt und Münster 229
    Studium der Geschichte 237

V.	Vorwärts im Journalismus	240
	Anfang bei der *Zeit*	240
	Warum Journalist?	242
	In der Pressestadt Hamburg	244
VI.	Die Hamburger Kumpanei	253
	Zeit, Stern und *Spiegel*	253
	Gerd Bucerius	256
	Rudolf Augstein	265
	Henri Nannen	271
	Marion Dönhoff	286
VII.	Militärexperte in Zivil: Als Leiter Planungsstab auf der Hardthöhe	301
	Begegnung: Henry Kissinger und das Sommerseminar in Harvard	301
	Ein Lebensthema: Verteidigungspolitik	309
	Begegnung: Helmut Schmidt	310
	Der Kalte Krieg und die Atombombe	319
VIII.	Deutsche Teilung, deutsche Einheit	333
	Vorreiter der Ostpolitik: »Deutsche an einen Tisch«	333
	Nach der Mauer: Entspannungspolitik	335
	Begegnung: Egon Bahr	342
IX.	Ringen um Deutschland: Ist's eins, sind's zwei?	348
	Teilungsschicksale am Todesstreifen	348
	DDR 1964: Reise in ein fernes Land	351
	DDR 1984: Heimat und Vaterland	356
	Erich Honecker: deutscher Kommunist, deutscher Realist	363
	DDR 1986: Das andere Deutschland	368
X.	Die Vereinigung Deutschlands	379
	Meine Haltung zur Wiedervereinigung	379

Theo Sommer

ZEIT MEINES LEBENS

Erinnerungen eines Journalisten

Mit einem Vorwort von Haug von Kuenheim

Propyläen

Wir verpflichten uns zu Nachhaltigkeit
- Klimaneutrales Produkt
- Papiere aus nachhaltiger Waldwirtschaft und anderen kontrollierten Quellen
- ullstein.de/nachhaltigkeit

Propyläen ist ein Verlag der Ullstein Buchverlage GmbH
www.propylaeen-verlag.de

ISBN 978-3-549-10058-5

© Ullstein Buchverlage GmbH, Berlin 2022
Alle Rechte vorbehalten
Lektorat: Ulrich Wank
Gesetzt aus der Stempel Garamond LT Pro
Satz und Repro: LVD GmbH, Berlin
Druck und Bindearbeiten: GGP Media GmbH, Pößneck

Es ist nicht möglich, das Werk zu vollenden.
Es ist nicht erlaubt, das Werk abzubrechen.

NACH DEM TALMUD

Ich war mächtig stolz, wenn ich ihn aus der Ferne auf dem Kasernenhof beobachtete.

Nach der Wiederbewaffnung wurde er in kurzen Abständen versetzt. In Münsingen blieb er nur ein knappes Jahr. Erinnerungen daran sind mir nur wenige geblieben. Wie Vater mit dem Luftgewehr Tauben vom Dach des Hofgebäudes schoss, die unsere Mutter briet und in Weißblechdosen einweckte. Wie ich im Stall die kleinen Lämmer mit dem »Pudel« – so nannte der Bauer das Babyfläschchen – füttern durfte. Wie ich mit glänzenden Augen die Regimentskapelle verfolgte, wenn sie hoch zu Ross aus dem Tor zog, wobei mich der Pauker und der Schellenbaumträger besonders beeindruckten. Oder auch, wie ich mich im Sommer oft auf den Berg schlich und mich am Rande der Schafherde in die Sonne legte, wo es nach Thymian roch, nach Ottermönch, Spitzwegerich und verdorrten Schafköteln. Ab und zu leckte mir der Hirtenhund das Gesicht, und während ich den Wolken nachblickte, hörte ich den Schäfer vor seinem Wagen mit den Stricknadeln klappern. Dabei holte ich mir einen bösen Sonnenbrand, der schmerzhaft vereiterte und einen dunklen Fleck auf meinen Schultern hinterließ – Sonnenschutzmittel waren teuer dazumal. Zur Kühlung und Heilung wurde mir Schafjoghurt auf die Wunde geträufelt; ein Brauch, auf den ich viel später in Kreta wieder stieß.

Alles in allem war es eine herrliche Zeit: die letzten Tage unbeschwerter Kindheit.

Im Spätsommer 1935 ging es weiter nach Heilbronn, in die neue Kaserne auf der Fleiner Höhe. Dort wurde im Herbst mein Bruder Klaus geboren, und dort kam ich Ostern 1936 zur Schule. In Lederhosen und Sandalen stapfte ich morgens bei gutem und bei schlechtem Wetter über den Kasernenhof, an der Wache vorbei den langen Berg hinunter, wo links und rechts der Straße der Fleiner Riesling wuchs, zum Schulgebäude; mittags dann den gleichen beschwerlichen Weg bergauf zurück. Noch war ein Kinderfahrrad reiner Luxus, Schulbusse gab es nicht, und ein eigenes Auto konnten sich sowieso die wenigsten leisten.

Ein knappes Jahr später wurde Vater nach Schwäbisch Gmünd abkommandiert. Wieder hieß es einpacken, umziehen, auspacken. Am 6. Oktober 1936 hielt die Familie in der alten Stauferstadt Einzug. In der Bismarckkaserne bekamen wir eine geräumige Dienstwohnung zugewiesen, im ersten Kompanieblock gleich rechts neben der Wache, vis-à-vis dem Bataillonsstabsgebäude und schräg gegenüber dem Kasino. Die Familie blieb dort bis Kriegsende wohnen, dann wurde an der Stelle ein DP-Lager eingerichtet, bis die U.S. Army die Kaserne übernahm, jene berühmte 56. Feldartillerie-Brigade, deren Pershing-Raketen in der »Missile Storage Area« oben auf der Mutlanger Heide in den späten 70er- und frühen 80er-Jahren das Ziel ungezählter Protestmärsche und Sitzblockaden waren; Heinrich Böll, Walter Jens, Robert Jungk und Horst-Eberhard Richter waren dabei.

Im Jahre 1993 wurde die Kaserne entmilitarisiert: Die University of Maryland richtete dort 1993 ihren europäischen Campus ein. In unserer alten Wohnung logierte nun der Dekan der Hochschule. Der erste »Dean of Students« und seine Frau wurden meiner Mutter, die erst 1999 starb, zu guten Freunden. Immer wieder haben sie die alte Dame in ihr einstiges Domizil eingeladen. Ich selbst hielt bei der Einweihung des Colleges in der zur Aula umgebauten alten Reithalle die Festrede, Thema: »Europe and America: Facing the 21st Century«. Fünf Jahrzehnte früher hatte ich damals im Torf am Rande des Parcours regelmäßig die Champignons gesammelt, die dort in prächtiger Fülle aus dem Boden sprossen. Mit großer Betrübnis habe ich dann 2002 erfahren, dass die University of Maryland ihr Gmünder College wieder schloss.

Keiner ahnte im Jahre 1936, dass das Gold- und Silberstädtchen im Remstal der Familie zur Heimat werden sollte. Meinen Eltern wurde es zur Endstation; dort wurden sie auf dem Dreifaltigkeitsfriedhof begraben. Das inzwischen aufgelöste Familiengrab, in dem auch ein

eines Fliegeralarms im Luftschutzraum geboren, und da weder Arzt noch Hebamme zu uns durchkamen, war es mein Vater, damals als Rekonvaleszent nach einer schweren Verwundung zu Hause, der ihn »holte«, abnabelte, badete und wickelte – mit Stoffwindeln; die Pampers-Ära brach erst ein Vierteljahrhundert später an.

Heimat Gmünd: Ich ging nun in die Horst-Wessel-Schule, benannt nach dem verbummelten nationalsozialistischen Studenten, dem Sohn eines Feldpredigers, der sich als notorischer Zuhälter über Wasser hielt, ehe er, von einem anderen Zuhälter in einer Kneipenschlägerei umgebracht, zum Heros der Bewegung erhoben worden war. Den Schulweg von der Kaserne bis zu Stadtmitte legte ich zu Fuß zurück, eine halbe Stunde hin, eine halbe Stunde zurück, bei jedem Wetter. Gleich nebenan lag die katholische Maria-Kahle-Schule, eine Mädchenschule, deren Namenspatronin sich als völkisch-rassistische Sängerin der »Erweiterung des deutschen Lebensraumes« einen Namen gemacht hatte. Zum Sitz der *Rems-Zeitung*, wo ich später meine journalistische Karriere begann, waren es nur ein paar Schritte, auch das gotische Münster Peter Parlers, dessen Geschichte mich später als Lokalredakteur faszinierte und über das ich immer wieder Reportagen schrieb, lag keine zwei Minuten entfernt.

Schreiben lernte ich auf Schiefertafeln, mit spitzen Griffeln, ebenfalls aus Schiefer, die nervtötende Quietsch-Geräusche verursachten, wenn man sie zu stark aufdrückte. Dann brachen sie auch leicht ab, und es bedurfte einiger Kunstfertigkeit, sie in einer Art Raspel wieder spitz zu feilen. Ein oder zwei Jahre darauf kamen dann als große Neuerung die Milchgriffel, die wie Bleistifte aussahen und mit dem normalen Anspitzer wieder in Form gebracht werden konnten; eine weiche weiße Masse in der Mitte erlaubte geräuschfreies, sanftes Schreiben. In dem Holzrahmen, der die Schiefertafel einfasste, war eine Schnur befestigt, woran ein feuchter Schwamm hing, mit dem sich das Geschriebene wieder abwischen ließ; später kamen dann fröhliche, bunt-emaillierte Schwammdöschen auf.

In Hefte durften wir erst in der dritten oder vierten Klasse schreiben – mit dem Federhalter, der in die Tintenfässer eingetunkt werden musste, die in unsere uralten Schulbänke eingelassen waren. Füller wurden erst im Gymnasium erlaubt. Der Gebrauch der damals viel verwendeten Tintenstifte war uns Kindern gänzlich untersagt; man musste ihre Spitze mit der Zunge anfeuchten, was tagelang anhaltende blau-lila Flecken hinterließ, gallig schmeckte und außerdem giftig war. Bis heute bin ich im Übrigen überzeugt davon, dass meine Generation ihre – im Vergleich zum Gekrakel der heutigen Schüler – ausdrucksstarken Handschriften dem sperrigen Schreibzeug unserer frühen Jahre verdankt.

Als Erstes wurde uns die Sütterlin-Schrift beigebracht, zwei oder drei Jahre später dann auch die heutige Normalschrift, die wir auf der Oberschule für Englisch und Latein brauchten. Die Reichsleitung der NSDAP schaffte die Sütterlin-Schrift 1941 ab und führte an deren Stelle die lateinische Schreibschrift ein, wie sie zugleich anstelle der Fraktur – in der damals noch die Zeitungen und zwei Drittel aller Bücher gedruckt wurden – die Antiqua einführte. Die Nazis wollten eine einheitliche Druck- und Schreibschrift in dem von ihnen beherrschten Europa – »ein schriftlicher Internationalismus zu nationalistischen Zwecken« (Ludger Lütkehaus). Ich habe Sütterlin geschrieben, bis ich zwanzig war; erst während des Studiums in Amerika schaltete ich ganz auf die lateinische Normalschrift um, da mir das dauernde Hin-und-her-Wechseln lästig wurde. Doch bis heute verrät meine Handschrift die steile Spitzwinkligkeit, die der Berliner Grafiker Ludwig Sütterlin seiner im Jahre 1915 in Preußen und 1935 im Reich eingeführten »Deutschen Schreibschrift« verliehen hatte.

Sonst rauschten die Volksschuljahre an mir vorbei, ohne tiefe Eindrücke zu hinterlassen. Die Sitten waren streng. Wenn der Lehrer das Klassenzimmer betrat, erhoben sich die Schüler und riefen im Chor: »Guten Morgen, Herr Lehrer!« Druckste ein Kind zu lange herum, um eine Frage zu beantworten, zog ihm der Schul-

Bruder und Vaters Mutter lagen, war von alten Bäumen überschattet, hoch droben vom Rechberg grüßte die Wallfahrtskirche. Bis heute denke ich, wenn ich den Begriff »Heimat« höre, an Gmünd. Ich lernte Schwäbisch, denn »auf der Gass« hätte das Hochdeutsch, das wir zu Hause sprachen, höchst seltsam geklungen. Im Sommer ging ich wandern und im Winter Ski fahren auf der Alb. Mein erstes Fahrrad, Marke Panther, und meine erste Armbanduhr, Marke Bidlingmeier, bekam ich dort geschenkt. Und dort verbrachte ich die letzten Friedensjahre.

Sütterlin, Sauerkraut und Strickstrümpfe

Heimat Gmünd: Meine Wiege stand nicht dort; alles in allem habe ich kaum mehr als fünfzehn Jahre dort zugebracht; seit über 60 Jahren lebe ich in Hamburg. Und dennoch: Wenn ich das Wort Heimat höre, dann sehe ich Gmünd vor mir, seine grauen Mauern und Türme, den gepflasterten Marktplatz, die drei Kaiserberge. Dann denke ich an das Münster, die Johanniskirche und den Prediger, an Schießtal und Galgenberg, an das schwitzfeuchte alte Hallenbad und das pfifferlingsträchtige Haselbachtal. Und dann wird mir ganz warm ums Herz. Ich bin längst ein gelernter Hamburger, aber das Schwabenland ist mir noch immer sehr nahe, und das Schwäbische geht mir, wenn ich dort bin, nach wie vor flüssig von den Lippen. Manchmal verdichtet sich die Erinnerung an meine Jahre im Ländle zur Sehnsucht: mal wieder auf der Alb zu wandern; mal wieder einen richtigen schwäbischen Rehbraten mit Spätzle und dunkel-sämiger Soße zu genießen oder einen »schlonzigen« Kartoffelsalat (»sapschig« sagt man in Hamburg); auch wieder einmal aus einem Vierteleglas mit Henkel einen schönen Trollinger oder Lemberger oder Stettener Pulvermächer zu »schlotzen«.

Ich habe immensen Respekt vor den Schwaben. Sie sind große

Tüftler und Erfinder; der Welt haben sie das Auto beschert. Sie sind Denker und Dichter; Hegel, Schiller, Mörike, Hölderlin, Uhland, Hauff, Hermann Hesse und Martin Walser sind nur einige der schwäbischen Geistesgrößen, nicht zu vergessen der Schnaiter Liederkomponist Silcher. Ihre Bodenständigkeit geht einher mit grenzenloser Weltläufigkeit; aus Gmünd kam der Kunstmaler Emanuel Leutze, der 1851 das berühmte Bild »Washington Crossing the Delaware« malte, das für Amerika so ikonenhaft ist, wie es ein Lenbach-Bismarck für Deutsche war.

Bescheidenheit verknüpft der Schwabe mit Vernunft – »No nex Narrets!« ist seine Maxime. Auch Humor ist ihm eigen. Von dem ersten Bundespräsidenten Theodor Heuss gibt es da eine schöne Geschichte. Er hatte ein Haus in der Stuttgarter Weißenhofsiedlung. Neben ihm wohnte zufällig der damalige Chef von Mercedes. Das Unternehmen hatte durch die Vergabe von Leihwagen an Regierungsbeamte gerade einen Miniskandal ausgelöst. Der Mercedes-Chef schaute eines Tages über den Gartenzaun und sah, wie Heuss gerade eigenhändig seinen Gartentisch eindeckte. Da rief er über den Zaun: »Darf ich Ihnen nicht ein Mädchen rüberschicken?« Worauf Heuss zurückrief: »Des han i jetzt gar ned g'wisst, dass Sie au Leihmädle hend!«

Heimat: Das ist, wo das Elternhaus steht. Wo ein Mensch seine Schulzeit verbracht hat. Wo man die ersten Rutschversuche auf Skiern anstellt, die ersten Küsse tauscht, den ersten Liebeskummer erlebt. Wo man Tanzstunde macht, im dunklen Anzug stolz sein Abiturzeugnis entgegennimmt und sich die erste eigene Wohnung einrichtet. In all dieser Hinsicht ist mir Schwäbisch Gmünd Heimat geworden und gewesen.

Fünf meiner sechs Geschwister wurden dort geboren. 1937 kam Christl, die erste Tochter, 1938 Sigrid, 1941 Ingeborg, 1945 Kurt-Martin, 1951 schließlich Evi. Als Kurt-Martin das Licht der Welt erblickte, war es nur eine trübe Funzel: Er wurde während

meister die Ohren lang oder zwirbelte ihm schmerzhaft die Haare. Für Schwatzen im Unterricht wurde man bis zum Schluss in die Ecke gestellt. Wer vergessen hatte, seine Hausaufgaben zu machen, wer sich beim Abschreiben – »Spicken«, nannten wir es – erwischen ließ, wer bei einer Lüge ertappt wurde, bekam den Rohrstock. Für geringere Vergehen gab es »Tatzen« – ein, zwei, drei Hiebe auf die vorgestreckte offene Handfläche; sie schmerzten gehörig, doch galt es als unschicklich, deswegen zu heulen oder zu schreien. In schweren Fällen legte einen der Lehrer übers Knie, straffte den Hosenboden und ließ die Hiebe auf den Podex sausen, was besonders wehtat, zuweilen auch Striemen hinterließ.

Derlei körperliche Züchtigung regte niemanden groß auf. Auch zu Hause setzte es ja gelegentlich eine Tracht Prügel – »Kopfnüsse«, Ohrfeigen oder Backpfeifen für mindere Vergehen, bei schweren Missetaten Schläge aufs Hinterteil mit der flachen Hand, mit dem Handfeger oder auch mit dem Teppichklopfer. Heute, im Zeitalter der Staubsauger und Spannteppiche, kennt dieses kunstvoll aus Weiden geflochtene Instrument kaum noch einer. Es ist aus der Mode gekommen, wie der Fransenkamm, wie der Blocker (in Norddeutschland: Bohnerbesen), der hölzerne Badezuber oder die Zinkwanne am Samstagnachmittag; wie das Stopfei; wie der Fliegenfänger, der sommers gelb, gewendelt, klebrig und schwer von schwarzer Beute von der Decke hing. Und vor allem: wie die körperliche Züchtigung überhaupt. Das war höchste Zeit.

Kleines Einmaleins, großes Einmaleins. Unzählige Gedichte, die auswendig zu lernen waren; wir haben viele so oft hersagen müssen, dass sie bis heute »sitzen«: Uhlands »Droben stehet die Kapelle«, Mörikes »Frühling lässt sein blaues Band«, Goethes »Füllest wieder Busch und Tal«. Selbstverständlich gab es Religionsunterricht, außer für die »Gottgläubigen«, wie die amtliche Bezeichnung für alle lautete, Sozis oder Nazis, deren Eltern aus der Kirche ausgetreten waren. Den Unterricht erteilten Pfarrer, wenn ich mich recht entsinne, nicht Lehrer. Und Religion spielte eine große Rolle.

Es machte durchaus einen Unterschied, ob man »Kathole« oder »Evangele« war. In der Klösterleschule waren das Vordergebäude und der vordere Schulhof den Katholiken überlassen, der hintere Gebäudeteil samt Hinterhof den Protestanten. Ein Gitter trennte die beiden Bereiche durch alle Stockwerke. »Grenzüberschreitung« war verboten. Selbst bei den Aborthäuschen am Schulhofrand herrschte konfessionelle Apartheid.

Die überkonfessionelle Gemeinschaftsschule, 1937 eingeführt, sollte den Riss schließen oder zumindest übertünchen helfen, der noch immer zwischen Katholiken und Protestanten klaffte. In Gmünd war die überwiegende Mehrheit katholisch, nicht umsonst hieß es »Schwäbisch Nazareth«. Die Sommers gehörten der kleinen evangelischen Minderheit an. Nach der Schule wurden wir Protestanten oft von katholischen Mitschülern verprügelt. Damals machte ich zum ersten Mal eine Erfahrung, die ich später vielfach bestätigt fand: Der Minderheitenstatus erzieht zur Toleranz.

Toleranz prägte denn auch den sonntäglichen Kindergottesdienst. Sie schien wohl umso mehr geboten, als der evangelische Stadtpfarrer ausgerechnet Teufel hieß. Wer will es sich schon mit dem Teufel verderben? (Selbst Niccolò Machiavelli, so wird es ihm wie mehreren anderen zugeschrieben, hat sich davor gehütet: Als er auf dem Sterbebett lag und aufgefordert wurde, dem Gottseibeiuns abzuschwören, wehrte er entsetzt ab mit dem Bemerken »Dies ist nicht der Zeitpunkt, sich neue Feinde zu machen«.) Einen nachhaltigen Eindruck hinterließ im Kindergottesdienst der aus Holz geschnitzte »Neger« (wie man damals sagte), rabenschwarz mit roten Lippen, der jedes Mal dankbar mit dem Kopf nickte, wenn man ihm einen Groschen in seine Sammelbüchse steckte. Die Groschen waren weniger für die Entwicklungshilfe als vielmehr für die Mission bestimmt, zumeist in Afrika.

Der Schwarze Kontinent bedeutete uns Kindern durchaus etwas. Wir wussten, dass das Deutsche Reich im Ersten Weltkrieg seine

Sütterlin, Sauerkraut und Strickstrümpfe 57

Kolonien verloren hatte. Bunte Album-Bildchen von Askaris erinnerten uns daran, die bei einigen Marken – »Juno«, »R6«, »Eckstein« – den Zigarettenschachteln beilagen. Deutsch-Ost, Deutsch-Südwest, Sansibar, Kamerun und Togo waren uns vertraute Begriffe, die Namen Carl Peters, Adolf Lüderitz, Paul Lettow-Vorbeck sagten uns etwas. Über vielen Geschäften stand noch: »Kolonialwaren«, und wir hatten eine ziemlich genaue Vorstellung davon, was dies bedeutete: Bananen und Apfelsinen, Vanilleschoten und Pfeffer, dazu Johannisbrot, auch Affenbrot genannt, von dem es für fünf Pfennig eine große Tüte voll gab – es war die billigste Süßigkeit, die zu kaufen war. Auch Kaffee und Kakao hatten in unserer Vorstellung etwas mit Kolonien zu tun. Ein geheimnisumwitterter Onkel, von dem ab und zu eine Postkarte eintraf, besaß am Kilimandscharo eine Kaffeepflanzung. Und je größer das Reich von Jahr zu Jahr wurde, desto stärker keimte die Hoffnung, dass wir eines Tages auch die verlorenen Kolonien wiedererlangen könnten.

Im Kindergottesdienst wurde ein Kirchenblättchen verteilt, dessen Fraktur-Ödnis mich langweilte. Lieber lasen wir Groschenhefte, Rolf Torring vor allem. Seine Abenteuer kamen im Oktav-Format alle vierzehn Tage neu in die Buchhandlung, »Das Gespenst im Urwald« oder »Der Fluch des Schwarzen Rubins«, 20 Pfennig kostete das Heft. Das war damals viel Geld; kein Wunder, dass es einen regen Austausch gab. Abenteuerromane lösten bald die Groschenhefte ab. Ich erinnere mich an die aufregende Geschichte zweier junger Deutscher, die es nach Nordafrika in die Fremdenlegion verschlug; an eine blutrünstige Erzählung aus Indien, in der wüste Schläger und Killer, Anhänger der Göttin Kali, das Land tyrannisierten; an Coopers *Lederstrumpf* und Gerstäckers *Regulatoren in Arkansas*. Und natürlich an Karl May, den ich mit acht zu verschlingen begann; mit zwölf hatte ich vierzig oder fünfzig der fünfundsechzig Bände gelesen.

Da ich als Ältester ständig irgendwelche Aufträge erledigen sollte, fing ich an, mich auf der Toilette einzuschließen, um mich nachmittags ungestört und mit heißen Ohren in die Heldentaten von Old Shatterhand und Winnetou, Kara ben Nemsi und Hadschi Halef Omar Ben Hadschi Abul Abbas Ibn Hadschi Dawuhd al Gossarah versenken zu können. »Lokus« hieß das Örtchen in der berlinerisch angehauchten Umgangssprache der Familie. Wenn eines der Kinder ein Buch suchte und dann fragte »Wo ist …?«, bekam es unweigerlich zur Antwort: »Im Lokus auf der Fensterbank.« Da blieben in der Tat manches Mal »Der Schatz im Silbersee«, »Durch die Wüste« oder »Professor Vitzliputzi« liegen. Oft wurde der vergessene Band kurzerhand kassiert und mir nicht zurückgegeben, ehe ich die Kaninchen gefüttert oder die Blumen gegossen hatte.

Ansonsten führte mich meine literarische Sozialisierung in diesem Stadium nicht auf bemerkenswerte Höhepunkte. Das *Neue Universum*, das ich regelmäßig zu Weihnachten geschenkt bekam, markierte zu jener Zeit den höchsten geistigen Anspruch. Die alle vier Wochen eintreffenden Auswahlbände der Deutschen Buchgemeinschaft, der meine Eltern beigetreten waren, fesselten mich noch nicht sonderlich. Auch die Kompaniebücherei entdeckte ich erst später.

»Promis«, die uns in ihren Bann schlugen, kannten wir nicht. Aber wir bewunderten den Grafen Zeppelin; der Absturz seines Luftschiffes »Hindenburg«, 1937 in Lakehurst bei New York, war wohl die erste Katastrophe, die ich bewusst wahrnahm. Wir fieberten am Volksempfänger mit, wenn Bernd Rosemeyer oder Rudolf Caracciola sich am Nürburgring oder auf der Avus Wettrennen lieferten, mit Höchstgeschwindigkeiten von immerhin schon 432 Stundenkilometern. Und der Titelkampf Max Schmelings gegen Joe Louis versetzte uns 1938 in helle Aufregung, ein Drama, über das wir wie Millionen Deutsche am Radio verzweifelten: ein Niederschlag nach dem anderen, bis Schmelings Betreuer schon in der ersten Runde das Handtuch warf.

Die Welt der Reichen und Schönen lag uns im engen Remstal

Sütterlin, Sauerkraut und Strickstrümpfe

sehr fern. Die Tageszeitung – das gleichgeschaltete *Schwäbische Tageblatt* – brachte nichts darüber, und auch die *Berliner Illustrirte*, die sich die Eltern leisteten (und deren altväterliche Schreibweise – ohne »ie«! – mich Woche für Woche ins Grübeln stürzte), enthielt nur kärglichen Klatsch. Seit den Olympischen Spielen 1936 kannte ich den Namen des schwarzen Amerikaners Jesse Owens, der die hundert Meter in der damaligen Rekordzeit von 10,3 Sekunden gelaufen war und damit Hitlers Prahlerei Lügen gestraft hatte, dass Juden und Schwarze nicht siegen könnten; sonst ist mir von diesem raffiniert inszenierten Berliner Weltsportfest wenig mehr in der Erinnerung haften geblieben als der erfrischende Geschmack des alkoholfreien »Olympia-Biers«, das es ein oder zwei Jahre lang zu kaufen gab.

Von der großen Politik drang wenig in unser kleines Leben. Berlin lag weit jenseits der Wälder und Berge, die das Remstal säumten. Im tiefschwarzen Schwäbisch Gmünd war von den Nazis wenig zu merken. Lange noch blieb der Dekan am Münsterplatz einflussreicher als der Kreisleiter, der einen Steinwurf entfernt in der Alten Kaserne residierte, der Kolpingverein wichtiger als alle der Nazipartei angeschlossenen Verbände, die Fronleichnamsprozession populärer und bewegender als jeder SA-Aufmarsch. Von Antisemitismus wusste und spürte ich nichts. Ein Klassenkamerad namens Rosenzweig oder Rosenbaum verabschiedete sich in der dritten Klasse nach Amerika. Nach seiner Ankunft dort schickte er mir eine Ansichtskarte aus Cincinnati. Der Name dieser Stadt am Ohio faszinierte und amüsierte mich. Ich machte mir nie Gedanken darüber, warum seine Familie aus Deutschland fortgegangen war.

Das Geschehen in der übrigen Welt drang nur bruchstückhaft, bestenfalls schlagwortartig an mein Ohr: Volksfrontregierung in Frankreich, Bürgerkrieg in Spanien, Säuberung in Stalins Sowjetrussland, Mussolinis Einmarsch in Abessinien, Scharmützel zwischen Japanern und Chinesen an der Marco-Polo-Brücke bei Peking, Aufmarsch sowjetischer und japanischer Divisionen am Amurbogen, Antikominternpakt zwischen dem Deutschen Reich, dem Kaiserreich Japan und Italien, Neutralitätsgesetzgebung in den Vereinigten Staaten – so exotisch die Schauplätze und die Namen der Akteure klangen, so unverständlich waren mir die Begriffe. Der größte Teil stand sowieso in jenen Nonpareille-Meldungen des *Tageblatts*, die selbst die Großen unbeachtet ließen. Noch lag alles Politische, lag zumal die Weltpolitik außerhalb meines Gesichtskreises.

Das Leben war fröhlich, aber einfach. Was ein Oberfeldwebel verdiente, war nicht viel für eine Familie mit vier Kindern, auch wenn wir eine geräumige Dienstwohnung hatten, die nichts kostete. In der großen Diele spielte sich das tägliche Leben ab. Das Wohnzimmer, mehr zum Schonen als zum Wohnen bestimmt, wurde nur an Festtagen benutzt; vor Weihnachten blieb es wochenlang verschlossen, weil dort die Geschenke gesammelt wurden. Im Herrenzimmer – mit Schachtisch, Bücherschrank, einem Kabinett für geistige Getränke, zumeist Cognac oder Korn, und einer Chaiselongue (»Scheßlong« gesprochen) – hielt Vater nach dem Mittagessen gern ein kurzes Nickerchen; im Unterschied zum Sofa des Wohnzimmers ließ sich die Kopfstütze hochratschen. Die vier Kinder hatten ein gemeinsames Zimmer. Beheizt wurde auch im Winter nur die Diele, und zwar mit Buchenscheiten, Briketts oder Eierbriketts. Da hieß es für den Ältesten dauernd: Holz sägen und spalten, »Spächtelchen« zum Anzünden herstellen, Kohlen aus dem Keller holen, und abends Wärmflaschen für die Betten vorbereiten.

Das Elternschlafzimmer war für uns tabu. Ich kann mich nicht erinnern, dass ich meine Eltern je nackt gesehen hätte, nicht einmal den Vater (höchstens, dass der einmal im langen, bortenbesetzten Nachthemd vor dem Spiegel stand und sich mit Seife, Rasierpinsel und einem Rasiermesser, das er ständig an einem Lederriemen schärfte, später mit Klingen-Apparaten, die Bartstoppeln aus dem Gesicht schabte). Mutter nackt: Schon die Vorstellung war ungehörig. Beim Anblick ihrer form- und gestaltlosen fleischfarbenen

Schlüpfer auf der Wäscheleine – »Liebestöter« hießen sie allgemein – wäre ich auch nie auf die Idee gekommen, dass sich darunter etwas Reizvolles verbergen könnte, obwohl Mutter, nach den Fotos zu urteilen, als junge Frau sehr schön gewesen sein muss. Überhaupt war Sexualität kein Thema. Wenn eine neugierige Frage auch nur in die Nähe dieses Sujets geriet, wehrte Mutter ab: »Junge, das ist etwas ganz Heiliges!« »Ficken« und »Vögeln«, heute in den Feuilletons selbst gehobener Publikationen und im Fernsehen Allerweltswörter, von kleinen Kindern ohne Erröten ausgesprochen, waren nicht nur tabu – wir lernten sie erst in den Flegeljahren kennen. Der Penis hieß zu Hause rührenderweise »Schnuller«, im schwäbischen Gassenjargon »der Schnepper«. Die Vagina? Sie hieß gar nicht. »Da unten«, musste als ungefähre Koordinatenbestimmung reichen. Auf der Straße allerdings hieß es schwäbisch-derb »Seckel« und »Fotze«, doch davon durften die Eltern nichts erfahren.

Der Blick durch die spaltbreit geöffnete Schlafzimmertür blieb uns Kindern verwehrt: »Das gehört sich nicht!« Um ehrlich zu sein: Im Schlafgemach der Eltern reizte uns auch etwas anderes viel mehr. Nicht nur waren die beiden Mitteltüren des Schrankes verspiegelt, was zum Faxenmachen und Grimassenschneiden verleitete, sondern obenauf hortete Mutter allerlei Köstlichkeiten. Da standen Batterien von Marmeladegläsern, alle während des Sommers selbst gefüllt, mit »G'sälz«, wie es im Schwäbischen heißt, Erdbeer- und Himbeermarmelade, Apfel- und Quittengelee, Hagebutten- und Pflaumenmus. In der Adventszeit wurde in einem großen viereckigen Wäschekorb, der außer Reichweite der Kinder ebenfalls auf dem Schrank Platz fand, das Weihnachtsgebäck aufbewahrt: »Gutsle« wie Lebkuchen, Pfeffernüsse, Printen, Spekulatius, »Springerle«, Zimtsterne, Anisplätzchen. Beim Ausstechen der Sterne und Halbmonde, Rauten und Kreise auf dem Backbrett durften wir Kinder helfen. Zur Belohnung wurde uns erlaubt, die Teigreste aus dem Topf zu kratzen und von den Holzlöffeln, Rührstäben und Nudelhölzern zu lecken.

Ebenso begehrt war der Teig für die Weihnachtsstollen, die schon im November gebacken wurden, damit sie bis zum Fest schön mürbe waren.

Man versorgte sich selbst, soweit dies irgend möglich war, und legte auch die Wintervorräte selbst an. Mutters Einweckapparat, seit Münsingen im Gebrauch, kam uns dabei sehr zustatten: ein schweres Gerät, das am Küchentisch festgeschraubt werden konnte. Die Dosen ließen sich damit nach Gebrauch oben abschneiden, wodurch sie freilich von Jahr zu Jahr kürzer gerieten; bei der Wiederverwendung wurde ihnen dann ein neuer Blechdeckel so fest aufgedrückt, dass sie luftdicht abgeschlossen waren. Das Gerät tat noch lange nach dem Krieg seinen Dienst, obwohl es eine Zeit lang schwierig war, neue Deckel zu besorgen. Grüne Bohnen aus dem Garten, Spinat, Möhren (»Gelbe Rüben« im Schwäbischen) kamen beim Einwecken in die Dosen, die gelben Salatbohnen, Rote Bete (»Rote Rüben«) in Gläser, desgleichen eingelegte Tomaten oder Pilze.

Im Keller wurden zentnerweise Kartoffeln eingelagert, in hohen hölzernen »Horden« Äpfel aufbewahrt, Weißkohl und Rotkohl unter trockenem Sand konserviert. In einem riesigen braunen Steingutfass war geschreddertes Sauerkraut eingestampft. Zuoberst lag auf einem umgekehrten Teller ein Pflasterstein als Krautbeschwerer; beim Kohlenholen naschte ich gern ein paar Fingerspitzen voll der säuerlichen Delikatesse. Und auch sonst war Selbstversorgung die Devise. Pflaumen wurden gedörrt, Apfelringe getrocknet, Birnen in »Hutzelbirnen« verwandelt. Getrunken wurde selbst gesammelter Tee. Getrocknete Apfelschalen ergaben ein schmackhaftes Getränk, Lindenblüten zupften wir säckeweise von den Bäumen am Rand des Kasernenhofes. Aber auch Himbeer- und Brombeerblätter, Kamille und Pfefferminz und Schafgarbe mussten wir Kinder pflücken. »In die Pilze« zu gehen war an den Wochenenden zugleich Pflicht und Vergnügen; aus dem Bach hinter der Kaserne holten wir wilde Brunnenkresse; im Herbst wurden Bucheckern gesammelt und Haselnüsse gepflückt.

Sütterlin, Sauerkraut und Strickstrümpfe

Der Speisezettel war schlicht. Gerd Bucerius, der Gründer der *Zeit*, hat seine Jugend einmal so beschrieben: »Als ich 1906 geboren wurde, gab es noch Hunger in Deutschland. Gerhart Hauptmanns ›Weber‹ waren keine Erfindung. In der bürgerlichen Familie gab es Fleisch nur sonntags; den Rest montags; freitags Fisch. An den anderen Tagen fand der Vater auf dem Mittagstisch eine Schüssel: Graupen und Pflaumen; Milchreis und Zucker und Zimt; Hülsenfrüchte. Jugend hieß damals: nie ganz satt sein. Strenge Sparsamkeit war Bürgerpflicht. Man wohnte bescheiden. Öffentliche Anlagen gab es wenig; Urlaub machte man auf dem Lande; Reisen in fremde Länder gab es nicht.«

Viel anders war es auch in den 1930ern noch nicht. Mittags wurde warm gegessen, die Männer kamen dazu nach Hause; abends aß man kalt. Fleisch kam nur sonntags auf den Tisch, meist Schweinebraten; Vater erhielt selbstverständlich das größte Stück. Aus dem Knochen wurde montags eine Suppe gekocht. Suppen gab es überhaupt ohne Ende: Kartoffelsuppe mit abgeschmelzten Zwiebeln, Erbsensuppe mit Würstchen, Linsensuppe mit einem Spritzer Essig, Nudelsuppe mit Rindfleisch, Biersuppe, Steckrübensuppe, Gerstensuppe und Brotsuppe in doppelter Ausführung: salzig mit Zwiebeln oder süß mit Rosinen. Viel Haferflockenbrei, Grießbrei, Kartoffelbrei.

Überhaupt Kartoffeln: Bratkartoffeln, Salzkartoffeln, Pellkartoffeln (Pommes frites kamen erst Jahre nach dem Krieg in Mode.) Eine beliebte Mahlzeit waren Pellkartoffeln mit »Backsteinkäse«, dem Limburger Stinker, oder auch mit Leberwurst. Der Fisch freitags war in der Regel Schellfisch oder Kabeljau mit Senfsoße. Backobst und Milchreis liebten wir ebenso sehr, wie wir saure Kutteln hassten – mich konnte man damit jagen.

Zum Frühstück gab es Marmeladenbrot. Das »Abendbrot« aber war genau dies: Brot, mit Streichwurst, Presssack, Schwartenmagen oder Tilsiter belegt. Am Donnerstagabend gab es als besondere Leckerei Kakao, dazu wurden frische Laugenbrezeln gereicht, sogar mit Butter bestrichen, nicht mit der seifig schmeckenden Margarine, die in Würfeln nebst anderen Bestellungen einmal wöchentlich von dem Vertreter der Tengelmann-Handelskette per Fahrrad angeliefert wurde. Oft genug stand »Reste« auf dem Speiseplan; die tüchtige Hausfrau war an der Zahl schmackhafter Aufläufe zu erkennen, die sie daraus zu bereiten verstand.

Die Kinder tranken morgens Milch. Der Milchmann stellte sie in aller Herrgottsfrühe vor die Haustür: in Glasflaschen mit einer Pappdeckelscheibe als losem Verschluss; bei Frost bildete die gefrorene Milch bizarr geformte Stöpsel, die sich nach oben ausdehnten und den Deckel lustig in die Höhe schoben. Ansonsten wurde Wasser aus der Leitung getrunken, im Sommer mit Himbeersirup versetzt, den Mutter eingekocht hatte. Mineralwasser, Obstsäfte, Cola waren viel zu teuer.

Wein in Flaschen war zu Hause unbekannt, doch die Eltern genehmigten sich gern in der »Kanne« ein Viertele oder zwei, wenn sie sich beim samstäglichen Ausgang einen Leberkäs mit Spiegelei und Zwiebeln gönnten. Freitags, wenn es Fisch gab, wurde ich mit einem Kristallkrug, der einen Silberdeckel hatte, zum Bierholen geschickt. Viele der echten Schwaben hatten aber auch ihr Fäßle »Moscht« im Keller liegen, Apfel- oder Birnenmost. Dem Most verdanke ich auch meinen ersten Rausch und Kater. Die trank ich mir in Wäschenbeuren im elterlichen Gasthaus eines Klassenkameraden an. Am nächsten Morgen wachten wir beide mit fürchterlichem Kopfweh auf dem dörflichen Friedhof auf.

Dass man zum Essen ausging, blieb die Ausnahme; wenn es hoch kam, reichte es bei einer Albwanderung zum Vesper. Der einzige Luxus war, dass wir immer ein Hausmädchen hatten, meist eine Bauerntochter aus der Umgebung, die bei uns ihr »Pflichtjahr« abdiente. Es war ein Luxus, den sich damals allerdings viele leisten konnten.

In meiner Kindheit war Sparsamkeit im Übrigen nicht nur Bürgerpflicht, sondern bittere Notwendigkeit. Die Mutter, die Großmütter versorgten uns mit Gestricktem: Pullover, Mützen, Wollstrümpfen. Hemdkragen, Mäntel, Jacken wurden gewendet. Die Strümpfe kratzten – lange Strümpfe, denn auch im Winter trugen wir meist unsere kurzen Lederhosen. Als ältester Sohn hatte ich – wie die älteste Tochter – das Glück, stets neue Sachen zu bekommen; die nach uns kamen, trugen fast nur Vererbtes. Über die Anschaffung eines Paars neuer Stiefel – eine große Ausgabe nach damaligen Maßstäben – wurde im Familienrat lange diskutiert. Dann und wann hatte der Schuhmacher Stegmaier in der Buchstraße ein Paar handgeschusterte Stiefel oder Haferlschuhe billig abzugeben. Es verschlug wenig, dass sie selten passten. Waren sie zu groß, sagte er begütigend: »Leder ziagt sich z'amm«, drückten sie, sprach er im selben Brustton der Überzeugung: »Leder dehnt sich aus.«

Man gestattete sich nur bescheidene Genüsse und Vergnügen. Ab und zu eine Kinokarte. Einmal im Jahr »Zirkus Barum«. Dann und wann ein Tütchen mit Brausepulver, das wir auf die flache Hand schütteten und ableckten. Ein Sahnebonbon, das an den Zähnen kleben blieb. Kaugummi habe ich das erste Mal nach 1945 bei den amerikanischen Besatzungssoldaten gesehen. Einen Kühlschrank gab es nicht, nur in der Speisekammer einen »Fliegenschrank«, dessen feinmaschige Gazeverkleidung die Insekten fernhielt, die nicht an den von der Decke hängenden Fliegenfängern kleben geblieben waren, die aber auch nicht verhindern konnte, dass in der heißen Jahreszeit gelegentlich die Maden aus dem Käse krochen. Und ehe die Kühlschränke Einzug hielten, kam erst einmal der »Eisschrank«, für den jede Woche schweres Stangeneis aus dem Eiskeller frisch mit Pferdewagen angeliefert wurde.

Staubsauger gab es nur wenige, man hatte Teppichstangen im Hof und Teppichklopfer, mit denen die Teppiche entstaubt wurden; im Sommer wurden sie mit Kaffeesatz gebürstet, im Winter klopfte man sie auf dem Schnee aus. Küchenmaschinen. Pürierstäbe, elektrische Brotschneider existierten noch nicht. Der Fleischwolf, der gute alte Quirl, das Brotmesser waren Hi-Tech genug. Die »große Wäsche« war nach wie vor ein kreuzlähmendes und kräftezehrendes

Unterfangen, das den Frauen das Leben vergällte; Waschmaschine und Trockner hielten erst mit dem Wirtschaftswunder nach dem Krieg ihren triumphalen Einzug. Mutter und Schwestern waren endlos mit einer längst vergessenen Kunst beschäftigt: Strümpfestopfen. Immerhin hatten wir schon einen Gasherd und im Bad einen ebenfalls gasbeheizten Heißwasserkessel, der am Badetag samstags per Zündholz in Gang gesetzt wurde.

Der Volksempfänger löste in den 1930er-Jahren die alten Kristallradios ab, an einen Fernseher dachten allenfalls ein paar Tüftler bei Siemens in Berlin anlässlich der Olympischen Spiele, für die Allgemeinheit begann das Fernsehen erst Weihnachten 1952. Wohl hatten wir elektrisches Licht; die alten Drehschalter spüre ich bis heute an den Fingerspitzen. Ein Telefon besaßen wir jedoch nicht – noch war es ein Luxus. Das »Fräulein vom Amt«, das an enormen Klappenschränken die Verbindungen stöpselte, kannte ich nur vom Hörensagen. Auch muss ich gestehen, dass ich Toilettenpapier – sanftes, auf Rollen gezogenes Klopapier – erst ziemlich spät kennengelernt habe. Im Alltag wurde es für ausreichend erachtet, die Zeitungen in Blätter von angemessener Größe zu zerschneiden und sie an einem gebogenen Draht im Örtchen aufzuspießen.

An Autos war noch lange nicht zu denken. Im Kreis Gmünd mit seinen 20 000 Einwohnern liefen 1925 erst 211 Motorfahrzeuge, und noch im Jahr vor dem Krieg waren in dem Städtchen mit seinen 20 000 Einwohner bloß 1980 »Kraftwagen« registriert, wie man damals sagte. Meist waren es eckige Opel-P 4 oder kastenförmige Fords. Nicht einmal die stolzen Fabrikanten der Schmuckbranche fuhren alle ein Automobil. Noch liefen viele Pferdefuhrwerke und Droschken, die Bierbrauerpferde trappelten brav durch die engen Gassen. Ein Fahrrad war schon ein beneideter Besitz. Zum neunten Geburtstag bekam ich mein erstes geschenkt. Ich war stolz wie Bolle.

Auch die einfachen Leute hielten auf Ordnung und Sauberkeit, auf Formen und Anstand. »Sitz aufrecht!«, wurden wir ständig gemahnt, »Lass nicht die Schultern hängen!« Mit Nachdruck wurden uns die Benimmregeln eingeschärft: Nicht petzen. Nicht an der Wand horchen. Nicht mit nackten Fingern auf angezogene Leute zeigen. Über Geld redet man nicht. Das Privatleben anderer Leute geht euch nichts an. Haltet den Mund, wenn die Großen reden. Sagt gefälligst »bitte« und »danke« (»Wie heißt das Zauberwort?«). Nicht jammern (»Reiß dich zusammen!«). Nicht weinen (»Heulsuse!«). Bei Tisch mussten wir uns Bücher unter die Achseln klemmen, bis wir uns angewöhnt hatten, nicht mit breiten Ellenbogen an unserem Platz zu sitzen.

In puncto Essen gab es kein Erbarmen: »Gegessen wird, was auf den Tisch kommt.« Manchmal hieß es auch: »Jetzt sind die Kartoffeln auf dem Tisch, jetzt werden sie auch gegessen« – Mutter machte daraus geradezu ein philosophisches Axiom. Und die Teller mussten geleert werden; wehe, es wollte einer etwas übrig lassen. Dann hieß es entweder: »Wenn du nicht aufisst, wird morgen das Wetter schlecht«, oder auch: »Denk doch an die armen hungernden Neger!« Oder Vater donnerte: »Keine Widerworte, solange du deine Beine unter meinen Tisch streckst!«

Bis heute kann ich es auf den Tod nicht leiden, dass jemand Lebensmittel wegwirft. Und wer sich der ewigen Kleidersammlungen jener Zeit erinnert, wird es selbst nach vielen Jahrzehnten nicht fertigbringen, alte Kleidungsstücke einfach in die Mülltonne zu werfen. Auch wenn meine Kinder mich für hoffnungslos altmodisch halten: Ich bleibe dabei, dass Wegwerfen ungehörig ist. Eines allerdings gestehe ich ihnen gern zu: dass sie nicht mehr »Diener« und »Knicks« zu machen brauchen, zwei Unterwürfigkeitsgesten der Kinder gegenüber den Erwachsenen, die meiner Generation gnadenlos eingebläut wurden. Viele von uns haben sich ihre Karriere später erdienert (und erdiniert) anstatt erdient. Ich reduzierte den »Bückling« früh auf höchstens die Andeutung eines Kopfnickens; es war mir lieber, den Großen bei der Begrüßung in aufrechter Haltung entgegenzutreten und ihnen dabei gerade in die Augen zu blicken.

Ansonsten wurde uns auch beigebracht, Briefe an Opa und Oma zu schreiben, zu Geburtstagen zu gratulieren, Scharaden einzuüben, Gedichte aufzusagen. Und: Gedichte zu schreiben. Von mir existiert noch ein gereimter »Neujahrswunsch 1938«. In meiner steifen Sütterlin-Schrift steht da, den lieben Eltern gewidmet: »Von Herzen Dank für jede Gabe, / die ich von Euch erhalten habe. / Im neuen Jahr auf allen Wegen / wünsch ich Euch beiden Glück und Segen.« Für derlei Poesiealben-Reime schien ich eine Ader zu haben. »Unserer lieben Mutter« schenkte ich 1942 zum Muttertag, aufgezogen auf einen von mir ausgesägten und bemalten Sperrholzrahmen, das rührend schlichte Gedicht: »Ein Kränzlein möchte ich winden / aus rosarotem Mohn, / und du, du sollst es finden / als Deiner Mühe Lohn.« Als mir das gute Stück unlängst wieder in die Hände fiel, entdeckte ich, freilich nicht ohne einen Anflug von Peinlichkeit, dass ich die Vorderseite sehr zeitgemäß verziert hatte. In dem bunten Fries am Rande finden sich: 1 Tisch und 1 Stuhl, 1 Herz, 2 Sektgläser, 2 Topfpflanzen, 1 Spaten, 1 Sense, 9 Blümchen, außerdem 1 Hakenkreuz und 1 Hakenkreuzflagge.

Was aber die Urlaubsgepflogenheiten anbelangt, so hatten sie sich seit dem Anfang des Jahrhunderts kaum verändert. Man verbrachte die Ferien auf seinem »Gütle«, so man betucht war, oder bei Verwandten. Wenn wir überhaupt verreisten, fuhren wir zu den Großeltern nach Rudolstadt oder zu Opa Sommer auf den Hohenzollern, wo ich mich gern gruselte, wenn der Wind um mein Turmzimmer pfiff. Einen Sommer lang wurde ich zu Vaters Mutter nach Berlin geschickt; das Schwänefüttern in Halensee und das Rolltreppenfahren im Kaufhaus des Westens haben sich meinem Gedächtnis unauslöschlich eingebrannt. An vierzehn Tage Ferienheim im Schwarzwald bei Calw habe ich indessen keinerlei Erinnerung mehr.

Im Sommer 1939 durfte ich allein zu den einstigen Pflegeeltern nach Konstanz. Dort lernte ich an einem gewittrigen Sommernachmittag im Schatten der Pappeln auf dem Damm, der zur Insel Reichenau hinüberführt, im Bodensee das Schwimmen. Viel zu spät, denke ich mir heute, aber für einen Binnenländer war es zu jener Zeit eher früh; viele Kinder haben damals nie schwimmen gelernt. An Konstanz habe ich keine klare Erinnerung mehr, aber es beeindruckten mich die Brücke über den Rhein, das alte Konzilsgebäude, der Hafen mit den Fähren nach Meersburg und den Dampfern nach Friedrichshafen, Lindau und Bregenz. Die Eidgenossenschaft blieb mir verschlossen, einmal nur stand ich in Kreuzlingen an der Grenzstation und blickte neugierig hinüber. Und ich lernte, dass der Säntis, der aus der Schweiz herübergrüßte, Regen ankündigte, wenn er klar und nah und blau über dem Südufer des Sees stand.

Der friedliche Sommer 1939, einer der schönsten meiner Kindheit, ging abrupt zu Ende. Der Lärm des Krieges, in den Wochenschauen und Rundfunkreportagen endlos wiederholt, zerriss mit einem Mal die durchsonnte Stille. Hitlers knarrende Stimme: »Seit 5 Uhr 45 wird jetzt zurückgeschossen.« Kanonendonner. Stukas, die sich mit aufheulenden Triebwerken auf ihre Ziele stürzten. Rasselnde Panzerketten. Dazu hektische Verlautbarungen: Lebensmittelkarten, Brotmarken, Sonderzuteilungen. Und Sondermeldungen, Fanfarenstöße, Tätärätä und Tschingderassabum. Das Idyll war vorüber.

Wie hätte ich, kaum zehn Jahre alt, das Unheil kommen sehen können? Wohl war mir aufgefallen, dass Vater öfters weg war. Wochenlang beim ersten Mal – zum Bau des Westwalls an der Rheingrenze, dem Gegenstück zu der französischen Maginot-Linie am anderen Ufer des Flusses; er kam mit einer Medaille zurück, die auf der einen Seite unter dem Reichsadler (mit Hakenkreuz) ein mit einem Spaten gekreuztes Schwert über einem Betonbunker zeigte und auf der anderen Seite die Inschrift trug »Für Arbeit zum Schutze Deutschlands«. Dann kurze Zeit im März 1938, als er zum Einmarsch in Österreich abkommandiert war. Aber ich machte mir weiter keine Gedanken.

Unmittelbar nach dem »Anschluss« Österreichs ging Vater an

die Heeresfachschule für Verwaltung in Heilbronn. Die Dienstzeit des »Zwölfenders« sollte am 15. April 1940 zu Ende gehen. Im Juli 1939 legte er die Abschlussprüfung II ab. »Diese Prüfung hat er bestanden«, besagt nüchtern das Zeugnis, das neben den Unterschriften des Vertreters der Truppe und der Schule auch die von Vertretern der Reichsbehörden trägt. Reichsfinanzverwaltung, Deutsche Reichspost, Deutsche Reichsbahn; desgleichen wurde die Urkunde vom Repräsentanten der Württembergischen Landesregierung und des Deutschen Gemeindetages unterzeichnet. In Deutsch, Geschichte, Erdkunde, Nationalpolitik (was immer dies war), Physik, Chemie, Englisch schloss Vater mit »gut (2)« ab, in »Rechnen und Mathematik« und Kurzschrift mit »ausreichend (4)«, in Maschineschreiben mit »sehr gut (1)«.

Der Bataillonskommandeur gratulierte ihm in lakonischer Kürze: »Lieber Sommer! Zu dem schönen Erfolg des Bestehens der Abschlussprüfung II bei der Heeresfachschule (V) Heilbronn beglückwünsche ich Sie und wünsche Ihnen für Ihr weiteres Fortkommen alles Gute. Ihr von Parseval.« Dessen Frau – allgemein »die Majorin« genannt – war übrigens der erste heftige Schwarm meines Lebens. Rank und schlank, schwarze Haare, blaue Augen, meist im Reitdress und kokett-bedeutsam mit der Gerte spielend, erschien sie mir bei ihren Ausritten als ein anbetungswürdiges Geschöpf aus einer höheren Sphäre.

Eigentlich hatte Vater anschließend an der Pädagogischen Hochschule studieren wollen, um fortan seinen jüngeren Kameraden als Heeresfachschullehrer das Rüstzeug für ihr späteres Zivilleben zu vermitteln, doch keine sechs Wochen nach der Prüfung in Heilbronn begann der Zweite Weltkrieg und durchkreuzte seine Pläne.

Ich war neun Jahre alt, als Hitler seinen Krieg vom Zaune brach: ein hagerer Schlaks, blond und blauäugig, sonnverbrannt und sommersprossig, vom Ernst des Lebens bis dahin nicht gestreift. Fröhlich war ich mit den Soldaten groß geworden, hatte auf dem Kasernenhof getollt, sie beim Antreten und Exerzieren beobachtet, die stechenden Tränengasschwaden geschnuppert, wenn sie zur monatlichen Gasmaskenüberprüfung in die »Gaskammer« gingen – so hieß der Flachbau, hinter dem wir unseren Karnickelstall hatten; noch hatte der Begriff nicht die grausige spätere Bedeutung.

Und ich lief immer gern neben den geschlossenen Formationen her, wenn sie – »links, zwo – drei – vier!« – ihre Marschlieder schmetterten, »Auf der Heide steht ein kleines Blümelein / und das heißt: Eeeeri-ka« oder »Schwarzbraun ist die Haselnuss, schwarzbraun bin auch ich, ja bin auch ich« (dass dieser Text im kompletten Gegensatz zum arischen Schönheitsideal blond-blauäugig-nordisch stand, ging mir damals natürlich nicht auf). Am liebsten aber war mir allemal das »Oh du schö-ö-ö-ner We-e-e-sterwald / über deine Höhen pfeift der Wind so kalt«, an welcher Stelle dann ein gellender Pfiff, ausgeführt mit zwei gespreizten Fingern zwischen den Zähnen, das Heulen des eisigen Windes nachahmte. Der Exerzierplatz war mein Spielplatz.

Tag für Tag habe ich mich auch in den Stuben herumgetrieben, habe beim Gewehrreinigen zugesehen oder beim Spindappell. Oft fiel dabei ein Kanten Kommissbrot oder ein Stück Fleischwurst für mich ab. Einmal kam ich zur Schuhputz-Stunde; die Eltern waren auf ihrem samstäglichen Stadtbummel. Ein Rekrut aus Alfdorf, den ich besonders mochte, fragte mich, wonach wohl die schwarze Schuhwichse rieche, mit der er seine Knobelbecher behandelte, nach Terpentin oder nach Benzin. Arglos und neugierig, wie ich war, hielt ich die Nase über die Schuhcreme, da gab er mir einen Stipps auf den Hinterkopf. Eine schwarze Nase sollte ich mir holen, aber wie das Unglück es wollte, traf meine Nasenspitze genau den scharfen Rand der Schuhcremedose. Die Folge: ein zwei Zentimeter tiefer Schnitt, ich konnte mein Riechorgan regelrecht auf- und zuklappen; nach einer schmerzhaften Säuberungsprozedur auf dem Bataillonsrevier wurde die Wunde mit vier Stichen genäht. Man kann sich leicht das Entsetzen meiner Eltern, aber auch die Zerknirschung des jungen

Soldaten vorstellen. Vater verkniff sich ein Donnerwetter, die Sache war erledigt. Die Narbe ist noch heute zu erkennen. Der junge Alfdorfer fiel drei Jahre später in Russland.

Die Naziherrschaft hat auf meine frühen Jahre keine traumatischen Schatten geworfen. Die Horst-Wessel-Schule hinterließ weder tiefe Spuren noch nachhaltige Erinnerungen. Im Unterricht war von brauner Prägung wenig zu spüren; er verlief in herkömmlichen deutschen Pauk- und Drillbahnen. Die Benennung der Volksschule besagte nicht viel, auch wenn bei Schulfeiern nun das Horst-Wessel-Lied an das Deutschlandlied angehängt werden musste, die ritualisierte Hinterlassenschaft des braunen Zuhälter-Heros, deren Melodie zwei deutsche Gerichte 1957 zum Plagiat des um die Jahrhundertwende gesungenen »Seefahrt nach Afrika« erklärten. Das dunkle Geraune der drei Strophen blieb uns unverständlich: »Die Fahne hoch, die Reihen dicht geschlossen / SA marschiert mit ruhig festem Tritt / Kameraden, die Rotfront und Reaktion erschossen / marschiern im Geist in unseren Reihen mit.« Wer war Rotfront? Wer Reaktion?

Den Ernst des Lebens verspürte ich zum ersten Mal am 27. August 1939. Zwei Tage zuvor war der Mobilmachungsbefehl ergangen. Jetzt rückte das Gmünder Infanteriebataillon des II. I.R.119 aus der Bismarckkaserne aus. Mit Mann und Ross und Wagen ging es zur Verladung auf den Bahnhof; der Bataillonskommandeur auf seinem Rappen voran, die Kompaniechefs ebenfalls zu Pferde vor ihren Kompanien, die Leutnants zu Fuß mit gezogenem Säbel an der Spitze ihrer Züge.

Ich stand mit gemischten Gefühlen am Kasernentor. Die ausrückenden Marschkolonnen – waren das feldgraue Helden, die in einen siegreichen Kampf gegen die feindliche Welt zogen? Oder bloß sichere Opfer neuerlicher Gemetzel wie während des Weltkriegs, über dessen Schrecknisse ich aus den Gesprächen der Soldaten auf ihren Stuben einiges mitbekommen hatte? Um die Antwort vorwegzunehmen: Das Bataillon nahm 1940 am Frankreich-Feldzug teil und kehrte im Oktober 1940 an seinen Heimatstandort zurück. Am 10. Juni 1941, meinem elften Geburtstag, nahm es erneut Abschied von der Stadt. Diesmal rückte es nach Osten ab. Im Ringen um Minsk ging es 1944 auf dem Rückzug unter. Nur drei Regimentsangehörige überlebten.

Als ich die Truppe 1939 ausrücken sah, fühlte ich Stolz im Herzen, wer weiß warum, und es rannen mir zugleich die Tränen über die Wangen. Das klingende Spiel verwehte im Sommerwind. Die gemischten Gefühle blieben.

An diesem Tag ging meine Kindheit zu Ende.

II.
IM BRAUNHEMD FÜR FÜHRER UND FAHNE

Auf dem Weg nach Sonthofen

> »*In unseren Augen, da muss der deutsche Junge schlank und rank sein, flink wie Windhunde, zäh wie Leder und hart wie Kruppstahl.*«
> ADOLF HITLER

Als ich zehn Jahre alt wurde, war Polen seit einem Dreivierteljahr besiegt, von der Wehrmacht besetzt in achtzehn Tagen. Luxemburg, Belgien waren überrannt, Frankreich, an meinem Geburtstag rücklings auch von Mussolinis Italien angegriffen, stand kurz vor der Kapitulation. In Dünkirchen hatten sich eine Woche zuvor die Reste des britischen Expeditionskorps, rund 200 000 Mann, nebst 140 000 französischen Soldaten in wilder Flucht eingeschifft. Hermann Görings Luftwaffe flog bald pausenlose Angriffe gegen die britische Insel. England schien dem drohenden deutschen Ansturm wehrlos gegenüberzustehen.

Mit zehn beginnt auch in normalen Zeiten der Ernst des Lebens. Man kommt in die Oberschule, erlebt Unterricht durch verschiedene Fachlehrer, beginnt Fremdsprachen zu lernen. Rechnen wird zur Mathematik, Lesen und Schreiben zum Deutschunterricht, Singen zu Musik, Turnen zu Sport. Die Aufnahmeprüfung für das Gymnasium hatte ich ohne Mühe geschafft, Ostern 1940 kam ich aus der Gmünder Volksschule in die Hindenburg-Oberschule für Jungen.

Aber dies blieb nicht die einzige Veränderung, denn die Zeiten waren nicht normal. Ich kam nun auch in die Hitlerjugend, genauer: in das Deutsche Jungvolk. Ich wurde »Pimpf«, wie es damals hieß. Lange Zeit konnte ich mir nicht erklären, woher dieser wunderliche Ausdruck eigentlich kam. Inzwischen weiß ich, dass er sich um 1920 in der bündischen Jugend für die Kleinsten einbürgerte und dann in den amtlichen Sprachgebrauch der Hitlerjugend übernommen wurde. Das Wort kommt von Pumpf oder Pumps, was nichts anderes bedeutet als Pups. Der Brockhaus definierte Pimpf denn auch als »kleiner Furz«. Offenbar kannte sich niemand in der Hitlerjugend-Führung in der Etymologie aus.

Die Hitlerjugend – abgekürzt: HJ, gesprochen Ha-Jott – gab es schon seit 1926 als Jugendorganisation der NSDAP. Im Jahre 1933 war der 26-jährige Baldur von Schirach, ein erhaben-schwülstig dichtender Berufsjugendlicher, zum »Reichsjugendführer« ernannt worden. Drei Jahre später wurde das Gesetz über die Hitlerjugend erlassen. In braunem Bürokratendeutsch hieß es darin: »Die gesamte deutsche Jugend ist außer in Elternhaus und Schule in der Hitlerjugend körperlich, geistig und sittlich im Geiste des Nationalsozialismus zum Dienst am Volk und der Volksgemeinschaft zu erziehen.« Alle Jugend dem Führer! war die Losung. Die Durchführungsverordnung zu diesem Gesetz ließ bis 1939 auf sich warten. Paragraf 12 lautete: »Jugendliche können durch die zuständige Ortspolizeibehörde angehalten werden, den Pflichten nachzukommen, die ihnen [...] auferlegt worden sind.«

Das war bis 1939 eine Kann-Bestimmung. Man musste nicht zur HJ, aber man tat wohl besser daran. Ich entsinne mich einiger weniger Fälle, in denen gut katholische Eltern sich einfach weigerten, ihre Kinder in die Hitlerjugend zu schicken. Ob denen oder ihren Eltern daraus Nachteile erwuchsen, weiß ich nicht zu sagen. Die meisten – Schirach: »fast Hundert vom Hundert« – schlossen sich aber ohne viel Federlesens »freiwillig« einer der HJ-Formationen an: die zehn- bis vierzehnjährigen Jungen dem Jungvolk, die Mädchen gleichen Alters dem Jungmädelbund; die Älteren kamen zur Hitlerjugend (HJ, 14 bis 18 Jahre) oder zum Bund Deutscher Mädel (BDM, 14 bis 21 Jahre). Und viele hatten ja auch Spaß an der Sache. Schon 1939 zählte die Hitlerjugend 8,87 Millionen Mitglieder und rund 765 000 Führerinnen und Führer; Erika Mann kam mit ihrer 1938 in einem Amsterdamer Exilverlag erschienenen Studie »Zehn Millionen Kinder. Die Erziehung der Jugend im Dritten Reich« der Wahrheit ziemlich nahe. Die Hitlerjugend war gegliedert und aufgebaut wie eine Armee mit Zügen, Kompanien, Bataillonen, Regimentern und Divisionen, nur dass sie Jungenschaft, Kameradschaft, Fähnlein, Gefolgschaft, Stamm, Bann und Gebiet hießen; Mädelschaft, Mädelgruppe, Mädelring, Untergau, Gau bei den Mädchen. Nach Schirachs – von der Bündischen Jugend übernommenen – Forderung »Jugend muss durch Jugend geführt werden« waren die Führer der unteren Einheiten maximal zwei bis vier Jahre älter als die Geführten. Viele gingen noch zur Schule.

Der Dienst in der Hitlerjugend nahm nicht viel Zeit in Anspruch. Einmal in der Woche ging es in Gmünd zum »Heimabend« in die Alte Kaserne, ein ehemaliges Augustinerkloster, wo Kreisleitung und Hitlerjugendführung saßen. Die bequemen Barock-Holztreppen waren schiefgetreten, in den Sälen roch es modrig, im alten Kreuzgang lagen mürbe Gemäuer-Trümmer. Wir sangen Lieder, hörten Geschichten über die »Kampfzeit der Bewegung«, planten für jeden Monat einen Ausflug in die Umgebung und bereiteten gelegentliche Feierstunden oder die Mitwirkung an Aufmärschen der Partei und ihrer angeschlossenen Verbände vor. An den Wochenenden waren oft Geländeübungen auf der Mutlanger Heide oder dem Kalten Feld angesetzt, Luftgewehrschießen, Unterricht im Umgang mit Karten und Kompass. Zu Pfingsten ging es mit Zelt und Kochgeschirr »auf Fahrt« ins Leintal oder an den Ebnisee. Ich genoss diese Freizeitlager sehr; es gab mir davon viel zu wenige.

Dafür gab es dann »Kriegseinsätze« in einem fort. Wir sammelten Geld für das Winterhilfswerk: Stanniol aus Zigarettenschachteln, das wir zu tennisballgroßen Kugeln formten; Kräuter wie Haselwurz (als Pfeffer-Ersatz); Altkleider – die »Spinnstoffsammlung« wurde in regelmäßigen Abständen wiederholt. Als im Spätherbst 1941 die deutsche Offensive in Russland vor Moskau stecken blieb und der »General Winter« Hitler einen Strich durch die Rechnung machte, wurden wir mobilisiert, um warme Kleidung, Skier und andere Winterausrüstung für unsere Soldaten zusammenzutragen.

Davon abgesehen jedoch hatte das Ganze eher einen spielerischen Anstrich: Zelten, Lagerfeuer, Schnitzeljagden, Geländespiele. Die Absicht war natürlich, uns durch weltanschauliche Erziehung auf Führer und Partei auszurichten. In der Praxis jedoch überwog die Wandervogelromantik bei Weitem den ideologischen Drill. Das war so, obwohl wir alle bei der feierlichen Aufnahme in das Jungvolk die Treueformel aufsagen mussten: »Ich verspreche, in der Hitlerjugend allzeit meine Pflicht zu tun in Liebe und Treue zum Führer und zu unserer Fahne. So wahr mir Gott helfe!«

Auch wurde erwartet, dass wir zum Dienst in Uniform antraten: Braunhemd mit schwarzem Halstuch, zusammengehalten von einem aus hellbraunem Leder geflochtenen Knoten, kurze schwarze Cordhose, weiße Strümpfe und schwarze Schuhe; im Winter eine dunkelblaue Jacke über dem Braunhemd, dazu eine lange Überfallhose. Viele konnten sich die vorgeschriebene Uniform freilich nicht leisten. Manch einer kam daher mit der alltäglichen Lederhose anstelle der Cordsamt-Shorts.

Wichtiger als die Hitlerjugend war allemal die Schule. Wer zum Gymnasium wollte, musste damals erst eine Aufnahmeprüfung bestehen. Auch danach wurde viel verlangt. Wir mussten sechs Tage in der Woche zur Schule, vormittags fünf Stunden, zweimal wöchentlich nachmittags zwei weitere Stunden. Der Unterricht begann um 7.45 Uhr; um 7.00 Uhr, wenn Religion auf dem Stundenplan stand. Von Anfang an hatten wir acht Fächer: Deutsch, Englisch, Mathematik, Biologie, Musik, Zeichnen, Turnen, Religion; später kamen

Latein, Physik und Chemie hinzu. Abgewählt werden konnte nichts, und Hausaufgaben gab es zuhauf.

In den Sprachen kam ich gut zurecht, weniger in den Fächern, in denen es aufs Rechnen ankam. Aber ich mogelte mich irgendwie durch. Zweimal allerdings geriet ich in der Sexta und Quinta, wie die beiden ersten Jahre damals noch hießen, übel mit den Lehrern aneinander. Einmal mit dem Oberpräzeptor Hammer, der Geschichte gab, einem bereits pensionierten Lehrer, den sie vom Altenteil geholt hatten, weil die Jüngeren bei der Wehrmacht waren. Er war ein grobschrötiger, finsterer Kerl, lächelte nie, und die Hand saß ihm sehr locker.

Einmal ging er direkt hinter mir, als ich mich mit einem Klassenkameraden über ihn unterhielt. Dabei fiel auch sein von den biblischen Makkabäern abgeleiteter Spitzname »Macuba«, den er hasste. Als wir das Klassenzimmer betraten, überfiel er uns mit groben Faustschlägen, brüllte spuckend: »Ihr teuflischen Geisteskrüppel!«, und prügelte haltlos auf uns ein. Ich kam grün und blau geschlagen nach Hause. Meine Mutter, empört und resolut, ließ mich vom Arzt untersuchen, der mir einige Blutergüsse bescheinigte. Mit dem Attest ging sie zum Direktor der Schule und verlangte eine schriftliche Entschuldigung Hammers binnen 48 Stunden, andernfalls werde sie beim Kultusministerium in Stuttgart Beschwerde einreichen. Die Frist war noch nicht zur Hälfte abgelaufen, da hielt sie die Entschuldigung in Händen.

Ich weiß nicht, welcher Teufel mich ritt, aber ein Jahr später verfasste und vervielfältigte ich ein Gedicht, in dem auf jeden meiner Lehrer ein Vier- oder Sechszeiler gemünzt war. Es waren zwölf unbeholfene Knittelverse, aber der Oberpräzeptor kam unglücklicherweise wieder darin vor: »Der Macuba der regt sich auf / wir Jungen aber lachen drauf / denn uns macht dies ja gar nichts aus / wir gehen nachher schnell nach Haus.« Auch einige andere Lehrer fühlten sich auf den Schlips getreten. Macuba nahm Rache: In der Lehrerkonferenz setzte er durch, dass ich vier Stunden in den Karzer musste. Der

Karzer war eine winzige vergitterte Mansarde im Dachgeschoss, karg möbliert mit Stuhl und Tisch, das vergitterte Fenster gab den Ausblick nur auf ein kleines Stück Himmel frei. Wer Heinz Rühmann in der »Feuerzangenbowle« gesehen hat, wird keine Schwierigkeit haben, sich die Szene vorzustellen – nur dass es in meinem Fall keine hübschen Mitschülerinnen gab, die mir Zigarettenrauch durchs Schlüsselloch bliesen.

Ich habe meine Karzerstrafe tapfer abgesessen. Aber der schmähliche Vorgang trug dazu bei, dass ich Feuer und Flamme war, als mir die Hitlerjugend genau zu dieser Zeit eine Chance bot, aus dem eng gewordenen Remstal auszubrechen und den Paukern den Rücken zu kehren, die mich wegen zwölf läppischer Verse so schnöde eingebuchtet hatten. Es eröffnete sich mir die Chance, »Adolf-Hitler-Schüler« zu werden.

Anfangs merkte ich gar nicht, worum es ging. Wohl fiel mir auf, dass mein Fähnleinführer – der Sohn des führenden Schreibwarenhändlers am Platze – mich mit wachsam-wohlwollenden Augen beobachtete, aber ich wusste nicht, was dahintersteckte. Er war es vermutlich, der mich vorschlug. Irgendwann im Frühjahr 1941 wurde ich aufgefordert, mich an einem bestimmten Wochenende in der Kreisjugendherberge zu einem »Führerauslese-Lehrgang« einzufinden. Es nahmen noch zwei Dutzend weitere Jungen daran teil. Sechs oder acht von uns wurden dann einige Wochen später zu einem zweiten Lehrgang mit rund achtzig Jungen in die benachbarte Kreisstadt Aalen einbestellt. Wieder wurde kräftig gesiebt. Zehn fanden sich schließlich kurz vor Weihnachten 1941 in der Tübinger Jugendherberge, unmittelbar am Neckarufer, im Gau-Endauslesekurs wieder. Daran nahmen etwa achtzig »Pimpfe« aus ganz Württemberg teil.

Es fehlt mir die detaillierte Erinnerung daran, wie diese drei Veranstaltungen liefen. Exerzieren. Geländesport. Diskussionen wie beim Heimabend. Kurzreferate. In Tübingen Schwimmen samt

Sprung vom Dreimeterbrett. Eine Stunde in der Turnhalle: Übungen am Barren, Reck und Pferd. Bodenturnen: Hechtrolle, Handstandüberschlag, Salto mit Hilfestellung. Und Boxen, zum ersten Mal in meinem Leben. Ich mochte es nicht, aber ich wusste, worauf es ankam: nicht so sehr aufs Gewinnen als aufs mannhafte Durchhalten, Nicht-Aufgeben, Dranbleiben am Gegner, auch wenn es Kinnhaken setzte. Sich-Wehren (als mein Vater nach dem Krieg dem Teenager einmal eine Tracht Prügel androhte und ich mich defensiv reckte, schnaubte er böse: »Von wegen, ein Adolf-Hitler-Schüler schlägt zurück!«).

Ähnliches galt auch für die anderen Leibesübungen. Vor allen Dingen musste man sich trauen. Mut war wichtiger als Eleganz. Der misslungene Bauchaufschwung am Reck ließ sich wettmachen durch Zähigkeit am Barren und Wagemut bei den Sprüngen. Durchsetzungskraft in der Stubenführung schlug kräftig zu Buche. Es galt das Wort Baldur von Schirachs: »Wir wollen keine bleichen Musterknaben. Wir verlangen von euch Mut, Tapferkeit, Entschlossenheit und Draufgängertum. Angeber können wir nicht brauchen.« Auf keinen Fall »Stubenhocker«; die hatte Hitler schon in *Mein Kampf* verhöhnt.

»Betätigung der Eltern in der völkischen Gemeinschaft« war eine der Bewertungsrichtlinien für die Auslese. Darunter wurde »Parteizugehörigkeit, Tätigkeit in den Gliederungen der Partei und den angeschlossenen Verbänden« verstanden. Was ich erst jetzt erfahren habe: Mutter war am 1. Mai 1933 der NSDAP beigetreten, sie bezahlte jedoch ihre Mitgliedsbeiträge nur bis November 1934 und wurde daher 1937 aus der Reichskartei gestrichen. Anfang November 1941 beantragte sie die Wiederherstellung ihrer Mitgliedschaft und erklärte sich bereit, die rückständigen Beiträge nachzuentrichten. Das Kreisgericht der Partei beschloss im Mai 1942, sie wieder aufzunehmen – mit der Begründung: »Pgn. Sommer ist weltanschaulich in Ordnung, die Kinder werden im nationalsozialistischen Geiste erzogen.«

Als eine »Nazisse« habe ich sie jedoch nie erlebt. Wohl gehörte sie der NS-Frauenschaft an und trug als Mutter von vier oder sogar schon fünf Kindern das Mutterkreuz. Doch hat sie sich höchstens bei Spinnstoff- und Altmaterialsammlungen einspannen lassen, sonst hielt sie sich dem braunen Betrieb völlig fern. Von nationalsozialistischer Erziehung habe ich zu Hause nie etwas gespürt. Ich habe nur eine Erklärung für ihren Wiedereintritt in die Partei: Sie wollte mir die Aufnahme in die Adolf-Hitler-Schule ermöglichen.

Mein Vater erzählte mir nach dem Krieg, er sei skeptisch gewesen – zu sehr Reichswehrmann, um den Braunhemden ganz zu trauen und ihnen auch noch seinen Sohn zu überlassen. Später fand ich allerdings in einem Schreiben der Gmünder NSDAP heraus, dass auch er eine Zeit lang Parteimitglied war – »bis zu seinem Wiedereintritt in die Wehrmacht«, wie es in der Akte heißt, worauf ich mir keinen Reim machen kann, denn er war durchgehend Soldat. Doch war auch er der Partei beigetreten; wann genau, habe ich in keinem Archiv oder Dokumentationszentrum herausfinden können. War er doch auch meinetwegen PG geworden? War Vater der Ansicht, er müsse noch einen zusätzlichen Beweis politischer Zuverlässigkeit liefern?

Offensichtlich wirkten die elterlichen Loyalitätsbekundungen. Auch waren meine Leistungen in Tübingen, wo ich genau zwanzig Jahre später meinen Doktor bauen sollte, hinlänglich überzeugend. Jedenfalls kam bald darauf die Benachrichtigung, dass ich dazu auserwsehen sei, in die Adolf-Hitler-Schule aufgenommen zu werden. Meine Mutter war unbändig stolz auf mich.

Aber es gab noch ein Problem: Es musste der erforderliche Ariernachweis beigebracht werden. Damit hatte ich schon früher Kummer gehabt. In der Generation der Urgroßeltern hatten etwas verworrene Verhältnisse geherrscht. Auf der einen Seite war der Mann, auf der anderen die Frau gestorben, worauf die beiden Übriggebliebenen einander heirateten.

Noch weniger habe ich als Kind verstanden, dass es zwischen Großmutter Ella Sommer und Großvater Georg Herrmann nie zu einer Ehe gekommen war. Als ich in der zweiten Klasse meine Ahnentafel aufzeichnen sollte, kam ich völlig aus dem Tritt. In meiner Verzweiflung rannte ich einmal hinter meinem Vater her, der auf dem Kasernenhof an der Spitze seiner Kompanie marschierte, schwenkte in der einen Hand die Schiefertafel, in der anderen den Griffel, und rief flehentlich: »Papa, Papa, du musst mir noch bei meiner arischen Großmutter helfen!« Worauf die ganze Kompanie in schallendes Gelächter ausbrach.

Diesmal war es komplizierter. Die »arische Großmutter« reichte der Adolf-Hitler-Schule als Nachweis der »deutschblütigen Abstammung« nicht aus. Der Ariernachweis – kein Jude in der Kette der Generationen! – musste zurück bis zum 1. Januar 1800 erbracht werden, und dies gestaltete sich nicht ganz einfach. Es gab in der Ahnenreihe erstaunlich viele ledige Mütter. Über die Väter findet sich oft kein Eintrag. Einer zumindest ist nach Amerika gegangen, der Vater von Opa Römhild, nach der Familienüberlieferung ein Eisenbahningenieur, der in der Gegend von Meiningen beim Bahnbau beschäftigt war und dann Ende der 1880er-Jahre sein Glück in den Vereinigten Staaten suchte.

Es war ein mühsames Geschäft, aus alten Taufregistern den Stammbaum der Familie zusammenzuklauben. Meine Mutter widmete sich dieser Tätigkeit von 1940 an mit großer Hingabe. Ich besitze das dicke Konvolut, das sie über ihre Nachforschungen angelegt hat: Briefwechsel mit katholischen und evangelischen Pfarrämtern, Korrespondenz mit Standesämtern, Auszüge aus Trauregistern, Geburts- und Sterbeurkunden. »Da es sich jetzt um die Aufnahme meines Sohnes Theo in eine Adolf-Hitler-Schule handelt und ich Original-Urkunden vorlegen muss, bitte ich noch einmal sehr, unter den von mir angegebenen Daten nachzusuchen«, schrieb sie an Dutzende von Behörden und Pfarreien. Ihre Briefe endeten gewöhnlich mit der Floskel »Vielen Dank im Voraus für Ihre Mühe.

Auf dem Weg nach Sonthofen

Heil Hitler! Frau Else Sommer«. Selbst die Pfarrer unterzeichneten ihre Antwortschreiben meist mit »Heil Hitler!« – dem sogenannten Deutschen Gruß.

Im Frühjahr 1942 setzte meine Mutter Himmel und Hölle in Bewegung, doch sie bekam die vom Gaupersonalamt verlangte Dokumentation meiner Reinrassigkeit nicht zusammen. Es gab Lücken in meinem Stammbaum, denn in der ersten Hälfte des 19. Jahrhunderts waren immer wieder Kirchenbücher bei Feuersbrünsten verbrannt. Für mich war es ein Schock, nicht auf Anhieb akzeptiert zu werden. So blieb nur ein einziger Ausweg: Man ließ mich von vorn, von links und rechts, im Halbprofil und von oben fotografieren und schickte die Aufnahmen nach Berlin, zum SS-»Rasse- und Siedlungshauptamt«. Dort wurde nach all den perversen Regeln der nationalsozialistischen Rassenlehre mein Schädel vermessen, untersucht, begutachtet.

Der Bescheid ließ monatelang auf sich warten. Ich wurde von Tag zu Tag unruhiger. Sollte ich etwa »rassisch verseucht« sein? »Jüdisch versippt?« Mit Vaters Rasierspiegel beäugte ich im Badezimmerspiegel misstrauisch meine Nase. Waren die Lippen zu wulstig? Die Ohren zu fleischig-feist? Auf der Kreisleitung, wo ich ja mehrmals hatte vorsprechen müssen, war mir einige Male der *Stürmer* in die Finger geraten, das antisemitische Hetzblatt Julius Streichers. Ich glaubte daher zu wissen, was die Merkmale der jüdischen »Rasse« waren. Hatte ich etwas davon? Oder würde ich den gestrengen Anforderungen der SS-Rassenrichter genügen?

Ein riesiger Stein fiel dem eben Zwölfjährigen vom Herzen, als aus Berlin der erlösende Bescheid kam, dass meiner Aufnahme in die Adolf-Hitler-Schule keine »rassischen Bedenken« im Wege stünden. Ich jubelte: »Ich bin arisch. Es reicht.«

Immerhin hatte ich in den Monaten des Bangens einiges über meine Vorfahren gelernt. An den Abenden saß ich oft neben meiner Mutter, wenn sie Neuigkeiten aus irgendeinem Pfarramt in den gewaltigen Stammbaum eintrug, den sie später, 100 mal 65 Zentimeter, jedem ihrer Kinder zukommen ließ. Auf der väterlichen Seite geht er zurück bis ins Jahr 1777, auf der mütterlichen, die weniger gut belegt ist, immerhin bis in die ersten Jahrzehnte des 19. Jahrhunderts. Als reines Hobby trieb meine Mutter die Ahnenforschung noch jahrelang weiter.

Ich lernte, dass die Sommers aus dem westfälischen Beckum stammten, wo die Familie noch immer existierte. Der Archivar des katholischen Pfarramtes St. Stephan schrieb dazu 1939: »Das Haus Sommer in der Stadt gehört zu den wenigen, in denen durch mehr als 200 Jahre immer derselbe Name mit dem Haus verbunden war, der Besitzer also nicht gewechselt hat und das Haus sich immer vom Vater auf den Sohn vererbte – bei den Bauern wird in solchen Fällen der Bauernadel verliehen. Aus der Familie Sommer sind bedeutende Leute hervorgegangen, worüber ich Ihnen einige Mitteilungen machen kann.« Leider hat meine Mutter in diesem Punkt nie nachgehakt.

Ich lernte auch, wie viel verschiedenes Blut durch meine Adern rollt. Meine Ahnen stammen aus Westfalen und Schlesien, aus Thüringen, Franken und Bayern, aus Mecklenburg, Pommern und Holstein – eine bunte Mischung. Sie hießen Hennigs und Schmülling und Sengebusch, Knepper und Pickenbring und Vögling, Grassnick und Lodderhose und Barnickel, Herrmann und Feldebert und Lehmann. Sie wohnten in Schweidnitz und Waldenburg, in Greifswald und Neutrebbin, in Hayn und Obermassfeld, in Wurzbach und Warin, in Jarmen und Kirchlein, Bigge und Dolberg.

Ich lernte weiter, dass meine Familie ihre Wurzeln ganz unten im Volk hat. Die Männer waren Tuchweber und Tuchfärber, Griffelmacher und Korbmacher, Schneidmüller und Schuster, Gänsehirt und Knecht, Schieferbrucharbeiter und Soldat, Tagelöhner, Tischler und Stutzenmacher (was immer das war: ein Hersteller von Wadenstutzen und Pulswärmern, von kleinen Bottichen oder von Gewehren mit kurzem Lauf?). Einer war immerhin Handelsmann, ein anderer

Monteur; mein 1911 früh verstorbener Großvater Georg Herrmann war Kammerlakai im Berliner Schloss. Die Frauen aber waren Dienstmagd oder Näherin oder Hausfrau, sehr oft verwitwet. Und wie meine Mutter als Erste in der Familie ins Lyzeum ging, so war ich der Erste, der zur Universität ging und seinen Doktor machte. Und schließlich lernte ich, dass ich einem recht langlebigen Geschlecht entstamme. Gewiss, manche starben jung, mit vierzig oder fünfzig, doch viele wurden über siebzig, sogar achtzig und neunzig. Als Todesursache verzeichnen die alten Urkunden Schwindsucht, Brustkrampf, Brustkrankheit, Lungenleiden, Wassersucht, Schlagfluss, Auszehrung, Entkräftung oder einfach: Altersschwäche. Einige hinterließen eine große Schar von Kindern; so brachte Sophie Luise Fahrendorf aus Eutin es auf neun Sprösslinge. Ich habe es nur auf fünf Kinder gebracht, aber die guten Gene der Langlebigkeit scheinen auch mir in die Wiege gelegt worden zu sein.

Die Ausleselehrgänge lagen nun hinter mir. Den Stempel vom »Rassen«-TÜV besaß ich endlich auch. In den Monaten des Wartens hatte ich nur wenig Sinn für alles andere. Ich registrierte, dass England weiterkämpfte. Ich bekam mit, dass der Vorstoß der Wehrmacht im Winter 1941 vor Moskau in Schnee und Eis stecken geblieben war. Ich nahm wahr, dass Japan – dem Reich und Italien seit September 1940 im Dreimächtepakt verbunden – im Dezember 1941 Amerika in Pearl Harbor angegriffen und dass Hitler den Vereinigten Staaten den Krieg erklärt hatte. Vater war zunächst in Budweis, wurde dann für wenige Monate an den Mittelabschnitt der Ostfront versetzt, kam aber bald zum Panzerregiment 7 in Böblingen, das sich dann in Frankreich auf den Einsatz in Nordafrika vorbereitete. Mittlerweile erhob er keinen Einspruch mehr dagegen, dass ich Adolf-Hitler-Schüler werden sollte.

Über die Prinzipien und die Praxis der Auslese für die Adolf-Hitler-Schulen ist nach dem Kriege viel geschrieben und gestritten worden, desgleichen über die Grundzüge der auf diesen Schulen angewandten Pädagogik. Der Streit ist von beiden Seiten ebenso verbissen wie polemisch geführt worden. Dabei haben sich der Pädagogikprofessor (und frühere Adolf-Hitler-Schüler) Harald Scholtz auf der einen, der frühere Hauptbannführer und Schulführer Max Klüver auf der anderen Seite besonders hervorgetan. Erst die 2001 erschienene Untersuchung des Wiener Historikerpaares Barbara und Wolfgang Feller (*Die Adolf-Hitler-Schulen. Pädagogische Provinz versus ideologische Zuchtanstalt*) hat ein Stück Ausgewogenheit in die Diskussion gebracht.

Die Adolf-Hitler-Schulen waren 1937 von Reichsjugendführer Baldur von Schirach und Reichsleiter Robert Ley, dem Chef der »Deutschen Arbeitsfront«, gegründet worden. Zwölf von ihnen sollten in verschiedenen Gauen eingerichtet werden. Da keine bereits gebaut war, die Ordensburgen – künftige Hochschulen für die »Führerjunker«, den Parteinachwuchs – aber leer standen, wurden die AHS-Schüler auf die drei Ordensburgen Sonthofen im Allgäu, Vogelsang in der Eifel und Crössinsee in Pommern verteilt.

Neben den Adolf-Hitler-Schulen existierten noch zwei weitere braune Bildungseinrichtungen, in denen ein neuer »politischer Adel« herangezogen werden sollte: die »Nationalpolitischen Erziehungsanstalten« (Napola), von denen es bei Kriegsende siebenunddreißig gab, und die »Reichsschule der NSDAP« Feldafing am Starnberger See. Rund 17 000 Jungen haben bis zum Ende des Dritten Reiches eine dieser Schulen besucht. Die drei Arten von Kaderschmieden spiegelten die Rivalität unterschiedlicher NS-Instanzen wider: In den noch vom Geist der preußischen Kadettenanstalten durchwehten Napolas erlangte die SS bestimmenden Einfluss; die Reichsschule Feldafing stand unter der Schirmherrschaft der Partei, die Adolf-Hitler-Schulen waren die Domäne der Hitlerjugend. Rivalität herrschte auch zwischen den Schülern der drei NS-Ausleseschulen. So höhnten wir über die »Schlipsträger«, die Jungmannen der Napolas, und die »golfspielenden Plutokraten« in Feldafing; dort jedoch lästerten sie wohl genauso über uns.

Auf dem Weg nach Sonthofen 87

In die Adolf-Hitler-Schulen aufgenommen wurden zwölfjährige Jungen, die sich im Jungvolk »hervorragend bewährt« hatten; sie wurden von den örtlichen HJ-Führern und Kreisleitern vorgeschlagen. Bewerben konnte man sich nicht, und niemand konnte seinen Sohn einfach auf die Schule schicken, wie dies bei den Napolas und der Reichsschule Feldafing der Fall war. Die Ausbildung war unentgeltlich, und nach dem Abitur sollte den Adolf-Hitler-Schülern jedwede Laufbahn in Partei und Staat offenstehen. »Sie sollen die höchsten Stellen einmal einnehmen«, sagte 1940 Hitler in Berlin vor Rüstungsarbeitern. Sein ausdrückliches Ziel war es, die »talentierten Kinder unserer breiten Massen« hereinzuholen.

In der Tat kam ein Fünftel aus Arbeiterfamilien; mit den Handwerkersöhnen bildeten sie die drittstärkste Gruppe nach den Kindern von Beamten und Angestellten, wohingegen Akademikerkinder nur ganze 2,2 Prozent ausmachten. Es war dies ein eklatantes Beispiel für das meritokratische Denken, das Einreißen von Standesschranken und gesellschaftlichen Barrieren, das Ralf Dahrendorf als Merkmal Hitler'scher Sozialpolitik beschrieben hat. Der Führer wollte, wie er es in der zitierten Berliner Rede formulierte, einen »Staat, in dem Geburt gar nichts ist und Leistung und Können alles«.

Damals wusste ich natürlich nicht, was ich heute weiß. Die Grundsätze der »Auslese«, wie sie Kurt Petter, der Inspekteur, später Kommandeur der Adolf-Hitler-Schulen, im Februar 1938 niedergelegt hatte, waren mir unbekannt. »Hat sich der Junge bereits als Führernatur, gewissermaßen als Rädelsführer hervorgetan und durchgesetzt?« war ein Kriterium. Ferner musste die Familie der Eltern »erbgesund« und politisch zuverlässig sein. Schließlich wurde »eine allgemeine Begabung« verlangt: ein einwandfreier Charakter, körperliche und zugleich geistige Leistungsfähigkeit. »Nie kann nach Wissen, nach sportlichem Können allein ausgelesen werden«, gab Petter vor.

Als »Prüfsteine« der Eignung nannte er »Kamerad sein können«. Wer hilft dem anderen beim Stubendienst? Wer teilt seine Pakete? Wer greift beim Essen sofort nach dem größten Stück? Weiter waren Mut und »das Empfinden für Anständigkeit, für Ehre wichtig«. Bei Mutproben wie Sprüngen ins Wasser müsse sich sogar der Nichtschwimmer überwinden können; Hindernisläufe und einsame nächtliche Orientierungsmärsche sollten Aufschluss über die Standfestigkeit eines Jungen geben. »Auch der moralische Mut gehört hierher. Wer gesteht Fehler ein? Wer verschleiert sie? Wir müssen von unseren Jungen immer unbedingte Wahrhaftigkeit verlangen. Sie ist ein Teil der Sauberkeit, die wir vom rechten Kerl fordern.« Herausreden und Herumreden passten nicht zum rechten, zum »ganzen Kerl«.

Nach den großen Ferien wurden im Sommer 1942 alle Schüler, die für den sechsten AHS-Jahrgang ausgewählt worden waren, nach Bad Tölz beordert, darunter um die zwanzig der sechzig Tübinger. Auf dem Gelände der SS-Kaserne wurden wir in einem Zeltlager versammelt und von dort aus auf die zwölf bestehenden Adolf-Hitler-Schulen verteilt. Zum ersten Mal wurden die Jungen aus den verschiedenen Gauen dabei planvoll durcheinandergewürfelt. Bis dahin waren die Schulen nach dem Landeskinderprinzip gauweise bestückt worden; nun wurde die Schülerschaft regional durchmischt. Ich kam in die nach Europas erstem – und Hitlers liebstem – Seebad benannte Schule 9 »Heiligendamm«, die neben Schule 2 (»Mark Brandenburg«) und Schule 8 (»München-Oberbayern«) auf der Ordensburg Sonthofen untergebracht war. In meinen »Jahrgang 42«- so hieß unsere Klasse – kamen Jungen aus Mecklenburg, Hamburg, Württemberg-Hohenzollern, Mainfranken, Weser-Ems, Magdeburg-Anhalt und aus der Steiermark. Einige Erzieher und ältere Schüler holten uns in Tölz ab.

Im September trafen wir in Sonthofen ein. Zum ersten Mal sah ich den Grünten, das Imberger Horn, die Gipfelkette, die sich nach Süden bis hin zum Nebelhorn zog. In den nächsten zwei Jahren und

Auf dem Weg nach Sonthofen

acht Monaten wurde mir die Allgäuer Bergwelt zur vertrauten Kulisse meines Alltags.
Der erste Eindruck war überwältigend. Die Ordensburg – laut ihrem Architekten Hermann Giesler der »gebaute Nationalsozialismus« – überragte mit ihrem »Palas«, einem 28 Meter hohen Burgfried, das Städtchen drunten im Illertal. Hinter der Toreinfahrt öffnete sich der große Burghof, auf dem wir beim Exerzieren noch manchen Schweißtropfen vergießen sollten. An den Seiten des Hofes standen die lang gestreckten Unterkunftsgebäude. Nach rechts ging es zum Schönen Hof – schön wegen seiner gepflegten Rasenfläche – und zu dem 109 Meter langen Speisesaal, der 2000 Menschen fasste; jeder Zug saß dort an seiner eigenen Langtafel, wo jeder Pimpf seinen festen Platz hatte. Dazwischen lagen der Musiktrakt und die »Kunsthöhle«, außerdem holzgetäfelte Kaminzimmer, Konferenzsäle, Besprechungsräume und der für Hitler gedachte Teesaal.

Schwere Steinquader überall, viel warmes Holzgebälk in den Gängen, das massige Mobiliar ganz im bayerisch-österreichischen Stil, die Sitzmöbel bezogen mit »angetrachtelten« Stoffen, die Deckenlampen von schmiedeeiserner Kunstgewerblichkeit – alles insofern der Stil der Zeit, als er Hitlers Residenz auf dem Obersalzberg ebenso kennzeichnete wie die Offiziersheime in Hermann Görings Luftgaukommandos.

Überwältigend auch, was uns in der Kleiderkammer erwartete, wo wir vollständig eingekleidet wurden. Da gab es zunächst die HJ-Uniformen für Sommer und Winter. Dann Lederhosen; ein Edelweiß zierte den Querlatz auf dem Hosenträger, nicht etwa das Hakenkreuz. Drillichzeug. Fünf Braunhemden, zwei weiße Hemden, je drei Garnituren kurze und lange Unterwäsche, zwölf Taschentücher. Keine Nachthemden wie zu Hause, sondern zwei Schlafanzüge (nicht: »Pyjamas«, der Ausdruck hatte sich noch nicht eingebürgert). Blauer Pullover, Uniformsocken und Skisocken. Trainingsanzug, Turnhose und Badehose. Halbschuhe, zwei Paar Schnürstiefel, Hausschuhe, Turnschuhe, Spikes, Skistiefel. Koppel, zwei

Schulterriemen, zwei Mützen, zwei schwarze Halstücher, dazu zwei lederne Schlipsknoten. Wintermantel und Regenumhang. Tornister (»Affe« genannt), Wolldecke, Zeltbahn. Brotbeutel, Kochgeschirr, Fahrtenmesser.

Solchen Luxus war kaum einer von zu Hause gewöhnt. Die übrige Ausstattung entsprach dem: solid geschreinerte Betten und Spinde, dicke Schlaraffia-Matratzen, üppige Steppdecken und Daunenkissen. Dazu ein Fahrrad für jeden, außerdem eigene Skier (anfangs einfache Holzbrettln mit schmalen Lederriemen als Bindung, später mit Stahlkanten und Kandahar-Bindung). Auch die Personalausstattung war großzügig. Es gab eine Zeugmeisterei, eine Wäscherei, eine Fahrradwerkstätte. »Kammerbullen« in der Kleiderkammer, der Waffenkammer, der Sportgerätekammer. Eine Betreuerin, die uns Knöpfe-Annähen wie Strümpfe-Stopfen beibrachte und uns anleitete, unsere AHS-Dreiecke und Rangabzeichen mit Kreuzstichen auf dem Ärmel anzubringen. Im Speisesaal »Serviermädel«, die das Essen an die Tische brachten (nur das Abräumen und Neu-Eindecken musste unser »Küchendienst« erledigen, der auch zum Kartoffelschälen oder Gemüseputzen herangezogen wurde). Das Regime ließ sich seine heranwachsende Elite durchaus etwas kosten. Wir waren beeindruckt.

Auch die Unterbringung war höchst komfortabel. Anfangs schliefen wir zu viert auf einer Stube, später nur noch zu zweit. Auf einer Seite des Innenganges standen unsere Spinde, auf der anderen befanden sich Waschräume, in denen jeder sein eigenes Waschbecken mit fließend warmem und kaltem Wasser hatte – ein Luxus, den kaum einer von zu Hause kannte. Zum Burghof hin lag vor den Stuben ein »Sonnengang«; große Fenster gaben den Blick frei auf Rubihorn und Mädelegabel bis hin zu den Tiroler Bergen. Außerhalb der Burg stand die Baracke für den Werkunterricht.

Nicht weit davon in Richtung Imberg war der Margarethenhang, der Idiotenhügel, auf dem wir unsere Schneepflüge, Stemmbögen, Christianas und – damals noch gang und gäbe, vor allem im

Tiefschnee – Telemarks übten. Jeden Winter ging es einmal für zwei, drei Wochen auf eine der drei AHS-eigenen Skihütten – nach Oberjoch in die alte Zollstation der damals ehemaligen deutsch-österreichischen Grenze, nach Grasgehren bei den Gottesackerwänden und dem Riedberger Horn, schließlich aufs Fellhorn bei Oberstdorf. Auf dem Iselerkamm beim Oberjoch trat ich, mit meinem Freund Dieter Arfs an der Spitze des Zuges, ein Schneebrett los; daraus entstand eine Lawine, die uns Hunderte von Metern fortriss, uns beide jedoch, als sie am Waldrand zum Stehen kam, zum Glück rechtzeitig an die Oberfläche spülte.

In einer modern ausgestatteten Turnhalle übten wir an den Geräten, hingen beim Wettklettern an den Seilen, spielten Medizinball und verbrachten mit Boxen, Ringen und Fechten die Sportstunden. Vor den Ferien war Stockfechten mit nacktem Oberkörper höchst beliebt; man konnte dann die Striemen auf der Brust vorzeigen – zum Beleg, dass der Satz »Gelobt sei, was hart macht« nicht nur so dahingesagt war. An einem Schießstand wurde uns Kleinkaliberschießen beigebracht. Die Rohbauten einer Schwimmhalle und einer Reithalle standen allerdings leer; die Bauarbeiten waren nach Kriegsbeginn eingestellt worden.

Nicht bloß in den warmen Monaten, sondern auch bei Frost und Schnee ging es auf den weitläufigen Sportplatz, auf dem wir, hart herangenommen, Ströme von Schweiß vergossen. Zeitweise konnte, wer wollte, Segelfliegen lernen. Für die älteren Jahrgänge wurden auch Tanzstunden mit den höheren Töchtern eines Immenstädter Internats eingerichtet; die künftige Führungselite sollte sich auch auf gebohnertem Parkett mit Anstand bewegen können. Auf gute Manieren bei Tisch wurde ebenfalls großer Wert gelegt. Nach den Worten Robert Leys sollten wir ebenso selbstverständlich »Gnädige Frau« wie »Leck mich am Arsch« sagen können.

Manch Richtiges in vielem Falschen

Der Tagesablauf war dicht, fordernd, anstrengend. Dabei gab es von Jahrgang zu Jahrgang, aber auch von Schule zu Schule Abweichungen, doch typischerweise sah er wohl so aus:

6.00 Uhr Wecken. Der »UvD« (Unterführer vom Dienst) stieß auf seiner Trillerpfeife einen gellenden Pfiff aus und brüllte: »Heiligendamm aufstehen!« Waschen, Bettenbauen. Kein Frühsport. Kurze Stubenabnahme: Staub von den Holzleisten gewischt? Falten in der dreifach zusammengerollten Steppdecke glatt gestrichen? Fingernägel sauber? Schuhe blank gewienert?

6.40 Uhr Raustreten zum Morgenappell, Ausgabe der Tageslosung.

7.00 Uhr Frühstück, 7.20 Uhr Abmarsch aus dem Speisesaal. 7.30 Uhr Unterrichtsbeginn: vier Stunden à 45 Minuten, dazwischen drei Fünfminutenpausen und eine große Pause von 20 Minuten.

11.40 Uhr Unterrichtsende. 12.00 Uhr Mittagessen.

12.45 Uhr bis 13.45 Uhr Mittagspause.

14.00 Uhr bis 16.00 Uhr Lernstunde.

16.00 Uhr bis 18.00 Uhr Verschiedenes, Kunsterziehung, Arbeitsgemeinschaften, Putz- und Flickstunde, zweimal die Woche Musik, einmal Werkunterricht, außerdem Englisch (den Unterricht erteilte ein Holländer namens van der Velde; als ich später mit heißen Ohren Theodor Hendrik van der Veldes Sex-Manuale las, war mir der friesische Name vertraut). Und natürlich Sport, zehn Stunden wöchentlich. Fußball wurde nicht gespielt, dafür Handball: Die Schuhe sollten geschont werden, deswegen wurde auch sonst nicht gebolzt. Mittwochnachmittags 14.00 bis 17.00 Uhr HJ-Dienst; 17.00 bis 18.00 Üben mit Musikinstrumenten (von denen jeder, der nicht total unmusikalisch war, eines lernen sollte. Ich lernte Querpfeife für den Spielmannszug, musste mich aber auch mit der Posaune abplagen; ein Jahr lang übte ich fast jeden Tag eine halbe Stunde im Waschraum, ohne je mehr als viel Lärm zu produzieren). 18.30 Uhr

Abendbrot. Danach Zeit, um noch einmal auf den Sportplatz zu gehen, zum Briefeschreiben und zum Lesen. 20.30 Uhr Stubenabnahme. 21.00 Uhr, später 22.00 Uhr Zapfenstreich, »ab in die Falle!«, auch Furzmulde genannt, Licht aus.

Was lasen wir? Felix Dahns *Ein Kampf um Rom* hat mich gefesselt (»Gebt Raum, ihr Völker, unserem Schritt, wir sind die letzten Goten«). Packend fanden wir auch das Schicksal Theodor Krögers und seiner tartarischen Geliebten Fayme in dem autobiografischen Roman *Das vergessene Dorf*. Nicht minder populär waren Luis Trenkers *Berge in Flammen*, Bruno Brehms *Apis und Este* über den Mord von Sarajewo, Karl Aloys Schenzingers *Anilin* und die Science-Fiction-Romane Hans Dominiks. Gustav Freytags *Soll und Haben* war schwerere Kost, ebenso Werner Beumelbergs Weltkriegsromane über den Fleischwolf-Krieg von Verdun. Ich verschlang in meinen Sonthofener Jahren auch die Werke von Colin Ross, eines österreichischen Weltreisenden, der – weißer Rassist, aber kein Antisemit – Bücher über die Arktis schrieb, über Amerika, Australien, Afrika, China und Japan; sie weckten, obwohl er aus heutiger Sicht vielfach schieflag, früh mein geopolitisches Interesse.

Und natürlich stand Hans Grimms *Volk ohne Raum* auf der Leseliste, nach Kurt Tucholsky eine der »Bibeln des Deutschtums, wo es am knastrigsten ist«. Grimm lieferte dem NS-Regime die Grundierung des braunen Landnahme-Konzepts. Dass er den »Lebensraum« für die Deutschen in überseeischen Kolonien suchte und nicht wie Hitler im Osten, focht uns nicht weiter an. Der Lebensraum im Osten war wichtiger, Afrika sollte Rohstoffe liefern, das war die Botschaft, die wir glauben sollten.

Wir lasen auch Gedichte und lernten sie auswendig. Die Bücherei der Adolf-Hitler-Schulen veröffentlichte 1942 sogar einen eigenen Band *Deutsche Gedichte*, 294 Seiten stark. Es begann mit »Ewige Ernte«: Hildebrandslied und Wessobrunner Gebet, Walther von der Vogelweide, Luther und Klopstock, zehnmal Goethe, sechsmal Schiller, achtmal Hölderlin, ferner Matthias Claudius, Annette von Droste-Hülshoff und Joseph von Eichendorff, Mörike und Fontane, Hebbel, Huch und Storm, Detlef von Liliencron, Gottfried Keller und Conrad Ferdinand Meyer. Alles klassische Texte, wie sie seinerzeit in jedem Gymnasium gelehrt wurden: »Zu Dionys, dem Tyrannen schlich«; »Über allen Gipfeln ist Ruh«; »Es war als hätt' der Himmel/ die Erde still geküsst«; »Der Amtmann von Tondern, Henning Pogwisch«. Einer freilich fehlte: Heinrich Heine; wir kannten ihn ebenso wenig wie Thomas Mann oder Erich Kästner. Und erst beim Wiederlesen nach siebzig Jahren fiel mir die in den klassischen Texten versteckte Botschaft auf: »Kein sel'ger Tod ist in der Welt / als wer vorm Feind erschlagen« (Volkslied); »Und setzet ihr nicht das Leben ein, nie wird euch das Leben gewonnen sein« (Schiller); »Lebe, o Vaterland / Und zähle nicht die Toten! Dir ist, / Liebes! Nicht einer zuviel gefallen« (Hölderlin); »Das höchste Heil, das letzte, liegt im Schwerte« und »Du sollst den Stahl in Feindesherzen tauchen« (Theodor Körner). Zeilen aus einem anderen Zeitalter, missbraucht, um unsere Todesbereitschaft und unseren Killerinstinkt zu wecken. Haben wir es gar nicht gemerkt? Oder waren wir ohnehin schon auf Kämpfen und Sterben geeicht?

»Ernte der Zeit« ist der zweite Teil des Bandes überschrieben. Darin geht es dann richtig braun zu. Josef Weinheber: »Denk an die Größe!«. Rudolf Binding: »Weint nicht ihr Mütter / fallender Söhne. / Was wären Siege / Ohne den Tod von Helden?« Dietrich Eckart: »Dröhnen soll sie und gellen, die Luft, / Rasen, rasen im Donner der Rache. / Läutet die Toten aus ihrer Gruft. / Deutschland, erwache!« Hans Baumann: »Deutschland, sieh uns, wir weihen / Dir den Tod als kleinste Tat, / Grüßt er einst unsre Reihen, / werden wir die große Saat«. Erwin Guido Kolbenheyer: »Der Führer« (»Im Schicksalssturm der Völker wächst der Mann / Der seinem Volk die Bresche bricht zum Licht«). Und natürlich Baldur von Schirach: »Hitler« (»Ihr seid vieltausend hinter mir / Und ihr seid ich, und ich bin ihr«).

Sonntags ging es oft in die Berge, wir radelten zur Breitach-Klamm bei Oberstdorf oder besuchten die Schillings, die Familie unseres Jahrgangs-Erziehers. Über Ostern fuhren wir einmal an den Bodensee, besuchten in Meersburg das Schloss und in Unteruhldingen das Pfahlbaumuseum. Als wir im Werkunterricht ein Modell der steinzeitlichen Siedlung nachbauen wollten, rutschte ich mit dem scharfen Schnitzmesser an einem aalglatten Weidenstöckchen ab, das ich mir zur Bearbeitung vor die Brust geklemmt hatte, und schnitt mir am linken Handgelenk die Pulsader auf. Mit dem Koppel banden mir die Kameraden den Arm ab; im Revier flickten die Ärzte mich dann wieder zusammen. Die Narbe ist noch heute zu sehen.

Oft ging es am Sonntag auch ins Kino. In geschlossener Formation marschierten wir dafür den Burgberg hinunter ins Städtchen. Ich erinnere mich, dass wir Hans Albers als Münchhausen sahen, Otto Gebühr als Friedrich der Große, Emil Jannings als Burenheld Ohm Krüger und als Bismarck. Wir erfreuten uns an Marika Rökk im ersten deutschen Farbfilm *Frauen sind doch bessere Diplomaten*, an Willy Birgel in *Reiten für Deutschland*, Carl Raddatz in *Wunschkonzert*, Heinz Rühmann in *Quax der Bruchpilot*. Es versteht sich, dass uns auch Veit Harlans Machwerk *Jud Süß* vorgeführt wurde.

Unsere Lehrer hießen »Erzieher«. Sie waren jung, kaum einer über dreißig, fast alle kriegsverletzt von der Front zurückgekehrte Offiziere, die meisten fachlich versierte und engagierte Pädagogen, die ihren Antrieb aus der Reformpädagogik und der Lebensbewegung der Zwanzigerjahre bezogen. Dies erklärt, weshalb die Adolf-Hitler-Schulen mindestens ebenso sehr reformerische Pädagogikprovinz waren wie ideologische Zuchtanstalt. Wir duzten unsere Erzieher – Ausdruck nicht einer Herablassung von oben oder Anbiederung von unten, sondern eines kameradschaftlichen, fast lebensgemeinschaftlichen Verhältnisses. Es war locker und entspannt; körperliche Züchtigung, den Rohrstock gab es nicht. Vertrauen schuf Zusammenhalt. Das zeigte sich am deutlichsten daran, dass die

Erzieher während der Klassenarbeiten den Raum verließen; sie konnten darauf bauen, dass wir nicht abschrieben. Abschreiben galt als unehrenhaft.

Kurt Hahn, der Gründer des deutschen Elite-Internats Schloss Salem, hat einmal formuliert, welche Eigenschaften er seinen Zöglingen beibringen wollte: »Gemeinsinn; Gerechtigkeitsgefühl; Fähigkeit zur präzisen Tatbestandsaufnahme; Fähigkeit, das als Recht Erkannte durchzusetzen gegen Unbequemlichkeiten, gegen Strapazen, gegen Gefahren, gegen Hohn der Umwelt, gegen Langeweile, gegen Skepsis, gegen Eingebungen des Augenblicks; Fähigkeit des Planens; Fähigkeit des Organisierens: Einteilung von Arbeiten, Leitung von Jüngeren; Fähigkeit, sich in unerwarteten Situationen zu bewähren. Sorgfalt im täglichen Leben, bei der Erfüllung besonderer Pflichten; ... Leistungen im Unterricht: Deutsch, Alte Sprachen, Neue Sprachen, Geschichte, Naturwissenschaften, Mathematik; praktische Arbeiten; künstlerische Leistungen; Leibesübungen, Kampfkraft, Zähigkeit, Reaktionsgeschwindigkeit.« Persönlichkeitsbildung und Erziehung zur Verantwortung waren die Leitideen.

So viel anders waren die Erziehungsziele der Adolf-Hitler-Schulen auch nicht. Es gab dort manch Richtiges im Falschen. Auch das Prinzip »Jugend wird von Jugend geführt«, das schon die Bündische Jugend hochhielt, klingt bei Hahn an, wenn er sagt, die Jungen seien »in der freiwilligen Unterordnung, im verantwortlichen Befehlen« zu üben – wie übrigens »im Bestehen von Gefahren und Strapazen«. War das AHS-Prinzip, gehorchen zu lernen, um befehlen zu können, und die Schüler immer wieder an ihre Leistungsgrenze zu führen, wirklich etwas total anderes? Wir wurden zum Führen erzogen, gewiss, doch wir mussten auch gehorchen lernen. Da wir umschichtig »Führer vom Dienst« waren und danach wieder ins Glied zurücktraten, hüteten wir uns davor, nach unten zu treten, wenn wir oben waren. Dabei merkten wir rasch, dass bloßes Kommandieren nicht ausreiche; man musste auch überzeugen können. Gefahren und Strapazen jedoch? Sie sollten uns nicht das Rückgrat brechen; sie sollten vielmehr unser Selbstbewusstsein stärken und das Aufkommen von Hochmut dämmen. Auch Hahn wollte keine Duckmäuser heranziehen, sondern junge Leute ohne »Menschenfurcht ... und Platzangst vor Entscheidungen«.

Die Tugenden, die uns beigebracht wurden, waren denn keineswegs nur Nazi-Tugenden, »preußische« Tugenden oder »Herrenmenschen«-Tugenden. Vielmehr verlangten sie Eigenschaften, Wertvorstellungen und Haltungen, die eine jede Gesellschaft oder Gemeinschaft braucht, wenn sie funktionieren soll. Wie es 1991 der damalige Wehrbeauftragte des Bundestags formulierte: »Auch zukünftig werden für die Funktionsfähigkeit der Streitkräfte Gehorsam, Disziplin, Gemeinschaftsgefühl, Pflichtbewusstsein und Selbstlosigkeit im Dienen unverzichtbar bleiben.« Bis auf den Gehorsam gilt dies auch außerhalb der Bundeswehrkasernen. »Kameradschaftlichkeit« heißt heute »Teamfähigkeit«, »Sich-Einordnen« ist zu »sozialem Verhalten« mutiert, ein »good joiner« zu sein, lernte ich als Student am Manchester College in Indiana als amerikanisches Ideal kennen.

Willenskraft und Entschlusskraft figurieren heute unter »sozialer Kompetenz«. Und was wir über Führung lernten – Lagebeurteilung, Durchdenken der Möglichkeiten, Entscheidung –, ist nichts anderes als das neudeutsche Management. Der Begriff »Führung« ist vielen ja inzwischen suspekt, fast unheimlich, seit Robert Ley und seinesgleichen von »artgemäßer, bluteigener und rassisch verbundener Menschenführung« faselten; lieber benutzen sie deshalb das positiv eingefärbte englische *leadership*.

Hardy Krüger zitiert ein Hitler-Wort: »In meinen Ordensburgen wird eine Jugend heranwachsen, vor der sich die Welt erschrecken wird. Eine gewalttätige, herrische, unerschrockenen, grausame Jugend will ich. Es darf nichts Schwaches und Zärtliches an ihr sein.

Das freie, herrliche Raubtier muss erst wieder aus ihren Augen blitzen.« Ich habe dies in Sonthofen nie gehört – und auch Krüger konnte es schwerlich gehört haben, denn es stammte aus Hermann Rauschnings *Gespräche mit Hitler*, 1939/40 im Ausland veröffentlicht, in Deutschland damals nicht zu bekommen. Die Historiker sind sich inzwischen weitestgehend einig, dass es eine Fälschung war. Rauschning hat wenige Gespräche mit Adolf Hitler aus den Jahren 1933 und 1934, davon keines unter vier Augen, aufgebläht zu einem einträglichen Buch.

Auch in unserem Zusammenhang ist die Fälschung klar erkennbar: 1934 dachte noch niemand in Berlin an Ordensburgen. Und wir wurden auch nicht zu Grausamkeit erzogen. Zur Härte allerdings, gemäß dem Wort, das in dem 1937 erschienen Bändchen *Adolf Hitler an seine Jugend* steht: »Wir wollen ein hartes Geschlecht heranziehen, das stark ist, zuverlässig, treu, gehorsam und anständig.« Wir wurden angehalten, nicht weinerlich und wehleidig zu sein. In unserem Verständnis bedeutete »hart« denn nicht unmenschlich, sondern abgehärtet. Disziplin aber verstanden wir in erster Linie als Selbstdisziplin.

In der Erziehungspraxis der Adolf-Hitler-Schulen lebte ein Gutteil Wandervogel-Schwärmerei fort, vieles vom Denken der Bündischen Jugend und mancher Ansatz reformpädagogischer Erneuerung aus den Zwanzigern. Zugleich lag freilich mehr als ein Hauch von preußischer Kadettenanstalt über dem Ganzen. Die Schule war auch eine Drillanstalt.

So wurde ewig marschiert, dreimal täglich zum Essen, im Gleichschritt die breiten Stufen hinunter in den Speisesaal und wieder zurück, zur Werkbaracke, zur Turnhalle, zum Sportplatz. Hardy Krüger, Schüler der Schule 2 »Brandenburg«, verzweifelte daran. Bei Sonnwendfeiern hatte er die Gedichte des Reichsjugendführers am eindrucksvollsten aufgesagt; so wurde er mit dreizehn Jahren für die Schauspielerei entdeckt und erhielt als »Junger Adler« seine erste

Filmrolle. »Alles geschah, abgesehen von den Unterrichtsstunden, im Kommandoton und im Gleichschritt«, klagte er später. Genauso stand es im »Lied der Adolf-Hitler-Schüler«:

> Wir tragen stolz des Führers Namen,
> wir wollen seine Besten sein.
> Und keiner fragt, woher wir kamen,
> bei uns gilt der Kerl allein.
> Wir nehmen keinen Halben mit,
> wir singen und marschieren,
> marschier'n im gleichen Schritt und Tritt.

Marschieren im gleichen Schritt und Tritt, tagaus, tagein. Hundertmal, tausendmal: »Rechts um! Abteilung marsch! Links, links, links, zwo, drei, vier!« Dazu die Orientierungsmärsche, Gepäckmärsche, Nachtmärsche, Strafmärsche. Wir absolvierten sie in stumpfer Entschlossenheit, auf keinen Fall schlappzumachen. Skandierten laut, um das Marschtempo zu halten: »Klotz, Klotz, Klotz am Bein / wie lang ist die Chaussee. / Links 'ne Pappel, rechts 'ne Pappel,/ in der Mitt' ein Pferdeappel/ Klotz, Klotz, Klotz am Bein ...«

Wir marschierten bis zur Erschöpfung. Konnte einer nicht mehr, übernahmen wir sein Gepäck, stützten ihn und schleiften ihn mit. Aufbegehren, innerlich oder gar offen? Nein. Wir bissen die Zähne zusammen. »Arschbacken zusammenkneifen«, war die Parole. Schlappmachen kam nicht infrage. Ein rechter Kerl gab nicht auf, so hat man es uns beigebracht. Wir stöhnten, schwitzten, schnappten keuchend nach Luft, bekamen brennende Blasen an den Fersen, aber es galt: Was uns nicht umbringt, macht uns stärker. Bei Hardy Krüger hinterließ es tiefe »Narben auf der Seele«. Mir hat es weniger ausgemacht.

Marschiert wurde immer mit einem Lied auf den Lippen. Wir sangen die Lieder, die zum Teil schon die Wandervogeljugend gesungen hatte und von denen manche noch heute bei der Bundeswehr gesungen werden. Wenn das Kommando ertönte »Ein Lied! Zwo, drei, vier!«, stimmten wir die gängigen Marschlieder an: »Oh, du schöner Westerwald« – »Auf der Lüneburger Heide«, »Lore, Lore, Lore, schön sind die Mädchen von siebzehn, achtzehn Jahr ...«, aber auch »Drei Lilien, drei Lilien, die pflanzt ich auf mein Grab«, »Wildgänse rauschen durch die Nacht« und »Wir sind des Geyers schwarzer Haufen«. Wir schmetterten das Russlandlied (»Von Finnland bis zum Schwarzen Meer«), das Burenlied (»Es kämpfen die Buren Oranje-Transvaal / gegen Engelands große Übermacht«) und das U-Boot-Lied (»Denn wir fahren, denn wir fahren, denn wir fahren / gegen Engeland«). »Wohlauf, Kameraden, aufs Pferd, aufs Pferd«, »Es war ein Edelweiß, ein kleines Edelweiß« oder »Wir lagen vor Madagaskar und hatten die Pest an Bord« – bis heute schwirren mir die Texte und Melodien durch den Kopf, so oft haben wir sie gesungen.

Eines jedoch weiß ich nicht mehr. Sangen auch wir Hans Baumanns »Es zittern die morschen Knochen / der Welt vor dem großen Krieg« mit dem brutalen Refrain: »Wir werden weitermarschieren, wenn alles in Scherben fällt, denn heute gehört uns Deutschland und morgen die ganze Welt«? Ich bilde mir ein, dass wir die im Liederbuch der Hitlerjugend *Junge Gefolgschaft* (1937) enthaltene entschärfte Fassung benutzten: »denn heute *da hört* uns Deutschland«. Ebenso denke ich, dass wir das Kampflied »Ihr Sturmsoldaten jung und alt« nicht in der Version gesungen haben »Wenn der Sturmsoldat ins Feuer geht, / ei, da hat er frohen Mut, / und wenn das Judenblut vom Messer spritzt, / ei, da geht's nochmal so gut«, sondern »wenn das Blut heiß durch die Adern rollt«. Doch mag hier der Wunsch der Vater des Gedankens sein. Nach einem Dreivierteljahrhundert muss ich das für möglich halten.

Gesungen wurde auch bei ernsten Anlässen: Morgenfeiern und Sonnwendfeiern, am Heldengedenktag und an Führers Geburtstag. Da klangen die Melodien wie die Liedertexte pathetischer, aufrüttelnder, verpflichtender; ihr Stakkato-Patriotismus und die weihevolle Führerverehrung gingen an die Nieren. Baldur von Schirachs »Lied der Hitlerjungen« ist nur ein Beispiel: »Jugend, Jugend! / Wir sind der Zukunft Soldaten! / Jugend, Jugend! / Träger der kommenden Taten! / Führer, wir gehören dir, / wir Kameraden dir ... / Uns're Fahne flattert uns voran, / uns're Fahne ist die neue Zeit. / Uns're Fahne ist mehr als die Ewigkeit, / uns're Fahne ist mehr als der Tod.«

Zu kriegerischer Opferbereitschaft sollten uns solch aufstachelnde Verse erziehen. Wir verinnerlichten sie, ohne viel darüber nachzudenken: »Heilig Vaterland in Gefahren / Eh der Fremde Dir Deine Krone raubt / Deutschland, fallen wir, Haupt bei Haupt«. Und noch fordernder:

»Nichts kann uns rauben / Liebe und Glauben / zu unserem Land. / Es zu erhalten / Und zu gestalten / Sind wir gesandt. / Mögen wir sterben, / unseren Erben / gilt dann die Pflicht, / es zu erhalten / und zu gestalten. / Deutschland stirbt nicht.«

»Mögen wir sterben« – nicht ganz zu Unrecht hieß es im Nürnberger Prozess über die Hitlerjugend: »Ihr Ausbildungsprogramm betonte die Wichtigkeit der Wiedergewinnung der Kolonien, die Notwendigkeit, Lebensraum zu gewinnen, und die edle Bestimmung der deutschen Jugend, für Hitler zu sterben.« Seltsam, dass wir das damals nicht entsetzlich fanden.

Gesungen wurde im Übrigen auch im Chor, wie das Orchester einstudiert und dirigiert von Ekkehart Pfannenstiel, einem genialen Musiklehrer und Musikanten; der Chor galt als der beste Süddeutschlands. Lied und Erziehung, Vokalsinfonik und Musikpädagogik waren Pfannenstiels Lebensthema. Er stammte aus der Jugendbewegung und sah in der braunen Erzieheruniform, schmächtig und bebrillt, die dürren Beine in martialischen Schaftstiefeln steckend, ziemlich komisch aus. Aber er verstand es, unsere Begeisterung für Musik zu wecken.

Im Unterricht sprach er, offizielle Rüffel nicht scheuend, ungeniert über die Werke Paul Hindemiths und spielte uns auch eine Schallplattenaufnahme der *Dreigroschenoper* vor. Aber wir trällerten auch gern Zarah Leanders »Davon geht die Welt nicht unter« und fanden Zuversicht in dem Durchhalteschlager »Ich weiß, es wird einmal ein Wunder geschehn«, nicht ahnend, was der schwule Komponist Bruno Balz in den Folterkellern der Gestapo durchlitten hatte, bevor er dieses Lied schrieb.

Fürs Singen im Chor reichte meine Musikalität nicht aus. Beim Marschieren sang ich aber gern; das gab Schwung und milderte die Öde des Links-zwo-drei-vier-Trotts. Die Marschiererei habe ich denn mit Gleichmut über mich ergehen lassen – wie ich auch, obwohl oft mit zusammengebissenen Zähnen und Tränen der Überanstrengung in den Augen, alles andere ertrug, was uns da aus der Erbmasse der Kadettenanstalten an Härte, Strapazen und gelegentlicher Schikane zugemutet wurde. Militärische Ausbildung? Mag sein. In den englischen Public Schools gehörten die Schüler ja auch dem Officer Trainings Corps an; es lag wohl überall im Zug der Zeit.

Exerzieren. Strafexerzieren, wenn einer etwas ausgefressen hatte. Manchmal wurde der Übeltäter auch einzeln »rangenommen«. Wenn er Glück hatte, musste er nur 25 Paar Schuhe putzen. Hatte er Pech, wurde er mit der gesamten Mannschaft »geschliffen«. Das Muster war immer das gleiche: »Hinlegen! Auf! Hinlegen! Auf! – Sprung auf, marsch, marsch!« – »Fünfzig Kniebeugen!« – »Laufschritt, marsch, marsch!« – Zwanzig Liegestütze »mit Beifall«, wobei in der Aufwärtsbewegung die Hände zusammengeklatscht werden mussten. Robben durch den Dreck. »Entengang« – mit vorgehaltenem Luftgewehr, manchmal auch dem Tornister, in der Hocke vorwärtshüpfen. Hektische »Maskenbälle«, oft nachts: »In drei Minuten in Winteruniform! – »In einer Minute in Lederhose und Braunhemd!« – »In zwei Minuten der ganze Sauhaufen im Sportzeug!« – »In acht Minuten im Drillich mit gepacktem Tornister!«

Das ging zwei Stunden lang, die hastig abgeworfenen Klamotten häuften sich auf dem Fußboden, bis das Kommando kam: »In einer Stunde Spindappell!« Bis dahin musste alles wieder säuberlichst eingeräumt sein.

Überhaupt die Appelle: Stubenappell, Schuhappell (wehe, es klebte noch Schmutz auf den genagelten Ledersohlen), Waschraumappell, Fingernägelappell. Abwechselnd auch Fahnenappell, morgens Hissen, abends Einholen der Flagge im Schönen Hof. Und immer hatten wir »Dienst«: Stubendienst, Küchendienst, Wachdienst, Ordnungsdienst, Feuerwehrdienst, Strafdienst. Oft Geländedienst: Kartenkunde, Zielerkennung, Meldewesen. Sich-Zurechtfinden auch ohne Kompass, Himmelsrichtung tagsüber mit den Zeigern der Armbanduhr und der Sonne bestimmen, nachts nach dem Polarstern.

Dazu kamen die Mutproben. Hardy Krüger hat geschildert, wie er zusammen mit anderen auf einem zugefrorenen See zehn Meter auseinander zwei Löcher ins Eis hacken musste. Dann erhielten die Jungen Befehl, unter der Eisdecke von einem Loch zum anderen zu schwimmen. Dergleichen habe ich nicht erlebt, und ich habe damals auch nie davon gehört. Wohl aber musste ich wie alle in meinem Zug von einem Fenster im Palas aus zehn oder zwölf Metern Höhe in ein Sprungtuch springen, das ein Dutzend Kameraden unten mit aller Anstrengung straff hielten. Mein Herz schlug wie wild, aber der Junge vor mir stieß sich aus der schmalen Fensterscharte ab, den heißen Atem meines Hintermannes spürte ich im Nacken, da sprang auch ich los. Und war stolz wie Bolle, dass ich nicht gekniffen, sondern mich überwunden hatte – wie auch alle anderen sich überwanden.

Es war dasselbe Gefühl, das mich 45 Jahre später durchflutete, als ich im Frühjahr 1989 auf der Südinsel Neuseelands in der Nähe von Queenstown aus 43 Metern Höhe am Bungee-Seil in das klare Wasser des Kawarau-Flusses sprang. Zwei junge Ingenieure, A. J. Hackett und Henry van Asch, hatten den adrenalintreibenden Nervenkitzel genau sechs Monate zuvor zum ersten Mal ausprobiert. Ich hätte nicht springen müssen. Meine Jüngste war erst drei Monate alt, und meine Frau, hätte sie von meiner Absicht gewusst, hätte mich für verrückt erklärt. Aber als mich mein Weg zufällig an der Brücke vorbeiführte, die bis heute als Startrampe dient, und ich das seltsame Treiben beobachtete, wäre ich mir auf dem ganzen Heimflug wie eine Memme vorgekommen, wenn ich nicht auch gesprungen wäre.

Also ließ ich mich wiegen. Gefragt, wie tief ich ins Wasser eintauchen wolle, antwortete ich: »Bis zum Ellbogen«. Dann wurden mir Frotteehandtücher um die Knöchel gebunden. Ein Helfer schlang das tausendfach gespleißte Gummiseil fest darum und verknotete es, während sein Kollege für den Mann vor mir den Countdown begann: »Five, four, three, two, one – go!« Der Mann vor mir zitterte gottsallmächtig, der Countdown musste zweimal wiederholt werden, ehe er sich ein Herz fasste und lossprang. Ich war bei »three« schon weg, das weiche Seil zog meine 90 Kilo noch zweimal wieder sehr hoch, bis ich dann ins Wasser tauchte, genau wie eingestellt: bis zum Ellbogen. Der Mann vor mir stand überglücklich am Ufer, als ich dort ankam, überglücklich auch ich. Wir hatten uns getraut.

Darum ging es damals in Sonthofen wie Jahrzehnte danach auf der Kawarau-Brücke: sich zu trauen. Den inneren Schweinehund zu überwinden. Darauf kam es auch an, als wir im Altstädter Freibad in voller Montur samt Tornister und Stahlhelm vom Fünfmeterbrett springen mussten. Der Helm war mit einem Lederriemen unterm Kinn festgeschnallt. Beim Aufprall auf dem Wasser hat es einem fast den Kopf abgerissen. Doch Schwäche zeigen galt nicht. Wir lernten, so idiotisch es klingt, uns zu trauen, durchzuhalten und auszuhalten.

Das besondere Element der Sonthofener Erziehung war – wen kann es wundernehmen – die nationalsozialistische »Weltanschauung«.

Sie überformte und durchsäuerte alles. Allerdings gab es keine schematisierte und katechisierte Indoktrinierung. Die 24 Punkte des Parteiprogramms der NSDAP wurden uns nicht eingebläut; nur der Punkt »Brechung der Zinsknechtschaft« ist mir in der Erinnerung geblieben (als der Führer und Reichskanzler Adolf Hitler zum Genossen der Bosse beziehungsweise die Bosse zu seinen Genossen avancierten, schob er ihn entschieden zur Seite).

Über Einzelaspekte von Hitlers *Mein Kampf* wurde wohl gesprochen, aber ich kann mich nicht erinnern, dass wir den Text je systematisch durchgeackert hätten. Auf kindlich-naive Art waren wir eh hundertprozentig überzeugt, das NS-Dogma brauchte uns nicht extra eingetrichtert zu werden. Uns Zwölf- und Dreizehnjährige bestachen vor allem das Gemeinschaftserlebnis, das unser Selbstbewusstsein steigernde Härtetraining, die Fahnenmystik, das Hochgefühl bei den Sonnwendfeiern. Der Krieg, davon waren wir ohnehin überzeugt, war das Ergebnis einer den Deutschen aufgezwungenen Verteidigung von Heimat, Volk und Reich, nicht des Willens zur militärischen Expansion, zur Unterjochung und Ausrottung »minderwertiger Rassen«.

Der Exkommunist Wolfgang Leonhard, lange Jahre Westdeutschlands führender »Kremlastrologe«, hat für diese lasche Art der ideologischen Erziehung nur Hohn und Spott übriggehabt. Er war als Sohn einer in die Sowjetunion emigrierten Kommunistin auf der Kominternschule »Kuschnarenkowo« zum Politkommissar ausgebildet worden, kam im Mai 1945 mit der Gruppe Ulbricht nach Berlin, brach dann erst mit dem Stalinismus, danach mit dem Titoismus und siedelte 1950 in die Bundesrepublik über. Dort erschien 1955 seine Abrechnung mit dem Kommunismus: *Die Revolution entlässt ihre Kinder*, ein Bestseller.

Im Jahr 1957 holte Marion Gräfin Dönhoff ihn als Ostexperten zur *Zeit*. Als außenpolitischer Redakteur hatte ich viel mit ihm zu tun. Einmal saßen wir bei der Gräfin in Blankenese vor dem lodernden Kaminfeuer und verglichen die kommunistischen und die nationalsozialistischen Erziehungsmethoden. Wolfgang wunderte sich in einem fort. Nicht einmal einen kurzen Lehrgang, vergleichbar dem Grundlagenkurs »Die Geschichte der KPdSU (b)«, habe es bei den Nazis gegeben – wie sollte da wohl eine wirksame Schulung der Parteijugend möglich sein? Gar der Führungselite der Zukunft?

Daran, dass wir zu dieser gehörten, hatten wir keinen Zweifel. Doch das spürten wir nicht, wenn wir durch den Dreck robbten oder nach dem 25. Liegestütz keuchend auf die Erde plumpsten. Wohlweislich hüteten wir uns vor Überheblichkeit, denn es war klar, dass nur Elan, Einsatz und Leistung unser Dabeisein und Dabeibleiben verbürgten. Wir kannten unsere Bestimmung: dereinst dem Deutschen Reich zu dienen, wie die Absolventen der exklusiven Boarding School Eton seit Jahrhunderten dem British Empire dienten. Diese Chance wollten wir uns nicht verderben.

Der Pflanzstätte der englischen Aristokratie fühlten wir uns im Bewusstsein gemeinsamer Elitezugehörigkeit auf gewisse Weise verbunden. Noch kurz vor dem Krieg hatte es im Sommer 1939 einen Besucheraustausch gegeben; fremd und befremdlich, berichteten uns die Älteren, seien die Etonians in Frack und Zylinder durch den »Schönen Hof« stolziert.

Der Geist der Adolf-Hitler-Schule sprach aus den Wandsprüchen in den Unterrichtsräumen. »Es ist nicht notwendig, dass ich lebe, wohl aber, dass ich meine Pflicht tue« (Friedrich der Große). »Ewig lebt der Toten Tatenruhm« (aus der Edda, aus der uns wenigstens das Zitat »Unser Tod wird ein Fest« erspart blieb). »Du bist nichts, Dein Volk ist alles« (Heinrich Deist). »Deutschland muss leben, auch wenn wir sterben müssen« (von dem Arbeiterdichter Heinrich Lersch). »Und setzet ihr nicht das Leben ein, nie wird euch das Leben gewonnen sein« (Friedrich Schiller). »Ein Volk, ein Reich, ein Führer« (NS-Wahlslogan). Und natürlich »Führer befiehl, wir folgen dir!« (Joseph Goebbels).

Sparta, Barbarossa und Edda

Wie wurden wir nun unterrichtet und in welchen Fächern? Da gab es manche Unterschiede zu den normalen Oberschulen, wie die Gymnasien damals hießen, doch in vieler Hinsicht waren die Adolf-Hitler-Schulen so anders auch nicht.

Die Unterschiede? Sie begannen mit der Sitzordnung. Wir saßen nicht in den damals üblichen Sitzbänken, Reihe hinter Reihe, sondern an Arbeitstischen, die in einem nach vorne hin offenen Viereck aufgebaut standen. Die Unterrichtsstunden hatten einen offenen, heute würde man sagen: interaktiven Charakter. Der Vortrag des Erziehers durfte und sollte durch Fragen, Einwürfe und Einwände belebt werden. In Streit- und »Kampfgesprächen« sollten wir uns Redegewandtheit, Durchdringung des Stoffes und diskursive Überzeugungskraft aneignen. Darauf mussten wir uns intensiv vorbereiten, und das nicht etwa nur auf »pro« oder »kontra«, sondern auf beide Positionen; man wusste vorher nie, wozu man eingeteilt wurde. Ähnliches habe ich wieder erlebt, als ich am amerikanischen Manchester College studierte und dort Mitglied des »Debating Team« wurde.

Intensive Vorbereitung wurde auch im »Gruppenunterricht« verlangt. Heute sagt man dazu »Projektarbeit« oder »Workshop«. Die Methodik ist die gleiche: Ein Thema wird innerhalb eines Teams in Einzelaspekte aufgeteilt, das Ergebnis wird in einem Referat oder mehreren der Klasse vorgetragen. Damals war dies ein revolutionäres pädagogisches Konzept. Es verband die Erfahrung von Selbstständigkeit mit der Erfahrung von Teamarbeit; kein schlechtes Konzept. Der Unterricht in Sonthofen war jedenfalls einfallsreicher, lebendiger und herausfordernder, kurz: moderner als alles, was ich nach Kriegsende in den Jahren bis zum Abitur erlebt habe.

Geschichte war in Sonthofen ein wichtiges Fach. Wir hatten mehrere Geschichtslehrer. Rudolf Buchner, ein kenntnisreicher Allgemeinhistoriker, ging mit uns in einem Jahr durch 2500 Jahre Geschichte von den alten Griechen bis zur Machtübernahme Hitlers; in den folgenden Jahren wurde dann Epoche für Epoche noch einmal im Detail durchgenommen.

Ideologisch verbissener war Wilhelm von Vacano. Er spezialisierte sich auf die Spartiaten, über die er ein Arbeitsbuch zusammenstellte: *Sparta. Der Lebenskampf einer nordischen Herrenschicht.* Der Titel sagt schon alles.

Für die Athener Demokratie hatte Vacano nichts übrig, die Spartaner sollten uns Vorbild sein. Spartanisch sollten wir leben; doch die »kärglich eingerichteten gemeinsamen Mahlzeiten«, die »schwarze Suppe« aus in Blut gekochtem Schweinefleisch rühmte der Autor vergeblich, denn immer wieder meckerten wir lautstark über den »Fraß«, der uns im Speisesaal vorgesetzt wurde. Lakonisch reden sollten wir wie die Spartiaten, die gelehrt wurden, »sich beim Reden einer nachdrucksvollen Kürze zu befleißigen«. Und kämpferisch denken sollten wir:»standhaft bleiben in Blut und Gemetzel« und – da war es wieder, das braune Mantra – den Tod nicht scheuen, wie es ein altspartanisches Kampflied verlangte:»Sterben vorm Feind ist Ehre, im vorderen Feld bei den Ersten zu fallen, als tapferer Mann streitend für Heimat und Land.«

Dieses altspartanische Kampflied ließ Vacano die Schüler auswendig lernen und im Chor sprechen. Im Vorwort zu dem 130 Seiten starken Band schrieb der AHS-Kommandeur Petter:»Viele Erkenntnisse und Grundsätze, nach denen die Spartiaten ihren Staat aufbauten und führten und ihren Führernachwuchs erzogen, haben auch für uns Gültigkeit. Die Fehler aber, die ihren Untergang herbeigeführt haben, dürfen wir nicht wiederholen. Wir wollen dem Führer helfen, ein großes Reich aufzubauen. Sparta soll uns dabei ein mahnendes Beispiel sein!«

Als dritter Geschichtslehrer behandelte Ernst Schilling, unser Jahrgangserzieher, historische Themen. Zwei kontroverse Sujets sind mir besonders im Gedächtnis haften geblieben: der Streit um die Beurteilung Karls des Großen und die Diskussion über die Italienpolitik der deutschen Kaiser von den Karolingern bis zu den Staufern. Anfangs galt Karl als »Sachsenschlächter«, der dreißig Jahre lang den zwischen Harz und Nordsee, Elbe und Rhein lebenden Stamm der Sachsen bekriegte und 782 im »Blutgericht« von Verden an der Aller an einem einzigen Tag 4500 sächsische Bauernkrieger enthaupten ließ. Hermann Löns hatte die Opfer 1914 in seiner Novelle *Die Rote Beeke* verherrlicht, und noch 1935 weihte Alfred Rosenberg zum Gedenken an die Hingemordeten dort den »Sachsenhain« mit 4500 Findlingen ein. Doch dann änderte Hitler die Linie: Auf einmal wurde Carolus Magnus, Gewalt hin, Gewalt her, zum gefeierten Einiger der germanischen Stämme.

Ähnlich umstritten war auch die mittelalterliche »Südpolitik und Ostpolitik« (so Gehls *Deutsche Geschichte in Stichworten*, die an allen Schulen im Lande benutzt wurde, nicht nur in Sonthofen). Da wurde uns nach einigem Hin und Her beigebracht, dass einige Kaiser zu viel nach Süden geblickt hätten. Ostkolonisation sei der eigentliche Auftrag gewesen, nicht Eroberungen im Süden und schon gar nicht die Kreuzzüge. Otto dem Großen sei »Kaiserpolitik und Ostpolitik eins« gewesen, Barbarossa habe sich im Orient verzettelt. »Fast zwei Jahrhunderte ergießt sich das nordische Blut der abendländischen Ritterschaft nutzlos«, steht bei Gehl, und »verschwendet sich deutsche Kraft an ein unvölkisches Unternehmen«.

Allzu sehr unterschieden sich die AHS-Lehrpläne kaum von denen anderer staatlichen Schulen: Sie waren dort ebenso braun, zumindest beim Lehrmaterial. Gewiss, liest man die Denkschriften Leys oder die Richtlinien des Reichserziehungsministers Rust, so möchte man denken, der Lehrstoff sei in sämtlichen Fächern von nationalsozialistischem Fanatismus geprägt gewesen. Doch die Realität der Adolf-Hitler-Schulen hinkte dem propagandistischen Anspruch weit hinterher. Viele Lehrinhalte wurden nie verbindlich definiert. Die parteiamtlichen Vorgaben wurden oft einfach nicht umgesetzt; so die Zusammenfassung der klassischen Fächer Geschichte, Erdkunde, Deutsch, Sprachen (Latein und Englisch) und die Neuerung »Blick in die Welt« unter dem Rubrum »Volkskunde«. Sie wurden nach wie vor getrennt gelehrt. Im Fach Religionskunde sollte uns die Kenntnis verschiedener Glaubenswelten vermittelt werden, vom Christentum bis zum Islam und Buddhismus. Eingeprägt hat es sich mir jedoch nicht. Auch an das Fach »NSDAP« habe ich keine präzise Erinnerung.

Hingegen fanden wir alle »Blick in die Welt« hochinteressant. Dabei wurde das Zeitgeschehen auf den fünf Kontinenten ins Visier genommen. Jeder Schüler erhielt ein Land oder eine Region zugewiesen. In der Klasse trug er dann wöchentlich darüber vor. Ich war für Ostasien zuständig, wo die Japaner nach ihrem schon über ein Jahrzehnt andauernden Angriffskrieg tief in China standen. Meine Informationen bezog ich vor allem aus dem Goebbel'schen Wochenblatt *Das Reich*.

Es war dies meine erste Begegnung mit Asien, das zu einem der großen Themen meines Lebens geworden ist – die erste Lese-Begegnung auch mit Journalisten wie Elisabeth Noelle (später Noelle-Neumann), Karl Korn, Werner Höfer, Ernst Samhaber, die sich nach dem Krieg in der bundesdeutschen Presse nach vorn und nach oben schrieben. Samhaber hatte für *Das Reich* aus Südamerika berichtet, war 1944 nach Deutschland zurückgekehrt und wurde 1946 der erste Chefredakteur der *Zeit*. Deren Format und grafische Aufmachung ähnelte nicht von ungefähr der des Goebbels-Blattes.

Bis heute hält sich in vielen Köpfen die Vorstellung, sportliche Muskelprotze seien das Ideal des Adolf-Hitler-Schülers gewesen. Aber bei acht oder zehn Wochenstunden für Sport, 30 Stunden für die geisteswissenschaftlichen Fächer und acht Stunden für Kunst, Musik und Werkunterricht lässt sich von einem Übergewicht der Leibesübungen schwerlich sprechen. Die geistigen Fächer waren absolut gleichwertig, getreu dem Motto »mens sana in corpore sano«. Der

Sport hatte keinen Vorrang. Wir waren auch keineswegs alle Hochleistungssportler; es gab durchaus »Flaschen« unter uns, die beim Bauchaufschwung wie ein nasser Sack am Barren hingen (was ein guter Schütze durch hohe Treffgenauigkeit kompensieren konnte). Jedenfalls ist nichts abwegiger als das Urteil der Historikerin Elke Fröhlich über die AHS-Erziehungspraxis: »Exerzieren von Gehorsam, Drill, Bewährung seines fanatischen Glaubens unter weitgehender Ausschaltung von Geist, Wissen, Kritik oder Intellektualität.« Aus eigener Kenntnis und Erfahrung kann ich das nicht bestätigen. Die Pädagogik der Schulen hatte zwei Gesichter. Sie war einerseits Erziehung zur Individualität, andererseits Erziehung zur ideologischen Folgsamkeit. Schwer zu sagen, wie und ob überhaupt sich das auf die Dauer vertragen hätte.

Einen wesentlichen Unterschied zu den normalen staatlichen Schulen gab es: das Fach »Rassenkunde«. Da wurde uns die wirre Lehre des nationalsozialistischen »Rassenpapstes« Hans F. K. Günther in schlichtester Weise nahegebracht. Er teilte die Menschen in vier »Rassen« ein: die schöpferische »nordische«, (»wahrhaftig, tatkräftig, urteilsfähig); die »westliche«, mediterrane (»leidenschaftlich, geistig beweglich, heiter und gesellig«); die »ostische« (»verschlossen, geduldig, fügsam als Untertan«); und die »dinarische« (»verlässlich, stolz, leicht erregbar, rauflustig, händlerisch und kaufmännisch begabt«).

Das deutsche Volk wollte er »aufnorden« durch »Siebung, Auslese und Ausmerzung«, worunter er Zwangsabtreibung, Sterilisation, Expatriierung verstand; doch davon erfuhren wir nichts. »Nordisch« wurde ganz allgemein gleichgesetzt mit blond und blauäugig, aber da wir im Mischmasch unserer Klasse viele andere unter uns hatten, Dunkelhaarige mit braunen Augen und neben den Langschädeln auch Rundschädel und Dickschädel, machte diese Unterscheidung für uns ebenso wenig Sinn wie das Günther'sche »Rassen«-Schema. Es wurde auch nicht wirklich durchgenommen. Wir sprachen mehr über die Mendel'schen Gesetze und Darwins »survival of the fittest«, wobei mir das Ergebnis der Kreuzung gelber und grüner Erbsen dazumal verständlicher war als die Thesen Darwins.

Für die »Judenfrage« gab der »Rassenpapst« Günther wenig her (er war, wie ich seitdem gelernt habe, für die Auswanderung der Juden nach Palästina oder »ein anderes, ihren Erbanlagen angemessenes Gebiet«). Überhaupt bestätigt meine Erinnerung, was auch viele andere Ehemalige berichtet haben: Die »Judenfrage« wurde auf der Adolf-Hitler-Schule kaum diskutiert, der Antisemitismus nicht gelehrt, seine mörderischen Exzesse waren kein Thema. Von der Deportation, dem millionenfachen Mord in den Gaskammern hörten wir nichts. Nichts über die »Endlösung«. Nichts über Auschwitz und Theresienstadt. Abstoßende Szenen jedoch wie in Artur Brauners Film *Hitlerjunge Salomon*, wo der Lehrer blutrünstige Verfluchungen der Juden ausstieß und die Schüler Puppen, die den Judenstern trugen, mit Bajonetten niederstechen ließ, habe ich nicht erlebt.

Den Begriff »Konzentrationslager« kannten wir allerdings: Die Engländer, so brachte man uns bei, hätten sie während der Burenkriege eingeführt, 26 000 Frauen und Kinder von Aufständischen seien in ihren »concentration camps« gestorben. Mehr verbanden wir nicht mit dem Begriff. Und als wir einmal bei einem Marsch in der Nähe von Fischen an einem Trupp in gestreiften Anzügen vorbeikamen, wurden wir schlicht beschieden, es handle sich um Strafarbeiter, verurteilte Verbrecher also.

Sicherlich hörten wir von Hitlers Mahnung, »Blutsreinheit« zu bewahren (meine spätere Heirat mit einer Griechin war gewiss ein Verstoß dagegen). Die Überlegenheit der nordischen »Rasse« erschien uns selbstverständlich. Auch unterstellten wir, dass Juden nicht zur »Volksgemeinschaft« gehörten. Ob wir Heinrich von Treitschkes infames Wort »Die Juden sind unser Unglück« eingehämmert bekamen, weiß ich nicht mehr zu sagen. Der Kern seiner Aussage wurde uns jedoch vermittelt, höchst vage allerdings. Von »jüdisch-talmudischem Denken« war da die Rede, vom »jüdisch-plutokratischen Amerika« und von der »jüdisch-bolschewistischen Weltverschwörung«.

Konkreter wurde es nicht. »Juda verrecke« wurde uns keineswegs eingebläut. Eine Lösung der »Judenfrage«, wie in Partei-Schriften gefordert, wurde nie besprochen. In erster Linie lag dies an dem judenfeindlichen, selbsternannten Schöngeist Baldur von Schirach, dem der Radau-Antisemitismus zu vulgär war. So hatte er nach der »Reichskristallnacht«, den Pogromen am 9. November 1938, die HJ-Führung in Berlin zusammengerufen, von einer »Kulturschande« gesprochen und der Hitlerjugend die Teilnahme an derartigen »verbrecherischen Aktionen« verboten. Im selben Geist hatte er angeordnet, dass Julius Streichers Hetzpostille *Der Stürmer* an den Adolf-Hitler-Schulen nicht gehalten werden durfte. Der Antisemitismus blieb abstrakt und verkopft – und unblutig selbst in der Imagination. Er war schlimm genug, aber selbst an normalen Schulen gab es, je nach Einstellung der Lehrer, Schlimmeres.

Eine Besonderheit waren die Arbeitseinsätze. Die Sommerferien dauerten acht Wochen, die Hälfte davon mussten wir entweder in einem Industriebetrieb oder beim Bauern arbeiten. Dahinter steckte die Absicht, uns Einblick in das wirkliche Leben zu verschaffen, von dem wir hinter den Mauern der Burg weithin abgeschottet waren. Lebensmittelkarten, Bezugsscheine, endloses Schlangestehen – wir kannten die Härten und Entbehrungen des Alltags nicht, wir waren rundum versorgt. Wenn Mutter ein paar Weißbrotmarken schickte, mit denen ich mir beim Konditor ein Stück Torte kaufen konnte, ahnte ich nur, dass sie sich die Abschnitte vom Munde abgespart hatte.

Auch vom Krieg wussten wir wenig. Dass es nicht nur Eiserne Kreuze gab, sondern auch schlimme Verwundungen, ging mir erst auf, als mein eigener Vater aus Nordafrika zurückkam, wo er mit

Rommels Wüstenfüchsen fast bis Tobruk vorgestoßen war. Bei einem amerikanischen Luftangriff in der Nähe von Tunis hatte ein Bombensplitter ihn am Bauch getroffen. Er wurde danach nie wieder ganz gesund, lebte aber immerhin noch fünfunddreißig Jahre; ein medizinisches Wunder.

Dreimal war ich im Landeinsatz. Das erste Mal bei einem Bauern in Oberstdorf, mit dem ich bei strömendem Regen eine Herde Kühe in vielstündigem Aufstieg aufs Fellhorn trieb. Das zweite Mal arbeitete ich, mittlerweile dreizehn Jahre alt, in einem Oberstdorfer Sanatorium, wo ich, oben auf einem Wagen stehend, das frisch gemähte Gras entgegennahm, das mir an Heugabeln heraufgereicht wurde. Dabei stieß mir einer die Heugabel ins Knie, ich bekam einen Starrkrampf. Der löste sich zum Glück, als mir der Sanatoriumsarzt eine Tetanusspritze verabreichte.

Meinen dritten Landeinsatz leistete ich zur »Heuet« bei einem Bauern in der Nähe von Isny. Morgens um fünf ging es mit leerem Magen hinaus zum Mähen. Schräg hintereinander gestaffelt schnitten wir – der Altbauer, ein französischer Kriegsgefangener und ich – das feuchte Gras in sensenbreiten Bahnen. Zwei, zweieinhalb Stunden später brachte die Bäuerin das Frühstück: Bauernbrot aus dem eigenen Backofen, Käse und Speck, dazu kuhwarme Milch. Danach ging es weiter mit dem Mähen, bis das sonnensatte Grün zu trocken wurde. Dann harkten wir das geschnittene Gras mit Rechen zusammen und hängten es mit der Heugabel auf »Huinzen«, Trockenstangen, auf denen die Mahd im Sonnenschein allmählich zu Heu dörrte.

Zum Mittagessen setzten wir uns, ziemlich erledigt, an den großen Küchentisch. Während die Bäuerin in einer großen Eisenpfanne Kartoffeln briet, betete sie das Ave Maria: »Du bist gebenedeit unter den Frauen, und gebenedeit ist die Frucht deines Leibes, Jesus.« Dazwischen fuhr sie ihren kleinen Sohn an: »Setz di na!«, um ungerührt fortzufahren: »Bitt' für uns Sünder jetzt und in der Stunde

Sparta, Barbarossa und Edda

unseres Todes.« Dann stellte sie die Pfanne mit den Bratkartoffeln in die Mitte des Tisches, daneben eine riesige Tonschüssel Sauermilch. »An Guata«, sagte sie. Teller gab es nicht. Wir langten, nur mit einem Löffel bewaffnet, blitzartig zu. Man musste sich ranhalten, denn die Schüsseln leerten sich im Nu.

Indes wurden uns auch ganz andere Erlebnisse und Erfahrungen zuteil. Einmal im Jahr ging es mit der Klasse für zwei oder drei Tage nach München, in die »Hauptstadt der Bewegung«. Im Deutschen Museum bewunderten wir die Spitzenleistungen deutschen Erfindergeistes, im Haus der Kunst versenkten wir uns voller pubertärer Neugier in die Gemälde des »Reichs-Schamhaarmeisters« Adolf Ziegler und des als »Unterleibl« verspotteten Sepp Hilz. Desgleichen bestaunten wir Arno Brekers und Josef Thoraks Muskelmänner. Auch an das Schwimmbad erinnere ich mich, in dem wir alle vom Zehnmeterturm springen mussten. Abends aber ließen wir uns im Prinzregententheater von einer rothaarigen Iphigenie verzaubern.

Wie es sich gehörte, erwiesen wir auch den beiden Ehrentempeln am Königplatz unsere Reverenz, in denen die sechzehn »Blutzeugen der Bewegung« beigesetzt waren, erschossen bei Hitlers Marsch auf die Feldherrnhalle am 9. November 1923. Und pflichtgemäß erhoben wir am Odeonsplatz den Arm zum Hitlergruß vor der Ehrentafel, die an der Feldherrnhalle zum Gedenken an den gescheiterten Putsch angebracht war.

Sonthofen war jedoch nicht nur »Rassenkunde«, Leistungssport und Schliff. Das musische Angebot war überraschend groß. Es gab Klavierkonzerte von Elly Ney, der pianistischen Beethoven-Missionarin, Dichterlesungen, Rezitationsabende. Wir spielten auch selbst Theater; ich meine mich zu erinnern, dass ich in »Pyramus und Thisbe« nach William Shakespeare die Rolle der Thisbe übernahm; und in dem Film »Junge Adler«, der für die Hitlerjugend und ihren Drill Propaganda machte und in dem auch Hardy Krüger mitspielte, debütierte ich als Statist.

Das kulturelle Angebot erweiterte unseren Horizont und eröffnete uns Denkräume, in denen nicht die Ideologie vorherrschte. Im Reich der Musen konnten wir uns unsere eigenen Gedanken machen. Wie Ekkehart Pfannenstiel hielt sich auch der Kunsterzieher Erich John nicht unbedingt ans Reglement. John war ein entschiedener Nationalsozialist, doch in puncto Kunst nahm er sich erstaunliche Freiheiten heraus. Ziel der Erziehung, schrieb er, sei »nicht der einseitig soldatische Mensch, sondern mit ihm zugleich der musisch empfindsame, der kunstliebende und kunstfördernde Mensch«.

In seinem Beritt hing, sehr sichtbar, »Der Turm der blauen Pferde« von Franz Marc, eine Reproduktion des als »entartete Kunst« gebrandmarkten Werks. »Das Bild ist gut, das Bild bleibt hängen«, erklärte er einem nörgelnden Funktionär. Auch zeigte er ohne Scheu van Gogh, Liebermann und Klee, die ebenfalls auf der schwarzen Liste der Reichskulturkammer standen. Und er hielt nicht mit seiner Meinung hinter dem Berg, dass im Haus der Kunst so manches hing, was überhaupt nichts tauge. Vergeblich suchte Robert Ley John wegen seiner unorthodoxen Ansichten zu schassen.

Wir waren keine Kinder von Traurigkeit. Wie alle Jungs in dem Alter rauften wir gelegentlich. Mein Jahrgangskamerad und lebenslanger Freund Dieter Arfs – der einzige Sonthofener, mit dem ich siebzig Jahre in Fühlung geblieben bin – warf mich einmal zu Boden, als ich seinen Namen auf naheliegende Weise verunstaltete und ihm mit dem Füller Tinte auf den Schlafanzug spritzte. Schwer drückte er mir die Handfläche auf die Nase, einen »Köhm« nannte er das, wie man in Hamburg zu einem »lütten Schnaps« sagt, und ließ mich ordentlich zappeln. Nachts tobten wir gern im Schlafanzug durch die weitläufigen unterirdischen Gänge der Burg.

Und wir waren immer zu Streichen aufgelegt. Wenn ein neuer Jahrgang einrückte, fielen wir nachts über ihn her: das war der klassische Initiationsritus. Robert Ley bekam auf den Stuhl einen Pudding gelegt, in den er sich quatschend und fluchend setzte. Einmal, als hoher Besuch erwartet wurde, ließen wir nachts die riesigen Kronleuchter auf die Esstische herunter; sie mussten am nächsten Tag mühsam wieder hochgekurbelt werden, ehe frisch eingedeckt werden konnte. Ein andermal, als die Ältesten Tanzstunde hatten, montierten wir die Spiegel in den Waschräumen ab und spiegelten den Tanzschülern, die ihre Partnerinnen aus einem Immenstädter Internat durch das Palas-Tor führten, das Sonnenlicht in die Augen. In der nächsten Nacht zahlten sie es uns mit einer Tracht Prügel heim.

Humorlos ging es nicht zu. Auch Witze über Parteigrößen haben wir uns erlaubt. Aus den Ferien brachte ein schwäbischer Mitschüler diesen harmlosen mit: Ein kleiner Junge spielt auf der Straße mit »Rossbollen«. Jeder Pferdeapfel stellt ein Mitglied der Reichsregierung dar. »Der dickste dort, das ist der Göring.« Gewagter war ein anderer, aus dem Urlaub mitgebrachter Witz, der darauf anspielte, dass Hitler als eingefleischter, doch wenig potenter Junggeselle galt: Der Führer steht nackt vor dem Spiegel. Der Mächtige betrachtet sein Gemächt und stellt fest: »Ein treuer Anhänger warst du immer, ein alter Kämpfer aber nie.« In die gleiche Richtung ging ein anderer Witz über Göring, als er seine Tochter Edda nannte: »Das steht für ›Emmy dankt dem Adjutanten‹.« Und in den alten Papieren meines Freundes Arfs fand sich folgender Auszug aus einer fiktiven Führerrede vom 30. Januar 1950:

»Nachdem nun auch England und Irland als Protektorat des Großdeutschen Reiches der Reichsgewalt unterstellt sind und mein alter Kämpfer Hermann Göring zum Zaren von Russland ausgerufen wurde, hat sich Roosevelt bereit erklärt, mir die Vereinigten Staaten als deutsche Kolonie anzubieten. Ebenso hat nun auch Frankreich ins Reich heimgefunden.

Im Einverständnis mit unseren ostasiatischen Waffenbrüdern wurde vor geraumer Zeit die deutsch-japanische Grenze festgelegt, und damit wurde auch unter dieses Kapitel der Weltgeschichte der Schlussstrich gezogen.

Es gibt keine europäische Politik mehr. Die Überraschungen in Europa sind endgültig vorbei!

An dieser Stelle möchte ich nicht vergessen, jenen Männern meinen Dank auszusprechen, die sich in uneigennütziger Weise in den Dienst der Sache gestellt haben. Es sind dies der SS-Gruppenführer Pétain, der SS-Brigadeführer Churchill und, was von vielen seinerzeit für unmöglich gehalten wurde, der gegenwärtig auf der Ordensburg Sonthofen zur Umschulung weilende SS-Untersturmführer Stalin.

Mein größter Dank gilt jedoch vor allen Dingen dem Oberhaupt der katholischen Kirche, meinem Freund, dem Parteigenossen Rosenberg, jetzt Papst Pius.

Zum Gedenken an den kürzlich verstorbenen Gauleiter von Indien, Parteigenossen Gandhi, bitte ich, sich von den Plätzen zu erheben. Ich danke Ihnen!

Der Großmufti von Jerusalem, Parteigenosse Goebbels, sendet zum heutigen Tag die ergebenen Grüße des arabischen Volkes. In dankbarer Freude ernenne ich ihn gleichzeitig zum Oberrabbiner für die Bezirke Palästina und Transjordanien.

Es ist mir eine besondere Freude, meine Volksgenossen, Ihnen mitzuteilen, dass ich im Einvernehmen mit dem Zaren von Russland, Parteigenossen Göring, und dem Heiligen Vater in Rom, Parteigenossen Rosenberg, den Beginn des Winterhilfswerks in diesem Jahre bereits auf den 1. Mai festgesetzt habe, damit die Volksgenossen in Sibirien rechtzeitig ihre Plaketten erhalten.«

Abspann: »Sie hörten soeben einen Ausschnitt aus der Rede des Führers aller Völker, Adolf Hitler. Der Führer sprach aus Chile, wo er zurzeit bei seinen Truppen weilt. Die Rede wird heute in französischer Sprache von Gauleiter Pétain und anschließend in russischer Sprache von SS-Untersturmführer Stalin wiederholt. Nach einer kleinen Schaltpause hören Sie besinnliche Musik aus den Vereinigten Staaten der Welt.«

Ich kann mich nicht entsinnen, dass ich diesen Text damals gelesen hätte. Ich weiß auch nicht, was er eigentlich war: ein witziger Blick in die erhoffte Zukunft oder eine – gefährliche – Verkackeierung von Hitlers expansionistischem Größenwahn.

Hitler selber hat sich bei den Adolf-Hitler-Schulen nie blicken lassen. Wir sahen immer diese Fotos, auf denen er den Großen die Hand auf die Schulter legte. Das hätten wir uns auch sehr gewünscht; als Adolf-Hitler-Schüler trugen wir schließlich seinen Namen. Ich bilde mir allerdings ein, einmal einen flüchtigen Blick auf ihn erhascht zu haben: auf der Autobahn zwischen Salzburg und München, als die Führerkolonne in rasendem Tempo an mir vorbeibrauste. Ich war damals für eine Woche nach Berchtesgaden geschickt worden, um dort den Alltag der Hitlerjugend kennenzulernen.

Ein Ausflug an den Königsee ist mir unvergesslich geblieben, wobei ich nicht mehr zu sagen weiß, was mich stärker beeindruckte: die gewaltige Watzmann-Kulisse oder die blonde BDM-Führerin, die mich während meines Besuchs betreute und mein vierzehnjähriges Blut ganz schön in Wallung brachte (zum Glück erinnerte ich mich rechtzeitig an den Kernsatz unserer Sexualerziehung: »Rein bleiben und reif werden!«). Es war auf der Rückfahrt nach Sonthofen, dass ich Hitlers Schatten hinter der regennassen Scheibe seines Mercedes zu erkennen glaubte.

Auf der Burg hatten wir es eher mit Robert Ley und Baldur von Schirach zu tun. Ley hatte dort eine Wohnung, in der er gern Zechgelage veranstaltete. Ein Schüler sprach ihn offen darauf an, dass ihn das Volk für einen Säufer hielt; »Reichstrunkenbold« war sein Spitzname. »Jungs«, antwortete er, »ihr dürft alles werden, nur eines nicht: Trinker.« Sein Ansehen war wegen dieser Schwäche nicht besonders hoch bei uns. Es sank noch tiefer, als er Ende Januar, Anfang Februar 1945 plötzlich mit einem Volkswagen in der großen Einfahrt der Ordensburg auftauchte, neben sich eine junge Schauspielerin, seine Geliebte. Offenbar wollte er sie auf einer unserer Skihütten unterbringen. Das erboste uns. Als die beiden kurz ihren Käfer verließen, machten wir unserem Zorn Luft. Wir öffneten hinten die Klappe und zertraten mit unseren schweren Skistiefeln den Motor.

Ley war für uns der Inbegriff des Bonzen – einer von denen, die in unseren Augen den hehren Begriff des Nationalsozialismus in den Schmutz zogen. »Wenn das der Führer wüsste«, war unser Kommentar dazu, wie zu vielen anderen Dingen, die wir für schändlichen Verrat an unserer hehren Sache hielten. Wir glaubten an Adolf Hitler, ihn kritisierten wir nicht. Die braunen Bonzokraten – die »Fasanen« – verachteten wir; mit ihnen, dachten wir, muss nach dem Krieg aufgeräumt werden.

Mit »Großkopferten« umzugehen, Ministern, Parteigrößen, hohen Offizieren oder ausländischen Notabeln, schreckte uns nicht. Immer wieder wurden wir abgeordnet, hochgestellten Besuchern zur Hand zu gehen: sie auf der Burg herumzuführen, Schach mit ihnen zu spielen, ihnen Briefmarken zu holen oder auch ihre Schuhe zu putzen. Im Juni 1944 leisteten wir solche Adjutantendienste bei einer Generalstagung. Der »Held von Narvik«, Generaloberst Eduard Dietl, war dabei, der Kommandeur der Jagdflieger und mancher andere, alle mit viel Lametta – Eisernes Kreuz, Deutsches Kreuz in Gold, Ritterkreuz, vielfach mit Eichenlaub und Schwertern – an der Brust oder »zum Halse raus«.

Beim Essen neben einem Zwei- oder Dreisterner zu sitzen und ihn zu unterhalten, empfanden wir nicht als bedrückende Pflicht – wir machten das, wissbegierig und ohne Scheu, mit großer Begeisterung. Der Kampfflieger Generalmajor Dieter Peltz, hochdekoriert und siegesgewiss, lud damals einige von uns zu einem Besuch eines seiner Geschwader in Italien ein. Daraus ist dann nichts geworden, weil die deutschen Fliegerhorste bald schon von den Amerikanern überrollt wurden. Nach der Tagung rätselten wir übrigens, weshalb sie ausgerechnet zu einem Zeitpunkt stattfand, an dem die Alliierten in der Normandie landeten. Die Generale reisten überstürzt ab, die

Burg war schlagartig wieder leer. Hatte das Oberkommando der Wehrmacht etwa gar keine Ahnung gehabt von der bevorstehenden Invasion?

Von der braunen Politprägung blieb nichts

Von Anfang September 1942 bis Ende April 1945 – zwei Jahre und acht Monate war ich auf der Adolf-Hitler-Schule, ein zwölf- bis vierzehnjähriger Teenager. Was hat mir diese Zeit bedeutet? Was ist davon nachgeblieben?

Ich kann für mich nur sagen: Ich war gern, ja: mit Begeisterung Adolf-Hitler-Schüler. Als Hort der Unfreiheit habe ich die AHS nicht empfunden, dazu bot sie uns doch zu viel inneren und äußeren Auslauf. Wir waren wie die Jesuiten: gläubig ergeben, aber wir nahmen uns gewisse Freiheiten. Die ganze Zeit hörten wir Radio Beromünster, in dem die Nachrichten völlig anders klangen als im Großdeutschen Rundfunk – wobei wir uns freilich oft fragten: Stimmt das eigentlich? Wer lügt hier? Im Programm des Schweizer Senders stießen wir zum ersten Mal auch auf Jazz und machten uns einen Spaß daraus, den offiziell als »Niggermusik« verschrienen Melodien zu lauschen, wenn wir im Luftschutzkeller saßen; »schräge Musik« kommentierte Gebietsführer Petter mit milde tadelndem Kopfschütteln, als er einmal bei Fliegeralarm dabei war.

In mancher Hinsicht haben die zweieinhalb Jahre in Sonthofen sicher unverwischbare Eindrücke bei mir hinterlassen. Noch heute rücke ich Stühle mit ausgestrecktem Zeigefinger im gleichen Abstand an den Esstisch, wie ich dies in der Speisehalle der Burg gelernt hatte; ungeputzte, nicht auf Hochglanz gewienerte Schuhe erscheinen mir fast als Charakterschwäche; und immer noch staple ich Pullover, Hemden und Unterwäsche im Schrank, so gut es geht, »auf Kante«. Auch eine gewisse Härte gegen mich selbst, ein robuster

Durchhaltewillen, Selbstvertrauen und, wenn nötig, entschlossene Sturheit haben sich mir erhalten. Nur von der politischen Prägung, die ich auf der Ordensburg erfahren habe, ist nichts nachgeblieben. Der demokratische Prägestempel der nächsten Jahrzehnte hat sich als weit stärker erwiesen.

Ich hatte die Naziideologie für eine saubere Ideologie gehalten. Die Tatsachen kennenzulernen war mehr als bitter. Da ging es mir wie dem Verfasser des Gedichts »Sie haben gesagt«, das ich mir 1947 aus der Jugendzeitschrift *Wir unter uns* herausgerissen habe. Den Namen des Dichters weiß ich leider nicht mehr. Er schrieb:

> »Sie haben gesagt und ich hab's geglaubt:
> Sie bauten ein herrliches Reich.
> Sie haben gesagt und ich hab's geglaubt:
> Kein Volk ist dem unsrigen gleich […]
> Sie haben gesagt und ich hab's geglaubt:
> Den Führer sandte uns Gott.
> Sie haben gemordet und haben geraubt
> Und lachend zu Tisch sich gesetzt.
> Sie haben gelogen, ich habe geglaubt
> Und wem, wem glaube ich jetzt?

Ich bin nie wieder einer Ideologie verfallen, pflege einen gesunden Widerwillen gegen jede Art von Heilsgewissheit, und nach dem Missbrauch meiner jugendlichen Begeisterungsfähigkeit ist mir jeglicher überzogene Idealismus ein Gräuel. Die eigene Erfahrung, vertieft durch das Studium der Geschichte, hat mich gelehrt, dass Idealismus leicht zum Fanatismus, zum Extremismus mutiert – und doch am Ende scheitert, in der Regel an sich selbst. Den meisten ist es wohl ebenso gegangen. Nicht von ungefähr hat Helmut Schelsky uns Desillusionierte die »skeptische Generation« genannt. Götz Aly sprach sogar von der »vereisten Generation«. Doch damit tat er uns unrecht – wir waren nicht vereist, sondern immunisiert.

Ich habe in Sonthofen lernen und arbeiten gelernt. Auch eigenständiges Denken, wiewohl im vorgegebenen Rahmen der Nazi-Weltanschauung. Dieser Rahmen wurde 1945 gesprengt. Das eigenständige Denken blieb.

Was fragwürdig war an der Erziehung während meines kurzen AHS-Lebensabschnitts habe ich, so glaube ich, gut verkraftet. Ich bin nicht, wie manch anderer, daran zerbrochen; ich habe sie auch nicht verdrängt, sondern überwunden. Und wie die meisten der einstigen Ausleseschüler des Dritten Reichs habe ich in meiner Entwicklung zum freisinnigen Demokraten, zum Ausbruch aus nationalistischer Enge und Durchbruch zu gelebter Weltläufigkeit sogar viele der Tugenden und Werte gut brauchen können, die mir in Sonthofen vermittelt worden sind. Sie wurden uns zwar in brauner Soße verabreicht, doch als die abgespült war, erwiesen sie sich von nachhaltiger Gültigkeit. Ich denke sogar, dass die deutsche Nachkriegsdemokratie davon profitiert hat. Da kann ich mich nur der Ansicht eines Ehemaligen anschließen: »Wir wurden für eine miserable Sache gut erzogen.«

Dies erklärt vielleicht, dass so viele derer, die damals die Nazi-Schulen besuchten – ob Politiker, Publizisten, Diplomaten, Banker, Geschäftsleute oder Schauspieler –, es auch in der neuen Zeit zu etwas gebracht haben. Und sehr bemerkenswert: Kein Ehemaliger hat später in der rechtsextremen Szene – Nationaldemokratische Partei (NPD) oder Sozialistische Reichspartei (SRP) – eine Rolle gespielt. Viele jedoch haben der zweiten deutschen Demokratie gute Dienste geleistet.

Ich nenne nur einige Namen von Absolventen der Nazischulen (also nicht nur der Ordensburgen), die für viele stehen: Alfred Herrhausen, Sprecher der Deutschen Bank, den die RAF 1989 ermordete; Rüdiger von Wechmar, Bundespressechef und UN-Botschafter; Hardy Krüger, Schauspieler; Hellmuth Karasek, Literaturkritiker und Autor; Werner Holzer, Chefredakteur der linkssozialen *Frank-*

furter Rundschau, und sein Kollege Karl-Heinz (Charly) Krumm, mein Sonthofener Jahrgangskamerad, der nach sieben Jahren im sowjetischen Schweigelager Workuta ein großer liberaler Reporter wurde; Heinz Dürr, Bundesbahnchef; Mainhardt Graf Nayhauß, *Bild*-Kolumnist. Einige wurden Professoren, Universitätsrektoren, andere Richter und Staatsanwälte, Ingenieure, selbstständige Unternehmer, Prokuristen, Bundeswehrgenerale und Bundestagsabgeordnete.

Der Gießener Philosoph Udo Marquard – nach eigener Einlassung »auf einer politischen Internatsschule« erzogen, nämlich auf der Ordensburg Sonthofen – wurde einer der denk- und sprachmächtigsten Vertreter der skeptischen Generation, aller politischen Verblendung, menschlichen Hybris und Veränderungssucht abhold (»Die Geschichtsphilosophen haben die Welt nur verschieden verändert; es kömmt darauf an, sie zu verschonen«, parodierte er die Marx'sche Feuerbach-These).

Unter den Politikern fanden sich auch Landesminister, sogar ein österreichischer Außenminister. In der Bundesrepublik wurde einer zum führenden DBG-Gewerkschaftler, ein anderer Werbechef von Underberg, ein dritter Manager bei Rosenthal. In der DDR schaffte es Werner Lamberz, als Honeckers Kronprinz gehandelt, ehe er 1978 bei einem Flugzeugabsturz in Libyen ums Leben kam, bis ins Politbüro der SED; einer meiner Jahrgangskameraden leitete den Verlag der Nation; andere wurden NVA-Offiziere, LPG-Chefs, zwei dagegen Pfarrer.

Der Computerfachmann Klaus Schneider, selbst einst Adolf-Hitler-Schüler, speicherte 1982 die Daten von 1400 Ehemaligen, das sind 40 Prozent aller Ex-AFSler. Darunter waren 21 Professoren, 16 Gymnasiallehrer, 26 Real- und Volksschullehrer, 26 Ärzte, Apotheker und Klinikchefs, 60 Architekten, Statiker und Bauunternehmer. Die größte Truppe stellten Filialleiter und Betriebswirte

Im Rückblick auf seine Zeit in der Reichsschule Feldafing sagte Alfred Herrhausen einmal: »Ich habe in diesen drei Jahren

aden, sondern eine ganze Menge an preußischen Tugen-
ommen, die mir in meinem Leben weitergeholfen haben.«
dasselbe sagen. Auch für mich gilt das Urteil, das Karl
acher im Jahr 1982 in seiner Studie *Zeit der Ideologien*
und das Herrhausen in seinem Leseexemplar vierfach
n hatte: »An die Stelle der tiefen Skepsis der Demo-
nd des Kulturpessimismus trat ... eine konkreter be-
sis gegen alles Ideologische und Totalitäre, gegen die
und Verführungen utopistischen Denkens wie auch
zerstörerische Toleranz der Demokratie ihren Fein-

Auf einige Fragen weiß ich bis heute keine Antwort. Hätten wir Berichten über Auschwitz Glauben geschenkt, wenn wir damals davon erfahren hätten? Oder hätten wir sie gemäß der Liedzeile verdrängt, die wir so oft feierlich gesungen haben: »Nichts kann uns rauben / Liebe und Glauben / zu unserm Land«? Wären wir, die wir unser Vaterland liebten, das eigene Volk, das Deutsche Reich auch, das es ja schon vor den Nazis gab, irgendwann darauf gekommen, dass Hitler nicht identisch war mit Deutschland, ja, dass er die verbrecherische Verkehrung all dessen gewesen ist, was wir an Deutschland groß, edel und liebenswert fanden?

Johannes Leeb hat in seinem Buch *Wir waren Hitlers Eliteschüler* die Frage gestellt, ob ich auch ohne die Prägung durch die Adolf-Hitler-Schule Chefredakteur und Herausgeber der *Zeit* geworden wäre. Die Antwort darauf weiß ich nicht. Ich habe mir oft die umgekehrte Frage vorgelegt: Was wäre wohl aus mir geworden, wenn Hitler den Krieg siegreich beendet hätte? Gauleiter in Jekaterinburg oder in Chicago? Oder wäre ich als Widerständler am Fleischerhaken in Plötzensee geendet? In der Erziehung, die ich auf der Ordensburg Sonthofen erfahren habe, wäre beides angelegt gewesen: bedingungsloser Gehorsam gegenüber dem verbrecherischen Führerstaat ebenso wie aufsässige Widerständigkeit. In der Rückschau vermag ich nicht zu sagen – wie könnte ich auch! –, wofür ich mich damals entschieden hätte. Aber ich habe keinen Zweifel, wie ich mich damals hätte entscheiden müssen: gegen Hitlers Schlächter-Regime, für den Fleischerhaken.

Die »Gnade der späten Geburt« – ein Wort des sechs Wochen älteren Helmut Kohl, oft verspottet, indes absolut richtig – hat mich dieser existenziellen Entscheidung enthoben. Ich weiß nicht, wie sie ausgefallen wäre. Aber eines weiß ich: Ich bin froh, dass ich nicht das geworden bin, was ich hätte werden sollen.

Noch war ich freilich nicht so weit.

Mein Kriegsende: Als alles in Scherben fiel

Getürmtes Grauen. Dies blieb
Aus sinnlosen Stunden zurück ...
Doch Glück ist vergangen ...
Denn irgendwo liegen noch Tote.
Kay Hoff

Ende 1944 war ich vierzehneinhalb Jahre alt, inzwischen zum Kameradschaftsführer oder Oberkameradschaftsführer befördert; genau weiß ich das nicht mehr. Guter Dinge fuhren wir Mitte Dezember in den Weihnachtsurlaub nach Hause. Gewiss, auf der großen Europakarte im Unterrichtsraum des Jahrgangs 1942 hatten wir die Fähnchen, die den Frontverlauf markierten, seit der Invasion der Westalliierten in der Normandie und der russischen Sommeroffensive ständig zurückstecken müssen. Im Westen gab es eine durchgehende Frontlinie von Straßburg bis an die Schelde-Mündung, sogar Aachen war schon gefallen; im Osten waren Bulgarien, Rumänien verloren gegangen, die Rote Armee hatte Belgrad befreit und war tief ins Baltikum vorgedrungen. Aber noch stand die Wehrmacht

Mein Kriegsende: Als alles in Scherben fiel

in Warschau und in Budapest, in der Romagna und in Holland, im »Reichsprotektorat Böhmen und Mähren« und in der Slowakei.

Wir fuhren mit dem erhebenden Gefühl in die Weihnachtsferien, dass die große Wende unmittelbar bevorstand. Der »Führer« – anders sprachen wir, die wir stolz sein Braunhemd trugen, nicht von ihm – hatte 600 Panzer, 1600 Sturmgeschütze und rund 200 000 Mann für das Unternehmen »Herbstnebel« zusammengezogen: die Ardennenoffensive. Am 16. Dezember schlug er los. Hitler setzte alles auf eine Karte. »Ein einziger Durchbruch an der Westfront! Sie werden sehen!«, sagte er zu seinem Rüstungsminister Albert Speer. »Das führt zu einem Zusammenbruch und zur Panik bei den Amerikanern.« Die gegnerische Allianz werde »mit einem riesigen Donnerschlag« zusammenfallen.

Als wir uns in die Bahn setzten, sah es ganz so aus, als sollte Hitlers Rechnung aufgehen. In den ersten Tagen schon machten die Deutschen 25 000 Gefangene, schossen 350 feindliche Panzer ab und stießen sechzig Kilometer in Richtung Maas vor. Wir glaubten den Neujahrs-Worten des Führers, das Jahr 1945 werde das »Jahr einer geschichtlichen Wende«, am Ende dieses Ringens werde »ein glorreicher, in unserer Geschichte einmaliger Sieg« stehen.

Wir glaubten ihm, obwohl einige von uns in den Weihnachtsferien schlimme Bombennächte durchmachen und wir, als es zum Jahresende hin aufklarte, bei Tage hoch über uns das drohende Dröhnen der achthundert, tausend, zwölfhundert Maschinen zählenden Angriffsverbände vernahmen, die, so gut wie unbehelligt von der Luftwaffe, ihre weißen Kondensstreifen ins Blau malten. Einige Mitschüler wurden auf der Rückfahrt nach Sonthofen in ihren Eisenbahnzügen auch von Tiefliegern beschossen. Verstört kamen sie in der Ordensburg an.

Während wir noch am Auspacken waren, machte der Wehrmachtbericht klar, dass das Unternehmen »Herbstnebel« gescheitert war: Die Wehrmacht stand wieder genau an der Linie, von der aus sie die Ardennen-Offensive vorgetragen hatte. Im Osten aber waren

Marschall Konjew am 12. Januar und Marschall Schukow am 14. Januar an der 550 Kilometer langen Front zwischen Memel und den Karpaten zum Angriff angetreten. Sie befehligten die größte Streitmacht, die je in einem Kriege bereitgestellt worden ist: 2,25 Millionen Mann, 32 000 Geschütze, 6500 Panzer und 4700 Flugzeuge. Bald wurde offenkundig, dass Hitlers Ardennen-Offensive einer fatalen Fehlkalkulation entsprungen war. Was er im Westen verheizt hatte, hunderttausend Mann, 800 Panzer und tausend Flugzeuge, fehlte nun an der Ostfront. Ende Januar standen die Russen an der Oder.

Da wir Radio Beromünster hörten, ahnten wir: Der »Endkampf«, den der Führer so gern beschwor, hatte begonnen. Darauf richteten wir uns ein. Mit einem Schlag änderte sich unser Leben. Von nun an hieß es: frühmorgens Fabrikeinsatz, nachmittags Volkssturmausbildung, anschließend noch Schulunterricht. Ich weiß nicht, wie wir das alles durchgestanden haben.

Wir kamen nicht mehr zu Atem. Wecken um fünf, zum Frühstück zwei Scheiben Graubrot mit Vierfruchtmarmelade, danach Abmarsch, den Burgberg hinunter, in die Rüstungsfabrik des Grafen Hagenburg. Am Koppel hing eine Feldflasche mit dünner Brotsuppe; wenn man Glück hatte, war ein ordentlicher Schlag Rosinen hineingeraten. Bei Hagenburg frästen wir Steuerungsteile für die V-2-Rakete, des Führers Wunderwaffe, die seit September 1944 im Einsatz war, und nieteten im Akkord Aluminiumspanten für die Me 262; alles für dreißig Pfennig Stundenlohn. Von diesem ersten einsatzfähigen Düsenjäger der Welt hatte Hitler in seinem Taunus-Hauptquartier geschwärmt: »Unsere neuen Flugzeuge kommen jetzt in Serie heraus. Dann werden sich die Alliierten überlegen, das Reichsgebiet zu überfliegen.«

Ölverschmiert und ausgelaugt marschierten wir gegen Mittag wieder hoch zur Burg – in dem erhebenden Gefühl, an der Produktion jener Fabelwaffen beteiligt zu sein, auf denen so viele Hoffnungen ruhten. Wir ahnten nicht, dass wegen der ständigen Tiefflieger-

Angriffe auf alles, was sich über Straße und Schiene bewegte, die von uns gefertigten Teile kaum mehr zu den Montagewerken transportiert werden konnten.

Nach dem Mittagessen warfen wir uns ins Drillichzeug: drei bis vier Stunden Volkssturmausbildung. Schießen mit Pistole, Gewehr 98, Maschinengewehr MG 42, Panzerfaust. In wie viele Teile zerfällt das Gewehr 98, wurde ich im Waffenunterricht gefragt. Ich kam nicht gleich auf die richtige Antwort, also gab ich eine freche: »Kommt ganz darauf an, wie man es hinschmeißt.« Zehn Liegestütze waren die Strafe. Die Ausbilder kamen von den Gebirgsjägern in der Kaserne am Fuße des Burgbergs. Einmal, beim theoretischen Unterricht in der Turnhalle, löste sich während des Hantierens mit der Panzerfaust ein Schuss; dem Mathematiklehrer Dr. Thode zertrümmerte der Zement-Übungskopf den Schädel.

Nach der Theorie ging es jeden Tag hinaus in den Schnee zum Maschinengewehr-Schießen. Auf Skiern, ohne Stöcke, das MG-42 auf dem Rücken, 11,6 Kilo mit »Zweibein«, durchs Gelände. Hinlegen! Sprung auf, marsch, marsch! Laufwechsel mit Asbesthandschuhen, nach der Stoppuhr; wer sich vertat, verbrannte sich übel die Hand. Bei der Abfahrt schlug einem das MG auf jeder Bodenwelle hart in den Rücken. Beliebt war bei den Ausbildern auch das Robben im Schnee – mit aufgeklapptem Mündungsschoner. Wehe, wenn dabei Schnee in die Mündung geriet. Die »Anschisse« der Gebirgsjäger waren nicht von Pappe.

Am Abend gab es noch drei Stunden Unterricht. Danach kaltes Abendbrot: Margarine, Aufschnitt. Noch ein paar Übungen am Barren, der im Gang aufgestellt worden war. Dann fielen wir todmüde ins Bett.

Die bleierne Routine fraß sich fest, Woche um Woche. Die Schießübungen erschienen uns sogar sinnvoll, beim Endkampf würden uns unsere frisch erworbenen Fähigkeiten zugutekommen. Aber warum überhaupt noch lernen? Allmählich gewöhnten wir uns an den Gedanken, dass wir auf jeden Fall an die Wand gestellt würden, wenn das Reich unterginge. Und danach sah es immer mehr aus.

Reihenweise fielen die deutschen Städte. Die Amerikaner stürmten Anfang März die Rheinbrücke bei Remagen; Ende März nahmen sie Frankfurt/M., Wiesbaden und Mannheim. Anfang April überschritten im Süden auch die Franzosen den Rhein; Mitte April eroberten die Sowjets Wien; Leipzig besetzten US-Truppen am 19. April; am 25. April reichten Amerikaner und Russen einander bei Torgau an der Elbe die Hände. Berlin war um diese Zeit auch schon umzingelt.

Russische Soldaten marodierten, plünderten und vergewaltigten vielfach auf ihrem Vormarsch. Das noch unbesetzte Deutschland wurde von Amerikanern und Engländern aus der Luft attackiert. Das britische Bomber Command und die U.S. Air Force warfen zusammen in den letzten vier Kriegsmonaten 370 000 Tonnen Brand- und Sprengbomben über dem Reichsgebiet ab. Von der Luftwaffe war nicht mehr viel zu sehen; dem Wunderjäger Me 262 fehlte meist der Sprit. Von Jahresbeginn bis Anfang Mai 1945 forderte der Bombenkrieg 130 000 Todesopfer – rund ein Viertel der 500 000 deutschen Bombentoten im ganzen Krieg.

Die Sonthofener Adolf-Hitler-Schüler berührte der Luftkrieg auf zweifache Weise. Die erste Begegnung war wenig erbaulich. Am Abend des 22. Februar heulten mit einem Mal die Sonthofener Sirenen los. Wenig später hörten wir Explosionen unten im Ort, Flammen schlugen aus einigen Dächern. Wir waren alle als Feuerwehrleute an A- und B-Rohren ausgebildet und taten umschichtig Feuerwachdienst. Die Wache rückte sofort aus, um der Sonthofener Wehr zu helfen. Wir anderen jagten im Laufschritt den Burgberg hinab. Im Feuerschein bot das Städtchen einen erschütternden Anblick: überall lodernde Brände und eingestürzte Häuser.

Am schlimmsten hatte es ein Altersheim getroffen. Mit aufgesetzten Gasmasken arbeiteten wir uns durch die rauchenden Trümmer, als die Flammen gelöscht waren. Wir konnten nur noch

Leichen bergen, auf Babygröße zusammengeschrumpfte Leichen alter Leute, die im Luftschutzkeller erstickt und von der Hitze gedörrt worden waren. Ich kann den Anblick noch immer nicht vergessen, und er steigt jedes Mal in mir wieder auf, wenn mir irgendwo Brandgeruch in die Nase sticht. Vielleicht ist dies auch der gravierendste Unterschied zwischen meiner Generation und den nachfolgenden Friedensgenerationen: Wir haben noch Tote gesehen, nicht hübsch aufgebahrt in blumengeschmückten Trauerkapellen, sondern verstümmelt, verbrannt und zerfetzt.

Die zweite Begegnung mit dem Bombenkrieg war weniger deprimierend. Zum ersten und zum einzigen Mal standen wir am 25. Februar dem Feind gegenüber. Es war ein klarer, sonniger Tag, als die Wache auf dem 28 Meter hohen Palas der Burg Alarm gab: eine »Fliegende Festung« sei in drei Kilometern Entfernung mit stotternden Motoren notgelandet. Wir waren gerade zur Volkssturmausbildung angetreten und machten uns sofort auf, an Altstätten vorbei, zu den Illerwiesen. Da glänzte der mächtige Vogel, mit abgebrochenem Fahrwerk flach auf dem Bauch liegend, silbrig in der Sonne. Die zehn Mann Besatzung standen mit erhobenen Händen davor und ergaben sich. Es waren athletische Burschen, gut genährt, mit frischen Gesichtern, ganz anders als unsere ausgemergelten Väter, die zuweilen, wenn sie Fronturlaub hatten, ihre Söhne auf der Ordensburg besuchten.

Wir hielten die Männer in ihren fellgefütterten Fliegeranzügen mit vorgehaltenen Gewehren in Schach, bis wenig später die Gebirgsjäger aus der Sonthofener Kaserne eintrafen und das Kommando übernahmen. Einige von uns taten sich unterdessen kurz in der B-17 um. Der Bombenschacht in der Mitte, für eine Bombenladung von 4000 Pfund ausgelegt, war leer; wer weiß, über welcher Stadt er aufgeklappt worden war. Die Kameraden staunten nicht schlecht ob des Gewirrs von Kabeln und elektronischem Gerät. Es war unser erster Kriegseinsatz. Die Kriegsbeute bestand aus ein paar Hershey Bars, den ersten amerikanischen Schokoriegeln, die ich genoss. Nicht ohne ein Gefühl überwältigenden Heldenstolzes zogen wir wieder ab. Als ich im Jahr 2005 einmal über diese Episode schrieb, meldete sich ein älterer *Zeit*-Leser und bestätigte meine Darstellung; als kleiner Knirps hatte er damals, im Gebüsch versteckt, unseren Einsatz beobachtet und bewundert. Auch gibt es Fotos der Luftwaffe, die uns im Hintergrund der US-Maschine zeigen.

Ende März oder Anfang April brach die Götterdämmerung an. Alles, was Jahrgang 1928 war, wurde zur Wehrmacht eingezogen. Wir Jüngeren hörten mit der Arbeit bei Graf Hagenburg auf, hängten die HJ-Uniform an den Nagel und zogen uns Drillichzeug an. Unter Anleitung der Hausmutter nähten wir uns den Streifen »Volkssturm« auf den linken Ärmel. Auch erhielten wir Soldbücher.

Wir wussten nichts von dem, was sich um diese Zeit in Berlin abspielte. Im Führerbunker, den Hitler im Februar bezogen hatte, um ungestört durch die ständigen Fliegerangriffe ruhig schlafen zu können, vollendete sich unter fünf Meter dicken Betondecken das Drama des Dritten Reiches. Der »Führer« setzte Geisterdivisionen in Marsch, die gar nicht existierten, die Armee Wenck, die Heeresgruppe Steiner. Er telefonierte hektisch umher. Er wütete in den Lagebesprechungen. Um sich herum sah er nur noch Feigheit und Verrat. Gegenüber allen erging er sich in Ausbrüchen des Misstrauens. Er schmähte seine Generalität, auf seinen Grabstein solle man die Worte setzen: »Ein Opfer seiner Generale«. Dann verdammte er das deutsche Volk, dem er keine Träne nachweinen wolle. Es habe sich der historischen Aufgaben nicht als würdig erwiesen, den Sinn der Geschichte wiederherzustellen.

Hitlers »Nero-Befehl« vom 19. März sah vor: »Alle militärischen Verkehrs-, Nachrichten-, Industrie- und Versorgungsanlagen sowie Sachwerte innerhalb des Reiches, die sich der Feind für die Fortsetzung seines Kampfes irgendwie sofort oder in absehbarer Zeit zunutze machen kann, sind zu zerstören.« Der Vernichtungsbefehl galt für sämtliche Kanalisationssysteme, Kabel- und Sendeanlagen, ja sogar für die Lebensmittellager, Opernhäuser und Kunstdenkmäler. Die Städte sollten in Brand gesetzt werden. Aufgrund dieser sinnlosen Weisung ging noch in den letzten Kriegswochen vieles verloren. Hitler beharrte darauf: »Wir hinterlassen den Amerikanern, Engländern und Russen nur eine Wüste.«

Mehr und mehr berauschte er sich an seinen Untergangsvisionen. Immer tiefer setzte sich in ihm die Vorstellung fest, das deutsche Volk sei es nicht wert zu überleben. »Wenn der Krieg verloren geht, wird auch das Volk verloren sein. Es ist nicht notwendig, auf die Grundlagen zu seinem primitivsten Weiterleben Rücksicht zu nehmen.« Im Gegenteil sei es besser, selbst diese Grundlagen zu zerstören. Denn das Volk habe sich als das schwächere erwiesen, und dem stärkeren »Ostvolk« gehöre dann ausschließlich die Zukunft. Was nach diesem Kampf übrig bleibe, das seien ohnehin nur die Minderwertigen, denn die Guten seien gefallen.

Hitler machte sich keine Illusionen mehr. In einer der letzten Lagebesprechungen sagte er, ungewohnt realistisch: »Was heißt: Kämpfen? Da ist nicht mehr viel zu kämpfen.« In völliger Kälte sah er nun dem Tod entgegen: »Einmal muss man doch den ganzen Zinnober zurücklassen.« Das beherrschende Thema im Bunker war während der letzten Apriltage, wie man sich schmerzlos, aber wirksam vom Leben zum Tode befördere.

Wir Jungen freilich, die wir von alledem keine Ahnung hatten, wollten beileibe nicht aufgeben. Noch war Hamburg, war Schleswig-Holstein nicht besetzt, ebenso ganz Bayern vom Bodensee bis Berchtesgaden. Unsere Erzieher – so hießen die Lehrer an den Adolf-Hitler-Schulen – raunten von einer »Alpenfestung«, in der hartnäckiger Widerstand geleistet und die Basis für ein Zurückdrängen der alliierten Front geschaffen werden sollte. Sie waren alle fronterfahren, die meisten schwer verwundet vom Kriegseinsatz zurückgekehrt. Auch lasen sie Parteischulungsbriefe und wussten immer ein bisschen mehr als andere.

Von ihnen hörte ich auch zum ersten Mal den Begriff »Werwolf«, ein Wort, das ich bis dahin nur aus dem Titel des Romans *Der Wehrwolf* von Hermann Löns gekannt hatte. »Werwolf« sollte in den besetzten Gebieten die Besatzungstruppen in einen verlustreichen Partisanenkrieg verwickeln. Vielleicht hatten sie auch gehört, dass am 1. April ein neuer Sender, »Radio Werwolf«, im Namen einer »Bewegung der nationalsozialistischen Freiheitskämpfer« dazu aufrief. »Es ist zu befürchten, dass die Fanatiker dieses Landes versucht sein könnten, in einem langen und bitteren Guerillakrieg weiterzumachen«, argwöhnte der alliierte Oberbefehlshaber Dwight D. Eisenhower. Ich zählte zu diesen Fanatikern.

Um den 12. April herum zitierte unser Bannführer mich und zwei Kameraden zu sich. »Wir brauchen drei zuverlässige Leute, die nach Berlin fahren und im SS-Reichssicherheitshauptamt die Pläne für die Werwolf-Operationen hier abholen. Seid ihr bereit?«

Wir waren bereit. Am nächsten Tag fuhren wir los. Ich trug am Koppel eine schwere belgische Armeepistole, Kaliber 9 Millimeter, den Volkssturmstreifen am Ärmel und das Soldbuch in der Brusttasche. Außer einem Tornister mit ein bisschen frischer Wäsche hatten wir nichts dabei. Wir drei – vierzehn, fünfzehn Jahre alt – kamen uns enorm kriegswichtig, wenn nicht gar kriegsentscheidend vor. Aber am Ende wurde dann doch nichts aus unserer Mission.

Denn als wir in Hof ankamen, fuhr die Bahn nicht mehr weiter; die direkte Strecke nach Berlin war nicht länger passierbar. Was tun? Vielleicht ging es ja noch über Prag und Dresden. In Eger jedoch hatten sich bereits die Tschechen erhoben. Auch da gab es kein Durchkommen mehr. Im Bremserhäuschen auf dem Schlusswaggon des letzten Güterzuges, der das Protektorat in Richtung Reich verließ, traten wir die Rückreise an.

Mit uns dreien fuhr eine Frau, die ein Kreuz am Halskettchen trug und die ganze Fahrt über betete. Sie erzählte uns, dass der amerikanische Präsident gestorben sei (Franklin Roosevelt starb am 12. April). Wir sprangen auf vor Freude. Im Tod des Erzfeindes sahen wir einen Wink des Schicksals. Wiederholte sich das Mirakel von Brandenburg? Als im Siebenjährigen Krieg Friedrich der Große schon Gift nehmen wollte, hob der Tod der Zarin Elisabeth II. den Nachfolger Peter III. auf den Thron, einen glühenden Bewunderer des Preußenkönigs, der in einer plötzlichen Umkehr der Allianzen einen Waffenstillstand und sogar ein Bündnis mit Friedrich schloss. Lag jetzt nicht eine Umkehr der Koalitionen im Bereich des Möglichen: mit den Amerikanern gegen die Russen? Im Geschichtsunterricht hatten wir öfters darüber gesprochen, nicht ahnend, dass Hitler, der im Führerbunker ein Porträt des Alten Fritz über dem Schreibtisch hängen hatte, lange Zeit dieselbe Hoffnung hegte. Doch die betende Frau mit dem Kreuz am Hals hatte nur ein mitleidiges Lächeln für unseren Wunderglauben übrig: »Ihr blöden Hitlerjungen!« Wir stritten mit ihr, bis sie in verdrossenes Schweigen verfiel.

Mit den Amerikanern gegen die Russen? Die US-Jagdbomber verhielten sich nicht danach. Von Marktredwitz bis München brauchten wir zwei Tage und drei Nächte. Immer wieder gab es Tieffliegeralarm, stundenlang hechelten wir – »Jabo von links! Jabo von rechts!« – schutzsuchend von einer Seite des abgeböschten Schienenbetts auf die andere, immer unter den Waggons hindurch. Drei Lokomotiven wurden uns vor dem Zug weggeschossen. Jedes Mal dauerte es ewig, bis Ersatz kam.

In München suchten wir das Braune Haus in der Brienner Straße auf, den Sitz der Gauleitung. Von dort aus führte ich mit den Vorgesetzten in Sonthofen das erste und letzte »Blitzgespräch« meines Lebens. Wir erhielten Weisung, uns bei der SS-Kampfschule in Wasserburg am Inn zu melden, das Weitere werde sich dort finden. Am 19. April trafen wir in Wasserburg ein. Überraschenderweise empfing uns dort unser Gebietsführer Kurt Petter – mit dem Bemerken, wir sollten uns zur Verfügung halten, man warte auf drei Kuriere, die aus Berlin die Werwolf-Pläne für Bayern bringen würden. »Auf die braucht ihr nicht mehr zu warten«, gaben wir zurück. »Das sind nämlich wir. Wir haben unseren Auftrag nicht ausführen können.«

An diesem warmen Abend des 19. April – dem Vorabend von »Führers« Geburtstag – trat die ganze Kampfschule zum gemeinsamen Rundfunkempfang an. Wir saßen im Freien und bildeten einen Halbkreis um den Lautsprecher. Wie jedes Jahr hielt der Reichspropagandaminister seine Gratulationsrede auf Hitler. Der Führer sei der »Kern des Widerstandes gegen den Weltzerfall«, trompetete er. Zwar wusste Goebbels: Es war vorbei. Dem Volk aber gaukelte er aufs Neue vor, bald werde sich alles zum Guten wenden. Gebietsführer Petter, ein penetrant intensiver Mann, stieß ins gleiche Horn. Seine beschwörende, betörende Phrase klingt mir bis heute in den Ohren: »Die dunkelste Stunde ist immer vor Sonnenaufgang!«

Wir erhielten in Wasserburg Befehl, uns wieder zu unserer Einheit nach Sonthofen durchzuschlagen. Auf dem Weg dorthin gerieten wir in München in einen schweren Bombenangriff. Im überfüllten Luftschutzkeller des Starnberger Bahnhofs durchlebten wir drei oder vier Stunden des Getöses, der Beklemmung, der Panik unter den Eingeschlossenen. Als die Sirenen »Entwarnung« signalisierten, stiegen wir wieder ins Freie. Ringsum schlugen Flammen aus Dachstühlen, rauchten die Trümmerberge auf den Straßen. An einem unbeschädigten Kiosk kaufte ich mir den *Völkischen Beobachter* vom 20. April und las im Bericht des Oberkommandos der Wehrmacht, dass amerikanische Panzerspitzen in den Raum Göppingen und Schwäbisch Gmünd vorgedrungen seien. In Gmünd lebten meine Eltern und Geschwister. Ich machte mir Sorgen. Unwillkürlich schoss mir aber auch der unfromme Gedanke durch den Kopf: »Jetzt brauchst du wenigstens nicht mehr einmal jede Woche nach Hause zu schreiben.«

Die Züge fuhren unregelmäßig, dauernd mussten Gleise geräumt oder repariert werden. Erst am Morgen des 22. April waren wir wieder in Sonthofen. Es war Sonntag – der zweitletzte Kriegssonntag. Die Kameraden saßen alle zusammen und gurteten MG-Munition wie die Irren: Wir sollten unverzüglich ausrücken, um an der Verteidigung des Donauübergangs bei Ulm teilzunehmen. In der

Waffenkammer wurden uns Gewehre und Maschinengewehre ausgehändigt. Jeder bekam ein Fahrrad.

Gegen Mittag setzte sich unsere Truppe von 150 oder 200 vierzehn- bis fünfzehnjährigen Volkssturmmännern in Richtung Ulm in Bewegung. Immenstadt, Kempten, Memmingen, Senden – die hundertzwanzig Kilometer zogen sich elend lang hin. Mit wehen Waden und wundem Hintern radelten wir in die Nacht hinein. Ich war Schlussmann der wegen der Tieffliegergefahr lang auseinandergezogenen Kolonne und dafür verantwortlich, dass keiner liegen blieb oder abhandenkam.

Wir brauchten auf den überfüllten Straßen acht oder zehn Stunden nach Neu-Ulm. Als wir bei Morgengrauen ankamen, gingen mit einem Riesen-Rumms die Donaubrücken in die Luft. Auf dem nördlichen Ufer wurde heftig geschossen. Von drüben hörten wir den Motorenlärm der amerikanischen Panzer.

Wir waren zu spät gekommen; unsere strategischen Dienste wurden nicht mehr gebraucht. So beteiligten wir uns an der Ausräumung des Heeresversorgungslagers Neu-Ulm und packten uns so viel Lebensmittel – Dauerwürste, Konserven, Nervennahrung – auf, wie die Fahrräder tragen konnten. Gegen zwei Schoka-Ko-Kola und eine Dose Büchsenwurst ließ sich bei den zurückflutenden Truppen schon ein Sturmgewehr eintauschen. Für den Endkampf schien uns dies nicht das schlechteste. Wir sahen ihn kommen. Einer zitierte tonlos den Walter-Flex-Vers auf die Wildgänse: »Wir sind wie ihr ein graues Heer / Und fahr'n in Kaisers Namen / Und fahr'n wir ohne Wiederkehr / Rauscht uns im Herbst ein Amen.«

Ohne ein Auge zugetan zu haben, machten wir kehrt und traten die Rückfahrt an. Während des Vormittags führte unser Weg durch Memmingen, das gerade Ziel eines Luftangriffs war. Von allen Seiten attackierten es die amerikanischen Jagdbomber. Die Skifabrik brannte lichterloh, überall krachte es. Bis ein paar Minuten lang ein halbes Dutzend Me 262 auftauchten und mit einem Mal der Himmel wie leer gefegt war: Die amerikanischen Jabos suchten das Weite.

Dann drehten die »Strahler«, für die wir bei Hagenburg die Spanten genietet hatten, wieder ab. Als Schlussmann hatte ich jedoch keinen blassen Schimmer mehr, wer in dem brennenden Tohuwabohu wo abgeblieben war. Durch die Trümmer Memmingens schlugen wir uns weiter durch nach Süden. Die ganze Zeit hörten wir hinter uns das Dröhnen der amerikanischen Panzer, die uns dicht auf den Fersen waren. Bei Kempten bogen sie mit einem Male nach Osten ab. Abgestrampelt, wie wir waren, atmeten wir erst einmal durch.

Todmüde radelten wir in die nächste Nacht. Um mich wach zu halten, rezitierte ich die vertrauten Passagen aus Rilkes »Cornet« vor mich hin: »Reiten, reiten, reiten, durch den Tag, durch die Nacht, durch den Tag.« Viel nützte Rilke nicht. Von Kempten an radelte ich zwanzig oder fünfundzwanzig Kilometer buchstäblich im Schlaf, erst vor Immenstadt kam ich allmählich wieder zu mir.

Die Sonthofener hatten mittlerweile die Ordensburg gestürmt. Wie die Bundeswehr, die sie 1956 übernahm, in der offiziellen Geschichte der Generaloberst-Beck-Kaserne, wie die Burg später hieß, hölzern feststellte: »Von allen Teilen und Schichten der Bevölkerung wurde geplündert und gestohlen, was zu bekommen war.« Genauso war es. Wir fanden unsere Spinde aufgebrochen. Fotos, Journale, Bücher, die Postkarten und Briefe der Eltern, Erinnerungsstücke – was nicht niet- und nagelfest war, hatten die braven Bürger durchwühlt, auf den Sonnengängen und Höfen zerstreut oder einfach mitgehen lassen. All unsere persönliche Habe war unwiederbringlich dahin.

Es war klar: Hier konnten wir nicht bleiben. In dem allgemeinen Chaos organisierten wir uns einen Lastwagen, beluden ihn mit Zeug aus der Kleiderkammer und mit Lebensmitteln aus den noch vorhandenen Burg-Vorräten. In den Bergen sollten wir Verpflegungslager für den Werwolf-Krieg anlegen, der immer noch durch unsere Köpfe spukte. Ein kriegsverletzter Erzieher setzte sich ans Steuer. Dann brachen wir auf in Richtung Oberjoch.

In Hindelang wollte uns die bayerische Heimwehr unsere

Schätze abjagen. Wir hatten tierische Angst vor den Grauköpfen, waren aber entschlossen, uns nichts wegnehmen zu lassen. Als wir zwei Maschinengewehre in Stellung brachten und ein paar Feuerstöße über die Köpfe der knorrigen Bauerntypen hinwegjagten, zogen sie ab.

Da es anfing zu gießen, suchten wir Unterschlupf in der windschiefen alten Hammermühle an der Ostrach. Der Wind pfiff durch die rüttelnden Bretter, der Regen schoss durch die Dachschindeln. Wir froren erbärmlich. Am Morgen verabschiedeten sich alle Kameraden des Jahrgangs 1929, der zu guter Letzt auch noch zu den Waffen gerufen worden war; sie sollten sich in der SS-Junkerschule Bad Tölz zur Verteidigung der »Alpenfestung« melden, wo sie der »Kampfgruppe Dietsche« im Karwendelgebirge zugeteilt wurden, um die »Festung Tirol« zu verteidigen. Der Regen prasselte, die Ostrach rauschte wild, als ich mich von meinem Freund Dieter Arfs verabschiedete. Er war ein Jahr älter als ich und musste mit. Auf abenteuerliche Weise schlug sich der Trupp der 1929er bis ins Karwendel durch. In Hinterriss sollte ein bunt zusammengewürfelter Haufen die Amerikaner vom Eindringen in die »Alpenfestung« abhalten, doch die Kapitulation kam dazwischen.

Von der Alpenfestung wollte keiner mehr etwas wissen und schon gar nicht vom »Werwolf«-Krieg; der war, stellte die US-Army schon kurz nach Eisenhowers Warnung fest, eine »Halluzination« gewesen (was übrigens Condoleezza Rice, George W. Bushs Nationale Sicherheitsberaterin, nicht daran hinderte, noch sechzig Jahre später die Mär zu verbreiten: »Deutschland war nicht sofort stabil oder wohlhabend. SS-Offiziere, sogenannte Werwölfe, betrieben Sabotage und griffen die alliierten Truppen an, ebenso wie die Einheimischen, die mit ihnen kooperierten«).

Es war eine amerikanische Halluzination, doch auch eine deutsche. Schluss war Schluss. Dieter zerstörte mit seinen Kameraden die Waffen der Einheit, vergrub aber für alle Fälle einen Teil gut eingefettet und in Zeltbahnen eingeschlagen im Gelände. Dann machte er sich mit zwei Kameraden auf den mühseligen und nicht ungefährlichen Fußmarsch in die tausend Kilometer entfernte Hamburger Heimat. Neunzehn Tage waren die drei unterwegs.

Wir anderen fuhren, als die 1929er abgezogen waren, mit unserem Laster ins Retterschwanger Tal hinauf. Die erste Almhütte, auf die wir stießen, war von Versprengten einer indischen SS-Division belegt; bei ihnen tauschten wir Trockenfrüchte gegen Trockenkartoffeln. In der zweiten Almhütte – zu dieser Jahreszeit stand sie noch leer – ließen wir uns nieder. Wir trennten uns die »Volkssturm«-Streifen von den Ärmeln, sprengten den Lastwagen in die Luft, legten im Gelände fachkundig getarnte Verstecke für unsere Lebensmittelvorräte an und vergruben unsere Waffen. Fortan spielten wir Kinderlandverschickungslager.

Am nächsten Tag kraxelte ich mit zwei Kameraden auf das 1600 Meter hohe Imberger Horn. Unter einer Baumwurzel versteckte ich dort meine belgische Armeepistole, sorgfältig in Margarine eingefettet, in einer blechernen Bahlsen-Keksdose. Wer konnte schon wissen, ob ich sie nicht noch einmal brauchen könnte? (Ein paar Jahre später habe ich bei einer Wanderung versucht, sie wiederzufinden; die Suche verlief ohne Erfolg.) Dann pirschten wir uns hinunter bis an die ersten Höfe des Dorfes Imberg und erfuhren, dass die 2. Marokkanische Infanteriedivision der französischen Armee Sonthofen besetzt hatte. Wenn sie uns kriegen, dachten wir, stellen sie uns an die Wand. Wenn aber nicht? Als wir zurück waren von unserem Erkundungsvorstoß, gab uns der Erzieher, der den Laster gefahren hatte, zufällig ein Sprachlehrer, in der Almhütte die erste Französisch-Stunde; vorsichtshalber.

Noch war der Krieg nicht zu Ende. Am Abend des 1. Mai saßen wir – zwanzig oder dreißig Jungen und der Erzieher, der den Lkw gefahren hatte – in unserer Almhütte am Volksempfänger und hörten bewegt die letzte Lüge des Reichspropagandaministers, der Hitler mittlerweile samt seiner Frau und den sechs Kindern in den Tod gefolgt war: »Der Führer Adolf Hitler ist heute Nachmittag auf seinem Befehlsstand in der Reichskanzlei, bis zum letzten Atemzuge gegen den Bolschewismus kämpfend, für Deutschland gefallen«. Wir veranstalteten pflichtschuldigst eine kurze Gedenkfeier für den Toten. Jahrelang hatten wir stolz seinen Namen auf dem Ärmel getragen; hatten Baldur von Schirachs ergebenheitstriefende Gedichte auf ihn auswendig hergesagt; hatten ihm immer wieder unverbrüchliche Treue geschworen: »Führer, befiehl, wir folgen dir!« Nicht ohne innere Bewegung machten wir uns nach der Gedenkstunde an die nächste Französisch-Lektion.

Der Rest war Abwicklung. Am 7. Mai kapitulierte die Wehrmacht in einem kleinen roten Schulhaus der Stadt Reims. Tags darauf wurde die Kapitulations-Zeremonie im sowjetischen Hauptquartier in Berlin-Karlshorst wiederholt. Der Endkampf blieb uns damit erspart.

An diesem Dienstag, dem 8. Mai, schien die Sonne schon frühmorgens heiß von einem strahlend blauen Himmel. Ich packte Dauerwurst, Kommissbrot und eine Dose Scho-Ka-Kola in den Brotbeutel und brach mit zwei Kameraden zu einer Bergtour auf. Wir stiegen auf die 2000 Meter hohe Rotspitze. Als wir abends zurückkehrten, war die Almhütte leer. Die Franzosen hatten während des Tages alle anderen abgeholt und in Richtung Bodensee in Marsch gesetzt. Viele von ihnen kamen in die lothringischen Bergwerke. Einige sind dort umgekommen.

Wir drei, die wir übrig waren, blieben noch ein paar Tage im Retterschwanger Tal und ernährten uns von den versteckten Vorräten. Dann trennten wir uns. Ich schlug mich nach Sonthofen durch, suchte Unterschlupf bei einer befreundeten Erzieher-Familie und fand als Hilfsarbeiter Beschäftigung – ausgerechnet bei der Graf Hagenburg KG, die nun keine Raketenteile mehr produzierte, sondern Bewässerungsanlagen. Der Werksausweis wurde mir am 5. Juni ausgestellt, fünf Tage vor meinem fünfzehnten Geburtstag. Knapp vier Wochen lang verlegte ich Leitungsrohre in einer Gärtnerei.

Dann packte mich das Heimweh. Auf dem Sonthofener Rathaus besorgte ich mir einen neuen Ausweis. Lange hatte ich überlegt, ob ich ihn mir auf einen anderen Namen ausstellen lassen sollte – vielleicht würde ich ja sonst doch noch erschossen werden? Am Ende entschied ich mich, es bei Theo Sommer zu belassen. Auch besorgte – organisierte? stahl? – ich mir ein Fahrrad, von dem ich mir felsenfest einredete, dass es herrenlos sei.

Ende Juni erhielt ich nach längerer Wartezeit von der französischen Ortskommandantur einen Passierschein nach Schwäbisch Gmünd. Er trug den Vermerk: *à pied, avec sa bicyclette* – zu Fuß, mit seinem Fahrrad. Solange ich mich in der französischen Zone befand, musste ich mein Rad schieben. Deutschen war – eine bewusst erniedrigende und demütigende Schikane – das Radfahren untersagt. Bei Kempten begann die amerikanische Zone. Dort durfte ich endlich aufsteigen.

Dort auch sah ich an der Grenze zwischen den Besatzungszonen die ersten riesigen Bildtafeln mit niederdrückenden Aufnahmen ausgemergelter Leichen aus einem befreiten Konzentrationslager, wohl aus Dachau. Ich mochte nicht glauben, was ich da sah, ich hielt es für Feindpropaganda. Aber diese Fotos und die allmählich bekannt werdenden Einzelheiten der dahinterstehenden grausigen Wahrheit gaben meinem Denken, meinem Leben alsbald ganz neu Richtung und Ziel. Über kurz oder lang reifte in mir der Entschluss, Geschichte zu studieren. Ich wollte wissen, wie es hatte geschehen können, dass die Deutschen sich blindlings dem mörderischen Rattenfänger Adolf Hitler ergaben.

Wieder radelte ich das Illertal abwärts durch Kempten, Memmingen, Neu-Ulm. In Senden bot mir eine junge Frau ein Nachtquartier an, um neun Uhr abends war ja »curfew«: Sperrstunde, dann mussten alle Deutschen von der Straße. Sie hieß Thea Spengler, hatte Kunst studiert und wurde später tatsächlich auch Malerin. Mit Rötelstift zeichnete sie ein Porträt von mir, das ich bis heute bewahrt habe. Es zeigt einen ernsthaften Jungen, für den eine Welt zusammengebrochen war und der keine Ahnung hatte, welche neue Welt seiner harrte.

Am nächsten Morgen schwang ich mich wieder aufs Rad und fuhr weiter. Was ich unterwegs sah, verstörte mich. Ulm: ein Ruinenfeld. Die Schwäbische Alb: überall Jeeps der U.S. Army. Dann, ein Dutzend Kilometer vor Schwäbisch Gmünd, am Hohenstaufen Rotten von finsteren, Furcht einflößenden Gestalten. Die Straße führte dort an einem Lager vorbei, in dem mehrere Tausend sowjetische Ex-Kriegsgefangene untergebracht waren. Ich wusste nicht, dass vier Wochen zuvor in einem nahe gelegenen Wald ein Junge erschlagen worden war, dessen Beschreibung haargenau auf mich passte. Tagelang hatte meine Mutter, zu Fuß mit meinem fünf Jahre jüngeren Bruder Klaus unterwegs, in den umliegenden Ortschaften nach mir gefahndet, vergeblich.

Meine Eltern jedenfalls glaubten nicht, dass ich noch unter den Lebenden weilte. Als ich schließlich in Gmünd ankam und zu Hause das Tor zum Garten aufstieß, sah mich meine auf dem Rasen spielende sechsjährige Schwester Sigrid entgeistert an. Dann machte sie auf dem Absatz kehrt und rief ins Haus: »Mutti, der Theo ist gar nicht tot!«

Nein, ich war nicht tot. Es begann ein neues Leben, für mich und für sechzig Millionen Deutsche.

III.
UMBRUCH, UMDENKEN, AUFBRUCH

Nach dem Ende, vor dem Anfang: »Eine bitterböse Zeit«

> *Die großen Worte aus den Zeiten, da*
> *Geschehn noch sichtbar war, sind nicht für uns.*
> *Wer spricht von Siegen? Überstehn ist alles.*
> RAINER MARIA RILKE

Die Vergangenheit war dahin, Gott sei Dank: der Krieg und die trügerische Hoffnung auf Sieg, die Eisernen Kreuze auf den Uniformröcken und die auf den Todesanzeigen der Gefallenen, die hohlen Fanfarenstöße der Sondermeldungen im Großdeutschen Rundfunk und das Elend der Bombennächte. Die Zukunft aber erschien uns verhängt, verstellt von Ungewissheiten, Unwägbarkeiten, Unentrinnbarkeiten. Und die Gegenwart war unsägliche Last. Ich war fünfzehn Jahre jung und müde wie ein alter Krieger. Frieden hieß damals für mich nicht Niederlage, nicht Befreiung. Es hieß vor allem eines: erst einmal in Ruhe ausschlafen.

In den letzten Kriegsmonaten hatte es sich so eingebürgert, dass man einander zum Abschied nicht »Auf Wiedersehen« oder »Servus« zurief (»Tschüss« war damals in Süddeutschland noch nicht gebräuchlich und schon gar nicht das lächerliche »Tschüssle«), sondern: »Bleib übrig!«. Wir waren übrig geblieben. Jetzt galt das damals viel zitierte Rilke-Wort »Überstehn ist alles«.

Das Überstehen war nicht leicht. Gewiss, man war befreit von der Angst – der Angst, den nächsten Bombenangriff nicht zu überleben; der Angst um Mann oder Vater, Sohn oder Bruder an der Front; der Angst, dass der Krieg noch endlos weitergehen könne. Dafür plagten nun neue Ängste die Menschen. Die Ängste des Alltags zumal: Wie bis morgen überleben?

Die Verwaltung funktionierte zunächst miserabel. Viele Fachleute waren von den Besatzungsmächten wegen ihrer NSDAP-Zugehörigkeit entlassen oder sogar interniert worden; volle Internierungslager und leere Ämter waren das Ergebnis. Zugleich lief die Entnazifizierung an, die dann dreieinhalb Jahre lang wie ein Damoklesschwert über vielen Menschen hing; allein in der amerikanischen Besatzungszone kam es zu 3,5 Millionen Anklagen und 950 000 Verfahren, in denen 545 deutsche Spruchkammern auf der Grundlage von 13 Millionen Fragebogen ihre Urteile fällten. Die meisten Fabriken standen still. Die Versorgung war miserabel, es gab so gut wie nichts zu kaufen. Jeder schlug sich durch, so gut es ging. Man tauschte, was man entbehren konnte, gegen lebensnotwendige Dinge, die man brauchte (»Biete zwei Schlafzimmerstühle, suche zwei Fahrradreifen mit Schläuchen«).

Aus dem Tauschhandel entstand der Schwarzmarkt. Dort gab es alles: Schmuck und Schmalz, Kunstgegenstände und Kaffee, Tee und Tabak. Im Juli 1945 notierte Erika Mann folgende Preise: Butter 1000 Reichsmark das Pfund, Zucker 175 Mark, Kaffee 500 Mark, Tee 600 Mark. Ein Brot kostete 30 Reichsmark. Ein Großteil der Schwarzmarktware stammte aus den Läden der Besatzungsarmeen, PX bei den Amerikanern, Naafi bei den Engländern. Dies galt vor allem für amerikanische Zigaretten, die zur Leitwährung des Schwarzmarktes wurden. Fünf Mark, zuweilen auch zehn Mark pro Glimmstängel waren gängige Preise. Eine Stange Camel oder Chesterfield – zehn Packungen à zwanzig Stück – kostete zwischen 1000 und 1500 Mark; dafür gab es ein Pfund Butter, zwei Pfund Kaffee oder sechs Pfund Zucker.

Ein anschauliches Beispiel dafür, wie der Schwarzmarkt funktionierte, findet sich in den Akten des amerikanischen Kongresses. Es geht dabei um den Fall eines Bergarbeiters, der in der Woche 60 Reichsmark verdiente. Gleichzeitig besaß er ein Huhn, das in der Woche durchschnittlich fünf Eier legte. Eines davon aß der Bergmann gewöhnlich selbst, die vier übrigen tauschte er gegen zwanzig Zigaretten ein. Diese stellten auf dem Schwarzmarkt bei einem Tagespreis von acht Reichsmark einen Gegenwert von 160 Reichsmark dar. Das Huhn verdiente also mit seiner Leistung nahezu dreimal so viel wie sein Besitzer.

Nach damaligen Schätzungen vollzog sich die Hälfte des gewerblichen Umsatzes durch Tausch- und Schwarzhandel außerhalb der Bewirtschaftung. Ohne den Schwarzmarkt hätten viele nicht überlebt. Naturgemäß blühte die Kriminalität. Für viele Rechtschaffene jedoch war er die Rettung aus der Not. Er gestattete es, immer wieder einmal ein Loch zu stopfen.

In der großen, alten Dienstwohnung in der Gmünder Bismarckkaserne saßen seit Kriegsende die Amerikaner. Den Sommers war ein bescheidenes Häuschen am Siedlungsweg zugewiesen worden; der NSDAP-Ortsgruppenleiter, der es bewohnt hatte, war samt Familie geflüchtet. Die meisten Möbel, die Mutter gerettet hatte, standen in der Garage. Im Erdgeschoss war das Wohnzimmer; oben lagen zwei kleine Schlafzimmer.

Die Schulen blieben bis zum Herbst geschlossen – vor ihrer Wiedereröffnung musste erst die Lehrerschaft auf ihre Gesinnung überprüft und neues Lehrmaterial bereitgestellt werden. Um etwas Nützliches zu tun, verdingte ich mich bei der Firma Rettenmaier, die Abzeichen herstellte, Embleme, Plaketten, Tierkreiszeichen-Anhänger aus Tombak, Alpacca oder Silber. Damals produzierte sie fast ausschließlich bunt emaillierte »badges«, wie sie die amerikanischen Besatzungssoldaten als Kennzeichen ihrer Einheiten am Revers oder am Kragenspiegel trugen.

Mehrere Monate lang saß ich an einer Presse, punzte, stempelte und stanzte Tombak-Blech in geprägte Form. Es war eine ziemlich monotone Tätigkeit: Werkstück einlegen, Tritt auf den Fußschalter, der Stempel saust herunter auf die Punze, Werkstück herausholen, dann das Ganze von vorn, acht Stunden am Tag. Einmal kam ich aus dem Takt, als ich auf das Mädchen an der Presse neben mir schielte; seitdem fehlt mir ein Stück der Zeigefingerkuppe.

Den Amerikanern waren ihre »badges« so wichtig, dass sie zwei Firmenvertreter mit dem Jeep nach Stuttgart und Pforzheim schickten, um dort Ersatzteile für die Pressen zu holen. Da ich halbwegs Englisch sprach, wurde ich mitgeschickt. Den schockierenden Anblick der beiden Städte werde ich nie vergessen. Stuttgart war im Sommer 1944 das Ziel britischer Luftangriffe gewesen, fast siebzig Prozent der Innenstadt wurden dabei zerstört. Noch waren die Trümmer in den Straßen nur notdürftig zur Seite geräumt, die ausgebrannten Ruinen ragten mahnend und anklagend in den blauen Sommerhimmel.

Pforzheim – wie Gmünd eine Gold- und Silberstadt – sah noch schlimmer aus: Tausende von Luftminen, Sprengbomben und Brandbomben hatten im Februar 1945 ein Fünftel der 80 000 Einwohner getötet und 89 Prozent des Stadtgebietes in Schutt und Asche gelegt. Jeder Erwachsene musste jetzt sechs Wochen Aufräumarbeit leisten; eine Regelung, die vom 1. September an in der ganzen amerikanischen Zone galt. Mir kam die Motette von Heinrich Schütz, dem Barock-Komponisten aus der Zeit des Dreißigjährigen Krieges, in den Sinn: »Wie liegt die Stadt so wüste, die voll Volkes war.« Entsetzt und verstört kam ich nach Schwäbisch Gmünd zurück, das im Krieg verschont geblieben war.

In jenem ersten Nachkriegssommer kreiste alles um drei Fragen. Erstens: Wie werden wir satt? Es war das Thema Nr. 1. Zweitens: Wo kommen wir unter? Müssen wir Flüchtlinge aufnehmen? Drittens: Was ist aus den Verwandten geworden?

Wenn ich nicht in der Fabrik arbeitete, brachte ich die meiste

Zeit damit zu, Mutter dabei zu helfen, dass unsere achtköpfige Familie etwas zu beißen hatte. Vater war körperlich zu sehr geschwächt, die fünf Geschwister waren alle noch klein. So blieb viel an mir hängen.

Wir besaßen einen Garten von zwei Ar Größe, in dem wir Gemüse, Salat, Kartoffeln, ein paar Beeren zogen; der musste gegossen, gejätet, umgegraben werden. Wir sammelten auf langen Waldwanderungen Unmengen Pilze und trockneten sie. Wir lernten, Wildgemüse zu pflücken und zuzubereiten: Hirtentäschel, Löwenzahn, Gänsemiere, Pimpernell, Brennnesseln. Haselwurz schroteten wir in der Kaffeemühle zu Pfeffer, gebrühte Eicheln zu Nussmehl, Gerste zu Grütze, geröstete Gerste zu Malzkaffee. Ich stellte mich morgens um vier vor der Freibank an, die um neun öffnete; um halb acht, wenn ich in die Firma oder später zur Schule musste, löste Mutter mich in der Schlange ab. Wenn man Glück hatte, bekam man einen Schweinskopf, ein paar Pferdekoteletts oder wenigstens eine Handvoll Suppenknochen.

Wir gingen Ähren lesen auf den abgeernteten Äckern, für neun Pfund Ähren gab es ein Pfund Mehl; sammelte man mehr als neun Pfund pro Person, wurde es von der Brotkarte abgezogen. Wir stoppelten Kartoffeln auf den abgeernteten Feldern. Im Herbst zogen wir mit Rüttelsieben und Rechen in die Buchenwälder hinter dem Rosenstein und harkten oder klaubten, ein Kissen unter den Knien, die vollen Bucheckern mit der Hand aus dem dürren Laub. Für viereinhalb Kilo gab es einen Liter ungereinigtes Öl; die Flaschen wurden zu einem Fünftel mit Salz gefüllt, dann in die Sonne auf die Fensterbank gestellt, bis sich nach vier oder sechs Wochen der Schmutz im Salz abgesetzt hatte. Auch gingen wir auf dem Lande hamstern, zwanzig, dreißig Kilometer – zu Fuß oder, solange wir genug heile Schläuche und Mäntel hatten, mit dem Fahrrad.

Einige Bauern haben uns damals viel geholfen. Die Behörden sahen ihnen scharf auf die Finger, ob sie auch ihr Ablieferungssoll erfüllten. Dennoch gab der eine, wenn wir unsere wöchentliche

Rundtour machten, jedes Mal einen Esslöffel Schmalz, der andere ein Ei, der dritte einen Blumentopf voll Kartoffeln, der vierte eine Tüte Mehl – es kam immer genug für ein oder zwei Mahlzeiten zusammen. Manchmal halfen wir dafür in der »Heuet« mit oder bei der Kartoffelernte; ein Sack »Krombiere«, wie man auf der Schwäbischen Alb zu der Kartoffel sagte, fiel dabei allemal ab. Doch bei anderen Bauern gab es nichts ohne materielle Gegenleistung: einen halben Liter Milch für eine Tischdecke, ein halbes Dutzend Eier für sechs Frotteehandtücher. Eines Tages sagte uns ein Lindacher Landmann: »Jetzt habe ich die Aussteuer für alle drei Töchter zusammen – Wäsche, Silber, alles.« Mutter konnte sich die Antwort nicht verkneifen: »Da fehlt wohl nur noch der Perserteppich im Kuhstall?« Seitdem war auf diesem Hof nichts mehr für uns zu holen.

Wie viele Familien, so hatten auch wir uns eine »Kochkiste« gebaut: je 75 Zentimeter hoch, breit und tief, ausgeschlagen mit Holzwolle und Zeitungspapier, in der Mitte eine Höhle für den Topf. Der fasste zwölf Liter Suppe. So viel brauchte Mutter – nicht, um uns satt zu kriegen, das gelang nie, doch wenigstens, um uns vorübergehend den Magen zu füllen und das schlimmste Hungerknurren eine Zeit lang zu unterbinden. Über das Ganze kam eine alte Wolldecke, darauf der Kistendeckel – danach ab unter ein Federbett. Die Speisen wurden nur angekocht und garten dann einige Stunden vor sich hin.

Lange vor Weihnachten kam in diesem Jahr der erste Frost, es fiel Schnee. In den Schulen, die mittlerweile ihre Pforten wiedereröffnet hatten, im Oktober die Volksschulen, im November die Oberschulen, saßen die Kinder mit blau gefrorenen Nasen. Wir mussten Holz oder Briketts mitbringen, damit das Schulgebäude wenigstens angewärmt werden konnte. Im Siedlungsweg hatte ich im Souterrain ein winziges Zimmer, keine acht Quadratmeter groß. Es war ein kaltes, feuchtes Gemach, nicht zu beheizen, Wasser rann die Wände herunter, das im Winter zu Eis gefror. Abends packte mir Mutter erhitzte Backsteine ins Bett, eingewickelt in eine alte Decke. Geheizt wurde überhaupt nur das Wohnzimmer. Es machte schon Schwierigkeiten genug, dort den alten Kachelofen warm zu halten.

Es mangelte an Kohle. Die meisten Gaswerke hatten schließen müssen. Wasserkraft gab nicht genug her. Ende Oktober ordneten die Amerikaner an, den Stromverbrauch um 30 Prozent zu drosseln. Zwischen 11 und 13 Uhr, dann wieder von 17 bis 21 Uhr wurde der Strom ganz abgeschaltet. Die Benutzung elektrischer Heizöfen blieb auch in der übrigen Zeit verboten. Elektrische Kochplatten waren ohnedies Mangelware.

Seit dem 3. August gab es in Nordwürttemberg und Nordbaden einmal wöchentlich wieder eine Zeitung. Zunächst hieß sie *Stuttgarter Stimme* (»Herausgegeben von der amerikanischen Armee für die deutsche Zivilbevölkerung«). Vom 18. September an erschien dann die *Stuttgarter Zeitung*, ein Lizenzblatt, das zweimal die Woche herauskam. Von Anfang an war Heizmaterial ein Thema, das die Leser brennend interessierte.

Viele Gemeinden ließen um diese Zeit Familien zum Holzeinschlag in die Wälder. Mutter und ich hatten das Glück, zu solch einer Brennholz-Expedition zugelassen zu werden. Zwanzig Familien wurden auf einen Lastwagen mit Anhänger verladen und über fünfundzwanzig Kilometer in den Wald bei Bartholomä verfrachtet, Äxte und Sägen mussten wir selbst mitbringen. Dann ging es ans Bäume-Fällen, Äste-Abschlagen, Stämme-Durchsägen. Wir ackerten und asteten, bis wir in der grimmigen Kälte völlig durchgeschwitzt waren. Jeder Familie wurden zwei Festmeter Holz zugebilligt. Die Aufsicht führenden Förster maßen mit Argusaugen nach. Dann wurden die Laster beladen, wir setzten uns obenauf und stemmten uns mit den Füßen in die Stämme, um von dem Geäst, das uns in die Gesichter schlug, nicht heruntergefegt zu werden. Es war eisig im Wald, noch eisiger auf der Fahrt. Aber Weihnachten hatten wir es dank unserer Anstrengung zu Hause wenigstens warm.

Nach dem Ende, vor dem Anfang: »Eine bitterböse Zeit«

Ich habe tief graben müssen in meinem Gedächtnis, um die Bilder vom Heiligabend dieser ersten Nachkriegsweihnacht aus den Abgründen der Erinnerung zu heben.

Hatten wir einen Weihnachtsbaum? Beim Grübeln geriet mir die Szene plötzlich wieder vor Augen. Wie ich mit zwei Klassenkameraden in der Dämmerung losziehe in den Straßdorfer Wald, Axt und Säge in einen Kartoffelsack eingewickelt. Wie wir durch den Schnee stapfen, einen Schlitten hinter uns herziehend. Wie wir drei kleine Tannen schlagen, wobei uns das Herz so laut im Halse pocht, dass wir darüber unsere Axthiebe kaum hören können. Wie wir unsere Beute auf Schleichwegen nach Hause bringen, in den Christbaumständer einpassen und mit silbernen Kugeln, Lametta und bunten Schleifen behängen. Aus Teelichtern – »Hindenburglichter« hießen sie damals – wurden Kerzen gegossen, Wollfäden mussten als Dochte herhalten. So brauchten wir unser »O Tannenbaum« nicht ins Leere zu singen.

Vater sang wie immer daneben. Er war nun einmal unmusikalisch, mochte am liebsten Marschmusik. Er war siebzehn Jahre lang Berufssoldat gewesen, Spieß zuerst und zuletzt Offizier bei Rommel in Nordafrika. Im Sommer 1943 geriet er, wie schon berichtet, bei Tunis in einen Fliegerangriff, ein Bombensplitter zerfetzte sein Gedärm. Er hatte Glück: Professor Ludwig Zukschwerdt, eine chirurgische Koryphäe, operierte ihn im Feldlazarett. Mit dem letzten Truppentransportschiff wurde er nach Italien evakuiert und von dort aus nach Deutschland geschafft. Monatelang lag er anschließend, von katholischen Schwestern betreut, in Altötting im Krankenhaus, wo ich ihn von Sonthofen aus besuchte. Er sah elend aus, nur noch Haut und Knochen.

Als ich mich von ihm verabschiedete, glaubte ich nicht, dass ich ihn je lebend wiedersehen würde. Doch er kam wieder auf die Beine. Er schulte auf die Zahlmeisterlaufbahn um; zuletzt war er Stabsintendant. Das Kriegsende erlebte er, halb tot nach der ersten Nachoperation, in einem amerikanischen Kriegsgefangenenlager.

Die Ärzte verordneten Vater nach der Entlassung strengste Diät und gaben ihm höchstens noch eine Handvoll Jahre. Da täuschten sie sich, auch Professor Ludwig Zukschwerdt, der nach dem Krieg einige Jahre lang in Göppingen wirkte, von wo aus er seinen Patienten aus Tunis betreute: Vater lebte bis 1978. Anfangs allerdings wollte er nicht mehr. Einmal redete Opa Römhild ihm zu: »Theo, mach weiter. Denk an die Kinder.« So machte er weiter.

Weihnachten 1945: Mutter zauberte ein richtiges Festessen. Wir hielten ja Kaninchen. Im Hof stand ein Stall voller Blauer Wiener und Belgischer Riesen, ungefähr zwanzig an der Zahl. Für sie musste jeden Tag Grünzeug gesammelt werden, am besten Löwenzahn. Wir sichelten auch Wiesenränder ab und machten an Wegrändern Heu. Die Küchenabfälle – sofern wir diese nicht noch der direkten menschlichen Verwendung zuführten – gehörten ihnen, nur die Hühner machten sie ihnen streitig, die wir ebenfalls hielten (anderthalb Hühner pro Kopf und Nase waren behördlich erlaubt, meine ich mich zu erinnern; wobei ich mich immer gewundert habe, wie das wohl in Haushalten mit ungerader Kopfzahl gehandhabt wurde).

Zum weihnachtlichen Festdiner servierte Mutter Salzkartoffeln und Kaninchenbraten. Ich weiß nicht mehr, ob es eine Vorspeise gab, vielleicht eine Flädlesuppe. Zum Nachtisch wurde Reismehlpudding mit selbst verfertigtem Backobst aufgetragen. Die Großen tranken Bier. Der Ausstoß lag seit Mitte Oktober schon wieder bei 65 Prozent des Vorjahres. Das Bier hatte freilich nur 2 Prozent Alkohol (statt 6 Prozent wie das Friedensbier; so ließ sich der Ausstoß verdreifachen). Die kleineren Geschwister brachen in Tränen aus, als sie den Braten rochen: »Unsere Kaninchen Julie und Jupp!« Aber was vermag Anhänglichkeit gegen das Hungergefühl?

Dieses Hungergefühl war ja ewig da. Zu den Feiertagen hatte es Sonderzuteilungen gegeben: 5 Gramm Fett pro Tag; 400 Gramm Zucker (die allerdings von der Ration des nächsten Jahres abgezogen werden sollten); auf die Abschnitte K 27 und E 27 der Lebensmittelkarten jeweils 500 Gramm Weißbrot oder 375 Gramm Kochmehl. Als Mutter das Weißbrot frisch aus dem Backofen von unserem guten Bäcker Frey brachte, aß ich meinen 1000-Gramm-Kipf in zehn Minuten ratzekahl auf. Dem alten Frey bewahrte die Familie übrigens ein ehrendes Angedenken: Er zweigte immer wieder einmal ein Weißbrot für Vater mit seinem Bauchschuss ab, und zuweilen schob er Mutter ein paar Pfund Reismehl und Kastanienmehl zu, woraus sich Wassersuppen fürs Frühstück kochen ließen.

Üppig war der tägliche Speiseplan nicht. Es gab eine Scheibe Brot morgens, eine abends. Meist verteilte Mutter ihre Scheibe unter die Kinder. Mittags zauberte sie, oft verzweifelt, doch immer erfinderisch, einen Eintopf, einen Auflauf, einen »falschen Hasen« aus Pilzgehäcksel. Die tägliche Ration des Normalverbrauchers belief sich auf 1200 Kalorien, aber nicht immer gab es auch zu kaufen, wozu die Lebensmittelkarten einen berechtigten.

Da war es schon ein Lichtblick, als der britische Oberkommandierende Montgomery zur »Schlacht gegen den Winter« aufrief. Noch mehr Eindruck machte die Ankündigung des amerikanischen Generals Lucius D. Clay am 8. Dezember: »Vom 10. Januar an werden wir eine Durchschnittsration von 1550 Kalorien zulassen«. Lebensmittellieferungen aus den Vereinigten Staaten sollten dies möglich machen. Diese Meldung ließ Hoffnung sprießen. Am 19. Dezember verkündete der württembergisch-badische Ministerpräsident Reinhold Maier: »Die Nahrung ist in der bisherigen Kalorienzahl gesichert. Der Hunger und der Hungertod sind gebannt.«

Es war höchste Zeit. Die *Stuttgarter Zeitung* berichtete am 22. Dezember, dass im Kreis Göppingen drei Viertel der Menschen zwischen zwanzig und fünfundsechzig Jahren fünf bis fünfzehn Kilogramm Untergewicht hätten. Anderswo sah es genauso aus. In Hamburg stellte der Gesundheitssenator im April 1946 fest, dass die Schulkinder im Durchschnitt acht Kilo Untergewicht hatten. Kein Wunder, denn die monatliche Brotration war in der britischen Besatzungszone von zehn auf fünf Kilo gesunken, die Nahrungsmittelzuteilung auf 1014 Kalorien pro Tag; die Engländer litten selbst Hunger.

Seine Kriegsverletzung hinderte Vater daran, schwere Arbeit zu verrichten. Ohnehin war in Gmünd kein Trümmerschutt wegzuräumen; außer fernem Bombengrollen und hellem Feuerschein am nächtlichen Horizont, wenn Stuttgart oder Ulm bombardiert wurden, hatten die Gmünder zum Glück nichts von den Gräueln des Krieges zu spüren bekommen. Aber auch verantwortungsvolle, körperlich leichtere Tätigkeiten kamen für Vater zunächst nicht infrage, denn er war ja noch der Partei beigetreten. Erst einmal musste er einen der 13 Millionen Fragebogen ausfüllen, die die Amerikaner damals ausgaben, und ein Spruchkammerverfahren über sich ergehen lassen. Am Ende – 1946 oder 1947, die Prozedur zog sich hin – wurde er als »Mitläufer« eingestuft.

Doch inzwischen mussten wir ja auch leben. Die paar Tausend Mark auf dem Sparkonto waren bald aufgezehrt. Vater kaufte für einen Stuttgarter Unternehmer – es war wohl Holtzbrinck – alte Bücher auf, mit denen damals ein schwunghafter Handel getrieben wurde; das hatte den Vorteil, dass immer frische Lektüre im Hause war. Und dann fing er an, für die Firma Rettenmaier Heimarbeit zu übernehmen. Das Geschäft brachte nicht viel ein, aber es blühte, denn die amerikanischen Soldaten trugen alle die erwähnten emaillierten »badges« am Revers.

Ich sehe Vater noch vor mir, wie er vor dem Fenster am Feilnagel saß und im Pfennigakkord Medaillen und Abzeichen aussägte – nicht sonderlich geschickt, oft verdrossen, manchmal wütend. Wenn wieder einmal das Sägeblatt brach, konnte es passieren, dass er Werkstück und Werkzeug in hohem Bogen aus dem Fenster schleuderte. Nach und nach brachte er es jedoch zu beträchtlicher Fertigkeit. Wenn ein größerer Auftrag drängte, half ich mit; Mutter glättete mit der Feile die Grate. Später sägte Vater auch Märchenfiguren aus Sperrholz aus.

Das ging so bis 1948, als er Anstellung bei der Kreissparkasse fand und ein paar Jahre später Leiter des Gmünder Kulturamtes wurde. Bis dahin freilich war, was er verdiente, zum Leben zu wenig und zum Sterben zu viel. Im Herbst 1945 war er froh, wenn er es auf 45 bis 50 Mark monatlich brachte.

Also ging Mutter putzen. Jeden Abend, wenn sie die sechs Kinder abgefüttert und die Kleinen ins Bett verfrachtet hatte, säuberte sie die Zeichenbüros der Firma Schenk Filterbau, oft nach ermüdenden Hamsterfahrten. Als unter den 12 000 Flüchtlingen aus dem Osten die ersten Gablonzer Glasbläser und Gürtler sich in der Gold- und Silberstadt Gmünd niederließen, fädelte sie zu Hause Halsketten auf, montierte Armbänder, bastelte Anhänger zusammen. »Piepelarbeit«, sagte sie. Mehr kam an Klagen nie über ihre Lippen.

Außerdem wusch und bügelte sie für die amerikanischen Soldaten in der Nachbarstraße. Das Waschen ging ja, dafür brachten die GIs so viel Ivory-Seife mit, dass es auch für die Schmutzwäsche der Familie reichte. Aber das Bügeln war eine Schinderei. In die Hemden mussten vorn zwei Bügelfalten geplättet werden, außerdem in jeden Ärmel eine; das kostete Nerven. Dafür gab es aber Dosen mit Spinat oder Erbsen, ab und zu eine Fünf-Liter-Dose Ananas, dann und wann »Hershey Bars« (Schokoladenriegel), eine Packung Zigaretten oder K-Rations, die eisernen Rationen der Amerikaner, Päckchen so groß wie ein Kleenex-Karton, eingehüllt in Wachspapier, darin auch immer ein Alu-Tütchen Nescafé. Gelegentlich schleppten die Soldaten die riesigen Kochtöpfe aus der Mannschaftsküche zum Schrubben an. Meist befanden sich darin noch so viele Reste, dass es uns für ein oder zwei Mahlzeiten langte.

Die Mütter waren in jenen Zeiten die stillen Heldinnen: immer müde, immer zerschlagen, aber von ungeheurer Zähigkeit und Energie und Einfallskraft. Sie verausgabten sich für uns. So singe ich gern ihr Hohelied. Die ›Trümmerfrauen‹ sind zur Legende geworden, doch Heldinnen des Durchhaltens waren alle anderen auch. Im besiegten Deutschland gab es 1945 7,3 Millionen mehr Frauen als Männer. Ein Wunder war dies nicht, denn im Krieg waren rund fünf Millionen Männer gefallen, 1,1 Million galten als vermisst.

Die Mühsal des Überlebens lag vor allem auf den Schultern der Frauen. Überall packten sie an, als die Männer gefallen, gefangen oder gebrochen waren. Sie hielten die Familien zusammen. Sie fütterten uns durch; sie züchteten Hühner und Kaninchen; sie strickten Pullover und Strümpfe für uns; sie schneiderten uns Trachtenjoppen aus den Uniformröcken der Väter; sie wendeten unsere Mäntel und erneuerten die Hemdkragen. Oft genug verzichteten sie bei Tagesrationen von 1100 Kalorien auf die eigene Scheibe Brot. Sie ließen nicht locker; sie strampelten sich ab; sie verausgabten sich – Heldinnen des Durchhaltens in einem ganz anderen Sinne als dem von den Fanatikern im Führerbunker verfochtenen. Ohne sie hätte aus meiner Generation keiner überlebt.

Emanzipation? Sie lebten sie. Es war mir immer unverständlich, wie sie je wieder in die alte Geschlechterrolle des demütigen Hausmütterchens zurückgedrängt werden konnten (oder sich zurückdrängen ließen) und noch zwei Generationen später um Gleichberechtigung neben den Männern kämpfen mussten.

Im Frühjahr 1995, vier Jahre vor ihrem Tod, sprach ich einmal mit meiner Mutter über die Nachkriegszeit. Seit siebzehn Jahren war sie verwitwet. Ihr Rücken war ein bisschen krumm geworden: der Witwenbuckel eben. Lange hatte sie noch Maggi-Würfel verkauft und anschließend mehrere Jahre als Interviewerin für Infratest gearbeitet. Nun genoss die Rentnerin ihr Leben, schipperte auf der Donau bis zum Schwarzen Meer oder auf der Wolga bis hinauf nach Kasan und besuchte ihre über den ganzen Globus verstreuten Kinder, die drei Schwestern in San Francisco und Las Vegas, den Bruder Klaus, einen Diplomaten, in Miami, Barcelona, Sierra Leone, Indien, Madagaskar.

Als wir uns damals über die Jahre nach dem Krieg unterhielten, geriet sie erst ins Nachdenken, dann ins Erzählen. »Junge, das war eine bitterböse Zeit«, war ihr Resümee. »Ich frage mich manchmal, wie wir sie eigentlich überstanden haben«. Zweifelnd fügte sie hinzu: »Ich weiß nicht, ob die jungen Menschen heute ...« Ihre Stimme verlor sich in Gedanken und Gedenken. Dann brach es aus ihr heraus: »Nur einmal vierzehn Tage solcher Not in all dem Überfluss ...« Wiederum verwehte der Satz im Ungefähren. Aber ich verstand. Sie dachte an die Jungen, die nie die Mahnung gehört haben: »Iss deinen Teller auf!«; denen kaum je ein Wunsch abgeschlagen wird; die niemals haben lernen müssen, sich zu bescheiden. Mein Einwand klang schwach: »Gott sei's gedankt, Mutti, dass sich die Zeiten geändert haben!«

Vater war seit Juni 1945 wieder daheim, ich seit Juli. Im August oder September stieß auch Opa Römhild dazu, der Großvater mütterlicherseits. Er war, ein Endfünfziger damals, chemischer Vorarbeiter bei der Zellwolle in Saalfeld, im letzten Kriegswinter noch eingezogen worden und nach der Kapitulation in britische Gefangenschaft geraten. Sein Zuhause war Rudolstadt in Thüringen, aber die Briten entließen niemanden in die russische Zone. So kam er zu uns nach Gmünd. Er arbeitete im Tiefbau, schachtete Gräben aus und reparierte Straßen.

Zu Weihnachten besuchte uns Oma Römhild, die sich über die grüne Grenze geschlagen hatte. Auf dem Rückweg wurde sie abgefangen und eine Nacht lang eingesperrt. An der Zellenwand prangte der Spruch »Hier sitz ich, als Deutscher von Deutschen gefangen, weil ich von Deutschland nach Deutschland gegangen«. Im April 1946 machte sich Opa Römhild, vom Heimweh gepeinigt, zu Fuß auf den Weg nach Rudolstadt. Kaum war er vierzehn Tage zu Hause, wurde er von Sowjetsoldaten abgeholt. »Hedwig, du musst jetzt ganz tapfer sein, ich muss mit«, sagte er noch zur Großmutter. Er wurde nie wieder gesehen. In einem Tal im Wald fand man Jahre später seine Gebeine – seine und die einiger anderer, die dort von den Sowjets erschossen worden waren.

Weihnachten 1945 feierte er noch mit uns. Auch Vaters Mutter und sein Stiefvater, der in Berlin beim Auswärtigen Amt als Registrator angestellt gewesen war, saßen vor dem Christbaum; während des Sommers hatten auch sie sich in Gmünd eingefunden. Auf dem Hohenzollern, wo der Urgroßvater dreißig Jahre lang Burgverwalter gewesen war, residierte noch ein Großonkel mit seiner Familie. Von den übrigen Rudolstädtern und Berlinern wussten wir, dass sie überlebt hatten, ausgebombt die einen, ohne Arbeit die anderen, doch immerhin. Nur einer war im Krieg gefallen, im Mai 1941 in Kreta, mein Vetter Kurt Martin; nicht einmal zwanzig war der blutjunge Fallschirmjäger geworden, abgeschossen vermutlich noch an seinem Schirm.

Viele Jahre lang habe ich mit griechischen Freunden vergeblich sein Grab gesucht; erst in den 1980ern fand es der Volksbund Deutsche Kriegsgräberfürsorge auf einem steinigen Feld. Seitdem liegt er neben den sterblichen Überresten von 4664 Fallschirmjägern und Gebirgsjägern auf dem deutschen Soldatenfriedhof in Maleme, fünfzehn Kilometer östlich von Chania an der Nordküste der Insel, Block 2, Grab 729. Damals war die Stätte heiß umkämpftes Gelände, heute bietet der friedliche grüne Hang mit den blumengesäumten Grabreihen einen grandiosen Blick aufs Mittelmeer. Dort wurde übrigens auch der letzte Kommandant der »Festung Kreta« bestattet, der General der Fallschirmtruppe Bruno Bräuer, der 1947 in Athen wegen mehrerer, an Grausamkeit hinter Oradour und Lidice nicht zurückstehender Rache-Aktionen als Kriegsverbrecher verurteilt und hingerichtet wurde.

Was wir einander schenkten, damals unterm Weihnachtsbaum? Die Mädchen hatten Topflappen gehäkelt. Mutter legte mir einen selbst gestrickten Pullover auf den kargen Gabentisch. Den kleinen Geschwistern hatte ich Märchenfiguren ausgesägt und einfache Holzspielzeuge gebastelt. Für Vater gab es einige Packungen amerikanischer Zigaretten, willkommene Abwechslung nach oder vor dem selbst gezogenen Tabakskraut (Marke »Siedlerstolz« oder auch

»Balkonien«), bei dessen Rauchbarmachung Vater beträchtliche Findigkeit entwickelte.

Denn jeder Erwachsene durfte ohne Versteuerung fünf (oder fünfzehn?) Tabaksetzlinge anpflanzen, keinen einzigen mehr; das Finanzamt schickte immer wieder Kontrolleure, die in den Beeten die Pflanzen zählten. Die Tabakblätter wurden nach der Ernte getrocknet, dann fest zusammengerollt in Weckgläser gesteckt, sachte mit dem Saft der Zwetschgen aus dem eigenen Garten beträufelt, zum Fermentieren eine Stunde lang gekocht, wieder glatt gestrichen, auf Zeitungspapier getrocknet, aufs Neue gerollt und schließlich ganz fein geschnitten. Mehr als qualmende, stinkende Machorka kam bei der Prozedur trotz aller Anstrengung nicht heraus.

Das Zeitungspapier, auf dem Vater seinen Tabak trocknete, war knapp. Nur 70 000 Exemplare der *Stuttgarter Zeitung* wurden im Herbst 1945 für die 150 000 Haushalte der Region gedruckt; glücklich, wer da eines abbekam. Und das Blatt war schmächtig: einmal die Woche vier Seiten, einmal acht Seiten. Jede Zeile wurde verschlungen. In der Zeitung wurden Sonderzuteilungen angekündigt. Bekanntmachungen regelten Arbeitseinsätze zur Trümmerbeseitigung; Unbelastete konnten eine Ablösesumme bezahlen, für ehemalige Parteigenossen war der Einsatz Pflicht. Städte verkündeten Zuzugsverbote. Die ersten Kulturveranstaltungen wurden angezeigt: Ausstellungen wie »800 Jahre Gmünder Kunst«, Aufführungen der Württembergischen Landesbühne (Lessings *Miss Sarah Sampson* oder *Dr. med. Hiob Prätorius* von Curt Goetz), Konzerte, Dichterlesungen. Lehrgänge für Kriegsversehrte wurden angeboten, das Rundfunkprogramm – täglich 11.45 bis 23.00 Uhr – veröffentlicht, Kurse für Pilzsucher mitgeteilt, <u>Suchdienst-Möglichkeiten</u> plakatiert.

Wichtig war die Aufklärung über das Gesetz Nr. 8, das Entnazifizierungsgesetz: »Wer wird nun entlassen?« Auch die Meldungen über die allmähliche Wiederaufnahme des Post- und Bahnverkehrs. Oder Hinweise wie der am 10. November, wonach das Tragen von Uniformen der Wehrmacht vom 1. Dezember an nicht mehr gestattet sein werde – sie sollten zumindest gefärbt sein, jedoch nicht schwarz, blau oder olivgrün. Diese Verfügung wurde am 8. Dezember wieder aufgehoben, es gab nicht genug Färber und Farbstoffe.

Wichtig waren auch Aufrufe wie jener vom 21. November, erlassen auf Befehl der Militärregierung, zur Kleidersammlung für Ausländer. Jeder musste danach ein »Großstück (Mantel oder vollständiger Anzug)«, ein »Mittelstück (Hose, Rock)« und eine Wolldecke abgeben gegen Empfangsbescheinigung. Ein Zusatz lautete: »Von ehemaligen Parteimitgliedern wird freiwillige Mehrabgabe erwartet.« Und wichtig – in einer Zeit, da noch immer jeden Abend um halb elf die Ausgangssperre in Kraft trat – war auch die Mitteilung, dass die »Ausgehzeit« an Heiligabend bis 3.00 Uhr morgens des ersten Weihnachtsfeiertags ausgedehnt werde: »Diese Erleichterung soll den Besuch der Mitternachtsmesse und anderer Gottesdienste ermöglichen.«

Die Presse spiegelte, in Leitartikeln und Leserbriefen, zugleich die Stimmung der Menschen wider. So schrieb der Kommentator der *Stuttgarter Zeitung* am 24. Oktober: »Wir Deutschen sind sehr krank, manchmal scheint uns das Sterben viel näher als die Aussicht auf Genesung. Einer fressenden Fäulnis drohen wir zu erliegen. Die apokalyptischen Reiter waren über uns gekommen. Noch donnert uns der Hufschlag in den Ohren. Nun sind wir so müde, möchten Ruhe, Rast, Geborgenheit, Vergessen ...«

Am 11. November hielt Ernst Wiechert im voll besetzten Münchner Schauspielhaus eine viel beachtete »Rede an die deutsche Jugend«. Mut machen wollte er den Verängstigten. Aber er nahm kein Blatt vor den Mund. »Da stehen wir nun vor dem verlassenen Haus und sehen die ewigen Sterne über den Trümmern der Erde funkeln, hören den Regen hinabrauschen auf die Gräber der Toten. So gebrandmarkt, wie nie ein Volk gebrandmarkt war. Und wir lehnen die Stirnen an die zerbrochenen Mauern, und unsere Lippen flüstern die alte Frage der Menschheit: Was sollen wir tun?« Seine Antwort: »Klagt nicht, dass wir barfuß gehen werden, dass wir hungern werden, dass der Richter über uns sitzen wird bei Tag und bei Nacht.«

Unter der Überschrift »Flüchtlingsgedanken« standen am 22. Dezember in der Lokalspitze der *Stuttgarter Zeitung* die Sätze: »Im Sturme des Geschehens wird mein Leben fortgeblasen wie ein loses Blatt. Gestern daheim, heute in der Fremde, morgen wo? ... Ich friere, wenn ich an die Leiden meiner Landsleute im Osten denke, die nicht wie ich Dach und Brot und Gewand haben, denen der Winter brutal ans Leben geht, den Frauen, Müttern, Kindern, Greisen, Gebrechlichen. Weihnachten, das Fest des Friedens für alle, die guten Willens sind! Mir würgt es im Halse ... Soll alles denn umsonst gewesen sein? Oder soll alles so weitergehen, Jahr um Jahr? Glaubt mir, mein Herz ist ausgeblutet, aber es schlüge wieder wärmer, wenn aus der furchtbaren Ernte dreier Jahrzehnte endlich ein neues Licht käme, das uns voranleuchtet in die Zukunft besseren Zusammenfindens.«

Ähnliche Düsternis sprach zwei Tage später aus dem Weihnachtsleitartikel des Blattes. Sein Verfasser war Staatsrat Professor Dr. Karl Schmid. Damals kannte ihn niemand, ein Jahrzehnt später war er, inzwischen zu Carlo Schmid gemausert, einer der profiliertesten, populärsten und wortmächtigsten SPD-Politiker. Er machte aus seinem Herzen keine Mördergrube. Seinem Text stellte er den Vers eines altfranzösischen Hugenottenliedes voran: »Unser Leben ist ein Wandern / Hin durch Winter und durch Nacht / Über unserem Pfad ein Himmel / den kein Leuchten helle macht.« Und dann beschrieb er, was alle empfanden:

»Das deutsche Volk wird heuer das Weihnachtsfest in einer Freudlosigkeit feiern müssen, wie sie so dunkel und so allgemein noch nie in der Geschichte, die wir übersehen können, über die Lande unserer Zunge eingebrochen ist: Hunderttausende werden hungern an diesem Tag; Hunderttausende werden frieren; Millionen wird der

Gedanke an die Toten und Verschollenen benagen; Millionen werden in der Fremde eingepfercht des Hauses gedenken, das sie und ihre Kinder warm hegte und das nun wüst in Trümmern liegt; und dort im Osten werden sich die Millionen Ausgestoßener um die spärlichen Feuer drängen, an denen der Elendszug für eine Nacht haltmachen mag, und mit leergeweinten Augen zu einem Himmel starren, der nur wenigen Antwort geben wird; und uns, die wir noch eine Heimat haben, wird dieses Bild vor Augen treten, wenn immer uns am Baum im gesparten Schmuck vergangener Jahre vor der genügsamen Freude der Kinder ein leichteres Schwingen durch die Seele rieseln will und unserer Freude die Unbefangenheit nehmen will.«

Unbefangene Freude vermochte auch ich, der Fünfzehnjährige, an Weihnachten 1945 nicht zu empfinden. Ich kannte die Ursache unseres Elends, auf die Carlo Schmid hingewiesen hatte: Hitlers verbrecherische Verstiegenheit. Ich teilte auch das Gefühl, das sich in seiner schönen Formulierung ausdrückte: »das ahnende Wissen um die eigene Schuld«. Aber sein Vertrauen, dass es uns gelingen werde, »das Chaos, in dem wir hausen, ordnend zu überwinden«, erschien mir wie Pfeifen im Dunkeln: Ausfluss der Angst eher als der Zuversicht.

Niederlage oder Befreiung? Den müßigen Streit, der die Deutschen vor dem fünfzigsten Jahrestag der Kapitulation beschäftigte, hätten wir damals nicht begriffen. Wohl fühlten wir uns alle befreit: vom Krieg, von den alten Ängsten. Aber der Frieden barg seine eigenen Schrecken. Neue Ängste umkrallten unsere Seelen. »Alles ist aus, wir können anfangen« – heute klingt der Satz plausibel. Aber wer vermochte in der Wirrnis der Zeit wirklich schon die Chance des Neubeginns zu erkennen? Dem skeptischen Blick enthüllte sie sich erst nach und nach.

Schmids Weihnachtsleitartikel trug die Überschrift: »Steigender Stern in dunkler Nacht«. Damals konnte ich diesen steigenden Stern nicht sehen. In meinem Gemütszustand spiegelte sich eher die totale Mondfinsternis vom 19. Dezember wider. Auch das Gedicht Friedrich Hebbels, »Die Weihe der Nacht«, das die Redaktion neben Schmids Leitartikel gesetzt hatte, konnte mich nicht überzeugen: »Und von allen Sternen nieder / strömt ein wunderbarer Segen / Dass die müden Kräfte wieder / Sich in neuer Frische regen. / Und aus seinen Finsternissen / Tritt der Herr, so weit er kann / Und die Fäden, die zerrissen / knüpft er alle wieder an.«

Heute weiß ich: Hebbel hatte recht, und Carlo Schmid hatte recht. Meine Verzagtheit entsprach den Umständen, nicht den menschlichen Möglichkeiten. Und so war Weihnachten 1945 wirklich der tiefste Punkt meines Lebens. Von da an ging es aufwärts, mit allen und mit allem.

Nicht mehr der Flamme Trabant

Für den Endkampf waren wir gedrillt worden, und wir hatten ihm entgegengefiebert. Wir waren verfügbar und todeswillig. Dass wir überlebten, war für die meisten von uns, verblendet, wie wir waren, eine verstörende Überraschung. Hätten wir im Ernstfall wirklich bis zum letzten Mann und bis zum letzten Blutstropfen gekämpft wie die sieben unentwegten Sechzehnjährigen in Bernhard Wickis Film *Die Brücke*, die sich ohne Sinn und Verstand verheizen ließen? Oder hätten wir uns ergeben, feige, aber vernünftig? Wären wir an die Wand gestellt und erschossen worden? Der Gedanke zuckte mir damals ab und zu durch den Kopf: welche letzten Worte ich wohl, aufrecht stehend und ohne Augenbinde in die Gewehrmündungen blickend, dem Erschießungspeloton entgegenschleudern sollte.

Der Lauf der Dinge enthob mich der Entscheidung. Daran, dass ich übrig geblieben war, musste ich mich indes erst gewöhnen.

Das war nicht ganz einfach. Die Suche nach Klarheit und Wahrheit, der Selbstfindung auch, brauchte Zeit.

Ein Jahr lang bin ich immer wieder einmal schweißgebadet aus dem Schlaf hochgeschreckt, erwacht aus dem Traum, das Dritte Reich habe den Krieg doch gewonnen, und ich müsste nun zur Verfügung stehen, um an der Gestaltung des Sieges mitzuwirken, wie es der Führer befahl. Doch allmählich legten sich diese Albträume. Die Nöte der Gegenwart verdrängten den Gedanken an die Vergangenheit. Die Verbindung zu ihr brach in der neuen Realität sehr rasch ab. Allmählich auch wuchsen mir unabweisbare Erkenntnisse zu – über die wahre Natur des Naziregimes: eine brutale Diktatur; über die eigentliche Kriegsursache: Hitlers entschlossener Wille zum bewaffneten Konflikt; und über die grauenhaften Folgen des nationalsozialistischen Rassenwahns: die Gaskammern und Mordstätten der braunen Todeslager und Vernichtungsanstalten.

Dazu trugen zunächst vor allem die Berichte über die Nürnberger Kriegsverbrecherprozesse bei, die vom November an in den schmächtigen Zeitungen und den Sendungen des Rundfunks breiten Raum einnahmen. Sie waren so detailliert und so unwiderleglich dokumentiert, dass sie keine Zweifel mehr erlaubten an dem, was im Frieden wie im Krieg, in Deutschland wie in den besetzten Gebieten, an Schauerlichkeiten geschehen war. Bald schon gab es dann die ersten Bücher. Von ihnen war Eugen Kogons *Der SS-Staat*, erschienen 1946, wohl der wichtigste Meilenstein auf meinem Weg zu Klarheit und Wahrheit. Die ersten Darstellungen des Krieges und seiner Vorgeschichte wirkten in die gleiche Richtung. Der Gedanke war unausweichlich: Was für ein schandbares Vaterland, für das wir uns hätten opfern sollen und wollen!

Wie Helmut Kohl war auch ich der »Gnade der späten Geburt« teilhaftig und so dem Schuldzusammenhang der deutschen Geschichte trotz jugendlicher Verstrickung glücklich entronnen. Ich war zu jung, um Täter zu sein; zu jung auch, um Opfer zu werden. Da ich keine persönliche Schuld trug, lebte ich auch nicht im Unfrieden mit mir. Es überkam mich jedoch tiefe Scham für das, was da – nicht bloß »im deutschen Namen«, sondern unbestreitbar von Deutschen selber – an Entsetzlichem verbrochen worden war. Bis heute lehne ich den Begriff »Kollektivschuld« ab. Wohl aber, finde ich, steht uns »Kollektivscham« gut zu Gesicht. Dass wir ihr freien Lauf gelassen haben, individuell und offiziell, hat uns den Rückweg in die Familie der Nationen und in die Gemeinschaft der Staaten gebahnt.

Wie konnte es dahin kommen, dass die Deutschen sich blindlings dem mörderischen Rattenfänger Adolf Hitler und seinen Paladinen verschrieben? Welche Lehren müssen wir daraus ziehen, wenn wir eine Wiederholung verhindern wollen? Diese Fragen plagten mich mehr und mehr. Über kurz oder lang reifte in mir der Entschluss, Geschichte zu studieren. Da ging es mir wie dem einst gläubigen Hitlerjungen Paul Maronde in Ferdinand Simoneits wirklichkeitsnahem Roman *Mehr als der Tod*, der nach Lektüre von Kogons vierhundert Seiten über den SS-Staat den Beschluss fasste, der sein Leben veränderte: »Jetzt wollte er alles über den Führer und seine Tyrannen wissen. Jetzt wollte er sich durch die ganze furchtbare Geschichte des Tausendjährigen Reiches hindurchfragen.«

Die Einsicht wuchs nicht über Nacht, auch nicht wegen eines einzelnen Erlebnisses, einer einzigen Erfahrung, Begegnung oder Erwägung. Sie wuchs erst nach Überwindung mancher Skepsis (»reine Feindpropaganda«) und manchen Zweifels (»Waren die anderen wirklich so viel besser?«).

Doch wie sich ein Korallenriff nach und nach aus Kalkablagerungen aufbaut, so verdichtete sich Gelesenes und Gelerntes, Erfahrenes und Erkanntes mit der Zeit zu einem neuen Weltbild.

Mit »Umerziehung« hatte das wenig zu tun. Von der »Re-education« der Amerikaner habe ich in der Gmünder Oberschule für Jungen so gut wie nichts gespürt und auch nichts vernommen. Auch sonst nicht, denn Mr Hojer, den Schmalfilmvorführer der Militärregierung, der mit Dokumentarstreifen über San Francisco, die amerikanischen Präsidentenwahlen und das Tennessee-Valley-Projekt übers Land zog, konnte ich nicht ernst nehmen. Ich habe mich, wie wohl die meisten meiner Altersgenossen, selbst umerzogen.

Die Schule, nun nicht mehr Hindenburg-Oberschule, sondern Oberschule für Jungen und später Parler-Gymnasium, hatte ihren Anteil daran. Am 1. November öffnete sie wieder ihre Pforten. Lange Zeit war freilich die Hoover-Speisung durch die Amerikaner das Wichtigste am Stundenplan. Wohl dem, der eine der Mitschülerinnen, die damals die Milchsuppe ausgaben, flirtend dazu bewegen konnte, den Schöpflöffel möglichst tief unten anzusetzen, wo vollgesogen die dicken süßen Rosinen lagen.

Es war nicht ganz einfach gewesen, überhaupt wieder zugelassen zu werden. Der frühere Adolf-Hitler-Schüler wurde misstrauisch beäugt und musste peinliche Befragungen über sich ergehen lassen. Aber dann wurde ich in Gnaden wieder aufgenommen. Bis auf einige stramme NS-Parteigenossen waren auch die früheren Lehrer alle wieder da, katholisch zumeist, konservativ, auf die alten Werte und Tugenden eingeschworen. Wir wussten wenig von ihnen. Nichts von dem, was sie durchgemacht hatten – unter den Nazis, im Feld während des Krieges, unter den Spruchkammern danach. Sie hungerten – wie wir. Lange noch trugen sie umgefärbte Wehrmachtsuniformen – wie viele von uns. Auch Geld hatten sie nur wenig, aber zu jener Zeit kostete ein Brötchen auch nur vier Pfennig, ein Briefporto zwölf Pfennig. Doch inmitten all der Bitternis, all den Widrigkeiten der Zeit bewahrten sie Haltung, zeigten sie Pflichtbewusstsein. Sie waren streng, doch hilfreich. Und sie haben uns das beigebracht, was wir brauchten, um in schwerer Zeit unseren Weg zu machen.

Die Adolf-Hitler-Schule wurde unterdessen mehr und mehr zur verblassenden Erinnerung. Nur mit Ernst Schilling und seiner Familie in Sonthofen stand ich noch in brieflichem Kontakt. In den Sommerferien 1946 kam Dieter Arfs aus Hamburg zu Besuch. Er brachte zwei Schläuche und zwei Reifen mit, eine Rarität damals, die wir auf eines meiner Fahrradgestelle montierten. Dann radelten wir zu zweit los nach Süden, um die Schillings zu besuchen. Doch als wir dort ankamen, hörten wir zu unserem Entsetzen, dass Ernst am Tag zuvor in einer Oberstdorfer Klinik gestorben war, wo er sich regelmäßig verarzten lassen musste. Er, der im Krieg nicht nur einen Arm verloren, sondern auch einen Lungenschuss abbekommen hatte, starb an einem Behandlungsfehler. Nie zugegeben: Ein iatrogener Pneumothorax, verursacht durch eine falsche Spritzensetzung, brachte ihn um.

Es war ein erschütterndes Erlebnis. Erst bei einer langen, anstrengenden, schweißtreibenden Bergwanderung übers Imberger Horn bis fast zum Nebelhorn gewannen wir unsere Fassung wieder. Es war bei dieser Gelegenheit, dass ich aus reiner Neugier nach meiner belgischen Armeepistole in der Bahlsen-Keksdose suchte; vergebens, denn die Baumwurzel, unter der ich sie vergraben hatte, war im wuchernden Unterholz nicht mehr auszumachen.

Damals auch überreichte mir ein Ehemaliger, der sich in Sonthofen niedergelassen hatte, ein Exemplar des AHS-Gedichtbandes. Als Widmung hatte er, offenbar noch immer ein Unbelehrter und Unbelehrbarer, das Gedicht »Stern des Bundes« von Stefan George auf das Vorsatzblatt geschrieben:

»Wer je die flamme umschritt
Bleibe der flamme trabant!
Wie er auch wandert und kreist:
Wo noch ihr schein ihn erreicht
Irrt er zu weit nie vom ziel.
Nur wenn sein blick sie verlor
Eigener schimmer ihn trügt
Fehlt ihm der mitte gesetz
Treibt er zerstiebend ins all.«

Mich hat der Schein schon nicht mehr erreicht. Die Flamme des Nationalsozialismus hatte ich hinter mir gelassen. Mit Marion Dönhoff habe ich Jahrzehnte später heftig über dieses Gedicht gestritten. Sie liebte es, genau wie der Hitler-Attentäter Claus Schenk von Stauffenberg, der ein Schüler und Bewunderer Georges war. Aber die Gräfin meinte einen anderen Bund, nicht jenen, auf den ich zweieinhalb Jahre lang eingeschworen worden war. Mit ihm hatte ich abgeschlossen und abgerechnet. Das Einzige, was davon blieb, war die Freundschaft mit Dieter Arfs.

Ihn habe ich nie aus den Augen verloren, gleichgültig, wie viele Tausend Kilometer zuweilen zwischen uns lagen. Im Jahre 1947 war ich es, der nun samt Reifen und Schläuchen zu ihm nach Hamburg fuhr. Es war immer noch eine zu drei Vierteln zerstörte Stadt. Vom Hauptbahnhof konnte man bis Rahlstedt nur Trümmer sehen, auch in den anderen verwüsteten Stadtteilen hatte der Wiederaufbau kaum begonnen, viele Menschen lebten noch in blechernen Nissen-Hütten.

Drei oder vier Wochen lang radelten wir von der Hansestadt aus durch Schleswig-Holstein. Einmal übernachteten wir bei den Abercrons auf Gut Tesdorf. Eine halbe Legion älterer Gräfinnen, die sich aus dem Osten oder aus den zerstörten Städten des Westens dorthin geflüchtet hatten, saßen, Schürzen umgebunden, in der Sonne und palten Erbsen oder putzten grüne Bohnen. Es war ein heißer Sommer, man konnte gut im Freien schlafen. Wir durften unser Zelt auf der Pferdekoppel aufschlagen. Dort besuchten uns abends die junge Ignes von Hülsen und ihre jüngere Schwester. Was taten wir? Kaum zu glauben: Im Schein von flackernden Kerzen lasen wir Spinoza, bis eine Tante die beiden Mädchen abholte; wohl um weniger intellektuellen Zeitvertreib zu verhindern. Von Ignes von Hülsen hörte ich erst wieder, als sie Jürgen Ponto heiratete, der 1977 von der Roten Armee Fraktion ermordet werden sollte als Vorstandssprecher der Dresdner Bank.

Tags darauf wurde uns vor der Weiterreise zu Mittag noch eine Erbsensuppe angeboten. Wir waren gerade dabei, sie auszulöffeln, als der Trupp der Gräfinnen im Gänsemarsch an uns vorbeizog, um uns zu verabschieden. Wir sprangen eilfertig auf und beugten uns zum Handkuss. Dabei kullerten Dieter peinlicherweise mehrere Erbsen auf einen hochwohlgeborenen Handrücken. Wir machten uns schleunigst aus dem Staub, aber wir haben uns bis zur Ostsee vor Lachen kaum auf dem Sattel halten können.

Von Tesdorf ging es weiter nach Sylt; zum ersten Mal erlebte ich die Insel. Wir schlugen unser Zelt in den Dünen südlich von Westerland auf. Als wir uns am nächsten Morgen aus den Schlafsäcken schälten und uns ins Meer stürzen wollten, schreckten wir überrascht zurück: Vier Meter von uns, gleich hinter der ersten Dünenwelle, lagen zwei splitternackte Frauen. Als wir uns nach einer Stunde verschämt wieder hervorwagten, war der ganze Strand voller FKK-Verehrer. Daraufhin ließen auch wir die Hüllen fallen. Alle paar Stunden mussten alle jedoch eiligst wieder hineinschlüpfen, denn von Düne zu Düne ging der Ruf »Achtung, die Polizei kommt!«. Zwar wurde in Kampen schon seit 1920 textilfrei gebadet, aber noch war das Nacktbaden weithin tabu oder verboten.

Die Jahre der Gärung schlossen mit der Mittleren Reife ab. Damit war das Lausbubenzeitalter zu Ende. Wir glaubten einen rechtmäßigen Anspruch darauf zu haben, von den Lehrern per »Sie« und mit »Herr« oder »Fräulein« angeredet zu werden (die Anrede »Frau« für die unverheiratete Frau kam erst Jahrzehnte später in Gebrauch). Von nun an war es den Lehrkräften untersagt, uns mit Brachialgewalt zur Raison zu bringen. Das hob unser Selbstbewusstsein. Inzwischen hatten wir uns auch der Karl-May- und Rolf-Torring-Lektüre entwöhnt und uns den Genüssen der schweinsledernen Klassiker aus Vaters Bücherschrank oder der Welt der gelben Reclam-Hefte zugewandt. Aus den Tertianern wurden Sekundaner, aus den Sekundanern wurden Primaner.

In den letzten Gymnasiumjahren bemühten sich unsere Lehrer redlich, halbwegs anständige, gebildete und salonfähige Menschen aus uns zu machen. Einige stehen mir noch immer sehr lebendig vor Augen. »Vinz« Klink, der Bienenzüchter, der uns Deutsch und Englisch und fröhliche Gelassenheit lehrte, der Vater des Stuttgarter Sternekochs Vincent Klink. Professor Franz Diestel, Spitzname »Nestor«, der erste Schulleiter nach dem Krieg, von dem wir uns die Genehmigung erteilen lassen mussten, an der Tanzstunde teilzunehmen, und dessen erste Frage dann lautete: »Was hend'r denn für Mätze?« – Schwäbisch für: Was habt Ihr denn für Mädels? (Auch fragte er, ob wir denn zum Abschlussball im Cafe Kucher Briketts für die Heizung und Weißbrotmarken für ein Tortenstück mitbringen müssten – Anfang 1948 war das noch so.) Oberstudiendirektor Ludwig Fricker, der hochgewachsene, stets stocksteif daherkommende Rektor, dem ich verdanke, dass ich noch lange Catull auswendig rezitieren konnte. Auch der langjährige Klassenlehrer Anger, der meine mathematische Unbegabung mit Langmut quittierte, und der Deutschlehrer Ernst Lämmle, der öfters »Zu journalistisch!« an den Rand meiner Aufsätze kritzelte.

Wie der Zufall so spielt: Es war der damalige Studienrat und nachmalige Professor Lämmle, der mich auf den Lebenspfad in den Journalismus gestoßen hat. Ihm verdanke ich, dass zum ersten Mal etwas aus meiner Feder gedruckt wurde. Er schrieb nebenher für die *Rems-Zeitung* Theaterkritiken, und in einer seiner Rezensionen hatte er dem Gmünder Theaterpublikum »interesselosen Provinzialismus« vorgeworfen, weil bei einer *Medea*-Aufführung nur die ersten Stuhlreihen des Stadtgartensaales besetzt waren.

In einem Leserbrief, den die Redaktion »Kritik zu einer Kritik« überschrieb, hielt ich ihm entgegen, dies sei weder auf eine Bildungslücke der Gmünder noch auf eine Unbeliebtheit Grillparzers zurückzuführen, sondern »nur darauf, dass die meisten Theaterbesucher von dem in der vorhergehenden Woche – allerdings von einer anderen Bühne – gegebenen *Don Carlos* enttäuscht waren. Bei den vielen bisher noch kaum bekannten Bühnen, die jetzt hier gastieren, ist jeder Theaterbesuch ein Experiment, das man unter Umständen mit einer Enttäuschung und einem obendrein schon wieder ziemlich hohen Eintrittspreis bezahlen muss … Es wäre nur zu wünschen, dass uns armen Provinzlern noch mehr solche schauspielerisch reifen Darbietungen wie etwa *Des Teufels General* der Ulmer Bühne oder auch *Medea* vom Stuttgarter Neuen Theater gezeigt würden.«

Die Leserzuschrift, gezeichnet »Th. S. Gmünd«, erschien am 22. Oktober 1948. Mit ihr begann, wenn ich es recht bedenke, meine journalistische Laufbahn. Doch das wusste ich noch nicht.

Das Theater interessierte mich damals noch mehr als die Politik. Literatur und Klassik gaben auch unserer Freizeit Form und Inhalt. Wir lasen Dramen mit verteilten Rollen; in Lessings *Minna von Barnhelm* mimte ich, französisch lispelnd, mit großem Vergnügen den Riccaut de la Marinière. Es gab das noch: das reichsstädtische Bildungsbürgertum mit Sinn für Hausmusik, Theater und belletristische Lesungen, und nicht nur in den Wohnzimmern der Gmünder Silber- und Goldwarenfabrikanten. Wir waren Leseratten, aber keine leibfeindlichen Bücherwürmer. Wir gingen auch schwimmen im Schießtalsee, wir wanderten auf der Alb zu den drei Kaiserbergen Hohenstaufen, Rechberg, Stuifen und zum Rosenstein und wir fuhren mit Schmackes Ski auf dem Kalten Feld. Und manch einer entdeckte die Lust am Segelfliegen auf dem Hornberg, als die Alliierten diesen Sport wieder erlaubten.

Wichtiger aber waren andere Einflüsse. Einer war der Umgang mit amerikanischen Soldaten. Zwar war es denen anfangs streng untersagt, sich mit Deutschen zu unterhalten, doch nach und nach bröckelte das Fraternisierungsverbot. Im Juni 1945 schon wurde es der Truppe erlaubt, mit Kindern zu sprechen, und Anfang Oktober wurde das Verbot ganz aufgehoben. Doch hatte ich mich bereits vorher viel bei den GIs herumgetrieben. Dabei sah ich nicht nur zum ersten Mal gebrauchte Kondome, mit denen sie die Bürgersteige reichlich bepflasterten – Schutz vor Geschlechtskrankheiten –, sondern auch die ausgelesenen Taschenbücher, die sie in den Müll warfen. Diese Bücher hatten ein besonderes Format: quer, in Hosen-

oder Jackentaschen passend. Von diesen »Armed Services Editions« wurden 123 Millionen zum Stückpreis von 0,06 Dollar gedruckt und an die Soldaten verteilt, insgesamt 1322 Titel – die U.S. Army war wahrhaftig eine lesende, auch belesene Truppe.

Ich sammelte die weggeworfenen Taschenbücher auf, las sie, schlug Hunderte mir unbekannter Wörter nach. Einige Exemplare besitze ich noch heute, darunter Carl van Dorens Biografie *Benjamin Franklin* und von Charles Beard *The Republic* – meine Einführung in die amerikanische Geschichte und Verfassungslehre. Aber ich redete auch viel mit den jungen Burschen. Wie meine Klassenkameraden sprach ich bald besser Englisch als unser Englisch-Oberstudienrat, wiewohl mit kräftigem amerikanischem Akzent. Daran war allerdings auch AFN schuld, das »American Forces Network«. Die ganze junge Nachkriegsgeneration hörte AFN. Es brachte uns Bing Crosby und Frank Sinatra nahe, Glenn Millers »Chattanooga Choo Choo« und Tommy Dorseys »Swing Low, Sweet Chariot«. AFN war der beste Kulturbotschafter Amerikas; übrigens bis in die Neunzigerjahre hinein.

Viel tiefer beeinflusste mich über die Jahre hinweg freilich die Bibliothek des Amerikahauses. Sie war eingerichtet in einer requirierten Fabrikantenvilla an der Goethestraße, hatte 3000 oder 4000 Bände in ihren Regalen und wurde mir zur Fundgrube und Schatzkammer. Das Amerikahaus stieß mir die Fenster auf zu einer bis dahin verschlossenen Welt: zur Welt der geistigen Freiheit. Ich verschlang die Werke von John Dos Passos (*U.S.A.*), F. Scott Fitzgerald (*The Great Gatsby*), Ernest Hemingway (*For Whom the Bell Tolls* und – unvergesslich, weil es unsere Kriegsmüdigkeit traf wie Erich Maria Remarques *Im Westen nichts Neues* die einer Generation – *A Farewell to Arms*), John Steinbeck (*The Grapes of Wrath*), William Faulkner (*These 13*). Ich gestehe indes, dass eine Sammlung russischer Liebesnovellen in englischer Übersetzung den pubertierenden Siebzehnjährigen nicht minder aufwühlte; leider habe ich den Band nie wiederfinden können.

Doch das Amerikahaus lieferte nicht den einzigen Lesestoff. Auch in der Schule wurde noch viel gelesen: von Goethe nicht nur der *Urfaust*, sondern der ganze *Faust I* und Teile von *Faust II*, *Iphigenie auf Tauris*, *Egmont* und *Torquato Tasso*; dazu Schillers *Räuber*, *Wilhelm Tell* und *Wallenstein*, Lessings *Nathan der Weise* und *Emilia Galotti* und von Gerhart Hauptmann *Die Weber*. Die rororo-Taschenbücher gab es erst nach 1950, doch schon vorher brachte Rowohlt viele Romane im halben Zeitungsformat heraus, jeden Monat einen, Auflage hunderttausend, zunächst nur Autoren des Auslands, dann auch deutsche: Kästner, Ringelnatz, Tucholsky. Letzteren verschlang ich, und seine eigenwillige Schreibweise färbte zeitweise kräftig auf meinen Aufsatzstil ab. Es waren jedoch im Besonderen zwei Bücher, die einen nachhaltigen Eindruck auf mich machten: Ernst Wiecherts *Einfaches Leben* und Hermann Hesses *Glasperlenspiel*.

»Fahnenwechsel« – dieser Begriff, der bei Wiechert nur beiläufig vorkommt, schien mir gut auf meine Situation zu passen. Der Roman spielt vor dem Hintergrund des millionenfachen Mordens im Ersten Weltkrieg. Der Marineoffizier Thomas von Orla zieht sich nach Kriegsende auf eine abgelegene masurische Fischerinsel zurück und findet in der gewollten Einsamkeit Geborgenheit und Frieden. »Alles war richtig, wie es war und werden würde«, bilanzierte er zwischendurch. »Es war nicht gut und nicht böse. Man trug seinen Helm und rührte seine Hände, und ab und zu konnte man den Helm abbinden und die Hände in den Schoß legen. Nicht oft, aber doch ab und zu … Und einmal auch, viel später, würde man vielleicht meinen können, dass man ein fröhliches Herz besitze.«

Vielen bot die Vorstellung solch eines einfachen Lebens damals Trost; es wurde ihnen zum Ziel ihrer Sehnsüchte. Herbert Wehner gestand ein, Wiecherts Roman habe ihn in der Emigration tief geprägt, auch Loki und Helmut Schmidt sahen in der ländlichen Idylle seinerzeit ein schönes Ideal. Doch die Menschen kamen bald in der schnöden Wirklichkeit an. Sie erwies sich als stärker denn alle Sehnsucht.

Das zweibändige Werk Hesses, für das er 1946 den Nobelpreis für Literatur erhielt, habe ich damals in seiner sublimen Vielschichtigkeit schwerlich verstanden. Was mich faszinierte an der Lebensbeschreibung von Josef Knecht, dem »magister ludi«, war die Schilderung des welt- und zeitenthobenen Gelehrtenordens, der in der »Pädagogischen Provinz« Kastalien in Universalität und Harmonie der Vervollkommnung und Verschmelzung der Wissenschaften und Künste nachstrebt, eben dem Glasperlenspiel.

Tilman Krause hat dazu bemerkt, das Buch hätte auch auf den Ordensburgen der NS-Eliten seine Anhänger gefunden. Mag sein. Mir indessen erschien der auf »Geistigkeit«, auf asketisch-heroische Intellektualität gegründete Orden gleichsam als eine entnazifizierte, geläuterte und ins Sophistische veredelte Version des Sonthofener Elitebegriffs – bis mich die fortschreitende Lektüre darüber belehrte, wie Knecht am Ende darauf kam, dass sich dem weltlichen Leben öffnen muss, wer überleben will; er verlässt den Orden und ertrinkt in einem Bergsee. Ich fand diesen Schluss nicht zwingend sinnvoll, aber der Fingerzeig auf die Realität, der man sich stellen muss, war hilfreich.

Einen weiteren Lichtblick in dunkler Zeit bot die Württembergische Landesbühne. Sie führte im alten Stadtgarten nicht bloß die *Gräfin Maritza* und den *Zigeunerbaron* auf, sondern auch Sartres *Schmutzige Hände*, Shakespeares *Julius Cäsar*, und vor allen Dingen das Stück, das die Grundstimmung der Menschen so präzise traf wie kein anderes, Thornton Wilders *The Skin of Our Teeth* – *Wir sind noch einmal davongekommen* lautete der deutsche Titel. Welche Wonne, in Sartres Drama die erste Schauspielerin im langen Rock des New Look und in schwarzen Dessous zu sehen! Aber auch Cäsar – in SS-Uniform – eröffnete uns eine neue Perspektive.

Der hellste Lichtblick war indes die Gmünder Volkshochschule. Dort habe ich als Pennäler, der bei einer Südtirolerin schon Italienisch-Unterricht genommen hatte und es damit bis zum Mitglied Nr. 49 der Stuttgarter »Società Dante Alighieri« brachte, auch noch mit Spanisch angefangen; Sprachen fielen mir immer leicht. Dort traf ich Otto H. Fleischer, den Herausgeber von *Christ und Welt*, einem protestantischen Blatt, das damals in Süddeutschland die meistgelesene Wochenzeitung war.

Auch Klaus Mehnert, dem weltkundigen außenpolitischen Kommentator, bin ich dort zum ersten Mal begegnet; später war er mir viele Jahre Vorbild, Kollege und väterlicher Freund. Und vor allem habe ich dort immer wieder den Schweizer Philosophen, Kunstverleger und Kultursoziologen Hans Zbinden gehört. Als Schriftsteller hatte er mit Werken wie *Die Moralkrise des Abendlandes* (1940) bedeutenden Einfluss auf die geistige und kulturelle Neubesinnung nach dem Zweiten Weltkrieg, übrigens auch als Übersetzer von Alexis de Tocquevilles *Demokratie in Amerika*.

Aus der Erkenntnis, wie dünn die Haut der Zivilisation und Kultur ist, welche die Fratze der Barbarei überdeckt, zog er den Schluss, in einer an das Recht der Macht glaubenden Welt müsse wieder der Glaube an die Macht des Rechts erweckt werden. Wortgewaltig wetterte er gegen das Evangelium der Gleichheit und Gleichmacherei, wogegen er den Willen zur Hierarchie setzte; er beklagte die Verflachung von Bildung und Erziehung zu Wissen ohne Gewissen und ohne Weisheit, zu Kenntnissen ohne Erkenntnisse; und er warnte vor kollektivistischem Zentralismus wie vor der Übermacht der Staatsgewalt.

Mich schlug Zbindens Pathos so sehr in seinen Bann, dass ich 1949 meinen Abitur-Aufsatz seinen Gedanken widmete, ja: mit seinen Gedanken bestritt. Viel später erst lernte ich ihn differenzierter zu betrachten; hinter seiner rechtschaffen-konservativen Leidenschaft entdeckte ich dann doch manchen Schwulst.

Ich will nicht unfair sein, aber ich glaube, dass die Gmünder Volkshochschule mich fast mehr geprägt hat als das Gymnasium. Nicht zuletzt war dies der Gründerin Irma Schmücker geschuldet, deren

Einfallskraft, Energie und Engagement die Volkshochschule ihr Aufblühen verdankte. In jenen Nachkriegsjahren hat sie mich beharrlich ermuntert, mein Wissen, meinen Horizont, meinen Denkradius zu erweitern. Sie war es letztlich auch, die dem Primaner Theo Sommer den Weg in den Journalismus bahnte.

Allmählich hatte sich in jenen Jahren das Leben in den Ruinen des Krieges normalisiert. Die Menschen fanden sich mit der Besatzung ab, mit der Demontage der deutschen Industrie und mit dem Zustrom von zwölf Millionen Flüchtlingen aus dem Osten. Auch mit den verschiedenen Wellen der Entnazifizierung – in Westdeutschland nach der Entlassung von 223 000 Parteigenossen die Inhaftierung von 180 000 Mitgliedern der braunen Prominenz, dann eine millionenfache Fragebogenaktion, schließlich 950 000 Spruchkammerverfahren. Im Westen wie im Osten (wo 200 000 Nazis aus Verwaltung und Wirtschaft entfernt, von 40 000 Lehrern 20 000 suspendiert und in 30 000 Kriegsverbrecherprozessen 500 Todesurteile gefällt wurden) endete die Entnazifizierung im Wesentlichen im Frühjahr 1948.

Gleichzeitig erfuhr das Verhältnis der Westalliierten zu den Deutschen eine grundlegende Wandlung. Die Wende hatte sich schon 1946 angekündigt, als der US-Außenminister James Byrnes in Stuttgart gegen die Absichten Moskaus protestierte und rückhaltlos für den Wiederaufbau Deutschlands eintrat: »Das amerikanische Volk will dem deutschen Volk helfen, seinen Weg zurückzufinden zu einem ehrenvollen Platz unter den freien und friedliebenden Nationen.« Je stärker der Gegensatz zwischen den Westmächten und der Sowjetunion aufbrach, desto mehr wurde Westdeutschland vom Paria zum Partner.

An Skeptikern hatte es nicht gefehlt. So hatte Thomas Mann ein halbes Jahr nach Kriegsende zweifelnd an Hermann Hesse geschrieben: »Es wird ja, wenn nicht alle Zeichen trügen, wieder ein recht schiefer Bau werden.« Die *Stuttgarter Zeitung* erinnerte Ende 1945 an das Verdammungsurteil, das Rainer Maria Rilke nach dem

Ersten Weltkrieg 1923 in einem seiner »Briefe an eine junge Frau« über die Deutschen fällte: »Deutschland hätte, im Jahre 1918, im Moment des Zusammenbruchs, alle, die Welt, beschämen und erschüttern können durch einen Akt tiefer Wahrhaftigkeit und Umkehr ... Deutschland hat versäumt, sein reinstes, bestes ... zu geben ... Es wollte beharren, statt sich zu ändern.« Doch diesmal kam es anders.

Ein Mitglied der Alliierten Kontrollkommission stellte damals die bange Frage, ob sich wohl genug aufrechte Leute finden würden, die nicht lediglich Antinazis waren, sondern sich auch dem Westen so weit verwandt fühlten, dass sie »über der Sentimentalität, dem Selbstmitleid, der Selbstsucht und dem Mangel an Objektivität standen, zu denen eine geschlagene Nation neigt«. Konkret: Konnte man sie dazu bringen, im öffentlichen Leben zu wirken? Würden sie sich dort bewähren?

Zum Glück für Deutschland fanden sie sich, die aufrechten Leute, und sie bewährten sich. So Wilhelm Kaisen in Bremen (»Wir müssen uns nach diesem Krieg eingestehen, dass wir allesamt in Gefahr sind, mit unserem Volke von der Bühne der Weltgeschichte abzutreten«); so Hinrich Kopf in Niedersachsen (»Flüchtlinge, Evakuierte, Ausgebombte! Dank der verantwortungslosen Politik der Nationalsozialisten habt Ihr Haus und Hof, Herd und Heimat verloren. Zunächst will ich versuchen, Euch wenigstens das Gefühl eines eigenen Heims wiederzugeben«); so aber auch der eindrucksvolle Reinhold Maier in Stuttgart (»Was auf Deutschland herunterrollt, ist unaussprechlich. Doch es ist klar; all dies muss abrollen. Zu wehleidigen Gefühlen ist kein Anlass«).

Und es gab viele andere, die ebenso beherzt mit anpackten. Theodor Steltzer in Schleswig-Holstein, Carl Petersen und Max Brauer in Hamburg, in Nordrhein-Westfalen Robert Lehr und Rudolf Amelunxen, in Bayern Fritz Schäffer und Wilhelm Hoegner und Ludwig Erhard, in Hannover Kurt Schumacher, der erste Vorsitzende der Nachkriegs-SPD – sie sind nur einige wenige derer, auf die man zählen konnte. Dazu gehörte auch Theodor Heuss, der 1933 dem Ermächtigungsgesetz zugestimmt und sich als Autor von Biografien und Zeitungsartikeln in verschiedenen Blättern durch das Dritte Reich geschlagen hatte; nun machte er sich um die Wiedergeburt des Liberalismus verdient.

Sie alle aber überragte Konrad Adenauer. Die U. S. Army hatte den früheren Kölner Oberbürgermeister gleich im Mai 1945 wieder in sein altes Amt eingesetzt, doch im Oktober entließen die dann zuständigen Engländer ihn Knall auf Fall. Er habe, so begründete Brigadier Barraclough den Rausschmiss, es verabsäumt, seine amtlichen Obliegenheiten und seine Verpflichtungen gegenüber der Kölner Bevölkerung zu erfüllen. Über seine eklatante Fehlentscheidung tröstete sich der britische General später mit einem Gedanken hinweg, den Adenauer selbst mehrfach äußerte: Die Entlassung habe ihm die Chance gegeben, jene Hausmacht zu bilden, die ihn 1949 ins Palais Schaumburg trug.

Rilkes Sorge war dieses Mal unbegründet. Die Deutschen besannen sich um. Sie gründeten politische Parteien und richteten die Verwaltung neu ein. Sie krempelten die Ärmel hoch, spuckten in die Hände und gingen an die Arbeit. Unter den widrigsten Bedingungen lernten sie, Initiative zu entfalten, zu improvisieren, hauszuhalten. Sie lernten, sich zu bescheiden und sich durchzuschlagen. Aus den Trümmern wuchsen neue Wohnungen, die Städte lebten auf in frischem Glanz.

Im Juni 1948 machte die Währungsreform dem Schwarzmarkt den Garaus und setzte dem schlimmsten Mangel ein Ende; das deutsche Wirtschaftswunder kündigte sich an. Als das Reich der Notwendigkeit bewältigt war, konnte das Reich der Freiheit aufblühen. Nach ersten Wahlen auf Länderebene entstand aus dem britisch-amerikanischen Bizonesien das britisch-amerikanisch-französische Trizonesien: Westdeutschland. Elf Tage nach dem Ende der elfmonatigen Berliner Blockade, am 23. Mai 1949, wurde das Grundgesetz der Bundesrepublik verkündet. Mit seinem Inkrafttreten am gleichen Tag trat die Bundesrepublik Deutschland ins Leben.

Ich weiß nicht mehr, ob ich dies damals mehr als am Rande wahrgenommen habe. Wir steckten mitten in den letzten Abiturprüfungen und konzentrierten uns ganz darauf. Über den Deutsch-Aufsatz, in dem ich Hans Zbindens Gedanken auf die in Deutschland vor uns liegenden Probleme anwenden wollte, dachte ich Tag und Nacht nach. Beim Abitur hatte ich wieder einmal Glück. In Mathematik wurden uns drei Aufgaben gestellt, darunter eine Kurve, die ich mit einigen Klassenkameraden am Abend zuvor durchgerechnet hatte, eine Aufgabe, die ich deshalb ohne Weiteres beantworten konnte; bei der dritten schrieb ich, am Füller kauend, ungeniert an den Rand: »Nicht fertig geworden«. Das reichte für ein »befriedigend«, wie in Physik und Kunsterziehung. Für Deutsch und Englisch gab es »sehr gut«, außerdem »gut« für Philosophie, Latein, Französisch, Geschichte, Erdkunde, Biologie und Leibeserziehung. Die Gesamtbeurteilung lautete: »Theo war ein selbständig und kritisch denkender und dabei aufgeschlossener Schüler, der durch Fleiß, gespannte Aufmerksamkeit und ausgedehntes Privatstudium sich ein ansehnliches Wissen erwarb. Sein Betragen war gut. Er hat damit die Reifeprüfung gut bestanden.«

Das Reifezeugnis – ausgestellt am 10. Juni, meinem neunzehnten Geburtstag – wurde uns am 25. Juli 1949 bei einer feierlichen Veranstaltung in der Stadthalle überreicht. Ich trug meinen ersten dunklen Anzug und hatte die Ehre, namens der Abiturklasse die Dankrede und Laudatio auf unsere Lehrer zu halten. Zu meiner großen Überraschung und Freude war mein Freund Dieter Arfs aus Hamburg angereist, wo die Abiturfeier schon einige Wochen zuvor stattgefunden hatte. Unsere Reife war uns somit beiden bescheinigt, aber als mündig im rechtlichen Sinne galten wir dennoch nicht, denn das Volljährigkeitsalter wurde erst später von 21 auf 18 Jahre herabgesetzt. Damals traute man uns noch nicht so recht. Jedenfalls verabschiedete Oberstudiendirektor Fricker die Abiturienten mit der von Skepsis durchtränkten Bemerkung, nun müsse sich zeigen, ob wir, »losgebunden von Elternhaus und Schule« mit der goldenen Freiheit etwas anzufangen wüssten.

Es blieb uns nichts anderes übrig, als seine Skepsis aktiv zu entkräften. Auf jeden Fall mussten wir nun selbst sehen, wie wir weiterkamen. Das Abitur hatte ich in der Tasche. Aber was nun?

Es war eine Zeit des Hangens und Bangens. Ich füllte sie aus, indem ich für den Lokalteil der *Rems-Zeitung* schrieb, die ihren »Mantel« – Politik, Wirtschaft, Kultur und Vermischtes – von der *Neuen Württembergischen Zeitung* in Göppingen erhielt. Die Volkshochschuldirektorin Irma Schmücker übertrug mir die Berichterstattung über ihre Veranstaltungen; die Redaktion war damit einverstanden. Und so berichtete ich mehrere Wochen lang über Vortragsabende: »Von den Freiheiten des Amerikaners«; »Verstaatlichung in England«; »Die Universität Oxford«; »Von der Würde des Menschen«. Doch nach kurzer Zeit setzte mich der Lokalchef zunehmend zur Berichterstattung über allgemeinere Themen ein. Für 20 Pfennig die Zeile schrieb ich über Filmpremieren, Schulwettkämpfe und Seifenkistenrennen, über Dachstuhlbrände und Feuerwehrhauptversammlungen, Bausparheime und die Bedrohung unserer Wälder durch den Borkenkäfer oder über einen modernen Dauerbrand-Sparherd und neu eröffnete Apotheken.

Bald durfte ich auch Lokalspitzen schreiben oder gelegentlich einen Meinungsartikel verfassen. Einer trug den Titel »Schafft mehr Lehr- und Arbeitsstellen!« Ein anderer erschien unter der Überschrift »Die Vereinigten Staaten von Europa«. In jugendlichem Überschwang formulierte ich darin eine Überzeugung, von der ich trotz aller ernüchternder Erfahrung seitdem nie abgewichen bin:

»Letzten Endes geht es jetzt darum, ob Europa in seiner Gesamtheit seine politische Rolle ausgespielt hat oder nicht ... Heute spricht alles für den Zusammenschluss der europäischen Staaten, alles außer dem Konservatismus gewisser Leute, die es in allen Nationen gibt und über deren Anschauungen sich die politische Entwicklung hoffentlich hinwegsetzen wird. Gerade wir jungen Menschen sollten uns in dem Streben nach dem ganzen Europa einig sein.« Die Mission Europas sah ich damals darin, »als Bindeglied zwischen Ost und West zu vermitteln« – eine Aufgabe, die zu bewältigen ein einzelner Staat nie imstande sei. Auch dies halte ich *ceteris paribus* heute noch für eine wesentliche Bestimmung unseres Kontinents.

Im Übrigen hatte ich nur zwei Wünsche. Ich wollte studieren, und ich wollte irgendwann ins Ausland, heraus aus dem engen, elenden Deutschland in die weite Welt, egal wohin. So schrieb ich eine Reihe von Bewerbungen. Zunächst an die Universität Tübingen. Vom dortigen Akademischen Rektoramt kam am 4. August der vorgedruckte Bescheid: »Herrn (durchge-ixt: Fräulein) Theo Sommer: »Die Zahl der Bewerber überstieg wiederum weit die Zahl der verfügbaren Studienplätze, so daß nur die Befähigteren zum Studium im nächsten Semester zugelassen werden konnten. Ich bedaure, daß Ihr Gesuch unter dem Zwang der Verhältnisse abgelehnt werden mußte.« Dann, hinzugefügt in Schreibmaschinenschrift: »Es wird Ihnen anheimgestellt, zum Sommersemester 1950 rechtzeitig ein neues Gesuch einzureichen.«

Ich hatte die Ablehnung schon geahnt und daher gleichzeitig weitere, aufs Ausland zielende Bewerbungen geschrieben. An das »Gouvernement Militaire du Pays de Bade« (»Ich habe die feste Absicht, einige Zeit nach Frankreich zu gehen. Da ich keine spezielle Berufsausbildung durchlaufen habe, käme das für mich wohl nur als Landarbeiter oder Bergmann in Frage«) – höfliche Ablehnung. An den Höllhofkreis in Freiburg, eine von den Franzosen protegierte politisch-pädagogische Arbeitsgemeinschaft, der alle – »unabhängig von der jetzigen oder früheren Parteizugehörigkeit« – willkommen waren, die sich mit den Problemen des »gegenwärtigen und zukünftige Lebens in Deutschland und Europa« befassen wollten – Vertröstung, »so schnell ist kein Paß zu bekommen«. An den Erwachsenenbildungsoffizier der Militärregierung Württemberg-Baden, Dr. Berry – freundlicher Zuspruch, »will mich erkundigen«.

Aber dann empfahl mich die Gmünder Volkshochschulleiterin Irma Schmücker für einen siebenmonatigen Aufenthalt in einer schwedischen Heimvolkshochschule. Berry schloss sich der Empfehlung an. Ich reichte einen Lebenslauf ein. Darin steht recht lapidar: »Ich bin jetzt als Mitarbeiter der *Neuen Württembergischen Zeitung* Journalist. Besonders habe ich es mir zur Aufgabe gemacht, für den Gedanken der internationalen Verständigung und Zusammenarbeit einzutreten.« Hätte ich dazumal ein Motto für meine künftige journalistische Karriere gesucht – hier war's. Die Frage war: Würde es wieder eine Ablehnung geben?

Da die Volkshochschule Mitte Juli Ferien machte, überlegte ich mir, über welche anderen Themen ich wohl schreiben könnte. Ich kam auf die Idee, mir einige internationale Jugendlager in der Nähe von Stuttgart und im nördlichen Schwarzwald anzuschauen. Mit dem Fahrrad machte ich mich auf den Weg. Unversehens stieß ich unterhalb von Schloss Vaihingen auf ein Lager, das ich gar nicht auf meiner Liste hatte. Von der Straße aus sah ich in einem alten Steinbruch eine Gruppe von Leuten mit Spaten, Schaufeln und Pickeln werkeln. Einige hatten Jeans an, die man damals in Deutschland noch nicht trug; es mussten Amerikaner sein. Ich machte halt und erkundigte mich neugierig, was sie dort machten. Sie gaben bereitwillig Auskunft: Die »Church of the Brethren« betrieb dort ein »International Reconstruction Camp«, das auf dem Gelände des Steinbruchs einen Sportplatz für das Jugenddorf Vaihingen baute. Das Jugenddorf war erst im Mai eröffnet worden; 57 heimatlose Jugendliche, darunter Ostzonenflüchtlinge und Ex-Sträflinge, wurden dort vom CVJM und der Brüderkirche betreut, täglich mit 3500 Kalorien versorgt, im Schreinern unterrichtet und auf das Leben außerhalb der drei Meter dicken Schlossmauern vorbereitet.

Spontan fasste ich einen Entschluss, der mein Leben verändern sollte: Ich blieb bis zur Einweihung des Sportplatzes, wohl zehn Tage lang, pickelte und schaufelte und astete mir in der Sonnenhitze mit der Schubkarre einen ab. Saß mit den Jungen beim Essen zusammen, ging mit ihnen Schwimmen, sang oder spielte abends Spiele mit ihnen.

Und ich freundete mich mit den Amerikanern an: mit Byron Royer, Pfarrer der Brüderkirche, Bob Gemmer, Bundesvorsitzender der Jugendabteilung der »Prohibition Party«, vor allem aber mit Floy Bowers und Margaret Geisel, zwei Mittvierzigerinnen, Lehrerinnen aus Mishawaka, Indiana. Wir redeten viel miteinander: über christlichen Pazifismus, die Bergpredigt und Antialkoholismus, über Friedenserhaltung zwischen Ost und West und die Chancen einer Weltregierung, über die Unterschiede zwischen Amerika und Deutschland. Auch über meinen brennenden Wunsch, im Ausland zu studieren, am liebsten in den USA.

Noch gab es damals keine Fulbright-Stipendien für junge Bundesrepublikaner; das deutsch-amerikanische Fulbright-Programm wurde erst 1952 gegründet. Zu meiner großen Überraschung zeigten sich meine neuen Freunde nicht nur sehr aufgeschlossen, sondern auch sehr hilfreich. Die Kirche der Brüder unterhielt im Mittleren Westen drei Colleges, da wollten sie meine Bewerbung gern brieflich unterstützen, doch auch an anderen Universitäten, die sie absolviert hatten. Dies taten sie gern (*»Theo has a keen mind and thinks very clearly on most matters«*, urteilte Gemmer, der nicht verstehen mochte, dass ich ein Viertele Wein für eine holde Himmelsgabe hielt und außerdem angesichts der Lage in Europa – ein paar Monate nur nach der Aufhebung der sowjetischen Berlin-Blockade – den Pazifismus als untunlich, ja als gefährlich betrachtete.

So schrieb ich Anfang August an die Präsidenten des Manchester College, der Indiana University und der University of Chicago. Am 19. August winkte Chicago ab, mein Brief sei für das Studienjahr 1949/50 zu spät gekommen. Indiana verwies mich am 8. September an das Institute of International Studies in New York, das für die

Vergabe von Stipendien zuständig sei. Aber am nächsten Tag kam aus Manchester das Zusage-Telegramm: »*Will grant Theo Sommer tuition scholarship if books and maintenance provided otherwise*«, Zulassung bei gleichzeitigem Erlass der Studiengebühren also. Für Bücher aber und Unterhalt, damals etwa 1200 Dollar im Jahr, wollten Floy Bowers und Margaret Geisel aufkommen – liebenswürdige, großzügige und warmherzige Sponsoren, denen ich bis an ihr Lebensende herzlich verbunden blieb. Den Transport sollte die Militärregierung übernehmen.

Aber ich hatte nun ein riesiges Problem. Denn nach einigem Hin und Her schickte mir fast gleichzeitig das Stockholmer Komitee für Demokratischen Aufbau eine Einladung, als Gastschüler am Winterkurs 1949/50 einer schwedischen Volkshochschule teilzunehmen. Zwei Tage vor der Nachricht aus Manchester, am 7. September, hatte ich mich schriftlich verpflichtet, dieser Einladung zu folgen. Was also tun? Eine hektische Woche lang rödelte ich wie wild. Hätte ich mich entscheiden müssen, wäre die Entscheidung wohl zugunsten von Amerika gefallen. Aber dann gelang es mir, den amerikanischen Freunden begreiflich zu machen, dass ich mich, da ihre Zusage zu spät gekommen war, aus der schwedischen Verpflichtung nicht mehr herauslösen konnte. Und nicht nur dies: Sie boten mir hochherzig an, ich solle doch einfach ein Jahr später kommen. Damit war der Weg nach Schweden frei.

Zwar gab es noch allerhand Papierkrieg zu überstehen. Ich brauchte eine amtsärztliche Bescheinigung, dass ich frei von Geschlechtskrankheiten und anderen ansteckenden Krankheiten war (das Gesundheitsamt erklärte mich obendrein für ungezieferfrei); ferner eine Ausreisegenehmigung des Amts für öffentliche Ordnung und deren Bestätigung samt Rückeinreise-Erlaubnis der »Alliierten Mächte«, in diesem Falle der Abteilung Cultural Exchange der amerikanischen Behörden in Stuttgart; schließlich ein dänisches Durchreisevisum. Den Dänen musste ich die Fahrkarte von der deutsch-dänischen Grenze nach Schweden vorlegen, gegenüber den

Schweden musste ich mich verpflichten, keinen Versuch zu unternehmen, »einen längeren Aufenthalt über den Schluss des Winterkurses hinaus« anzustreben Auch war es Pflicht, vor der Ausreise an einem vierzehntägigen Schwedisch-Kurs teilzunehmen.

Am 4. Oktober trafen sich zwölf junge Deutsche zu diesem Zweck in Rüdesheim. Wir wohnten in der Jugendherberge, wo Unterkunft und Verpflegung 3 Mark am Tag kosteten; Bettwäsche wurde gestellt, Handtücher mussten wir mitbringen. Für den Schwedisch-Kurs wurden keine Sonderkosten erhoben. Den Unterricht erteilte ein Hamburger Skandinavist. Er brachte es fertig, uns in zwei Wochen so viel Schwedisch beizubringen, dass wir alle uns gleich nach der Ankunft halbwegs verständigen konnten – und dies, obwohl die beginnende Weinlese uns immer wieder in die mit Kopfstein und Kneipen gepflasterte Drosselgasse lockte. Auf jeden Fall gab er uns eine gute Grundlage mit auf den Weg. Schon sechs Wochen später hielt ich das erste Referat auf Schwedisch.

In Rüsselsheim wurden wir auf verschiedene schwedische Heimvolksschulen aufgeteilt. Auf mich entfiel die Asa Folkhögskola in Sköldinge, 120 Kilometer südwestlich von Stockholm im Landesbezirk Södermanland. Am 19. Oktober traten wir die Reise nach Norden an. In Frankfurt, Hamburg, Flensburg fuhren wir überall noch durch Ruinen, den traurigen Nachlass des Krieges. Der Zug hatte im dänischen Grenzstädtchen Padborg einen kurzen Aufenthalt. Der Ruf eines fliegenden Händlers am Bahnsteig klingt mir noch immer in den Ohren: *Öl og soda vand!* – Bier und Mineralwasser! Friedenslaute. In den Kopenhagener Parks standen freilich noch die Luftschutzunterstände aus der Kriegszeit, und die dänischen Zollbeamten behandelten uns sehr kalt. Wir wurden das fatale Gefühl nicht los, dass wir nicht gerade gern gesehene Gäste waren. Ein Wunder war dies nicht, denn das letzte Mal waren die Deutschen in Wehrmachtsuniform gekommen.

Ganz anders in Schweden. Als wir in die Fähre nach Malmö stiegen und ängstlich auf unser Gepäck aufpassten, sprach uns ein

Stockholmer auf Deutsch an und lachte uns aus. Solche Wachsamkeit sei in seinem Land nicht nötig; er habe einmal einen Koffer auf dem Bahnsteig in Malmö stehen lassen, keiner habe ihn angerührt, und nach zwei Tagen sei er ihm nachgeschickt worden. An meine Eltern schrieb ich damals: »Irgendwie hatte man plötzlich das Gefühl von Ruhe und Stabilität, Sauberkeit und Ehrlichkeit.« Keine Spur von Zerstörung mehr. Alles war heil, sauber, schmuck. In den schwedischen Eisenbahnwaggons gab es Trinkwasserbehälter mit Bechern und Werkzeugkästen an den Wänden. Bei uns wären sie längst beschädigt, abgerissen, gestohlen worden.

Es war das erste Mal, dass ich die deutsche Grenze überschritt. Ich kam in eine Welt ungebrochenen Friedens.

IV.
LEHR- UND WANDERJAHRE

Vor- und Leitbild Schweden

Von Oktober 1949 bis April 1950 war ich Schüler der Heimvolkshochschule Åsa in dem Dörfchen Sköldinge bei Katrineholm. Ringsum Schweden, wie es die Bilderbücher zeigen: Wald und Granitklippen; auf manchen waren frühmittelalterliche Runen eingeritzt. Tiefblaue, klare Seen. Und fruchtbares Ackerland. Die Schüler, junge Frauen und Männer, stammten zumeist aus Bauernfamilien. »Wir kommen vom Wald, der Fabrik, dem Pflug«, heißt es im Åsa-Lied. Das Ziel der zweijährigen Kurse ist es, dass die Teilnehmer »sich selbst und ihren Platz in einer wartenden Welt finden«.

Ich mochte die Menschen und die Landschaft gleich. In meines Vaters Offiziers-Pluderhosen und Reitstiefeln ein ziemlich lächerlicher Anblick, begann ich, in den Kiefernwäldern Ski-Langlauf zu lernen. Nach und nach erst konnte ich mir normale Kleidung leisten; einige Stücke wurden mir auch geschenkt. Bald schon gab ich an den Abendschulen in den Nachbarorten Valla und Flan Englisch-Unterricht, und über Weihnachten und Neujahr verdiente ich mir in einem Waldhotel etliche willkommene Kronen hinzu. Unter anderem musste ich dort zweimal am Tag den Dorsch-Stockfisch für das traditionelle Weihnachtsgericht »Lutfisk« in einer Badewanne wässern; ich stank noch eine Woche lang danach. Zugleich aber durfte ich das Fest-Buffet mit anrichten helfen, dessen kulinarisches Prachtstück ein Spanferkel mit einem Apfel im Maul war.

Mehrmals reiste ich auch ins 120 Kilometer entfernte Stockholm, bewunderte das moderne Rathaus, die Deutsche Kirche in

Gamla stan, das Schloss (auf dem Lejonbacken küsste ich meine erste große Liebe). Ich hätte mir gut vorstellen können, einmal in Schweden zu leben.

In den Alltag auf dem bescheidenen Åsa-Campus hatte ich mich rasch hineingefunden. Die Vielfalt der Fächer faszinierte mich: Schwedisch, Staats- und Gesellschaftslehre (*samhällslära*), Geografie, Geschichte, dazu Gesang und Gymnastik mussten alle nehmen. Psychologie, Nationalökonomie waren beliebte freiwillige Fächer, desgleichen Literaturgeschichte, wo es um Shakespeare und Priestley, um Goethe und Ibsen ging. Vierundzwanzig Unterrichtsstunden wöchentlich galten als Minimum, aber die meisten kamen auf rund 35 Stunden. Doch genoss ich auch das Leben außerhalb des Unterrichts. Täglich die Viertelstunde *morgonsamling,* in der Themen philosophischer Natur oder auch musikalische Perlen uns vor Schulbeginn und *frukost* einen Moment der inneren Sammlung bescherten.

Dann jeden Samstag *Samkväm,* einen Kameradschaftsabend, an dem Musik, kurze Rezitationen, gemeinsam gesungene Lieder, Scharaden oder Gesellschaftsspiele und, nach Kaffee und Gebäck, typisch schwedische Ringtänze und vor allen der polkaähnliche Hambo eine unvergessliche Atmosphäre ausgelassener Zusammengehörigkeit schufen. Als ganz besonders romantisch empfand ich jedoch den gelegentlichen *brasafton* – einen gemütlichen »Feuer«-Abend im Gammalgården, einem alten Bauernhof, der am Rande der Schule zwischen Kiefern und moosbewachsenen Findlingen auf der Åsa-Moräne wiederaufgebaut worden war. Dort konnte man vor den knisternden Holzscheiten im Kamin mit Freunden träumen oder auch mit der Freundin kuscheln.

Wichtiger wurden mir in meiner schwedischen Zeit freilich vor allem drei Eindrücke und Erkenntnisse. Sie prägten meine Ansichten über Bildung, Innen- und Außenpolitik und Geschichte in unerwarteter Weise.

»Åsa Folkhögskola« war mein zweites Internat nach Sonthofen. Aber welch ein Unterschied zur Adolf-Hitler-Schule! Keine Marschiererei, kein Strafexerzieren, keine Appelle. Viel Wahlfreiheit, was man belegen wollte. Keine Verabreichung einer parteipolitischen Weltanschauung, wenngleich ja eine sozialdemokratische Grundfärbung das gesamte öffentliche Leben durchdrang. Erziehung ohne Zwang war die Parole. Das bedeutete auch: ohne Klassenarbeiten, ohne Zensuren für einzelne Fächer; ohne Verweise von der Schule. Eine Bescheinigung war alles, was man am Ende bekam: dass man einen Volkshochschulkurs durchlaufen habe. Fleiß und Benehmen wurden bewertet, außerdem gab es eine sehr allgemeine Leistungsnote.

Auf die Details kam es jedoch nicht an, sondern auf das große Ganze. So stand es auch in der Königlichen VHS-Verordnung: »Die Volkshochschule will der erwachsenen Jugend allgemeine mitbürgerliche Bildung vermitteln, wobei hauptsächlich Gewicht auf eine erweckende und zu persönlichem geistigem Leben und sittlicher Stärke erziehende Unterweisung zu legen ist.« Nur »daneben« sollte der Unterricht den Schülern praktische Kenntnisse und Fertigkeiten beibringen, die ihnen im Berufsleben von Nutzen sind.

Mich hat diese Zielsetzung sehr beeindruckt: Nicht durch eine geistige Uniformierung sollten die Staatsbürger herangezogen werden, sondern durch die Erweckung zu eigenem geistigem Leben. Und nicht durch Frontalunterricht sollten sie sich finden, sondern durch selbstständige Arbeit. Für mich habe ich diesen Grundsatz seitdem zum Maßstab gelingender staatlicher Bildungspolitik gemacht.

Mehr noch beeindruckte mich damals die Orientierung des politischen Lebens am Gemeinwohl. »Jedermann hat die sittliche Verpflichtung, für das Wohl des Ganzen zu wirken«, heißt es im Vorspruch der Hamburger Landesverfassung von 1952. Dieser hanseatische Grundsatz galt im sozialdemokratischen Schweden schon seit Anfang der 1930er-Jahre.

In dem Begriff »folkhemmet« – Volksheim – hatte der Sozialdemokrat Per Albin Hanson (1885–1946) seine Vorstellung des Wohlfahrtsstaates verdichtet, die in Schweden bis heute Gültigkeit besitzt, welche Partei auch immer regiert: »Das Fundament des Heims ist Gemeinsamkeit und Einverständnis. Im guten Heim gibt es keine Privilegierten oder Benachteiligte, keine Hätschelkinder und keine Stiefkinder. Dort sieht nicht der eine auf den anderen herab, dort versucht keiner, sich auf Kosten des anderen Vorteile zu verschaffen, und der Starke unterdrückt nicht den Schwachen und plündert ihn aus. Im guten Heim herrschen Gleichheit, Fürsorglichkeit, Zusammenarbeit und Hilfsbereitschaft. Auf das Volks- und Mitbürgerheim angewandt bedeutet das den Abbau aller sozialen und ökonomischen Schranken, die die Bürger in Privilegierte und Benachteiligte, in Herrschende und Abhängige, in Reiche und Arme, in Begüterte und Verarmte, in Ausplünderer und Ausgeplünderte teilen.«

Der größtmöglichen Anzahl die bestmöglichen Lebensbedingungen, war das Ziel. Das System sozialer Sicherheit umfasste alle Schichten. Es sollte die Menschen von der Furcht vor Not befreien und ihnen notfalls ein bescheidenes Existenzminimum garantieren.

Ich war tief beeindruckt davon, wie es den Schweden binnen zweier Jahrzehnte gelungen war, die Klassenschranken nahezu abzuschaffen. Rein äußerlich gab es schon in der Kleidung keine krassen Unterschiede mehr; die schwedische Textilindustrie hatte sie aufgehoben. In dem arm gewordenen Europa war Schwedens Lebensstandard damals der höchste. In jedem Haushalt waren Radio und Telefon zu finden, elektrische Geräte, Kühlschränke und moderne Badezimmer. Am meisten erstaunte mich, dass tatsächlich alle Schweden an diesen Segnungen der Neuzeit teilhatten.

Die Idee vom Wohlfahrtsstaat, die höchst aktive »folkrörelser«-Volksbewegungen – oder NGOs, wie wir heute sagen würden – kräftig vorantrieben, wurde mir von da an zum Leitbild. Ich fand sie am einprägsamsten ausgedrückt in dem Satz des dänischen Theologen Nikolai Grundtvig, den ich mir aufschrieb: »Es ist erst dann richtig um den Staat bestellt, wenn nur wenige zu viel und noch weniger zu wenig haben.«

Auch gewann in Åsa meine Vorstellung von Demokratie und internationaler Politik gehörig an Tiefenschärfe. Das lag in erster Linie an Allan Degerman (1901–1980), dem Rektor der Schule. Er hatte in Genf die Nordische Volkshochschule geleitet, engagierte sich in der internationalen Friedensbewegung und war Mitglied des schwedischen UNESCO-Komitees. Als Historiker hatte er sowohl eine »Allgemeine Weltgeschichte« verfasst als auch das Buch *Samarbete över Gränserna* - Zusammenarbeit über die Grenzen hinweg. Dem Kurs über »Samhällslära« (Gesellschafts- und Verfassungslehre) legte er das Werk des von ihm übersetzten dänischen Staatsrechtlers Alf Rose *Varför demokrati?* (Warum Demokratie?) zugrunde.

Wenige Monate nach der Verabschiedung des Grundgesetzes in Bonn beschäftigte ich mich daher mit Theorie und Wirklichkeit der Demokratie. Hinter Namen wie Aristoteles, Montesquieu und Rousseau wurden mir neue Denkwelten sichtbar. In Gruppen von drei, vier Schülern befassten wir uns außerdem mit je einem modernen Staat, seiner historischen Entwicklung, seinem staatsrechtlich-verfassungsmäßigen Zustand und seiner aktuellen Lage. Es war eine gute Vorbereitung auf das Seminar Theodor Eschenburgs in der Tübinger Brunnenstraße, in dem ich fünf Jahre später Plato und Pareto und amerikanische Staatsdenker wie Alexander Hamilton studierte.

Zugleich jedoch war der Kurs eine Einführung in die internationale Politik, vor allem in Sinn und Zweck der Vereinten Nationen. Diskutiert wurde dabei der Gegensatz von Souveränität und Solidarität, von Einmischung und Nichteinmischung, aber auch die Bedeutung der zwei Jahre alten UN-Menschenrechtserklärung.

Für Degerman war Geschichte keine trockene Aufzählung von Kriegen und Friedensschlüssen, Feldherrn und Dynastien, sondern die Historie der fortschreitenden Entwicklung von Zivilisation und Kultur, der wachsenden zwischenstaatlichen Kooperation und einer sich durchsetzenden Demokratisierung. In einer Zeit, die den Begriff Globalisierung noch nicht kannte, dachte er ungemein hellsichtig nach über das Zusammenschrumpfen des Erdballs durch die Weiterentwicklung der Technik, den Ausbau des Verkehrsnetzes, des Kapitalmarktes und der Handelsbeziehungen. Dabei war er kein Hegelianer, und für die Fukuyama-These vom Ende der Geschichte hätte er kein Verständnis aufgebracht. Im Gegenteil: Als Realist, der er war, stellte er fest, dass die Entwicklung auch rückläufig sein könne. Meinen Wunsch, Geschichte zu studieren, hat Degermans Weltsicht nachhaltig verstärkt.

Mitte April 1950 trafen sich die deutschen Hospitanten zu einer dreitägigen Abschlusskonferenz in Kristianstad in Schonen. Dort legte ich dem »Svenska Folkhögskollärares kommitté för kulturell hjälp för Tyskland« meinen 27 Seiten langen, engzeilig getippten Bericht über das schwedische Volkshochschulwesen vor. Dann hieß es: »på återseende, Sverige«, zurück nach Deutschland!

Es wurde nur ein kurzer Zwischenstopp von acht Wochen. Ich arbeitete für die Gmünder Volkshochschule einen langen, interessiert aufgenommenen Vortrag über den schwedischen Wohlfahrtsstaat aus, bereitete mich auf Amerika vor und hospitierte in der Lokalredaktion der *Rems-Zeitung*. Deren Chef stellte mir am 21. Juni 1950 großzügig eine Bestätigung aus: »Herr Theo Sommer, Schwäbisch Gmünd, war von der Ablegung des Abiturs bis zu seiner Abreise nach USA ständiger Mitarbeiter der *Rems-Zeitung* und der *NWZ*. Wir wünschen dem jungen und begabten Journalisten während seines zweijährigen Aufenthaltes in den USA eine vielseitige Ergänzung seiner Ausbildung und hoffen, ihn nach seiner Rückkehr wieder als Mitarbeiter begrüßen zu dürfen. Wir bitten die Herren Kollegen und Behörden in Amerika, dem jungen Redakteur in jeder Weise behilflich zu sein.« Vier Tage später trat ich die Reise nach Amerika an.

Amerika: Ein erster Anhauch

Ich war gerade zwanzig Jahre alt, und wie so viele meiner Generation machte ich die Reise über den Atlantik als Austauschstudent – »German Civ. Exchange Student KK / WB 23 063«. Am 25. Juni 1950 in Bremerhaven schiffte ich mich auf dem Truppentransporter »General Alexander M. Patch« ein – als »großer Bruder« von achtzig Oberschülern, Mädchen und Jungen, die alle für ein Jahr in Brethren-Familien eingeladen waren. Als Anführer der Gruppe und bald schon Sprecher aller Deutschen an Bord durfte ich mich auf dem ganzen Schiff frei bewegen. Die Ansage »Compartment C – line up for chow!« verwirrte mich am Anfang, doch begriff ich rasch ihren Sinn: Antreten zum Essenfassen!

In meinem Scrap Book habe ich die hektografierte Speisekarte des ersten Tages aufbewahrt: »Menu. Supper. 25 June, 1950. Grapefruit sections. Beet and Gravy. Potato Cakes. Buttered Lima Beans. Buttered Carrots. Vegetable. Vanilla Pudding. Peanut Cookies. Bread + Butter + Jam, Coffee + Cream + Sugar.« Es folgte ein Zusatz, der auf die ausgehungerten jungen Deutschen wie das Versprechen von Milch und Honig wirkte: Cross off items not wanted. Portion desired (check one): Regular, Medium, Small.

Der 25. Juni 1950 war ein schicksalhaftes Datum. Als ich am Morgen nach dem Auslaufen auf die Brücke ging, um über das Lautsprechersystem einige deutsche Bekanntmachungen zu verlesen, sprang mir fett die Überschrift auf Seite 1 der Schiffszeitung in die Augen: Nordkoreaner haben den 38. Breitengrad überschritten! Der Kalte Krieg, der sich während der beiden Vorjahre in der Berliner Blockade angekündigt hatte, wurde mit einem Male heiß. Würde wohl bald auch in Europa geschossen werden? Was musste geschehen, damit es nicht dazu kam? Das Letztere wurde für vier Jahrzehnte zum Kernthema der amerikanisch-europäischen Beziehungen.

Die »Patch« brauchte von Bremerhaven nach New York vierzehn Tage. Fünf davon herrschte Windstärke 7. Im Compartment C unterhalb der Wasserlinie war die Luft zum Schneiden dick; von den achtzig Mann, die da in dreistöckigen »bunks« schliefen, war über die Hälfte seekrank. Aber dann legte sich der Sturm, das Meer wurde glatt wie ein Spiegel, die ersten Möwen kamen ums Schiff geflogen, und am Morgen des vierzehnten Tages tauchte die imponierende Silhouette Manhattans aus dem Dunst auf. Wir glitten an der grünlichen Freiheitsstatue vorbei und machten schließlich kurz nach Mittag am Pier 11 des New-Jersey-Hafens fest: Amerika!

Nach vier Stunden hatten wir die Einreisekontrolle hinter uns und saßen in zwei Bussen nach New Windsor, Maryland, dem Hauptquartier der Church of the Brethren. Todmüde kamen wir um vier Uhr in der Frühe dort an. Mir wurde New Windsor bis zum Semesterbeginn im September zur Heimat.

Als Anführer unserer Gruppe wurde ich in den nächsten Tagen bei den Einweisungsvorträgen unversehens zum Chefdolmetscher. Außerdem half ich, die Abholung der Schüler durch ihre Gasteltern zu organisieren. Einmal noch ging es nach New York, um eine zweite Gruppe von 110 Jungen und Mädchen in Empfang zu nehmen. Zum ersten Mal sah ich dabei das Empire State Building, damals das höchste Gebäude der Welt, und flanierte über die Fifth Avenue. Auf der zehnstündigen Rückfahrt blieb einer der drei Omnibusse liegen; je fünfzehn Neuankömmlinge mussten deshalb die ganze Zeit in den beiden übrigen Fahrzeugen stehen.

Ein paar Tage später erlitt ein anderer Bus, der mit 25 Jungen und Mädchen nach Indiana unterwegs war, einen Achsenbruch. Ich fuhr mit dem Brethren-Chef schleunigst hin. Auf dem Weg zurück machten wir halt in Gettysburg, wo im Juli 1863 die größte Schlacht des amerikanischen Bürgerkriegs geschlagen worden war. Sie kostete an die 50 000 der 175 000 eingesetzten Soldaten Leib oder Leben und sicherte dem Norden den Sieg über die Konföderation der Sklavenhalter-Staaten des Südens. Die »Gettysburg Address«, die Präsident

Abraham Lincoln viereinhalb Monate später bei der Einweihung des Nationalfriedhofs auf dem Schlachtfeld hielt, nur 272 Worte und ganze zwei Minuten lang, ist eine der berühmtesten Reden der Weltgeschichte.

Lincolns feierliches Gelöbnis klingt heute nicht weniger aktuell als vor anderthalb Jahrhunderten: »dass diese Toten nicht vergebens gestorben sein sollen – dass diese Nation, unter Gott, eine Wiedergeburt der Freiheit erleben soll – und dass die Regierung des Volkes, durch das Volk und für das Volk niemals von der Erde verschwinde«.

Es war ein erster Anhauch von Amerikas wechselvoller Geschichte, der mich auf der Walstatt von Gettysburg umwehte. Die Vereinigten Staaten waren auf der Anerkennung der Menschenrechte gegründet worden, doch der Verstoß gegen sie bestimmte immer wieder – und immer wieder anders – ihre Geschichte, wobei die Sklaverei der schlimmste Verstoß war. Sie warf weiterhin einen düsteren Schatten auf die Gegenwart, die fortdauernde Segregation, die Trennung der »Rassen«, war überall zu spüren. Schwarze durften in Bussen nur hinten sitzen; in den meisten Hotels und Motels wurde ihnen die Unterkunft verwehrt; in den Parks stand auf den Bänken »For Whites Only«; an vielen Geschäften und Restaurants prangte ein Schild »No Colored Admitted«, »Mischehen« waren in den meisten Südstaaten illegal und strafbar.

Erst 1954 hob der Supreme Court die Segregation in den Schulen auf. Doch bis heute hat sich Martin Luther Kings Traum nicht erfüllt – der Traum eines Amerika, in dem nach den Worten der Unabhängigkeitserklärung alle Menschen, egal welcher Hautfarbe, welchen Glaubens und Geschlechts, »gleich geschaffen und von ihrem Schöpfer mit bestimmten unveräußerlichen Rechten ausgestattet sind, wozu Leben, Freiheit und das Streben nach Glück gehören«.

Auch heute noch werden schwarze Wähler daran gehindert, ihr Wahlrecht auszuüben. »The life of the Negro is still sadly crippled by the manacles of segregation and the chains of discrimination«, sagte Martin Luther King im Jahre 1963. In vielen US-Bundesstaaten könnte er es auch heute noch sagen, keineswegs nur in Minnesota, wo der Schwarze George Floyd im Mai 2020 von einem weißen Polizisten brutal erdrosselt wurde. Nicht von ungefähr hämmerten danach empörte Demonstranten, Schwarze wie Weiße, dem Präsidenten Donald Trump und der amerikanischen Öffentlichkeit ihre Botschaft ins Bewusstsein: »Black lives matter!«

Den zweiten Anhauch amerikanischer Geschichte verspürte ich im Juli 1950 bei meinem ersten Besuch in Washington. Überwältigend das Kapitol mit seinen Wandelgängen und Säulenhallen, vor allem aber die gewaltige Kuppel, gekrönt von der Statue der Freiheitsgöttin, zu deren Füßen eingemeißelt der Wahlspruch der Vereinigten Staaten: »E pluribus unum«. Die Führung kostete 25 Cent, so viel wie fünf Colas. Einen besonderen Pass brauchte man nicht, auch gab es keine Sicherheitskontrollen, nicht einmal für Senat und Repräsentantenhaus.

Es war seltsam, die Abgeordneten, die das Schicksal der Welt in ihren Händen hielten, von Angesicht zu Angesicht zu sehen. Sie trugen gut geschnittene helle Anzüge und farbengrelle Krawatten. Immer wieder trat einer der Politiker an einen der überall aufgestellten Messing-Spucknäpfe, von denen üppig und geräuschvoll Gebrauch gemacht wurde. In der Sitzung wurde die Frage debattiert, ob sich Amerika auf seine eigene Hemisphäre beschränken und die Finger aus der europäischen und der asiatischen Welt lassen sollte – ein wiederkehrendes Thema längst vor Donald Trump. Aber noch galt die »bipartisanship«. Amerikas Anspruch auf die Führung des Westens war unbestritten.

Seit dem Kriegsende hatte er sich im Zeichen des beginnenden Kalten Krieges zusehends verfestigt: in der Truman-Doktrin von 1947, die allen von der Sowjetunion bedrohten Völkern und konkret Iran, Griechenland und der Türkei militärische Unterstützung versprach; im Marshall-Plan von 1948, mit dem die USA den kriegszerstörten europäischen Staaten vier Jahre lang Wiederaufbauhilfe in Höhe von 13,12 Milliarden Dollar leisteten (nach heutigem Wert 131 Milliarden), davon 1,4 Milliarden für die Bundesrepublik; schließlich durch die Gründung der Nordatlantischen Allianz (NATO) im Jahre 1949.

Als wir im Repräsentantenhaus saßen, war der Korea-Konflikt kaum vier Wochen alt. Er ließ kein Sich-Wegducken zu. Kriegsangst ging um. In New Windsor hamsterten und horteten die Menschen Lebensmittel und Medikamente für den Fall eines Krieges, die Preise stiegen für alles, manche Waren wurden knapp.

In glühender Hitze sahen wir uns Washington, D. C. an, das Lincoln Memorial und das Jefferson Memorial, Nationalmuseum und Nationalgalerie. An das Weiße Haus war kein Herankommen, es befand sich in Reparatur. Dafür tobten wir die 897 Stufen des 169 Meter hohen Washington Monument hinauf und hinunter. Bis zur Fertigstellung des Eiffelturms 1889 war es das höchste Gebäude der Welt gewesen, wurde uns erklärt, erst 1884 hatte es den Kölner Dom von der Spitze verdrängt.

Nach dem Besuch der Hauptstadt war ich sechs Wochen lang von New Windsor aus auf Reisen. Per Greyhound-Bus ging es in vier Sommerlager der Brethren, zwei in Ohio, eines in Pennsylvania ein viertes in Maryland. Einige musste ich leiten, in anderen hielt ich Vorträge oder moderierte Diskussionen. Ich genoss die abendlichen Lagerfeuer samt Bratwürsten und angerösteten Marshmallows, die Glühwürmchen über nachtdunklen Wiesenhängen, das Singen von Spirituals wie »We Are Climbing Jacob's Ladder«, »Swing Low, Sweet Chariot«, »Nobody Knows the Trouble I've Seen« – bis heute rühren sie mich zu Tränen.

Bei Freunden lernte ich Traktor fahren und Getreide ernten. Auch fuhr ich bei ihnen zum ersten Mal Auto und dellte dabei einen Kotflügel ein, den ich dann in stundenlanger Arbeit wieder ausbeulte. Den Führerschein gab es nach einem »Beginners permit« und einer einfachen Fahrprüfung ein paar Wochen später trotzdem; inzwischen hatte ich mich auch an die mir neuen Verkehrsampeln gewöhnt.

Zugleich hielt ich die ersten von vielen Vorträgen. Vor Versammlungen von zweitausend Farmern rief ich zu Spenden für »heifers« auf, trächtige Kühe, die deutschen Bauern geschenkt wurden – die Kälber mussten die Empfänger weitergeben. Bei Rotary und Lions Clubs hielt ich After-Lunch-Reden über die Lage in Deutschland und die Probleme der europäischen Einheit, unweigerlich nach dem obligaten Mittagsmahl von *roast chicken, mashed potatoes and green peas*. Stets hob ich hervor, dass der Gedanke einer »splendid isolation«, der gerade im Mittleren Westen höchst lebendig war, den amerikanischen Interessen von Grund auf zuwiderlaufe. Oft sprach ich auch in Gottesdiensten; hinterher schüttelten mir die Kirchgänger am Ausgang die Hand: »Thanks for your message.«

Alles in allem legte ich vor College-Beginn zwischen Atlantik und Mississippi wohl 5000 Kilometer zurück und lernte dabei zehn der damals erst 48 Bundesstaaten kennen. So oft es ging, besuchte ich auf meinen Reisen die Austauschschüler, schlichtete, wo es Schwierigkeiten mit den Gasteltern gab, meist wegen des Taschengelds von zehn Dollar im Monat, und beruhigte alle, die sich wegen des Anti-Subversionsgesetzes Sorgen machten; sie waren ja durchweg noch in der Hitlerjugend gewesen.

Anfang September traf ich in dem Städtchen North Manchester, Indiana, ein und meldete mich im Manchester College an. »Be true to the finest«, appellierte Präsident V. F. Schwalm an die Neulinge. Zunächst einmal mussten sie zwei Tage lang Intelligenztests, »preference tests« und Charaktertests über sich ergehen lassen. Der Fragebogen kam mir sehr amerikanisch und sehr brüderkirchenhaft vor. Beispiele: Was würdest du tun, wenn du eine Freikarte zur Hinrichtung eines Mörders bekommen würdest? – Hast du jemals im Kino geweint? – Warst du jemals schadenfroh? – Hast du jemals gelogen, geraucht, die Kontrolle über dich verloren? – Was würdest du lieber tun: ins Kino gehen oder einer Kranken Geschichten vorlesen? Ich schrieb mich ein für Geschichte und Anglistik, American Civilization, Shakespeare, elisabethanische und amerikanische Lyrik, Geschichte der Vereinigten Staaten und Geschichte des Fernen Ostens. Daneben belegte ich Public Speaking und Radio Speech, Rhetorik also. Dabei lernten wir nicht nur, wie man eine Rede aufbaut und vorträgt, wir studierten auch oratorische Figuren wie die Analogie, die Lautmalerei (Onomatopeia) und die Syllepse. Vor allem nahmen wir große Reden der Weltgeschichte unter die Lupe – die Trauerrede des Perikles, Ciceros Reden gegen Catilina und Marc Antons Verurteilung des Cäsar-Mörders Brutus, Lincolns »Gettysburg Address«,«, Roosevelts »We have nothing to fear but fear itself« und die Goebbels'sche Brandrede »Wollt ihr den totalen Krieg?«. Zugleich schloss ich mich dem International Relations Club an, dazu dem Deutschklub und dem Französischklub, vor allem jedoch dem Debattierklub.

Es dauerte nicht lange, bis ich in das Manchester-Team aufgenommen wurde, das jedes zweite Wochenende auf Tournee zu anderen Colleges und Universitäten des Mittleren Westens ging, so nach Bloomington und Purdue in Indiana, Kalamazoo in Michigan, Cleveland und Oberlin in Ohio. Wie üblich, wurde überall dasselbe Thema diskutiert. Im Winter 1950/51 lautete es »Resolved: That the non-Communist nations should form a new world organization«. Es sollte beschlossen werden, eine neue UNO ohne die Sowjetunion zu gründen – im Klartext: die Sowjetunion aus den Vereinten Nationen auszuschließen.

Ein anderes Thema war »Welche Rolle soll die Regierung bei der Bereitstellung des Wohlstands für das Volk spielen?« – eine Frage, die siebzig Jahre später noch genauso aktuell ist wie damals. Die intensive Vorbereitung nahm viel Zeit in Anspruch, zumal jeder Debattierer in der Lage sein musste, sowohl das Pro als auch das Kontra zu vertreten. Manchester College schloss in dem Ausscheidungsturnier gegen acht Gegner respektabel ab.

Mir gelang es darüber hinaus, beim »National Speech Contest« an der University of Madison, Wisconsin, an dem vierundzwanzig Universitäten teilnahmen, auf den zweiten Platz zu kommen – mit einer Zehnminuten-Rede »You can't double-cross Germany« – Ihr könnt mit Deutschland kein Doppelspiel treiben. Ich zeigte darin die Widersprüche einer amerikanischen Politik auf, die einerseits schon die Wiederbewaffnung der Bundesrepublik ansteuerte, andererseits aber immer noch fortfuhr mit der Demontage der westdeutschen Industrie.

Überhaupt machte mir das Reden Spaß. In neun Monaten hatte ich rund fünfzig Rednerauftritte. Oft sprach ich umsonst, doch pro Trimester brachte ich es bei einem Honorar von meist fünf Dollar pro Vortrag auf 80 Dollar, immerhin drei Viertel der Studiengebühr. Auf fünf Dollar belief sich auch der Tagessatz für Hilfe bei der Maisernte auf einer Farm.

Manchester war nicht bloß Pauken. Ich spielte viel Tennis, versuchte Football und Baseball zu verstehen, ging Schwimmen und samstags zum Rollschuhlaufen – eigentlich war es ein Tanzabend, aber das normale Tanzen ohne Rollschuhe war verboten, wie Rauchen, Alkoholkonsum, Fluchen. (Ich meine mich allerdings an eine Statistik zu erinnern, wonach die Absolventen des Manchester College statistisch an der Spitze der Jungverheirateten lagen, deren erstes Baby binnen fünf Monaten nach der Eheschließung zur Welt kam.)

Und, kaum zu glauben, ein Trimester lang tanzte ich Ballett. Ich weiß nicht mehr, was mich dazu brachte. Ich war ein leidenschaftlicher Tänzer, der sich seiner Leidenschaft im Brethren College auf dem Parkett nicht hingeben konnte; die Bühne bot eine Alternative. Zum anderen mochte ich meine Partnerin, eine große und grazile Frau mit indigenen Wurzeln. Fast das ganze Frühjahrstrimester trafen wir uns jeden Morgen um sechs für eine Stunde Gymnastik; die sollte unsere Muskulatur warm und locker halten. Abends absolvierten wir unsere Übungen und erarbeiteten uns die Choreografie für den fünfzehnminütigen Tanz. Der Schweiß floss dabei in Strömen.

Aber die Quälerei lohnte sich. Die Aufführung Anfang April wurde ein großer Erfolg. Die Musik hatte der Kommilitone Gary Deavel komponiert, der später Pianist, Komponist und Musikprofessor in Manchester wurde. Damals schrieb er mir: »Thanks for not only the splendid job of dancing but for also helping our rehearsals from becoming violent!« Meine Partnerin soll später tatsächlich Balletteuse geworden sein. Für mich blieb das Ganze ein Ausflug in eine faszinierende, doch fremde Welt. Mit unverminderter Leidenschaft widmete ich mich fortan wieder dem konventionellen Tanz.

Ich verließ das Manchester College – seit 2012 Manchester University – nicht ohne Rührung. Einige Professoren und Studienkollegen hatte ich ins Herz geschlossen. Die Geradlinigkeit und Bodenständigkeit der Mittelwestler, ihre schlichte Lebensweise zumal auf dem Lande lagen mir, und die tätige Nächstenliebe der Brethren nötigte mir hohen Respekt ab. Die Vorlesungen über Shakespeare, die amerikanische und britische Literatur und besonders die Lyrik haben meinem Englisch eine solide Fundierung gegeben, die mir enorm zugutekam, als ich viele Jahre lang eine Kolumne für *Newsweek* schrieb, später englischsprachige Kommentare für *Asahi Shimbun*, *JoongAng Ilbo* oder die *Atlantic Times* und Fachaufsätze für *Interplay*, *Foreign Affairs* und *Survival*. Vor allem aber nahm ich drei Erkenntnisse aus Manchester mit.

Die erste bezieht sich auf die Rolle des Militärs in der amerikanischen Demokratie und den Primat der Politik. Am 19. April 1950 wurden wir Studenten aufgefordert, uns in die Chapel zu begeben, um die Abschiedsrede des Generals Douglas MacArthur vor dem Kongress anzuhören. Der Held des pazifischen Kriegs war acht Tage zuvor von Präsident Truman seines Postens als Oberbefehlshaber im Koreakrieg enthoben worden. Immer wieder hatte er den Präsidenten öffentlich aufgefordert, in Nordkorea Atomwaffen einzusetzen;

49 Städte wollte er nuklear einäschern lassen. Zudem plädierte er dafür, den Krieg massiv auf chinesisches Gebiet auszuweiten.

Trumans Beschluss war hochumstritten. Millionen seiner Landsleute jubelten MacArthur nach seiner Heimkehr zu; andere Millionen befürchteten, er werde, ein amerikanischer Cäsar, die Verfassung infrage stellen und die Macht im Lande übernehmen. Jetzt rechtfertigte er sich in einer eindrucksvollen Rede vor den Abgeordneten und Senatoren. »Im Krieg gibt es keinen Ersatz für den Sieg«, spitzte er seine Botschaft zu. Und verabschiedete sich nicht ohne Sentimentalität mit dem Refrain eines altüberkommenen Militärliedes: »Old soldiers never die; they just fade away« – etwa: Alte Soldaten sterben nie, sie verblassen, verschwinden einfach.

Das stimmte schon damals nicht, denn ein Dreivierteljahr später wurde General Eisenhower zum Präsidenten gewählt. Heute stimmt es erst recht nicht mehr: Die alten Soldaten rücken in die Thinktanks ein, besetzen Posten in der Wirtschaft oder gründen Beratungsunternehmen. Donald Trump berief eine Handvoll von ihnen in höchste politische Posten. Dabei verkehrten sich die Fronten. Musste Truman die Verfassung vor einem seiner obersten Militärs retten, so retteten unter Trump die Militärs die Verfassung vor dem Präsidenten – bis sie gefeuert wurden oder aus Verzweiflung über ihn zurücktraten.

Die zweite Erkenntnis schälte sich in vielen, teilweise sehr hitzigen Gesprächen heraus: Ich bin kein Pazifist. Die Brüderkirche, deren Anfänge im unterfränkischen Schwarzenau 400 Jahre zurückreichen, ist eine der drei amerikanischen »Friedenskirchen«. Wie die Quäker und die Mennoniten vertritt sie einen radikalen Pazifismus und entschiedene Gewaltlosigkeit. Nach ihrer Überzeugung verstößt selbst bewaffnete Verteidigung im Falle eines Angriffs gegen die Lehre Christi. »All war is sin«, ist der Leitgedanke, Verteidigungslosigkeit das selbst erwählte Schicksal. Die meisten Männer sind denn auch »conscientious objectors«, Wehrdienstverweigerer aus Gewissensgründen. Doch leistet die Kirche in aller Welt Friedensdienst, und in Manchester war zwei Jahre vor meiner Ankunft ein »Peace Studies Institute« und ein »Program for Conflict Resolution« gegründet worden.

Die Vereinten Nationen als Friedensinstrument spielten im Lehrplan eine große Rolle – nicht zuletzt, weil Andrew Cordier, Absolvent des Jahrgangs 1922 und zeitweise Professor am Manchester College, einer der UN-Gründungsorganisatoren und dann ein hoher Beamter der Weltorganisation war.

Das immer wieder vorgebrachte Argument, der christliche Glaube habe schließlich trotz seiner grundsätzlichen Friedsamkeit zweitausend Jahre überlebt, wollte mir freilich nicht einleuchten. Die Vorstellung, den sowjetischen Expansionsdrang müsse man tatenlos über sich ergehen lassen, kam mir primitiv-naiv vor. Die Berliner Blockade lag gerade ein Jahr zurück, der Koreakrieg offenbarte die Aggressivität des Kommunismus, da erschien es mir unverantwortlich, die Bergpredigt zur Richtschnur politischen Handelns zu machen.

Pazifismus um den Preis der Unterwerfung unter Macht und Willen des Eroberers Stalin, argumentierte ich, würde den Untergang des freien Westens oder mindestens doch Europas zur Folge haben. Ich war gegen die Idee eines Präventivkrieges, die damals durch manche Köpfe geisterte, doch nach meiner Ansicht mussten wir stark genug sein, um uns im Falle eines Angriffs wirksam verteidigen zu können. Die Aussicht, dass dies eine Wiederaufrüstung der Bundesrepublik Deutschland nötig mache, schreckte mich nicht.

Die dritte Erkenntnis ergab sich aus meinem Studium der amerikanischen Geschichte. Sie lief darauf hinaus, dass der Wechsel zwischen Isolationismus und Imperialismus ein offenbar unausrottbarer Grundzug der US-Außenpolitik ist. Das sehe ich heute noch immer so: Von George Washington bis Joe Biden sind die Vereinigten Staaten Mal für Mal von dem einen Extrem zu dem anderen mäandert.

Der Isolationismus begann mit dem ersten Präsidenten, George Washington. Wohl hatten die Franzosen den amerikanischen Unabhängigkeitskrieg gegen die Briten unterstützt, doch nach der Französischen Revolution verweigerte Washington Paris jeglichen Beistand gegen Großbritannien. In seiner »Farewell Address« ermahnte er Amerikas Politiker, »dauerhafte Bündnisse mit der auswärtigen Welt« zu vermeiden. Sein Nachfolger Thomas Jefferson nahm dies in seine Antrittsrede auf; seine Leitlinie war »peace, commerce and honest friendship with all nations, entangling alliances with none« – Frieden, Handel, aufrichtige Freundschaft mit allen Nationen, bindende Allianzen mit keiner.

Bis zum Ende des 19. Jahrhunderts waren die Amerikaner damit beschäftigt, die »frontier«, ihre Siedlungsgrenze, an den Pazifik vorzuschieben. Das ehemals mexikanische Texas annektierten sie 1845, und im Krieg 1846–48 nahmen sie Mexiko das riesige Gebiet der heutigen Bundesstaaten Kalifornien, New Mexico, Arizona, Utah und Colorado ab. Kalifornien wurde schon 1850 Bundesstaat, der Rest des »Far West« wurde um die gleiche Zeit zu »territories« erhoben, der Vorstufe zum Bundesstaat. Hinter der entschlossenen Landnahme und der gewaltsamen Verdrängung der Indigenen stand die These von der »Manifest Destiny«, einer schicksalhaften Bestimmung, im göttlichen Auftrag bis an den Stillen Ozean zu expandieren. Bald jedoch globalisierten die USA ihr Sendungsbewusstsein und stürzten sich in den Imperialismus.

Um die Jahrhundertwende nahmen sie die bis zwei Jahre zuvor spanischen Philippinen unter ihre Kolonialverwaltung, annektierten Hawaii, setzten sich in Panama fest und machten die Karibik zu ihrem Hinterhof. Nach anfänglicher Neutralität traten sie 1917 in den Ersten Weltkrieg ein und spielten bei den Versailler Friedensverhandlungen eine herausragende Rolle.

Der von Präsident Woodrow Wilson vorgeschlagene Völkerbund verfiel jedoch im Kongress der Ablehnung. Es folgten zwei Jahrzehnte des Isolationismus und der Neutralität, denen erst Japans Angriff auf Pearl Harbor und Hitlers Kriegserklärung im Dezember 1941 ein Ende setzten. Nach dem Sieg über Japan und Deutschland begann jene Epoche des Internationalismus, immerhin sieben Jahrzehnte, der Donald Trump den Rücken kehrte, bevor Joe Biden zwar nicht das »America First« seines Vorgängers beendete, wohl aber dessen »America Alone«.

Noch in North Manchester legte ich Anfang April 1951 im Büro des Dekans den elfstündigen »Entrance and General Education Test« für die University of Chicago ab. Nach wenigen Wochen erhielt ich die Mitteilung, dass ich die Prüfung bestanden habe, obwohl mir in Biologie und Physik Defizite bescheinigt wurden. Zugleich kam jedoch der mich sehr erleichternde Bescheid, dass mir ein Stipendium von 416 Dollar gewährt worden sei; das deckte zwei Drittel der Studiengebühren für das ganze akademische Jahr. (Ich finde es unerhört, dass sich die »tuition fees« an Eliteuniversitäten heute auf unverschämte 60 000 Dollar jährlich belaufen können, was die Studierenden in üble Verschuldung treibt; dabei hat zum Beispiel Harvard ein Stiftungsvermögen von rund 42 Milliarden Dollar, mehr als jede andere Universität). Das Manchester College setzte mich auf die Honor Roll und sprach mir für »high achievement in scholarship« auch noch ein Stipendium von 50 Dollar zu. Glücklich und nicht ohne Stolz nahm ich Abschied.

Das herausragende Ereignis der folgenden drei Monate Semesterferien war eine Autoreise mit der befreundeten Familie Barrett quer durch die Staaten bis an den Pazifik und wieder zurück. Was ich in den Geschichtskursen in Manchester gelernt hatte, hier wurde es lebendig, erfahrbar, erlebbar. In unserem Buick folgten wir den Spuren der Pioniere nach St. Louis, wo ich an Old Shatterhands Büchsenmacher und seinen Henrystutzen denken musste.

Tags darauf erhielt ich in Arnold, Missouri, eine eindringliche Geschichtslektion. Es heißt ja, dass 46 Millionen Amerikaner einen deutschen Hintergrund hätten, darunter auch Donald Trump, dessen Großvater aus dem Pfälzer Saumagendorf Kallstadt stammt. In dem kleinen Prärie-Weiler Arnold wurde mir bei einem Spaziergang zu dem katholischen Kirchlein auf einem nahen Hügel das Schicksal der deutschen Auswanderer vor Augen geführt.

Der Kirchhof sah aus wie alle amerikanischen Friedhöfe: kurz geschorener Rasen zwischen den Reihen von Grabsteinen. Ich war erstaunt, als ich die verwitterte Inschrift auf einem entzifferte, deutsche Worte: »Hier ruht in Gott Elisabeth Konert, geb. 1855, gest. 1872.« Auf dem nächsten Grabstein stand »Peter Hampel, geb. im Jahre 1802, gest. 1869. Gott gebe ihm die ewige Ruhe.« Als ich die Reihe entlangschritt, las ich lauter deutsche Namen: Ferdinand Schlecht, Lorenz Winter, Rieser, Ulrich, Schneider, Haberberger, Spitz. Um die Jahrhundertwende waren die meisten Inschriften schon auf Englisch geschrieben. »Lena Haberberger, born 1883, died 1918«, hieß es nun. Auch die Namen waren zum Teil anglisiert, Schneider zu Snider und Rieser zu Reeser geworden.

Und ganz am Ende des Kirchhofs fand ich das Grab von »Private Walter Geringer, C Company, 18th Regiment Inft. 1st Div., killed in action, Normandy« – gefallen am 6. Juni 1944, dem ersten Tag der alliierten Landung in Frankreich. In achtzig Jahren waren aus den deutschen Auswanderern Amerikaner geworden, die ihrem Land »das letzte, volle Maß an Aufopferung« gaben, wie Lincoln es in Gettysburg ausgedrückt hatte.

Von Arnold ging es weiter nach Little Rock, Hot Springs, El Paso und durch die immense Weite von Texas über Dallas und Fort Worth nach Arizona. Verstörend, erschreckend, faszinierend der »Boothill Graveyard« in Tombstone. Boothill – Stiefelberg –, weil die meisten der 250 dort Begrabenen in ihren Stiefeln starben, in *shootouts* à la Gary Cooper in *High Noon*, aus dem Gefängnis herausgeholt und gelyncht oder wie George Johnson laut Grabinschrift »HANGED BY MISTAKE 1882« (Auf dem Stein steht auch die Erklärung zu lesen: »HE WAS RIGHT – WE WAS WRONG – WE STRUNG HIM UP AND NOW HE'S GONE«.) Die wilde Schießerei zwischen dem Sheriff Earp mit vier berüchtigten Bösewichtern am 27. Oktober 1881, eine halbe Minute lang, acht Beteiligte, dreißig

Kugeln, drei Tote, ist in den Katalog der amerikanischen Gründungsmythen eingegangen.

Dann zum ersten Mal Las Vegas, das Spielhöllenzentrum der Welt, zum ersten Mal auch der Grand Canyon, wenigstens am obersten Rand, schließlich Los Angeles. Ein paar Tage dort: Sunset Boulevard, Walk of Fame, Paramount Pictures, ein Interview bei der NBC-Sendung *Citizen News*, ein zweites in der ABC Talkshow *MacElroy*. Faszinierend wieder ein Friedhof, der »Forest Lawn Memorial Cemetery«. Ich stand vor vielen Grabmälern amerikanischer Leinwandstars, wanderte durch die Gedenkhallen mit ihren Marmorgrüften und in den schließfachartigen Urnenwänden. Eine Inschrift, alles in Großbuchstaben, hat mich durchs ganze Leben begleitet:

LIVES OF GREAT MEN ALL REMIND US
WE CAN MAKE OUR LIVES SUBLIME,
AND DEPARTING LEAVE BEHIND US
FOOTPRINTS IN THE SAND OF TIME.

In San Francisco stürzten wir uns in das bunte, lärmige Leben der Chinatown, bestaunten die Golden Gate Bridge und umfuhren mit einem Ausflugsboot mulmigen Gefühls die Zuchthausinsel Alcatraz, in deren Hochsicherheitsgefängnis Al Capone gesessen hatte; erst 1963 wurde die berühmteste Vollzugsanstalt der Welt geschlossen. Von dort ging es 300 Kilometer zum Yosemite Park mit seinen fast 4000 Meter hohen Felswänden, den uralten Red Woods und Riesenmammutbäumen und unzähligen Wasserfällen. In der Touristensaison gab es damals auch noch den abendlichen »firefall«, eine Wolke aus glimmender Holzasche, die nach dem gellenden, vom zigfachen Echo verstärkten Kommando »Let the fire fall« wie ein glühender Wasserfall tausend Meter vom Glacier Point ins Tal fiel.

Danach noch ein Abstecher in die Mormonen-Metropole Salt Lake City, um den Heiligen der Letzten Tage im Temple Square unsere Reverenz zu erweisen; schließlich drei Tage erst durch endlose Weiden, dann durch noch endlosere goldgelbe Weizenfelder zurück nach Indiana.

Die zehntausend Kilometer durch Amerika waren ein unvergessliches Erlebnis. »Roughing it« war unser Vorsatz gewesen, auf die billige Tour zu reisen. Mehr als 120 Dollar hat mich die Reise samt Souvenirs und Farbfilmen denn auch nicht gekostet. Noch waren Motels und »fast food shops« mehr als erschwinglich; ein Zimmer in einem Motel, in dem wir alle Platz fanden, kam nur auf dreizehn Dollar die Nacht, die Gallone Benzin (1,79 Liter) auf ganze einundzwanzig Cents.

Der Rest des Sommers war harte Arbeit. Sechs Wochen lang schmirgelte und polierte ich bei Adams & Westlake in Elkhart, Indiana, Aluminium-Fensterrahmen für das neue Alcoa-Hauptquartier in Pittsburgh, zehn, zuweilen auch zwölf Stunden am Tag und sechs Tage die Woche; kein Wunder, dass ich abends krumm und lahm war. Der Stundenlohn lag bei 2,20 Dollar, wobei eine bestimmte Stückzahl vorausgesetzt wurde; zusätzliche Ablieferung (»piece work«) wurde extra vergütet. Da ich so viel wie möglich verdienen wollte, legte ich mich ins Zeug. Freilich kam schon bald der »Shop floor«-Beauftragte der Gewerkschaft und ermahnte mich: Ich verdürbe den Durchschnitt. Also arbeitete ich langsamer und hatte mein Wochensoll meist schon am Donnerstagmittag erfüllt.

Mein letzter Gehaltsscheck trug das Datum 26. September 1951. In sechs Wochen brachte ich es immerhin auf 630 Dollar; insgesamt im Sommer auf 716 Dollar, wovon Uncle Sam allerdings 110 Dollar an Steuern abzwackte. Mein Zimmer bei der freundlichen Witwe Myers kostete mich täglich nur einen Dollar Miete, und von Hotdogs (15 cents) und Hamburgern (25 cents) ernährte ich mich frugal und billig.

So konnte ich 350 Dollar sparen, was mich bis Weihnachten finanziell unabhängig machte. Vom ersten Wochenlohn kaufte ich mir für 22 Dollar einen kleinen Plattenspieler, nicht elektrisch angetrieben, sondern zum Aufziehen, und die erste 45er-Platte, auf der einen Seite Mozarts Violinkonzert in A-Dur, Elgars »Pomp and Circumstance« auf der anderen. In Manchester hatte ich klassische Musik schätzen gelernt; zu Hause hatte es ja allenfalls Militärmärsche zu hören gegeben. Wenn ich mich nach der Arbeit todmüde aufs Bett warf, weckte Mozart meine Lebensgeister wieder.

Chicago: Startrampe ins Leben

Am 29. September, einem herrlichen Herbsttag mit warmem Sonnenschein, goldbraunen Farben und klarer Luft, trudelte ich in Chicago ein. Im International House (Motto: »That Brotherhood May Prevail«) an der 54. Straße bezog ich das winzige Zimmer 745, ein Kabuff für zwei, kaum 15 Quadratmeter groß, Miete pro Person und Trimester 55,50 Dollar. Mehr als ein doppelstöckiges Bett, ein Schreibtisch, zwei Stühle, ein Schrank und eine Stehlampe passten nicht hinein; zu Bad und Toilette ging es zehn Meter über den Flur.

Mit meinem Zimmergenossen, dem Medizinstudenten Charles Samuel Fein aus Los Angeles, kam ich prächtig aus; der Spross einer jüdischen Familie ließ mich nicht ein einziges Mal spüren, dass der Umgang mit einem Deutschen, einem Menschen aus dem Lande des Nationalbestialismus, ihm eigentlich nicht zuzumuten war. Gern erzählte er mir jiddische Witze. Er erkrankte jedoch nach wenigen Wochen am Pfeiffer'schen Drüsenfieber und musste Chicago verlassen.

An seiner Stelle zog der Wiener Gerald Stourzh bei mir ein, der ebenfalls Geschichte und Internationale Beziehungen studierte (später schrieb er preisgekrönte Biografien über Benjamin Franklin und Alexander Hamilton, wurde Professor, lehrte in Berkeley, an der Freien Universität Berlin und in Wien, wo er auch die Österreichische Gesellschaft für Außenpolitik und internationale Beziehungen gründete). Er sollte in meinem Leben noch eine wichtige Rolle spielen.

Meine Fächer waren Zeitgeschichte, Internationale Beziehungen, Politische Wissenschaften, Geschichte Asiens. Ich hörte neun Vorlesungen die Woche – bei lauter Koryphäen, unter anderem bei Hans Morgenthau, Hans Rothfels, Leo Strauss, Quincy Wright, Donald Lach. Selten habe ich so viel wissenschaftliche Lektüre so gierig verschlungen. Wenn ich nicht in der Vorlesung saß, las ich in der Bibliothek oder nächtens am Schreibtisch; unter anderem ackerte ich mich durch Winston Churchills fünfbändige Geschichte des Zweiten Weltkriegs. Zum Glück arbeitete Gerald Stourzh am liebsten während des Tages, ich aber war ein eingefleischter Nachtarbeiter.

Die Ansichten Morgenthaus, des Vordenkers der klassischen Realpolitik, haben mich in vieler Hinsicht geprägt, vor allem sein Hauptwerk *Politics Among Nations*. Alle Politik, ob innere oder auswärtige, ist nach seiner Überzeugung Kampf um Macht; Geschichte sei der Schauplatz ewiger Macht- und Interessenkonflikte. Das Primat der Außenpolitik gegenüber der Innenpolitik leitete er aus der Überlegung ab, dass nur sie das Überleben der Staaten und den ungestörten Verfolg ihrer politischen und wirtschaftlichen Interessen sichern kann. Er hielt nichts von moralischem Universalismus, sondern verurteilte sowohl den amerikanischen Isolationismus als auch den amerikanischen Exzeptionalismus, der alle Welt mit Demokratie und Kapitalismus zu beglücken sucht. Für Pazifismus hatte er nichts übrig, da dieser nur Despoten zu aggressivem Verhalten ermutige.

Andererseits aber warnte er auch davor, Machtpolitik zu sehr auf den Einsatz von Militär abzustellen. Dies erklärt, warum der Realpolitiker Morgenthau einer der schärfsten Kritiker des Vietnamkrieges wurde. Interessen bedeuteten ihm mehr als Ideologien, in denen er nur die Bemäntelung oder Verkleidung machtpolitischer Ziele sah. Doch ging es ihm nicht nur um das Konzept der Macht, sondern ebenso um die Notwendigkeit des Friedens.

Er war kein amoralischer Machtzyniker. »Power« und »Peace« waren seine Leitthemen. Im Zeitalter der Atomwaffen, »der größten Zusammenballung der Macht je«, ist die Bewahrung des Friedens zum obersten Anliegen aller Nationen geworden, befand Morgenthau. Ich habe ihn noch viele Jahre immer wieder getroffen, in New York, Bologna oder auch in Berlin, wo ihm 1975 das Große Bundesverdienstkreuz verliehen wurde. Sein Denken war mir immer präsent. Meinem Freund Dieter Arfs schrieb ich nach dem zweiten Trimester bei Morgenthau: »Ich werde nie wieder mit denselben unschuldigen Augen wie zuvor in die Pandora-Büchse der Politik blicken können.«

Wichtig und richtungsweisend wurde mir in Chicago auch der Historiker Hans Rothfels, bei dem ich allgemeine Geschichte hörte und der dann, nach Tübingen zurückgekehrt, mein Doktorvater wurde. Er hatte 1948 das erste Buch über den Widerstand veröffentlicht: *Die deutsche Opposition gegen Hitler*, wobei er auch die Weiße Rose der Geschwister Scholl und die Rote Kapelle der Harnacks neben den Männern vom 20. Juli nicht unterschlug. Im letzten Absatz zitierte er Marion Gräfin Dönhoff, die er aus seiner Königsberger Zeit kannte: Die Widerständler seien »weit mehr als nur die Antipoden von Hitler und seinem unseligen System; ihr Kampf ist neben der aktuellen Bedeutung für das Zeitgeschehen unserer Tage auf einer höheren Ebene der Versuch gewesen, das 19. Jahrhundert geistig zu überwinden«. Im Letzten kam es ihnen darauf an, den »Menschen frei zu machen von allen Vorurteilen und vor ihm wieder die echte Humanitas, das wahre Bild des Menschen, in seiner Würde und seinem Stolz aufzurichten«.

Es war das erste Mal, dass ich dem Namen der Gräfin begegnete. Fünf Jahre später holte sie mich zur *Zeit*. Rothfels und Theodor Eschenburg hatten mich nachdrücklich empfohlen.

Vom Völkerrecht, das ich bei Quincy Wright hörte, blieb nicht viel hängen; ich verfolgte es auch nicht weiter. Englische Geschichte, gelesen von dem Oxford-Professor Alistair Moffat, fand ich eher anstrengend, doch immerhin lernte ich die historischen Hintergründe und Untergründe der Irland-Frage verstehen (nur die Schleswig-Holstein-Frage ist wohl noch komplizierter).

Im Seminar von Friedrich Hayek ging es um den Liberalismus. Seine Argumente gegen Staatssozialismus, Kollektivismus und Planwirtschaft fand ich im Lauf meines Lebens vielfach bestätigt. Doch schlug sein Liberalismus in einen radikalen »Laisser-faire«-Liberalismus um. Er wurde zum Neoliberalen, der das Konzept der »Sozialen Marktwirtschaft« ablehnte (und sich sogar zur Verteidigung des chilenischen Diktators Pinochet verstieg). Dem konnte ich nichts abgewinnen. So schlug ich mich in meiner Einstellung zur Wirtschaftspolitik auf die Seite von John Maynard Keynes, seinem theoretischen Gegenspieler in der Oxforder Zeit.

Dauerhaft dankbar bin ich indessen Donald Lach, dem Autor des grandiosen dreibändigen Werks *Asia in the Making of Europe, 1500–1800*. Er gab meinem Interesse an Asien eine solide historische Fundierung; auch las er den ersten Entwurf meiner Magisterarbeit über die deutsch-japanischen Beziehungen und machte mir Mut, an dem Thema zu bleiben.

In die Denkwelt von Leo Strauss, bei dem ich im Machiavelli-Seminar saß, konnte ich mich nur schwer hineinfinden. Er war ein Philosoph alter Schule, ein Vorsokratiker, der die Aufklärung ablehnte und die Ungleichheit der Menschen für naturgegeben hielt, dem Liberalismus, Pluralismus und Relativismus rote Tücher waren und der hierarchische Ordnung, Herrschaft und Täuschung der Bürger durch die Eliten über alles stellte.

Zu praktischen Problemen der Innen- und Außenpolitik hat er sich jedoch nie geäußert; er blieb immer der Philosoph. Zu Unrecht haben sich daher die amerikanischen »Neocons« – William Kristol und Robert Kagan als Autoren, Paul Wolfowitz und Richard

Perle als politisch Handelnde – auf ihn berufen, als sie nach den
Terroranschlägen vom 11. September 2001 eine moralisch begründete Kriegsführung zur Demokratisierung der Welt und der Durchsetzung von Regimewechseln forderten.

Auf dem Campus der University of Chicago trieben sich zu jener Zeit ständig die Kommunisten-Schnüffler des Senators Joseph McCarthy herum, unter seinen Ermittlern zeitweise auch der junge Robert Kennedy. In den Jahren 1950–1954 sah McCarthy überall landesverräterische Unterwanderung. Politiker, Beamte, Journalisten und Künstler verdächtigte er des Sympathisantentums mit dem Kommunismus. Ohne je Beweise vorzulegen, stellte er Tausende öffentlich an den Pranger und drängte sie damit aus ihren Ämtern, Wirtschaftsposten und Hollywood-Karrieren. Kein Wunder, dass wir Studenten alle »liberals« waren. Den Universitätspräsidenten Robert Hutchins, den großen Menschenbildner, wussten wir auf unserer Seite.

Die »Red Scare«, die Rote Angst, erschütterte das Land. Das war schon in der Präsidentschaft von Dwight D. Eisenhower. Dem General – Kriegsheld in Europa, dann Präsident der Columbia University, 1950 erster NATO-Oberbefehlshaber und nun Kandidat fürs Weiße Haus – hatte ich 1952 beim Wahlkonvent der Republikaner im Sommer 1952 als Aushilfskellner- im Bismarck-Eitel-Hotel Eiswasser eingießen dürfen. Als McCarthy auch Minister in »Ikes« Kabinett kommunistischer Umtriebe zieh, zog der Präsident gegen ihn vom Leder. Endgültig legte der Supreme Court dem Senator 1954 das ruchlose Handwerk.

Eigentlich trug ich mich mit der Absicht, mit einer Arbeit über die künftige deutsche Wiederbewaffnung meinen Magister zu machen. Aber dann fand ich im Midwestern Inter-Library Center einen Sommerjob, der meinen Plan veränderte. Buchstäblich mit der Brechstange erschloss ich mir den Zugang zu einem der großen Themen meines künftigen Lebens: Asien. Mit Hammer und Brechstange nämlich musste ich riesige Holzkisten öffnen. Sie enthielten die Protokolle des Tokioter Kriegsverbrecherprozesses, des Gegenstücks zu den Nürnberger Prozessen. Ich las mich fest in den Dokumenten über die deutsch-japanischen Beziehungen während des Dritten Reichs. Sie fesselten mich über die Maßen, daher ließ ich ab vom Thema Wiederbewaffnung.

In Chicago schrieb ich noch den 87-seitigen Entwurf einer Master-Arbeit zum Thema Deutschland-Japan. Indes gab es dann Schwierigkeiten mit der Visumsverlängerung; nach zwei Jahren musste ich zurück – wie alle, deren Überfahrt das State Department bezahlt hatte. Jahre später promovierte ich in Tübingen bei Hans Rothfels über *Deutschland und Japan zwischen den Mächten, 1935–1940*; der Mitberichterstatter war Theodor Eschenburg.

Vor siebzig Jahren in Chicago konnte ich mir mein zukünftiges Asien-Engagement noch nicht einmal ansatzweise vorstellen, wie überhaupt der Aufstieg, besser: der Wiederaufstieg Asiens noch weit jenseits aller Vorstellungskraft lag. Selbst das japanische Wirtschaftswunder, das in den 1960ern begann, öffnete uns ja noch nicht die Augen. Als ich im Sommer 1951 das erste Mal den Pazifik gesehen hatte, schrieb ich einer Freundin zwar: »Der Pazifik ist mehr oder weniger die Endstation menschlicher Geschichte. Die Wanderung, die vor Jahrtausenden irgendwo am Baikalsee oder am Kaspischen Meer begann, der wir die Kulturen Babyloniens, Assyriens, und Ägyptens, die Glorie Griechenlands, die Größe Roms und den Glanz des Abendlandes verdanken, findet hier ihren Endpunkt. Von hier kann es nur noch ein Zurück geben« – nach Asien. Es dauerte freilich noch ein Vierteljahrhundert, bis es so weit war.

Das Leben im International House machte mir Spaß. »Friday Frolics«, wo geswingt und Tango getanzt wurde. Walzertanz am Sonntagabend. Einmal im Trimester Open House, da durften die Mädchen aus ihrem Turm in den Turm der Männer kommen. Feuchtfröhliche Abende in den Verbindungshäusern der einen oder anderen »Fraternity«. Jeden Sonntagvormittag Briefeschreiben bei klassischer Musik, Kaffee und »Danish pastry«; unterhalten durfte man sich dabei nicht. Montagabends ausländische Filme.

Dann überhaupt Chicago, »The Windy City«: Im Winter zwang der eisige Ostwind die den Verkehr regelnden Polizisten, sich mit Seilen an den Hydranten festzubinden, um nicht fortgeblasen zu werden. Jede Menge Attraktionen: grüne Parks, einladende Strände, fesselnde Museen und die – inzwischen längst aufgelassenen – »Union Stockyards«, aus denen der Westwind an Schlachttagen Schwaden süßlichen Geruchs über den Campus trieb, wo es aber auch für einen Dollar ein T-Bone-Steak von Klodeckel-Ausmaß gab (ansonsten konnten wir uns beim Chinesen gegenüber der Masaryk-Statue für fünfzig Cents den Bauch mit Chopsuey vollschlagen).

Dazu die avantgardistische Architektur: Einfamilienhäuser von Mies van der Rohe und Frank Lloyd Wright ganz in der Nähe, der Sears Tower – heute Wills Tower – in der Stadtmitte, damals das höchste Gebäude der Welt; nach der Feuersbrunst von 1871, die hunderttausend Menschen obdachlos machte, hatten die Chicagoer gelernt, in die Höhe zu bauen. Und Musik natürlich: in den Blues-Kneipen der Maxwell Street, aber auch in der Orchestra Hall, wo Bruno Walter Bach und Beethoven, Mozart und Hindemith dirigierte.

Als ich Chicago verließ, ging mir vieles durch den Kopf. Freunde von der pazifistischen Brüderkirche fragten mich, da ich doch internationale Beziehungen studiert hätte, nach den Aussichten für eine Weltföderation. Eine schöne Idee, gab ich zur Antwort, die aber nicht durch einen Federstrich oder einen Willensakt zu verwirklichen sei. Meine Begründung:

»Die modernen Nationalstaaten sind das Produkt mühsamer und langwieriger psychologischer, soziologischer und machtpolitischer Prozesse. In diesen Staaten herrscht ein vernünftiger Grad von Gesetz, Ordnung und Frieden. Denselben Zustand auf der internationalen Bühne herzustellen setzt voraus, dass dort die nötigen

Bedingungen gegeben sind: ein Gefühl der Zusammengehörigkeit, Gleichheit aller vor dem Gesetz und eine zentrale, die Gesetze durchsetzende Gewalt. Nichts davon ist derzeit gegeben, und nichts davon kann unter den derzeitigen Bedingungen erreicht werden.

Einen Weltstaat wird es erst geben, wenn einmal Weltfrieden geschaffen ist. Wollten wir das Pferd beim Schwanz aufzäumen, wäre Bürgerkrieg in der Weltgemeinschaft unausweichlich. So betrüblich dies sein mag – ich sehe keinerlei Anzeichen dafür, dass sich Staaten moralischer, ethischer, altruistischer verhalten werden als Individuen. Anstatt unrealistischen Idealvorstellungen nachzujagen, sollten wir uns lieber an die Einsicht halten, dass das Prinzip der Souveränität weiterhin das Leitprinzip der Nationen sein wird. Ein Zusammenwirken oder gar Zusammenwachsen wird nur möglich sein, wenn es jeweils im aufgeklärten Eigeninteresse liegt – und auch dann wird es schwer genug fallen.«

Den Europäern allerdings müsse es gelingen, war meine Ansicht. Seit meinem Abitur hatte sich da Hoffnungsvolles begeben. Am 9. Mai 1950 hatte der französische Außenminister Robert Schuman zu Versöhnung und Zusammenwachsen in Europa aufgerufen, um die ewigen Konflikte der Nationalitäten und Nationalismen – besonders zwischen Frankreich und Deutschland – zu überwinden. Daraus entstand 1951 die erste der europäischen Gemeinschaften, die Kohle- und Stahlgemeinschaft oder auch Montanunion. Im Manchester College hatte ich sehr wohl wahrgenommen, dass einige Hundert kühne Altersgenossen aus neun europäischen Ländern am deutsch-französischen Grenzübergang zwischen Bobenthal und Wissembourg sich auf die Grenzanlagen gestürzt, die Zolltafeln abgerissen und die Schlagbäume verbrannt hatten. An Europas Einigung, nahm ich mir vor, würde ich publizistisch mitzuwirken suchen.

Für uns junge Deutsche war dies der Beginn eines langen Weges – des einzigen Weges, der Deutschland nach der Nacht der Hitler'schen Barbarei aus Schande, Erniedrigung und Hoffnungslosigkeit herausführen konnte. Wir wussten: Gute Deutsche würden wir nur sein können, wenn wir zugleich gute Europäer würden. Der Wiederaufstieg Deutschlands als Nation erschien uns denkbar nur im europäischen Rahmen. Wir haben auch stets gewusst, dass die Teilung Deutschlands sich nur werde überwinden lassen, wenn zugleich die Teilung Europas überwunden würde. Und wir waren uns immer bewusst, dass der Achtzig-Millionen-Staat der Deutschen seinen Nachbarn nur zumutbar erscheinen würde, wenn er sich einfügte in die überwölbende Gemeinschaft eines vereinten oder sich vereinigenden Europas. Wobei wir Europa-Inspirierten damals nicht wahrhaben wollten oder konnten, dass keineswegs unsere ganze Nachbarschaft so wenig national dachte wie wir.

Mit solchen Gedanken im Kopf, unausgegoren noch, aber nicht gänzlich abwegig, trat ich die Rückreise nach Deutschland an.

Eigentlich dachte ich, dass ich so schnell nicht wieder in die Vereinigten Staaten kommen werde. Doch 1960 – ich war schon bei der *Zeit* – lud mich Henry Kissinger ein, an seinem International Summer Seminar an der Harvard University teilzunehmen. Auch damals fuhr ich noch zu Schiff nach Amerika und zurück, ein unbeschreiblicher Luxus. Die Flugreise dauerte immer noch 18 bis 22 Stunden und war mit Zwischenlandungen in Shannon (Irland) oder Gander (Neufundland) eher beschwerlich. Aber dann kam der Düsenverkehr richtig in Gang; die Flüge wurden schneller, die Flugzeiten kürzer; die Amerika-Reisen häuften sich. Inzwischen muss ich achtzig- oder hundert- oder hundertzwanzigmal »drüben« gewesen sein; irgendwann habe ich mit dem Zählen aufgehört.

Ich denke zurück an unendlich viel Schönes: vierzehn Tage Schlauchboot-Rafting mit meinen vier Söhnen auf dem Colorado, Ausritte im Hochgebirge rings um Aspen, strahlende Sommersonntage auf Cape Cod und frostklare Winterwochenenden in Upstate New York. Bilder steigen in mir auf: Joggen entlang des Potomac oder im Central Park, Segeln in der Bucht von San Francisco, Konzerte in der National Gallery oder in der Carnegie Hall und unvergessliche Gesangsabende der jungen Joan Baez in einer Harvard-Kneipe. Ich erinnere mich gern und oft vieler Konferenzen, Symposien und Seminare. Und ich weiß all die Bekanntschaften, die Freundschaften mit vielen großartigen Menschen zu schätzen, die mir über die Jahre und Jahrzehnte hinweg in den Staaten begegnet sind. Wie so manchen meiner Altersgenossen war mir Amerika ein Stück des eigenen Lebens geworden.

Umso betrüblicher empfinde ich die Entwicklung, welche die Vereinigten Staaten und das amerikanische Volk mittlerweile genommen haben. Die fortschreitende Polarisierung zersetzt den gesellschaftlichen Zusammenhalt, das Schwanken zwischen missionarischem Ausgreifen und Rückzug ins eigene Schneckenhaus untergräbt Amerikas Führungsfähigkeit wie seine Vorbildrolle. Die Rüpelhaftigkeit, Sprunghaftigkeit und Unzuverlässigkeit des Präsidenten Donald Trump sprengte die Weltordnung auseinander, die seine Vorgänger geschaffen hatten – eine Weltordnung, in der sich die Freunde der USA trotz gelegentlicher Differenzen sicher und wohlfühlen durften. Joe Biden zeigte nach seiner Amtseinführung guten Willen, der Welt wieder ein umgänglicheres Amerika zu präsentieren, aber wer weiß schon, welchen *America Firster* das zerrissene Wahlvolk das nächste Mal ins Oval Office entsendet?

Das Deutschland, in das ich 1952 zurückkam, war ein anderes als jenes, das ich drei Jahre zuvor verlassen hatte. Die Demokratie hatte Wurzeln geschlagen. Das beginnende Wirtschaftswunder machte allen Hoffnung. Die deutsche Teilung verfestigte sich zwar, aber die Bundesrepublik fand auf ihrem Weg in den Westen zusehends Anerkennung, Halt und Selbstbewusstsein. Sie entwickelte sich zum demokratischsten, wohlhabendsten, sozialsten, menschlichsten, achtbarsten und liebenswertesten Staat, den wir Deutsche je besaßen. Nicht nur dem jungen Theo Sommer, der nun seine journalistische Laufbahn begann, die ihn von der Lokalredaktion der *Rems-Zeitung* an die Spitze der *Zeit* führte, nein: seiner ganzen Generation bot sie die Chance, in Frieden und Freiheit ein Leben aufzubauen, von dem noch die Eltern und Großeltern nicht zu träumen wagten. Wir haben angepackt, und es hat sich gelohnt.

Heirat ad hoc

Hier muss ich einen persönlichen Einschub nachtragen: Ich kam nicht allein nach Deutschland zurück. Zwei Wochen vor meiner Heimreise hatte ich die Griechin Elda Tsilenis geheiratet, um sie vor der Auslieferung nach Griechenland und einer zwanzigjährigen Haftstrafe zu retten.

Noch drei Monate zuvor hatte ich nicht die geringste Ahnung von dieser Idee, geschweige denn die Absicht, mich zu verheiraten. Ich führte das Leben eines Einundzwanzigjährigen, der Flirts liebte und Dates genoss. Am 20. März 1952 schrieb ich an meinen Freund Dieter Arfs: »Die Antwort auf die Frage, ob ich Sex als *art pour l'art* gernhabe, habe ich bis jetzt immer noch nicht gefunden. Wenn ich an meiner Arbeit intensiv interessiert bin, kann ich zeitweilig ganz vergessen, dass es zweierlei Menschen gibt. Aber dann wieder habe ich Zeiten, wo ich drei Mädchen auf einmal habe – eine zum Tanzen, eine zum geistvollen Konversieren und eine für die sinnlicheren Aspekte erotischen Zeitvertreibs. Anscheinend habe ich sehr wenig Eignung – und auch nicht übermäßig viel Neigung – für eine geregelte monogame Lebensweise, und ich scheine absolut nicht das Material zu sein, aus dem Ehemänner gebaut werden.«

Meine Befindlichkeit im Frühjahr 1952 lässt sich an diesem Brief gut ablesen. Eine baldige Heirat fasste ich nicht ins Auge, da ich meine Ambitionen verwirklichen wolle. »Ich kann noch ein Jahrzehnt warten, wenn es sein muss«, schrieb ich meinen Eltern.

An der University of Chicago arbeiteten wir alle sehr hart, waren eingedeckt mit Studienarbeiten bis über beide Ohren, oft bis vier oder fünf Uhr morgens. Ich saß an einem 90-seitigen »term paper« über deutsch-japanische Beziehungen, das meine Magisterarbeit werden sollte. Außerdem wollte ich in den Semesterabschlussprüfungen wieder einen kompletten »A record«, also nur Einsen.

Am 10. Februar fiel mir beim »Waltzing« zum ersten Mal eine hübsche Griechin auf. Sie hieß Elda Tsilenis, war studierte Chemieingenieurin der Athener Polytechnischen Hochschule, hatte ein zusätzliches Studium als Bakteriologin am Illinois Institute of Technology im März 1951 mit dem Master of Science abgeschlossen und arbeitete danach weiter als Angestellte im Laboratory of Vitamin Technology der Universität in Chicago. Sie war die beste Tänzerin im Saal, und wir flogen nur so im Dreivierteltakt über das Parkett.

Am Sonntag darauf, so steht es in meinem alten Taschenkalender, tanzten wir wieder miteinander, und an den meisten folgenden Wochenenden auch. Öfters gingen wir auch ins Surf-Kino; wir sahen *Rashomon*, *Singing In the Rain* und *The Man in the White Suit*. Einmal waren wir in Hinsdale reiten. Aber eine ernstere Beziehung, eine Affäre oder gar Heiratsabsichten hatten wir nicht. In einem Brief schrieb sie viele Jahre später: »Ich war verliebt in einen hübschen, klugen, sehr unterhaltsamen, freundlichen Deutschen, einen sehr guten Walzer-Tänzer. Aber mehr als ein Flirt kam mir nie in den Sinn.«

Am 23. April findet sich in meinem Kalender der Eintrag: »With Elda at the Surf.« Aber dann hörten die Einträge abrupt auf. Bis zum Jahresende blieb der Kalender leer.

Der Grund ist einfach: Elda erzählte mir, dass die konservative griechische Regierung sie angeklagt hatte, da sie während des griechischen Bürgerkriegs als Angehörige einer kommunistischen Gruppe angeblich ihren Chemie-Professor ans Messer geliefert habe. Es war dies in den Jahren des griechischen Bürgerkriegs (1947–1949). Ihm folgte von 1959 bis 1962 der Ausnahmezustand, in dem die konservative Regierung unzählige politische Prozesse führte, Todesurteile fällte und 22 000 Personen die Staatsbürgerschaft aberkannte.

Heirat ad hoc

Elda war eines der Justizopfer. Sie wurde im Namen von Paul, dem König der Hellenen, am 4. November 1948 von einem Sondergerichtshof zu zwanzig Jahren Haft verurteilt – *in absentia*, denn sie war seit Oktober 1947 in Amerika. Konkrete Anklagepunkte wurden nicht erhoben; das Urteil gründete allgemein auf einer Übertretung des Paragrafen 2 des Sicherheitsgesetzes 509/1947. Ihr Pass lief am 30. April 1949 ab. Eine Verlängerung lehnte die griechische Botschaft in Washington ab, vielmehr verlangte sie Eldas Auslieferung.

Da sie das Athener Urteil für an den Haaren herbeigezogen hielt, stellte Elda einen Antrag auf Asyl in den Vereinigten Staaten, der jedoch ebenfalls der Ablehnung verfiel. Ohne gültigen Pass war sie in den USA damit eine »Illegale«. Im Juni sollte sie in Abschiebehaft genommen werden, vermochte sich aber, von Kommilitonen gewarnt, der Festnahme zu entziehen.

Nach Griechenland konnte sie nicht zurück, in Amerika durfte sie jedoch nicht bleiben. Nächtelang saßen wir im Basement des International House, wo sie mir bei Cola und Sandwiches die dickleibige Gerichtsakte übersetzte. Sie überzeugte mich in qualvollen Gesprächen, dass sie unschuldig war, wie sie auch einen US-Senator aus Kentucky und den *Louisville Courier* überzeugt hatte. Je konkreter die Ausweisungsdaten wurden, desto mehr trieb mich der Fall um. Allmählich reifte in mir der Entschluss, Elda zu heiraten.

Nicht, dass ich ein Held sein wollte. Aber das Schicksal, das ihr drohte, entsetzte mich. Sie war ein wunderbarer Mensch. Ich empfand nicht nur Mitleid für sie, sondern ich mochte sie wirklich sehr, und im Laufe unserer Gespräche war sie mir mehr und mehr ans Herz gewachsen. Eine Redakteursstelle bei der *Rems-Zeitung* in Schwäbisch Gmünd wartete auf mich, wirtschaftliche Sorgen brauchte ich mir keine zu machen.

Es war indes ein langsamer Entscheidungsprozess.

Am 16. Juni fing ich im Bismarck-Eitel Hotel als »Busboy« an – als Piccolo also, der den Gästen ihr Eiswasser eingießen durfte und die

Tische abräumen musste. Die Arbeitszeit begann um sechs Uhr früh und ging bis vierzehn Uhr. Das war hart, denn ich musste um fünf aufstehen, um rechtzeitig da zu sein. Auch machte mich der Lohn nicht zum Millionär; es gab sieben Dollar am Tag plus freie Mahlzeiten. In Chicago fanden im Juli die Parteitage für die nächsten Präsidentenwahlen statt, für »Ike« Eisenhower bei den Demokraten. Auch der isolationistische Republikaner Robert Taft, der gegen »Ike« kandidierte, hielt seine Convention in Chicago ab. Es war interessant, den amerikanischen Wahlprozess aus der Nähe zu beobachten; ich schickte der *Rems-Zeitung* sogar einen Artikel darüber.

Wichtiger war mir freilich, dass mir der Busboy-Job die Chance gab, nachmittags in der Bücherei zu arbeiten. Ich hatte herausgefunden, dass ich meine Masterarbeit auch *in absentia* einreichen konnte, und ich wollte vor meiner Rückkehr noch möglichst viel Material bewältigen, vor allem Zeitschriften und wissenschaftliche Veröffentlichungen. Die Überschrift stand fest: »Diplomatic Relations between Germany and Japan, 1939–1941«. Sie wurde zehn Jahre später zum Titel meiner Tübinger Doktorarbeit.

Es war eine wahnsinnig arbeitsreiche Zeit. Nebenher gab ich auch noch Sprachunterricht und bereitete eine Rede in der Brethren-Kirche von Baugo, Indiana, vor – »a sort of farewell address«, wie ich Freunden schrieb, »in which I will discuss the most outstanding problems of this country as seen through European eyes after two years in America: isolation vs. enlightened participation in world affairs, domestic security vs. the Bill of Rights«.

Und die ganze Zeit lag mir Eldas Schicksal auf der Seele.

Am 13. Juni schrieb ich noch an meine Eltern: Ich denke, dass ich am 19. Juli Chicago for good verlassen werde. [...] Sonst gibt es hier eigentlich gar nichts Neues. Es ist immer das alte Lied.« Am 2. Juli aber tauchte in einem Brief an den inzwischen nach Deutschland ausgereisten Professor Rothfels zum ersten Mal der Heiratsgedanke auf: »Ich nehme an, dass Sie sich noch an Elda Tsilenis, meine kleine Griechin, erinnern können. Sie möchte gern nach

Deutschland kommen und ist jetzt dabei, sich einen Job zu suchen.« Der Brief schloss mit der persönlichen Information: »Ich trage mich mit dem Gedanken, Elda in absehbarer Zukunft zu ehelichen.«

Zu einem festen Entschluss war der Gedanke aber noch längst nicht gediehen. Selbst in einem langen Brief nach Hause, Datum 8. Juli, schwang noch viel Unschlüssigkeit mit. Ich entschuldigte mich dafür, dass ich längere Zeit nichts hatte von mir hören lassen. Am Ende hieß es: »Drittens, und hauptsächlichst, waren meine Gedanken in letzter Zeit noch anderweitig beschäftigt. Ich zögere ein bisschen, Euch darüber zu schreiben – nicht weil ich Euch nicht traue, sondern lediglich weil ich schon einmal über ein ungelegtes Ei gegackert habe, aus dem später nichts geworden ist. Ich trage mich mal wieder – zumindest theoretisch – mit dem Gedanken, mich zu verheiraten.

Bitte bleibt sitzen und lasst Euch sagen, dass ich keine Dummheit begehen werde. Sie ist eine Athenerin, Griechin also, vier Jahre älter als ich [zugegeben, ich machte sie vier Jahre jünger, als sie war], schön, einmalig intelligent, und eine Perle von einem Mädchen. Es gibt aber in unserem Fall so viele komplizierende Faktoren, dass wir beide, kühl und logisch, wie wir sind, nicht blindlings losspringen werden. Es hätte nicht sehr viel Zweck, hier die ganzen Hintergründe zu schildern, noch wie sich die Sache erst langsam und dann mit 'nem Ruck entwickelt hat.

Ein Teil des ursprünglichen Impulses ging auf die Tatsache zurück, dass Elda – so heißt sie – auf Grund lächerlichster und unhaltbarster Anklagen mit ihrer Regierung in Schwierigkeiten geraten ist und ihrer Staatsangehörigkeit verlustig erklärt wurde. Nach Griechenland kann sie nicht zurück, in Amerika kann sie nicht bleiben. Die Lösung lag nahe.

In der Zwischenzeit bin ich aber längst vom Ideal des Märtyrers [gemeint wohl: des guten Samariters] abgekommen. Ich liebe sie aufrichtig, und wenn wir uns entschließen sollten, dass es das Richtige wäre zu heiraten, so würde der erwähnte Gesichtspunkt keine entscheidende Rolle spielen. Wenn wir uns entschließen sollten – wiederum wenn –, würde ich sie eventuell mitbringen ... Ich brenne darauf, Eure Antwort zu erhalten.«

Die Antwort kam einige Tage später: Verständnis, Ermutigung. Meine Eltern freuten sich, Elda in unserem Haus willkommen zu heißen. Auch von den Athener Eltern kamen Zuspruch und Glückwünsche. In den nächsten Tagen fiel unsere Entscheidung.

Am 19. Juli schlossen wir im »Marriage Court of Cook County« die Ehe. Als ich uns am Schalter des Standesamtes meldete, wurden wir zunächst nach gegenüber an die Kasse verwiesen, »you see where the flag is?« Dort stand ein schwarzes Brautpaar vor uns und stritt sich. »I paid for the taxi, you pay for this!«, geiferte sie; für die Ehe ließ das nichts Gutes ahnen. Unsere Hochzeitszeremonie dauerte keine zehn Minuten. Danach gingen wir zu Fuß die paar Blocks zum damaligen deutschen Generalkonsulat, das Heinrich Krekeler 1950 eröffnet hatte. Eine Viertelstunde später hatte Elda ihren deutschen Pass in der Hand. Wir setzten uns ins Auto und fuhren zu einer dreitägigen Hochzeitsreise an einen der schönen Seen Wisconsins.

Mein Freund und Zimmergenosse im International House, der Österreicher Gerald Stourzh, war unser Trauzeuge. An unserem Hochzeitstag schrieb er einen beruhigenden Brief an Margaret Geisel und Floy Bowers, die beiden Sponsoren, durch deren Vermittlung ich ins Manchester College gekommen war. Vor allem Margaret fürchtete, dass meine frühe Heirat die Karriere, die sie mir wünschte, vereiteln könnte und damit all die Hoffnungen zunichtemachen würde, die sie auf mich gesetzt und für deren Verwirklichung sie mir auch manchen Dollar zugeschoben hatte.

»I really think«, schrieb Gerald über uns, »that their love is strong enough to overcome all sorts of material difficulties which they might encounter. There is no reason to believe that their marriage will interrupt Ted's brilliant education.«

Zugleich gab er seiner Bewunderung für Elda Ausdruck: »Hers is a character of rare integrity. I admire her particularly because at an age when other girls enjoy themselves in College and in flirting, she has had the courage of her convictions and more than once staked her life for ideals and beliefs she held dear and true. The way she managed to retain both her charm and her moral integrity through years of suffering and persecution has evoked my highest respect. Not only I am convinced that Elda is no communist or fellow-traveller, but also, as I have heard recently, is her case going to be resolved in her favor, God willing, before the end of the month.«

Stourzhens Anspielung auf Eldas Rolle im griechischen Bürgerkrieg war nicht durch Details unterfüttert. Ich habe Näheres auch später in den Gesprächen mit Elda nicht erfahren. Sie hatte, zutiefst traumatisiert, abgeschlossen mit diesem Lebensabschnitt, und ich respektierte ihre Empfindungen.

Was sie durchgemacht haben muss, ist mir erst aufgegangen, als ich das jüngst erst auf Deutsch erschienene Erinnerungsbuch von Katina Tenda Lafitis gelesen habe, *Die Frau mit den sieben Leben*. Sie war sieben Jahre jünger als Elda. Heute ist sie eine gesetzte Dame, damals war sie eine Rebellin oder, wie die Konservativen sagten, eine Banditin. Sie hatte gegen die italienischen und deutschen Besatzer gekämpft und sich dabei der ELAS angeschlossen, der griechischen Volksbefreiungsarmee. Als dann die Royalisten – oft Kollaborateure der Besatzer – Jagd auf die Widerstandskämpfer machten, ging sie zur Demokratischen Armee in die Berge und wurde dort Offizier in einem Sanitätsbataillon, in dem sie den Bürgerkrieg mit all seinen Schrecken erlebte.

Eldas Schicksal verlief nicht ganz unähnlich. Unser Sohn Gerald hat es aus nachgelassenen griechischen Akten, aus vielen ihrer Briefe, amerikanischer Korrespondenz und sonstigen Unterlagen nachgezeichnet.

Im Jahre 1980 wurde ihr von der Vereinigung der EAM-Widerstandskämpfer bescheinigt, dass sie 1941–1944 als Studentin der Polytechnischen Hochschule während der italienischen, dann deutschen Besatzung Mitglied der Widerstandsorganisation EPON Polytechnikum war, der Jugendorganisation der Nationalen Befreiungsfront Griechenlands (»Ethniko Apeleftherotiko Metope«). Die EAM war eine Gründung linker Widerstandsgruppen, in der die Kommunistische Partei eine führende Rolle spielte. Bald gehörten ihr breite Teile der Bevölkerung an, insgesamt 1,5 der 7,5 Millionen Griechen. In den Hungerjahren errichtete sie Volksküchen, die Zehntausenden das Leben rettete.

Elda arbeitete im Komitee für die studentische Suppenküche mit, organisierte die tägliche Essensausgabe für Studenten und Lehrkräfte und versorgte zeitweise Verwundete als Krankenhelferin im Atsakion-Spital. Auch verteilte sie illegale Zeitungen und nahm an politischen Versammlungen teil. Während des Dezember-Aufstands 1944 beteiligte sie sich, damals 22-jährig, wieder an Demonstrationen und malte Slogans an die Wände: »Englische und griechische Panzer raus aus Athen!« Dabei wurde sie von einer britischen Kugel getroffen, erlitt einen Durchschuss durch die Achillesferse und musste sich verstecken, bis die Wunde nach zweieinhalb Wochen verheilt war.

Ende 1946 schloss sie ihr Studium als Chemieingenieurin mit dem Diplom ab. Im Oktober 1947 reiste sie nach Amerika aus und absolvierte dort in Louisville, Kentucky, bei der weltgrößten Spirituosenfirma Seagrams ein Forschungsprogramm in der Fermentationsabteilung. Von 1949 bis 1951 studierte sie am Illinois Institute of Technology in Chicago und schloss mit einem Master in Biologie ab; ihre Magisterarbeit galt dem Thema »Growth of Food Yeats in Olive Residues Hydrolysates«, der Verwertung von Olivenpressrückständen. Aus dem Projekt hätte auch wirtschaftlich einiges werden können. Als ich sie kennenlernte, war sie Angestellte des Laboratory of Vitamin Technology.

Erste Anwürfe gegen Elda erhob die rechte Abendzeitung *Vradini* am 6. Oktober 1948. Sie sei als Untersuchungsoffizierin der kommunistischen Zivilgarde »moralisch verantwortlich gewesen für

Heirat ad hoc

die Inhaftierung und anschließende Hinrichtung« des Dekans der Polytechnischen Hochschule, Professor Theophanopoulos. Ein Sondergerichtshof verurteilte sie dann am 4. November 1948 wegen Verletzung von Artikel 2 des Sicherheitsgesetzes 509/1947 zu zwanzig Jahren Haft. Da war sie schon über ein Jahr in den USA. Konkrete Anklagepunkte wurden nicht genannt. Vorgehalten wurde ihr unter anderem, dass sie einem Kommilitonen, angeblich einem Kommunisten, eine Fünf-Dollar-Note geschickt habe.

Ich spare mir alles Übrige. Meine Überzeugung, dass sie unschuldig war, wurde voll bestätigt. Ihr Anwalt legte Berufung ein, und am 3. November 1952 hob ein Athener Gericht das Urteil auf; alle Anklagepunkte wurden für ungültig erklärt. Das erfuhr Elda seltsamerweise erst im Jahre 1986. Die Gerichtsakten wurden Anfang der 1980er-Jahre vernichtet.

Auch Gerald Stourzh durfte sich vollauf bekräftigt fühlen. Sein Eintreten für unsere Ehe hatte positive Wirkung. Margaret Geisel und Floy Bowers überwanden ihre Zweifel. Sie nahmen Elda ab, dass sie an meinem Leben mitbauen wollte, was sie auch über zwei Jahrzehnte tat. (Während meiner Lokalredakteurszeit und danach in meinen drei letzten Studienjahren arbeitete sie in der General Dispensary des amerikanischen Militärhospitals in Bad Cannstatt: Ohne ihre unermüdliche Hilfe und ihre stete Ermutigung hätte ich meine 540 Druckseiten starke Dissertation nie zu Ende geführt.) Margaret und Floy wurden gut Freund mit ihr, desgleichen mit meinen Eltern, und ich besuchte die beiden bis zu ihrem Tode in North Manchester, wann immer ich konnte. Mit Gerald Stourzh aber habe ich freundschaftlichen Kontakt bis heute. Wir sind beide inzwischen über neunzig, doch halten wir nach wie vor Fühlung, wenn auch wegen Corona nur telefonisch.

Seine Fürsprache habe ich ihm nie vergessen. Als zwölf Monate nach der Heirat in Chicago unser Sohn Gerald geboren wurde, nannten wir ihn nach ihm; sein Rufname wurde ebenfalls Jerry.

In den letzten Julitagen 1952 begab ich mich dann mit Elda nach New Windsor, von wo aus ich mit einer Gruppe der Brethren-Austauschschüler die Heimreise antreten sollte. Am Montag, dem 4. August, fuhren wir von dort per Bus nach New York. Zwei Tage lang genossen wir in vollen Zügen die Sehenswürdigkeiten Manhattans. Am Times Square bewunderten wir die riesige Camel-Zigarette, die ihren Rauch über den Platz blies; wir fuhren hinauf in den 102. Stock des Empire State Building, das damals immer noch das höchste Gebäude der Welt war; auch gingen wir noch einmal einkaufen: Bücher, Körperpflegemittel, dazu vier Pfund Kaffee (die ich tatsächlich auch unentdeckt am deutschen Zoll vorbeischmuggelte).

Am 6. August gingen wir mittags in einem Konfetti-Regen an Bord des Luxusliners »Constitution«. Die Überfahrt war einmalig schön und entspannend. Der einzige Nachteil war, dass Elda und ich in verschiedenen Kabinen untergebracht waren: ich als Mitglied der Studentengruppe in einem fensterlosen Kabäuschen der Tourist Class, Elda jedoch, da sie separat gebucht hatte, in einer glanzvollen Suite der Cabin Class auf dem Oberdeck. Immerhin schaffte ich es, mit ihr essen zu dürfen. Ohne dafür extra bezahlen zu müssen, konnte ich mich an Kaviar, Froschschenkeln und riesigen, blutig gebratenen Steaks delektieren. Ansonsten vertrieben wir uns die Zeit mit Shuffleboard, Schwimmen und Lesen.

In der Mitte des sonnendurchglühten und spiegelglatten Atlantiks kam uns das Schwesterschiff der »Constitution« entgegen, die »Independence«. An den Azoren vorbei segelten wir weiter in Richtung Europa. Nach Zwischenstopps in Gibraltar und Cannes dockten wir in Genua an. Von dort brachte uns die Bahn über Lugano, Luzern, Bern, Basel, Karlsruhe und Stuttgart nach Schwäbisch Gmünd. Am 1. September 1952 begann ich meine professionelle journalistische Laufbahn – als Lokalredakteur der *Rems-Zeitung*.

Lokalredakteur zwischen Markt und Münster

Wenn junge Leute mich fragen, wie sie es am besten anstellen, Journalist zu werden, so ist meine Antwort bis heute: Absolviert zunächst ein Studium, egal welches Fach, ob Astrophysik oder Altertumswissenschaften, und lernt dabei ordentlich recherchieren. Fangt dann in einer Lokalredaktion an, wo ihr euch in eine Vielfalt von Themen einarbeiten könnt. Wer sich in einem Gemeindehaushalt auskennt, wird sich auch im Bundeshaushalt zurechtfinden. Außerdem haben Lokalredakteure direkten Kontakt mit den Menschen, über die sie schreiben. Vertun sie sich etwa in einem Bericht über die Jahrestagung der Dachdecker, so stehen möglicherweise die Vertreter der Innung am nächsten Morgen mit Dachlatten im Vorzimmer.

Ich hatte ja schon als Oberprimaner für die *Rems-Zeitung* geschrieben. Aber nun war ich fest angestellt, als »Schriftleiter«, wie man damals noch sagte, und nach wenigen Monaten sogar als Lokalchef. Vom 1. September 1952 bis zum 31. Oktober 1954 residierte ich im Verlagsgebäude der *Rems-Zeitung*, wo die Verlegerin Rosa Sigg, mir unvergesslich, meiner Familie im Dachgeschoss eine kleine Mansardenwohnung einrichten ließ.

Von morgens um 9 Uhr war ich auf den Beinen, in der Stadt und mit einem alten Opel Kadett in den Dörfern des Landkreises, und nachts dauerte der Umbruch unserer drei oder vier Lokalseiten stets bis weit nach Mitternacht. Ich schrieb über Weihnachtsfeiern und Wohnungsprobleme, Glockenweihen und Grippewellen, Verkehrsunfälle und Vierzigerfeste, Gemeinderatssitzungen und Gedenktage, Kanalarbeiten und Kunstausstellungen, Trauerfeiern und Treppenstürze, Jubiläen und Juwelierstagungen. Jeden Tag holte ich mir die Informationen für den Polizeibericht. Aber auch die Siege und Niederlagen der Normannia, des Gmünder Fußballvereins, gehörten zu meinem Aufgabenbereich, dazu das Gedeihen der Gold- und Silberfabriken, das Aufblühen der Kristallschleiferei und vor allem die Integration der aus Böhmen vertriebenen oder geflüchteten Gablonzer Gürtler und Glasbläser. Im Lokalfeuilleton rezensierte ich routinemäßig die neuesten Kinofilme.

Ich lernte, was Verwaltung heißt, indem ich ständig Geschichten über alle möglichen Ämter ins Blatt hob: Gesundheitsamt und Finanzamt, Kraftfahrzeugzulassungsamt, Katasteramt, Sozialamt, Stadtplanungsamt – Institutionen bis hin zum Kreispilzreferat. Auch das Friedensgericht stellten wir vor, einen zeitweiligen Vorläufer dessen, was sich inzwischen als Mediation eingebürgert hat. Zugleich spiegelten wir wider, was man heute Zivilgesellschaft nennt: Vereine und Verbände, die Kirchen und das Rote Kreuz, die Karnevalsgesellschaft, den Männergesangsverein und die Liedertafel, den Kneippverein und den Handels- und Gewerbeverein.

Ich lernte viel über Menschen und den Umgang mit ihnen, aber auch über Verfahren, Abläufe und Zusammenhänge eines Gemeinwesens, das in dichten Bezügen denkt, in enger Verflochtenheit lebt und sich im täglichen Aufeinander-angewiesen-Sein neu erfahren und bewähren muss. Vor allem aber habe ich bei der *Rems-Zeitung* die drei großen A's des Journalismus gelernt: Arbeiten, Akkurat berichten und Anständig bleiben im Dickicht der Interessen.

Lange noch legten sich die Schatten des Krieges auf die Gegenwart. In der Kriegsgefangenengedenkwoche gedachten viele Familien der Verschollenen, Vermissten oder weiterhin Gefangengehaltenen (»Heimat muss den Gefangenen die Treue halten«). Der Verband der Kriegsgeschädigten, Kriegshinterbliebenen und Sozialrentner Deutschlands (VdK) forderte eine soziale Versorgung der Kriegsopfer, während der Bund der Heimatvertriebenen und Entrechteten (BHE) einen politischen Revisionismus verfocht, der auf die Wiederherstellung der Vorkriegsgrenzen hinauslief (»Recht auf Heimat ist ein unverbrüchliches Menschenrecht«).

Da ich gut Englisch sprach, hielt ich den Kontakt zu der amerikanischen Garnison in der Bismarckkaserne. Da ging es immer wieder um die 200 bis 250 Prostituierten, die amtlich registriert waren; nach den Anfangsbuchstaben von »venereal disease«,«, englisch für Geschlechtskrankheit, wurden sie die »Veronika Dankeschöns« genannt. Dem Rathaus lag daran, die Prostitution einzudämmen. Der Ortskommandeur sagte auch zu, »seine Männer durch Charakterbildungskurse zur Selbstbeherrschung zu erziehen«, erwartungsgemäß ohne jede Wirkung. Ein anderes Problem waren die Besatzungskinder, von denen es wohl in der amerikanischen Besatzungszone insgesamt 250 000 gab, darunter bis 1956 rund 5000 »brown babies«. »Negervater ringt um das Zutrauen seines Sohnes«, war eine unserer Reportagen überschrieben; wir gebrauchten damals den Begriff »Neger«, völlig ohne nachzudenken. Immer wieder gab es auch über gute Werke der Soldaten zu berichten, über »Santa Claus aus USA«, Weihnachtsbescherungen also für Kinderheime, über gemeinsame Kulturveranstaltungen, Football- und Fußballspiele.

Das Atomwaffenthema tauchte ebenfalls zum ersten Mal auf, als das VII. Armeekorps im Welzheimer Wald sein Herbstmanöver durchführte. Zwischen Rot und Blau ging an der Iowa-Linie in der Gegend von Schwäbisch Hall die Front mehrmals hin und her. Aber kraft des Einsatzes der Atomkanone »Shmoo« siegte am Ende Blau. Das größte bewegliche Geschütz der U.S. Army – Kaliber 28 Zentimeter, Reichweite 60 Kilometer, 23 Mann Bedienungspersonal – konnte konventionelle wie atomare Munition verschießen. Näheres wurde den Journalisten nicht mitgeteilt. Auch hielt man uns sehr fern von dem Geschütz; selbst Generalstabsoffiziere mussten acht Meter Abstand einhalten. »Shmoo« erregte damals kein weiteres Aufsehen – ganz anders als fünfundzwanzig Jahre später die Mittelstreckenraketen des Typs Pershing II der in der Bismarckkaserne stationierten 56. Field Artillery Brigade. Jahrelang gab es dort Protestdemonstrationen gegen die Nachrüstung, an denen viel linksliberale Prominenz teilnahm – nach dem Motto »Unser Mut wird langen, nicht nur in Mutlangen«.

Anfang der Fünfzigerjahre kamen auch die ersten »Plennies« aus sowjetischer Gefangenschaft zurück (die letzten Zehntausend löste Bundeskanzler Adenauer 1955 bei seinem Staatsbesuch in Moskau aus). Ich habe einige von ihnen interviewt, ausgemergelte Gestalten allesamt, dankbar dafür, dass sie wider alle Hoffnung überlebt hatten.

Anfang 1954 war darunter auch Rudolf von Parseval, den ich als Junge dreimal als Major an der Spitze seines Bataillons hatte ausreiten sehen: beim »Anschluss« Österreichs im März 1938, im Herbst desselben Jahres zum Marsch ins Sudetenland, Anfang September 1939 dann beim Ausrücken in den Zweiten Weltkrieg. Als Oberst war er 1945 bei Wien in sowjetische Gefangenschaft geraten. Mehrere Jahre verbrachte er zusammengepfercht mit achtzehn weiteren Obersten bei Moskau, dann wurde er in einem Fünf-Minuten-Prozess wegen angeblicher Verbrechen gegen die Menschlichkeit zu 25 Jahren Lagerhaft verurteilt. Bis 1950 leistete er im Lager 27 Gärtnerarbeit, danach schuftete er in Stalingrad am Bau, karrte Speisen und entlud Schrott und Kartoffeln aus Wolgaschiffen. Dann wurde er krankgeschrieben und tat Lagerdienst, was vornehmlich Geschirrspülen hieß. Gelegentliche Pakete aus der Heimat hielten ihn halbwegs bei Kräften. Seine Geschichte veröffentlichte ich am 5. Januar 1954. Sie bewegte viele Leser.

Gern vergrub ich mich jedoch immer wieder in die Geschichte der ehemaligen Freien Reichsstadt Schwäbisch Gmünd, der ältesten Stadt des Staufergeschlechts. Ich schilderte das grausame Wirken der mittelalterlichen Malefizgerichte, die mit Brandmarkung, Blendung und Verstümmelung Recht zu setzen suchten. Auch erzählte ich von der sagenumwobenen Errichtung der romanischen Johanniskirche, welche Gmünd der Agnes von Hohenstaufen verdankt, deren bei der Jagd verlorener Ehering sich am Geweih eines erlegten Hirschs dort wiederfand, wo sie dann zum Dank das Gotteshaus bauen ließ. Besonders faszinierte mich jedoch das Heilig-Kreuz-Münster, die größte Hallenkirche Süddeutschlands.

Der Bau, begonnen um 1320, ist ein Mosaik vieler Jahrhunderte. Die Parler-Brüder, bedeutende Dombaumeister der Gotik, waren von Anfang an dabei. Karl IV., König von Böhmen und römischer Kaiser, rief den »magistrum Petrum de Gemundia«, den Gmünder Peter Parler nach Prag, um dort den Veitsdom zu vollenden und die Karlsbrücke über die Moldau zu bauen. Die Geschichte vermeldet jedoch nicht nur Glück und Gelingen der Parler'schen Bauleute, sondern auch eine große Katastrophe: In der Karfreitagsnacht 1492 stürzten die beiden Türme des Münsters ein. Sie wurden nie wieder aufgebaut, ein 15 Meter hoher Dachreiter ersetzte sie.

Das Thema Münster gab ganze Serien her. Hinter Schloss und Riegel: der Kirchenschatz. Die Wasserspeier: Teufelsfratzen – Symbolik oder Fantasiegebilde? Die Barockorgel: 1600 Pfeifen, 30 Register, 2000 Töne. Über das Faszinosum des Dachbodens schrieb ich, so seltsam dies anmutet, mehrere Reportagen. Hinter der feingeäderten Rippendecke erhebt sich 41 Meter hoch eine mächtige Holzkonstruktion bis zum First. Einige Hundert Tannen, über 120 Jahre alt, hatten die Zimmerer des vierzehnten Jahrhunderts zu einem gewaltigen Balkenwerk zusammengefügt; 12,5 Kilometer Pfetten und 25 Kilometer Sparren bilden den Dachstuhl, den rund 120 000 Ziegel abdecken. Die eindrucksvollsten Zeugen mittelalterlicher Technik aber sind zwei mächtige Tretmühlen, robuste Holzräder von vier Metern Durchmesser, mit denen Lasten bis zu zehn Zentnern Gewicht an einem langen Seil hochgehievt werden konnten. Eine war in den 1950ern immer noch als Kran in Gebrauch; daneben lagen schwere Zangen, an deren Greifarmen die Mauerblöcke nach oben gezogen worden waren.

Wichtiger war mir allerdings die Lokalpolitik. Im August 1954 hatte ich unbeabsichtigt meinen ersten journalistischen Sensationserfolg: Ich verursachte den Sturz des Oberbürgermeisters Hermann Kah. Gegen ihn trat im Wahlkampf Franz Konrad an, der von 1934 bis 1945 Gmünder Stadtvorstand gewesen war. Zwar war er am 1. Mai 1933 in die NSDAP eingetreten, hatte dann jedoch die Befugnisse seines Amtes mannhaft gegen die Machtübergriffe der Partei verteidigt und wurde deswegen kurz vor Kriegsende im Alter von 53 Jahren in Pension geschickt. Die Spruchkammer kam zu der Feststellung, dass er nach dem Maß seiner Kräfte aktiven Widerstand gegen die NS-Gewaltherrschaft geleistet habe. So stellte er sich im Jahre 1948 ein weiteres Mal zur OB-Wahl. Er erhielt zwei Drittel der Stimmen, doch die Amerikaner ebenso wie Ministerpräsident Reinhold Maier lehnten seine Amtseinsetzung ab.

Er hielt sich indes nach wie vor für rechtmäßig gewählt und trat in diesem Bewusstsein 1954 gegen Oberbürgermeister Kah an. Als Zentrumspolitiker hatte der gegen die Nazis Front gemacht und sich als Anwalt während des Dritten Reiches durchgeschlagen. Im Wahlkampf drückte er mächtig auf die Tränendrüsen. Er behauptete, er würde »gewissermaßen als älterer Angestellter ohne Pension auf der Straße stehen«, wenn er bei der bevorstehenden Oberbürgermeisterwahl nicht wiedergewählt werde. Dem fügte er auch noch die Milchmädchenrechnung hinzu, eine Summe von 72 222 D-Mark werde »endgültig und ersatzlos an der Stadt hängen bleiben«, sollte er nicht wiedergewählt werden.

Es waren diese Behauptungen, die unsere Redaktion aus der bis dahin geübten Neutralität rissen. Dass Kah nach 1939 Kriegsgerichtsrat gewesen war, wurde zwar von ehemaligen Soldaten bemängelt (»Meine Generation hat kein Vertrauen zu Kriegsgerichtsräten«), spielte aber für uns keine Rolle. Weil es in Gmünd nur eine Zeitung gab, hatten wir uns absoluter Objektivität und Neutralität verschrieben. Nun aber platzte uns der Kragen: »Eine Neutralität gegenüber der Unwahrheit kennen wir nicht.« In einer Lokalspitze stellte ich den Sachverhalt laut der gesetzlichen Ruhegehaltsregelung klar: »Danach bekäme Oberbürgermeister Kah für den Fall, daß er nicht wiedergewählt würde, für den Monat November sein volles Gehalt einschließlich der Aufwandsentschädigung (also rund 1800 DM). Für die Monate Dezember 1954, Januar und Februar 1955 erhielte er jeweils sein volles Gehalt ohne die Aufwandsentschädigung. Ab März 1955 würde ihm auf Lebenszeit von der Pensionskasse für Körperschaftsbeamte, Stuttgart, eine monatliche Pension in Höhe von 43 Prozent seines Gehalts bezahlt.«

Bei der Wahl am 12. September stimmten 77 Prozent der Wähler für Konrad, 22,7 Prozent entfielen auf Kah. Er zog sich aus der Politik zurück und starb 1990 in seiner Heimatstadt Ravensburg. Zuweilen habe ich mich später gefragt, ob mein damaliger Einsatz wirklich nötig und gerechtfertigt war. Aber ich denke immer noch, dass Wahrheit Wahrheit bleiben muss. Nur die Meinung ist frei, die Fakten sind es nicht.

Wenn ich in den alten Ausgaben der *Rems-Zeitung* blättere, fällt mir auf, wie viele Themen offenbar Ewigkeitswert haben. »Kindergärten sind Mangelware in Gmünd«, lautete eine Überschrift, »Frontalattacke der Wirte gegen die Getränkesteuer« eine andere, »Problem Nummer 1: Behebung der Wohnungsnot« und »Notunterkünfte für Flüchtlinge« zwei weitere. Eine Kinorezension war »Kalifornien in Flammen« betitelt. An die Stelle der Lernschule müsse die Erziehungsschule treten, wurde gefordert, dazu müsse der Lehrstoff auf ein vernünftiges Maß reduziert werden; nicht Wissen, sondern Können sei Macht.

Kehrwoche und Kehrpflicht sind weiterhin ein schwäbisches Dauerthema. Vor Fahrerflucht wurde angesichts des zunehmenden Kraftfahrzeugbestands gewarnt, der Ausbau des Fernsprechnetzes, damals noch von zahllosen »Fräuleins vom Amt« betrieben, wurde so lebhaft diskutiert wie siebzig Jahre später die Installierung des WLAN-Netzes.

Auch die Gleichstellung der Frau beschäftigte die Gesellschaft schon. »Großmütter erziehen Kinder« war ein Bericht überschrieben, »Problem der Entlohnung« lautete die Unterzeile. Im Kreis Gmünd waren damals von 54 000 Erwerbspersonen 25 000 berufstätige Frauen. »Die Frau ist heute überall im Beruf anzutreffen und in mancher Hinsicht mit dem Mann gleichgestellt«, hieß es in dem

Kommentar dazu. »Eines Tages wird jedoch auch das Problem der Entlohnungsunterschiede zwischen Mann und Frau einer Neuregelung bedürfen, denn bis heute wird die weibliche Arbeitsleistung durchweg geringer bezahlt als die der Männer.« Das »bis heute« gilt für den »gender pay gap«, wie es inzwischen heißt, unverändert fort. Laut Statistischem Bundesamt verdienten Frauen im Jahre 2020 rund 18 Prozent weniger als Männer.

Klima- und Wetterwandel waren ebenfalls schon längst vor Rachel Carsons *Der stumme Frühling* (1962) ein Thema. Am 12. März 1954 berichteten wir über das Buch *Die Revolution des Wetters* eines amerikanischen Autors, der die gängige Vorstellung von der »Degeneration« des Wetters zur wissenschaftlich begründeten Theorie erhob. Er prophezeite, dass die Sommer immer heißer, die Winter immer milder werden und der Frühling schließlich ganz aus dem Zyklus der Jahreszeiten ausscheiden würde. Seine Beweise: »Die Eskimos mussten höhere Eingangslöcher in ihre Iglus bauen, denn sie werden immer größer. Warum werden sie größer? Weil sie mehr Gemüse essen, und mehr Gemüse essen sie, weil das Klima so warm geworden ist, dass sie allerlei Grünzeug jetzt in ihrem Iglu-Garten selbst ziehen können. Die Sardinen sind aus den spanischen Küstengewässern in Richtung Norwegen ausgewandert, die Vegetationsgrenze des Maisgürtels hat sich in zwanzig Jahren um 800 Kilometer nach Norden verschoben, Versicherungspolicen gegen Eisberg-Katastrophen sind nicht mehr gefragt.«

Ein Thema ist allerdings im Zuge des deutschen Wirtschaftswunders ganz verschwunden: das Thema Volksbrausebad – »eine ebenso löbliche wie notwendige städtische Einrichtung im Leben der Zeitgenossen, die noch immer auf der Zivilisationsstufe der Badezimmerlosigkeit stehen, zu welcher Kategorie wohl die Mehrzahl unserer Mitbürger gezählt werden muss«. Und in puncto Verkehrstempo hat sich die Kommentierung total verkehrt. Als im Januar 1953 die bis dahin geltenden Geschwindigkeitsbegrenzungen fielen, jubelte die *Rems-Zeitung*: »Nur noch das Gewissen bestimmt das Tempo«. Seitdem ist der Ruf nach Beschränkung auf, je nach dem Umfeld, 130, 100 oder 30 Stundenkilometer immer lauter und dringlicher geworden. Dem Gewissen trauen viele lieber nicht mehr. Am 31. Oktober 1954 unterschrieb die Verlegerin Rosa Sigg mein Abschlusszeugnis. Es war des Lobes voll: »Vor allem in der kommunalpolitischen Berichterstattung und Kommentierung, in seinen Beiträgen zum Lokalfeuilleton und in seinen vielfach ausgezeichnet bebilderten Reportagen hat er sich als findiger und ideenreicher Journalist erwiesen und sehr Gutes geleistet. Den Umbruch leitete er absolut sicher. [...] Nach unseren Erfahrungen sind wir überzeugt, daß Herr Sommer in der Journalistik, welcher ihrer Sparten er sich auch immer zuwenden mag, Hervorragendes leisten wird. Herr Sommer verläßt uns heute auf eigenen Wunsch, um seine Studien zu vollenden.«

Studium der Geschichte

Die Geschichte lehrt dauernd, aber sie findet keine Schüler.
ANTONIO GRAMSCI

Am 9. November 1954 stellte die Eberhard Karls Universität Tübingen dem stud. hist. Theo Sommer sein Studienbuch aus. Die nächsten drei Jahre vertiefte ich mich bei den Professoren Hans Rothfels, Theodor Eschenburg und Werner Markert in Geschichte und Politikwissenschaft. Bei Rothfels, den ich aus Chicago kannte, hörte ich Allgemeine Geschichte im Zeitalter des Absolutismus und Geschichte der Französischen Revolution und Napoleons, Europas Politik zwischen den Weltkriegen, Sprachen- und Nationalitätenprobleme in Mittel- und Osteuropa. In den Seminaren des früheren Königsbergers ging es profund um Geschichtsphilosophie und viel um die Probleme des deutschen Widerstands gegen Hitler, vor allem um die Männer des 20. Juli. Aber Rothfels interessierte auch die kommunistische und sozialdemokratische Opposition; so schrieb ich eine Arbeit über die lange vernachlässigte, ja verfemte Rote Kapelle, das Widerstandsnetzwerk um Arvid und Mildred Harnack und Harro Schulze-Boysen, zu dem auch Adolf Grimme gehörte, der spätere Kulturpolitiker und Namensgeber des Grimme-Preises.

Bei Werner Markert ergänzte und vertiefte ich mein Geschichtsbild durch Vorlesungen und Seminare zu Russland und dessen Eintritt ins europäische Staatensystem, zum Krimkrieg Mitte des 19. Jahrhunderts, zu Russland und Europa unter Nikolai I. und Alexander II., zur russischen Revolution, dem Regime des Bolschewismus; dann auch zur sowjetischen Außenpolitik, besonders zu Moskaus Deutschlandpolitik. Drei Semester studierte ich sogar Russisch, gab es aber wieder auf, als die Abfassung meiner Doktorarbeit meine ganze Zeit beanspruchte. Es blieb indes genug hängen, dass ich einiges von dem »Parteichinesisch« der *Prawda* zu enträtseln verstand und bei meinen Moskau-Besuchen während des Kalten Kriegs noch die Begrüßungsfloskeln beherrschte.

Wichtig wurde mir in vieler Hinsicht Theodor Eschenburg. Noch war er nicht ganz der Praeceptor Germaniae der späteren Jahre, aber seine Autorität war nicht zu verkennen. Ich hörte bei ihm Demokratie und Totalitarismus nach dem Zweiten Weltkrieg, Parteienlehre, die Staatsphilosophie des Aristoteles und immer wieder seine Analysen des Bonner Grundgesetzes. Auch »Übungen zur Wiedervereinigung« machte ich in der Brunnenstraße engagiert mit.

Im Wintersemester 1954/55 hörte ich bei dem Lehrbeauftragten Hans Speidel eine Vorlesung »Sicherheitspolitik der Mächte«. Er hatte es im Krieg bis zu Rommels Generalstabschef gebracht und versucht, den Feldmarschall für den Widerstand zu gewinnen, wurde deshalb verhaftet und saß in der Festungshaftanstalt Küstrin ein, kam aber an einem Volksgerichtshofprozess vorbei. Als ich ihn in Tübingen hörte, wusste ich nicht, dass er mit anderen Ex-Militärs im August 1950, zwei Monate nach dem Ausbruch des Koreakrieges,

Studium der Geschichte

eine im Auftrag Adenauers verfasste Denkschrift »Was tun, wenn der Russe kommt?« vorgelegt und im Oktober in der »Himmeroder Denkschrift« die »Aufstellung eines deutschen Kontingents im Rahmen einer übernationalen Streitmacht zur Verteidigung Westeuropas« befürwortet hatte.

Nach dem Scheitern des EVG-Vertrags in der französischen Nationalversammlung im August 1954 beriet er die Bonner Regierung beim Eintritt der Bundesrepublik in die Atlantische Allianz. Im November 1955 war er einer der ersten hundert Soldaten der neu gegründeten Bundeswehr. Er stieg bis zum Vier-Sterne-General auf und wurde Befehlshaber von NATO-Mitte. 1964 schied er aus dem Dienst aus und wurde der erste Präsident der Stiftung Wissenschaft und Politik; in dieser Eigenschaft traf ich den ehemaligen Lehrbeauftragten dann öfters wieder. Seinen Einfluss auf mich kann ich gar nicht überschätzen. Mein Interesse an Verteidigungs- und Sicherheitspolitik wurde auch durch ihn zum professionellen Engagement.

Damals hörte man nicht nur, was man belegt (und bezahlt) hatte. Ich hörte viel bei den Philosophen, darunter Gastvorlesungen des Heidelberger Professors Karl Löwith, der 1935 in dem Aufsatz »Politischer Dezisionismus« eine durchschlagende Kritik an Carl Schmitt, dem Vordenker des Führerstaates, veröffentlicht hatte und der Ernst Jünger als Vertreter des deutschen Nihilismus anprangerte. Doch schnupperte ich auch gern bei den Germanisten und bei den Theologen herum. Überhaupt gab es noch die große Vorlesung. In den Hörsälen mussten viele auf den Treppen sitzen, so groß war der Andrang; acht Jahre nach dem Krieg saßen da auch noch immer Spätheimkehrer aus den alliierten Kriegsgefangenenlagern. Hingegen waren die Seminare – anders als heute – keineswegs überfüllt, mehr als zwanzig Studiosi und Studiosae drängten sich da kaum zusammen.

V.
VORWÄRTS IM JOURNALISMUS

Anfang bei der *Zeit*

In Tübingen schürzte sich dann der nächste, entscheidende Knoten meines Lebens. Und das kam so.

Im Mai 1957, als Gerd Bucerius Alleineigentümer der *Zeit* geworden war und Marion Gräfin Dönhoff Chefin des politischen Ressorts, hatte sie den Politikwissenschaftler Theodor Eschenburg als Kommentator angeheuert, der von da an viel beachtete Kommentare und große staatsrechtliche Analysen schrieb. Er war der Nebenberichterstatter meiner Doktorarbeit. Ihn fragte sie eines Tages: »Haben Sie nicht einen jungen Mann oder eine junge Frau in Ihrem Seminar, deren Nase in die *Zeit* passen würde?« Sein damaliger Assistent Rudolf Schuster erinnerte ihn daran, dass ich doch bei der *Rems-Zeitung* Journalismus gelernt hatte. Eschenburg nannte ihr meinen Namen, und sie wollte mich sehen.

Von meinem Doktorvater Hans Rothfels, der sie aus seiner Königsberger Zeit kannte, wusste ich, wer sie war: die junge Frau aus dem Widerstand, von der er in seinem Buch über die Opposition gegen Hitler bewundernd geschrieben hatte – eine Legende, ein Vorbild, eine jener Gestalten, die es einem jungen Menschen damals leichter machten, in den dunklen Jahren nach dem Krieg als Deutscher weiterzuleben.

Wir verabredeten uns für den 19. Juli in Stuttgart. Sie war unterwegs zu den Stauffenbergs in Lautlingen. Ich wohnte damals, während ich in Tübingen studierte, in Fellbach, einem östlichen Vorort. Auf dem Weg zum Hauptbahnhof stieg ich in Bad Cannstatt aus der Straßenbahn aus, um mir eine neue Krawatte zu kaufen. Ich hatte feuchte Hände, als ich sie am Bahnsteig abholte: eine schlanke, sportliche Frau von achtundvierzig Jahren im Ninoflex-Rock, die mich mit festem Händedruck und offenem Blick aus strahlend blauen Augen begrüßte.

In einem Café an der Königstraße tranken wir Kaffee und aßen Torte. Sie fragte mir Löcher in den Bauch, verlockte mich zur Diskussion. Ehe sie sich nach anderthalb Stunden verabschiedete, lud sie mich nach Hamburg ein. Vorher schimpfte sie: Ihre Sekretärin habe ihr keine Fahrkarte von Stuttgart nach Lautlingen mitgegeben, und sie habe leider kein Kleingeld dabei. Ich pumpte ihr eilfertig 4,35 Mark (vielleicht waren es auch 4,80 Mark). Darüber, ob sie mir die Summe je erstattet hat, haben wir bis zuletzt fröhlich frotzelnd gestritten. Ich habe nie auf Bezahlung beharrt; es war die beste Investition, die ich je getätigt habe.

Eine Woche später schickte sie mir den damaligen Feuilletonchef Rudolf Walter Leonhardt; der sollte sich auch einen Eindruck von mir verschaffen. Leonhardt war Jagdflieger gewesen, Träger des Deutschen Kreuzes in Gold, Schüler des Bonner Romanisten Robert Curtius. Was tun mit ihm? Ich führte ihn auf den im Vorjahr errichteten Stuttgarter Fernsehturm. Auf der Aussichtsplattform in hundertsechzig Metern Höhe wurde er plötzlich kreidebleich und fing an zu zittern »Bringen Sie mich runter, schnell, schnell!« Es stellte sich heraus, dass er, der Jagdflieger, auf festem Boden Höhenangst hatte. Er vergalt mir seine rasche Rettung, indem er der Gräfin meldete: »Der ist in Ordnung.«

Im August absolvierte ich eine sechswöchige Probezeit in Hamburg und machte offenbar einen guten Eindruck. Jedenfalls fuhr ich am 3. Oktober mit einem Anstellungsvertrag nach Hause. Bis Weihnachten schrieb ich meine Dissertation samt Vorwort und Fußnotenapparat fertig und trat dann am 2. Januar 1958 meinen Dienst bei der *Zeit* an.

Warum Journalist?

Ich bin nicht Journalist geworden, weil ich mir nichts anderes hätte vorstellen können. Eine Zeit lang reizte mich der Gedanke, Historiker zu werden und an der Universität Zeitgeschichte zu lehren. Auch eine Karriere als Diplomat hielt ich durchaus für erwägenswert; dann hätte ich es wohl zum Botschafter gebracht wie mein Bruder Klaus, vielleicht zum Staatssekretär – und wäre seit einem Vierteljahrhundert Pensionär. Meine innere Neigung drängte mich aber zum Journalismus, den ich als Lokalredakteur der *Rems-Zeitung* von der Pike auf gelernt hatte. Auch wollte ich am liebsten nach Hamburg – und zu einer Wochenzeitung, von denen es in der Hansestadt noch mehrere gab, was mir freilich so vermessen wie hoffnungslos vorkam – bis Gräfin Dönhoff auf den Plan trat. Sie bot mir die Chance meines Lebens. Aus dieser Chance ist mein Leben geworden. Am Ende war es der Zufall dieser Begebenheit, der meine Berufsentscheidung bestimmte. Ich habe sie nie bereut.

Das Leben hat es so eingerichtet, dass ich als Journalist stets auch ein halber Historiker war und zugleich oft genug die Chance diplomatischen Wirkens bekam. An der Hamburger Universität habe ich 1965 bis 1969 einen Lehrauftrag für Internationale Beziehungen ausgeführt, bis mir der Eintritt in die Chefredaktion der *Zeit* dafür keine Zeit mehr ließ. An der Harvard-Universität habe ich im Wintersemester 1972 deutsche Außenpolitik gelehrt. Mehrere meiner Bücher sind historische Werke: *Deutschland und Japan zwischen den Mächten, 1935–1940*, *Blick zurück in die Zukunft, 1945. Die Biographie eines Jahres*, auch meine Biografie Helmut Schmidts. Und als Mitglied und jahrelanger Vorsitzender des Deutsch-Japanischen Forums, des Deutsch-Koreanischen Dialogforums und der Deutsch-Indischen Beratungsgruppe wie als Vortragsredner in der ganzen Welt fühlte ich mich oft als nicht beamteter Angehöriger unseres Auswärtigen Dienstes.

Was mich am Journalismus faszinierte, war die Chance, Ideen

mit Fakten zu verbinden. Es reizte mich, zu klären und aufzuklären. Wie die Philosophie beginnt Journalismus mit Staunen. Am Anfang steht die Frage: Was können wir wissen? Daraus folgt die zweite Frage: Was sollen wir tun? Schließlich die dritte: Was dürfen wir hoffen, was müssen wir fürchten? So gesehen, ist der Leitartikler ein Aristoteles für Arme. (Mehr sage ich darüber in dem Kapitel »Vom Wesen des Journalismus«.)

Der Journalist ist auch Autor, Literat, Schrift-Steller. Das Schreiben ist sein Metier, deswegen fällt es ihm schwer. Doppelt schwer, weil er ständig gegen den Platzmangel und gegen die Uhr anschreiben muss. Was er fünf Minuten vor Redaktionsschluss in Satz gibt, ist fast immer Halbfertigware. Er muss lernen, sich mit der Unvollkommenheit abzufinden. Lernt er es nicht, wird jeder Blick in die Ausschnittmappe zur Tortur.

Was bleibt zum Schluss? Nach Angst und Schweiß Ruhm und Preis – das ist selten des Journalisten Los. Wenn ich die über tausend vergilbenden Artikel betrachte, mit denen ich im Laufe der Jahre und Jahrzehnte eine ganze Regalreihe mit Leitz-Ordnern gefüllt habe, dazu die neueren Dateien in meinem Laptop, fühle ich mich an den großen amerikanischen Verfassungsrichter Oliver Wendell Holmes erinnert, der sich am Ende seines Wirkens fragte, was er denn vorzuzeigen habe für all seine Mühe, und dem nur ein Aktenordner mit etwa tausend Urteilen einfiel, an denen er mitgewirkt hatte, viele davon über »trifling or transitory matters«, Bagatellfälle oder längst vergessene Verdikte also. »Alas, gentlemen, that is life«, merkte er dazu an. »We cannot live our dreams. We are lucky enough if we can give a sample of our best, and if in our hearts we can feel that it has been nobly done.«

Wohl dem Journalisten, der das Gleiche von sich sagen kann. Er darf sich in dem Bewusstsein sonnen, einen Beruf auszuüben, von dem Altmeister Walter Lippmann gesagt hat: »It is no mean calling.«

In der Pressestadt Hamburg

Am 6. August 1957 kam ich das erste Mal ins Hamburger Pressehaus am Speersort. Das war zwölf Jahre nach dem Krieg, in dem auf dem Dach eine Flugabwehrkanone postiert war. Im März 1945 noch, fast zwei Jahre nach der Operation Gomorrha, in der die Briten 1943 einen Großteil Hamburgs zerstörten und 40 000 Menschen in den Flammen ums Leben kamen, wurden die obersten Stockwerke des 1938 von Joseph Goebbels eröffneten Gebäudes, Sitz des *Hamburger Tageblatts*, total zerstört; bis zu welcher Höhe, war an einem Riss des wiederaufgebauten Gemäuers noch lange genau zu erkennen.

Da war ich nun in der Pressestadt Hamburg, von der Erich Lüth, der unvergessene Pressesprecher des Senats in der frühen Nachkriegszeit, mit Fug und Recht sagte: »Die Freie und Hansestadt war immer ein Vorort des deutschen, ja des europäischen Zeitungswesens.« Die erste Zeitung kam dort 1618 heraus, in dem Jahr, da der Dreißigjährige Krieg begann; das war neun Jahre nach dem Erscheinen der ersten deutschen Blätter in Straßburg und Wolfenbüttel. Sie trug den Titel *Wöchentliche Zeitung aus mehrerley örther* und erschien in unregelmäßigen Abständen im Umfang von vier Seiten. Ihr gesellten sich bald andere Presse-Erzeugnisse hinzu: die *Post-Zeitung*, der *Nordische Mercurius*, der *Relations-Courier* und *die Historischen Remarques der neuesten Sachen in Europa.*

Früh schon veröffentlichten sie Zeichnungen und Karikaturen, ab 1667 auch Wetterberichte und um 1700 die ersten Kommentare. Bei den *Hamburgischen Adress Comptoir-Nachrichten*, für die er Börsenberichte und Meldungen über ankommende Schiffe verfasste, erlernte Matthias Claudius (1740–1815) das journalistische Handwerk, ehe er den *Wandsbeker Bothen* redigierte, der aber nie mehr als 400 Exemplare verkaufte und nach vier Jahren eingestellt werden musste.

Pressegeschichte machten auch der englischsprachige *Ham-

burg Reporter und der *Hamburgische Correspondent*, der zu Beginn des 19. Jahrhunderts das meistgelesene Blatt Europas war, seine Auflage von 30000 bis 50000 überstieg die der Londoner *Times*. Die *Hamburger Nachrichten* wurden zum Sprachrohr des pensionierten Fürsten Bismarck. Die sozialdemokratischen Blätter *Hamburger Echo*, 1885 gegen den Reichskanzler gegründet, und die alte *Morgenpost* spielten nach dem Zweiten Weltkrieg noch lange eine wichtige Rolle.

Die meisten tonangebenden Zeitungshäuser der Bundesrepublik saßen zunächst in der Elbmetropole; sie war mit den größten Magazinen und mehreren Wochenzeitungen der deutsche Pressestandort par excellence. Und es ließ sich ohne Erröten für die Nachkriegszeit sagen, was der thüringische Hofdichter Caspar Stieler in seinem 1697 in Hamburg erschienenen Büchlein *Zeitungs Lust und Nutz* auf denkwürdige Weise formuliert hatte: »Die Zeitungen sind der Grund, die Anweisung und die Richtschnur aller Klugheit, und wer die Zeitungen nicht achtet, der bleibet immer und ewig ein elender Prülker und Stümper in der Wissenschaft der Welt und ihrem Spielwerk.«

Als ich zur *Zeit* kam, residierten im Pressehaus, das inzwischen Helmut-Schmidt-Haus heißt, alle Hamburger Publikationen außer der Springer-Presse. *Stern* und *Zeit*, beide von Gerd Bucerius verlegt, gehörten damals zusammen. Im fünften Stock teilten sie sich die Redaktionsräume, das Ausschnittarchiv, die Toiletten; in der sechsten und siebten Etage residierte Rudolf Augstein mit dem *Spiegel*; in den unteren Stockwerken saßen Anzeigenabteilung und Redaktion von *Morgenpost* und *Echo*, bei dem Herbert Wehner Redakteur war, dazwischen außerdem noch Deutschlands älteste Jagdzeitung *Wild und Hund*.

Sie wurden alle auf derselben Rotation gedruckt. Mitte der Sechzigerjahre, als *Stern* und *Spiegel* zum Hochdruck übergingen und die *Zeit* den Druck nach Itzehoe verlegte, wurde sie nach Afrika verkauft. Heute bewirtet an ihrem alten Standort das Hofbräuhaus seine Gäste, neben ihm haben ein Chinarestaurant und ein Edel-Burger die unteren Etagen besetzt.

Journalismus – damals war das etwas ganz anderes als heute. Die Verlage, die Redaktionen waren klein. Es dauerte, bis die Auflagen in die Höhe schnellten. In den Archiven saßen junge Leute, schnitten Zeitungsartikel aus, klebten sie auf und legten sie in Leitz-Ordnern ab, die wir zum intensiven Studium mit nach Hause nahmen. Von Google und Wikipedia konnten wir nicht einmal träumen. Die Schreibmaschine galt schon als fortschrittlich; viele von uns schrieben noch von Hand.

Die Ressortleiter der *Zeit* hatten an den Drehscheiben ihrer Telefone kleine Schlösser, mit denen sie die Geräte abends absperrten, damit kein Unbefugter Ferngespräche führen konnte. Das Fußvolk musste sich mit Ortsgesprächen begnügen. Erst Anfang der Sechzigerjahre wurde den *Zeit*-Leuten erlaubt, in Europa zu fliegen, anstatt mit der Eisenbahn zu fahren. Das schnellste Kommunikationsmittel war der Fernschreiber, Echtzeitübermittlung per E-Mail kam allenfalls in Science-Fiction-Romanen vor.

Und die Sitten waren noch streng. Kein Redakteur hätte es gewagt, ohne Sakko und Krawatte, mit Dreitagesbart oder langen Haaren im Büro zu erscheinen. Noch war es verpönt, dass Frauen im Dienst Hosenanzüge trugen. Nur der Verleger Bucerius lief am liebsten im Wollhemd oder Pullover herum.

Im Pressehaus am Speersort und dem Springer-Domizil in der Kaiser-Wilhelm-Straße traf die Kriegsgeneration auf die erste Nachkriegsgeneration. Die einstigen Leutnants und Oberleutnants arbeiteten zusammen mit denen, die sich des Glücks der späten Geburt rühmen durften und allenfalls noch Flakhelfer gewesen waren, gehärtet und geläutert an den Fronten die einen, die anderen »umerzogen« als Austauschschüler in den USA oder als Studenten an amerikanischen Universitäten – beide jedoch vereint in dem gemeinsamen Willen, nach der schändlichen Nazizeit ein neues, ein freies, ein tolerantes Deutschland zu schaffen. Und da sie eng aufeinandersaßen, gab es auch keine Schranken zwischen Verlegern, Redaktionschefs und Redakteuren. Man begegnete einander ständig, redete und disputierte miteinander, traf sich täglich zum Essen.

Die Verleger, die Chefredakteure, viele Ressortleiter, sie alle waren publizistisches Urgestein. Das gilt nicht nur, doch vor allem für Rudolf Augstein, Gerd Bucerius, Henri Nannen, Axel Springer, Marion Dönhoff. Es trieb sie eine Mission, aber auch unbändiger Ehrgeiz. Sie hatten ihre Prinzipien, aber auch ihre Marotten. Alle konnten sie schreiben, die Verleger dazu auch noch rechnen. Ihr Selbstbewusstsein stieg in dem Maße, in dem sich nach den schwierigen Anfangsjahren ihr Erfolg steigerte. Jahrzehntelang ging es ja nur aufwärts. Auch hatten sie es in vieler Hinsicht einfacher als fünfzig Jahre später ihre Nachfolger. Wohl machten sie einander Konkurrenz, doch blieben die Printmedien weithin konkurrenzlos.

Ende 1952 kam das Fernsehen auf. Noch lange freilich gab es nur drei Sender: ARD, ZDF und die dritten Programme; heute buhlen Dutzende Sender um die Aufmerksamkeit des Publikums. Es gab eine einzige Talkshow, Werner Höfers *Internationalen Frühschoppen*, der die gesamte Nation sonntags um 12 Uhr vor dem Fernseher versammelte, noch nicht die vielen Schwatz- und Geschwätzsendungen, die einer zersplitterten Öffentlichkeit meist weder Leitplanken noch Messlatten liefern.

Und schon gar nicht gab es das Internet, das unser Leben verändert hat wie hundert Jahre zuvor das Automobil. Print ist heute unter Druck, bedrängt und im besten Fall ergänzt von Online. Damals standen Zeitungen und Zeitschriften so gut wie allein auf weiter Flur, unangefochtene Könige im Reich der Publizistik.

Als ich zur *Zeit* stieß, hieß es, ich sei der vierzehnte Redakteur. In Wahrheit war ich wohl der dreizehnte, aber die abergläubische Gräfin Dönhoff übersprang die Unglückszahl lieber. Ein paar Monate vorher hatte sie Hans Gresmann fest angestellt, der als Hilfsarbeiter im Archiv des *Zeit*-Verlags Zeitungsartikel ausschnitt und aufklebte und nebenher kleine Meldungen oder Feuilleton-Glossen schrieb.

Am Tag, an dem ich auf der Redaktion antrat, war er auf Reportage bei der jungen Bundeswehr. Vorher hatte er am Toplitz-See recherchiert, ob dort nicht nur von der SS gefälschte englische Pfundnoten, sondern auch ein Teil des Nazigoldes versteckt wäre; vergebens. Als er dann im Pressehaus auftauchte, trug er einen grauen Flanellanzug, der mir als Inbegriff hanseatischer Eleganz erschien; auch seine blauen Blazer mit den goldenen Knöpfen beeindruckten mich sehr. Als Erstes habe ich mir daraufhin ebenfalls einen Flanellanzug und einen Blazer gekauft. Er aber dankte mir für eine heiß ersehnte Gehaltserhöhung. Ich hatte für mich ein monatliches Salär von tausend Mark ausgemacht, er jedoch hatte bisher nur achthundert Mark bekommen und musste nun aus Gründen der Gleichstellung angehoben werden. So ergänzten wir uns von Anfang an finanziell wie kleidungsmäßig.

Tausend Mark Gehalt waren damals sehr ordentlich, aber davon gingen zweihundert Mark Steuern ab, zweihundert Mark betrug die Miete, und zweihundert Mark mussten für den Baukostenzuschuss abbezahlt werden. Deswegen verdienten wir uns gern etwas dazu. Wir schrieben beide viele kleine Stücke fürs *Echo des Tages* im NDR-Hörfunk – über Erdbeben in Agadir oder Vulkanausbrüche in Indonesien; pro Stück gab es 50 Mark. Wir moderierten Diskussionen beim Kongress für die Freiheit der Kultur, hielten Vorträge, später sprachen wir auch Fernsehkommentare.

Manche sahen uns als Plisch und Plum, die ungezogenen Hunde aus einer Bildergeschichte Wilhelm Buschs. In vielem waren wir einander ähnlich. Wir hatten beide in Amerika studiert. Wir waren beide Historiker. Wir hielten beide mit unserer frechen Spottlust nicht hinterm Berg. Außenpolitisch stimmten wir völlig überein – wir waren Atlantiker, nicht Gaullisten, und wir traten später ein für die neue Ostpolitik Willy Brandts. Hans schrieb vielleicht eleganter, auf jeden Fall leichter als ich; aber da wir unsere

Manuskripte gegenseitig redigierten, fielen die Unterschiede kaum auf.

Er war ein geborener Hanseat, ein Meistererzähler auch hanseatischer Witze (jawohl, die gibt es!). Ich entsinne mich besonders einer Anekdote, die er erzählte, um mir das Hamburger Selbstbewusstsein zu erklären. Sie geht so: Beim Abendessen in einem der Harvestehuder Patrizierhäuser kommt die hübsche höhere Tochter Helena Nottebohm, Sprössling einer alteingesessenen Kaufmannsfamilie, neben einen jungen Studienrat zu sitzen. Der ist erpicht darauf, Konversation zu machen, und fragt seine Tischdame: »Wissen Sie eigentlich, dass wegen einer Frau Ihres Namens der Trojanische Krieg ausgebrochen ist?« – »Ach nee«, antwortet sie, »wegen Nottebohm?«

Bucerius nannte uns bald die »Buben der Gräfin Dönhoff«, und das waren wir in der Tat. Marion Dönhoff, Hans und ich – das war das ganze politische Ressort; erst als wir statt drei Seiten Politik vier Seiten machen konnten, kam als Vierter Rolf Zundel dazu. Zwölf Jahre lang machten wir Dönhoff-Buben gemeinsam Karriere. Mehr und mehr machten wir uns Gedanken über das ganze Blatt, wurden zu Gesprächspartnern der Ressortchefs von Feuilleton, Wirtschaft und Modernes und regten vielerlei Neuerungen an: so die Ressorts Wissen, Dossier, Zeitläufte.

Auch lockerten wir die Bleiwüsten der Gründerzeit auf: Die Überschriften erhielten Unterzeilen, und die Namen der Autoren rückten mit der Zeit immer öfter vom Artikel-Ende in die »Byline«. Vor allem erschienen auf einmal Fotos in der Zeitung, Schwarz-Weiß-Fotos zunächst, bis der Farbdruck sich 1999 so weit verbilligte, dass er finanziell keinen Unterschied mehr ausmachte. Eine rote Zeile über dem Titelkopf wies auf das gewichtigste Thema im Inneren hin; dem Verfasser oder der Verfasserin brachte sie eine Flasche Sherry ein.

Wir waren Freunde, aber es lag in der Natur der Sache, dass wir auch Rivalen waren. Beide bekamen wir den Theodor-Wolff-Preis.

Beide wurden wir 1968 Stellvertreter von Gräfin Dönhoff – Hans stellvertretender Politik-Chef, ich stellvertretender Chefredakteur. Und es war keineswegs gesagt, dass ich am Ende Chefredakteur werden würde – Hans' Chancen waren genauso groß. Aber dann kam die Magazin-Affäre dazwischen.

Ende 1969 wurde Hans Gresmann mit der Vorbereitung eines Farbmagazins betraut, dessen Chef er werden sollte. Es kam am 2. Oktober 1970 heraus und erwies sich als große Enttäuschung. Das war nach meiner Sicht nicht in erster Linie die Schuld von Hans. Bucerius hatte ihn ständig in Richtung leicht und luftig, flippig und frivol gedrängt, aber als die Anzeigen ausblieben, zog der Verleger abrupt die Notbremse und setzte den Magazinchef ab. Hans hätte wieder ins politische Ressort zurückkehren können; dazu habe ich ihm damals auch geraten. Aber er zog lieber einen klaren Trennstrich, nahm eine erkleckliche Abfindung und suchte sich im Fernsehen ein neues Betätigungsfeld.

Er fand es zunächst als freier Autor für *Report* und wurde dann 1973 beim Südwestfunk in Baden-Baden Ressortleiter Politik und stellvertretender Fernsehchefredakteur. 1981 rückte er schließlich zum Chefredakteur des Fernsehens und zum Leiter der Hauptabteilung Information auf. Diese Posten hatte er fünf Jahre lang inne, bis er dann 1986 als Hörfunkkorrespondent des SWF und des Deutschlandfunks nach Washington übersiedelte.

Wir sind aber über die Jahre hinweg immer in Fühlung geblieben. Ich erinnere mich vieler schöner Besuche in Baden-Baden, aber auch an manchem Abend in Georgetown, wo wir uns bei »Morton's of Chicago« an einem kräftigen Steak und einem Schluck guten kalifornischen Rotweins labten.

In seiner Baden-Badener Zeit hatte ich lange auch noch professionell mit ihm zu tun. Er hatte eine Jahresend-Sendung fürs Fernsehen erfunden, in der vier innenpolitische und vier außenpolitische Journalisten jeweils ihre Prognosen für das kommende Jahr abgaben – zwölf Monate später mussten sie dann erklären, weshalb sie mit ihren Prophezeiungen ins Schwarze getroffen oder danebengelegen hatten. Ich war einer der vier Außenpolitiker. Zu der Riege gehörten auch Johannes Gross, Klaus Mehnert und Nina Grunenberg. Die Sendung erlangte beinahe Kultstatus; für viele gehörte sie zu Silvester, fast so wie *Dinner for One*. Eines Tages wurde sie jedoch abrupt eingestellt, weil einer der SWF-Oberen einen Sendeplatz brauchte, von dem aus er seine eigene Meinung kundtun konnte, obwohl die niemanden interessierte.

Doch Ende der Fünfzigerjahre mussten wir zunächst einmal lernen. Das taten wir zum einen bei dem Chefredakteur Josef (»Jupp«) Müller-Marein, zum anderen bei Gräfin Dönhoff.

Der französische Essayist Joseph Joubert (1757–1824) hat die Schriftsteller in zweierlei Typen unterschieden. Bei den einen entstehe der Stil aus den Gedanken, bei den anderen entstünden die Gedanken aus dem Stil. Müller-Marein und Marion Dönhoff verkörperten diese verschiedenen Typen in Reinform. Er ging beim Schreiben von der Form aus, die Gräfin indes vom Inhalt. Er war ein Wächter gepflegter Prosa und guten Stils, die Sprachmelodie und der dramaturgische Aufbau eines Artikels bedeuteten ihm mehr als die Faktenanalyse. Wenn er unsere Texte redigierte, durften wir ihm dabei über die Schulter schauen. Seine stete Mahnung war: »Bloß keine Leblosigkeit und Lieblosigkeit der Schreibe!«

Die richtungsweisende Lehrmeisterin war indessen Marion Dönhoff. Bei ihr gingen wir in die Benimmschule des politischen Journalismus. Die schlimmste Sünde des Journalisten, trichterte sie uns ein, sei es, der Eitelkeit zu frönen. Preußische Tugenden wie Fleiß, Pünktlichkeit, Unbestechlichkeit lebte sie uns vor, wie sie auch die Grenzen des guten Geschmacks und des publizistischen Anstands immer wieder mit unfehlbarer Sicherheit zu markieren wusste. Eine ganze Generation von *Zeit*-Redakteuren lehrte sie, dass lesen muss, wer schreiben will – Zeitungen, ausländische zumal, Zeitschriften, Bücher. Wehe, es hatte einer versäumt, am Wochenende zum Flughafen zu fahren und sich von der englischen Sonntagspresse mindestens den *Observer* und die *Sunday Times* gründlichst vorzunehmen.

Sie ließ sich auch von uns redigieren, allerdings nur mit Bleistift. Doch bat sie uns, in ihren Texten die Kommas an die richtigen Stellen zu setzen. Mit der Interpunktion stand sie nämlich auf Kriegsfuß, seit sie als Kind dem täglichen Tischgebet, wie sie es hörte, keinen Sinn entlocken konnte: »Komma Jesus, sei unser Gast.«

Sie ließ uns klein anfangen; Lehrjahre waren keine Herrenjahre. Zuerst mussten wir für die *Zeitspiegel*-Spalte auf Seite 2 knappe, möglichst witzige Meldungen schreiben. Kurze Glossen für die erste Seite waren die nächste Bewährungsprobe, danach der zweite, kleinere Leitartikel; ganz zum Schluss erst kam der 205 Zeilen lange große Leitartikel.

Meinen ersten schrieb ich im Juli 1959, als Präsident Eisenhower den Kremlchef Nikita Chruschtschow in die USA einlud. Alle anderen des Schreibens Kundigen waren auf Urlaub, ich musste also ran. Ich tat mich schwer. Der Kollege Ortwin Fink kochte mir bis vier Uhr morgens Kaffee, dann ging das Manuskript in Satz: »Wendung nur oder Wende?« Aus Sylt kam am nächsten Tag ein Telegramm der Gräfin: »Bravo, glänzend gemacht!« Ich wischte mir die Schwitzehändchen ab, die ich noch jahrelang hatte, wenn ich für die *Zeit* schrieb. Das legte sich allmählich.

Irgendwann kommt bei jedem der Zeitpunkt, an dem der Terror des Schreibens seinen Schrecken verliert und man sich sicher sein kann, dass das weiße Blatt vor einem nicht leer bleibt, sondern dass etwas draufsteht. Von da an ist Journalismus pures Plaisir.

VI.

DIE HAMBURGER KUMPANEI

Zeit, Stern und *Spiegel*

Zwischen *Stern*, *Spiegel* und *Zeit* gab es in den Sechzigern und Siebzigern ausgeprägte Stil-, doch kaum Richtungsunterschiede. In Bonn wurden die drei Publikationen boshaft-bösartig »Hamburger Kumpanei« genannt (unter diesem Etikett wurden sie wohl auch von Reinhard Gehlens Bundesnachrichtendienst ausgeforscht). Es ist nicht klar, wer den Ausdruck erfunden hat. Auf jeden Fall wurde er in Bonn geprägt, wohl von Franz Josef Strauß, doch vielleicht sogar von Konrad Adenauer selbst. Und verstanden wurden darunter die drei Mitte-links-Publikationen *Spiegel, Stern* und *Zeit*.

Ihre Schlüsselfiguren waren Rudolf Augstein (Jahrgang 1923), Henri Nannen (Jahrgang 1913) und Gerd Bucerius (Jahrgang 1906). Ihre Redaktionen standen voll hinter ihnen. Das machte sie in der Tat zu den Sturmgeschützen der »linken Kampfpresse«, wie sie der CDU-Politiker Gerhard Stoltenberg nannte. Was sie verband, war nicht die kommerzielle Verkettung der drei Häuser auf Verlagsebene. Es war unsere (links)liberale Gesinnung, die uns, jede Publikation mit ihren eigenen Stilmitteln, gegen die Altersstarrheit Adenauers, gegen den Machtanspruch von Strauß, gegen Überwachungswahn und Berufsverbot auftreten ließ – und eintreten für Bürgerrechte, Pressefreiheit und Entspannungspolitik.

Bucerius erinnerte sich: »Sie waren links von der Mitte, jeder auf seine Weise regierungskritisch, ohne Scheu davor, den Hochmögenden in Bonn und anderswo auf die Füße zu treten.« Wobei

»anderswo« auf München und Franz Josef Strauß zielte, dem alle drei in unerbittlicher Opposition gegenüberstanden. In der *Spiegel*-Affäre, die ja in Wahrheit eine Strauß-Affäre war, standen sie 1962 solidarisch zusammen. *Stern* und *Zeit* stellten den *Spiegel*-Kollegen, deren Büros von der Polizei versiegelt waren, wochenlang ihre Redaktionsräume, ihre Schreibtische und Schreibmaschinen sowie ihr Archiv zur Verfügung und sicherten so das Überleben von Augsteins Magazin.

Aber auch Konrad Adenauer sahen sie in dessen späten Amtsjahren kritisch. Die Ostpolitik Willy Brandts fand früh ihre Unterstützung; neben der *Frankfurter Rundschau*, der *Süddeutschen Zeitung* und dem *Kölner Stadtanzeiger* waren sie die meinungsbestimmenden »Lobbyisten der Vernunft«, nämlich einer aktiven Außenpolitik gegenüber dem Osten einschließlich der DDR. Desgleichen waren sie eines Geistes, wenn es um die Verletzung von Bürgerrechten, staatliche Gesinnungsschnüffelei und behördliche Willkür ging. Außerdem waren die Eigentümer der einzelnen Blätter auf verschlungene und ständig wechselnde Weise geschäftlich verbandelt. Man kannte sich, man schlug sich, man vertrug sich. Auf alle Fälle aber prügelte man auf dieselben Leute ein.

Die Hamburger Pressewelt war in zwei Lager geteilt. Im Pressehaus am Speersort saßen bis Mitte der 1960er-Jahre die drei linksliberalen Blätter vereint unter einem Dach. Der konservative Springer-Verlag residierte anderthalb Kilometer entfernt am anderen Ende der Altstadt. Und nicht nur die politische Grundtonalität unterschied die beiden Häuser. Axel Springer war Bucerius' »ältester Freundfeind im publizistischen Gewerbe« (Ralf Dahrendorf). Die ursprünglich freundschaftliche Beziehung hatte im Lauf der Zeit einer gequält-aggressiven Abneigung Platz gemacht. Die Markt- und Meinungsmacht Springers hielt Bucerius wo noch nicht für verfassungswidrig, so doch »an die äußerste Grenze dessen gekommen, was ein Staat hinnehmen kann«.

Zeit, Stern und Spiegel

Im Pressehaus lief man sich dauernd über den Weg, traf sich im Paternoster oder mittags in den umliegenden Restaurants – im Montanhof, bei triftigen Anlässen in Cöllns Austernkeller, doch sonst vorzugsweise am Schopenstehl im Presse-Stübchen von Fiete Melzer. Der sah aus wie Winston Churchill und bot ein Steak mit Bratkartoffeln samt einem Bier und einem Schnaps für 4,50 Mark an; mit Trinkgeld reichte ein Fünfer. Augstein hatte dort mit seinen Leuten einen Tisch, Nannen einen anderen mit der *Stern*-Crew, die *Zeit* mit Gräfin Dönhoff und Josef Müller-Marein einen dritten.

Dabei war das Verhältnis von Rudolf Augstein, dem Verleger des *Spiegel,* und Gerd Bucerius, dem Verleger von *Zeit* und *Stern,* keineswegs bloß vom Willen zur Kooperation bestimmt; sie waren immer Konkurrenten und oft genug Kontrahenten oder gar Kombattanten. Mitte der Fünfziger hatte Augstein versucht, Bucerius aus dem *Zeit*-Verlag zu drängen; vergebens. Ende der Fünfziger stellte er die Mannschaft für ein Konkurrenzblatt zur *Zeit* zusammen, das *Deutsche Allgemeine Zeitung* heißen sollte. Bucerius reagierte darauf mit der Vorbereitung eines Anti-*Spiegel* namens *Moment*; ein 82 Seiten starkes Dummy, von dessen Titelseite ein rot eingefasster rundgesichtiger Mao Zedong leuchtete, wurde im September 1959 gedruckt.

Angeregt hatte das Projekt der *Stern*-Kolumnist William S. Schlamm, ein Kalter Krieger österreichischer Herkunft und amerikanischer Nationalität, dessen Thesen die *Zeit* rundheraus ablehnte. Er zog es deshalb auch vor, nicht an der Gestaltung von *Moment* teilzunehmen; das wäre, spitzte er zu, als ob die Callas mit dem Winterhuder Kirchenchor singen sollte.

Am Ende brachen Bucerius und Augstein ihre Experimente ab. Im August 1960 schlossen sie sogar Fusionsverträge, die sie zu Gesellschaftern im Verlag des jeweils anderen machten. Aber binnen weniger Monate verkrachten sie sich erneut, Bucerius verlangte die Auflösung der Verträge. Im April 1962 trennten sich die beiden

Fusionäre wieder; der Zeit-Verleger nahm dafür sogar einen Veräußerungsverlust von 1,5 Millionen Mark in Kauf. Sieben Monate später allerdings, in der *Spiegel*-Affäre, war abermals Solidarität angesagt: Bucerius griff rettend ein, um das Erscheinen des *Spiegel* zu ermöglichen.

Die Kombination *Zeit-Stern-Spiegel* hätte in der Tat jene Medienmacht gesellschaftlich fundieren können, welche die politischen Gegner der »Hamburger Kumpanei« fürchteten. Augstein und Bucerius führten 1968 noch einmal Gespräche über eine Fusion, unter anderem über die gemeinsame Gründung einer norddeutschen Tageszeitung, »eine auch in Berlin verkäufliche«. Bucerius verspürte indes keine Neigung mehr dazu. Die Kumpanei blieb unbesiegt. Die drei Kumpane aber sind in die deutsche Pressegeschichte eingegangen. Jeder hatte sein eigenes Profil.

Gerd Bucerius

Von den drei Protagonisten der Hamburger Kumpanei war er der älteste, der lebenserfahrenste und der verschlagenste. Ein Mann vieler Talente, die der Rechtsanwalt wie der zeitweilige CDU-Politiker, der Verleger wie der Publizist gleichzeitig ausspielte: die Schärfe des juristisch gebildeten Verstandes, den glanzvollen Schreibstil, die Gabe der stichelnden, stachelnden, stechenden Polemik, den sprudelnden Einfallsreichtum eines sprühenden Geistes, seinen ungezwungenen Charme wie seine gelegentlich überbordende Chuzpe.

Im Kreis der vier Lizenznehmer, die 1946 die *Zeit* gründeten, war Bucerius der jüngste. Schroffe Differenzen zwischen den Gesellschaftern führten immer wieder vor Gericht. Die verschiedenen Verfahren endeten im März 1957 mit einem Hamburger Schieds-

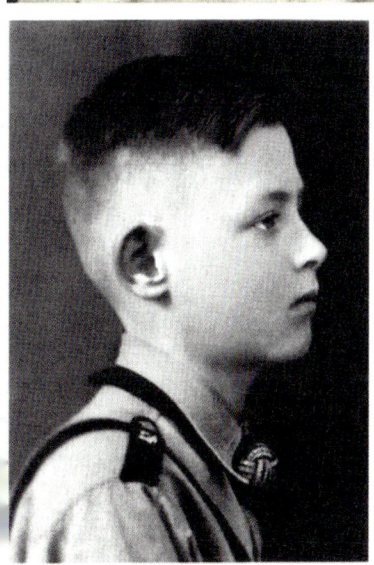

Abb. 1 Kindheit in Schwaben: Theo Sommer mit seinen Eltern Else und Theo Sommer, 1933

Abb. 2 In der Uniform der Nazi-Jugend: als Adolf-Hitler-Schüler zu Beginn der Vierzigerjahre

Abb. 3 Hier sollte die NS-Elite herangezogen werden: die NS-Ordensburg Sonthofen im Allgäu, Weihnachten 1938

Abb. 4 Hoch über Sonthofen: Blick von der NS-Ordensburg, 1938

Abb. 5 »Ein ernsthafter Junge, für den eine Welt zusammengebrochen war und der keine Ahnung hatte, welche neue Welt seiner harrte«: So zeichnete die spätere Malerin Thea Spengler den jungen Theo auf dem Weg nach Hause, Juni 1945

Abb. 6 und 7
Startrampe ins Leben:
als Student in Chicago,
1951

Abb. 8 Immer wieder USA: mit Kommilitonen während des Internationalen Sommerseminars an der Harvard University, 1960

Abb. 9 Hamburger Altstadt: Blick auf das Pressehaus am Speersort, 1951

Abb. 10 Besuch beim US-Präsidenten zu Hause: mit Henri Nannen (Mitte) auf der Ranch von Lyndon B. Johnson (rechts), Juli 1967

Abb. 11 Konkurrenten: Henri Nannen (rechts) und Rudolf Augstein beim FDP-Parteitag in Frankfurt am Main, März 1965

Abb. 12 Redaktionskonferenz in der *Zeit*: Haug von Kuenheim, Petra Kipphoff, Dieter E. Zimmer, Willi Bongard, Theo Sommer und Hans Gresmann (von links nach rechts)

Abb. 13 Wirtschaft- und Kunstmarkt-Redakteur Willi Bongard im Gespräch mit Politik-Redakteur Theo Sommer, 1964

Abb. 14 Raus in die Natur: Theo Sommer mit seinem Dalmatinerhund, Ende der Sechzigerjahre

Abb. 15 Eine »oft schwierige Freundschaft«: mit Henry Kissinger, Ende der Siebzigerjahre

Abb. 16 Der Chefredakteur auf seinem Posten: Theo Sommer am Schreibtisch, 1973/74

Abb. 17 Ein neuer Herausgeber kommt zur *Zeit*: mit Helmut Schmidt (links) und Verleger Gerd Bucerius, Mai 1983

Abb. 18 An der Spitze der *Zeit*: Mitherausgeberin Marion Gräfin Dönhoff, Chefredakteur Theo Sommer (Mitte) und Mitbegründer Gerd Bucerius (rechts), Februar 1986

Abb. 19 Der Netzwerker: mit Johannes Gross und Rudolf Augstein (Mitte) als Gäste des Bertelsmann-Forums Deutschland, Januar 1987

Abb. 20 »Die Gräfin« war es, die ihn zur *Zeit* geholt hatte: Theo Sommer mit Marion Gräfin Dönhoff, 2000

Abb. 21 Die *Zeit*-Redakteure auf Reportagereise in der DDR: Peter Christ, Theo Sommer, Rudolf Walter Leonhardt und Gerhard Spörl (von links nach rechts), vorne rechts Nina Grunenberg, daneben Marlies Menge, 1986

Abb. 22 Ein deutscher Kommunist: im Gespräch mit Erich Honecker, Mitte der Achtzigerjahre

Abb. 23 Die Wiedervereinigung scheint weit weg: mit Helmut Kohl und Gerd Bucerius (Zweiter von rechts) unterwegs in Ostberlin, Mitte der Achtzigerjahre

Abb. 24 Redaktionskonferenz mit Herausgebern und Verleger: Hilde von Lang, Helmut Schmidt, Chefredakteur Theo Sommer und Gerd Bucerius (von links nach rechts), 1986

Abb. 25 Nur 1,56 Meter groß, doch einer der ganz Wichtigen: mit Deng Xiaoping, 1975

Abb. 26 Die außenpolitische Stimme der *Zeit*: Theo Sommer auf dem Flughafen von Kunduz, 2008

Abb. 27 Drei weise alte Männer: mit Hans-Dietrich Genscher und Richard von Weizsäcker bei der Verleihung des Marion-Dönhoff-Preises, 2014

Abb. 28 Asien als Lebensthema: mit Henry Kissinger und Helmut Schmidt (rechts) auf dem Hamburg Summit: *China meets Europe*, November 2012

Abb. 29 *Die Zeit* war sein Leben: Theo Sommer blättert in dem Buch *Die erste Seite*, 2014

spruch, der Bucerius zum Alleineigentümer der *Zeit* machte. Er blieb es bis zu seinem Tod im September 1995.

»Buc«, wie alle von ihm sprachen, war ein energiegeladenes Bündel von Widersprüchen. Er war zappelig (so charakterisierte ihn Konrad Adenauer) und zugleich zielgerichtet; »sprunghaft, spontan, stark emotional« in den Worten seines Biografen Ralf Dahrendorf, doch dann immer wieder auch stur und von eiserner Entschlossenheit. Witzig, warmherzig und wagemutig – so kannten ihn die meisten, berechnend, kalt und risikoscheu, so lernten ihn manch andere kennen. Viele empfanden ihn als genialisch irrlichternden Kopf. Er sagte von sich: »Wir sind doch alle ein bisschen verrückt. Wir setzen uns für manches Unvernünftige ein, und wir verachten viel Vernünftiges. So sind wir halt. Nur so kann man Zeitung machen. Viel Intelligenz braucht man dazu, viel Fleiß auch, aber das wichtigste ist doch viel Glück.«

Und er hatte dieses Glück. Er war, Sohn eines Rechtsanwalts, in Hamm zur Welt gekommen. Sechzehn Jahre alt war er, als die Familie nach Hamburg umzog, wo der Vater in Altona eine Kanzlei eröffnete. Am Heinrich-Hertz-Realgymnasium, dessen »stinkige Klassen, spießige Lehrer und noch stinkigeren Mitschüler« er hasste, legte er 1923 die Reifeprüfung ab. Sein Abituraufsatz zum Thema »Aus welchen Quellen schöpfe ich Lebensfreude?« geriet ihm zur polemischen Abrechnung mit dem Kaiserreich (es sei ja nun »zum Heile der Kulturmenschheit zusammengebrochen«) und mit der bürgerlichen Durchschnittsehe (»Tags Zank und Streit, des Nachts treibt die gemeinsame Geschlechtsnot die Gatten zusammen«). Er bekam ein »nicht genügend«.

»Auf der Schule war ich faul, frech und verlogen«, gestand er später. »Gearbeitet, dann aber hart, habe ich erst auf der Universität.« In Freiburg, Berlin und Hamburg studierte er Jura. Dabei lernte er in der Berliner Kanzlei von Alfred Carlebach und Erich Koch-Weser seine erste Lebensgefährtin kennen: Gretel Goldschmidt, die Tochter des verstorbenen Textilkaufmanns Jakob Isidor Goldschmidt.

Im März 1930 bestand er die Große Staatsprüfung, im September wurde er in Flensburg zum Hilfsrichter bestellt. Vier Wochen darauf heiratete er im dortigen Standesamt seine »Detta« – hundertelf Tage vor der Machtergreifung Hitlers.

Nach der Sprachregelung des braunen Regimes galt Bucerius als »jüdisch versippt«. Die besonders verwerfliche »Mischehe« mit einer Jüdin versperrte ihm den Weg in den Staatsdienst. So trat er 1933 in die Altonaer Kanzlei seines Vaters ein. Unverdrossen komplettierte er seine Promotion zum Dr. jur. Und unerschrocken verteidigte er Juden, was ihm 1937 Angriffe in Julius Streichers Hetzblatt *Der Stürmer* eintrug. Daneben vertrat er bekannte Hamburger Unternehmen in Wirtschaftssachen. Er verdiente gut. Er reiste, privat und geschäftlich, ins Ausland: in die Normandie, nach Klosters zum Skilaufen, nach Österreich und Italien, England und sogar in die USA, immer wieder in die Niederlande. Aber nach der Reichskristallnacht zogen sich die Wolken zusehends dunkler über dem Paar zusammen. Bucerius brachte seine junge Frau nach England in Sicherheit, wo sie sich als Dienstmädchen und Kellnerin verdingte.

Dann kam der Krieg. Zwei Monate lang war Bucerius Soldat, dann wurde er – weil er sich von seiner Frau nicht scheiden lassen wollte – als »wehrunwürdig« entlassen. Als stellvertretender Betriebsleiter der Diago-Werke dienstverpflichtet, die Sperrholzplatten, Luftschutztüren und Holzbaracken herstellten, schlug er sich durch. »Wir waren nicht mit der Fahne durchs Land gezogen, sondern haben uns ganz schön gebückt, um durch das Gewitter zu kommen«, sagte er viele Jahre später in der Fernsehsendung *Das ist Ihr Leben*. »Ich war einer, der sich bückte und drückte, aber nicht nachgab.«

Und er gab nicht nach. Als in der Endzeit des NS-Regimes jüdische KZ-Insassinnen aus Auschwitz nach Neuengamme verlegt und den Diago-Werken als Zwangsarbeiterinnen zugewiesen wurden, beschwerte er sich brieflich über deren brutale Behandlung – der Brief endet ohne »deutschen Gruß« oder »Heil Hitler« mit »gez. Dr. Bucerius«.

Aber sein Widerstandsgeist äußerte sich nicht nur in papierenen Gesten. Zu einer Episode, die sich im Februar 1945 abspielte, rang sich Gräfin Dönhoff das zugleich respektvolle und kopfschüttelnde Urteil ab, Gerd Bucerius sei »ein besinnungslos mutiger Mann«. Sein Freund Erik Blumenfeld, der Sohn eines jüdischen Hamburger Reeders und einer Dänin, war als Halbjude wegen Wehrkraftzersetzung nach Auschwitz geschafft worden. Weil er ein guter Boxer war, musste er als Sparringspartner mit den SS-Wachleuten trainieren. Aus Auschwitz wurde er durch die Fürsprache von Himmlers Masseur nach Buchenwald verlegt und schließlich sogar entlassen, doch Anfang 1945 war er neuerlich verhaftet worden und saß im Schutzhaftlager Schulstraße in Berlin ein.

Der Anwalt Bucerius erwirkte eine Besuchserlaubnis. In einer unbeobachteten Ecke öffnete Buc seinen Mantel und zeigte auf zwei Revolver: »Schießen wir uns hier raus!« Entsetzt redete ihm Blumenfeld die Sache aus. Er kam auf seine eigene Weise frei – und in den letzten Kriegswochen versteckte ihn Bucerius samt einigen anderen Regimegegnern in seinem Haus in Othmarschen. (Nach dem Krieg wohnte Marion Dönhoff sieben Jahre lang in einem Zimmer im Hause Blumenfeld.)

Bucerius hasste die Nazis. Ihm war alles recht, was das Ende beschleunigte – sogar die verheerenden britischen Bombenangriffe auf die Hansestadt. Er löste gehörigen Wirbel aus, als er in den 1980er-Jahren offenherzig bekannte: »Ich stand an den drei Angriffstagen auf dem Dach meines Häuschens in der Hamburger Vorstadt. Oben flogen die englischen Bomber. Endlich, rief ich immer wieder, endlich! ... Endlich kamen sie, die Engländer! ... Um wen habe ich während des Angriffs gebangt? Um die Piloten. Sie waren ja tapfer und taten das, was ich von ihnen erhoffte. Ich habe mein Land immer geliebt. Und jetzt musste ich fast den Untergang seiner schönsten Stadt wünschen. Wie ein Monster! Nichts, was ich seitdem sage und tue, kann noch normal sein. Ein schwieriges Vaterland.«

Aber er blieb unbeugsam. Seine Nazi-Gegnerschaft sprach sich herum. Rasch geriet er ins Blickfeld der britischen Besatzungsmacht. Anwälte mit weißer Weste ohne braune Flecken wurden gebraucht, Englisch sprechende zumal (im Kriege hatte Bucerius ein Dolmetscherexamen gemacht). Er war unbelastet. Am 1. Juli 1945 erhielt er seine Wiederzulassung. Schon vierzehn Tage vorher hatten ihn die Engländer mit der Aufgabe betraut, das *Hamburger Tageblatt*, die Nazi-Parteizeitung, abzuwickeln.

»Vor dem Krieg haben wir die Politik und das Zeitungsmachen anderen überlassen, so kam Hitler« – diese Einsicht war es, die ihn in die Politik und in die Presse trieb: »Das mussten wir jetzt selbst machen.« So wurde er Zeitungsverleger, und so wurde er Politiker. Am 14. Februar 1946 war er einer der vier *Zeit*-Gründer, denen die Engländer die Lizenz für eine »Zeitung genannt *Die Zeit*« aushändigten.

Am Tage nach der Lizenzerteilung schlug der Hamburger Bürgermeister der britischen Militärregierung vor, ihn zum Bausenator zu ernennen – ein wichtiges Amt in der weithin in Trümmern liegenden Stadt. Neun Monate hatte Bucerius dieses Amt inne. Es wurde zum Einstieg in eine politisch bemerkenswerte Laufbahn: 1947 Mitglied des Bizonenrats und Vorsitzender von dessen Lastenausgleichsausschuss, 1948 Vertreter Hamburgs im Frankfurter Wirtschaftsrat, dann 1949 Einzug in den Bundestag, dem er dreizehn Jahre lang angehörte.

Mit 480 Silben pro Minute war der Abgeordnete des Hamburger Wahlkreises Eimsbüttel einer der schnellsten Redner des Parlaments. Zunächst teilte er sich ein Büro mit Robert Pferdmenges, Adenauers Freund und Finanzberater. Der Kanzler machte sich die Talente des Hamburgers zunutze, entsandte ihn nach Amerika, schickte ihn nach London zu Winston Churchill und setzte ihn als Bundesbeauftragten für die Förderung der Berliner Wirtschaft ein. Doch gerieten die beiden Männer im Laufe der Zeit immer öfter aneinander – und am Ende auseinander.

Auch die Engländer hatten es nicht einfach mit ihm. Die *Zeit* wurde rasch berühmt durch ihre unbotmäßige Kritik an den Besatzungsmächten. Sie prangerte die Demontage der deutschen Industrie an, engagierte sich gegen die Nürnberger Kriegsverbrecherprozesse (»zu viel Anklage bewirkt zu viel Verteidigung«, die Prozesse hätten vor einem deutschen Gericht geführt werden müssen). Die Franzosen bekamen wegen der Einverleibung des Saarlands ihr Fett ab. Die Entnazifizierung mit ihrem pedantischen Fragebogen- und Spruchkammerwesen wurde ebenfalls provozierend kommentiert: »Nazis sind auch Deutsche«; es gereiche der Demokratie nicht zum Schutz, wenn man ein Viertel des Volkes entmündige und aus dem wirtschaftlichen Leben für lange Zeit ausschließe.

»Bucerius«, schreibt sein Biograf Dahrendorf, »der sowohl vorher als auch später in ganz anderen Tönen über deutsche Schuld sprach – und sie war eines seiner beherrschenden Themen –, ging offenbar 1947/1948 durch eine Phase, in der er nicht nur die eigene Verantwortung, sondern die des deutschen Volkes abwies. Das war für ihn ungewöhnlich. Fast muss man vermuten, dass der Stil der frühen Zeit ihn dabei in eine ihm fremde Richtung gezogen hat.«

Die Briten verärgerte Bucerius besonders mit seinem »Plan Murmeltier«, den er im März 1946 veröffentlichte. Deutschland hungerte, es wurde ernsthaft erwogen, die Arbeitszeit zu verringern, um Energien zu sparen. Die Ursache? Der Autor nahm kein Blatt vor den Mund: »Deutschland ohne Außenhandel und ohne Handelsflotte leidet besonders unter der Abtretung der landwirtschaftlichen Gebiete im Osten, wo uns zugleich mit dem Siedlungsgebiet für acht Millionen erhebliche Überschüsse an Kartoffeln und Getreide für die verbliebenen deutschen Gebiete verlorengegangen sind.«

Dazu kamen Zweifel, dass die englische Nahrungshilfe weiterhin selbst die niedrigen derzeitigen Rationen sicherstellen könne. Sein Befund: »Wie die Kraft unseres Volkes zum Wiederaufbau in zukünftigen Tagen trotz der unabänderlich erscheinenden Ernährungslage vor dem Äußersten bewahrt werden kann, das ist das Problem der Stunde. Es gibt kein ernsteres!« Wenn die Besatzungsmächte nicht genug Lebensmittel lieferten, müssten die Deutschen sich halt in einen kaloriensparenden Winterschlaf versetzen, argumentierte er: »Die Arbeiterschaft ist zur Aufrechterhaltung ihrer jetzigen Leistung bei Kürzung der Rationen nicht imstande.«

In dieser Lage gebe es nur eine Lösung: »Der Pulsschlag unseres gesamten öffentlichen Lebens muss herabgesetzt werden. Nicht die Arbeitszeit, sondern die Aufgaben müssen dem gesunkenen Nahrungsniveau angepasst werden. Wie das Murmeltier sich im Winter, der Zeit seiner Nahrungskrise, in den Winterschlaf begibt, muss auch das deutsche Volk einen Winterschlaf beziehen. Es muß in ihm seine Kraft erhalten, um später im sicher kommenden Frühling seines Wiederaufbaus leistungsfähig zu sein.« Dass Bucerius dies buchstäblich ernst meinte, mag man bezweifeln, aber sein Schluss war eindeutig: »Wir sollten nicht blind in die Katastrophe hineingehen, sondern alles erwägen, um das Schicksal zu wenden.«

Die britische Besatzungsmacht befielen wegen des Rechtsdralls der *Zeit* damals ernsthafte Zweifel. Nachzulesen ist das in Dahrendorfs Bucerius-Biografie: »Ein Bericht des Hamburger Intelligence Office an die Politische Abteilung der Militärregierung stellt 1947 fest, die *Zeit* sei nicht unabhängig, denn sie vernachlässige Sozialdemokraten und Gewerkschaften. Daß sie an Nationalismus appelliert, daß sie anti-sozialistisch ist, und daß ihr Ton pessimistisch ist, läßt sich nicht leugnen. Sollte das erlaubt sein? Sollte man die *Zeit* vielleicht zwingen, sich auf ›kulturelle Themen‹ zu beschränken, unter dem ›Vorwand, die Papierknappheit rechtfertige nicht die Extravaganz einer unabhängigen politischen Zeitung zusätzlich zu den Parteiorganen‹? Doch ließ der Verteidiger der *Zeit* in Gestalt des damaligen britischen Presseoffiziers und späteren Remigranten Michael Thomas, eines gebürtigen Berliners, der Gräfin Dönhoff verehrte und seine deutsche Vergangenheit nie ganz abgelegt hatte, nicht lange auf sich warten.«

Er schrieb am 7. April 1948 an das Information Office: »Both the paper and its editors have a higher journalistic and intellectual standard than any other paper or editorial staff I have come across in the Zone. ... In my view the paper is truly independent and just as critical of the parties of the Right as of the Left. ... On balance I consider it an asset from the point of view of our task in Germany« – die Zeit habe einen sonst unerreichten hohen journalistischen und intellektuellen Standard, sie sei überdies nicht einfach ›rechts‹ einzuordnen. »Per Saldo halte ich die Zeit für einen Aktivposten im Hinblick auf unsere Aufgabe in Deutschland.«

Nicht wegen Rechtslastigkeit, sondern wegen seiner Grundsätzlichkeit ging Bucerius dann dem ersten Bundeskanzler Konrad Adenauer auf die Nerven.

Als Kurt Schumacher 1949 in einer Nachtsitzung Konrad Adenauer »Bundeskanzler der Alliierten« schimpfte und dafür zu zwanzig Sitzungstagen Ausschluss aus dem Bundestag verdonnert wurde, wetterte Bucerius öffentlich dagegen: »Wie, der Führer der Opposition soll ein halbes Jahr aus dem Bundestag verbannt werden? Staatskrise!«

Beim nächsten Streit ging es um Berlin. Im Herbst 1956 erstritt Bucerius die Zustimmung der CDU-Fraktion zu einem Antrag, den Sitz der Bundesregierung nach Berlin zu verlegen. »Kompromisse schwebten mir nicht vor. Ich wollte Adenauer und Heuss in Berlin sehen.« Der Kanzler ließ ihn kühl abfahren und bat Pferdmenges, »Herrn Bucerius zu einer realistischeren Auffassung zu bringen«. Für die »gefühlsbetonte Einstellung« des Abgeordneten hatte er kein Verständnis. Er hielt ihn für einen Schwärmer: »Der Bucerius ist kein Politiker, der ist Lyriker«, klagte er. Bucerius antwortete mit einem großartig-bösartigen Bonmot: »Ich knirsche mit den Zähnen, und der Bundeskanzler hält es für ein Gedicht ...«

Drei Jahre später kam die nächste Krise. Adenauer beschloss, für das Amt des Bundespräsidenten zu kandidieren, zog aber seine Entscheidung abrupt zurück, als er realisierte, welch geringe Befugnisse mit diesem Amt verbunden sind. Per Zeitungsanzeige veranstaltete Bucerius in seinem Wahlkreis eine Umfrage: Billigten die Wähler Adenauers Vorgehen? Rund 92 Prozent missbilligten es. Die CDU/CSU-Fraktion tobte.

Im Jahre 1961 wurde die Entfremdung total. Die zögerliche Reaktion des Kanzlers auf den Bau der Berliner Mauer empfand Bucerius als Versagen. Unverblümt forderte er den Rücktritt des 85-Jährigen: »Sie haben die CDU so stark gemacht, daß sie das Ausscheiden ihres Gründers überleben wird ... Ist es nicht unser aller Pflicht, die von der Natur gesetzten Grenzen zu respektieren?« Als einziges Mitglied der CDU-Fraktion stimmte er nach den Wahlen von 1961 gegen Adenauers vierte Kanzlerschaft. Sein Mann war Ludwig Erhard, der 1963 dann auch ins Palais Schaumburg einzog – ein höchst unzulänglicher Bundeskanzler, wie Bucerius am Ende einsah.

Die formale Trennung kam im Februar 1962. Damals erschien im *Stern* ein Artikel: »Brennt in der Hölle wirklich ein Feuer?« Der CDU-Bundesvorstand missbilligte ihn schärfstens – »als eine Verletzung christlicher Empfindungen«. Bucerius reagierte mit gleicher Schärfe, obwohl er die Kernthese des Artikels, dass die Protestanten in der Union von den Katholiken an die Wand gedrückt würden, »für einen Schmarren« hielt und auch an Einzelheiten wie an dem respektlosen Ton herbe Kritik übte. Bei früherer Gelegenheit schon hatte er Adenauer erklärt: »Ich bin stolz, Verleger eines Blattes zu sein, dessen Journalisten nicht nach der Pfeife ihres Verlegers tanzen müssen. Es gibt neben der äußeren Pressefreiheit auch eine innere!« Jetzt platzte ihm der Kragen. Er legte sein Abgeordnetenmandat nieder und trat aus der Partei aus.

Vor die Wahl gestellt, Politiker zu sein oder Verleger, entschied er sich 1962 für den Verleger. Der war er von nun an mit ungeteilter Aufmerksamkeit – buchstäblich mit Leib und Seele. Er bestand darauf, dass die Artikel mit Namen gezeichnet wurden. Buc war der Überzeugung, dass es die Reputation der einzelnen Autoren sei, die dem gesamten Blatt Gesicht und Gewicht gebe. Die »Byline« schaffe nicht nur Verbindung, sondern auch Bindung zwischen der Zeitung und ihren Lesern. Wobei er es seinen journalistischen Freunden oft nicht leichter machte als zuvor seinen politischen Partnern.

Auch in der Redaktion schwamm er gern gegen den Strom. Dennoch sah er seine Journalisten nicht wie Bismarck – als Leute, die ihren Beruf verfehlt haben. Eher empfand er eine konstitutionelle Nähe zu ihnen. Abweichenden Meinungen begegnete er am Ende mit einem gerüttelten Maß an Leidensfähigkeit. Er brauchte die konträre Ansicht, um sich an ihr schubbern zu können. So verteidigte er die Freiheit des Worts im eigenen Haus wie im politischen Leben: »Welchem Demokraten ist es nicht lieb, wenn ihm die Meinung des Gegners in der schärfsten, präzisesten Form geboten wird? Wie kann ich prüfen, ob meine Meinung richtig ist, wenn der andere nur mümmeln darf?«

Er selbst hat nie bloß gemümmelt.

Rudolf Augstein

Im Deutschland des 20. Jahrhunderts war Rudolf Augstein wirkungsmächtiger als irgendein anderer Journalist vor, neben oder nach ihm. Er war ein bedeutender Kopf, auf seine Weise genial: ein Intellektueller von hohen Graden; ein scharfsinniger politischer Analytiker; ein scharfrichterlicher Polemiker; ein über die Maßen erfolgreicher Geschäftsmann. In erster Linie sah er sich freilich als Schreiber. Den Ehrentitel »Journalist des Jahrhunderts« trug er zu Recht. In Deutschland war er der Größte unserer Zunft. Er pflegte dies zu bestreiten: »Deutschland wäre nicht ein Fitzelchen anders, wenn ich nicht gelebt hätte.« Aber da stellte er sein Licht unter den Scheffel. Ohne den Wachhund Augstein und ohne den *Spiegel*, sein »Sturmgeschütz der Demokratie«, sähe die Bundesrepublik sehr wohl anders aus.

Er habe nicht Politik machen wollen, hat er einmal gesagt. Aber er hat Politik gemacht, leidenschaftlicher als jeder andere deutsche Publizist: Über fünfzig Jahre lang. Für den Fall, dass die Nazis an der Macht geblieben wären, hatte er sich überlegt, Psychotherapeut zu werden (»Diktatoren brauchen sicher Psychotherapeuten«). Doch dann brach die »Hitlerei«, wie er sich ausdrückte, zusammen. Der 21-jährige Leutnant Augstein, als vorgeschobener Artilleriebeobachter mehrmals verwundet, das Eiserne Kreuz zweiter Klasse im Knopfloch des abgerissenen Uniformrocks, wandernde Splitter im Leibe, schlug sich von der Ostfront nach Hause durch (im Fragebogen der *FAZ* antwortete er auf die Frage, welche militärische Leistung er am meisten bewundere: »Meinen Rückzug aus der Ukraine«).

Studieren wollte er, aber noch waren die Universitäten geschlossen. So ging er als Musik- und Theaterkritiker zum *Hannoverschen Nachrichtenblatt* und stieß dann im November zu dem von der britischen Besatzungsmacht gegründeten Magazin *Die Woche*, das sich Anfang 1947 in *Der Spiegel* umbenannte. Als die Bundesrepublik auf den Plan getreten war, zog er 1952 nach Hamburg um.

Wie er zuvor gegen die Besatzungsmacht angeschrieben hatte, so sah er nun der Bonner Regierung auf die Finger. Er wurde zur Nemesis der Hochmögenden. Mit dem Spürsinn eines Morddezernats deckte seine Mannschaft Missstände im Lande auf. Der Enthüllungsjournalismus des *Spiegel* förderte ein krummes Ding nach dem anderen zutage: Hauptstadt-Affäre, Schmeißer-Affäre, Hahlbohm-Affäre, Onkel-Aloys-Affäre, Fibag-Affäre, schließlich die fälschlich so genannte *Spiegel*-Affäre, die ja kein Skandal des Hamburger Magazins war, sondern einer des Bundesverteidigungsministers Franz Josef Strauß, der sich dabei um Kopf und Kragen, Amt und Würden log.

Am 10. Oktober 1962 war der Artikel »Bedingt abwehrbereit« über die Bundeswehr erschienen, der in Bonn nicht nur Stirnrunzeln, sondern Panik auslöste. Die Staatsmacht schlug mit voller Wucht zurück. Die an den Haaren herbeigezogenen Vorwürfe lauteten Landesverrat und Gefährdung des Bestands der Bundesrepublik sowie der Sicherheit und Freiheit des deutschen Volkes. Die Hamburger Redaktion wurde wie das *Spiegel*-Büro in der Bundeshauptstadt Bonn vier Wochen lang von der Polizei besetzt, sieben *Spiegel*-Leute wanderten ins Gefängnis, auch Augstein saß hundertdrei Tage in Haft. Aber am Ende musste die Staatsgewalt klein beigeben. Eine Welle öffentlicher Empörung schwemmte Strauß aus dem Amt. Eine mächtige Freiheitsregung ging durch das Land. Die *Spiegel*-Affäre markierte den endgültigen Abschied vom deutschen Obrigkeitsstaat und zugleich die Ouvertüre der freien, vom Untertanengeist entlüfteten deutschen Demokratie.

Rudolf Augstein blieb auch danach der große Ausputzer im Lande. Wie der Panzerwels, der als »Staubsauger der Aquarien« den Dreck wegfrisst, sorgte er für Hygiene im Gemeinwesen. In der großen Tradition des amerikanischen *muckraking* klärte sein *Spiegel* auf und räumte den giftigen Klärschlamm ab. Geschont wurde niemand, das Magazin war keinem bequem. »Schmutzblatt«, schimpften die CDU-Kanzler Konrad Adenauer und Helmut Kohl, aber auch Sozialdemokraten gaben mit zusammengebissenen Zähnen Unflätiges über die publizistischen Rollkommandos des Rudolf Augstein von sich. »Er kann nur Gift säen«, zürnte Bischof Otto Dibelius.

Die Frage aus dem Kästner-Gedicht »Wo bleibt das Positive?« bekam auch er oft zu hören. Destruktiv sei er, diffamierend, er brauche Feindbilder, wurde ihm immer wieder vorgeworfen. Ihn kümmerte es nicht. Henry Luce – der Gründer von *Time*, dem amerikanischen Nachrichtenmagazin, das für den *Spiegel* Modell stand – hatte nicht gewollt, dass ein amerikanischer Präsident schlecht von seiner Publikation redete oder dachte. Von solchen Skrupeln war Augstein frei. Als er Ehrenbürger Hamburgs wurde, sagte er in seiner Dankesrede: »Ich trug den Staat nicht.« Ein gutes Blatt müsse immer zu 51 Prozent Opposition sein, lautete seine Devise. Wer immer regiere, bekam dies zu spüren.

Augsteins Motto »Sagen, was ist« prangt heute als verpflichtendes Vermächtnis groß an der Wand der Eingangshalle des *Spiegel*-Gebäudes, das der Verlag zehn Jahre nach dem Tod des Gründers an der Ericusspitze bezog. Dabei brachte die Sprache des Blattes einen ganz neuen Ton in die öffentliche Debatte. Sie war frisch, frech, voller Wortspiele, assoziationsreich, ein bisschen gekünstelt auch, aber ungemein eingängig (und ansteckend). Ein Grundzug der Häme war dabei nicht zu übersehen: Respektlosigkeit, auf die Spitze getrieben.

Das entsprach Augsteins persönlicher Grundhaltung: »Kein Zyniker zu sein ist in heutiger Zeit nahezu lebensgefährlich.« Zynismus sei seine Lieblingstugend, erklärte er im *FAZ*-Fragebogen. Wozu Martin Walser sagte: »Ein Zyniker, der sich selbst so nennt, ist wohl keiner.« Tatsächlich litt er auch unter seinem Ruf – er sei doch »gar kein so ganz richtiger Zyniker«, protestierte er schwächlich, er versuche nur Distanz zu halten und nicht unter die Räder zu kommen.

Doch Sarkasmus und Lakonie waren ihm mehr als bloße Stilelemente, sie waren ihm Wesenselemente. Sie machten ihm die fatalistische Einsicht erträglich, dass das gedruckte Wort nur eine geringe Chance habe, die Welt vor dem Untergang zu bewahren. Als ihm die Bergische Universität einen Ehrendoktor verlieh, gab er seinem Fatalismus resigniert Ausdruck: »Hoffnung ist gut. Aber nicht zu hoffen ist Verstand.«

Seinen publizistischen Lebensweg beschrieb Augstein einmal so: »Etwas Sein, etwas Schein, etwas Schwein«, wobei er mit »Schwein« offenbar nicht »Glück« meinte. Er räumte selbst ein, dass sein Sturmgeschütz »mit verengtem Sehschlitz« in die Schlacht fuhr. Im Gespräch mit Martin Walser bekannte er: »Ich habe nie Schwierigkeiten gehabt, gegen etwas zu sein. Ich hatte mehr Schwierigkeiten, für etwas zu sein.«

Misstrauen in die Macht, Kampf dem Hochmut der Ämter war eines seiner Leitmotive, Gegnerschaft zu allem, was mit Waffen und bewaffneten Konflikten zu tun hatte, ein zweites. Er schrieb gegen den französischen Indochinakrieg und gegen den Suezkrieg. Er trat Adenauer und dessen Politik der Wiederbewaffnung entgegen; desgleichen Franz Josef Strauß, als der Atomwaffen für die Bundeswehr anstrebte, und Helmut Schmidt, als dieser die Nachrüstung wollte. Er verurteilte den Vietnamkrieg (»organisierte Barbarei der USA«); den Golfkrieg (»George Bush mit seiner High-Noon-Attitüde«), den Kosovo-Feldzug (»Madeleines Krieg«); zuletzt noch den heraufdräuenden Irak-Konflikt – in seinem allerletzten Kommentar prangerte er den Mann im Weißen Haus als »Präventiv-Kriegstreiber« an. Sein eigenes Kriegserlebnis hatte ihn gegen militärische Konflikte allergisch gemacht. In diesem Punkte war er unbeugsam – nicht aus Pazifismus, denn Selbstverteidigung ließ er gelten, aber aus Erfahrung und realistischer Einsicht.

Das dritte große Thema in Augsteins Leben war Deutschland. Erst das besetzte, geschurigelte Deutschland, dessen »Drosselung« er vor einem Dreivierteljahrhundert beklagte. Dann das geteilte Deutschland, dessen Wiedervereinigung er, ein deutscher Patriot, ein Nationalliberaler alter Prägung, glühend gewünscht hat. Vor dem Rhein-Ruhr-Club sagte er 1953: »Seit Gründung der Bundesrepublik haben wir es für unsere vornehmste Aufgabe erachtet, das Bewusstsein wachzuhalten, dass die Bundesrepublik ihre Daseinsgrundlage einbüßt, wenn sie das Ziel der deutschen Einheit aus ihrem politischen Handeln verdrängen lässt.« Weil er die deutsche Einheit wollte, war er gegen den Schuman-Plan, gegen die Europäische Wirtschaftsgemeinschaft, gegen die NATO, überhaupt gegen Adenauers Politik der Westbindung. Dafür begrüßte er in den 70er-Jahren Willy Brandts Ostpolitik – um der fernen Wiedervereinigung willen.

Aber er hat keineswegs gradlinig wie Axel Springer auf die Wiedervereinigung gesetzt. Im Jahre 1969 redete er von »zwei Staaten deutscher Nation« und befand, mit einem Umsturz der Machtverhältnisse könnten und dürften wir nicht rechnen. »Ein Lebewohl den Brüdern im Osten« betitelte er eine seiner Kolumnen. 1973 schrieb er gegen »den Hintergedanken einer Wiedervereinigung« an und riet: »Nicht davon reden, aber auch nicht daran denken«; 1988 stand für ihn fest, dass »die sogenannte Wiedervereinigung« nicht stattfinden wird. »Axel, Sie können doch nicht im Ernst an die Möglichkeit einer Wiedervereinigung glauben«, sagte er zu Springer. Immerhin konnte er an einen beachtlichen Fundus früherer patriotischer Bekenntnisse anknüpfen, als er im Herbst 1989 die Meinung seines Chefredakteurs Erich Böhme aufspießte: »Anders als er will ich wiedervereinigt oder neu vereinigt werden, wenn auch nicht um jeden Preis.«

Mit der Einigung Europas hingegen hat sich Augstein bis zum Schluss nicht anfreunden können. Er wetterte gegen Maastricht. Er trauerte um die D-Mark und bekämpfte den Euro. Joschka Fischer warf er vor, er wolle den Nationalstaat abschaffen. Die Ost-Erweiterung der EU sah er mit Skepsis: »Europa im Ganzen? Ich kann mir immer noch nicht vorstellen, wie das funktionieren soll.«

Als »Bogen, der Pfeile abschießt, ohne je seine Spannung zu verlieren«, ist Rudolf Augstein beschrieben worden. Das »wohlhabendste Arbeitstier des deutschen Journalismus« hat man ihn genannt. Er hat Bücher geschrieben, über Jesus wie über Friedrich den Großen. Er verkehrte von gleich zu gleich mit Philosophen, Schriftstellern, Malern, Musikern, Kirchenleuten und Politikern. Seinen Mitarbeitern hat er das halbe Unternehmen geschenkt und darin bis zuletzt vor allem das Bahnbrechende gesehen – trotz gelegentlicher Anfechtungen wie der Bemerkung zu Fritz J. Raddatz: »Das war der größte und dümmste Fehler meines Lebens.« Etwas Schillerndes hatte er an sich, etwas schwer zu Fassendes. Er war – solche Begriffe haben ihn fasziniert – ein Skeptiker, Aporetiker, Zetetiker: ein Zweifler, Prüfer, Sucher.

Seinen Freunden hat es wehgetan zu erleben, wie er jahrelang dem Bierrausch verfiel. Die letzten zwei Jahre seines Lebens trank er jedoch keinen Tropfen mehr. Er reiste noch, so mit seiner vierten Frau Anna nach Ägypten. Aber immer mehr umfingen ihn Ängste und Schmerzen. Er starb schwer krank am 7. November 2002, zwei Tage vor Vollendung seines 79. Lebensjahres. Begraben liegt er auf dem Friedhof von St. Severin in Keitum auf Sylt, wo er oft in seinem schönen Haus in Archsum Ferien gemacht und auch vieles dort geschrieben hat. Jedes Mal, wenn ich auf der Insel bin, suche ich sein schlichtes Grab auf und lege in ungebrochener Verbundenheit einen Stein darauf.

Henri Nannen

Der Erste, der mir begegnete, als ich Anfang 1958 zur *Zeit* kam, war Henri Nannen – ein Hüne, ein Kraftpaket, massig, wohlgenährt, muskulös; ein Ausbund an Vitalität, dominant und raumfüllend. Mit seiner bulligen Gestalt, seiner stets etwas heiseren Megafonstimme und seinem lauten Lachen beherrschte er jede Versammlung. Nicht, dass er sich aufgeplustert oder aufgespielt hätte. Er war einfach so groß. Und er sah blendend aus, »die deutsche Antwort auf Clark Gable«. Er zog den blutjungen Anfänger gleich ins Gespräch. Ich war beeindruckt.

Der *Stern* war schon in einen Anbau umgezogen; eine zweistöckige, verglaste Brücke hoch über der Curienstraße – von uns »höhere Redakteurslaufbahn« genannt – verband die beiden Redaktionen, die sich weiterhin ein Archiv teilten und in vieler Hinsicht eng zusammenarbeiteten. *Stern*-Reporter schrieben für die *Zeit*, *Zeit*-Journalisten für den *Stern*.

Im Jahre 1959 beschlossen Bucerius und Nannen, was man heute einen Relaunch nennen würde: Das Blatt sollte politischer werden. Als »Musikdampfer«, räsonierte Nannen, werde der *Stern* nicht reüssieren; also rüstete er ihn zum Schlachtschiff um. Zum zwanzigsten Jahrestag des Kriegsausbruchs am 1. September sollte eine große Serie über den Zweiten Weltkrieg den Anfang machen.

Mein Redaktionskollege Hans Gresmann und ich, beide Zeitgeschichtler frisch von der Universität, erhielten den Auftrag, die Serie »In Europa gehen die Lichter aus« zu schreiben; der junge Historiker Wolfgang Malinowski sollte uns als Rechercheur, Aktenbeschaffer und Literaturverwerter zuarbeiten. Ein halbes Jahr bereiteten wir uns an den Wochenenden auf die jeweils nächste Folge vor, und dienstagnachts, nach Redaktionsschluss der *Zeit*, gingen wir hinüber ins *Stern*-Gebäude, um die Story zu Papier zu bringen.

Nannen hatte uns großzügig sein eigenes Büro zur Verfügung gestellt. Dort wechselten wir uns die Nacht hindurch ab – immer einer an »Sir Henris« Schreibtisch, während sich der andere auf einem zweisitzigen Sofa ausruhte. »Alle Welt behauptet, ich triebe es auf diesem fiepsigen Möbel mit meiner Sekretärin Uschi, ha-ha-ha«, hatte er uns lachend erklärt. Es klang absolut überzeugend – bis ich mich irgendwann auf das Sofa setzte und einen Arm über die rechte Seitenlehne baumeln ließ. Dabei bekam ich plötzlich einen Hebel zu fassen. Als ich daran zog, klappte die Lehne aus. Genauso funktionierte es auf der linken Seite: Der Zweisitzer wurde zur bequemen Liege. Wir begriffen, dass Henri Nannen in seiner Charakterisierung von Gary Cooper 1952, als *High Noon* die Kinos füllte, durchaus sich selbst porträtiert hatte: »ein Kerl, der den Kampf der Männer nicht scheute und nicht die Liebe der Frauen«.

Damals habe ich ihn tagsüber auch öfter erlebt, wie er in seiner Layout-Konferenz die nächste Ausgabe des *Stern* zusammenbaute, vor sich das »Kuchenbrett«, den Seitenplan, um sich herumstehend die leitenden Redakteure, der Chefgrafiker und der zum »Oberauge« aufgestiegene Star-Fotograf Rolf Gillhausen. Nannen legte, in jeder Hinsicht ein großer Blattmacher, die Abfolge der Themen im Heft fest. Er wählte die Fotos aus, mit einem dicken roten Fettstift markierte er die Bildausschnitte auf den Abzügen. Aus ihm sprudelten nur so zig Vorschläge für die Überschriften, ehe er sich wieder an die Schreibmaschine setzte, um mit spitzen zwei Fingern seine großartigen »Briefe an die Leser« in die Tasten zu hämmern.

Jeder spürte: Das Schreiben hatte er in den Fingerspitzen. Er schrieb klar und verständlich, Fachchinesisch kannte er nicht, Bürokratendeutsch hasste er. Seine Großmutter und seine Schwiegermutter sollten die Texte ohne Mühe verstehen. Und kein anderer hatte jenes »Bauchgefühl« für Themen, Trends und Träume, mit dem er die *Stern*-Auflage 1967 auf fast zwei Millionen hievte. Bald wurde der *Stern* in einem Atemzug mit *Life* und *Paris Match* genannt. Er entwickelte sich zum auflagenstärksten Magazin Europas: einer Illustrierten, die *Life* und *Look* und *Match* und *Saturday Evening Post* und alle deutschen Konkurrenten weit hinter sich ließ.

Weder die Häme des *Spiegel* noch die Intellektualität der *Zeit* war seine Sache. Nannen spürte intuitiv und spontan, was sich verkaufte: Autos, Reisen, das Häusle für jeden Bürger, Hildegard Knef oder Kaiserin Soraya, gewiss auch Sex. Er brauchte keine Marktforschung, um zu wissen, was beim Publikum ankam; ihm sagte das eigene Zwerchfell, was die Menschen bewegte. Er beobachtete sie genau und beschrieb sie ohne Schnörkel, präzise und bunt. Sie konnten sich wiedererkennen. Richard Tüngel, *Zeit*-Chefredakteur in den frühen Jahren, machte Nannen einmal das Kompliment: »Mit großer Intelligenz jede Woche für Lieschen Müller ein Blatt zu machen, das können nur wenige.« Trocken entgegnete Nannen: »Aber Herr Tüngel, das ist doch ganz einfach: Ich bin Lieschen Müller.«

Die *Zeit* schuldet ihm ewigen Dank. Ohne Nannen hätte sie nicht überlebt. Mit seinem »Bilderblatt«, wie Bucerius zu sagen pflegte, erwirtschaftete er die Überschüsse, aus denen der Verleger zwei Jahrzehnte lang das hochseriöse Schwesterblatt finanzierte, bis es Mitte der Siebziger in die schwarzen Zahlen kam. Dank Henri Nannen konnte die *Zeit* ohne Existenzangst die *Zeit* sein: intellektuell, anspruchsvoll, von kompromissloser Gehobenheit. Wenn er besonders gut gelaunt war, nannte er die *Zeit* »die Wochenzeitung für Dr. Lieschen Müller«. Aus seinem Munde war das ein Ehrentitel.

Nie wieder ist mir in der journalistischen Zunft jemand begegnet, der sich mit der gleichen Meisterschaft auf das Schreiben, das

Titel-Texten, die Bildauswahl, das Zusammenstellen und Motivieren eines oft schwierigen Redaktionsteams verstand. Ich gebe zu: Auch ich habe ihn bewundert. Seinen Einfallsreichtum. Sein sieghaftes, siegfriedhaftes Strahlen. Seine pingelige Handwerklichkeit. Den barocken Bonvivant und homme à femmes. Den besessenen Arbeiter und natürlich den Schreiber. Ich habe viel von ihm gelernt. Als ich mit Hans Gresmann die *Stern*-Serie über den Ausbruch des Zweiten Weltkriegs schrieb, ließen wir in unserer Darstellungsnot Hitler in der Reichskanzlei auf und ab gehen und denken. Wir zitierten, was wir dachten, dass der Führer gedacht hätte. Nannen herrschte uns an: »Bleibt auf dem Teppich! Ihr dürft doch nicht so tun, als ob ihr wissen könntet, was Hitler gedacht hat.«

Und er war wurde immer politischer. An die Stelle der Soraya-Schnulzen rückten kenntnisreiche Analysen über die Herrschaft des Schahs, an die Stelle der herkömmlichen Sex-Ration Serien über Familienplanung und Reportagen mit bis dahin nie gesehenen Fotos von der Entwicklung des menschlichen Embryos im Mutterleib. Der *Stern* focht gegen die illegalen Abhörpraktiken des Verfassungsschutzes und gegen ungerührt weiter amtierende Nazi-Richter. Im Jahre 1964 heuerte Nannen Franz Josef Strauß als Kolumnisten an, sieben Monate später feuerte er ihn mit Aplomb. Er setzte sich mit der spektakulären Bekenntnisaktion »Wir haben abgetrieben« für das Recht der Frauen auf Abtreibung ein und musste sich trotzdem von Alice Schwarzer und Inge Meysel wegen seiner Busen- und Po-Titel verklagen lassen. (Als er vor Gericht obsiegte, küsste er den Unterlegenen galant und auflagenförderlich die Hand.)

Nannen brach Tabus, provozierte, brachte nonkonformistische Autoren ins Blatt, erlaubte ihnen, einen aggressiven Stil zu pflegen, wie er seinem eigenen Wesen entsprach. Und nur die besten Fotografen fotografierten für den *Stern*: Rolf Gillhausen, Robert Lebeck, Max Scheler, Fred Ihrt. Sir Henri dirigierte sie wie ein Zirkusdirektor. Weil er selbst Feuer hatte, konnte er Menschen entflammen. Weil er sich begeisterte, begeisterte er andere.

Einfach war er nicht – Egozentriker, die obendrein dem Perfektionismus huldigen, sind nie einfach. Manche haben unter ihm gelitten, doch alle haben ihn bewundert. Gunter Dahls Satz »Ich möchte ihn ermorden und dann an seiner Bahre weinen«, beschreibt das Durcheinander der Gefühle, das Nannen anrichten konnte.

Aber er ging seinen Weg. Früh erteilte er jeglichem Revisionismus eine Absage und schickte Reporter in die einst deutschen Gebiete Polens. Danach wurde er nicht müde, Verzicht und Versöhnung gegenüber dem östlichen Nachbarn zu predigen: »Die Grenzen unseres Staates sind gegeben.« Man solle nicht unentwegt von der »friedlichen Wiedergewinnung« der verlorenen Gebiete reden, denn die »Polen müssten Selbstmörder sein«, wenn sie sie freiwillig wieder hergäben. Er war einer der frühesten Verfechter der neuen Ostpolitik. In Warschau stand er 1970 in der zweiten Reihe hinter Willy Brandt, als der vor dem Mahnmal im ehemaligen Ghetto auf die Knie sank.

Unsere Weltkriegsserie war für den *Stern* der Durchbruch zum politischen Magazin. Nach ihrem Abschluss lud Nannen Gresmann und mich zum Essen ein und machte uns, drastisch formuliert wie immer, ein Angebot: »Wenn Ihr zum *Stern* kommen wollt, werde ich Euch den Arsch innen und außen mehrfach vergolden.« Wir dachten zwei Tage darüber nach und lehnten dann ab – der Glanz des Leitartikelschreibens für das deutsche Weltblatt erschien uns wichtiger als der Glanz eines vergoldeten Hinterteils. Vielleicht war's ja die falsche Entscheidung.

Fast 40 Jahre habe ich Henri Nannen gekannt – den Boss, den zornig brüllenden Perfektions-Berserker, den Fighter, den in seinem Beruf wie in seinen Hobbys ehrgeizig Vollkommenheit anpeilenden Praktiker, aber auch den einfühlsamen, empfindsamen Menschen. Ich erinnere mich vieler fröhlicher Begegnungen mit ihm – in der Kellerbar seiner Villa am Wellingsbüttler Weg, bei Bucerius am Leinpfad oder bei rauschenden Festen am Falkenstein bei dem Gruner+Jahr-Vorstandsvorsitzenden Gerd Schulte-Hillen und seiner gastfrohen

Frau Irene. Drei Ereignisse sind mir unvergesslich: ein Besuch bei Nannen in seiner prächtigen Felsenvilla in Positano, die gemeinsame Reise zum Interview mit US-Präsident Lyndon B. Johnson auf dessen Ranch in Texas und eine lehrreich-amüsante Fahrt in seinem weißen Cadillac zu einer Diskussionsveranstaltung in Göttingen.

Mai 1967. Ich kam von weit her aus Asien und wollte mir mit Heide, meiner damals zukünftigen zweiten Frau, vier oder fünf entspannte Tage in Positano machen. Wir trafen uns in Rom und fuhren von dort mit dem Zug weiter. In der Dunkelheit bezogen wir hoch oben in der Villa Margarita unsere Bleibe. Am nächsten Morgen, als wir zum Strand hinunterwanderten, sagte Heide, damals Sekretärin bei Carl Zuckmayer in der Schweiz: »Du, ich würde mich nicht wundern, wenn wir als Erstes auf Henri Nannen treffen, der ist doch immer im Mai hier.«

Genau so war es. Als wir ins Strandlokal Buca di Bacco kamen, sahen wir Sir Henri großmächtig in der hintersten Ecke sitzen. Er sprang auf, kam uns strahlend entgegen, umarmte uns schulterklopfend und bestellte eine Runde Pimm's No. 1, das Getränk der Saison. Es blieb nicht die letzte Runde. Mir schwante gleich: Mit dem entspannten Urlaub zu zweit würde es nichts werden.

Henri nahm uns in Beschlag. Was auch immer ihm durch den Kopf schoss – wir konnten uns dem nicht entziehen. Baden zu sechst in einer einsamen Bucht, wohin er uns mit seinem Speedboot transportierte; ein üppig bestückter Picknickkorb war mit an Bord. Gemeinsam kochen in der fünfstöckigen, an den Fels der Steilküste geklebten Nannen-Villa. Diskutieren, Leute durchhecheln, lästern. Es war ihm eine Wonne, uns mit erdrückender Warmherzigkeit und seiner notorischen Großzügigkeit zu verwöhnen. Auch hatte er eine unheimliche Freude daran, uns etwas beizubringen. Vor allem Wasserskifahren.

Ich hatte noch nie auf Wasserskiern gestanden, auch Heide nicht. Nannen wies uns ein. Arme anwinkeln, nicht ausgestreckt nach vorn halten. Knie locker einknicken, Haltung wie auf dem

Lokus. Und, nicht zu vergessen: vorher pinkeln, damit man ganz entspannt ist. Als Lehrmeister war er da in seinem Element. Und es klappte auch: Wie geschmiert glitten wir aus dem Wasser. Nur er selbst hatte Schwierigkeiten, seine Masse zum Start hochzuhieven. Wie ein Rohrspatz schimpfte er: »Ihr Säcke, könnt ihr nicht mal richtig Gas geben? Zieht mich hier raus!« Nach einer Weile schafften wir es auch.

In seinem amerikanischen Straßenkreuzer chauffierte er die ganze Corona zum Abendessen über die Berge nach Amalfi. Und erzählte, wie schon die ganze Zeit, eine Geschichte nach der anderen. Wie er 1955 Konrad Adenauer im Pressetross nach Moskau begleitete – und es fertigbrachte, im Kreml in der ersten Reihe neben Chruschtschow, Bulganin und dem Kanzler die Treppe zum Festsaal hinabzuschreiten. Wie er, frech wie Oskar, 1973 sein breites friesisches Hinterteil auf den Schreibtisch Breschnews pflanzte, als wäre er in seinem eigenen Büro. Oder wie er 1962 aus Sorge, die weltberühmte, aus der Volkacher Wallfahrtskirche Maria im Weinberg geraubte »Madonna im Rosenkranz« von Tilman Riemenschneider könnte zerstört werden, im *Stern* den Aufruf veröffentlichte: »Gebt die Madonna von Volkach zurück!«, den Dieben Verschwiegenheit zusicherte und ihnen für ein Lösegeld von 100 000 Mark die Rosenkranz-Maria tatsächlich wieder abschnackte. Höchstpersönlich übergab er den mit Pistolen bewaffneten Dieben auf einem Acker bei Nürnberg das Geld und brachte die Madonna an ihren Stammplatz zurück.

Und er schlug sich vor Vergnügen auf die Schenkel, wenn er mit spitzbübischem Lächeln von der Krise erzählte, in deren Mittelpunkt er im selben Jahr 1962 gestanden hatte. Im *Stern* war der Artikel des jungen Redakteurs Jürgen von Kornatzki erschienen, betitelt »Brennt in der Hölle wirklich ein Feuer?«. Wie schon berichtet, führte das zum Rücktritt von Bucerius als CDU-Bundestagsabgeordneter. Nannen blieb auf seinem Posten. An Bucerius telegrafierte er: »Höllenfeuer gelöscht – stop – [Fraktionsvorsitzender] Brentano mit Feuerwehrverdienstkreuz erster Klasse ausgezeichnet.« Als Kornatzki 1968 starb, sagte Bucerius trocken: »Jetzt weiß er's.«

An unserem Abreisetag machte Nannen das Maß seiner Güte voll. Eigentlich wollten Heide und ich mit dem Taxi zum Flughafen Neapel fahren, doch das ließ er nicht zu: »Kommt gar nicht infrage. Ich fahre euch mit dem Boot.« »Es wird ein bisschen spritzen«, sagte er. »Zieht euch bis auf die Unterwäsche aus!« Und so bretterten wir, Nannen und ich im damals modernen Jockey-Feinripp, Heide in Höschen und BH in gischtaufwirbelnder Geschwindigkeit die sechzig oder siebzig Kilometer von Positano nach Neapel, zwischen Capri und der Landzunge von Sorrent hindurch, den Vesuv, über dem ein Rauchwölkchen stand, immer zur Rechten.

An der Pier zogen wir unsere unter einer Plane trocken gebliebene Kleidung über die nasse Unterwäsche. Im nächsten Café bestellte Nannen einen Espresso, in den er eine ganze Zitrone ausquetschte. Nachdem er sich verabschiedet hatte, sagte ich: »Ist er nicht einmalig?« Heide antwortete, wie aus der Pistole geschossen: »Er ist ein wahrer Großzügigkeitstyrann.«

Mein zweites unvergessliches Erlebnis ist die gemeinsame Reise zum amerikanischen Präsidenten Lyndon B. Johnson in Texas. Nannen hatte schon seit Längerem eine Einladung für den *Stern* in der Tasche. Der Termin jedoch ergab sich urplötzlich, als Bundeskanzler Kiesinger einen für den 8. Juli 1967 anberaumten Besuch in Washington absagte; er befürchtete wohl, dass Johnson ihm wegen einer kurz zuvor beschlossenen Kürzung des Bonner Verteidigungsetats die Leviten lesen wollte. Nun bekam Nannen seine Chance. Um 9 Uhr frühmorgens klingelte bei mir das Telefon. »Nannen hier. Ted: Würden Sie bitte mitkommen? Mein Englisch reicht nur für Small Talk.« Natürlich wollte ich.

Um 13.45 Uhr flogen wir los, in New York nahmen wir den *Stern*-Fotografen Robert Lebeck mit an Bord, am Abend waren wir in San Antonio, Texas. Als ich am nächsten Morgen bei Nannen anklopfte, war der dabei, an einer wunderschönen Spieluhr herumzureiben, die er für Johnson, der gerade stolzer Großvater geworden war, hatte besorgen lassen. Deutsche Wertarbeit, hatte er gedacht, glockenrein spielte sie: »Schlafe, mein Prinzchen, schlaf ein«. Aber dann entdeckte er auf der Innenseite des Deckels ein Schild »Made in Switzerland«. Das durfte nicht sein. Eine halbe Stunde kostete es ihn, den Klebezettel mit Wasser und Seife aufzuweichen und mit dem Daumennagel abzukratzen.

Nach anderthalb Stunden Autofahrt durch die verdorrte Prärie erreichen wir die LBJ-Ranch am Flüsschen Pedernales. Am Straßenrand hinter der Einfahrt parkt ein hellgrauer Continental. Am Steuer sitzt der Präsident, mit beiger Ballonmütze, brauner Freizeithose, das kurzärmelige Hemd hängt lose über dem Gürtel. Johnson lässt die Scheibe herunter. »Hello«, sagt er, »why don't you drift along to the house?« Es ist ein weißes Holzhaus mit offener Veranda, überhaupt nichts Protziges, kein Herrenhaus.

Dort angekommen, begrüßt Johnson uns richtig; seine große, sommersprossige Hand greift fest und herzlich zu. Die Ranch, erzählt er, habe er 1952 für 20 000 Dollar gekauft und seitdem weitere 12 000 Dollar in das Haus gesteckt. Nannen dankt dem Präsidenten in einfachen Worten für die Einladung, auch dafür, dass er 1961, damals noch Kennedys Vizepräsident, in den dunkelsten Stunden nach dem Bau der Berliner Mauer zu uns gekommen war. »Yes«, sagt Johnson nachdenklich, »those were trying times.« Dann bittet er uns nach draußen in den Schatten einer Steineiche.

Die ersten zehn Minuten spricht nicht der Präsident, sondern der Großbauer Johnson. Gerade ist er mit der Heuernte fertig geworden; 8000 Ballen hat er in die Scheunen gefahren. Er ist Eigentümer von tausend oder mehr Morgen Weideland, besitzt 200 Stück Zuchtvieh, 400 bis 500 Rehe und einige Exemplare exotisches Wild. Seinen Schinken räuchert er selbst; das Brot wird im Hause gebacken.

Nannens Englisch ist weit besser, als er wahrhaben will; ich übersetze nur, wenn es ins Detail geht (boshafterweise war uns geraten worden, vom Gebrauch mehr als zweisilbiger Wörter abzusehen). Langsam kommt die Rede auf die Politik. Gipfeltreffen mit dem sowjetischen Ministerpräsidenten Kossygin: »Er wirkte wie ein typisch amerikanischer Geschäftsmann.« Vietnam: »Wenn ich den Bombenkrieg beende, ohne dass die nordvietnamesische Infiltration aufhört, müssen mehr amerikanische Soldaten sterben.« Das Verhältnis zu Bundeskanzler Kiesinger, die amerikanische Reaktion auf die Kürzung des Wehretats: »Ich möchte dazu nichts sagen. Es kann nicht meine Aufgabe sein, den Deutschen Vorschriften zu machen.«

Dann platzt es aber doch aus ihm heraus: Er konsultiere und informiere die Bundesregierung ständig, dann werde an einem Tag der Kanzlerbesuch abgesagt, und am nächsten erfahre er aus der Zeitung, dass die Bundeswehr um 60 000 Mann verkleinert werde. Dabei habe er doch drei Weihnachtsfeste mit deutschen Kanzlern verbracht. Drastisch setzte er noch einen drauf: »Jedes Mal, wenn ich aufs Scheißhaus muss, soll ich den König von Dänemark und die Deutschen um Erlaubnis fragen!«

Johnsons Erregung legt sich rasch. Mit ausladend-einladender Handbewegung sagt er, wieder besänftigt: »Kommen Sie, ich fahre Sie ein bisschen über die Ranch.« Mit Schwung setzt der Präsident über die höckerigen Wege, eine Dose Bier in der linken Hand. Kontrolliert ein Wasserrohr, ruft mit lautem Muhen seine Kühe heran, bremst vor zwei Wachteln und hupt einen Schwarm wilder Truthähne aus dem Weg. Einmal steigt er aus und füttert seine herrlichen Hirsche mit einer Handvoll Zigaretten der Marke True. »Weiß der Himmel, warum sie das Zeugs so gern fressen.«

Dann führt er uns in sein Elternhaus, eine bescheidene Häuslerkate. Er drückt mich in den Stuhl, in dem sein Vater gern saß. Er zeigt uns das Bett, in dem er 58 Jahre zuvor geboren wurde; für ein Foto von Lebeck setzt er sich darauf in Positur. Das alte Wandtelefon funktioniert noch. Waschschüssel und Wasserkrug stehen auf dem Sideboard, auch der Nachttopf fehlt nicht. Stolz weist er auf eine

Inschrift über dem Kamin: A President was born. Wie bitte? »I take it, Mr. President, that this is a later addition«, fährt es aus mir heraus. »You bet, young man«, antwortet er, halb amüsiert, halb strafend.

Danach greift er zum Wandtelefon und ruft seine Frau Ladybird an: »Darling, wir sind in einer halben Stunde drüben.« Und zu uns gewandt: »Hier wird keiner fortgeschickt, wenn es Mittag wird. Bleiben Sie zum Essen!« Es gibt Currykrabben, Schinken, Salat und Rote Grütze. Nannen schaut sich genau an, welche Bücher auf dem Couchtisch liegen. Er sitzt neben der First Lady am ovalen Mahagoni-Tisch. Auch hier ganz Charmeur, lobt er ihr selbst gebackenes Brot: »The best bread in the world!« Zum Abschied schenkt der Präsident jedem von uns ein Buch mit persönlicher Widmung: »A President's Country – A Guide to the Hill Country of Texas«. Außerdem erhält jeder noch einen der für Johnson typischen Cowboyhüte von Stetson.

Am nächsten Morgen flogen wir zurück. Im Flugzeug schrieb jeder auf, was er für berichtenswert hielt. In New York nahmen wir ein Tageszimmer im Waldorf-Astoria. Es war heiß und feucht, die Klimaanlage war ausgefallen. Nackt saß Nannen auf dem Boden vor seiner Reiseschreibmaschine und fügte unsere beiden Texte zusammen. Der Schweißfleck auf dem Spannteppich um ihn herum wurde immer größer. Aber als wir abends in die Lufthansa-Maschine stiegen, war der Text so gut wie fertig – der Aufmacher für die nächste *Stern*-Ausgabe.

Irgendwann in den Siebziger- oder Achtzigerjahren waren wir dann beide einmal eingeladen, an einer Göttinger Universitätsveranstaltung teilzunehmen. »Lassen Sie uns zusammen fahren«, schlug Nannen vor. Ich stieg also zu ihm in seinen weißen Cadillac, und gemeinsam brausten wir durch die sommerliche Landschaft. Von den Elbbrücken bis zu den Ausläufern des Harzes redete er in einem fort. Farbig, spritzig und spitz erzählte er wiederum aus seinem Leben.

An der Autobahnausfahrt Hannover erinnerte er sich seiner journalistischen Anfänge. In Hannover hatte er seine Karriere begonnen, erst als Feuilletonchef der *Hannoverschen Neuesten Nachrichten*, dann von 1947 an als Lizenzträger und Redaktionsverantwortlicher der FDP-Zeitung *Abendpost*. Im Anzeiger-Hochhaus hatte er sein Büro ein Stockwerk über den Räumen von Rudolf Augstein und dessen *Spiegel*. Genüsslich erzählte er mir, dass er von Juni 1947 bis Mai 1948 Mitglied der FDP gewesen sei und im Wahlkreis Lingen sogar für den ersten niedersächsischen Landtag kandidiert habe, wobei er immerhin zehn Prozent holte. Die Verführungskraft seiner Reden habe ihm damals einen solchen Schrecken eingejagt, dass er beschloss, nie und nimmer in die Politik zu gehen – ganz anders als viele Jahre später Rudolf Augstein, der ein eher schwacher und gehemmter Redner war.

Bald jedoch zerstritt sich Nannen mit der FDP. Sie war ihm zu rechts. Spitzbübisch erzählte er, nur eine Hand am Steuer seines Luxusschlittens, wie er die FDP-Führung zur Weißglut gebracht hatte, als er in einem Grundsatzreferat eine neue Humanitas und ein Gesetz forderte, das für alle Zeiten den Kriegsdienst verbiete. Kein Wunder, dass der Ritterkreuzträger Erich Mende Krach machte und Franz Blücher, Minister für Angelegenheiten des Marshallplans, forderte, ihm »wegen schwersten parteischädigenden Verhaltens« die Lizenz für die *Abendpost* zu entziehen. Im Oktober 1948 gab Nannen sie lieber selbst zurück.

Tags darauf verkündete er seine Absicht, »sich fortan mit ganzer Kraft für die Zeitschrift *Der Stern*« einzusetzen, die sechs Wochen nach der Währungsreform vom 21. Juni 1948 zum ersten Mal erschienen war. Im Oktober 1949 später zog er mit seiner Illustrierten, die inzwischen eine Auflage von 320 000 Exemplaren erreicht hatte, nach Hamburg. Gerd Bucerius, der eine »Brotzeitung« suchte, aus deren Gewinnen sich die Zeit alimentieren ließ, erwarb 50 Prozent am Verlag Henri Nannen. Der *Stern*-Chef musste sich mit 37,5 Prozent begnügen, aber auch die sollte er nicht lange behalten.

Während er mit 180 Sachen über die Autobahn bretterte, redete sich Nannen seinen ganzen auch in einem Vierteljahrhundert nicht verrauchten Frust von der Seele. Wie er, der Bauchmensch, sich ständig an dem rein intellektgesteuerten Bucerius rieb. Wie sie zugleich Partner waren und Widerpart, Kompagnons und Kombattanten. Wie der *Stern* jahrzehntelang die Milchkuh war für die dahinkrebsende *Zeit*, der ausgebuffte Bucerius 1951 es jedoch fertigbrachte, ihm seine Anteile abzunehmen.

»Betrogen und ausgetrickst hat mich der Buc«, polterte Nannen, dabei mit der Faust auf das weiße Steuerrad des Cadillac einhämmernd. »Eine Nacht lang habe ich während einer Atlantiküberquerung in der Funkerzelle des Dampfers gesessen und mit ihm in Hamburg telefoniert. Bei Windstärke 10 habe ich mich unter den Tisch geklemmt und mich mit den Füßen gegen das Geschlinger gestemmt«. Doch es war nichts mehr zu machen. Im Oktober 1951 war Nannen seine Anteile los. Er fand sich damit ab. Ihm kam es nicht darauf an, das Blatt zu besitzen, die Hauptsache war ihm, es machen zu können. Dreißig Jahre blieb er noch Chefredakteur und zuletzt Herausgeber des *Stern*.

Bucerius gestand später einmal: »Ich wurde dank Nannen doch recht wohlhabend und konnte die Defizite der *Zeit* bezahlen.« Oft genug hatte Nannen gefeixt: »Mein *Stern* war für die feine *Zeit* wie die Nutte von der Reeperbahn, die ihrer Tochter die Klosterschule bezahlt.« Bis 1973 war dies in der Tat so; erst von da an machte die Wochenzeitung Gewinn und brauchte die Zuschüsse des Stallgefährten nicht mehr.

Ganz verwunden hat Nannen seine schnöde Ausbootung nie. Immerhin schrieb er, als Bucerius 1995 starb, nur gut ein Jahr vor ihm selbst, in seinem großmütigen Nachruf: »Ich habe dabei verloren und gewonnen. Bucerius war der gewieftere Kaufmann, aber mir ließ er die journalistische Freiheit. Am Ende haben wir beide davon profitiert.«

Henri Nannen war vieles in einer Person: Mann, Macho, Macher, Mäzen. Sein cholerisches Temperament verband sich mit einem genialischen Talent, seine »Nase« für Themen mit der Gabe, sich auf Menschen einzulassen und das Beste aus ihnen herauszuholen. Brachiale Vitalität verknüpfte er mit lebenssatter Nachdenklichkeit, Einfallsreichtum mit nie versiegender Schaffenskraft. Aus seiner journalistischen Freiheit hat er drei Jahrzehnte lang als Chefredakteur und zuletzt Herausgeber des *Stern* mehr gemacht als irgendein anderer: das auflagenstärkste Magazin Europas.

Keiner hat den Glanz und das Elend des Journalismus so voll ausgekostet wie Henri Nannen. Sein Abschied vom *Stern* wurde ihm verdorben durch die dunklen Stunden und Tage der *Schtonk*-Blamage mit den gefälschten Hitler-Tagebüchern.

Er war nicht mehr Chefredakteur, sondern nur noch Herausgeber. Kujaus Fälschung hielt er für echt, war aber gegen ihre Veröffentlichung, weil sie Hitler hätte entlasten können. Hinterher machte er sich bittere Vorwürfe, dass er den Abdruck nicht notfalls durch die Drohung verhindert habe, als Vorstandsmitglied von Gruner + Jahr zurückzutreten.

Doch längst hatte er anderes im Kopf. Der kundige und leidenschaftliche Kunstliebhaber hatte sich längst auf ein drittes Leben eingerichtet. »Mir kam der Gedanke, dass es nicht reicht, irgendwann ins Gras zu beißen und nichts bewegt zu haben außer einer vergnüglichen Illustrierten.« In seinem Geburtsort Emden wurde der Sammler zum Stifter und Gründer. Er verkaufte seine ganze Habe: das Haus in Positano, die Jacht, alles. Rund 14 Millionen Mark steckte er in die 1986 eröffnete Kunsthalle, die er mit seiner Frau Eske aufbaute. Damit erfüllte er sich einen Traum: etwas Bleibendes zu schaffen, das über die Spanne seines irdischen Daseins hinausreicht. Zugleich war die Kunsthalle für ihn ein Stück Wiedergutmachung.

Hatte er Leichen im Keller, die ihn untauglich machen zum Vorbild? Seine Rolle im Nationalsozialismus wurde immer wieder einmal diskutiert, zuletzt noch 2022, zweieinhalb Jahrzehnte nach seinem Tod. Darauf antwortete ich mit einem langen Artikel. Als Student der Kunstgeschichte huldigte der Mittzwanziger dem Führer als Erneuerer der deutschen Kunst. Dann war er Bombenflieger, bis er zu der Propaganda-Einheit »Südstern« nach Italien versetzt wurde, um mit deren Flugblättern die Kampfmoral des amerikanischen Gegners zu untergraben. Die dabei entstandenen Schriften und Karikaturen waren gewiss widerlich, aber Kriegsverbrechen waren sie nicht.

Im Übrigen war Nannen weder SS-Mitglied noch Chef einer SS-Einheit, und es ist bis heute unbewiesen, dass bestimmte Texte von ihm stammen. Ich teile auch nicht die Ansicht, dass diese Texte, von Nannen oder wem auch immer, primär antisemitisch waren; sie appellierten eher an den ja durchaus existierenden amerikanischen Antisemitismus. Vor allem aber: Das Massaker in Bevilacqua, das Gerhard Löwenthal, erbitterter Gegner der von Nannen unterstützten Ostpolitik, ihm anzuhängen suchte, entpuppte sich rasch als faktenfreie Verleumdung.

In der Vorstellung der Hundertfünfzigprozentigen, denen es die »Gnade der späten Geburt« (so Günter Gaus und Helmut Kohl) erspart hat, sich den Verführungen, Zumutungen und Zwängen des NS-Regimes auszusetzen, macht Nannens Vergangenheit alles zunichte, was er als *Stern*-Chef getan hat, um der Demokratie in Deutschland auf die Beine zu helfen, dem Staat den Respekt vor der Meinungsfreiheit abzutrotzen und der altfränkischen westdeutschen Gesellschaft liberales Denken aufzupfropfen.

Ohne Verstocktheit akzeptierte er die neue Ordnung, ja: wurde er zu einem ihrer glühendsten Verfechter. Seine Abkehr vom braunen Aberwitz war echt. Er vollzog sie in Worten wie in Taten. Dabei verschwieg er seine eigene Rolle nicht. Früh gestand er, er habe gewusst, dass in Nazideutschland wehrlose Menschen vernichtet wurden: »Ja, ich wusste es, und ich war zu feige, mich dagegen aufzulehnen.« Ohne Scham habe er die Uniform eines Offiziers der deutschen Luftwaffe getragen.

Für mich bleibt Henri Nannen ein journalistisches Vorbild. Was er für die Stabilität unserer Demokratie getan hat, war nachhaltiger als alles, was er sich wegen seiner Vergangenheit vorwerfen lassen musste. Ich halte seine innere Umkehr für beispielhafthaft, desgleichen seine offenherzige Bußfertigkeit, seinen Einsatz für Rechtsstaatlichkeit, Liberalität und Humanitas. Ihm die Vorbildlichkeit abzusprechen ignoriert die Tatsache, dass er einer von jenen war, welche die zweite deutsche Republik zum freiheitlichsten und lebenswertesten Staat gemacht haben, den unsere Geschichte je hervorgebracht hat. Und sie schlägt die Erkenntnis in den Wind, dass Menschen hinzulernen können. Das sollten auch jene einsehen, die sich in der Gnade der späten Geburt schuldfrei wissen. Das Bleigewicht der Geschichte werden auch sie nicht los.

Henri Nannen war ein Vollblut, ein Renaissance-Mensch. Leute solchen Kalibers wachsen nicht mehr nach. Ich denke mit Respekt und Rührung, mit Sympathie und Bewunderung an ihn zurück. Nicht zuletzt habe ich von ihm gelernt, dass die Einwohner seiner Heimatstadt im Plural »Emder« heißen, nicht »Emdener«. »Man sagt doch auch nicht Bremener, Ted«, belehrte er mich.

Marion Dönhoff

Marion Gräfin Dönhoff war eine der großen Journalistinnen des 20. Jahrhunderts. Nur wenige Deutsche sind in der Zunft der international bekannten Publizisten zu so hohem Ansehen gelangt. Im Ausland galt sie als klare, verlässliche Stimme Deutschlands. In der Bundesrepublik selbst ist sie fünf Jahrzehnte lang weit mehr gewesen als eine schreibgewaltige, urteilsstarke Kommentatorin: eine moralische und, jenseits der Parteien, eine politische Instanz. Willy Brandt wollte sie zur Bundespräsidentin machen, was sie, ihre Kräfte kritisch einschätzend, geehrt ablehnte. »Als eine der letzten Überlebenden des Widerstandes gegen den Verderber Hitler ist sie bis zuletzt für viele Menschen, draußen in der Welt und ebenso bei uns zu

Hause, ein Symbol des aufgeklärten, anständigen Deutschland gewesen«, hat Helmut Schmidt ihr nachgerufen.

Dabei hatte sich die ostpreußische Gutsbesitzerin auf das journalistische Metier nie vorbereitet. Außer Briefen, ihrer Doktorarbeit und meisterlichen Naturskizzen ihrer masurischen Heimat – »Herrgott, wie schön diese Welt ist« – hatte sie bis dahin wenig zu Papier gebracht. Sie hatte zwar immer schon schreiben wollen, »dann kam ich nie dazu, weil zu Hause und im Krieg wahnsinnig viel zu tun war«. Als es sie 1946 zur *Zeit* nach Hamburg verschlug, tat sie den Sprung ins kalte Wasser. Das Pressehaus wurde der Gräfin für 56 Jahre zur Mitte ihres Daseins – 56 Jahre, in denen sie das Herz, das Rückgrat, die Seelenachse des Blattes war. Wobei ich den Begriff »Seelenachse« nicht von ungefähr gewählt habe: Er beschreibt bei Schusswaffen die Mittellinie des Laufs, die einem Geschoss Richtung und Rasanz gibt.

Unsere Unterhaltung in Stuttgart war das erste von unzähligen Gesprächen, die Begegnung im Café der Beginn einer Zusammenarbeit, die 42 Jahre dauern sollte. Ich bin mit Marion Dönhoff um die halbe Welt gereist – nach Russland, Persien, Amerika und in viele europäische Städte. In Persepolis haben wir im Festzelt des Schah Kaviar gegessen, der aus Eimern serviert wurde; in Aspen delektierten wir uns beim Barbecue an Hotdogs und Burgers. Zweimal war ich mit ihr in der DDR.

Ich habe Tausende von Stunden mit ihr diskutiert und disputiert und Hunderte von langen Redaktionsnächten mit ihr über redigaturbedürftigen Manuskripten gebrütet. Zusammen mit Haug von Kuenheim habe ich schließlich, als die 92-Jährige ihre Kräfte schwinden spürte, in bewegenden Gesprächen die Summe ihrer Lebenserfahrung aus ihr herausgefragt; in einem kleinen Buch mit dem Titel *Was mir wichtig war* haben wir ihr geistiges Vermächtnis niedergelegt. Gelegentlich hat es zwischen uns auch Reibungen gegeben, zuweilen stiebten sogar die Funken, aber sie erzeugten doch immer mehr Licht als Hitze. Ein innerer Gleichklang hat uns durch mehr als vier Jahrzehnte getragen.

Unsere Meinungsunterschiede betrafen zum Beispiel ihre anfängliche Einschätzung der deutschen Opposition gegen Hitler. Sie war ganz auf die Männer des 20. Juli fixiert, denen sie Jahr für Jahr einen Leitartikel widmete und damit einen dauerhaften Platz in der Gründungslegende der Bundesrepublik verschaffte. Sie brauchte einige Zeit, um zur Kenntnis zu nehmen, dass es auch anderen als adeligen Widerstand gegeben hatte: den schwäbischen Tischler und Hitler-Attentäter Georg Elser, die Weiße Rose der Geschwister Scholl, die 400 Mitglieder der Roten Kapelle um Harro Schulze-Boysen und Arvid Harnack, sozialistische und kommunistische Widerständler auch.

Bücher wie Peter Hoffmanns *Widerstand Staatsstreich Attentat* störten ihr Bild. Daraus ergab sich dann auch eine Kontroverse über Geschichtsschreibung. »Wie können die darüber schreiben, die waren doch gar nicht dabei«, war ihre Ansicht. Meine Gegenposition war: »Dann dürfte Christian Meier auch keine Cäsar-Biografie schreiben.« Das hat sie nie richtig einsehen wollen. Ich habe ihr auch nicht verhohlen, dass ich als freier Liberaler in einem Deutschland des Widerstands, selbst dem des Kreisauer Kreises, wohl nicht hätte leben wollen.

Latente Differenzen hatten wir auch über Preußen. Mein Vater war geborener Berliner, mein Großvater hatte als Kammerlakai bei Hofe gedient, mein Urgroßvater war Gardesoldat gewesen, dann Quartiermeister beim Kaiser, schließlich drei Jahrzehnte Verwalter der Burg Hohenzollern. Da gab es durchaus einen preußischen Strang in meiner Seele. Aber ich bin in Süddeutschland sozialisiert worden, und mein Preußenbild unterschied sich von dem der Gräfin. Sie sah eben vor allem das Allgemeine Preußische Landrecht, ich sah mehr die Stockprügel, den Stechschritt, das Spießrutenlaufen, den Kadavergehorsam, die Angriffskriege.

Aber ich hatte auch Respekt vor ihrer Sicht. Wenn ich sie ein bisschen hänseln wollte, erklärte ich ihr, dass die Hohenzollern eigentlich Preußen mit schwäbischem Migrationshintergrund seien, nach Brandenburg verschlagen nach einem kleinen Umweg über Ansbach und Nürnberg.

Bis an ihr Lebensende blieb sie Preußin. Doch sie war keine Tschingderassabum-Preußin. Ihr Preußen war ein Preußen der Toleranz, des Pflichtbewusstseins, des selbstständigen Denkens und Handelns. Ihr Preußentum war ein geläutertes, ideell überhöhtes, virtuelles Preußentum, das die dunklen Seiten der preußischen Geschichte am liebsten im Abseits ließ. Die Prügelstrafe habe Friedrich der Große in den ersten fünf Tagen nach seiner Thronbesteigung abgeschafft, pflegte sie zu betonen: »Echtes Preußentum war eine Kultur, eine Moral.«

Ihr Kronzeuge war der Oberst Friedrich Adolph von der Marwitz, der auf Befehl Friedrichs des Großen die Antikensammlung des sächsischen Jagdschlosses Hubertusburg requirieren sollte, sich aber weigerte, den Befehl auszuführen. Auf seinen Grabstein ließ er die Worte setzen: »Wählte Ungehorsam, wo Gehorsam Unehre gebracht hätte.«

Die Gräfin hätte dem Urteil des Historikers Christopher Clark aus vollem Herzen zugestimmt, dem Theodor Fontane nahegebracht hatte, dass Preußen nicht nur über ein Heer verfügte, sondern auch über eine Seele und über Kultur. Man könne nur hoffen, sagte sie, dass nach dem dialektischen Gesetz, das in der Geschichte walte, eines Tages den Leuten nicht mehr nur Geld und Macht wichtig sein würden »und preußische Tugenden wieder auf die Tagesordnung kommen«. Im »Aufstand des Gewissens«, wie sie den 20. Juli nannte, sah sie ein letztes Aufleuchten der alten preußischen Tugenden und Ehrbegriffe.

Alle die Lobpreisungen (und reichlich Lobhudeleien), mit denen sie überschüttet wurde, stiegen ihr ebenso wenig zu Kopf, wie die heftigen Angriffe, die ihre meinungsstarke Entschiedenheit, ihre kantige Streitbarkeit ihr eintrugen, sie in ihrer Gelassenheit erschütterten.

Ihr Wesen war so facettenreich wie ihr Leben. Sie konnte ausgelassen sein wie ein Teenager und von nachdenklichem Ernst wie ein philosophierender Oberförster. Sie aß Spargel in altfränkischer Manier mit den Fingern und pfiff gellend mit zwei Fingern zwischen den Zähnen wie ihr Kutscher Grenda, der es dem jungen Mädchen auf Schloss Friedrichstein beigebracht hatte. Den zerknitterten Ninoflex-Rock trug sie im Büro und auf Reisen so sportlich-leger, wie sie sich an festlichen Abenden elegant in Rüschenbluse und Samtbolero zeigte, ein einzelnes edles Juwel aus dem Familienerbe am Revers.

Den Freuden der Tafel war sie nicht abhold, doch ihr Mittag bestand meist aus zwei schmalen Schnitten Vollkornbrot mit Salami-Belag. Nichts liebte sie mehr als ein Fläschchen süßer Spätlese, doch wie der Stellmacher im heimatlichen Friedrichstein kippte die Ostpreußin auch gern ein, zwei klare Schnäpse. Auf dem Parkett deutscher Schlösser fühlte sie sich ebenso zu Hause wie auf dem Lehmboden eines afrikanischen Kraals.

Selbst Freunde überraschte sie mit ihrer zwanglosen Vielseitigkeit – eine Frau im »unforcierten Gleichgewicht«, wie es einer ihrer Weggefährten ausdrückte. Was sie an ihren Freunden rühmte, liest sich wie ein Selbstporträt: »Sie sind ganz echt – sie lassen sich nicht vom Zeitgeist oder von Werbeagenturen stilisieren. Sie machen keine Konzessionen an Publikum, Mode, Karriere. Sie folgen ihren eigenen Maßstäben und ihrer eigenen Intuition.«

So salopp wie respektvoll nannten wir sie »die Gräfin«. In den späten Jahren erst erlaubte ich mir, auf ihre Anrede »Ted« zuweilen ein vertrauteres »Marion« zu erwidern. Vor allem, wenn wir in der Dämmerstunde öfters bei einem dünnen Whisky saßen: Einmal fragte ich sie dabei: »Hätten Sie sich eigentlich vorstellen können, Chefredakteurin zu sein und zugleich verheiratet?« Lange sagte sie nichts, dann sprach sie in die Dämmerung: »Ach nein, ich glaube nicht. Und ich habe ja Familie.«

In der Tat hat sie sich immer als *mater familias* gefühlt. Für die drei Kinder ihres gefallenen Bruders Heini, den adoptierten Hatzfeldts, war sie ein besorgter Vormund. Auch mich hat sie zuweilen in deren Aufsicht eingespannt; so musste ich Christina, die ein halbes Jahr bei den Sacré-Coeur-Schwestern in Asien lebte, in Taiwan treffen und mir genauestens Bericht erstatten lassen, und in Princeton, wo Hermann studierte, hatte ich mich bei seinen Professoren über dessen akademische Leistung zu erkundigen.

Marion Gräfin Dönhoff wurde am 2. Dezember 1909 auf Schloss Friedrichstein bei Königsberg geboren, einem der schönsten Herrensitze Ostpreußens. Sie war »von Geblüt«, wie man früher sagte, entstammte dem preußischen Hochadel. Dies gab ihr ein zweifelsfreies Selbstbewusstsein. Wobei sie wusste: Einer in der Familie wird immer Minister, General, Botschafter, andere kommen dafür womöglich ins Irrenhaus. Dünkelhaft war sie kein bisschen. Sie schlief in einer kalten, ungeheizten Kammer und teilte, bis sie zwölf Jahre alt war, ihr Zimmer mit einer geisteskranken Schwester. Herumtollen mit den Dorfkindern, Jagen und Reiten im herbstlich bunten Wald, im Winter die große Einsamkeit der tief verschneiten Landschaft – »so verging Jahr auf Jahr im Rhythmus der Natur«, erinnerte sie sich.

Ihr Adel war ein Adel der Gesinnung und der Haltung, nicht der bloßen Herkunft. »Das ganze Getue mit dem Kaiser und der Kaiserin fanden wir ein bisschen lächerlich«, berichtete sie. Hindenburg, der Sieger von Tannenberg, sah in ihren Augen »aus wie der Nussknacker in meinem Bilderbuch«. Der Adel heute? »Den Adel als Klasse gibt es nicht mehr und wird es nie wieder geben,« erklärte sie uns. Bei Einzelnen nur könne der Adel der Gesinnung noch wirksam bleiben, ansonsten biete er bloß der Boulevardpresse Stoff: »Ohne den Adel können die gar nicht.«

Das erste Drittel ihres Lebens war sie die »Komtesse« – Gutsbesitzertochter, Studentin der Volkswirtschaft in Frankfurt und Basel und während des Krieges, als die Brüder im Feld standen, Verwalterin der Dönhoff'schen Familiengüter. Diese Phase endete mit ihrer legendären Flucht aus Ostpreußen im eisigen Januar 1945, die zum zweiten Strang der Dönhoff-Legende wurde. Sie war 35 Jahre alt, als sie die angestammte Heimat für immer verließ. Es herrschten 25 Grad

Kälte, und es war spiegelglatt, als sie ihren Fuchswallach Alarich bestieg. Sieben Wochen lang ritt sie nach Westen, am 20. März kam sie bei den Metternichs im westfälischen Vinsebek an.

So war sie wieder in die Gegend zurückgekehrt, aus der vor 700 Jahren ihre Vorfahren ausgezogen waren, um sich im Osten anzusiedeln: »Sieben Jahrhunderte ausgelöscht«, war ihr bedrückender Kommentar. Der Bericht über ihren »Ritt gen Westen«, ihr erster Artikel in der *Zeit*, hat Hunderttausende von Lesern gefunden, wie ihre Bücher über die verlorene Heimat, *Namen, die keiner mehr nennt* und *Kindheit in Ostpreußen*.

Mitten im Krieg hatte ihr der frühere Danziger Hochkommissar Carl J. Burckhardt aus der Schweiz geschrieben: »Es gibt ein Nachher, und in diesem Nachher wird Ihnen eine große Aufgabe zufallen.« Bei der *Zeit* fand Marion Dönhoff diese Aufgabe. Ihr zweites Leben begann sie 1946 im Hamburger Pressehaus. Es dauerte nicht lange, und sie hatte sich Rang und Namen erschrieben. Ihre Artikel wurden in Deutschland gelesen und weit jenseits der Landesgrenzen beachtet. Im Geschriebenen offenbarten sich die Grundzüge ihres Wesens: schnörkellose Aufrichtigkeit; der Wille zu verstehen; der Mut auch, das Verstandene ohne Provokation, aber mit großem Nachdruck den Lesern nahezubringen.

Sie reiste durch das zerstörte, verheerte Deutschland. Sie berichtete über die Nürnberger Kriegsverbrecherprozesse (die sie lieber von deutschen Richtern, nicht von den Siegermächten geführt gesehen hätte). Regelmäßig schrieb sie aus Bonn. Zugleich war sie befreundet mit Jawaharlal Nehru, saß mit dem König Bhumipol vertraut in einem thailändischen Mohnfeld und verhandelte mit arabischen und afrikanischen Politikern wie Sadat, Nkrumah, Kaunda, Nelson Mandela. Dabei war es eine ihrer Grundlinien, dass man die heimische Elle zu Hause lassen müsse, wenn man in fremde Länder reise, sonst komme man mit einem falschen Bild zurück. Sie war eine Botschafterin Deutschlands in einer Zeit, da unser Land der glaubwürdigen Dolmetscher dringend bedurfte.

Ihre Reiseziele hat sie sich stets so ausgesucht, dass sie an die Wendemarken der Entwicklung geriet. Überall donnerten ihr die Kanonaden der modernen Valmys um die Ohren: in Indochina und in Indien, in Schwarzafrika und am Kap der Guten Hoffnung, im Vorderen Orient und auf den Konferenzen der aufstrebenden »Dritten Welt«. Zugleich war sie in den Machtzentren von Washington und Moskau, London und Paris eine häufig und gern gesehene Besucherin.

Als Publizistin hat die Gräfin unendlich viel geschrieben, allein über 2000 Zeit-Artikel, und über unendlich viel Verschiedenes. Drei Themen jedoch durchziehen ihr ganzes Werk, die Zeitungstexte wie ihre 25 Bücher: der Widerstand gegen Hitler, die Aussöhnung mit dem Osten und die Kritik an den Auswüchsen des Kapitalismus.

Viele ihrer engsten Freunde gehörten dem Widerstand an; sie hatte Kontakt mit ihnen und leistete wohl ein- oder zweimal auch Kurierdienste in die Schweiz. Nach dem gescheiterten Attentat vom 20. Juli 1944 wurden die meisten hingerichtet. Sie kannte sie alle: Claus von Stauffenberg, Henning von Tresckow, Christoph von Gersdorff, am besten ihren Vetter Heinrich Graf von Lehndorff, auch die beiden Überlebenden Axel von dem Bussche und Fabian von Schlabrendorff. Lange Zeit hatte sie Verbindung zwischen ihnen gehalten. Mit Glück und Geschick entging sie nach dem 20. Juli den Häschern, weil ihr Name auf keiner Liste stand. Aber sie litt: »Nichts konnte schlimmer sein, als alle Freunde zu überleben und allein übrig zu bleiben.« Den toten Freunden setzte sie in dem Buch *Um der Ehre willen* ein eindrucksvolles Denkmal.

Der Nimbus der Heroine umwehte sie bis an ihr Lebensende, obwohl sie ihre damalige Rolle stets herunterspielte. »Ich hätte ungern selbst geschossen«, bekannte sie einmal. »Aber ich sagte immer: Der Kerl muss natürlich umgebracht werden. Ich weiß nicht, ob ich das selbst gemacht hätte, wenn es gar nicht anders gegangen wäre.« Die Frage habe sich nie gestellt.

Unvergesslich ist auch ihr Eintreten für die Ost- und Entspannungspolitik. Sie war für Aussöhnung, gerade mit den Polen und Russen, die sich nach Hitlers Krieg ihre Heimat Ostpreußen geteilt hatten. Im polnischen wie im russischen Teil lag je eines der Dönhoff'schen Besitztümer, Quittainen im Süden, Friedrichstein im Norden. Lange dachte sie, dass sie den Verlust nicht verwinden könne. (»Natürlich schmerzt die Wunde ewig.«) Ende der Fünfziger sagte sie noch: »Niemand, der aus dem Osten kommt, wird auf Land verzichten.« In einem Brief schrieb sie: »Wenn man mir heute sagte, ich würde in drei Tagen tödlich verunglücken, würde ich damit wesentlich leichter fertig werden als mit dem Verlust meiner ostpreußischen Heimat.«

Aber dann überwand sie sich: Sie setzte sich für die Anerkennung der Oder-Neiße-Grenze ein, die sie 1962 bei ihrem ersten Besuch in Polen nach dem Krieg bangevoll überschritten hatte. Und rang sich zu der Einsicht durch: »Vielleicht ist dies der höchste Grad der Liebe: zu lieben, ohne zu besitzen« – ein großartiges Wort, der tiefen Einsicht entsprungen, dass nur aus dem Verzicht auf Ressentiment und Revisionismus Versöhnung wachsen könne. So wurde sie zur beredten Verfechterin deutsch-polnischen Ausgleichs, später auch deutsch-russischer Annäherung.

Indes brachte sie es nicht übers Herz, im Dezember 1970 der Einladung Willy Brandts nach Warschau zur Unterzeichnung des deutsch-polnischen Vertrages Folge zu leisten, obwohl sie sie zunächst angenommen hatte. Zwar habe sie sich mit dem Verlust abgefunden, aber das Glas darauf zu erheben, »das erschien mir plötzlich mehr, als man ertragen kann«, schrieb sie dem Kanzler. »Mir ist zum Heulen.« Der verstand sie: Auch ihn, antwortete er, habe es am Schreibtisch überkommen, als er die Texte zurechtmachte.

Nicht immer hat sie richtiggelegen. Ihr Eintreten für den Rapacki-Plan und das Disengagement-Konzept Kennans, so vernünftig es schien, hatte keine Chance der praktischen Umsetzung in der Politik. Ihre Haltung zur deutschen Wiedervereinigung war durchsetzt von Bedenken und Zweifeln. »Unser Ziel: nicht Wiedervereinigung, sondern Annäherung zwischen Ost und West« war allerdings keine prinzipielle Absage an die deutsche Einheit, sondern primär eine taktische Prioritätensetzung.

Auch in ihrer Deutschlandpolitik legte sie ein weite Strecke Weges zurück. Als sie Konrad Adenauer 1955 nach Moskau begleitete, machte sie ihm hinterher heftige Vorwürfe, er habe die Aufnahme diplomatischer Beziehungen zum Kreml verschenkt, wo er dafür doch einen Terminkalender für die Wiedervereinigung hätte einhandeln müssen; so habe er für die Freilassung von zehntausend Kriegsgefangenen die Knechtschaft der siebzehn Millionen Ostdeutschen besiegelt. Jeder Ansatz zur Anerkennung der DDR müsse aber verhindert werden.

Zwei Jahrzehnte später wollte sie ebendiese Anerkennung in einer Zwanzigzeilenglosse verlangen, was ihr nur mit dem Argument auszureden war, sofern die Anerkennung überhaupt sinnvoll wäre, müsste das Plädoyer dafür doch mindestens auf einer ganzen Seite 3 begründet werden. An die Chance einer Wiedervereinigung glaubte sie – wie die meisten Westdeutschen – nicht mehr, jedenfalls nicht mehr zu ihren Lebzeiten. Es war keine unvernünftige Position. Wer konnte damals schon ahnen, dass das Rad der Geschichte Mauer und Stacheldraht binnen Kurzem schon niederwalzen werde?

Der dritte große Themenstrang, der sich durch das Leben Marion Dönhoffs zog, war die Kritik am Kapitalismus. Die pure Gewinngier, die nur den greifbaren wirtschaftlichen Erfolg als Maßstab kennt, widersprach ihrem preußischen Ethos, in dessen Zentrum Gemeinsinn und Gemeinwohl standen. In ihrer Dissertation beklagte sie, dass es für den Junker, hineingestellt in die beginnende Konkurrenzwirtschaft, »nur noch einen Maßstab gab, die Verzinsung, und nur noch eine Gewähr für Erfolg: die Rentabilität«. Ihre Abneigung gegen den »Taumel der Macht und des Materiellen« verstärkte sich im Laufe der Jahre noch. In ihrer Dankesrede für den Friedenspreis des Deutschen Buchhandels applaudierte sie 1971 Herbert Marcuses Warnung vor dem »eindimensionalen Menschen«, der sich willfährig den Gesetzen des Marktes unterwirft. Ein Vierteljahrhundert später griff sie das Thema erneut auf. Ihr Buch *Zivilisiert den Kapitalismus* war ein aufrüttelnder Fanfarenstoß. »Alles Geistliche, Musische, Humane wird an den Rand gedrängt«, klagte sie und forderte, »dass die Fragen nach dem Sinn von Arbeit und Produktion, nach den Grenzen der Macht, dem Wesen des Fortschritts neu gestellt und ernsthaft diskutiert werden«.

In der zweiten Hälfte der Fünfzigerjahre wurde die Gräfin zur zentralen Gestalt der *Zeit*. Niemand hat das Blatt tiefer geprägt als sie. Sie machte uns vor, wie man zugleich einfühlsam und streitbar sein kann; wie man seiner Koordinaten sicher zu sein vermag und doch allem Neuen gegenüber offen bleibt; wie man streng ist und zugleich voll menschlicher Wärme; und wie man im journalistischen Gewerbe nicht stumpf wird oder zynisch, sondern engagiert bleibt und couragiert. Bei der Arbeit gewährte sie uns Leine und Auslauf. Keine Idee, die sie nicht der Diskussion gewürdigt hätte. Sie verstand es, unsere Fantasie zu wecken. Sie bezog uns in die Verantwortung ein. Und sie weckte Loyalität, weil sie selbst stets loyal war. Intrigen und Ränke waren ihre Sache nicht, allenfalls ein kurzes Aufbäumen.

Als ungerecht habe ich sie nur ein einziges Mal empfunden, 1960, als ich in Henry Kissingers Sommerseminar war. Ich hatte ihr einen langen Brief geschrieben, wie es am Harvard Square zuging, und ihr auch mitgeteilt, dass ich die nächsten zwei Wochen zwischen Ost- und Westküste unerreichbar unterwegs sein werde. Aber entweder war der Brief noch nicht angekommen, oder sie hatte ihn nur oberflächlich gelesen. Jedenfalls erreichte mich ein Telegramm von ihr, das mir die Sprache verschlug: »Sie sind zum Auslandskorrespondenten ganz und gar untauglich.« Ein Telegramm meines Kollegen Hans Gresmann tröstete mich: »Machen Sie sich nichts daraus. Die Gräfin ist aus anderen Gründen sauer.«

Sie lehrte uns, dass Journalismus nicht eitles Pfauengespreiz ist, sondern ein Metier, in dem man es sich schwer zu machen hat; dass lesen muss, wer schreiben will; dass der Einfall nie die Arbeit ersetzt;

dass Augenmaß nicht Leisetreterei bedeutet; dass Sinn für Zukunft sich verbinden muss mit Sinn für Herkunft. Festgefügte Kriterien, Geduld, Detailplackerei und Unerschrockenheit – in dieser Mischung lag das Geheimnis ihres Wirkens und ihrer Wirkung.

Nie schob sie sich in den Vordergrund. Sie wollte wirken, nicht glänzen: »Ich vergeude keine Zeit damit, mich selbst zu bespiegeln.« Gern zitierte sie Bismarcks Wort: »Charakter ist gleich Talent minus Eitelkeit.« Der Eitelkeit zu frönen, größeren Wert auf die eigene Brillanz zu legen als auf die Substanz, hielt sie für die größte Sünde des Journalismus. Bei allem aufklärerischen Idealismus war sie kein Schöngeist. Ihr Sinn war stets aufs Praktische gerichtet. Es ging ihr weniger ums Aufdecken und Enthüllen als ums Analysieren nach bestem Wissen und Gewissen – und darum, wenn es ihr nötig schien, schlicht und entschieden zu sagen: »So kann es nicht bleiben.« Ihr Journalismus hatte mehr mit Moral zu tun als mit Marketing; mehr mit Grundsätzen als mit Zielgruppenansprache; mehr mit nüchterner Redlichkeit als mit leicht verkäuflicher Aufgeregtheit.

Man könnte sie eine bewahrende Liberale mit konservativen Grundüberzeugungen oder auch eine reformerische Konservative mit liberalen Grundüberzeugungen nennen. Im Liberalsein stecke immer auch ein Element des Kontradiktorischen, hat sie einmal formuliert: Liberalität war ihr die Verpflichtung zum Gegenhalten – gegen absolutistische Neigungen der Regierung, aber auch gegen absolutistisch sich gebärdende Ideologien, »gleichgültig, ob es sich nun um kirchliche Orthodoxien, Freud'sche Monokausalität oder verspäteten Neomarxismus handelt, die herrschenden Moden der Zeit«. Liberal hieß für sie auch, alles immer wieder neu zu durchdenken, es zu verwandeln durch Ergänzen oder Weglassen. Wenn Marion Dönhoffs Leben voller Wendungen und Wandlungen war und auch nicht ohne Schwanken und Schwenkungen abging, so liegt hierin die Erklärung.

Im Wirrwarr der Zeiten behielt sie einen klaren Kopf: »Selbst wenn die Weltgeschichte Walzer tanzt, ist ein denkender Mensch nicht davon befreit, den Sinn darin zu suchen.« Rührselig war sie nie. Auch bekömmliche Schläue war ihre Sache nicht. Zeitlebens war sie klug und gescheit, doch um wirklich weise zu werden, blieb sie bis ans Ende ihrer Tage zu kämpferisch. Ihre Mahnung, vor lauter Selbstverwirklichung dürfe man die Verantwortung für die Gemeinschaft, für das Gemeinwohl nicht vergessen, klingt in unserer Gegenwart noch überzeugender als schon zu ihren Lebzeiten. Das Gleiche gilt für Marion Dönhoffs Einstellung zum Marktgeschehen.

Wie jeder Mensch, der gelernt hat, Widersprüche auszuhalten und Spannungen zu leben, ruhte sie ganz in sich. Dogmatisch war sie nicht, denn sie wusste, dass die Strecke zwischen Richtig und Falsch nicht die zwischen null und hundert war, sondern in der schmalen Marge zwischen 49 und 51 angesiedelt ist; aber 51 Prozent Gewissheit reichten ihr zur Entschiedenheit,

Ihre Prinzipien waren einfach. Politischen Derwischen darf man nicht freien Auslauf geben. Vage Visionen sind kein Ersatz für konkretes Wollen. Noch so hehre Ziele rechtfertigen nicht jedes Mittel; so sympathisierte sie mit den aufbegehrenden Studenten, die den Muff von tausend Jahren aus dem Universitätsleben schütteln wollten, setzte jedoch den Achtundsechzigern und erst recht dem Terror der RAF ein entschiedenes »Keine Gewalt!« entgegen. Der menschliche Anstand ist wichtiger als die Reinheit irgendeiner Lehre. Ungehemmte Selbstverwirklichung in einer egoistischen Raffgesellschaft darf nicht der oberste Zweck des Lebens sein. Wer das Bewahrenswerte erhalten will, muss das Veränderungsbedürftige, das Veränderungswürdige ausfindig machen.

Viele Freundschaften säumten den langen Lebensweg der Gräfin: mit Golo Mann und Heinrich Böll, Rudolf Hagelstange und Lew Kopelew, Theodor Eschenburg und Ralf Dahrendorf, Hans Rothfels und Fritz Stern, Carlo Schmid und Helmut Schmidt, David Astor, Shepard Stone und Henry Kissinger, Jawaharlal Nehru und Paul Nitze, Eric Warburg und Erik Blumenfeld, Hellmuth Becker und Richard von Weizsäcker, Gerhard Marcks und Eduard Bargheer,

Christa Armstrong, Flora Lewis und Helen Suzman – die Liste der Vertrauten ist so bunt-bewegt wie ihr Leben.

Unzähligen Gremien gehörte sie bis zuletzt an. Sie tat viel Gutes – nicht zuletzt mit ihren Stiftungen, die der Hilfe für entlassene Strafgefangene und für Wissenschaftler aus Osteuropa gewidmet waren. Viel ist sie gepriesen worden und Mal für Mal preisgekrönt. Den Theodor-Heuss-Preis erhielt sie 1966, den Friedenspreis des Deutschen Buchhandels 1971, den niederländischen Erasmus-Preis 1979, den Heinrich-Heine-Preis 1988. Im Jahre 1994 verlieh ihr der Hamburger Senat den Professorentitel und 1999 die Ehrenbürgerschaft der Freien und Hansestadt Hamburg.

Ein polnisches Lyzeum und sieben deutsche Gymnasien wurden nach ihr benannt. Sieben Ehrendoktorhüte bekam sie verliehen: vier amerikanische, einen polnischen, einen englischen und einen russischen. Wobei Letzterer – von der Universitas Calininopolitana, wie die lateinische Urkunde besagt – sie, die geborene Königsbergerin, besonders gerührt hat. Ähnlich tief bewegt hat sie nur die Verleihung der Hamburger Ehrenbürgerwürde.

Innerlich hat die Gräfin die Heimat, die von Hitler verspielte, nie verloren. Im Dönhoff-Lyzeum in Mikolajki, dem alten Nikolaiken in Masuren, hat sie ihrer Verbundenheit ein Denkmal gesetzt. Ich war einige Male dabei, wenn sie dort die jährliche Abiturrede hielt. Immer munterte sie die polnischen Gymnasiasten auf: »Liebe Schüler, wir sind in ein neues Zeitalter eingetreten. Der Nationalstaat ist nicht mehr die oberste Instanz. Ihm gebührt zwar unsere Loyalität und unsere Liebe, aber er ist Teil Europas, und es ist Europa, das wir bauen wollen. Vergesst das nicht« (1994).

Oder 1999, ihrer Ansicht Ausdruck gebend, dass der Mensch Haltepunkte und Leitplanken braucht: »Ich kann euch nur einen Rat geben. Seid aufgeschlossen für alles. Glaubt nicht den Leuten, die ein angeblich unfehlbares System anpreisen. Seid neugierig, beweglich, engagiert, aber auch kritisch. Und denkt nicht nur an das eigene Leben, denn jeder ist für das Ganze mitverantwortlich.«

Für ihre wache Neugierde, ihre vorwärtsdrängende Geradlinigkeit, ihre standfeste Lauterkeit, ihre bohrende Hartnäckigkeit und ihre anfeuernde Ausstrahlung schuldet die *Zeit* Marion Dönhoff unendlichen Dank. Aber auch Deutschland, dessen Bild in der Welt sie nach der finsteren Epoche des Hitlerismus hat aufhellen helfen, ist ihr Dank schuldig für ihren zugleich patriotischen und kosmopolitischen Weltsinn.

Es war Frühling, als sie nach langer Krankheit in Friesenhagen, zwischen Siegener Land und Westerwald, zu Grabe getragen wurde. Ein strahlend blauer Himmel wölbte sich über dem kleinen Friedhof am Berghang, wo die Gräfin ihre letzte Ruhestätte fand, unter einer alten Buche, neben zweien ihrer sechs Geschwister. Viele nahmen einen letzten Abschied von ihr, warfen eine Rose, einen Buchsbaumzweig, eine Handvoll Erde auf den Sarg. Erschüttert Henry Kissinger. Gramgebeugt Helmut Schmidt, schwer auf seinen Stock gestützt. Tief bewegt Richard von Weizsäcker. Die vielen Kinder der Familie: traurig, doch gefasst. Verwirrt schnupperte Felix, der Rauhaardackel der Gräfin, am Grabesrand.

Und doch: Es lag ein Hauch von heiterer Gelöstheit über der Szene. Die Zweige über dem Grab wiegten sich leise in der warmen Sonne. Alle, die rund um das Gras die Bucheckern in den Moosteppich traten, wussten: Ein großes Leben, mit Anstand und Tapferkeit gelebt in der Bruchzone des schrecklichen 20. Jahrhunderts, hatte sich erfüllt. Zugleich wussten sie, was Rudolf Augstein der toten Marion Dönhoff nachrief: »Wir werden ihresgleichen nicht mehr sehen.«

VII.
MILITÄREXPERTE IN ZIVIL: ALS LEITER PLANUNGSSTAB AUF DER HARDTHÖHE

Begegnung: *Henry Kissinger* und das Sommerseminar in Harvard

In meiner kurzen Probezeit bei der *Zeit* im Sommer 1957 drückte mir Gräfin Dönhoff ein Exemplar von Heny Kissingers magistralem Werk *Nuclear Power and Foreign Policy* in die Hand, das sie von Freunden aus New York bekommen hatte. Sie fragte, ob ich mir eine Rezension zutraue. Ich traute mich. Es wurde der erste große Artikel, eine halbe Seite lang, den ich für das Blatt schrieb. »Nirgendwo ist die Unzulänglichkeit der bisher gültigen Verteidigungskonzeption des Westens scharfsinniger analysiert und schonungsloser gerügt worden als in dieser Studie«, schrieb ich in meiner Rezension (*Zeit*, 21. November 1957). Verteidigung im nuklearen Zeitalter wurde zu einem meiner Lebensthemen.

Im Spätherbst 1958 kam der junge Assistenzprofessor Kissinger, inzwischen Vizedirektor des Center for International Affairs an der Harvard University, auf Einladung der Bundesregierung nach Deutschland. Er sprach in München, in seiner Geburtsstadt Fürth, in Bonn und in Hamburg. Es braute sich gerade eine Berlin-Krise zusammen; Nikita Chruschtschow wollte Westberlin zur »Freien Stadt« erklären und die Westalliierten aus der Stadt vertreiben.

Vor diesem Hintergrund sollte Kissinger im Amerikahaus der

Hansestadt über sein Buch reden – auf Deutsch, was den damals 35-Jährigen entsetzte. »Ich habe über das Thema auf Englisch gedacht, ich habe das Buch auf Englisch geschrieben. Ich werde Englisch reden, denn ich habe nicht die geringste Ahnung, was *second strike capability* oder *nuclear stalemate* auf Deutsch heißt.« Ich wusste es: *Zweitschlagsfähigkeit* und *atomares Patt*. Und um ihm aus seiner Verlegenheit herauszuhelfen, bot ich ihm an, seinen Vortrag absatzweise zu übersetzen. Er hatte meine Rezension gelesen, wir hatten einander auch kurz begrüßt. Erleichtert schlug er ein. Und begann seine Vorlesung in der alten Muttersprache mit starkem fränkischem Zungenschlag: »Mit meinem Deutsch ist es wie mit meinem Gepäck – es kommt erst morgen.«

Hinterher saßen wir noch lange beisammen. Es war der Beginn unserer Bekanntschaft, aus der im Laufe der Jahre eine – oft schwierige – Freundschaft wurde. Zwei Jahre später lud mich Henry Kissinger zu seinem legendären International Seminar an der Harvard University ein. Es brachte jedes Jahr vierzig Politiker, Journalisten, Literaten und Akademiker aus aller Welt zusammen. In den siebzehn Jahren seines Bestehens – 1951 bis 1968 – haben 600 Teilnehmer das International Seminar durchlaufen. Manche brachten es in der Folgezeit an die Spitze ihrer Staaten, darunter der Japaner Yasuhiro Nakasone (Jahrgang 1953), der Franzose Valéry Giscard d'Estaing (1954), der Türke Bülent Ecevit (1958), der Belgier Leo Tindemans (1962) und der Malaysier Mahathir bin Mohamad (1968).

Mit allen von ihnen habe ich später als Journalist Kontakt gehabt und ausführliche Interviews geführt; unter dem Vorsitz Tindemans' diente ich 1995/96 in einer Internationalen Balkan-Kommission. Die Erinnerung an Harvard bot stets einen hilfreichen Anknüpfungspunkt, und mit einigen meiner Jahrgangskollegen verbanden mich lange Zeit enge Kontakte.

Auch viele Deutsche und Österreicher haben im Laufe der Jahre an dem Kissinger-Seminar teilgenommen, darunter der Verleger Siegfried Unseld (1955), der *FAZ*-Redakteur Bruno Dechamps (1959), der

SPD-Politiker Erhard Eppler (1962), der Suhrkamp-Lektor Walter Boehlich (1963), die Dichterin Ingeborg Bachmann (1955). Von der *Zeit* waren auch noch meine Kollegen Hans Gresmann und Rolf Zundel dabei. In meinem Jahrgang war der Dichter und Schriftsteller Kay Hoff der andere Deutsche. Mich beeindruckten vor allem der britische Journalist Tim Raison, eine türkische Politikwissenschaftlerin, die an den Rädern der Revolution mitgedreht hatte, ferner eine scheue persische Wirtschaftsplanerin, die aussah wie Soraya, und zwei Pakistaner, Jurist der eine, Literat der andere.

Ehe ich mich damals auf dem Weg nach Amerika an Bord der »Flandre« begab, verbrachte ich zwei Tage in London. Ich sah Shaws *Candida* im Picadilly Theatre; erlebte eine Fragestunde im Unterhaus, in der sich ein schottischer Abgeordneter tatsächlich nach der Seeschlange von Loch Ness erkundigte; und machte eine sonntägliche Ausfahrt ins grüne Surrey. Freunde wollten mir dabei Chartwell zeigen, Churchills Besitz, und hielten kurz vor dem Anwesen, da trat er tatsächlich aus der Tür, mit Hut und Stock, ein wenig tapsig und sehr, sehr alt, zwei Mann stützten ihn. Ich sah ihn vielleicht fünf Sekunden lang, ehe er im Park verschwand. Ich war recht gerührt.

Die sieben Harvard-Wochen im Sommer 1960 (5. Juli bis 24. August) waren ein einzigartiges Erlebnis. John F. Kennedy und Richard Nixon kämpften in diesem Jahr um das Weiße Haus. Die halbe Professorenschaft saß auf gepackten Koffern, bereit, nach Washington aufzubrechen und dort ein Amt anzutreten. Eine endlose Folge von Senatoren, Möchtegernministern, Redenschreibern, Politikberatern und Nuklearstrategen fiel auf dem Campus ein. Für die vierzig Seminarteilnehmer aus zwei Dutzend Ländern war es eine Vielzahl aufregender und anregender intellektueller Begegnungen – eine Einweihung in die höheren Riten der amerikanischen Politik und zugleich die Anknüpfung lebenslanger Freundschaften über Ozeane und Kontinente hinweg.

Es wurde aufs Beste für uns gesorgt. Alle Ausgaben wurden

übernommen: für die Flugtickets wie für Kost und Logis; es gab sogar ein bescheidenes wöchentliches Taschengeld. Heute weiß ich, dass Henry Kissingers International Seminar direkt oder indirekt, teils über die Ford Foundation, von der CIA finanziert worden ist (wie überdies auch der Kongress für die Freiheit der Kultur, an dessen Veranstaltungen in Hamburg ich in jenen Jahren aktiv teilnahm). Es ging, um nicht herumzureden, um nichts anderes als psychologische Kriegsführung.

Der entschiedenste Verfechter dieser Politik war Professor William Yandell Elliott, ein politisch einflussreicher Regierungsberater und als Dekan des jungen Assistenzprofessors Kissinger dessen Vorgesetzter und Förderer. Elliotts größte Sorge war es, wie er mir erklärte, dass die Europäer sich von der Sowjetunion zur Neutralität würden verlocken lassen. Sie war weit übertrieben, denn außer den französischen und italienischen Kommunisten redete niemand dem Kreml das Wort.

Wir mussten jedenfalls nicht gehirngewaschen werden. Der blutig niedergeschlagene Ungarn-Aufstand und die Unterdrückung der polnischen Studentenproteste im Herbst 1956, dann die von Nikita Chruschtschow Ende 1958 vom Zaun gebrochene Berlin-Krise hatten uns allen klargemacht, welche Gefahr von der Sowjetunion ausging. Proamerikanisch zu sein war da die einzig realistische Reaktion, Dankbarkeit für diplomatische Unterstützung, militärischen Beistand und politische Solidarität selbstverständlich.

Wir wohnten, jeweils zu dritt, in den Studentenwohnheimen der Wigglesworth Hall C-22, aber jeder hatte ein eigenes Zimmer. Efeu umrankte die Mauern und umrauschte unseren Schlaf. Die Mahlzeiten nahmen wir in der bloß hundert Meter entfernten Harvard Union ein, der Professoren-Mensa. Das Programm ließ uns viel Muße. Morgens traf man sich für zwei Stunden im Lamont-Gebäude, hörte einen Gastredner, darunter auch Hans Morgenthau, der über Abrüstung vortrug, und hielt auch selbst Vorträge für die anderen; so sprach ich über »The state of German parties«. Ansonsten konnte man in der Widener Library lesen, eigene Texte schreiben – oder auf dem Rasen am Charles River liegen.

Abends gab es Einladungen bei Professoren, Politikern, Publizisten, öfters auch in die Kissinger-Familie. Besichtigungsausflüge führten an den Walden Pond, wo Henry David Thoreau in einer selbst gebauten Schindelhütte sein Manifest *Über die Pflicht zum Ungehorsam gegenüber dem Staat* schrieb; oder an den alten Hafen Bostons, wo 1773 die Tea Party den amerikanischen Unabhängigkeitskrieg auslöste. Nach Plymouth auch, wo 1620 die »Mayflower« die ersten englischen Pilger ausschiffte, die in Vorwegnahme künftiger Größe auf einen Felsstein die Wore meißelten: »The eastern nations sink, their glory ends. An empire rises where the sun descends.«

Zwei Wochen lang durften wir reisen. In Washington machte Henry Kissinger großzügig Termine für uns aus. Mir vermittelte er drei wichtige Begegnungen in der Hauptstadt. Die eine war mit Fritz Kraemer, einem konservativen Berater für Sicherheitspolitik und Geostrategie im US-Verteidigungsministerium, der ausgewandert war, als Hitler an die Macht kam. Als Soldat hatte er den jungen Kissinger kennengelernt und auf dessen Denken und Dienstlaufbahn entscheidenden Einfluss genommen. Seine verblüffende Eigenheit war, dass er – sicherlich als Einziger! – im Pentagon ein Monokel trug. Die zweite war mit General Charles Bonesteel, einem originellen militärischen Denker, später zeitweise Kommandeur in Korea. Mit beiden habe ich intensive Gespräche geführt, aber ich habe sie nie wiedergesehen.

Der dritte, den ich traf, wurde jedoch ein guter Freund bis an sein Lebensende im Jahre 2012: Helmut (Hal) Sonnenfeldt. Der Sohn eines jüdischen Berliner Arztes machte als Kreml-Deuter, Diplomat und Justitiar des State Department eine rasante Karriere. Er galt als »Kissingers Kissinger«.

Nach sieben Wochen bestialischer Hitze und hochgradiger Feuchtigkeit wurde es auf dem Harvard-Campus kühler, man konnte wieder freier atmen. Unserer Abschiedsparty kam das sehr zugute. Kay Hoff und ich hatten eine halbe Badewanne voll Bowle angerichtet; etliche Gallonen kalifornischen Weißweins und mehrere Fünfpfunddosen Pfirsichhälften ergaben keinen sonderlich edlen Trunk, aber, wie sich zeigen sollte, ein hochwirksames Gesöff. Und zur Feier des Tages hatte das Team eine neunzehnjährige Sängerin eingeladen, die wir abends öfter eine Straße weiter im Club 47 gehört hatten, das Ticket zu einem Dollar: Joan Baez, die auch noch ihre fünfzehnjährige Schwester Mimi mitbrachte.

Ihre glockenhelle Stimme faszinierte mich: »The House of the Rising Sun«, »Silver Dagger«, »What Have They Done to the Rain«. Einiges sang sie auch auf Spanisch; in einer Ballade drehte es sich um ein Erschießungskommando – »el pelotón«, man hörte förmlich die Schüsse knallen. Seitdem bin ich, musikalisch auf jeden Fall, ihr unverbrüchlicher Fan, ein Bewunderer ihrer »Amazing Grace«, zudem ein respektvoller Hörer ihrer Botschaft als Bürgerrechtlerin, Umweltaktivistin und Pazifistin (für Kissinger hat sie wohl nie wieder gesungen). Immer noch lausche ich der mittlerweile Achtzigjährigen – der schönsten Achtzigjährigen, die ich kenne – mit großer Hingabe.

Auf der »Europa« trat ich Ende August die Heimfahrt nach Bremerhaven an, die vage Hoffnung im Kopf, dass wir eines Tages in Deutschland vielleicht eine ähnlich fruchtbare Einrichtung schaffen könnten wie das Kissinger-Seminar. Es war ein Traum – aber einundvierzig Jahre später hat er sich tatsächlich erfüllt. Das Kuratorium der *Zeit*-Stiftung, dem ich damals angehörte, griff die Idee, die Helmut Schmidt mit Nachdruck verfocht, begeistert auf. Nach knapp zehn Monaten konnten der Stiftungs-Chef Michael Göring und der Kuratoriumsvorsitzende Manfred Lahnstein die Bucerius Summer School eröffnen.

Im August 2001 trat in Hamburg der erste Jahrgang zusammen, sechzig junge Leute aus 25 Ländern, die sich zwei Wochen lang mit Weltpolitik und den großen Gegenwartsfragen beschäftigten. Die Bucerius Summer School, deren Dekan ich vierzehn Jahre war, feierte 2021 ihr zwanzigjähriges Bestehen, Coronas wegen allerdings nur virtuell. Henry Kissinger, letztlich der Urheber der Idee, gab seiner Freude über diese Hamburger Nachahmung in einer New Yorker Diskussionssitzung mit einem unserer Jahrgänge höchstpersönlich Ausdruck.

Mit Kissinger habe ich seitdem nie den Kontakt verloren. Wir sind Freunde geworden. Ein oder zwei Jahre nach dem Harvard-Seminar erhielt ich einen Brief von seiner Sekretärin: »Dr. Kissinger is coming to Hamburg and he is just dying to see *that street* in Hamburg's red-light district.« Also führte ich ihn pflichtschuldigst durch die Herbertstraße, wo die halb nackten Liebesdamen hinter ihren vorhanglosen Fenstern uns mit unzüchtigen Zurufen zu ködern suchten, vergeblich. Er staunte nicht schlecht, nahm aber weiter keinen moralischen Schaden; für ihn war unser Ausflug eine soziologische Recherche.

Am nächsten Tag fiel mir auf, dass Henrys Fingernägel abgekaut waren bis auf den Mond. Erst später entdeckte ich, dass dies ihr Normalzustand war. Jahre später fragte ich eines Tages Zbigniew Brzezinski – Kissingers ewigen akademischen und politischen Rivalen und Widersacher, der unter Präsident Carter den Posten des Nationalen Sicherheitsberaters versah, den Henry unter Nixon innegehabt hatte –, ob man den sprichwörtlichen Atomknopf eigentlich einem Mann anvertrauen könne, der seine Fingernägel bis auf den Mond abkaue. Ich schämte mich dieser boshaften Frage, sobald sie mir über die Lippen gegangen war. Doch Brzezinskis Antwort war großartig: »Henry does not bite his nails to the quick. He has them bitten« – Henry kaut seine Nägel nicht ab. Er lässt sie abkauen.

Im Laufe der Jahre haben wir uns dann immer wieder getroffen. Anfangs in dem winzigen Kellerbüro von Nixons Nationalem Sicherheitsberater, wo die Ernennungsurkunde mit dem doppelt mahnungsvollen Amtsvermerk »during the pleasure of the President for the time being« an der Wand prangte; später dann auch im siebten Stock des State Department, wo der US-Außenminister inmitten von glanzvollen Möbeln aus der englischen Kolonialzeit residierte. Manche dieser Treffen verliefen auch ziemlich spannungsreich.

Mit Hamburg hatte Henry Kissinger in all den Jahren enge Beziehungen. Helmut Schmidt und Marion Dönhoff sah er regelmäßig. Rudolf Augstein ließ dem Fußballfreund jedes Wochenende telegrafisch das Abschneiden der Spielvereinigung Greuther Fürth durchgeben (der zweite Aufstieg des Vereins in die 1. Bundesliga war ihm ein vorgezogenes Geschenk zum 98. Geburtstag; es betrübte ihn freilich, dass die Fürther bald zum Schlusslicht wurden). Und er las die *Zeit*, die er bezog, sooft er konnte. Auf jeden Fall nahm er sich unsere Leitartikel vor, wenn wir uns zu Besuch meldeten. Meine überaus kritischen Kommentare zu seiner Chile-Politik oder über den Bombenkrieg in Vietnam und Kambodscha missfielen ihm aufs Äußerste. Einmal begrüßte er mich zum Frühstück mit der sarkastischen Bemerkung »I don't know why I am seeing you – I must be a masochist« – ich weiß gar nicht, warum ich dich empfange. Ich bin wohl doch ein Masochist.

Einer seiner Biografen hat Henry Kissinger *the most revered and most reviled politician* genannt. In der Tat ist und bleibt er hart umstritten, verehrt von den einen, geschmäht von den anderen. »Wer Verantwortung übernimmt«, sagte ihm Bundespräsident Steinmeier zu seinem 95. Geburtstag, »kann nicht damit rechnen, alles richtig zu machen. Wer handelt, geht Risiken ein, macht Fehler. Er kann nicht damit rechnen, von allen Beifall zu bekommen.« Aber wenn ich eines von Henry Kissinger gelernt habe, dann dies: Wahre Freundschaft verträgt auch ernsthafte Meinungsverschiedenheiten. Trotz bitterer Auseinandersetzungen in der Sache kann man einander zutiefst verbunden sein.

Ein Lebensthema: Verteidigungspolitik

Seit ich in Tübingen Hans Speidel gehört hatte, faszinierte mich die Sicherheits- und Verteidigungspolitik. Der Koreakrieg hatte die Wiederbewaffnung Deutschlands auf die Tagesordnung gesetzt. Das Thema, zwischen CDU/CSU und SPD heftigst umstritten, beherrschte in den Jahren 1950 bis 1955 die Bonner Szene. Am 8. Juni 1955 hob Theodor Blank, der erste Verteidigungsminister der Bundesrepublik, die Hand zum Schwur. Am 16. Juli 1955 wurde das Freiwilligengesetz verabschiedet, das die Einstellung von 6000 Männern genehmigte, die den Aufbau der Bundeswehr vorbereiten sollten. Am 12. November 1955 nahmen in einer zugigen Kraftfahrzeughalle der Bonner Ermekeilkaserne die ersten 101 Soldaten ihre Ernennungsurkunden entgegen – die beiden Drei-Sterne-Generale Hans Speidel und Adolf Heusinger, außerdem 18 Oberstleutnante, 30 Majore, 40 Hauptleute, 5 Oberleutnante, 1 Stabsfeldwebel und 5 Oberfeldwebel ... Nur zwölf der hunderteins Mann trugen schon Uniform, die der anderen war nicht rechtzeitig fertig geworden.

Im Juli 1957, als Gräfin Dönhoff Kontakt zu mir aufnahm, wurden der NATO als erste einsatzbereite Einheiten drei Panzergrenadierdivisionen unterstellt; die letzte der geplanten zwölf Divisionen trat 1965 in Würzburg ihren Dienst an. Der Aufbau der Bundeswehr auf 460 000 Mann und die Strategie der NATO waren Themen, die ich intensiv verfolgte: nukleare Abschreckung, konventionelle oder atomare Verteidigung, »all-out war« oder begrenzter Krieg.

Es war wohl ein Zufall, dass ich in meiner Hamburger Probezeit Henry Kissingers grundlegendes Werk über Außenpolitik im Atomzeitalter zu rezensieren bekam. Aber es war kein Zufall, der ein Hauptthema meines ganzen journalistischen Wirkens bestimmte. Die Weichenstellungen und Wendemarken der deutschen, überhaupt der westlichen Verteidigungspolitik haben mich sechzig Jahre lang intensiv beschäftigt.

Ich war einer in der kleinen Gruppe von journalistischen Verteidigungsfachleuten, die das Thema Sicherheitspolitik in den frühen Jahren der Bundesrepublik in der deutschen Presse behandelten – neben Adalbert Weinstein von der *Frankfurter Allgemeinen*, Lothar Rühl von der *Welt*, Conrad Ahlers und Hans Schmelz vom *Spiegel*. Ich habe viel über Außenpolitik geschrieben, aber die sicherheitspolitischen Aspekte bildeten stets ein unabdingbares Substrat. In mehreren Aufsätzen befasste ich mich mit der Schicksalsfrage: Wie überleben im Atomzeitalter?

Das Thema Sicherheitspolitik wurde mir immer wichtiger. Das hatte auch mit Helmut Schmidt zu tun.

Begegnung: *Helmut Schmidt*

Vor mehr als einem halben Jahrhundert, im Sommer 1961, bin ich Helmut Schmidt im Schlafwagen von Genf nach Hamburg zum ersten Mal begegnet – auf der Heimreise von der Jahreskonferenz des Londoner Institute for Strategic Studies, in einem Abteil zweiter Klasse, denn ein Einzelabteil konnten sich damals weder der 42-jährige Bundestagsabgeordnete Schmidt noch der zwölf Jahre jüngere *Zeit*-Redakteur Sommer leisten. Wir fanden sofort Kontakt zueinander. Bei Fürstenberg Pils redeten wir die halbe Nacht über Sicherheitspolitik und Nuklearstrategie. Es war der Beginn eines fast fünf Jahrzehnte fortdauernden Meinungsaustauschs über Weltpolitik, Krieg und Frieden. Danach haben sich unsere Lebenswege immer wieder auf merkwürdige Weise gekreuzt und überschnitten.

Wir hielten Fühlung, als Helmut Schmidt Anfang der 1960er-Jahre Hamburger Innensenator war, desgleichen danach, als er im Bundestag den SPD-Fraktionsvorsitz übernahm. Im Jahre 1969 holte er mich ins Verteidigungsministerium in Bonn, um dort einen Planungsstab aufzubauen, eine kritische Bestandsaufnahme der Bundeswehr zu organisieren und das Weißbuch 1970 zu schreiben.

Nach seiner Abwahl als Bundeskanzler bot ihm dann der *Zeit*-Verleger Gerd Bucerius an, als Herausgeber des Blattes in seine Heimatstadt zu kommen, und im Mai 1983 trat er diesen Posten an. Bis zu seinem Tod, fast dreiunddreißig Jahre später, füllte er ihn engagiert aus. Als Chefredakteur und danach als Mitherausgeber neben ihm und Gräfin Dönhoff habe ich wiederum eng mit Schmidt zusammengearbeitet. Wir waren gute Freunde geworden, auf sehr hanseatische Weise allerdings, per Vorname und »Sie« (Loki und ich duzten uns jedoch). Öfters tranken wir zusammen einen Baileys, sein Lieblingsgetränk in den späten Jahren, mit dem er gern auch seinen Kaffee kräftig würzte.

Helmut Schmidt war Verkehrsdezernent des Hamburger Wirtschaftssenators Karl Schiller, als er 1953 zum ersten Mal in den Bundestag gewählt wurde, seinerzeit noch sehr knapp über die Landesliste. Zunächst beschäftigte er sich weiter mit dem Verkehrswesen, mit Güterfernverkehr, Straßenentlastungsgesetz, Bahnmodernisierung und Hafenöffnung. Aber dann schob sich ein anderes Thema immer stärker in den Vordergrund: Sicherheit und Verteidigung. Ermutigt von Fritz Erler, mauserte sich Schmidt zum Wehrexperten.

In der Debatte um die westdeutsche Aufrüstung gehörte er dem realpolitischen Flügel an. Dabei ging es ihm 1954–1956 vor allem um die Einordnung der Bundeswehr in das demokratische Verfassungsgefüge der jungen Bundesrepublik. In den folgenden Jahren aber rückte der Zusammenhang von Verteidigung und Abschreckung in den Mittelpunkt seines Denkens. Immer öfter ergriff er das Wort in der Debatte über die richtige Verteidigungspolitik und die ständig sich ändernde Nuklearstrategie der Vereinigten Staaten.

Die Doktrin der massiven Vergeltung, die in der NATO seit 1954 galt, lehnte Schmidt von Anfang an entschieden ab. Sie drohte den Sowjets als Antwort selbst auf einen konventionellen Angriff einen nuklearen Vernichtungsschlag an. Jeder Krieg sollte als totaler

Atomkrieg – *all-out nuclear war* – geführt werden. Schmidt hingegen plädierte für eine »nicht-selbstmörderische Form der Verteidigung«. In der Tat zog Washington mit dem Konzept des begrenzten Atomkriegs ja auch sehr bald die Konsequenz aus dem sich verfestigenden atomaren Patt.

Die Strategie der »flexiblen Erwiderung« gliederte zwischen den Stolperdraht der konventionellen Streitkräfte und den großen Atomknüppel als dritte Waffenkategorie die taktischen Atomwaffen in die »Schild«-Kräfte des Bündnisses ein. Bald kamen nukleare Artillerie, Atombomben für den Starfighter und Kurzstreckenraketen vom Typ Honest John und Sergeant nach Westdeutschland. Von diesen Waffen standen nach dem März 1955, als die ersten in den westdeutschen Frontstaat gebracht wurden, sage und schreibe 7000 auf dem Boden der Bundesrepublik, Fliegerbomben, Landminen, 203-Millimeter-Artilleriegeschosse. Die Sprengköpfe für die deutschen Trägerwaffen blieben allerdings in alliiertem, zumeist amerikanischem Gewahrsam, nicht einmal Strauß kannte die Zielkartei.

In der DDR hatten die Sowjets ihrerseits einige Tausend Atomwaffen vom Typ Luna und Toschka stationiert, SS-20 und SS-21 im NATO-Slang, mit Reichweiten von 70 beziehungsweise 120 Kilometern und einer Sprengkraft bis zum Zwanzigfachen der Hiroshima-Bombe. Auf dem Gebiet der beiden deutschen Staaten lagerten mehr Kernwaffen als irgendwo anders auf der Welt, dazu kamen 1,5 Millionen Mann konventioneller Truppen. Nicht zu Unrecht sprach Martin Walser von den »zwei waffenstarrenden Deutschlandfragmenten«. Im Kriegsfall wären von beiden nur Ruinen übrig geblieben.

Den Verteidigungsminister Franz Josef Strauß, der Kernwaffen als ein »Merkmal der Souveränität« bezeichnete und für die Bundeswehr ein eigenes atomares Anthony Arsenal anstrebte, nannte Schmidt 1958 in einer aufgewühlten Debatte des Bundestags einen »gefährlichen Mann«. Für Konrad Adenauers naiven Satz »Was nützen mir die Träger, wenn ich die Köpfe nicht habe!«, taktische Nuklearwaffen seien doch »nichts anderes als die moderne Fortentwicklung der Artillerie«, hatte er nur verständnisloses Kopfschütteln übrig. Auch hielt er nichts von der Strategie der flexiblen Erwiderung, die das Konzept der massiven Vergeltung ablöste und nach John F. Kennedys Amtsantritt in der NATO-Doktrin MC-90 festgeschrieben wurde.

Die sogenannte *flexible response*, befand er, »wäre im Verteidigungsfall in Europa nur wenige Tage wirklich flexibel«. Die NATO bereite sich auf den falschen Krieg vor, »da jeder denkbare Fall eines Krieges zur Dezimierung der europäischen Völker und vornehmlich des deutschen Volkes« führen würde. Angesichts der millionenfachen Vernichtung menschlichen Lebens in beiden Teilen Deutschlands, des »Schlachtfelds der NATO«, hielt er es für völlig unrealistisch, dass unsere Soldaten den Verteidigungskampf »fanatischer und selbstmörderischer fortsetzen würden als die Japaner, die nach dem Abwurf der beiden Atombomben auf Hiroshima und Nagasaki sofort kapitulierten«. Diese »japanische Option« hatte er stets vor Augen. Sie klang auch in unserem Schlafwagengespräch schon deutlich an.

Es war die Gemeinsamkeit der Interessen und Erfahrungen, die uns damals zusammenführte. Schmidt schrieb an seinem Buch und führte mit einer großen Zahl von ausländischen Fachleuten unmittelbaren Meinungsaustausch. In England waren dies vor allem die Gründer des Institute for Strategic Studies im Umkreis von Alastair Buchan, darunter Rear Admiral Anthony Buzzard, Air Marshall John Slessor, der Militärhistoriker B. H. Liddell Hart und der spätere Verteidigungsminister Denis Healey; in Frankreich die Generäle Pierre Gallois und André Beaufre; in Amerika Henry Kissinger und die strategischen Denker Thomas Schelling, Arnold Wolfers, Robert Bowie und Klaus Knorr.

Diese Clausewitze des Atomzeitalters hatte ich gleichzeitig ebenfalls kennengelernt: die Amerikaner 1960 als Teilnehmer von Kissingers International Summer Seminar; die Franzosen als Mitglieder einer französisch-englisch-deutschen Studiengruppe, die sich alle sechs Wochen in Paris traf und bei der ich sowohl mit Gallois und Beaufre als auch mit Alastair Buchan Bekanntschaft machte; die übrigen Briten, nachdem ich als erster Deutscher dem 1958 gegründeten Institute for Strategic Studies beigetreten und 1959 in dessen Council gewählt worden war, dem ich dann ein Vierteljahrhundert angehörte.

Wir kannten also beide das strategische und akademische Gelände, hatten die aktuelle Literatur gelesen und uns in Cap Canaveral in Florida oder in der Vandenberg Air Base in Kalifornien die militärische Infrastruktur der nuklearen Abschreckung angesehen, die Interkontinentalraketen vom Typ Atlas und Titan. Die Fakten brauchten wir einander nicht zu erklären. Unsere Meinungen, Urteile und Vorschläge waren so gut wie identisch.

1961 wurde Schmidt Hamburger Innensenator. Die strategischen Fragen ließen ihn jedoch nicht los; wir sprachen oft darüber. In der Sturmflut vom Februar 1962 erlaubte ihm sein gutes Verhältnis zum NATO-Oberkommandierenden Lauris Norstad nicht nur – etwas außerhalb des Grundgesetzes –, Bundeswehr einzusetzen, sondern auch, Bündnistruppen zu Hilfe zu rufen. Im Herbst 1962 geriet er während der *Spiegel*-Affäre, die Franz Josef Strauß das Amt kostete, ins Blickfeld der Ermittlungsbehörden, weil er angeblich Conrad Ahlers, dem wegen des von Strauß behaupteten Geheimnisverrats festgenommenen Autor des Artikels »Bedingt abwehrbereit«, zur Hand gegangen war – ein Vorwurf, der am Ende fallen gelassen werden musste.

Norstad erwog damals die Idee, die NATO zu einer »vierten Atommacht« zu machen. Gleichzeitig wurden Pläne für eine Multilateral Fleet (MLF) erörtert, eine mit Atomraketen ausgerüstete gemeinsame Flotte der Verbündeten, Schmidt hielt sie aus seiner Hamburger Warte für überflüssig, da sie weder zusätzliches Abschreckungspotenzial schaffe noch den Alliierten mehr als fiktive Mitbestimmungsrechte einräumen würde; jede zusätzliche Mark für eine brauchbare Territorialverteidigung diene der Verteidigung Europas besser. Indessen kam ihm der Beschluss entgegen, mit dem die NATO im Frühjahr 1962 in Athen eine »Nukleare Planungsgruppe« einrichtete, die den nicht atomaren Verbündeten mehr Mitwissen und Mitsprache bei der nuklearstrategischen Planung gewährte. Bis dahin wussten die Deutschen weder, wie viele amerikanische Atomwaffen wo lagerten, noch, wo, wann und wie sie im Ernstfall eingesetzt werden sollten. Die Athens Guidelines änderten diesen unerträglichen Zustand.

In unserer Nacht im Schlafwagen habe ich zum ersten Mal seine Sachkenntnis bewundert. Kurz danach kam sein Buch *Verteidigung oder Vergeltung* heraus. Es verschaffte mir die Chance meines ersten Fernsehauftritts: In der Wessel-Runde diskutierten Emil Obermann vom Süddeutschen Rundfunk, Hans Schmelz vom *Spiegel* und ich mit ihm über sein Werk – das erste überhaupt, das sich in Deutschland kompetent autoritativ mit dem Thema beschäftigte. Es katapultierte ihn mit einem Schlag in die schmale Riege der strategischen Denker des Westens.

1965 kehrte Schmidt nach Bonn zurück. Eigentlich wäre er in den drei Jahren der Großen Koalition (1966–1969) gern Verteidigungsminister gewesen, aber er musste anstelle des todkranken Fritz Erler den Vorsitz der SPD-Bundestagsfraktion übernehmen. Das Wehrthema ließ ihn freilich nicht los. Im Herbst 1969, nach der Bildung der sozialliberalen Koalition, trat er an die Spitze des Verteidigungsministeriums. Rechtzeitig vor seinem Einzug auf der Hardthöhe hatte er sein zweites Buch *Strategie des Gleichgewichts* vorgelegt. Darin arbeitete der Sicherheitspolitiker Schmidt den Kern seines strategischen Denkens heraus: dass es im Atomzeitalter entscheidend darauf ankomme, den Frieden durch ständiges Erneuern des Gleichgewichts zwischen möglichen Feinden zu bewahren – ein Grundsatz, der sein späteres Drängen auf den NATO-Doppelbeschluss auf das Einleuchtendste erklärt.

Das erste Mal fragte er mich Mitte der 1960er-Jahre, ob ich, falls er Verteidigungsminister würde, als Staatssekretär zu ihm kommen würde, um im Ministerium eine Planungsabteilung zu leiten. Damals wurde nichts daraus, da er in der Fraktion blieb, aber im Herbst 1969 kam er auf sein Angebot zurück.

Er lud mich ins Frankfurter Interconti, wo er als designierter Verteidigungsminister seine Führungsmannschaft zusammenstellte. Ich sagte zu und blieb ein knappes Dreivierteljahr – so war es von vornherein verabredet, auch weil Marion Dönhoff nicht auf ihr »bestes Stück« verzichten wollte. Es wurde eine wahnsinnig arbeitsreiche, aber auch aufregende und fruchtbare Zeit an Helmut Schmidts Seite.

Wir blieben Freunde, auch als er Bundeskanzler wurde, und erst recht in den drei Jahrzehnten, in denen der *Zeit*-Herausgeber Schmidt sein Büro im Pressehaus ganz in meiner Nähe hatte. Oft besuchte ich ihn und Loki am Brahmsee, wo einer meiner Söhne einmal auf seinem Schreibtisch gewickelt wurde. Bei vielen öffentlichen Auftritten diskutierte ich mit ihm. Auch reiste ich mehrmals mit Schmidt nach China, wo er mich zweimal zu stundenlangen Gesprächen mit Deng Xiaoping mitnahm. Und immer wieder gab er mir seine mit Grünstift redigierten Manuskripte zum Gegenlesen, meist mit besorgten Fragen: Geht das so? Kann die Setzerei es lesen? Kommt es nicht zu spät? Ist es nicht zu lang? Oft war es in der Tat zu lang, dann rangelten wir über die notwendigen Kürzungen.

In seinen Amtsjahren hat mich die Frage beschäftigt, ob man eigentlich als Journalist mit einem Politiker befreundet sein darf. Bekanntschaft kann befangen machen, erst recht Freundschaft, und sei sie noch so kritisch. Ich kann allerdings für mich in Anspruch nehmen, dass unser enges Verhältnis mein Urteil über seine Politik, seine Popularität und seine Programmatik nie beeinflusst hat. Bereits im Juni 1981 war in der *Zeit* zu lesen, dass immer mehr Menschen den Eindruck hätten, die sozialliberale Ära gehe zu Ende. Im April 1982, vier Monate vor seiner Abwahl, gingen Marion Dönhoff und Rolf Zundel in einem Interview mit ihm davon aus, »daß die Koalition in diesem Jahr auseinanderbrechen könne. Unbeweglichkeit bescheinigen manche nicht nur dem Tanker SPD, sondern in letzter Zeit auch dem sozialdemokratischen Bundeskanzler«.

Zur gleichen Zeit schrieb ich in meiner *Newsweeks*-Kolumne in aller Offenheit: »Recently the image of Schmidt, the world statesman, has increasingly been darkened by the picture of Schmidt, the beleaguered politician ... His liberal coalition partners are getting restless ... And the voters are running away for the SPD in droves.« Selbst wenn er es schaffe, 1984 das Ende seiner Amtszeit zu erreichen, dann nur ohne Pauken und Trompeten: not with a bang but with a whimper. Unser gutes persönliches Verhältnis hat solche Offenheit nie berührt. Zwar beteuerte Schmidt: »Die Koalition hält zusammen, der Kanzler hält durch«, aber vielleicht sah er die Dinge insgeheim nicht anders als wir.

Im Laufe der Jahre habe ich viele bewegende Momente mit ihm erlebt. Zwei sind mir besonders im Gedächtnis geblieben.

Der erste Moment, den ich nie vergessen werde, kam im Herbst 1977 – dem »deutschen Herbst« des RAF-Terrors, der Mogadischu-Aktion, der Schleyer-Entführung. Schmidt hatte für den frühen Abend eine Reihe von Experten in den Kanzlerbungalow eingeladen, um über MBFR zu sprechen – die festgefahrenen Verhandlungen über *Mutual and Balanced Force Reductions* in Europa, die er wieder in Gang bringen wollte. Aber er kam nicht oder lange nicht, denn an diesem Tag war bekannt geworden, dass die RAF Hanns Martin Schleyer ermordet hatte. Der Kanzler stieß erst zu unserer Gruppe, nachdem er die Rede aufgesetzt hatte, die er am nächsten Tag im Bundestag halten wollte.

Nie wieder habe ich ihn dermaßen erschüttert gesehen, so unendlich müde, so schwermütig. »Ein großes Glas mit Eis und dann so viel Wermut wie anschließend noch reingeht«, sagte er erschöpft zu der Ordonnanz. Am Morgen darauf nahm er vor dem Parlament in demutsvollem Bewusstsein von Versäumnis und Schuld die Verantwortung auf sich – ganz im Sinne von Max Webers Satz, dass alles Tun, zumal aber das politische Tun, in Tragik verflochten sei. »Zu dieser Verantwortung stehen wir auch in der Zukunft«, sagte er und fügte hinzu: »Gott helfe uns!«

In einem weiteren Moment sah ich ihn, wie die Öffentlichkeit ihn nie zu sehen bekam: verbittert, wütend und zugleich reuevoll. Das war 1976, im Gästehaus des Hamburger Senats an der Alster. Helmut Schmidt hatte ein paar Freunde gebeten, darunter Kurt Becker und mich, mit ihm den Entwurf der Regierungserklärung zu schmirgeln und zu polieren. Im vorangegangenen Wahlkampf hatte er, unvollkommen informiert oder schlecht beraten, eine Rentenerhöhung versprochen. Neue und unzweideutige Zahlen bewogen ihn dann, die Erhöhung zu verschieben. Das löste im Lande einen Proteststurm aus. Von »Rentenfiasko« und »Rentenlüge« war die Rede. Er machte einen Rückzieher.

Im Entwurf der Regierungserklärung war davon nicht ein Wort zu lesen. Er wischte ihn unwirsch beiseite, stellte das Thema ganz an den Anfang und diktierte die großartigen Sätze: »Eine Regierung ist nicht unfehlbar. Dies behaupten nur totalitäre Regierungen von sich. Hingegen steht es einer demokratischen gut an, wenn sie klarer Kritik folgt.« Zwei Jahre später sagte er: »Es ist bitter, solche Fehler einsehen zu müssen. Es ist bitter, sie öffentlich eingestehen zu müssen.«

In seinen späten Jahren, als er schon im Rollstuhl saß, schob ich ihn manchmal vom Konferenzraum in sein Eckbüro. Dort saß er bis zuletzt zwischen prall gefüllten Bücherregalen, Original-Karikaturen aus der Kanzlerzeit an den Wänden, an einem schlichten weißen Resopalschreibtisch, darauf sein Zigarettenetui und mehrere Feuerzeuge. Eine Sofaecke komplettierte die schlichte Einrichtung. Die Anspruchslosigkeit des Mobiliars machte der grandiose Ausblick auf die Hamburger Skyline wett, auf die Speicherstadt, die Kräne des Hafens, den Rathausturm und drei der alten Gotteshäuser: Katharinenkirche, Nikolaikirche und Petrikirche. Schmidt bot Kaffee an, zündete sich eine seiner Menthol-Reynos an, von denen er vierzig am Tag rauchte, und redete über die Weltläufte.

Während seiner letzten Erkrankung im November 2015 schrieb ich ihm ein paar Zeilen; er freute sich darüber. Am Wochenende nahm ich mir vor, ihn ohne Termin einfach zu überfallen. Mit einem Beutelchen voll Baileys-Pralinen fuhr ich in den Neuberger Weg. Vor dem Haus traf ich einen seiner Sicherheitsbeamten. »Es wird wohl nichts mit dem Besuch«, sagte er. »Der Chef hat die ganze Nacht nicht geschlafen. Jetzt schläft er. Ich weiß nicht, wann er aufwacht.«

Helmut Schmidt wachte nicht wieder auf. Vierzehn Tage später versammelten sich fünfzehnhundert Trauergäste aus aller Welt in St. Michaelis und Zigtausende Hamburger längs der Straßen zum Ohlsdorfer Friedhof. Wie all die vielen trauerte ich um ihn. Tränen schossen mir in die Augen, als das Stabsmusikkorps vor dem Michel das Lied vom guten Kameraden aufspielte, während der offene Wagen mit dem Sarg auf die Straße rollte. An seiner Grabstätte aber sagte ich mir wie Matthias Claudius am Grabe seines Vaters: »Ach, sie haben einen guten Mann begraben. Und mir war er mehr.«

Der Kalte Krieg und die Atombombe

Vom Interconti in Frankfurt, wo Schmidt im Oktober 1969 seine Führungsmannschaft für das Verteidigungsministerium musterte, fuhr ich direkt zum Frankfurter Flughafen, um in die USA zu fliegen. In London stieg ich um, nicht ohne bei Christoph Bertram anzurufen, der seit 1967 beim Institute for Strategic Studies arbeitete: Ich bot ihm an, zu mir in den Planungsstab zu kommen, und er sagte zu. Es war die erste Anstellung, die ich vornahm, und für ihn der Beginn einer eindrucksvollen Karriere, die ihn an die Spitze des Institute für Strategic Studies, der Stiftung für Wissenschaft und Politik (SWP) und dazwischen sechzehn Jahre lang, 1982–1998, des Politik-Ressorts der *Zeit* führte.

Vom 17. bis 24. Oktober 1969 hielt ich mich in den USA auf.

In Washington hatte sich meine Ernennung schon herumgesprochen. Das Pentagon und das State Departement überschütteten mich mit Gesprächswünschen. In Nixons Weißem Haus traf ich Kissinger und Sonnenfeldt; im State Department unter anderem den stellvertretenden Außenminister, den Leiter der Abrüstungsbehörde und SALT-Unterhändler Gerard Smith, die Chefin des Planungsstabes und den Country Director Germany; im Pentagon den Verteidigungsminister Laird und den Leiter der Abteilung für Internationale Sicherheit; im Kongress die Senatoren Mansfield und Fulbright; und in dem einen oder anderen Klub Dean Acheson, den Russlandexperten Marshall Shulman und einige Journalistenfreunde, darunter Joseph Kraft und Stewart Alsop.

Meine strategischen Erkenntnisse und außenpolitischen Eindrücke teilte ich Helmut Schmidt in einem neunseitigen, engzeilig getippten Memorandum mit. Es ging dabei besonders um die Nuklearstrategie des Westens.

Auf dem Höhepunkt des Kalten Krieges besaßen die beiden Supermächte USA und Sowjetunion 64 000 Atomwaffen: Artilleriegeschosse, Flugzeugbomben, Raketen mit kurzer (»taktischer«) Reichweite, mittlerer (»intermediärer«) und interkontinentaler Reichweite. Sie waren zu Lande, in der Luft und auf See postiert, auf beweglichen Abschussrampen, Fernbombern oder U-Booten; viele Raketen trugen MIRVS, Mehrfachsprengköpfe. Nicht von ungefähr war die Rede von »nuclear overkill«, denn ein Bruchteil hätte ausgereicht, um den nötigen Abschreckungseffekt zu erzielen. Aus dem realistischen Blick auf diesen Sachverhalt erwuchs später der Impuls zu Rüstungskontrolle und Abrüstung.

Nach meiner Rückkehr richtete ich mich in Bonn ein und machte mich an die Zusammenstellung meines Personals. Ich hatte mir vorgenommen: ein Drittel Offiziere, ein Drittel Beamte, darunter AA-Diplomaten, und ein Drittel zivile Experten zu engagieren. Ich wollte, dass man von uns auch sagen würde, was von dem Planungsstab des Auswärtigen Amtes kolportiert wurde: dass er das

Sahnehäubchen auf der üppigen Torte des Ministeriums sei. Dem Luftwaffeninspekteur Johannes Steinhoff enteiste ich den Major Hans-Peter Tandecki.

Mein zweiter Zivilist nach Bertram wurde Walter Stützle. Vom Auswärtigen Amt kam vor allem Hans-Georg Wieck, der von 1967 bis 1969 das Büro des Bundesverteidigungsministers Gerhard Schröder geleitet hatte. Ich übernahm ihn – auf Anraten Helmut Schmidts – gern als meinen Stellvertreter. Seine Kenntnis des Hauses leistete mir unschätzbare Dienste. Ich habe viel von ihm gelernt. Er wurde dann auch mein Nachfolger und später in Teheran, Moskau, bei der NATO und in New Delhi einer der großen Botschafter unseres diplomatischen Dienstes; fünf Jahre war er auch Präsident des Bundesnachrichtendienstes. Wir wurden gute Freunde. Ich habe ihn auf all seinen Stationen besucht; in Moskau spielten wir mehrmals Squash in der indischen Botschaft.

Als Leiter des Planungsstabes musste ich mich zum ersten Mal im Detail mit dem Thema Abschreckung und Kriegsführung beschäftigen. Alles, was mit nuklearen Waffensystemen und Atomstrategie zu tun hatte, unterlag jedoch strengster Geheimhaltung. Deshalb brauchte ich eine Sicherheitsermächtigung, die ich nach der peinlichsten Überprüfung meines Lebenslaufes, meiner Lebensführung, meines Umgangs auch erhielt – nicht nur für die Geheimhaltungsstufe »Top Secret«, sondern auch für den kleinen Bereich »Cosmic« und speziell für die höchste Stufe »Atomal«.

In den Sachstand wurde ich eingewiesen, als ich die Ermächtigung in der Tasche hatte – wo die 7000 Atomwaffen der Alliierten in der Bundesrepublik lagerten, welche deutsche Einheiten im Ernstfall an deren Einsatz beteiligt sein würden und nach welchen Richtlinien der defensive taktische Einsatz von Nuklearwaffen erfolgen sollte. Ich durfte lediglich Hans-Georg Wieck und einen Oberst mitbringen. Bei der Einweisung konnten wir uns nur mit Bleistift Notizen machen; die Notizen wurden uns am Ende einer langen Nachmittagssitzung wieder abgenommen und vor unseren Augen geschreddert.

Ich lernte bei dieser Sitzung, was die Bundeswehr an Atomwaffen besaß. Das Heer hatte Rohrartillerie, von der ein Teil nukleare Munition verschießen konnte, dazu die Boden-Boden-Raketen Honest John und Sergeant. Die Luftwaffe verfügte über Luftabwehrraketen vom Typ Nike Herkules und drei Gruppen der Mittelstreckenrakete Pershing 1. Einige Jagdbomberstaffeln der Luftwaffe waren für den Strike-Auftrag der NATO eingeteilt. Bundeswehrsoldaten wurden an den atomaren Trägerwaffen ausgebildet, doch lagerten die Sprengköpfe sämtlich und ausschließlich unter schärfster amerikanischer Bewachung und Kontrolle. Den Einsatzbefehl konnte nur der amerikanische Präsident geben.

An einem sonnigen Wintertag nahm mich Generalleutnant Steinhoff, der Inspekteur der Luftwaffe, mit in den Fliegerhorst Nörvenich im nordrheinischen Landkreis Düren. Er wollte mir beim Jabo-Geschwader 31 »Boelcke« einen direkten Eindruck von der Realität der Atombewaffnung in Deutschland, ihrer Organisation und ihrem Einsatzstand verschaffen. Helmut Schmidt kannte Steinhoff als den durchsetzungsstarken Bewältiger der Starfighter-Krise, der Mitte der 1960er fast vier Dutzend Piloten dieser Jagdbomber zum Opfer gefallen waren, und er schätzte ihn als strategischen Berater und Vertreter eines modernen Offiziers- und Führungsbildes.

Ich sah in Steinhoff auch den legendären Kriegshelden, der als Jagdflieger 993 Einsätze geflogen und 176 Luftsiege errungen hatte, aber auch zwölfmal abgeschossen worden war. In seinem spannenden Erinnerungsbuch *Die Straße von Medina* hatte ich mir die Erwägungen über Angst und Furcht im Krieg und den Satz angestrichen: »Man wird auf brutale Weise der menschlichen Ohnmacht gewärtig, wenn das Flugzeug, in Brand geschossen, steuerlos der Erde entgegenstürzt.«

Vor allem aber beeindruckte mich der schwer verletzte Invalide voller vernarbter Wunden. Am 14. April 1945 war er, Kommodore des Jagdgeschwaders Nowotny, mit dem probeweise eingeführten Düsenjäger Messerschmitt-262 in München-Riem abgestürzt und durch Verbrennungen am ganzen Körper schwer entstellt worden; es waren die Engländer, von deren Spitfires er einige abgeschossen hatte, die dem Bündniskameraden, als er bei der NATO diente, nach vielen Jahren wieder Augenlider einsetzen ließen.

Auf dem Fliegerhorst Nörvenich gab es einen inneren Sperrbezirk, den die Amerikaner kontrollierten. Dort sahen wir bei einem Operational Range Assessments Program (ORA) zu, wie zwei Bundeswehrsoldaten einen nuklearen Sprengkopf in ein Aufhängungsgerät hoben. Drei Amerikaner kauerten neben ihnen und beobachteten sie scharf wie Schießhunde, jede Handbewegung, jeden Griff, jede Muskelanspannung. Eine einzige falsche Drehung, und die Atom-Azubis wären sofort abgelöst und den Kernwaffen für immer ferngehalten worden.

In mehreren Hangars standen nuklear bestückte Starfighter mit warm gelaufenen Motoren; im Falle eines sowjetischen Angriffs wären sie binnen drei Minuten flugbereit und einsatzfähig gewesen. Die Piloten hielten sich nebenan in einer Baracke auf; sie trugen graue Kampfuniform, nicht die normale orangefarbene Montur. Fünfzig Meter vor den Hangars markierte eine dicke gelbe Linie die Betretenverboten-Zone; dahinter stand ein US-Soldat mit angeschlagenem und wohl entsichertem Gewehr. »Was würde der tun, wenn Sie die gelbe Linie überschritten?«, fragte ich Steinhoff. »Hoffentlich würde er schießen«, antwortete der General. »Das ist sein Befehl.«

Die Einsichten, die ich damals gewann, haben mich um den Schlaf gebracht. Mit Helmut Schmidt war ich mir einig, dass es darauf ankam, die westliche Atomstrategie deutsch zu denken. Er zog daraus einige grundlegende Folgerungen. So zerpflückte er die Annahme, taktische Atomwaffen begünstigten den Verteidiger, da sie den Aggressor zwängen, seine Truppen zu zerstreuen – dies gelte ebenso für den Verteidiger. Außerdem ließen sich solche Waffen nicht einsetzen, wenn die eigenen Truppen eng mit denen des Gegners verzahnt seien.

Zugleich erschien es ihm als eine Milchmädchenrechnung,

dass Verteidigung mit taktischen Waffen billiger komme als konventionelle Verteidigung, weil sie Soldaten »einspare«; da durch die Vernichtung ganzer Einheiten mit wesentlich höheren Verlusten gerechnet werden müsse, würden im Gegenteil eher mehr Soldaten benötigt. Das Durchstehen länger dauernder Kampfhandlungen mit hohem Kräfte- und Materialverschleiß sah Schmidt daher nicht als Aufgabe der Bundeswehr, vielmehr sprach er vom »Kampf um Zeitgewinn für Entscheidungen der politischen Führung«.

Überhaupt hielt Schmidt jegliche Unterscheidung zwischen »taktischen« und »strategischen« Atomwaffen für »erkünstelt« – wo liege da schon die Schwelle? Die scherzhaft gemeinte Definition des NATO-Oberbefehlshabers Lauris Norstad, der Einsatz taktischer Atomwaffen entspreche dem Umstoßen eines Milcheimers, der strategischer Kernwaffen dem Schlachten einer Kuh, leuchtete ihm in keiner Weise ein. Er war überzeugt, dass die europäischen Kälber das Umstoßen des Melkeimers nicht überleben würden.

Ihm war auch klar, dass jede nukleare Verteidigungsdoktrin einen Bewusstseinszustand hervorrufen konnte, in dem die Angst vor einem Angriff geringer gewesen wäre als die Angst vor einem Atomkrieg. Dies führte zu dem unabweisbaren Schluss, den Schmidt später einmal in Harvard formulierte: »Als ich 1969 Verteidigungsminister wurde, war mir klar, dass die tatsächliche Anwendung der NATO-Strategie innerhalb weniger Tage zu millionenfacher Vernichtung menschlichen Lebens in beiden Teilen Deutschlands führen könnte. ... Ich war fest entschlossen, einer westlichen Eskalation in die nukleare Kampfführung keinerlei Beihilfe zu leisten.«

Helmut Schmidt hat nie ausbuchstabiert, was er mit seiner Formulierung »keinerlei Beihilfe zu leisten« konkret meinte. Ich wusste jedoch, dass er in meiner Zeit als Leiter des Planungsstabes in langen Gesprächen mit seinem Generalinspekteur Ulrich de Maizière dem Vater des späteren Bundesinnen- und Verteidigungsministers, gewissensquälerische Erwägungen über sein Handeln im Fall der Fälle angestellt hatte. Seitdem war ich immer davon ausgegangen, dass er entschlossen war, wenn im Ernstfall die erste »taktische« Atomwaffe auf deutschem Boden eingesetzt würde, um des nationalen Überlebens willen zu kapitulieren. Es war dies die japanische Option, die Schmidt stets vor Augen hatte.

Ich hatte immer angenommen, dass er sich mit de Maizière dazu verschworen hatte, und er protestierte nicht, als ich dieser Vermutung 1996 in der *Zeit* Ausdruck gab. Vier Jahre vor seinem Tod sagte er mir allerdings, dass weder Maizière noch der Luftwaffenchef Steinhoff davon wussten. Es setzte hinzu: »Das wusste auch Loki nicht.« Die Erinnerung plagte ihn: »Ich habe nie darüber geschrieben und auch nicht darüber geredet, aber meine innere Überzeugung muss gewesen sein, dass ich für den Fall, dass auf deutschem Boden die erste Atomwaffe explodiert, bereit war, die weiße Fahne aufzuziehen.«

Unmittelbar nach seiner Übernahme des Oberbefehls traf der Verteidigungsminister Schmidt eine seiner ersten Entscheidungen im Amt ganz nach der Logik dieser Grundeinstellung. Die Amerikaner planten damals, entlang der Zonengrenzen einen Gürtel von Atomminen (Atomic Demolition Mines, ADM) zu verlegen, die bei einem sowjetischen Angriff hochgehen sollten. Insgesamt war die Installierung von rund 200 dieser nach dem Generalinspekteur der Bundeswehr genannten Trettner-Minen geplant, deren unterschiedliche Sprengkraft bis zu 20 Kilotonnen TNT reichen sollte – was der doppelten Explosionskraft der Hiroshima-Bombe entsprach und etwa der gleichen Explosionskraft wie jener der Nagasaki-Bombe. Von Deutschland, West wie Ost, wäre im Einsatzfall nicht viel übrig geblieben. Die Löcher waren schon gebohrt, und die Minen lagen bereit.

Als Schmidt davon erfuhr, wandte er sich umgehend an den amerikanischen Verteidigungsminister Melvin Laird. Ihm legte er eindringlich dar: »Wenn die erste Atom-Mine auf deutschem Boden gezündet wird, werden die Deutschen nicht auf Nagasaki warten, sondern schon nach Hiroshima die Hände heben.« Unbemerkt von der Öffentlichkeit – ganz leise, damit die Amerikaner ihr Gesicht wahren konnten und den Deutschen eine gewaltige Angstwelle erspart blieb – begruben die beiden Minister den Plan und schafften das Teufelszeug wieder aus der Welt; das dauerte allerdings bis 1973. Eine der bereits beschafften Bohrmaschinen für die Minenlöcher ließ der CDU-Verteidigungsminister Volker Rühe 1994 übrigens zum Brunnenbohren in der Wüste nach Somalia fliegen.

Auf der Hardthöhe, wo er den »größten Dienstleistungsbetrieb der Nation« leitete, die Bundeswehr mit knapp einer halben Million Soldaten und 180 000 Zivilbediensteten, entwickelte Schmidt den für ihn typischen Führungsstil: kritische Bestandsaufnahme zur Problemidentifizierung, Definition der Notwendigkeiten und Möglichkeiten, Diskussion der Vorschläge, schließlich Beschluss, Veröffentlichung und Ausführung. Das war eine Art von Führung, wie ich sie so nicht wieder erlebt habe: zugleich offen für jede vernünftige Anregung, aber auch für jeden vernünftigen Einwand, und am Ende entschieden. Diskussion inklusive Widerspruch war für ihn ein notwendiges Element der eigenen Meinungs- und Beschlussbildung.

Dabei schaltete er sich früh in bürokratische Entscheidungsprozesse ein, weil er nicht wollte, dass die Beamtenschaft Beschlüsse vorbereitete, zu denen er am Ende nur Ja oder Nein sagen konnte; er gab dem Apparat von vornherein Richtung vor. Und er brachte es zu hoher Meisterschaft in der Kunst, einen Beschluss druckreif zu formulieren (wenn dies auch zuweilen dazu führte, dass eine bessere Ansicht bei ihm keine Chancen besaß, weil sie schlechter ausgedrückt wurde).

Schmidts enorme Arbeitskraft war beindruckend. Ich entsinne mich der Stapel von Vorlagen, auf zwei oder drei Teewagen vor ihm aufgeschichtet, die er nach all den Sitzungen im Ministerium, Truppenbesuchen und abendlichen Parteiterminen bis weit nach Mitternacht durchzuarbeiten pflegte. Da setzte er sich noch einmal an den Schreibtisch, studierte NATO-Papiere, engzeilig getippt und miserabel vervielfältigt, und unterschrieb Berge von Beförderungsurkunden. Manchmal habe ich frühmorgens um zwei oder drei, wenn im Ministerbüro noch Licht brannte, den Kopf bei ihm hineingesteckt. Wir tranken einen dünnen Whisky und schickten einander dann ins Bett, denn für acht Uhr war in aller Regel schon wieder der erste Termin angesetzt.

Gerhard Schröder, Schmidts Vorgänger auf der Hardthöhe, hatte im Februar 1969 ein erstes, 88 Seiten starkes Weißbuch zur Verteidigungspolitik der Bundesregierung vorgelegt, mit dem Bemerken, spätere Weißbücher würden sich »auf aktuelle Probleme und die zu ihrer Lösung vorgesehenen Maßnahmen beschränken können«.

Dies entsprach nicht den Absichten des neuen Ministers. Er wollte mehr: eine kritische Bestandsaufnahme, eine Selbsterforschung der Bundeswehr. Wir machten uns unmittelbar an die Arbeit. Sie begann im Dezember 1969 mit einer Klausurtagung der führenden Beamten und Offiziere des Verteidigungsministeriums, bei der die schwerwiegenden Personal- und Finanzprobleme der Streitkräfte durchleuchtet wurden und Helmut Schmidt die ersten Anweisungen erteilte.

In einer umfassenden Befragungsaktion nahmen 48 führende Generale und leitende Beamte zu einem langen Problemkatalog Stellung. Der Minister, die Staatssekretäre, Generalinspekteur Ulrich de Maizière und die Inspekteure von Heer, Luftwaffe, Marine und Sanität trafen in der zweiten Januarhälfte bei acht verschiedenen Tagungen mit 900 Regiments- und Bataillonskommandeuren, 200 Kompaniechefs, 200 Leutnanten und Oberleutnanten, 200 Unteroffizieren und 180 Angehörigen der Bundeswehrverwaltung zusammen. Bei zwanzig weiteren Truppenbesuchen zwischen November 1969 und April 1970 führten Schmidt und seine Staatssekretäre Gespräche mit Soldaten aller Dienstgrade und Zivilpersonal sämtlicher Ebenen.

Im Februar 1970 prüften dann zwölf Kommissionen aus Vertretern der verschiedenen Abteilungen des Ministeriums die eingegangenen Vorschläge. Sie legten rund 1500 Stellungnahmen vor, über die in der Führungsakademie Hamburg-Blankenese auf einer zweiten Klausurtagung beraten wurde. Immer wieder ging es dabei neben der Wehrgerechtigkeit um soldatische Ordnung, um Wohnungsfürsorge und Betreuung, um Tauglichkeitskriterien, Materialerhaltung und Ausbildungsmängel, Stichwort Gammeldienst, und um das irre Ausmaß der Bürokratisierung. Schmidts schlagendes Beispiel für den ausufernden Papierkrieg war die Tatsache, dass jedes Jahr 4900 Unterschriften nötig waren, damit achtzig Fallschirmjäger ihre Springer-Zulage erhielten.

Im Planungsstab bauten wir aus den Anregungen des Hauses und den Entscheidungen des Ministers dann einen zusammenhängenden Text, der zuletzt in einer dreitägigen Abteilungsleitersitzung durchgesprochen und von Helmut Schmidt abgesegnet wurde. Am 6. Mai 1970 verabschiedete das Bundeskabinett das Gemeinschaftswerk von Planungsstab, Abteilungsleitern und politischer Spitze. Eine Woche später ging es dem Parlament, der Truppe und der Öffentlichkeit zu.

Es gab nicht eine einzige der 211 Druckseiten, die ich nicht selbst bearbeitet habe; weite Teile habe ich sogar ganz geschrieben, vor allem die strategischen Analysen in den 45 Seiten des Abschnitts »Die Sicherheit der Bundesrepublik Deutschland«. Zuletzt saßen wir unter dem Druck des Redaktionsschlusses bis morgens um vier Uhr am Schreibtisch. Vor meinem Dienstzimmer standen auf dem Appellplatz mehrere Fahnenmasten; das Knattern der Fahnen und das Klirren der metallenen Seilzüge untermalte unsere Arbeit. Das Geräusch kann ich bis heute noch im Schlaf hören.

Hartmut Soell hat in seiner zweibändigen Schmidt-Biografie meine Bonner Tätigkeit korrekt beschrieben. Zur »politischen Leitung im eigentlichen Sinne« habe der Journalist Theo Sommer nicht gehört, schreibt er. »Aber er fungierte in den ersten Monaten als eine Art intellektueller Sparringspartner, mit dem sich Schmidt austauschte,

Ideen und Meinungen testete. [...] Schmidt – froh darüber, ihn wie die anderen nächsten Mitarbeiter gewonnen zu haben – war davon überzeugt, dass er nicht nur etwas Gutes zuwege bringen, sondern auch für sich selbst etwas lernen werde, was er so nicht erwartet habe.«

Dies war in der Tat so. Soell fügte hinzu: »Tatsächlich hatte Sommer in diesen wenigen Monaten so viel zu arbeiten wie nie zuvor in seinem Leben. Er lieferte – zusammen mit anderen – auch ein Ergebnis ab, das sich sehen lassen konnte. Eine amerikanische Rüstungsfirma [es handelte sich um Hughes Aircraft] war davon so angetan, dass sie ihn danach umwarb. Er lehnte ab, gewiss nicht nur, weil ihm ›noch ein Stück alten Preußentums in den Kleidern hing‹, sondern auch weil absehbar war, dass er bald Chefredakteur werden und damit eine Rolle übernehmen könnte, die ihm ein Höchstmaß an politischer Wirkung wie an ›innerer und äußerer‹ Freiheit gewähren würde. Für einen geborenen Journalisten zählte das allemal mehr als das üppige Salär einer Rüstungsfirma.« Das Preußentum-Zitat stammte aus einem Interview, das ich einmal der *FAZ* gegeben hatte.

Im Juni 1970 brach ich, wie vorgesehen, meine Bonner Zelte wieder ab. Ich blieb noch zwei Jahre Mitglied der ersten Wehrstrukturkommission und arbeitete unter dem Vorsitzenden Karl Mommer an der Formulierung seines Berichts mit.

Überhaupt blieb ich der Bundeswehr treu. In den Jahren 1999/2000 diente ich als stellvertretender Vorsitzender der von Altbundespräsident Weizsäcker geleiteten Kommission »Gemeinsame Sicherheit und Zukunft der Bundeswehr«. Von Januar bis Juni 2000 habe ich im Auftrag des Ministers Rudolf Scharping mit einem kleinen Stab (»Arbeitsstab Dr. Sommer«) untersucht, wie die Bundeswehr mit Gefahrstoffen wie DU-Munition umgegangen ist, Geschossen, die abgereichertes Uran enthielten, »depleted uranium«, und beispielsweise im Kosovo eingesetzt wurden; aber auch, wie sie Schäden durch Radarstrahlung und Asbest behandelte.

Als Journalist habe ich die Soldaten immer wieder an ihren neuen Einsatzorten besucht: in Somalia, Kroatien, Bosnien-Herzegowina, im Kosovo und mehrmals in Afghanistan. Nach all diesen Erfahrungen habe ich hohen Respekt vor allem, was unsere Armee unter schwierigen Bedingungen glanzvoll geleistet hat und leistet.

Mit Helmut Schmidt habe ich mich auch nach meiner Bonner Zeit regelmäßig über Sicherheitspolitik unterhalten, so auch im Herbst 1977 bei der beschriebenen MLF-Sitzung nach der Schleyer-Ermordung. Tags darauf, am 20. Oktober, hielt er im Bundestag die Trauerrede auf den Toten; seine schwerste Rede je.

Eine Woche danach hielt er eine weitere historische Rede – vor dem Londoner International Institute for Strategic Studies, wo er auf die Bedrohung Europas durch die neue sowjetische SS-20-Rakete hinwies. Dies war der Keim des NATO-Doppelbeschlusses vom Dezember 1979, der vorsah, 108 Pershings und 464 Marschflugkörper in Europa aufzustellen, einen großen Teil davon in der Bundesrepublik, den Sowjets allerdings gleichzeitig Rüstungskontrollverhandlungen vorzuschlagen. Sollte der Kreml sich darauf einlassen, sein Mittelstreckenarsenal wieder aus dem Verkehr zu ziehen, werde der Westen auf die Nachrüstung mit Pershings und Marschflugkörpern verzichten.

Der Doppelbeschluss signalisierte den Sowjets, dass sich das Atlantische Bündnis nicht erpressen ließ. Zugleich jedoch gab er der Friedensbewegung in der Bundesrepublik mächtigen Auftrieb. Auch innerhalb der SPD wuchs die Zahl der Zweifler und Gegner. Am Ende stand der Kanzler in seiner Partei fast allein. Doch die Geschichte gab ihm recht. Zehn Jahre nach seiner Londoner Rede, fünf Jahre nach seinem Sturz erlebte Helmut Schmidt die Genugtuung, dass Michail Gorbatschow der »Null-Lösung« zustimmte, die er von Anfang an angestrebt hatte. Die Geschichte hat ihm recht gegeben, den vielen Kritikern des Doppelbeschlusses unrecht.

Das Atom-Thema beschäftigte auch noch den über Neunzigjährigen. Einerseits machte er sich Sorgen über die Ausbreitung nu-

Der Kalte Krieg und die Atombombe

klearer Waffen auf weitere Staaten, was die atomare Stabilität untergraben würde. Andererseits schloss er sich der Abrüstungs-Initiative von vier amerikanischen Veteranen des Kalten Krieges an, den beiden ehemaligen US-Außenministern Henry Kissinger und George Shultz, dem Ex-Verteidigungsminister William Perry und dem früheren Senator Sam Nunn. Ihr Ziel war Global Zero, eine atomwaffenfreie Welt. Dieses Ziel soll nach ihrer Vorstellung in vier Schritten bis 2030 erreicht werden, flankiert von einem System strenger Kontrolle und lückenloser Überwachung.

Zwar sagte Helmut Schmidt immer wieder, es sei auch in Zukunft mit der Existenz nuklearer Waffen zu rechnen, die Vorstellung einer nuklearen Totalabrüstung sei ehrenhaft, doch nicht realistisch. Aber er hat stets hinzugefügt, dass es realistisch sei, für die Verringerung der Atomwaffen einzutreten. Im Kalten Krieg hatte sich die Explosivkraft der Atomwaffen auf die Größe von 1,5 Millionen Hiroshima-Bomben addiert; gegenwärtig reicht es immer noch für 100 000 dieser Sprengsätze – genug, die Menschheit auszulöschen.

Nach einigen Gesprächen mit Schmidt hatte ich Grund zu der Annahme, dass er sich in der Hoffnung für die Global-Zero-Lösung einsetzte, als Zielvorstellung könnte sie die Staatenlenker doch bewegen, auf ein zur Abschreckung etwaiger Gegner absolut notwendiges Minimum herunterzurüsten. Dabei hatte er zumal die klassischen Atommächte im Auge, denen er immer wieder vorgeworfen hat, ihrer im Artikel VI des Nichtverbreitungsvertrags enthaltenen Abrüstungsverpflichtung nicht nachzukommen. Abschreckung allerdings, und sei es eine Minimalabschreckung, hielt er weiterhin für nötig.

Seit Helmut Schmidt vor genau fünfzig Jahren sein erstes Werk über Strategie im Atomzeitalter vorlegte, hat sich die Welt total verändert. Inzwischen gibt es neun Kernwaffenmächte, und weitere Staaten streben an, sich Atomwaffen zuzulegen. Terroristen könnten sie in ihren Besitz bringen, und Cyberangriffe könnten die vorhandenen Abschreckungssysteme lahmlegen. Es wäre an der Zeit, dass

> ein neuer Helmut Schmidt sich mit der gleichen analytischen Kraft des Themas Atomwaffen annähme, die ihn vor einem halben Jahrhundert auszeichnete.

VIII.
DEUTSCHE TEILUNG, DEUTSCHE EINHEIT

Vorreiter der Ostpolitik:
»Deutsche an einen Tisch«

Als ich 1958 zur *Zeit* kam, hatte das Blatt schon seit drei Jahren eine Deutschlandpolitik, gleichsam als Vorreiter der Ostpolitik von Willy Brandt und Egon Bahr. »Ist es euch ernst mit der Parole ›Deutsche, sprecht mit Deutschen‹?«, fragte Gräfin Dönhoff die Behörden der DDR. Tatsächlich ließ sich die SED im Mai 1959 auf ein Gespräch ein. Karl-Eduard von Schnitzler, der Chefkommentator des kommunistischen Deutschlandsenders, kam mit dreien seiner Redakteure zu einem »Deutschen Gespräch« nach Hamburg, dem ersten seit 1949. Von der *Zeit* nahmen die Gräfin und Hans Gresmann teil, vom *Spiegel* Rudolf Augstein und Hans Schmelz. Schnitzler sei am Ende doch ein wenig geplättet gewesen, kommentierte der *Spiegel*-Chef.

Als Anfang Dezember 1960 das Deutsche PEN-Zentrum Ost-West in der Hansestadt seine Generalversammlung abhalten wollte und dazu neben der schriftstellerischen Elite der DDR auch Wilhelm Girnus anreiste, der SED-Staatssekretär für das Hochschulwesen, schritt der Hamburger Polizeisenator ein. Er ließ die Hörsäle der Universität sperren, dem Künstlerklub »Die Insel« eine Absage erteilen und Ost- wie Westgäste aus dem Hotel werfen. Es war eine Blamage für den viel gerühmten hanseatischen Geist der Freiheit. Sie brachte die *Zeit*-Redaktion in Wallung und veranlasste den Verleger Bucerius, die Ausgeladenen auf seine Kosten zu einem Streitgespräch einzuladen. Es fand an zwei Abenden im April 1961 statt. Auszüge aus den Tonbandprotokollen druckte die *Zeit* auf zweimal vier Seiten ab.

Zugleich bot Bucerius Schnitzler einen wöchentlichen Artikelaustausch an. Da Ostberlin dieses Angebot ignorierte, erklärte er sich mit einer einmaligen Rundfunkdiskussion einverstanden. Zusammen mit ihm und Marion Dönhoff fuhr ich nach Adlershof in Ostberlin, wo wir am 20. April mit dem ehemaligen SED-Propagandachef Gerhart Eisler, mit Schnitzler und dem Intendanten des Deutschlandsenders Kurt Ehrich über »Wege und Möglichkeiten der Wiedervereinigung« diskutierten.

Eisler, dessen Wortschwall kaum zu bändigen war, stellte die Bundesrepublik als direkte Nachfolgerin des reaktionären faschistischen Staates hin. Wiedervereinigung war für ihn kein Thema, es sei denn als Anschluss Westdeutschlands an die DDR, den einzigen fortschrittlichen Staat, den die Deutschen je gehabt hätten. »Sie können hundert Jahre erleben – die Deutsche Demokratische Republik wird von niemandem zurückgerollt werden.«

Die drei Hamburger nahmen indes auch kein Blatt vor den Mund. Sie wollten, wie Marion Dönhoff sagte, »den Zonenbewohnern das Vergnügen nicht vorenthalten, in ihrem Rundfunk einmal Widerspruch gegen ihre Funktionäre hören zu können«. Selbst wurde sie den Satz los: »Ein Staat, der seine Bürger mit Maschinengewehren auf Wachtürmen zurückhalten muss, in dem kann doch gar keine Freiheit sein.« Bucerius formulierte nicht minder deutlich: »Nach unserer Meinung sind Sie ein von der Sowjetunion besetzter Teil Deutschlands, kein Staat.« Auch meine Frage wurde von den Ostlern als provozierend empfunden: »Warum kann ich nicht einfach einreisen in Ihren ›Staat‹, wie Sie sagen, so wie ich in die Schweiz, wie ich nach Österreich einreisen kann?« Das Protokoll des turbulenten Gesprächs wurde auf wiederum vier Seiten in der *Zeit* veröffentlicht. Auch der Deutschlandsender strahlte es aus, versah die Wiedergabe jedoch mit einem giftigen Kommentar.

In den folgenden Monaten ging die große Politik über die Annäherungsversuche der *Zeit* hinweg. Zum einen spitzte sich im Sommer 1961 die Konfrontation zwischen Washington und Moskau bedrohlich zu. Kennedy und Chruschtschow hielten martialische Reden und ergriffen auch verschiedene militärische Maßnahmen. Zum anderen aber erhöhte sich von Monat zu Monat auf dramatische Weise die Zahl der DDR-Bürger, die sich über Westberlin aus der DDR absetzten. Im Juni waren es 20 000, die sich in Westberlin registrierten, im Juli 30 000, und am 12. August erklärte SPD-Kanzlerkandidat Willy Brandt bei einem Wahlkampfauftritt in Nürnberg: »Heute Abend wird der 17 000ste Flüchtling des Monats in Berlin ankommen.« Wie würde »Pankow«, wie man damals sagte, auf den Aderlass reagieren?

Am 15. Juni hatte Walter Ulbricht auf einer internationalen Pressekonferenz erklärt: »Niemand hat die Absicht, eine Mauer zu bauen.« In Wahrheit drängte er seit April im Kreml auf die Ermächtigung, Westberlin absperren zu dürfen, und Anfang August gab ihm Chruschtschow grünes Licht. Erich Honecker, ZK-Sekretär für Sicherheitsfragen, war für die Organisation des Mauerbaus verantwortlich. Am 13. August 1961 schlug die SED zu.

Was an diesem Tag geschah, die Zumauerung der hundertsechzig Kilometer langen Grenze zwischen Westberlin und Ostberlin, besser: die Einmauerung des Ostsektors und damit, wie es damals hieß, der »Zone«, hat mein Denken und Schreiben jahrzehntelang beherrscht – auch noch weit länger als die achtundzwanzig Jahre, die es dauerte, bis die Schandmauer wieder fiel.

Nach der Mauer: Entspannungspolitik

Der 13. August war ein Sonntag. Nach Mitternacht hatten die DDR-Betriebskampfgruppen begonnen, die Sektorengrenze abzuriegeln. Ich saß wie die halbe Nation aufgewühlt vor dem Fernseher, sah eine Sondersendung und wartete auf den Beginn von Werner Höfers sonntäglichem *Internationalem Frühschoppen*. Gegen 11 Uhr klingelte das Telefon. Am anderen Ende war Gräfin Dönhoff, die Politik-Chefin der *Zeit*: »Ted, haben Sie gehört? Um halb drei geht die Maschine nach Berlin. Wollen wir nicht hin?!«

Wir saßen pünktlich in der PanAm-Maschine. In Lichterfelde borgte sich Marion Dönhoff von ihrer Freundin Marion Yorck von Wartenburg, der Witwe des nach dem 20. Juli hingerichteten Widerstandskämpfers Peter Yorck von Wartenburg, einen alten VW-Käfer, mit dem wir es am späten Nachmittag auf Umwegen in den Ostsektor schafften. Wir parkten den Wagen in einer kleinen Nebenstraße und gingen zu Fuß durch das Menschengewimmel in Richtung Brandenburger Tor. Auf der Trümmerbrache des zerbombten Adlon-Hotels standen mehrere russische Panzer. Zwischen Volkspolizisten und Pionieren konnten wir einen Blick auf die Betriebskampftruppen werfen, die an der Sektorengrenze den Asphalt aufrissen und Stacheldrahtverhaue spannten, der eigentliche Mauerbau begann ja erst drei Tage später. Dann wurden wir abgedrängt in die Allee Unter den Linden.

Zutiefst erregt fuhren wir nach Westberlin zurück, übernachteten im Kempinski und nahmen am Morgen in Tempelhof den Frühflieger nach Hause. In der nächsten Ausgabe der *Zeit* schrieb die Gräfin den Leitartikel »Quittung für den langen Schlaf«. Es war ein Aufschrei: »Ich weiß nicht, ob je zuvor eine Nation am Bildschirm zuschauen konnte, wie für einen Teil ihrer Bevölkerung das Kreuz zurechtgezimmert wurde [...] Ist nicht das simpelste, das letzte aller Menschenrechte das Recht auf ungehinderte Flucht? [...] Ist es wirklich so leicht bei uns, das Recht und die Menschlichkeit aus den Angeln zu heben, ohne dass etwas passiert? [...] Und was tun wir? Antwort: gar nichts!«

Der Aufschrei der Empörung – »Zwei Minuten Arbeitsruhe ist nicht genug« – war zugleich ein Ausdruck totaler Ratlosigkeit. Aber was mehr konnte man denn machen? Den gespenstischen

Wahlkampf einstellen (in dem Adenauer den SPD-Kandidaten und Regierenden Bürgermeister von Berlin Willy Brandt wegen seiner unehelichen Abkunft schmähte)? Überall Protestmärsche der Gewerkschaften, Unterschriftensammlungen, Demonstrationen veranstalten? Den Bundesminister für gesamtdeutsche Fragen, Ernst Lemmer (CDU), nach Moskau schicken? Einen Appell an die Vereinten Nationen richten? Mehr fiel auch der Gräfin in der »Stunde der Bewährung für das ganze Volk« (Brandt) nicht ein.

»Wir sind dem Abgrund ein Stück näher gerückt«, war ihr wie so vieler Menschen Gefühl im Ohnmachtsschock des ersten Augenblicks. Der Vorhang war offen, aber die Bühne war leer, klagte Willy Brandt. Grimmig sagte er nach einer Besprechung mit den drei westlichen Stadtkommandanten zu Egon Bahr: »Diese Scheißer schicken nun wenigstens Patrouillen an die Sektorengrenze, damit die Berliner nicht denken, sie sind schon allein. Arschlöcher sind das.« Es brauchte einige Zeit, bis die deutsche Erregtheit, die lautstarke Forderung nach alliiertem Eingreifen und auch die akute Kriegsangst drei realpolitischen Einsichten wichen.

Die erste Einsicht war bitter: Mehr als bloße Proteste waren von den Alliierten nicht zu erwarten. Es gab 1961 so wenig »energische Schritte« (Brandt) wie nach der Niederschlagung des ostdeutschen Arbeiteraufstande 1953. Der moralischen Ablehnung des Status quo entsprach im Zeitalter des nuklearen Gleichgewichts die praktische Unmöglichkeit, ihn zu verändern, ohne die Welt zu zerstören. »Es gibt nichts, was wir tun könnten – außer Krieg«, sagte Kennedy. Der aber war undenkbar. »Weder Sie noch irgendeiner unserer Verbündeten haben jemals überlegt, an diesem Punkt Krieg zu führen«, schrieb der Präsident an den Regierenden Bürgermeister Brandt. Die drei amerikanischen Essentials – das Recht der Westmächte auf Anwesenheit in Westberlin, ihr Zugangsrecht nach Berlin, ferner die Freiheit und Lebensfähigkeit der Westberliner – waren nicht berührt, ihre Siegerrechte blieben unangetastet. Brandt und Bahr wurde klar, dass niemand helfen würde, das Monstrum der

Mauer zu beseitigen: »Nun wussten wir, die Teilung würde lange dauern.«

Die Berlin-Krise schwelte noch eine Weile fort und spitzte sich 1962 in der Kuba-Krise noch einmal zu. Dabei standen die Vereinigten Staaten und die Sowjetunion am Rand eines Atomkriegs. Beim Blick in den atomaren Abgrund schreckten sie dann doch beide zurück, und zwar ein für allemal. Vierzehn Tage nach der friedlichen Beilegung des drohenden Konflikts schrieb ich in der *Zeit*, fortan sähen sich die beiden Supermächte zur Koexistenz verdammt. Ich machte mir nichts darüber vor, was dies bedeutete: Berlin und die deutsche Frage würden aus den Schlagzeilen verschwinden.

Tatsächlich erhob John F. Kennedy nun die Verhinderung eines Krieges zur absoluten Priorität. In seiner »Friedensrede« vom 10. Juni 1963 beschrieb er sein Ziel als Entspannung ohne Vernachlässigung der eigenen Sicherheit – »to make the world safe for diversity« durch Kontakt und Kommunikation. Chruschtschow, ähnlich ernüchtert, stellte seine aggressive Berlin-Kampagne ein; ein Freundschaftsvertrag mit Moskau wurde 1964 zum Trostpreis für die DDR.

Zur Koexistenz verdammt, hüteten sich dann im Kalten Krieg die Sowjetunion ebenso wie die Vereinigten Staaten, die Macht- und Kontrollverhältnisse der anderen Seite infrage zu stellen. Damit wurde die Frage der deutschen Wiedervereinigung *ad calendas Graecas* aus der internationalen Tagesordnung genommen.

Die Einheit blieb eine ferne Denkmöglichkeit. Ein politisches Nahziel war sie nicht mehr. Die Mauer setzte einen Schlusspunkt hinter die Epoche der aktiven Konfrontation und einen Ausgangspunkt für die Epoche der friedlichen Koexistenz. Wie Egon Bahr, der Architekt der Brandt'schen Ostpolitik, es ausdrückte: »Der Mauerbau wurde zum Höhepunkt des Kalten Krieges und zugleich zum Anfang seines Endes ... Danach gab es keine Krise mehr in Berlin, bis die Mauer fiel. Es gab auch keine Deutschlandkrise mehr.«

Aus der Erkenntnis, dass Berlin nicht mehr von der Hoffnung auf baldige Überwindung der Teilung leben konnte, folgte die zweite

Einsicht: die Erkenntnis, dass sich Deutschland eigene Gedanken über die deutsche Frage machen musste. Daraus wuchsen die Umrisse einer neuen Politik. Sie war nicht länger auf die Nichtzurkenntnisnahme der DDR angelegt, sondern ging von der faktischen Anerkennung der deutschen Zweistaatlichkeit aus.

Wenige Wochen nach der Friedensrede Kennedys griff Bahr, damals Brandts Pressesprecher, in der Evangelischen Akademie Tutzing die Vorstellungen des amerikanischen Präsidenten auf. Die Voraussetzungen der Wiedervereinigung – ein »Prozess mit vielen Schritten und Stationen« – seien nur mit der Sowjetunion zu schaffen, nicht gegen sie. Ebenso seien materielle Verbesserungen für die Ostdeutschen »nur mit dem Regime drüben« erreichbar, einem Zwangsregime.

In seinem Konzept »Wandel durch Annäherung« in »kleinen Schritten« war der Kern der neuen Ostpolitik angelegt, der Willy Brandt als Kanzler nach 1969 zum Durchbruch verhalf: Kontakt und Kommunikation aufnehmen, mithilfe des Handels die Lebenssituation der Menschen drüben verbessern, Verbindungen und Bindungen schaffen, menschliche Erleichterungen aushandeln, wo politische Pauschallösungen unerreichbar waren.

Die Mauer zu durchlöchern war in erster Linie das Anliegen Willy Brandts. Nicht alle begrüßten allerdings Verhandlungen mit den DDR-Behörden. Die CDU sah darin einen unverzeihlichen Sündenfall. Amtliche Kontakte mit dem Regime der DDR galten als Verrat am Vaterland und als Preisgabe des Wiedervereinigungsziels. Wiedervereinigung vor Entspannung, war die Losung.

Die Politik der kleinen Schritte wurde diffamiert als »Menschlichkeit gegen Kasse«. Franz Amrehn, Brandts Koalitionspartner und stellvertretender Regierender Bürgermeister, hielt sie für eine abschüssige Bahn. Er gab die Parole aus: »Man muss die Wunde bluten lassen«, sonst würde die Spaltung der Nation vergessen. Er weigerte sich auch, einem Treffen Brandts mit Chruschtschow zuzustimmen, das Bewegung in die festgefahrene Situation Berlins bringen sollte. Das tiefere Nachdenken über die deutsche Frage hat er indes nicht verhindern können.

Bei den Berliner Wahlen im Februar 1963 errang Brandt mit 61,9 Prozent einen triumphalen Erfolg, der das Ende der Koalition mit der CDU bedeutete. Nun konnte er Kontakt mit Ostberlin aufnehmen. Ganze 28 Monate hatten die Menschen der geteilten Stadt nach dem Mauerbau keinerlei persönlichen Kontakt gehabt, jetzt wurde nach langen Verhandlungen ein erstes Passierscheinabkommen verabredet, sodass über Weihnachten 1963 und den Jahreswechsel 700 000 Westberliner 1,2 Millionen Besuche im Ostsektor machen konnten. Bis 1966 gab es noch drei solcher Abkommen, aber weitere Vereinbarungen scheiterten dann an der protokollarischen Sturheit der DDR. Erst das Viermächteabkommen über Berlin räumte 1971 den Westberlinern wieder das Recht ein, Ostberlin und die DDR zu besuchen.

Die dritte Einsicht lief darauf hinaus, dass auch gegensätzliche, ja gegnerische Beziehungen der Regelung bedürfen. Anfang der 1970er-Jahre formten Willy Brandt und Egon Bahr das konturlose Neben- und Gegeneinander von Bundesrepublik und DDR in ein geregeltes Verhältnis um. Ihre Politik des Interims, der abgestuften und bedingten Anerkennung der DDR und der kleinen Schritte nützte den Menschen und hielt das Zusammengehörigkeitsbewusstsein der Nation wach. Ein dichtes Geflecht von Verträgen regelte die deutsch-deutsche Koexistenz: Postabkommen, Transitabkommen, Abkommen über den kleinen Grenzverkehr, Verkehrsabkommen, Kulturabkommen, vor allen Dingen der Grundlagenvertrag von 1972. Deutschland blieb auch danach noch geteilt, es war aber nicht mehr komplett getrennt.

Zwischen den Bonner Parteien war diese Politik auch nach dem Regierungswechsel 1982 nicht mehr umstritten. Der Bundesminister im Kanzleramt Wolfgang Schäuble erhöhte die jährliche Transitpauschale von 525 Millionen auf 860 Millionen D-Mark. Als der DDR 1983 die Zahlungsunfähigkeit drohte, besuchte Franz Josef

Strauß »ganz privat« Erich Honecker in dessen Jagdschloss am Werbellinsee und schusterte Ostberlin einen Milliardenkredit zu. Für ihn war es, erläuterte er, eine Frage des Gewissens und der Abgrenzung zwischen Kampf gegen das System und Hilfeleistung für die Menschen, um Schlimmeres zu verhindern. Bundeskanzler Kohl empfing den Staatsratsvorsitzenden der DDR 1987 nach allen Regeln des Protokolls offiziell in Bonn, wohl aus ganz ähnlichen Motiven.

Gewiss blieb den Ostdeutschen bis 1989 die große Freiheit verwehrt, aber die Politik der kleinen Schritte brachte ihnen doch nach und nach viele kleine Freiheiten: das (inoffizielle) Recht, westdeutsches Fernsehen zu empfangen, wo das möglich war; die Möglichkeit, in den Intershops westliche Waren zu kaufen; Reiseerlaubnis nach Westen erst nur für Rentner, dann nach 1985 für einen immer größeren Personenkreis; schließlich eine Erhöhung der Zahl derer, die legal ausreisen durften.

Rechtliche Lockerungen ermöglichten die Einführung westlicher Währung und von Geschenken, angefangen bei Kaffee über Taschenrechner bis hin zu Neckermann-Fertighäusern. Der innerdeutsche Handel erreichte am Ende ein Jahresvolumen von 15 Milliarden Mark. Auch stieg die Zahl der aus den Gefängnissen der DDR freigekauften politischen Häftlinge – zwischen 1963 und 1989 immerhin 33.753 Menschen, wofür Bonn 3,4 Milliarden D-Mark ausgab.

Der Einigungsvertrag vom 31. August 1990 setzte vier Jahrzehnten der Teilung ein Ende. Es war das glückliche Ende einer Politik, die in der qualvollen Zeit nach dem Mauerbau im Schöneberger Rathaus unter Willy Brandt und Egon Bahr ihren gedanklichen Ursprung genommen hatte. Sechzig Jahre nach dem Sonntag, an dem ich mit Marion Dönhoff am Pariser Platz die Betriebskampfgruppen beobachtete, die dem deutschen Volk das Kreuz zimmerten, kann ich nur sagen: Die Geschichte ist uns gnädig gewesen.

Begegnung: Egon Bahr

Als Jungredakteur der *Zeit*, der sich in der Bundeshauptstadt Kontakte schaffen sollte, lernte ich 1959 Egon Bahr kennen, der seit zehn Jahren als Chefkorrespondent das Bonner RIAS-Büro leitete. Im Laufe der Zeit kamen wir uns näher, wurden Duzfreunde. Über fünf Jahrzehnte pflegten wir einen regen Gedankenaustausch – er seit 1960 als Staatsdiener, ich als *Zeit*-Journalist. Ich schätzte seine klare Sprache, seine Denkanstöße, seine Informationen. Und ich verfolgte mit Spannung, wie er an Gewicht und Wirkung gewann, allen Anfeindungen, aller Häme zum Trotz.

Beinahe wäre er damals mein Kollege geworden. Henri Nannen, für den ich zu jener Zeit eine Serie schrieb, wollte ihn als seinen Stellvertreter zum *Stern* holen; vierzehn Monatsgehälter, einen Dienstwagen und ein Haus bot er ihm an. Während Bahr sich das Angebot noch überlegte, erhielt er einen Anruf: »Der Regierende Bürgermeister möchte Sie sprechen.« In der Lobby des Bundestags fragte Willy Brandt ihn: »Wollen Sie zu mir kommen als Leiter des Presseamts?«

Er zögerte keine Sekunde, sondern sagte einfach zu. Interessanter Mann, interessante Stadt, »seine« Stadt, eine Viermächtestadt, wo der Regierungschef auf der einen Seite für die Bedürfnisanstalten und auf der anderen für die Weltpolitik zuständig war – das reizte ihn. So wechselte er die Seiten. Fortan artikelte er nicht mehr über Politik, nun gestaltete er Politik. Und wurde einer der wenigen Menschen, denen es vergönnt ist, die Weichen der Geschichte in eine neue Richtung zu stellen.

Sechs Jahre lang war er Berliner Regierungssprecher. Nach dem Schock des Mauerbaus konnte er sich der Erkenntnis nicht verschließen, dass die Deutschen für unabsehbare Zeit mit der Teilung würden leben müssen, da Rechtsansprüche nicht die Realität zu ändern vermochten. Stattdessen müsse nun alles überhaupt Mögliche unternommen werden, um den Ostdeutschen Erleichterungen ihres bedrückten Alltags zu verschaffen. Zunächst einmal ging es darum, in Berlin die Menschen wieder zusammenzubringen, wenn auch nur in einer Richtung. Doch wurde bald mehr daraus. Wie Bahr im Rückblick pointierte: »In der Nussschale der Passierscheinverhandlungen ist die ganze Philosophie der späteren Ostpolitik erprobt worden.«

Bahr hatte keine Illusionen. Überwindung des Status quo durch Anerkennung des Status quo – das würde ein langer, ein schwieriger Weg, der uns die Wiedervereinigung nicht über Nacht bringe, sondern der in »kleinen Schritten« gegangen werden müsse. An seinem Anfang müssten Erleichterungen für die Menschen stehen, die jenseits der Mauer und des Stacheldrahts lebten.

Im Sommer 1963 hielt er in der Evangelischen Akademie Tutzing die Rede, in der er die ostpolitischen Vorstellungen Willy Brandts auf den Begriff »Wandel durch Annäherung« brachte und die Wiedervereinigung als einen »Prozess mit vielen Schritten und Stationen« definierte. Kleine Schritte als Alternative zu den großen Worten.

Es dauerte dann noch drei Jahre, bis er als Planungschef des Außenministers Brandt den Begriff zum außenpolitischen Konzept der Entspannungspolitik ausarbeitete, und weitere drei Jahre, bis es nach der Wahl Brandts zum Bundeskanzler in reale Politik umgesetzt werden konnte. Als Staatssekretär im Bundeskanzleramt und als Bundesminister für besondere Aufgaben spielte er dabei eine zentrale Rolle. Seinem Chef leistete er uneigennützig, doch bestimmt Denkhilfe, Formulierungshilfe und Entscheidungshilfe. Er war Denker und Lenker, Architekt und Baumeister, Stratege und Taktiker in einem.

So war er es denn auch, der Anfang der 1970er-Jahre die einzelnen Komponenten des von ihm skizzierten Vertragswerks aushandelte, 1970 die Verträge mit Moskau und Warschau sowie die Abmachungen mit Prag, Budapest und Sofia (1973), das Transitabkommen mit der DDR über den Verkehr zwischen Bundesrepublik und Westberlin (Dezember 1971) und den Grundlagenvertrag mit der DDR (Dezember 1972). Maßgeblich beeinflusste er sogar das Viermächteabkommen über Berlin (September 1971). Er habe stunden- und tagelang »gefeilscht wie ein Teppichhändler«, erzählte er gern.

Darin glich er einem Mann, der seiner Ostpolitik anfangs sehr misstrauisch gegenüberstand: Henry Kissinger nämlich, der ganz ähnlich aus Visionen Konzepte zu entwickeln wusste, aus Konzepten Zielvorstellungen destillierte und aus Zielvorstellungen Wirklichkeit werden ließ. Kissinger fragte ihm Löcher in den Bauch: Habt ihr dieses und jenes bedacht, und was ist denn, wenn ... Bis es Bahr zu bunt wurde und er sagte: »Henry, ich bin nicht hierhergekommen, um zu konsultieren, ich bin gekommen, um zu informieren.« Bald fanden sie jedoch vertrauensvoll einen guten Draht zueinander. Bahr rechnete es Kissinger jedenfalls hoch an, dass dieser am Ende grünes Licht für die neue Ostpolitik gab.

Unter dem Signum der Entspannung setzten die Ostverträge – 1975 in Helsinki besiegelt durch die 35 Teilnehmer der Konferenz über Sicherheit und Zusammenarbeit in Europa – einen Schlusspunkt zugleich hinter den Zweiten Weltkrieg und den Kalten Krieg alten Stils. Bonn respektierte damit die europäische Wirklichkeit einschließlich der deutschen Teilung, der Oder-Neiße-Grenze und der tschechoslowakischen Staatsintegrität. Der Osten anerkannte dafür jene Realitäten, die der Bundesrepublik wesentlich waren: die weitere Zuordnung Westberlins zum Bund ohne Beeinträchtigung der Viermächteverantwortung, dazu eine verbesserte Zugangsregelung; keine Ächtung des Strebens nach Wiedervereinigung; Erleichterung für die Menschen im gespaltenen Deutschland.

Eine winzige Rolle dachte Bahr übrigens auch mir zu. Zu Beginn der Regierungszeit der sozialliberalen Koalition, Ende 1969, setzte er mich einmal als Kurier ein. Er bat mich, einem polnischen Freund, Diplomat in London, zu erklären, warum Warschau nicht die erste Adresse der neuen Bonner Ostpolitik sein würde.

Begegnung: Egon Bahr 345

Mich faszinierte, was Egon mir über seine frühen Jahre erzählte. Als Sohn eines aus Schlesien stammenden Studienrats wurde er im thüringischen Treffurt geboren und wuchs dann in Torgau und Berlin auf. Die Mutter seiner Mutter war Jüdin, und so konnte er als »jüdischer Mischling« nicht Musik studieren. Auch wurde ihm verwehrt, in die Luftwaffe einzutreten und Pilot zu werden. Er wurde zur Infanterie eingezogen und 1943 zum Fahnenjunker befördert. Doch dann entdeckte das Gausippenamt in Thüringen seine jüdische Abstammung, woraufhin er wegen seiner Großmutter als »wehrunwürdig« entlassen und als Rüstungsarbeiter zu Rheinmetall Borsig dienstverpflichtet wurde. In Berlin erlebte er, 23 Jahre alt, den Einmarsch der Russen. Und nun musste er Geld verdienen.

»Das Einzige, was du kannst, ist schreiben, sagte er sich und wurde Journalist, erst bei der *Berliner Zeitung* unter einem russischen Chefredakteur, dann bei der von den Amerikanern gegründeten *Allgemeinen Zeitung* und schließlich beim *Tagesspiegel*. Für den sollte er 1948 in Hamburg eine norddeutsche Redaktion aufbauen, doch die wurde ein Jahr später wieder geschlossen und nach Bonn verlegt, in den neuen Regierungssitz. 1950 hat ihn dann RIAS – Radio im amerikanischen Sektor – abgeworben, dem er zehn Jahre als Chefkommentator treu blieb. Hier fand er, wie er später schrieb, sein »zentrales Thema, das mal Deutschland-, mal Außen-, mal Ost- und mal Sicherheitspolitik genannt wurde, aber im Grunde immer dasselbe blieb: Deutschlands Selbstbestimmung in Europa«.

In all den Jahren hatten wir regelmäßigen Kontakt miteinander. Anfang der Sechzigerjahre geschah dies in einer Arbeitsgruppe über Außen- und Sicherheitspolitik, die sich alle paar Wochen unter seinem Vorsitz in Bonn traf; in amtlicher Eigenschaft, als ich den Planungsstab des Verteidigungsministeriums leitete; dann wieder, professionell wie privat, als er im Bundeskanzleramt saß, im Bundestag den Vorsitz des Unterausschusses für Abrüstung und Rüstungskontrolle innehatte oder SPD-Bundesgeschäftsführer war – und erst recht natürlich in den zehn Jahren 1984–1994, in denen er an der

Hamburger Universität als wissenschaftlicher Direktor des Instituts für Friedensforschung und Sicherheitspolitik wirkte.

Immer wieder sind wir gemeinsam bei Diskussionen, Konferenzen und Interviews aufgetreten, in Hamburg und Berlin, auf Sylt oder bei den Luisenlunder Gesprächen. Früh schon erschien er meist ohne Krawatte im offenen weißen Hemd. Als er 1996 seine Memoiren *Zu meiner Zeit* veröffentlichte, deren Erscheinen ich bei einem Abendessen mit ihm feierte, schrieb er mir eine sehr persönliche Widmung in mein Rezensionsexemplar: »Ted, mit ganz herzlichem Dank, nicht nur für den heutigen Abend, Egon.«

Einmal fragte ich ihn, warum er nicht, wie die Opposition das von ihm forderte, die Dissidenten in der DDR stärker unterstützt habe. Seine Antwort überzeugte mich: »Hätten wir die mutige Minderheit aktiv unterstützt, hätte das Regime auf sie zugegriffen. Außerdem mussten wir auf die Mehrheit der Menschen sehen, die versuchte, ein normales Leben zu führen, da eine Wiedervereinigung zu ihren Lebzeiten nicht voraussehbar war.«

Ich schätzte seinen Wortwitz, seinen feinsinnigen Humor, seine Ironie, seine Spottlust. Einmal erzählte er dem *Zeit*-Afrikakorrespondenten Bartholomäus Grill, wie er mit Walter Scheel eine Audienz beim abessinischen Negus hatte. Als die beiden den Thronsaal im Kaiserpalast von Haile Selassie verließen, sei ihnen im Foyer plötzlich ein frei laufender Löwe entgegengekommen. Seine Reaktion: »Ich ließ dem Kollegen den Vortritt, damit er zuerst gefressen wird. Anderenfalls hätte es ja die Entspannungspolitik nicht gegeben.«

Es gab in Egon Bahrs langem Leben auch die eine oder andere Wende, manche Wendung und Windung. An seinem Patriotismus ist jedoch nicht der geringste Zweifel erlaubt. Er war für de Gaulles Europa der Vaterländer, weil er nur darin einen Platz für das deutsche Vaterland sah, und skeptisch bis ablehnend in Bezug auf die europäische Integration, weil sie, zu weit getrieben, die Verschmelzung Westdeutschlands mit Ostdeutschland behindern oder sogar verhindern werde.

Auch sein Friedenswille steht außer Frage. »Frieden ist nicht alles, aber ohne Frieden ist alles nichts«, davon war er zutiefst überzeugt. Und zwei seiner grundlegenden Einsichten besitzen fortdauernde Gültigkeit. Erstens: dass der Friede der Gerechtigkeit mehr dient als die Gerechtigkeit dem Frieden. Da war er Realist: »Regierungen reden gern über Demokratie und Menschenrechte, aber denken und handeln machtpolitisch und geopolitisch, man sollte sich da nichts vormachen.« Zweitens aber: dass man auch mit Leuten reden muss, deren Meinung und Einstellung man nicht teilt. Es kam ihm stets darauf an, gemeinsame Interessen herauszukristallisieren; das setze Einfühlsamkeit voraus, Berücksichtigung auch der Sorgen und Hoffnungen der anderen. Und den Satz »Amerika ist unverzichtbar, Russland ist unverrückbar« sollte kein deutscher Außenpolitiker je missachten.

Egon Bahr war einer der großen deutschen Außenpolitiker, die das 20. Jahrhundert hervorgebracht hat. Nicht wenige verhöhnten ihn als »kleinen Metternich«, doch Willy Brandt wusste es besser. Neben Walther Rathenau, Gustav Stresemann und Hans-Dietrich Genscher wird Bahr, der deutsche Kissinger, in den Geschichtsbüchern fortleben.

IX.
RINGEN UM DEUTSCHLAND: IST'S EINS, SIND'S ZWEI?

Teilungsschicksale am Todesstreifen

In den ersten zwölf Jahren nach dem Krieg habe ich die Teilung Deutschlands in erster Linie als Teilung unserer Familie erlebt. Die Berliner, Vaters Mutter und Stiefvater, siedelten schon früh zu uns ins Schwabenland über, die mütterlichen Thüringer, ihrer Heimat verbunden trotz Hammer und Sichel, blieben jedoch in Rudolstadt. Ihnen blieb keine Härte erspart: Opa Römhild wurde, wie schon berichtet, von den Russen erschossen, sein Sohn Waldemar musste sein Elektro-Geschäft in einen volkseigenen HO-Laden umwandeln. Erst als ich dann nach Hamburg zog, wurde mir die deutsche Teilung zu mehr als einer Familienangelegenheit: zum physischen und politischen Gravamen. Jahrzehntelang habe ich ihr immer wieder im Gelände nachgespürt, an der Elbe, auf der beklemmenden, den Kindern Angst einflößenden Autofahrt nach Berlin, auch längs der innerdeutschen Grenze und zweimal bei längeren Recherche-Reisen in die DDR.

Im Frühjahr 1960 bin ich mit dem *Stern*-Fotografen Dieter Heggemann die ganzen 1381 Kilometer Zonengrenze abgefahren, von der Halbinsel Priwall an der Ostsee bis zum Dorf Prex im oberfränkischen Landkreis Rehau. Acht Tage lang ging es den zehn Meter breiten, gepflügten Todesstreifen entlang, der stets aufs Neue säuberlich geeggt wurde, eingezäunt von einem Stacheldrahtverhau und gespickt mit einem halben Tausend hölzerner Wachtürme – Brandmal der deutschen Tragödie, Schandmal der roten Herrschaft.

Acht Tage lang wurden wir misstrauisch beäugt und mit spitzen Bemerkungen bedacht von den sowjetzonalen Grenzpolizisten in ihren erdbraunen Uniformen, die Kalaschnikow baumelte ihnen über der Schulter. Acht Tage lang überall Schlagbäume und Sperren, mit Bohlen verrammelte Straßen und Wege, abgebrochene Schienenstränge, gesprengte Brücken, verfallende Häuser jenseits des Stacheldrahts, zugemauert die Türen und Fenster.

Ich lernte, dass zwischen Lübeck und Hof insgesamt 35 Eisenbahnlinien gesperrt waren, dazu drei Autobahnen, 29 Bundesstraßen und 66 Landstraßen. Passierbar waren zwischen Deutschland und Deutschland seit 1952 bloß acht Eisenbahnübergänge, fünf Straßenübergänge und für den Schiffsverkehr die Elbe und der Mittellandkanal.

Die Zonengrenze erlebten wir als irre, wirre Grenze – irr und wirr wie die Schicksale zu beiden Seiten. Im Dorf Mödlareuth etwa, halb bayerisch, halb thüringisch, die beiden Teile getrennt durch den kleinen Tannbach. Das Dorf hatte einst nur eine Schule und nur ein Wirtshaus, außerdem einen gemeinsamen Männergesangsverein. Aber seit 1957 spannte sich ein Stacheldrahtzaun über den Bach. Die Dörfler – acht Höfe auf unserer Seite, fünfzehn auf der anderen – durften nicht mehr zueinanderkommen. Die im Osten nickten manchmal zum Gruß, aber das Sprechen war ihnen verboten. Und an der Schieferwand des ersten Hauses drüben verkündete ein Transparent: »Gruß allen westdeutschen Patrioten, die entschlossen gegen Militarismus und Atomkriegsgefahr für die friedliche Lösung der deutschen Frage kämpfen!«

In den nächsten Tagen sahen wir dieses Plakat noch öfter: bei Hirschberg, bei Philippsthal, bei Welitsch. Und andere, gleich stupide Texte: »Werfen Sie Ihre Pläne für einen Eroberungsfeldzug in den Papierkorb, Herr Adenauer!« – »Es braust ein Ruf von Rostock bis nach Bayern: Fort mit den Atomkraftmeiern!«

Dann, ostwärts von Bad Hersfeld, die Dörfer Philippsthal und Vacha, verbunden durch eine massive Steinbrücke über die Werra.

Philippsthal gehörte zur Bundesrepublik, Vacha zur DDR. Die Brücke verknüpfte nichts mehr. Über dem mittleren Brückenbogen erhob sich drohend ein hölzerner Wachturm. Fünf Monate vor unserer Grenzfahrt hatte ein Zwanzigjähriger versucht, nachts über die Brücke nach Westen zu kommen. »Nicht schießen!«, rief er. Der Grenzpolizist schoss doch. Die Leiche des Jungen wurde tags darauf aus der Werra gefischt.

Den alten Drucker Hossfeld hatte der Schuss aus dem Schlaf gerissen. Er wohnte am bundesrepublikanischen Ende der Werra-Brücke. Den Wachturm hatte er ständig vor Augen, und von der DDR trennte ihn nur eine Wand – die Grenze lief mitten durch sein Haus; das Klavier stand im Westen, die Nähmaschine im Osten. Den Eingang, der drüben lag, hatte er zumauern und hüben eine neue Haustür durchbrechen lassen. Fünfzig Jahre hatte er die *Rhönzeitung* redigiert und gedruckt, aber nun fand er im toten Winkel der Grenze keine neuen Kunden mehr.

Bei Hünfeld im Hessischen begrüßte uns der Buchenmüller. Der Mühlbach rauschte, friedlich weideten die Kühe im Tal, an der Wäscheleine flatterten drei Strampelhöschen. Aber einen Meter hinter den Wäschepfählen standen die Grenzpfähle zwischen mannshohen Ruten, die den Stacheldraht zusammenhielten. Drüben lagen das verfallende alte Wohnhaus, die Backstube, der Brunnen. Seine Hauptkundschaft hatte der Brückenmüller verloren, er tat sich schwer. Die erdbraunen Grenzposten starrten, wenige Meter entfernt, durch ihre Ferngläser die beiden blitzsauberen Müllerstöchter an. »Flirten die manchmal mit euch?«, fragte ich sie. »Die dürfen ja nicht ...«

In Hohegeiß im Harz liefen die erdbraunen Grenzpolizisten ihre Streifen direkt an der ländlichen Kurpromenade entlang. Der Wachturm in der Nähe, zwanzig Meter neben der Bundesstraße 4, war eine makabre Touristenattraktion; kein Omnibus, der dort nicht hielt. »Eh du«, riefen die Ausflügler einem jungen Burschen zu, der sich den Turm genauer ansehen wollte, »sei vorsichtig!« Er wehrte ab: »Ich werde doch wohl da rüberdürfen! Das ist doch auch

Deutschland, das sind doch auch Deutsche!« Einer antwortete ihm: »Das sind doch keine Deutschen, das sind Kommunisten!«

Acht Tage Zonengrenze, Grenzpolizisten, Grenzpfähle, Grenzsteine. Mir fiel ein, was Erich Kästner auf einen alten Grenzstein gedichtet hatte. Der Vers erschien mir sehr passend:

»Was wir hier stehengelassen haben,
das ist ein Grabstein, dass Ihr's wisst!
Hier liegt ein Teil des Hunds begraben,
auf den ein Volk gekommen ist.«

DDR 1964: Reise in ein fernes Land

Die Streitgespräche zwischen *Zeit* und DDR-Vertretern im Frühjahr 1961 hatten unerwarteterweise eine späte Folge: Ende 1963 lud die Ostberliner Regierung die *Zeit*-Redaktion zu einer zehntägigen Reise durch die DDR ein. Dies war ein Indiz, dass in der Entspannungsperiode zwischen Kennedy und Chruschtschow nach der Kuba-Krise die Bereitschaft einer Politbüro-Mehrheit gewachsen war, es im sicheren Schutz der Mauer einmal mit einer Politik der Entspannung im deutsch-deutschen Verhältnis zu versuchen.

Nach dem Reformparteitag der SED 1963 verkündete der SED-Chef Ulbricht zur Einführung marktwirtschaftlicher Elemente ein Neues Ökonomisches System. Das Jugendkommuniqué begrüßte neue Ausdrucksformen in Musik und Film. Unter Schriftstellern und Kulturschaffenden waltete ein frischer Geist, wie er sich in Christa Wolfs Buch *Der geteilte Himmel* ausdrückte. Modernistische Ideen prägten auch das Bildungswesen. Ulbricht bot Bundeskanzler Erhard an, im Verkehr mit Bonn eine »Präjudizierung der staatlichen Beziehungen« – sprich; juristische Quisquilien – zu vermeiden. Die Herausbildung eines libertär-marxistischen SED-Regimes erschien nicht länger als ein Ding der Unmöglichkeit. Und die *Zeit*-Redaktion sollte 1964 durch die DDR reisen dürfen.

Eines Tages erschienen zwei umtriebige junge Herren in der *Zeit*-Redaktion, um die Reise vorzubereiten, an der von unserer Seite die Politik-Chefin Marion Dönhoff, der Feuilletonchef Rudolf Walter Leonhardt und der Außenpolitiker Theo Sommer teilnehmen sollten – eine Nationalökonomin also, ein Germanist und ein Historiker. Eine Woche lang gingen die beiden im Pressehaus von Tür zu Tür. Wir ahnten wohl, dass sie Abgesandte der Stasi waren, doch störte uns das nicht weiter; wir hatten ja nichts zu verbergen.

Was wir allerdings nicht wussten: dass einer der beiden Ostberliner, der Dozent und Journalist Dr. Kurt Ottersberg, erst einmal die mit uns besprochene Reiseroute testen würde. In die Rolle der Gräfin Dönhoff schlüpfte dabei Klaus Rainer Röhl, Ulrike Meinhofs Mann, der damals die von der SED finanziell gesponserte linke Zeitschrift *konkret* herausgab. Er gab Ottersberg einige Ratschläge, wie er das vorgesehene Programm verbessern könne, und schrieb selbst in *konkret* einen Reisebericht.

Bei der *Zeit* fiel es niemandem auf, dass er denselben LPG-Kälberstall beschrieb, denselben Kindergarten, die gleiche Hafenbrigade und auch die gleiche neu aus dem Boden gestampfte Stadt, nämlich Eisenhüttenstadt, die wir gerade erst besuchten.

Es war eine Reise ins Grau. Trübsal allenthalben. Versponnen und zugleich verkommen die alten Städtchen und die Dörfer, nicht mehr gewachsen seit 1939. Abgeblätterte Häuserfassaden, beklebt mit penetranten Parolen. Die Auslagen in den Schaufenstern meist staubige Attrappen, vor den Geschäften lange Schlangen. Die Menschen ärmlich gekleidet, in tristem Einheitsschnitt ohne Schick und Farbe. Müde tröpfelte der Verkehr durch die Straßen. Ein spezifischer DDR-Geruch hing in den Hotelkorridoren und Hörsälen, in Amtsstuben und Restaurants, zwischen den Häuserzeilen: eine Mischung aus Lysol, zu oft genutztem Fett, schlechtem Tabak, miserablem Benzin, vergifteter Luft.

DDR 1964: Reise in ein fernes Land

Zehn Tage waren wir im März 1964 mit Ottersberg in dem fernen Land zwischen Elbe und Oder unterwegs, das damals Mitteldeutschland, DDR, »DDR«, sogenannte DDR, Sowjetisch Besetzte Zone (SBZ) oder meist einfach nur »Zone« genannt wurde. Er ertrug unsere frivole Ironie mit Fassung; ein hoher Fernsehposten, Direktor für Internationale Verbindungen, war hinterher seine Belohnung. Sicher musste er uns auch bespitzeln, aber sein Beistand war uns wichtiger als seine Bespitzelung. Er brachte uns zu Werkleitern, Generaldirektoren, Mitgliedern des Zentralkomitees, des Staatsrates, des Politbüros, begleitete uns in Fabriken, Landwirtschaftliche Produktionsgenossenschaften (LPGs) und wissenschaftliche Institute, vermittelte uns Diskussionen mit Professoren und Schülern.

Wir fuhren im eigenen Volkswagen von Stadt zu Stadt, von Besichtigung zu Besichtigung, von Hotel zu Hotel; Ottersberg und sein Assistent fuhren in einem zweiten Wagen. Die vorgeschriebene Route – Magdeburg, Weimar, Jena, Erfurt, Leipzig, Dresden, Eisenhüttenstadt, Ostberlin – durfte nicht verlassen werden, dennoch gelang uns der eine oder andere unbeaufsichtigte Abstecher.

So schaffte ich es zu meinem Onkel Waldemar nach Rudolstadt. Ich sprach mit ihm über meinen Eindruck, dass fünf bis zehn Prozent der Menschen in der DDR aus ganzem Herzen für das kommunistische System seien, fünf oder zehn Prozent ebenso aus ganzem Herzen dagegen, 80 oder 90 Prozent jedoch sich notgedrungen in den herrschenden Verhältnissen einrichteten und in der privaten Sphäre ihren bescheidenen Interessen und Hobbys nachgingen – in allen Schattierungen von Hoffnung und Hoffnungslosigkeit, von skeptischer Distanz zum Regime bis zu skeptischer Nähe.

»Was könnt ihr denn anderes erwarten«, entgegnete er mir. »Als die Schweden im Dreißigjährigen Krieg nach Deutschland kamen, steckten sie die Bauern in die Jauchegruben. Manche hatten Glück – die steckten nur bis zum Kinn drin und konnten atmen. Wir sind in derselben Lage. Soll ich da etwa schreien, damit man mir den Kopf ganz in die Jauche drückt? Was fällt euch ein!«

Marion Dönhoff konzentrierte sich vor allem auf die Schwächen der Wirtschaftspolitik. »Die Kommunisten geben nie dem System Schuld. Immer liegt es an etwas anderem.« Dem Generaldirektor der Optima in Erfurt hatte sie die Leviten gelesen: »Vielleicht hätten Sie es gar nicht nötig gehabt, die Mauer zu bauen, wenn Sie sich rechtzeitig entschlossen hätten, das Leben zu liberalisieren und zu humanisieren.«

Leonhardt beleuchtete die Kulturszene (»Ich sehe, dass es wieder Unerwünschte gibt, dass da einer in Ungnade fällt, ein anderer in Gnaden wieder aufgenommen wird, ein ständiger Wechsel die kulturelle Szene beherrscht, bei dem auch die Talente immer mehr aufgerieben werden und bei dem am Ende nur noch die Propagandisten, Kunstgewerbetreibende eher als Künstler, übrig bleiben«).

Mir ging es um die Frage, wie weit wohl die Entstalinisierung in der DDR gehen könne. Die Antwort war erwartbar: »Twist wird erlaubt, Westfernsehen wird nicht unterbunden, staatlich genehmigte ›heiße Eisen‹ dürfen angepackt werden: Bürokratismus, Selbstzufriedenheit, dogmatische Gewohnheiten oder Überheblichkeit, Subjektivismus« – aber an der Parteiherrschaft dürfe nicht gerüttelt werden. Als wir über den Siegeszug des Twists in der DDR sprachen, erklärte mir das Politbüromitglied Albert Norden in schöner Offenheit: »Die Jugend hat das Recht auf jede Art von Verrenkungen außer geistigen Verrenkungen.«

Norden war es auch, der die DDR ganz aus dem deutschen Geschichtszusammenhang herauszueskamotieren suchte. »Deutschland ist nur der Name eines Hotels in Leipzig«, postulierte er. Damit war er seiner Zeit voraus: Erst 1974 wurden die »deutsche Nation« und das Gebot, nach einer Vereinigung der beiden deutschen Staaten zu streben, aus der DDR-Verfassung gestrichen. Und das Hotel Deutschland wurde umbenannt in Hotel am Ring.

Alle drei waren wir Ost-Reisende uns einig, dass sich die Welt der Kader nicht so säuberlich trennen ließ von der Alltagswelt der Menschen, dass man die eine bekämpfen könne, ohne die andere in

Mitleidenschaft zu ziehen. Eine Anerkennung der DDR mochten wir nicht empfehlen, aber wir hatten auch keine Angst vor ihrer Aufwertung. Auf Entkrampfung kam es uns an. Konkret: auf viel mehr Kontakte, Bindungen und Verbindungen wie Zeitungsaustausch, Passierscheine, Reiseerleichterungen und immer wieder Diskussionen. Aber ich nahm auch die niederschmetternde Erkenntnis mit, »dass die ostdeutschen Kommunisten mit ihrer aus zukunftsgewissem Größenwahn und gegenwartsverzagten Minderwertigkeitskomplexen zusammengesetzten Haltung einer selbstsicheren, sachlichen Deutschland-Politik derzeit gar nicht fähig sind«.

Die Serie, die wir in der *Zeit* über unsere Erlebnisse und Eindrücke schrieben, wurde unter dem Titel *Reise in ein fernes Land* als Buch veröffentlicht. Es geriet unversehens auf die Bestsellerliste und hielt sich dort länger als ein Jahr. In zehn Auflagen wurden über hunderttausend Exemplare abgesetzt. Bald jedoch mussten wir feststellen, dass aus den hoffnungsvollen Ansätzen für ein halbwegs vernünftiges Miteinander in Deutschland, die wir 1964 beobachtet hatten, nichts geworden war; im Gegenteil. Ulbricht zog seine Zusage zurück, einen begrenzten Zeitungsaustausch zuzulassen; ein Artikelaustausch zwischen *Zeit* und *Neues Deutschland* wurde nur einmal praktiziert, dann abgewürgt, desgleichen die Berliner Passierscheingespräche.

Das 11. Plenum des SED-Zentralkomitees setzte dann der Liberalisierungsphase im Dezember 1965 ein brutales Ende. Der Chefwirtschaftsplaner Erich Apel erschoss sich – offensichtlich, weil er um das Neue Ökonomische System fürchtete. »Gammler« und Beat-Musik wurden verurteilt; die Scharfmacher der Partei warnten vor dem »Skeptizismus« der Intellektuellen und prangerten »schädliche Tendenzen« der Literaten und Filmemacher an. Stefan Heym wurde ein Veröffentlichungsverbot auferlegt, und Robert Havemann wurde in die Partei-Acht getan, Wolf Biermann erhielt Auftritts- und Produktionsverbot, Christa Wolf wurde nicht wieder ins Zentralkomitee gewählt. Die Stalinisten drehten die Uhr zurück. Auf viele Jahre gaben sie sich der Selbsteinkapselung der DDR hin.

Die *Zeit* blieb ihrem Kurs treu. *Denken an Deutschland* betitelte ich ein Buch, in dem ich 1966 zwölf Beiträge deutscher und ausländischer Autoren vereinigte, darunter Henry Kissinger und Zbigniew Brzezinski, Egon Bahr, Theodor Eschenburg, Hermann Flach und Johannes Gross. In den Jahren danach beschäftigte uns das Thema ohne Unterlass. Und zwanzig Jahre nach unserer ersten Expedition in das kommunistische Deutschland eröffnete sich unversehens die Chance, neue Kontakte anzuknüpfen.

DDR 1984: Heimat und Vaterland

Erich Honecker plante, im September 1984 in die Bundesrepublik zu fahren. Im Vorfeld bekam ich die Chance zu einer zweiten politischen Erkundungsreise durch die DDR – ein Unternehmen, das ich im Jahr zuvor beantragt hatte und dem Honecker zustimmte, weil er das Verhältnis zu Bonn verbessern wollte. Eine Woche lang sprach ich im Juli mit Politbüromitgliedern und Gebietssekretären, Professoren, Institutsleitern, Schriftstellern und Journalisten. Das Bild, das ich von dem ostdeutschen Staat gewann, unterschied sich wesentlich von dem, das wir uns zwanzig Jahre zuvor gemacht hatten.

Das lag zunächst an Äußerlichkeiten. Der Wald von Plakaten, und Transparenten, Marx-Zitaten und Lenin-Parolen war sehr ausgedünnt. Der Verkehr lärmte und pestete nun fast wie bei uns, auch wenn erst jede vierte Familie einen Wagen besaß und die Lieferzeiten für einen Trabant oder Wartburg noch immer acht bis zwölf Jahre betrugen. Und das Land war bunter geworden, modischer die Kleidung und schicker die Frisuren; die Jugend trug Jeans, die lange noch abfällig »Niethosen« genannt worden waren. Wozu Egon Krenz, seit Kurzem eines der zwanzig Politbüromitglieder, lachend sagte:

»Ob die Haare kurz sind oder lang, ist bei uns nicht entscheidend; entscheidend ist, was im Kopf drinsteckt. Ob die Hose eine Niete hat, ist auch nicht entscheidend; entscheidend ist, dass in der Hose keine Niete steckt.«

Noch andere äußere Eindrücke verdrängten die Erinnerung an die Wirklichkeit von 1964. Die DDR war nachts nicht mehr so düster; überall flimmerte Neon. Die Telefonbücher waren dicker geworden. Die Städte hatten Wachstumsringe angesetzt; seit 1971 waren 2,4 Millionen Wohnungen gebaut worden, 200 000 sollten es im laufenden Jahr werden, eine Million bis 1990 – wiewohl von den Neubauten der Putz blätterte und zumal in den Kleinstädten und Dörfern noch so viele Schönheitswettbewerbe den Anstrich der Trostlosigkeit nicht hatten tilgen können.

Wichtiger erschien mir jedoch etwas anderes: Die Mitglieder des »Partei- und Staatsaktivs«, die einem vor zwei Jahrzehnten mit auftrumpfender Aggressivität gegenübergetreten waren, zeigten sich jetzt auf gelassene Weise selbstsicher, gewandt im Auftreten und von unangestrengter Umgänglichkeit. Sie waren stolz auf das Gewordene, von ihnen Geleistete. In dem, was sie erreicht hatten, wurzelte ihre neue Selbstsicherheit: Keine Arbeitslosigkeit, Mietanteil am Einkommen unter vier Prozent, Verlängerung des Babyjahres. Dazu ständig steigende Besucherzahlen in Konzerten, Theatern, Museen.

Staatssekretär Kurt Löffler aus dem Ministerium für Kultur zählte stolz die Fortschritte auf: »Wir haben in den letzten Jahren vieles wieder aufgebaut: das Leipziger Gewandhaus, das Deutsche Schauspielhaus, den Friedrichstadtpalast. Mit dem Deutschen Dom beginnen wir bald, der Französische Dom ist in Rekonstruktion, Anfang nächsten Jahres wird in Dresden die Semper-Oper eröffnet. Und zum ersten Mal ist die Wartburg wieder völlig intakt.«

Das Wort »Bundesrepublik« ging ihnen glatt über die Lippen; das Kürzel »BRD«, einst eine gutturale Hiebwaffe in jedem Gespräch, wurde nur noch selten gebraucht. An der deutschen Teilung ließen sie freilich nicht rütteln. »Ich glaube nicht, dass Deutschland im Jahre 2000 wiedervereinigt sein wird«, sagte Löffler. »Bei uns hat sich ein eigenes Volk mit einer eigenen Lebens- und Denkweise herausgebildet. Eine Änderung des bestehenden Zustands würde bedeuten, dass die Welt aus den Fugen geht.«

Nicht anders sah es Ernst Krabatsch, Leiter der Grundsatzabteilung im ostdeutschen Außenministerium: »Das weltpolitische Grundmuster ist eingefroren. Eine Machtbalance hat sich herausgebildet, die friedensfördernd ist.« Und das Politbüromitglied Krenz fragte: »Was soll eigentlich wiedervereinigt werden? Der Sozialismus in der DDR ist endgültig. Daran wird niemand rütteln können. Daran wird auch alles Einwirken nichts ändern. Die Frage nach der Wiedervereinigung würde sich ganz anders stellen, wenn einmal der Sozialismus an die Türen der Bundesrepublik klopfte. Ich bin da von großem historischem Optimismus erfüllt. Aber jetzt oder in naher Zukunft? Nein.«

Neu war mir, dass die nationale Frage nicht länger zur Klassenfrage stilisiert wurde, wie es noch Ulbricht tat, als er vom Deutschland der Krupps und dem Deutschland der Krauses sprach. »Woran denken Sie, wenn Sie Vaterland sagen?«, fragte ich den Kulturstaatssekretär Löffler, den Organisator des Luther-Jahres 1983. Seine Antwort: »Es gab einmal die These: Der Proletarier hat kein Vaterland, weil er von der Macht ausgeschlossen war. Danach gab es die klassenmäßige Entscheidung: Das Vaterland des Proletariers ist die Sowjetunion. Heute ist ›Vaterland‹ in gewissem Sinne synonym mit ›Heimat‹ – nicht nur mit dem Land, in dem man geboren ist, sondern auch mit dem Platz, den man bereit ist, in der Geschichte zu besetzen.« – »Und dieser Platz ist Deutschland oder die DDR?« – »Wenn wir Vaterland sagen, meinen wir die DDR.« Er setzte hinzu: »Aber wir formulieren nicht mehr: Wir sind der einzig rechtmäßige Erbe des deutschen Humanismus. Natürlich hat das Bürgertum das Recht, sich auf die nationale Tradition zu berufen.«

Das klang unverkrampfter als jemals zuvor. Honecker hatte in einem Brief an Kohl ja sogar »im Namen des deutschen Volkes« an den Bundeskanzler appelliert. »Was meinen Sie, was das bei uns für Diskussionen gegeben hat!«

Hans Modrow, der Erste Sekretär der Bezirksleitung in Dresden, der an der Moskauer Komsomol-Hochschule studiert hatte, wurde im Gespräch sehr leidenschaftlich. »Wenn Sie schon fragen, sind wir Deutsche oder keine, dann möchte ich mit allem Nachdruck sagen, dass man wegen eines Studiums in Moskau kein Russe wird, sondern Deutscher bleibt, und dass wir alle die Geschichte auf dem Buckel haben.« Er war es auch, der unterstrich, dass man kein Saarländer wie Honecker sein müsse, um der Spaltung Deutschlands stets und ständig eingedenk zu sein: »Ich gehöre zu einer Familie, die geteilt lebt. Ich bin als Einziger hier. Die anderen wohnen alle in Schleswig-Holstein.« Wo die Erinnerung an die gemeinsame Geschichte das deutsche Zusammengehörigkeitsgefühl nicht wachhielt, tat es doch der Gedanke an die zerrissenen Familien.

»Wir können auch träumen« – an diesen Satz Erich Honeckers erinnerte das Politbüromitglied Herbert Häber. Tatsächlich hatte Honecker am 25. Januar 1981 gesagt: »Der Sozialismus klopft eines Tages auch an eure Tür. Und wenn der Tag kommt, an dem die Werktätigen der Bundesrepublik an die sozialistische Umgestaltung der BRD gehen, dann steht die Frage der Vereinigung beider Staaten vollkommen neu. Wie wir uns dann entscheiden, daran dürften wohl keine Zweifel bestehen.«

Häber tat den Ausspruch ab: »Das ist heute nicht die Frage. Die Frage ist: Wie machen wir konkrete Politik?« Der sachkundige und undogmatische Westexperte in dem zwanzigköpfigen obersten SED-Gremium warb für eine »Koalition der Vernunft« zwischen Bundesrepublik und DDR. Wenn man die Tatsache respektiere, dass sie voneinander unabhängige, souveräne Staaten seien, ließen sich noch viele Dinge regeln, zum Beispiel wissenschaftlich-technische Zusammenarbeit, Kulturbeziehungen, Umweltschutz.

Häber sollte Honeckers Besuch in der Bundesrepublik vorbereiten. »Wir meinen, dass der Besuch stattfinden soll. Und wir hoffen, dass nicht irgendjemand wieder etwas konstruiert.« Doch genauso kam es. In der Siechtumsphase der Kremlführung, als die greisen Generalsekretäre Andropow und Tschernenko binnen eines Jahres starben (»they keep dying on me«, klagte US-Präsident Reagan), musste Honecker den geplanten Besuch absagen, weil die *Prawda* ihm unterstellt hatte, er lasse sich von den Westdeutschen mit »wirtschaftlichen Hebeln« erpressen.

Und nicht nur dies: Zugleich zwangen ihn die Sowjets mithilfe des Stasi-Chefs Mielke, Häber fallen zu lassen. Der Gemaßregelte wurde in die Psychiatrie gesteckt. Vom Politbüro führte seine Karriere direkt ins Irrenhaus. Die Bundesrepublik hat ihm nach der Wiedervereinigung für seinen gesamtdeutschen Realismus nie ausreichend gedankt.

Im Gespräch mit mir stritt Häber ab, dass es im Politbüro »Tauben« und »Falken« gebe. »Wir sind in einem Bündnis, die Bundesrepublik auch«, dozierte er. »Wir verfolgen nicht die Illusion, die Bundesrepublik aus ihrem Bündnis herauszulocken oder herauszubrechen. Und auch wir sind loyale Bündnispartner. Es ist normal, dass man sich informiert und konsultiert. Aber das heißt noch lange nicht, dass die DDR nicht über ihre Politik entscheidet. Bei Ihnen gibt es zwei gegensätzliche Bilderbuchvorstellungen: dass wir nur Ausführende sind und, umgekehrt, dass wir uns freischwimmen wollen. Beides ist irrig.«

An ihrem »Bruderbund« mit den Sowjets hielten die DDR-Oberen unverbrüchlich fest. Das hatte auch ökonomische Gründe. »Die Sowjetunion ist der größte Wirtschaftspartner der DDR, wir sind ihr größter«, erklärte mir Professor Otto Reinhold von der ZK-Akademie für Gesellschaftswissenschaften. »Die DDR wickelt ein Drittel ihres Nationaleinkommens im Außenhandel ab, 38 Prozent davon im Handel mit der UdSSR.«

Andererseits aber hörte ich auch immer wieder leisen Spott über die Russen. »Ein Stück Zopf vom Zaren schleppen sie schon manchmal mit sich rum«, hörte ich einen hochmögenden Genossen sagen. Und die Funktionäre mittleren Ranges hatten einen diebischen Spaß daran, einander die neuesten Sowjetwitze über die Altherrenriege im Kreml zu erzählen. Eine Kostprobe: Tagesordnung der nächsten ZK-Sitzung. Punkt 1: Hereintragen des Präsidiums. Punkt 2: Absingen des Liedes »Wir sind die junge Garde«. – Oder: Was ist der Unterschied zwischen einem Krokodil und dem Politbüro? Antwort: Das Krokodil hat vier Beine und 48 Zähne, das Politbüro hat 48 Beine und vier Zähne.

Aufsässigkeit habe ich dahinter nicht vermutet, eher den Stolz der jungen ostdeutschen Nachrücker: »Ob Sie die Wirtschaft nehmen, die Armee, die Wissenschaft oder die Partei – das ist wirklich eine FDJ-Generation«, sagte mir Egon Krenz, der die Jugendorganisation zehn Jahre lang geführt hatte. »Die Mehrheit der leitenden Kader, die nun Verantwortung übernehmen, kommt aus der Freien Deutschen Jugend. Die FDJ mit ihren 2,2 Millionen Mitgliedern war eine gute Schule.«

Nach acht Tagen voller Eindrücke hatte ich keinen Zweifel: Die DDR-Führung wünschte möglichst gute Beziehungen zu Bonn. »Koalition der Vernunft«, »Verantwortungsgemeinschaft«, »Sicherheitspartnerschaft« – das waren für sie mehr als Agitationsfloskeln. Auch sie beunruhigte es, dass auf dem Boden der beiden deutschen Staaten mehr Soldaten standen und mehr Waffen lagerten als irgendwo sonst auf der Welt, vor allen Dingen Atomwaffen, die Honecker als »Teufelszeug« bezeichnete. »Wir stellen unsere Abrüstungspolitik nicht auf propagandistischen Firlefanz ab«, sagte mir ein Generalmajor. »Wir müssen den Frieden erhalten, und nicht nur einen Frieden, der das militärische Gleichgewicht auf immer höherem Niveau etabliert.«

Ein durchaus systemtreuer Schriftsteller meinte: »Gerade weil Washington so verbiestert ist und Moskau so finster dreinblickt, müssen die beiderlei Deutschen miteinander sprechen.« Und Professor Reinhold versicherte mir mit Emphase: »Unsere ganze Politik ist darauf ausgerichtet, die Wirtschaftsbeziehungen mit der Bundesrepublik weiter auszubauen.«

Das war übrigens ein gewichtiges Argument. Die DDR profitierte auf vielfältige Weise von diesen Beziehungen – von ihrer heimlichen Mitgliedschaft in der Europäischen Gemeinschaft; von den Bonner Transferzahlungen (775 Millionen Mark jährlich); von den Kreditmöglichkeiten, die die Bundesrepublik ihr einräumte, dem Swing von 690 Millionen und zwei Bankkrediten 1983 und 1984 von fast 2 Milliarden Mark; vom innerdeutschen Handel (Gesamtvolumen 1983: 15,2 Milliarden Mark). Das erleichterte dem Regime viele Rationalisierungsvorhaben; außerdem konnte es dadurch seine Verpflichtungen gegenüber den Ostblock-Partnern besser erfüllen.

Die acht Tage im Osten bestärkten mich in meiner Auffassung, dass es, da die Wiedervereinigung ferner erschien denn je, darauf ankam, die deutsche Teilung, wo sie schon nicht *überwindbar* war, wenigstens *verwindbar* zu machen. Das hieß, Erleichterung für die Menschen zu schaffen; auf die Aufweichung, Durchlöcherung, Entbrutalisierung der deutsch-deutschen Grenze hinzuwirken; nicht zuletzt, zwischen Bonn und Ostberlin einen Zustand zu erreichen, in dem die beiderlei Deutschen sich nicht länger in jeder Ost-West-Krise als Scharfmacher betätigten, sondern als Faktoren der Mäßigung und Fürsprecher eines konsequent durchgehaltenen Entspannungskurses auftreten würden.

In diesem Sinne ging ich, noch ehe Michail Gorbatschow 1985 Generalsekretär der KPdSU wurde, wieder auf das Interview mit Erich Honecker los, der seit 1971 der mächtigste Mann der DDR war. Ich hatte es drei Jahre zuvor beantragt, und Honecker hatte es genehmigt, weil er das Verhältnis zu Bonn aufwerten wollte. Als er dann seine Reise in die Bundesrepublik hatte absagen müssen, verfolgte er auch die Interview-Idee nicht weiter. Aber nachdem Michail Gorbatschow 1985 im Kreml das Ruder übernommen hatte, kam er wieder darauf zurück. Kurz vor Jahreswechsel wurde das Projekt erneut hervorgeholt. Im Januar 1986 kam es zustande.

Erich Honecker: deutscher Kommunist, deutscher Realist

1986

Die Vorgespräche waren allerdings nicht einfach. Ostberlin beharrte zunächst darauf, dass ich mit dem Generalsekretär der Sozialistischen Einheitspartei Deutschlands sprechen würde. Das lehnte ich ab, denn mir ging es um ein Gespräch mit dem Staatsratsvorsitzenden der DDR, nicht mit dem Parteichef. Ich wollte daher keinen Termin im Gebäude des Zentralkomitees (einst das Reichsfinanzministerium, heute der alte Teil des Auswärtigen Amtes), sondern einen im Staatsratsgebäude, in dessen Fassade ein Portal des alten Schlüter-Schlosses eingearbeitet ist). Am Ende entschied Honecker persönlich, seinen Apparat überstimmend, meinen Vorschlag anzunehmen.

Anfang Januar 1986 übermittelte die *Zeit* ihm schriftlich ihre Fragen; das entsprach der Übung im ganzen Ostblock. Die – ebenfalls schriftlichen – Antworten auf unsere 25 Fragen wurden uns am 24. Januar ausgehändigt. Wider Erwarten ging Honecker ohne Weiteres auf mein Verlangen ein, dass große Teile unseres Gesprächs in die schriftliche Antwort eingearbeitet werden durften, die er tags zuvor selbst redigiert hatte. Danach empfing er mich, unsere DDR-Korrespondentin Marlies Menge und den deutschen Steno-Großmeister Josef Hrycyk, der schon viele meiner großen Interviews aufgenommen hatte, in dem großzügig dimensionierten Büro des Staatsratsvorsitzenden. Mit am Tisch saßen Botschafter Wolfgang Meyer von der Hauptabteilung Presse im DDR-Ministerium für Auswärtige Angelegenheiten und Honeckers Redenschreiber und Agitationskommissar, das Politbüro-Mitglied Frank-Joachim Herrmann.

Erich Honecker sah ein Jahrzehnt jünger aus als seine 74 Jahre; Gymnastik, Wandern und Jagen hielten ihn fit. Er sprach mit fester, manchmal leiser Stimme. Seine Sätze kamen ohne Schnörkel und

Stanzfloskeln daher. Er formulierte beredter und gab sich umgänglicher, als ich erwartet hatte. Seine Fakten hatte er präsent. Zuweilen lächelte, ja lachte er. Auch ließ er sich unterbrechen. Auf Zitate von Marx, Engels und ihren Nachfolgern verzichtete er. Er räsonierte aus der Sache, nicht aus der Ideologie heraus. Überhaupt kehrte er den Realisten heraus. »Ein deutscher Kommunist, ein deutscher Realist« betitelte ich denn auch meinen Kommentar zu dem Interview.

Das Begriffspaar Vernunft und Realismus tauchte in seinen Ausführungen immer wieder auf. Nicht zurück in die Schützengräben des Kalten Krieges, sondern Bereitschaft zur Zusammenarbeit, Atmosphäre für Normalität schaffen. »Das Verhältnis der beiden deutschen Staaten darf keine zusätzlichen Belastungen der Lage in Europa hervorrufen, sondern muss das friedliche und vertrauensvolle Zusammenleben der Staaten und Völker unseres Kontinents befruchten.« Im Übrigen: Man ist flexibel. Man muss sich revidieren können. Auch früher einmal verworfene Ideen sollte man noch einmal überprüfen. Bundeskanzler Kohl? Er praktiziert Kontinuität. Die Konzerne? Sie wollen Geschäfte machen, die DDR auch; so ist das Leben. Deutsche Einheit? »Auch Kommunisten können träumen«: seinen früheren Ausspruch wiederholte er nicht.

In sein realistisches Weltbild passte die Wiedervereinigung nicht einmal mehr unter sozialistischem Vorzeichen. Wer unter seinen Verbündeten wollte sie schon? »Wir gehen nach den Realitäten.« Säuberlich legte er sich die historische Begründung zurecht: »Es ist geradezu ein Glück für die Menschheit, dass es zwei deutsche Staaten gibt. Der Pangermanismus war immer ein Unglück für die Völker Europas.«

Das Gespräch dauerte eine Stunde und fünfunddreißig Minuten. Es berührte viele Themen: Honeckers Geraer Forderungen (Anerkennung der DDR-Staatsbürgerschaft, Umwandlung der beiderseitigen Ständigen Vertretungen in Botschaften, Schließung der Erfassungsstelle für DDR-Unrecht in Salzgitter, Festlegung der Elbgrenze in der Strommitte); den Abbau von Mauern und Sperranlagen an der Grenze; die Möglichkeit von Städtepartnerschaften, einer Ausweitung des kleinen Grenzverkehrs und der Absenkung der Westreise-Alters; schließlich Umweltschutz und Handelsfragen.

Ein Thema kehrte jedoch immer wieder: die »Lösung der Hauptfrage, eine nukleare Katastrophe zu verhindern«. Die Vorstellung eines Atomkriegs trieb ihn um. »Ein dritter Weltkrieg, ein nukleares Inferno wäre die Selbstvernichtung der Menschheit.« Für beide deutsche Staaten wäre jede militärische Konfrontation verheerend, ob konventionell oder nuklear ausgetragen. Es lag ihm sehr am Gelingen der INF-Verhandlungen über den Abzug der sowjetischen Mittelstreckenraketen SS-20 und der amerikanischen Pershings und Marschflugkörper (er sagte »Flugraketen«) aus Europa. Es sei dringend, die Rüstungsspirale erst einmal anzuhalten, dringend, jetzt nicht auch noch den Weltraum zu militarisieren (»Der Himmel darf nicht zum Vorhof der Hölle werden«), und dringend, bis zur Jahrtausendwende die Welt vom »Teufelszeug« Atomwaffen zu befreien.

Mir war klar: Das war keine wohlfeile Agitation. Vielmehr saß ich da einem Politiker gegenüber, der mit Helmut Schmidt die Urangst teilte, dass die deutsche Nation in einem Atomkrieg ausgelöscht würde, und der daher Rüstungsbegrenzung und Abrüstung als notwendige Elemente der Sicherheitspolitik betrachtete.

Natürlich rückte Honecker nicht von seinen Grundüberzeugungen ab. »Er ist und bleibt Kommunist«, schrieb ich hinterher, »aber ein deutscher Kommunist.« Gewiss hatte er nicht »unbegrenzten Spielraum«, wie er behauptete. Er musste seine Normalisierungspolitik vor einem schwierigen Moskauer Hintergrund entwickeln. Doch blieb er unverdrossen am Ball. Das *Zeit*-Interview war nicht anders zu verstehen denn als Signal zur Fortführung des deutschdeutschen Dialogs.

Ein Jahr später stattete Honecker der Bundesrepublik einen Staatsbesuch ab, den seit 1981 fälligen Gegenbesuch auf Helmut Schmidts Visite; die Älteren haben noch im Kopf, wie der Ostberliner Chef damals dem Bundeskanzler beim Abschied in Güstrow ein Hustenbonbon reichte. Schmidt begrüßte ihn, als er nach Bonn kam, mit einem bemerkenswerten *Zeit*-Artikel als »einen unserer Brüder«. Seit er auf Geheiß Ulbrichts die Mauer gebaut hatte, sei er ein »alter und kluger Mann« geworden, sicherer im Lauf der Jahre, weniger formelhaft und dafür persönlich, verbindlicher und längst ein Realist.

Und Schmidt erinnerte auch daran, dass Honecker gegen Hitler Widerstand leistete und dafür acht Jahre im Zuchthaus Brandenburg saß: »Natürlich hat er sich in der Haft an seine kommunistische Grundeinstellung gehalten – woran denn sonst? ... Wer in der sicheren Freiheit des Westens will ihm das vorwerfen? Honecker ist ein Deutscher, der seine Pflicht erfüllen will – seine Pflicht, so wie er diese als ihm auferlegt empfindet.«

Es war ein bemerkenswerter Empfang. Helmut Schmidt bestätigte den Eindruck, dessen ich mich bei unserem Interview zu meiner Überraschung nicht hatte erwehren können: dass ich es mit einem Staatsmann von Format zu tun hatte. Einem Menschen zudem, in dessen Leben es, ungeachtet aller späteren politischen Verwerflichkeiten, Abschnitte gab, die mir Achtung abrangen. Hermann Kant, der systemtreue, in der SED aktive, doch auch immer wieder umstrittene Schriftsteller, hatte mir im Gespräch gesagt: »Ich versuche nie zu vergessen, dass Honecker jahrelang in einem Loch von Gefängniszelle saß und ab und zu die Wand dröhnen hörte – wenn das Fallbeil fiel.« Ich konnte es auch nicht vergessen.

Erich Honecker akzeptierte alle meine Einfügungen aus dem tatsächlichen Wortwechsel in das schriftliche Antwortprotokoll und redigierte mit eigener Hand auch die ihm zur Autorisierung vorgelegte Endfassung. Dabei strich er nur eine einzige Stelle, in der er die Tschechoslowakei in herben Worten für die Schädigung der Wälder in den Grenzgebieten kritisiert hatte. Die *Zeit* druckte das Interview am 31. Januar 1986 auf vier Seiten ab (Überschrift: »Miteinander leben, gut miteinander auskommen«), im SED-Zentralorgan *Neues Deutschland* erschien es in gleicher Länge am selben Tag

(Überschrift: »Erich Honecker: Wir sind für Frieden auf der Erde und im Kosmos«).

Mir war vor allem eines wichtig: Honecker sagte uns zu, dass die *Zeit* nach 22 Jahren ihre »Reise in ein fernes Land« wiederholen dürfe: »Sie sind herzlich dazu eingeladen, zu jeder Zeit, da gibt es keinerlei Hindernisse. Sie werden die Republik vollkommen neu entdecken! Sie haben alle Freizügigkeit.« Am 17. März zeichnete Honecker das nach meinen Vorstellungen entworfene Reiseprogramm ab, darunter Gespräche mit Mitgliedern der Parteiführung, ein Treffen mit dem Verteidigungsminister und sogar ein Truppenbesuch bei der Volksarmee. »Alle Zusagen an G. Meyer geben. E. H.«, schrieb er an den Rand.

Am 24. Mai machten sich sechs *Zeit*-Redakteure auf die Reportagereise durch die DDR. Neu dabei waren neben den Altreisenden Dönhoff, Leonhardt und Sommer die Reporterin Nina Grunenberg, der Politik-Redakteur Gerhard Spörl und der Wirtschafts-Chef Peter Christ. Von Ostberlin ging es in elf Tagen über Demmin, Rostock, Güstrow, Wismar, Warnemünde und wieder Ostberlin quer durch die Republik nach Eisenhüttenstadt, Lübbenau, Hoyerswerda, Dresden, Radebeul, Gera, Weimar und Jena nach Straußberg.

Das randvolle Programm brachte uns in Kontakt mit vier Politbüromitgliedern (Axen, Felfe, Hager, Mittag) und einer Handvoll Professoren, zwei Bischöfen und mehreren Oberbürgermeistern, mit den Gebietsparteisekretären Timm in Rostock und Modrow in Dresden, mit dem Umweltminister Reichelt und dem Staatssekretär für Kirchenfragen Klaus Gysi, dem Vater des späteren Linken-Politikers Gregor Gysi.

Wir sprachen mit einem guten Dutzend Schriftstellern, darunter Hermann Kant, Heiner Müller und Günter de Bruyn, Monika Maron und den drei Helgas: Königsdorf, Schubert und Schütz. Wir diskutierten mit vielen Schauspielern, mit Ingenieuren und Intendanten, Bauern und Bauarbeitern. Wir besuchten auch das Karl-May-Museum in Radebeul und das Grüne Gewölbe in Dresden, die

Wartburg und die LPG Wurzen, machten eine Kahnfahrt im Spreewald und debattierten in Bad Doberan mit einer Abiturklasse.

In der Semperoper sahen wir »Figaros Hochzeit«, ein Gastspiel der Staatsoper Berlin, im Nationaltheater Weimar Udo Zimmermanns Zwölftonoper »Die wundersame Schustersfrau«. Aber ich musste offen einräumen: »Was die Reisenden zu sehen bekamen, war im Wesentlichen – nun: DDR von oben.« Neun Wochen später erschien dann der *Zeit*-Report »Reise ins andere Deutschland«, als Buch wiederum ein Bestseller.

In einem Brief an Botschafter Meyer bedankte ich mich für dessen unermüdlichen Einsatz für unser Reiseprojekt. Darin formulierte ich auch ein Kompliment: »Wenn ich mir die Bemerkung erlauben darf: Ihr Staatsratsvorsitzender braucht, was die gekonnte Verhandlung mit westlichen Journalisten angeht, nicht hinter Herrn Gorbatschow zurückstehen.« Für diesen Satz bin ich von rechts böse kritisiert worden. Er war indes eine kalkulierte Anbiederung, ein wohlerwogenes Lob, mit dem ich den SED-Leuten Mut machen wollte, auch anderen westdeutschen Kollegen die Chance eines Interviews zu geben.

DDR 1986: Das andere Deutschland

Anders als die jüngeren Redakteure maßen Rudolf Walter Leonhardt (»Leo«) und ich unsere Wahrnehmungen an den Erfahrungen, die wir 22 Jahre zuvor gemacht hatten. Ich fand dabei meine Eindrücke von meiner Reise zwei Jahre zuvor bestätigt: Bewegung statt Stagnation, Gelassenheit bei den Kadern statt Agitation, zunehmende Buntheit statt düsterem Grau, erhöhte Bautätigkeit, gesteigerter Verkehr, wiewohl erst 46 von 100 Haushalten ein Auto hatten.

Ein bescheidener Wohlstand war nicht zu übersehen, obgleich im Vergleich zum Westen vieles noch armselig wirkte: die Schaufensterdekoration, die Billigangebote der Konsumgüterindustrie, das fleckige Obst und das unansehnliche Gemüse in den Auslagen. Doch wie Leonhardt bemerkte: »An Lebensmitteln herrscht für jemanden, der so gut wie ich auf Bananen verzichten kann, kein Mangel, solange der Verteilungsapparat funktioniert. Manchmal klemmt er, wie die Fahrstühle in den älteren Hotels.« Aber nach der Fresswelle und der Konsumwelle, dem gestiegenen Angebot an Fernsehern, Waschmaschinen und Kühlschränken, wollten nun auch die Ostdeutschen endlich eine Reisewelle. Dass sie da weiterhin auf Schranken und Mauern stießen, war die Achillesferse des Systems.

Mein Resümee war eindeutig: »Im Vergleich mit dem materiellen Lebensstandard der Bundesrepublik zieht die DDR den Kürzeren. Sie liegt noch immer zurück. Aber der Abstand beträgt nicht mehr zwölf, fünfzehn Jahre wie 1964. Vielleicht bemisst er sich nur noch auf sechs, acht Jahre. Und wichtiger für die DDR-Bürger ist ohnehin, wie sie bei dem Vergleich ihrer Lage heute mit ihrer Lage damals abschneiden. Da ist die Bilanz eindeutig positiv. Drüben hat sich ein zweites deutsches Wunder vollzogen – ein gedämpftes, gebremstes Wunder, aber dennoch. Und für die siebzehn Millionen Deutsche in der DDR liegt Hoffnung in Honeckers Wort: ›Das Erreichte ist noch lange nicht das Erreichbare.‹«

Ich fand das Verhältnis zur Obrigkeit entspannter, entkrampfter. »Am Staate mäkeln, doch ihn tragen«, betitelte ich meine Einführung. »Eine wirkliche Entspannung hatte es nicht gegeben, wird es wohl auch so bald nicht geben«, schrieb ich. »Aber Streckbett und Daumenschrauben sind auch nicht mehr an der Tagesordnung. Es ist alles lockerer geworden, weniger unbedingt, pastöser. Wie es der Dramatiker Heiner Müller formulierte: ›Ein ganz wesentliches Strukturelement der DDR kommt aus Sachsen: das Verschwiemelte. Das ist ein Bereich, in dem man leben kann.‹« Vom Leben in der Knautschzone sprach Müller: »Manchmal holt sich die Partei Beulen, manchmal der Einzelne. Wer, kann man vorher gar nicht immer wissen.«

Leben in der Knautschzone hieß auch Leben unter Erich Honecker. Ein Satz über ihn in meinem Bericht hat mir damals heftige und hämische Kritik eingebracht, die *Bild*-Zeitung hackte noch 1990 darauf herum: »Die Bürger des anderen deutschen Staates bringen ihm fast so etwas wie stille Verehrung entgegen; in Gesprächen schlägt sie immer wieder durch.«

Ich glaube aber nicht, dass ich mich in meiner Einschätzung getäuscht habe. Die meisten Neuerungen gingen auf die Jahre seit 1971 zurück, als Honecker die Nachfolge Walter Ulbrichts antrat. Realismus statt Utopie; bessere Befriedigung der materiellen Bedürfnisse; weniger Angst, mehr Angebot; Intensivierung der Produktion und des Wohnungsbaus; Ankurbelung des Dienstleistungsangebots, Umweltschutz, nicht zuletzt die Einführung von Sexualberatungsstellen – alles wurde Honecker gutgeschrieben und zugutegehalten.

»Honi« nannte ihn keiner, das war westlicher Sprachgebrauch und wurde als genierlich empfunden. Es war »der Chef«, »der Erste« oder einfach Erich. »Erich währt am längsten«, hieß eine Kabarettnummer der Berliner »Distel«. Das Publikum im ausverkauften Haus applaudierte lang und heftig. Der Jubel verriet etwas von der heimlichen Zuneigung derer, die Honeckers Regiment unterstanden.

Leonhardt, der Reisegefährte von 1964, teilte meinen Eindruck von der DDR: »Ein Land, das dem unseren ähnlich geworden, das uns näher gerückt, das nicht mehr arm ist.« Und er stimmte mir in einer weiteren Hinsicht zu: »Es ist da in den letzten 22 Jahren, zumindest nach dem äußeren Eindruck, ein neuer Staat entstanden, mit einem neuen, eigenen Selbstbewusstsein. Das hat aus einem uns näher gerückten Land zugleich ein uns fremderes werden lassen.«

In unserer Reisegruppe machte sich indes jeder sein eigenes Bild. Wir täuschten den Lesern keine Einheitlichkeit der Anschauungen und Wertungen vor.

Auch Gerhard Spörl, zum ersten Mal in der DDR, vermerkte das von uns unbemerkt gewachsene Selbstgefühl der DDR. Ordnung sei ihr Schlüsselwort. Wo in allen anderen sozialistischen Staaten entweder Wohlstand oder Ordnung herrsche, habe die kleine, überschaubare DDR es verstanden, beides zu verwirklichen. Er räumte ein: »Wir haben auch niemanden getroffen, der die DDR nach ungarischem Muster oder nach dem Leitbild des Prager Frühlings verändern wollte. Da dominiert die Apathie aus eigener Erfahrung.« Aber als ihn Doberaner Abiturienten nach seinem Eindruck von der DDR fragten, brach aus ihm heraus, was sie mit ungläubigem Lachen quittierten: »Auf mich macht die DDR einen angestrengten Eindruck. Sie wirkt auf mich, als läge eine große Last auf ihr. Sie wirkt auch unfroh.« Die allgemeine Tristesse empfand er als niederdrückend.

Der Nationalökonom Peter Christ, Wirtschafts-Chef der *Zeit*, fand lobende Worte für die hochkompetenten Chefs der vier Vorzeigewerke, die wir zu sehen bekamen, Carl Zeiss in Jena, das EKO-Stahlwerk in Eisenhüttenstadt, die Mathias-Thesen-Werft in Wismar und das Druckmaschinenwerk Planeta in Radebeul. Er verschwieg auch nicht, dass sich die Betriebe im Osten mehr um das Leben ihrer Mitarbeiter kümmern als in der Bundesrepublik. Alle Produkte, die zum Leben unerlässlich sind, gebe es reichlich. »Brot, Milch und Kartoffeln sind billig. Ein Brötchen kostet fünf Pfennig. Die Mieten liegen selten über hundert Mark im Monat; das reicht bei uns nicht aus, die Kosten für Heizung und Warmwasserversorgung zu decken. Strom kostet im Westen fast das Dreifache. Die öffentlichen Verkehrsmittel sind spottbillig. Diese politischen Preise subventioniert der Staat mit rund 25 Milliarden Mark pro Jahr. Der große unsubventionierte Rest ist teuer.«

Doch bei näherem Hinsehen ließ sich Christ über eines nicht hinwegtäuschen: »Die DDR hinkt dem kapitalistischen Westen weit hinterher; sie ist überdies in Gefahr, noch weiter zurückzufallen.« Die Industrie arbeite mit veralteten Maschinen, und veraltet seien auch das Straßennetz, die Reichsbahn und das Telefonsystem. Die Wirtschaft liege etwa vier bis sieben Jahre hinter der Entwicklung der westlichen Industriestaaten zurück. Die Aussichten seien schlecht, den Rückstand in absehbarer Zeit aufzuholen. »Das Gegenteil ist wahrscheinlich. Die Industrie des Landes ist in Gefahr, den Anschluss an das Weltniveau zu verlieren.«

Die Ursache des ökonomischen und technischen Rückstandes sei jedoch nicht die Qualität der Köpfe. Die Ursache liege in dem System, in dem die DDR-Wirtschaft stecke. »Es behindert den Forscherdrang, nimmt den Mut zum Risiko und hemmt den technischen Fortschritt, der Voraussetzung für bessere Lebensbedingungen ist. In der DDR blättern nicht nur die Fassaden, es blättert auch die Hoffnung.«

Jedes Mitglied unseres Teams machte neben dem Gesamtprogramm individuelle Abstecher. Zu meinen gehörte ein Treffen mit der Direktorin der »Gedenkstätte Eisenacher Parteitag 1869«, einer typischen Vertreterin der Qualifikationsgesellschaft, die aus der DDR einen riesigen Arbeiterbildungsverein hatte werden lassen. Sie erinnerte daran, dass die verschiedenen Denkschulen der Sozialdemokraten auf dem Kongress vor 127 Jahren im Beisein von August Bebel, Wilhelm Liebknecht, Ferdinand Lassalle und Karl Marx keine Übereinstimmung hatten finden können und sich daher auf »Einigung, nicht Vereinigung« verständigten – ein Formel, die sich mir als Rezept für die aktuelle Handhabung der deutschen Frage empfahl.

Ein zweiter Ausflug führte mich ins Land der hunderttausend Sorben, die im Spreewald vom Regime gehätschelt wurden – als Brücke zu den slawischen Verbündeten im Warschauer Pakt.

Sehr nahe ging mir dann ein Besuch bei der Nationalen Volksarmee (NVA), beim Rudolf-Gyptner-Regiment in Lehnitz-Oranienburg, fünfzig Kilometer nördlich von Berlin. Der Namensgeber des Artillerieregiments 1 war der Sohn eines deutschen Altkommunisten, Widerstandskämpfer, mit einundzwanzig Jahren als Partisan in Polens Wäldern gefallen. Ich stütze mich im Folgenden auf das, was ich damals geschrieben und den *Zeit* Lesern berichtet habe.

Fünf Obristen und Oberstleutnante empfingen mich in freundlicher Befangenheit im Klubgebäude des Regiments; anders als bei der Bundeswehr hieß es nicht Kasino. Sie wussten, dass ich einmal Leiter des Planungsstabes im Bundesministerium der Verteidigung gewesen war; ich wusste, dass ich der erste westdeutsche Journalist war, den die Volksarmee zu sich eingeladen hatte. Sie stellten sich vor, ehe es in Traditionszimmer ging: der stellvertretende Divisionskommandeur; der Leiter der Politabteilung; Oberst Michel, Sprecher des Verteidigungsministeriums samt Sekretärin; schließlich der Regimentskommandeur Oberstleutnant Aré-Lallement, ein schlanker, nachdenklicher Mann.

Wären da nicht die hellgrauen Uniformblusen gewesen, die uns fremd gewordenen Schulterstücke der Wehrmacht, die unvertrauten Orden und Ehrenzeichen, ich hätte mir leicht einbilden können, ich wäre bei der Bundeswehr in Neumünster oder Sigmaringen. Ich erkannte sie alle wieder: den knochenharten Troupier, den Schreibtischoffizier, den Verantwortlichen für die Innere Führung, pardon: die Politabteilung, den Intellektuellen.

Militär ist überall Militär, Soldaten sind Soldaten. Und Traditionszimmer sind Traditionszimmer: Fahnen und Wimpel; Modelle von Waffen und Kriegsgerät; Vitrinen mit Pokalen, Erinnerungsstücken, Urkunden, Fotos von Manövern oder Verbündeten. Nur dass es im Falle des Lehnitzer Regiments andere Verbündete waren: nicht Amerikaner, sondern Sowjets, nicht eine belgische Brigade, sondern ein Warschauer Artillerieregiment.

Aré-Lallement, zwei goldene Sterne auf den geflochtenen Achselklappen, ernst und ein wenig angestrengt die Miene, erklärte mir als Ziel der NVA-Traditionsarbeit, die Erinnerung an die Leiden der Menschen im Krieg wachzuhalten. »Die Waffe zu tragen, damit sich das nicht wiederholt, ist unser wichtigster Auftrag.« So hätte es auch ein Bundeswehroffizier ausdrücken können. Am Rande erfuhr ich, dass die gesamte Generalstabsausbildung in der Sowjetunion stattfinde und die NVA viel mit den Verbündeten übe; ein Pilot der westdeutschen Luftwaffe hätte das ähnlich für Amerika sagen können.

Dann ging es hinaus auf das Schießplatzgelände. Der Platz

hatte Tradition wie viele Standorte in der DDR – rund um Berlin war das Militär immer schon zu Hause. Und auf dem Schießplatz ging es auch nicht anders zu als bei der Bundeswehr. Vier Geschütze waren in Stellung gegangen. Halblaute Kommandos. Gelbe und rote Warnflaggen, Stapel von Munitionskisten, Kanoniere im Laufschritt, verschwitztes Gesicht unter dem flachen Helm der Volksarmee – eine Kartusche wog 48 Kilo. Laden, Richten, Zünder einstellen, Schussdistanz 800 Meter, Feuern. Es knallte gewaltig. Schwaden von Pulverdampf trieben über die Heide.

Gespräch am Rande. »Gibt es bei Ihren Soldaten Klagen über den Gammeldienst?« – »Das ist nicht ihr Ausdruck, aber die Sache ist bekannt. Sie haben's lieber, wenn es rumst, als wenn sie Geräte reinigen müssen.«

Was sie von der Bundeswehr halten? »Wissen Sie«, sagte Oberstleutnant Aré-Lallement, »wenn ich das Foto eines Bundeswehrsoldaten sehe, frage ich mich immer: Was geht wohl unter seinem Helm vor?« – »Wissen Sie«, sagte ich, »das ist dieselbe Frage, die sich unsere Offiziere stellen, wenn sie das Foto eines Soldaten der Nationalen Volksarmee sehen. Was ist denn national an der Nationalen Volksarmee?«

»Wir verstehen uns als ein Teil des Volkes«, antwortete einer. Der Batteriechef spitzte diese Antwort zu: »Da wird uns weiszumachen versucht, dass die deutsche Nation ein Ganzes wäre. Ich persönlich glaube das nicht. Wir haben eine andere Kultur, andere Produktionsverhältnisse, eine ganz andere Lebensauffassung.« Die Sekretärin des Ministeriumssprechers, der ab und zu in die Diskussion eingriff, schrieb eifrig mit.

»Diskutieren auch Sie«, erkundigte ich mich, »die Frage, die in der Bundeswehr oft diskutiert wird: Würden im Ernstfall Deutsche auf Deutsche schießen?«

Die Antwort gab einer der Stabsoffiziere: »Unser Auftrag ist es, einen Krieg zu verhindern und, wenn er doch eintritt, ihn so schnell wie möglich zu beenden. Wenn die Bundeswehr eine Intervention machen würde, würden wir selbstverständlich zur Waffe greifen.«

Oberstleutnant Aré-Lallement setzte erläuternd hinzu: »Wir haben nichts gegen den einzelnen Menschen in der Bundesrepublik. Aber in dem Moment, in dem er zur Waffe greift, wird er zum Feind, egal, ob er der Onkel ist oder nicht. Wenn ich nicht auf ihn schieße, würde er doch auf meinen Waffengefährten neben mir schießen ...«

Es war die offizielle Antwort, wie sie in ähnlicher Formulierung, wenngleich mit umgekehrten Vorzeichen, auch in der Bundeswehr gegeben werden konnte. Im Auto zurück von Lehnitz nach Berlin, versunken in die Betrachtung einer silbernen Schützenschnur, die mir der stellvertretende Divisionskommandeur zum Abschied verehrt hatte, fragte ich mich, ob diese offizielle Antwort eigentlich beschrieb, was wirklich passieren würde, wenn es je zum Schlimmsten käme. Konnten sich die beiden Seiten da wirklich sicher sein?

Zum Glück ist es zum Schlimmsten nie gekommen. Nach der Wiedervereinigung wurde die Nationale Volksarmee aufgelöst; nur 18 000 der 174 000 NVA-Soldaten übernahm die Bundeswehr. Die Rudolf-Gyptner-Kaserne wurde in Märkische Kaserne umbenannt und war bis 2006 der Standort des Artilleriebataillons 425 in der Armee der Einheit.

Mit welchen Empfindungen bin ich damals aus der DDR geschieden? Ich fand das Totalitäre nicht alldurchdringend. In der »Nischengesellschaft« – eine Begriffsprägung von Günter Gaus – suchten und fanden die Menschen ihr privates Glück im Winkel, sei es in der Familie oder im Freundeskreis, am FKK-Strand oder im Garten mit Datsche, unter Briefmarkensammlern oder bei der Hausmusik. Die offene Verzweiflung von einst war resignierter Gelassenheit gewichen: Man arrangierte sich. Die DDR war der Staat der kleinen Leute, hatte Gaus geschrieben. Ich habe sie auch als Staat der kleinen Diktatoren erlebt. Mit Honecker ließ sich diskutieren, mit dem Parkwächter an der Wartburg nicht; auch nicht mit dem typischen

Kellner, der sich vor einem aufpflanzte und in einem Hotel-Speisesaal voller unbesetzter Tische dreist erklärte, es sei nichts mehr frei; und erst recht nicht mit den Volkspolizisten, deren Unliebenswürdigkeit manche zu spüren bekamen, die nicht privilegiert einreisten.

Über den grundsätzlichen Charakter des Regimes hatte ich keine Illusionen. Die Menschen in der DDR mochten mehr kleine Freiheiten haben als früher, doch von unserer großen Freiheit konnten sie nur träumen. Mein zusammenfassendes Urteil erlaubte keinen Zweifel an meiner Einstellung: »Nein, keiner von uns möchte in der DDR leben ... Die zugeteilte Freiheit, die lebenslange Gängelung, der nervtötende Umgang von Partei und Ämtern mit den Bürgern, entweder agitatorisch aufputschend oder schikanös maßregelnd, der Zwang zur Anpassung, dem jeder einzelne unterliegt – das alles schreckt ab ... Überhaupt die kräftezehrende Bewältigung der einfachsten Lebensprobleme. Das Zwiedenken, das in der Kluft zwischen Wissen und Wort nistet. Das Gefühl des Eingesperrtseins. Die situationsbedingte Illusionslosigkeit.«

Honecker wurde laufend über den Ablauf unserer Reise unterrichtet. In den Akten der Hauptabteilung Presse im DDR-Außenministerium haben sich 54 getippte Seiten gefunden: die Korrespondenz der Organisatoren mit Honecker, viele Blätter handschriftlich von ihm abgezeichnet; meine Fragen an die leitenden Funktionäre und deren Berichte über unsere Unterhaltungen; schließlich eine elfseitige Analyse der *Zeit*-Serie, die Honecker am 26. August paraphierte. Sie wurde als »bisher umfassendste Korrektur des DDR-Bildes durch ein großbürgerliches Massenmedium« bezeichnet. Allerdings resultierten aus unserem Standpunkt, dass das kapitalistische System dem sozialistischen überlegen sei, »eine Reihe von Entstellungen, Verzerrungen, diskreditierenden Behauptungen und überheblichen Wertungen«. An solchen Entstellungen und Verzerrungen hatte es indes gerade in den DDR-Berichten über unsere Haltung nicht gefehlt. So wurde uns dummdreist die Ansicht unterstellt,

»beim Systemvergleich käme die DDR besser weg, man müsse sich die Frage stellen: Möchtest du, könntest du in dieser DDR leben? Auf den Gedanken, diese Frage zu stellen, sei vor 22 Jahren keiner gekommen, da die Antwort – Nein – von vornherein klar gewesen sei.«

Honecker wurde auch berichtet, in der *Zeit*-Redaktion habe es über die DDR-Serie heftige Auseinandersetzungen gegeben. Konservative Kräfte hätten auf Kürzung des Umfangs und Abstriche an wesentlichen Aussagen gedrängt; Chefredakteur Sommer habe sich jedoch durchgesetzt. Das war frei erfunden; eine solche Auseinandersetzung hat es nicht gegeben. Die Serie erschien wie ursprünglich geplant. Herausgeber Schmidt steuerte ein tiefsinniges Vorwort bei, dem alle zustimmen konnten:

»Wir Deutschen, und ebenso die allermeisten anderen Völker Europas, werden eines Tages wieder zueinanderfinden. Dabei mag dann das gemeinsame Dach über nur lose miteinander verbundene Gebäude gespannt werden; das Dach mag auch sehr viel größere Flächen Europas decken müssen als nur die beiden deutschen Territorien. ... Wir müssen lernen, mit der Teilung zu leben, zugleich am moralischen Imperativ zur Freiheit der Person festzuhalten, gleichwohl aber das Ziel einer Überbrückung der Grenzen oder eines gemeinsamen Daches nicht aus den Augen zu verlieren. Und wir müssen lernen, das Augenmaß für das Mögliche und Machbare zu pflegen.«

Grenzen überwinden und ein gemeinsames Dach über das geteilte Europa spannen – drei Jahre vor dem unvorhersehbaren Fall der Mauer erschien dies einem Realpolitiker wie Helmut Schmidt als Maximum, ja: als Optimum des Möglichen und Machbaren. Kaum jemand sah dies damals anders. Im Juni 1988 bestätigte Schmidt beim Kirchentag in Rostock noch einmal seine Hoffnung auf ein gemeinsames Dach über der deutschen Nation. Erneut nannte er es unsere Aufgabe, Gelassenheit zu lernen und Gelassenheit zu bewahren, »weil doch in absehbarer Zukunft die Teilung nicht überwunden werden wird«. Niemand von uns wisse, wie lange die Teilung dauern werde. Jeder wisse, dass die meisten unserer Nachbarn sich mit der Teilung Deutschlands eher zufriedengeben als mit der Teilung Europas. Seine Schlussfolgerung formulierte er in dem klaren Satz: »Wir heutigen Deutschen müssen lernen, mit der Teilung zu leben.«

Mein schönstes Erinnerungsstück an die Reise in das ferne Land war nicht die silberne Schützenschnur. Es war ein Blatt, das ich von Goethes Gingko-Baum in Weimar gepflückt hatte. Günter Gaus hatte mir dazu aus dem *West-Östlichen Diwan* Goethes Gedicht über die merkwürdig zusammengewachsenen Blätter des Baumes ins Gedächtnis gerufen:

> Ist es ein lebendig Wesen,
> Das sich in sich selbst getrennt?
> Sind es zwei, die sich erlesen,
> Dass man sie als eines kennt?

In meiner abschließenden politischen Analyse übersetzte ich die Gingko-Poesie – »dass ich eins und doppelt bin« – ins Prosaische: »Deutschland: das wird noch lange Zeit nichts Halbes und nichts Ganzes sein, vielmehr etwas Doppeltes. Das Geteilte und Gedoppelte wird lange der Deutschen Schicksal bleiben. Da können Maximalansprüche nur Unfrieden stiften. Eine Politik des Möglichen hingegen wird sich lieber dem Motto Wilhelm Liebknechts aus der Frühzeit der Arbeiterbewegung verschreiben: ›Einigung statt Vereinigung‹.«

Famous last words …

X.
DIE VEREINIGUNG DEUTSCHLANDS

Meine Haltung zur Wiedervereinigung

Am 23. Mai 1949, als die Bundesrepublik Deutschland ins Leben trat, steckte ich mitten in den Abiturprüfungen; wenige Monate später, bei der Ausrufung der Deutschen Demokratischen Republik am 7. Oktober 1949, weilte ich fernab in den schwedischen Wäldern. Wie alle dachte ich, dass die Wiederherstellung der deutschen Einheit die Sache der Siegermächte sei; die Angelegenheiten, die »Deutschland als Ganzes« betrafen, hatten sie sich schließlich vorbehalten. Der Fehlschlag von vier Ost-West-Konferenzen in den frühen 1950-Jahren enthüllte diese Erwartung jedoch als Illusion.

Die Stalin-Note vom 10. März 1952 bot den Deutschen zwar die Wiedervereinigung an, vorausgesetzt, Bonn rücke von der Westintegration ab, aber der Westen ging dem nie wirklich nach, obwohl Winston Churchill dafür eintrat, die Ernsthaftigkeit des sowjetischen Entspannungswillen zu prüfen. Der erste Seite-1-Leitartikel, den ich je schrieb, 1953, drei Wochen vor der Krönung Elizabeths II. und eine Woche vor meinem 23. Geburtstag, erschien noch in der *Neuen Württembergischen Zeitung*. Unter der Überschrift »Zwei Welten sind besser als keine« setzte ich mich sehr für Churchills Verhandlungsvorschlag ein.

In diesem frühen Text klangen einige Grundgedanken an, die sich in meinen späteren *Zeit*-Leitartikeln wiederfinden: über die amerikanische Kreuzzugsmentalität, der es widerstrebte, mit der Sowjetunion Absprachen zu treffen; über den inneren Widerspruch zwischen außenpolitischen Zielen und der für den Hausgebrauch inszenierten Propaganda; schließlich über die Notwendigkeit, auf einer realistischen Basis des Gleichgewichts und scharf voneinander abgegrenzten Interessensphären mit ihnen zu verhandeln.

Unbeleckt von aller Theorie befand ich, es gebe für die Diplomatie nur drei Methoden zur Lösung von Spannungen: Überredung, Kompromiss und Machtandrohung. Kommunisten zu überreden sei schwierig, wenn nicht unmöglich. An Kompromisse war nach der Niederschlagung des ostdeutschen Arbeiteraufstandes vom 17. Juni 1953 erst einmal nicht mehr zu denken. Seitdem litt es keinen Zweifel mehr: Moskau war entschlossen, an seiner vorgeschobenen Bastion DDR festzuhalten.

Der Bau der Berliner Mauer acht Jahre später zerschlug die letzten Hoffnungen auf eine baldige Überwindung der Teilung. Die Erkenntnis setzte sich durch, dass angesichts der Machtlage mit einem noch so schönen Rechtsanspruch nichts anzufangen war. Von nun an galt es, aus dem Zustand der antagonistischen Teilung hin zu einer kooperativen Teilung zu gelangen; mit Ostberlin zu reden, nicht mit ihm zu streiten; zum Wohle der Menschen Gräben zu überbrücken, nicht sie zu vertiefen.

Im Oktober 1963 formulierte ich meinen Standpunkt zu einer »Politik des Interims« in allem Freimut: »Die Wiedervereinigung Deutschlands und Europas ist nicht um die Ecke. Sie wird, wie die Dinge sich entwickelt haben, nicht mehr das Ergebnis eines internationalen Aktes oder einer internationalen Akte sein können: Wir haben keinen Hebel, mit dem wir sie den Sowjets abzwingen können ... Wenn es je zur Wiedervereinigung kommt, so wird sie die Frucht eines evolutionären Prozesses sein, eines Prozesses der Auflockerung und Vermenschlichung innerhalb des Sowjetblocks und, daraus folgend, einer allmählichen Annäherung von Ost und West.

Aufgabe auch der deutschen Politik müsste es sein, alles zu unternehmen, was diesen Prozess fördert, und alles zu unterlassen, was ihn hindert. Verbarrikadieren wir uns träge hinter dem Status quo, so verbauen wir uns jede Aussicht auf einen Wandel. Eine Diplomatie der Beweglichkeit hingegen, wenn sie auch kein todsicheres Rezept sein mag, bietet immerhin die Chance einer Chance – wo nicht für die Wiedervereinigung in Freiheit, doch zunächst einmal für das Geteiltsein in Freiheit, oder jedenfalls mehr Freiheit, als den Menschen jenseits des Eisernen Vorhanges heute vergönnt ist.«

Hier zeichnete sich zum ersten Mal vage ein Gedanke ab, der sich danach immer mehr verdichtete: dass Freiheit für die Ostdeutschen uns wichtiger sein muss als die staatliche Einheit.

Der Gedanke war nicht so unpatriotisch, verfassungswidrig, verwerflich, wie er in jenen Jahren von der Riege der Unbedingten charakterisiert wurde. Andere hatten ihn auch, darunter erstaunlicherweise Axel Springer. Am 3. Mai 1982 schrieb er in der *Welt:*

»Eines Tages kam Henry Kissinger zu mir ins Haus nach Dahlem. Morgens zum Frühstück stürmte er ins Zimmer und sagte: ›Axel, sind Sie ein Nationalist?‹ Ich sagte: ›Nein, ich bin für die Freiheit‹ ... Dann habe ich weiter gesagt: ›Henry, wenn Sie zur deutschen Wiedervereinigung nicht beitragen können, aber wenn es Ihnen gelingt, in diesem zweiten deutschen Staat für wirkliche Freiheit zu sorgen, Freiheit der Arbeit, Freiheit des Reisens, Freiheit der Religionsausübung, Freiheit in jeder Form, wenn es um sechs Uhr morgens an der Haustür klopft und es ist nicht der Staatssicherheitsdienst, dann sage ich Ja zum zweiten deutschen Staat. Das sagt kein Nationalist. Mir geht die Freiheit über alles.‹«

Das entsprach genau meinem Denken. In einer Team-Prognose für das Siebzigerjahrzehnt hatte ich mich, zaghaft noch und auf Umwegen, dieser Schlussfolgerung angenähert: »Niemand, der sich noch ein Quäntchen deutsches Zusammengehörigkeitsgefühl bewahrt hat, wird der Möglichkeit einer Wiedervereinigung oder Neuvereinigung der beiden nach dem Krieg entstandenen Staaten für alle Zeit abschwören wollen. Wenn diese Vereinigung käme, in einer Form, die der Mehrheit des Volkes annehmbar und zugleich seinen

Nachbarn im Osten zumutbar erschiene, würde sie selbst nach jahrzehntelanger Spaltung noch als das natürliche Schicksal der deutschen Nation empfunden. Ein Dreivierteljahrhundert Einheitsstaat Bismarck'scher Prägung hat unser Bewusstsein tiefer geprägt als die vorangegangenen tausend Jahre Partikularismus; man soll sich da nichts vormachen und auch nichts vormachen lassen.«

Ich dachte indessen weiter: »Niemand freilich, der sich einen klaren Sinn für das realpolitisch Mögliche bewahrt hat, wird die Wahrscheinlichkeit einer Wiedervereinigung in überschaubarer Zukunft sehr hoch veranschlagen ... Sie wird auch im besten Falle eine Sache von Jahrzehnten sein, nicht von Jahren. ... Und auch da darf man sich nichts vormachen oder vormachen lassen: So schön sie wäre, so natürlich wir sie empfinden mögen, im letzten Grunde ist sie doch verzichtbar, ist sie abdingbar. Der deutsche Zentralstaat ist nicht das einzige Gefäß, in dem sich deutsches Schicksal erträglich vollziehen kann; die Geschichte stellt eine Fülle anderer Modelle bereit ... Einheit der Deutschen ist nicht gleichbedeutend mit Einheitsstaat der Deutschen. Es gibt andere Formen des Zusammenlebens und Zusammenwirkens.«

Dies entsprach meinem eigenen Geschichtsverständnis. Der einheitliche Zentralstaat war ja wirklich nicht das vorherrschende Gefäß deutscher Staatlichkeit. Nach dem Dreißigjährigen Krieg bestand das Heilige Römische Reich Deutscher Nation aus 314 Territorien, und noch der auf dem Wiener Kongress 1815 gegründete Deutsche Bund zählte 38 Bundesglieder. Nicht von ungefähr nannten uns die Franzosen »les Allemagnes«, die Deutschländer. Das Dreivierteljahrhundert Einheit, wie sie Bismarck geschaffen und Hitler verspielt hat, war dann auch nicht unsere rühmlichste Epoche und nicht die glücklichste unserer Nachbarn – Fritz Stern schrieb es 1987 dem Bundestag ins Stammbuch: »Das ungeteilte Deutschland hat unsagbares Elend über andere Völker und über sich gebracht.« Mich schmerzte die Trennung des Volkes mehr als die Spaltung der Nation. Und dies war keineswegs eine vereinzelte

Sondermeinung; sie wurde bestätigt und genährt von den Aussagen großer Geister.

Ende der Fünfzigerjahre hatte Theodor Eschenburg zum ersten Mal einen Gedanken formuliert, der dann bis zum Mauerfall immer wieder disputiert wurde: »Zweimal Deutschland: Freiheit der Zone durch Verzicht auf die Wiedervereinigung?« Karl Jaspers löste 1960 mit mehreren *Zeit*-Aufsätzen, die dann als Buch unter dem Titel *Freiheit und Wiedervereinigung* erschienen, einen Sturm der Entrüstung aus. In aller Direktheit bekannte er: »Die Geschichte des deutschen Nationalstaats ist zu Ende.« Im Gespräch mit Thilo Koch erläuterte er: »Es hat keinen Sinn mehr, deutsche Einheit zu propagieren, sondern es hat nur Sinn, dass man für unsere Landsleute wünscht, sie sollten frei sein!« Die Freiheit stehe an Rang vor der Einheit, deshalb solle man unter Preisgabe der Wiedervereinigung allein auf sie zugehen.

Der einflussreiche Kieler Historiker Karl Dietrich Erdmann, ein Konservativer, sprach von der deutschen Besonderheit: der Geschichte eines Volkes, zweier Nationen (der deutschen und der österreichischen), dreier Staaten (Bundesrepublik, DDR, Österreich); er sah die deutschen Teilstaaten vor dem Hintergrund der älteren deutschen Geschichte, nicht bloß als Zerfallsprodukte des Bismarck-Reiches. Der Göttinger Historiker Hermann Heimpel erklärte im »Kuratorium Unteilbares Deutschland«, es gebe kein Naturrecht auf die Einheit eines Volkes, ein Volk könne auch bleibend geteilt werden. Sein FU-Kollege Hagen Schulze befand: »Auf dem Mietvertrag für unsere europäische Wohnung steht nicht nationale Einheit, sondern demokratische Freiheit, nicht Wiedervereinigung, sondern Selbstbestimmung.«

Golo Mann schrieb noch im November 1989 in der *Welt*: »Wenn morgen in den Pariser Zeitungen stünde, Kohl und Krenz hätten die Wiedervereinigung für das Jahr 1991 verabredet, was gäbe das für eine große Aufregung und einen großen Schrecken.« Der

Zaun könne fallen und der Staat trotzdem weiter dauern; die DDR, von einer grundfalschen Ideologie befreit, sei immer noch ein selbstständiger Staat mit interessanten Leistungen. Mann plädierte allenfalls für einen allmählichen Übergang, der in 29, 25 Jahren zu einem Zusammenwachsen führen könne- »für eine mit Trompetentrara gefeierte Wiedervereinigung wäre ich aber nun wirklich nicht«.

Ein paar Monate zuvor, im Mai 1989, hatte der Tübinger Politikwissenschaftler Volker Rittberger befunden: »Aus gegenwärtiger Sicht spricht vieles dafür, das Prinzip der Mehrstaatlichkeit für die politische Existenz Deutschlands und der Deutschen zu akzeptieren.« Der Münchner Althistoriker Christian Meier hielt es noch im November für wahrscheinlich, »dass zunächst das Experiment mit einem selbst verantworteten Sozialismus fällig ist«; dann werde sich die Frage nach der Identität der DDR stellen, und erst danach werde die Frage nach einer neuen Vereinigung aktuell.

Und selbst ein so scharfsinniger Politik-Analytiker wie Sebastian Haffner urteilte noch Anfang April 1990 im *Stern*, kein europäischer Staat wolle die Wiedervereinigung; daher sah er höchstens eine Währungs- und Wirtschaftseinheit ohne gemeinsames außenpolitisches und militärisches Dach voraus. Karl Popper war einer der wenigen, die keine Zweifel hatten: »Es kommt bestimmt zur Vereinigung, in dieser oder jener Form. Das kann niemand verhindern.«

Das Denken ging wild durcheinander. Angesichts der offenkundigen Unlösbarkeit des deutschen Problems verfielen die Zeitgenossen auf die unterschiedlichsten Ansätze. Sie reichten von der Ablehnung jeglichen Verzichts auf die Wiederherstellung der deutschen Einheit auf der Rechten (der Jurist Thilo Ramm: »wäre für die Angehörigen anderer Völker unglaubhaft«) bis zur Ablehnung jeglicher Wiedervereinigung auf der Linken (die Autorin Lea Rosh: »Ich fände 80 Millionen wiedervereinigte Deutsche furchtbar«).

Dazwischen aber gab es viele, die sich Gedanken machten über die Möglichkeiten einer deutschen Gemeinsamkeit und die Praktizierung einer zwischendeutschen Partnerschaft. Es war eine Betrachtungsweise, die auf Erleichterungen für die Menschen zielte und bei voller Anerkennung der Grenze auf deren Durchlöcherung, Aufweichung, Durchlässigmachung. An denkbaren Funktionsmodellen und Stufenfolgen eines solchen Prozesses der Aufeinanderzuentwicklung fehlte es nicht – auch wenn man bei dem obersten Grundsatz blieb, dass die beiden deutschen Staaten für einander nicht Ausland sein sollten.

Für mich war die DDR allenfalls »inneres Ausland«: ein Begriff, den Freud geprägt hatte, um den Charakter der Entäußerung eines dem Subjekt sehr wohl Eigenen zu treffen. In verständlichem Deutsch hieß das: um etwas zu beschreiben, was zum Innersten des Menschen gehört und ihm doch fremd geworden ist. Dass die DDR für uns Ausland sein sollte, hielt ich für aberwitzig, obwohl sie faktisch kein Inland war. Gab es keine Zwischenlösung, »weder Inland noch Ausland«?

Ein interessantes Modell fand ich da im Commonwealth of Nations, dem Verband von 54 souveränen Staaten, der aus dem British Empire hervorgegangen ist. Nach seiner »Inter se«-Doktrin behandeln sich die Mitgliedsländer als »different but not alien« – anders, aber nicht als fremd. Sie lassen sich denn auch untereinander durch High Commissioners vertreten, nicht durch *ambassadors*, Botschaftern also. Im Grundlagenvertrag von 1972 hatten Bonn und Ostberlin die Einrichtung solcher Ständigen Vertreter beschlossen. Warum denn, fragte ich, nicht auch eine deutsche Inter-se-Doktrin? Der Begriff »Einheit der Nation« könne dabei die englische Formel »Einheit der Krone« ersetzen.

Auch die »Irische Formel« hätte weiterhelfen können, nach der die Iren im Vereinigten Königreich und die Briten in Irland wechselseitig volle Bürgerrechte genossen. Nach ihrem Beispiel hätte sich in einer Zukunft der offenen Grenzen in Deutschland die Binnenwanderung nach beiden Richtungen regeln und ein gegenseitiges Fürsorgerecht für Bürger der beiden deutschen Staaten vereinbaren lassen.

Es war ein Gedankenspiel ohne praktische Relevanz. Auch der Rückgriff auf frühere Ausgleichsformeln war nur ein Notbehelf. So wurde der Gedanke an eine »österreichische Lösung« wiederbelebt, wie sie Bundeskanzler Adenauer, um die festgefahrene Deutschlandpolitik wieder flottzumachen, im März 1958 dem sowjetischen Botschafter Smirnow als mögliche Antwort auf die deutsche Frage vorgeschlagen hatte: die DDR freiheitlich demokratisch, aber staatlich getrennt von der Bundesrepublik.

Wozu sein Verteidigungsminister Strauß am 20. März 1958 im Bundestag die erstaunliche Erklärung abgab: »Ist es denn wirklich die Wiedervereinigung, die uns in erster Linie drängt, quält, bedrückt und treibt? Es ist doch weniger die Wiedervereinigung im Sinne der Wiederherstellung der staatlichen Einheit Deutschlands; es ist doch mehr das Herzensanliegen der Wiederherstellung demokratischer und menschenwürdiger Zustände in diesem Gebiet.«

Smirnow tat die Adenauer-Strauß-Initiative unwirsch ab. Im November 1958 brach Chruschtschow dann die Berlin-Krise vom Zaun, die den Gesprächen fürs Erste ein Ende setzte. Doch unternahm der greise Kanzler 1962 bei Smirnow einen weiteren Vorstoß: Er schlug Chruschtschow vor, in Deutschland für zehn Jahre einen »Burgfrieden« zu schließen. In diesen zehn Jahren sollte der politische Status quo unverändert bleiben und eine differenzierte politische Einwirkung in den sowjetischen Machtbereich unterbleiben, danach könne in der DDR eine Abstimmung erfolgen; schon während des Burgfriedens solle es aber für die Menschen in der Sowjetzone »größere Freiheiten geben als jetzt«.

Das war nichts anderes als die Offerte, eine sich wandelnde DDR befristet anzuerkennen. Chruschtschow antwortete ausweichend, ja negativ: Man solle die Schaffung einer Vertrauensaffäre nicht um zehn Jahre oder auch nur um ein Jahr verschieben. Kurz darauf verfasste Adenauer in *Foreign Affairs* einen Aufsatz, in dem er schrieb: »Wenn unseren Landsleuten in der sowjetisch besetzten Zone anständige Lebensbedingungen und mindestens ein gewisses

Maß an Freiheit und Selbstbestimmung gewährt werden, dann werden wir über recht vieles mit uns reden lassen.« Im Oktober 1962 wiederholte er dieses Angebot im Bundestag mit der bemerkenswerten Begründung: »Überlegungen der Menschlichkeit spielten für uns eine größere Rolle als nationale Überlegungen.«

Es war ein großes Wort, gelassen ausgesprochen. Es fand aber so wenig Gehör wie 1966 Bundeskanzler Erhards Friedensnote und in den Jahren der Großen Koalition 1966–1969 Bundeskanzler Kiesingers Wechsel vom Prinzip »Entspannung durch Wiedervereinigung« zu dem ostpolitischen Konzept »Wiedervereinigung durch Entspannung« – einem zaghaften Wechsel, denn dem »Phänomen« DDR verweigerte Kiesinger nach wie vor die korrekte Adresse, Anrede und Grußformel.

In eine ähnliche Richtung wie Adenauer und Strauß dachte damals Herbert Wehner. Er skizzierte eine »jugoslawische Lösung«, bei der die DDR kommunistisch bleibe, aber losgelöst wäre von Moskau wie Marschall Titos Belgrad. Die Gedankengänge der drei blieben unverwirklichbare Fiktionen. Sie bewiesen jedoch, dass das in der Präambel des Grundgesetzes verankerte Ziel des deutschen Volkes, »seine nationale und staatliche Einheit zu wahren«, nicht das unrevidierbare letzte Wort der Bonner Politik bleiben musste.

Die Äußerungen zweier prominenter Politiker gaben dieser Auffassung Nahrung.

Die eine hatte Franz Josef Strauß in einem *Zeit*-Interview gemacht, das ich im April 1966 zusammen mit Hans Gresmann im Hamburger Atlantic-Hotel mit ihm führte.

Lange Jahre war er der kälteste der westdeutschen Kalten Krieger gewesen. Seine Auslassungen belegen jedoch, dass er – »von hohem Pragmatismus erfüllt« – früh schon zum deutschlandpolitischen Realisten geworden war.

Vielleicht war er zu sehr Bayer, als dass er überzeugend dem Bismarck'schen Einheitsstaat hätte nachtrauern können. Jedenfalls war er Realpolitiker genug, um Rechtspositionen Rechtspositionen sein zu lassen, wo sie notwendiges und mögliches Handeln zu hemmen drohten.

Anders lässt sich seine glasklare Bekundung nicht erklären: »Ich glaube nicht an die Wiederherstellung eines deutschen Nationalstaates, auch nicht innerhalb der Grenzen der vier Besatzungszonen. ... Ich kann mir unter den gegebenen und vorausschaubaren Umständen ... nicht vorstellen, dass ein gesamtdeutscher Nationalstaat wieder entsteht, sei er auch neutralisiert, aber ungebunden.« Was ihm vorschwebte, war ein Zustand, der im europäischen Rahmen Freiheit auch für das andere Deutschland schaffe, aber die Wiedervereinigung »zunächst ausschließt und dann vielleicht diese Frage unter Umständen als nicht mehr existent erscheinen lässt«.

Die andere Äußerung stammte von Willy Brandt, aber nicht dem Brandt, der nach dem Mauerfall frohlockte, »jetzt wächst zusammen, was zusammengehört«, sondern – noch – einem deutschlandpolitischen Defätisten. Anfang Oktober 1987 hatte er davor gewarnt, die deutsche Frage für offen zu halten; das verlängere nur »Illusion und Selbstbetrug«, denn im Sinne der staatlichen Einheit sei die deutsche Frage »nicht im eigentlichen Wortsinn offen«. Und noch in seinen Memoiren, die 1989 kurz vor der Wende erschienen, finden sich die denkwürdigen Sätze: »Ich muss bekennen, dass ich aufgehört habe, über die Wiedervereinigung nachzudenken. Sie ist die spezifische Lebenslüge der zweiten deutschen Republik.«

Fasst man den Kern all dieser Aussagen ins Auge, so lässt sich die Entwicklung meiner eigenen deutschlandpolitischen Ansichten nicht als gedanklicher Irrweg eines unpatriotischen Sonderlings hinstellen. Mitte der 1980er-Jahre erschien der in der Präambel des Grundgesetzes verankerte Auftrag, »in freier Selbstbestimmung die Einheit und Freiheit Deutschlands zu vollenden«, weniger erfüllbar denn je.

Kaum jemand sah dies anders. Daraus ergab sich nicht nur ein Recht umzudenken, sondern die Pflicht dazu. Einheit musste dann angesichts der gegebenen Umstände als ein Gewebe von Lebensbedingungen verstanden werden, unter dem die historische, kulturelle und menschliche Substanz der deutschen Nation überleben konnte. »Ob sich daraus am Ende neue staatliche Einheit entwickelt«, schrieb ich 1986, »oder ob stattdessen eine tolerable Form des Geteiltseins entsteht – dies müssen wir ins Belieben der Geschichte stellen.«

Auf jeden Fall müsse sich der Einheitsanspruch dem Freiheitsanspruch unterordnen. Es müsse uns wichtiger sein, die DDR menschlicher und freier zu machen, als sie mit uns zu vereinigen. Die realpolitische Auslegung der Grundgesetzpräambel könne nur lauten: »Das gesamte Deutsche Volk bleibt aufgefordert, wenn Einheit und Freiheit nicht zugleich zu haben sind, Zustände herbeizuführen, in denen wir auf die Einheit verzichten können« – Zustände, in denen es auf die Wiedervereinigung nicht mehr ankommt.

Diesen Standpunkt habe ich 1989 in mehreren Vorträgen vertreten – im Januar bei der Eiswette in Bremen, im Mai in Kopenhagen, im September in Como, im Monat Oktober dann in Paris, im Hamburger Überseeklub, in München bei Siemens und zuletzt an der Harvard University. Der Tenor meiner Botschaft war bis zum Spätherbst überall derselbe. Ich zitiere aus der Pariser Fassung:

»Was uns Deutsche plagt, ist nicht wirklich die Teilung des Vaterlandes, es ist die Trennung der Menschen. Was uns bedrückt, ist nicht das Faktum der Grenze, es ist die Brutalität der Grenze. Was uns das Herz schwer macht, ist nicht die fehlende Einheit der beiden Teile Deutschlands, es ist der Mangel an Freiheit in dem einen Teil. Es ist nicht notwendig, dass alle Deutschen unter einem Dach leben; wohl aber ist es notwendig, dass sie alle in Freiheit leben. Daraus ergibt sich eine klare Priorität: Freiheit auch im Osten vor Einheit, und eine klare Aufgabe: Reform in der DDR. Der SED-Staat muss aus seinem Spätstalinismus heraus und Anschluss finden – Anschluss nicht an die Bundesrepublik, sondern an die Reformbewegungen Osteuropas.«

Meine Ansicht, dass die deutsche Einheit in der Lebenszeit der Heutigen schwerlich zu erwarten sei, nicht einmal in der Spanne der nächsten Generation, fand so gut wie nie Widerspruch. Auch nicht meine Überlegung, dass unter einem europäischen Dach beides denkbar sei: Deutschland in Freiheit geeint oder in Freiheit geteilt, dass ich aber der Menschen wegen bereit wäre, das Ziel der Einheit aufzugeben und dafür die Freiheit Ostdeutschlands einzuhandeln.

Meine Erwartung wurde weithin geteilt, dass die DDR unter wachsenden inneren und äußeren Druck gerate, ihre spätstalinistischen Strukturen zu ändern, ihre Grenzen zu öffnen, die Berliner Mauer einzureißen und die fast 1400 Kilometer lange deutsch-deutsche Trennwand abzubauen. Ich konnte mir auch vorstellen, dass an einem bestimmten Punkt der Entwicklung die Bundesrepublik Ostberlin als Hauptstadt der DDR anerkennen würde; im Austausch dafür könnte die DDR Westberlin als vollgültiges Land der Bundesrepublik akzeptieren. Doch war mein Optimismus recht verhalten: »Bis dahin wird es noch Weile haben.«

Es war der amerikanische Geheimdienstchef Allen Dulles, der nach der Teilung Deutschlands sagte, bis zur Wiedervereinigung könnte es fünfzig oder hundert Jahre dauern. Gorbatschow sah es ähnlich. 1987 sagte er dem Bundespräsidenten in Moskau: »Im Augenblick existieren zwei deutsche Staaten mit unterschiedlichen gesellschaftlichen und politischen Systemen. Was in hundert Jahren sein wird, das soll die Geschichte entscheiden.«

Bundespräsident Richard von Weizsäcker griff diesen Gedanken im selben Jahr bei einem Abendessen für Erich Honecker auf, nach dessen Ansicht die Mauer auch noch in hundert Jahren stehen werde: »Unsere Aufgabe besteht nicht in großen Prophetien für das nächste Jahrhundert. Was uns die Geschichte in der Zukunft bringen wird, ist offen für uns. Wir können sie nicht vorhersagen. Aber wir können ihr konstruktiv zuarbeiten.«

Auch Axel Springer fand, man solle sich angewöhnen, in längeren Fristen zu denken; gleichzeitig hegte er allerdings im Blick auf die Wiederherstellung der deutschen Einheit die Hoffnung, »da ich wahrscheinlich noch lange lebe, dass es durchaus noch zu meinen Lebzeiten geschehen kann« – eine Hoffnung, die sich nicht erfüllte, da er 1985 starb. Die Gezeiten der Geschichte entziehen sich gern dem Einfluss der Zeitgenossen.

Bundeskanzler Helmut Kohl hatte Ende 1988 gesagt: »Die deutsche Frage steht heute nicht auf der Tagesordnung.« Dementsprechend erklärte er der *Süddeutschen Zeitung* noch Mitte August 1989, er könne keinen Sinn darin erkennen, das Thema jetzt hochzuziehen. Drei Wochen später hatte er sich indes umbesonnen. Am 6. September sagte er dem Bundestag: »Die Entwicklung der letzten Wochen hat deutlich gemacht, dass die deutsche Frage auf der Tagesordnung der Weltpolitik geblieben ist.« Worauf spielte er an?

Das Jahr 1989 war ein Jahr grundlegenden Wandels in unserem Erdteil. Kurz zuvor war Michail Gorbatschow, der Verfechter von Glasnost und Perestrojka, Öffnung und Umgestaltung, von der seit 1968 geltenden Breschnew-Doktrin abgerückt, die vorsah, dass »die Interessen und die Souveränität der einzelnen sozialistischen Staaten ihre Grenzen an den Interessen und der Sicherheit des gesamten sozialistischen Systems finden«, will sagen: an der sowjetischen Vorherrschaft. In seinen Memoiren schreibt er, der Sinn von Perestrojka habe schließlich darin bestanden, dem Volk die Freiheit zu geben, »dieses Recht musste die sowjetische Führung auch den anderen Ländern zugestehen«. Nun sollte jedes »Bruderland« seinen eigenen Weg zum Sozialismus beschreiten; über »Gorbis Sinatra-Doktrin« – »do it your way« – scherzte man im Kreml. An einen eigenständigen Weg *aus* dem Sozialismus *heraus* war allerdings nicht gedacht.

»Das radikale Reformstreben der Russen, Polen und Ungarn hat gezeigt, welch tiefgreifender Wandel in den kommunistischen Staaten möglich ist«, schrieb Peter Bender Anfang Juni 1989 in der *Zeit*. Die Altkommunisten der Honecker-Generation im Politbüro versteiften sich jedoch darauf, dem Reformdruck nicht nachzugeben: Auch wenn die sowjetischen Genossen weich werden, müssen wir hart bleiben. In diesem Sinne äußerte sich auch der krebskranke, geistig unbeweglich gewordene fünfundsiebzigjährige Honecker selbst: »Alle Hoffnungen auf Reform sind auf Sand gebaut.« Das Politbüro-Mitglied Kurt Hager, Jahre zuvor mein Streitgegner, hatte diese harte Haltung schon 1987 in die banale Frage gekleidet: »Würden Sie, wenn Ihr Nachbar seine Wohnung tapeziert, sich verpflichtet fühlen, Ihre Wohnung ebenfalls neu zu tapezieren?«

Aber nun hatte es die SED-Führung mit zwei zusehends unkontrollierbaren Problemen zu tun: der zunehmenden Republikflucht und dem wachsenden Widerspruch der Bürger.

Die fortschreitende Abwanderung stellte das SED-Regime vor eine gewaltige Herausforderung. Insgesamt verließen 1989 rund 344 000 Ostdeutsche die DDR. Sie verschanzten sich in unserer Ständigen Vertretung in Ostberlin und drängten sich zu Tausenden in Budapest, in Warschau, vor allem in Prag in die Botschaften der Bundesrepublik.

Im Prager Palais Lobkowitz waren es fast 6000 Menschen, denen Bundesaußenminister Genscher nach langen Verhandlungen am 30. September verkündete, dass ihre Ausreise genehmigt worden sei. Seine Rede auf dem Balkon des Barockpalastes, die Fahrt der vierzehn versiegelten Flüchtlingszüge durch die DDR nach Westen, die Straßenschlachten am Dresdner Bahnhof, wo Tausende auf die Waggons zu kommen suchten – die ikonischen Bilder dieser Ereignisse haben sich tief in das kollektive Gedächtnis der Deutschen eingegraben.

Sprunghaft stieg die Zahl der Ausreiseanträge an. In der Woche vor dem 7. Oktober, dem vierzigsten Gründungstag der DDR, schafften es mehr als 14 000 Menschen, der DDR den Rücken zu kehren. Nicht von ungefähr befand Stefan Heym, der Exodus drohe, die Deutsche Demokratische Republik zu zerstören.

Republikflucht war nicht das einzige Problem des Regimes. Wie die Flüchtlingszahlen, so wuchs auch die Zahl der Protestkundgebungen. Widerspruch baute sich auf zum Widerstand. In der Zionskirche, an der Umweltbibliothek und der Carl-von-Ossietzky-Schule protestierten Jugendliche gegen Militarismus, Umweltzerstörung und die Maßregelung von Schülern.

Die friedliche Revolution begann im Januar mit einem unerlaubten Schweigemarsch für Rosa Luxemburg und Karl Liebknecht. Protestaktionen gegen die plumpe Fälschung des Kommunalwahlergebnisses im Mai wurden zum nächsten Aufbruchssignal. Immer öfter musste die Polizei Versammlungen der Partei vor »Andersdenkenden« schützen; die protestantische Kirche veranstaltete Fürbittgottesdienste für politische Gefangene; und nicht wenige Funktionäre begannen weiter zu denken als erlaubt.

Das Verlangen nach Reform äußerte sich immer unüberhörbarer. Zwei Tage nach der Gründungsfeier, am 9. Oktober, fand in Leipzig die erste Montagsdemonstration statt; 70 000 Menschen gingen mit den Parolen »Wir sind das Volk!« und »Keine Gewalt!« friedlich auf die Straße. Bald in anderen Städten nachgeahmt, begruben diese Protestkundgebungen binnen zehn Tagen das Regime Honeckers.

Eine alte Erkenntnis bestätigte sich in jenen Monaten des Aufbruchs und des Aufruhrs von Neuem: Wenn die Völker in Bewegung geraten, lassen sie sich von Paragrafen ebenso wenig schrecken wie von Panzern (an deren Einsatz Honecker im Herbst ernstlich dachte).

Die Dynamik der Entwicklung brachte mich im Juni 1989 dazu, auf Seite 3 der *Zeit* in einem Artikel über Standort und Bestimmung der Bundesrepublik weit auszuholen: »Quo vadis, Germania?« Darin stand der Satz, der mir neben mancher Zustimmung so viel Kritik, Häme und Antipathie eingetragen hat wie kaum ein anderer, den ich jemals zu Papier gebracht habe: »Wer heute das Gerippe der deutschen Einheit aus dem Schrank holt, kann alle anderen nur in Angst und Schrecken versetzen.«

Dahinter stand keine drei Wochen nach dem Tienanmen-Massaker in Peking zunächst einmal die Befürchtung, dass auch die SED zu Gewalt greifen könnte, um die ostdeutsche Reformbewegung niederzuknüppeln. In Ostberlin bekundete Egon Krenz Solidarität mit den chinesischen Genossen, worauf sich das Politbüromitglied Qiao Shi für die solidarische Haltung zur Niederschlagung des »konterrevolutionären Aufruhrs« bedankte. Margot Honecker lobte den chinesischen Kartätschenkommunismus über den grünen Klee und forderte ideologische Wachsamkeit; in einer »kämpferischen Zeit« müsse man den Sozialismus notfalls auch »mit der Waffe in der Hand« verteidigen. Es klang ganz so, als kennte sie Deng Xiaopings Ausspruch: »Wenn wir uns einen Schritt zurückziehen, werden sie einen Schritt nach vorn tun. Man darf Reformern nicht auf halbem Wege entgegenkommen.«

Ein zweiter Grund meiner viele schockierenden Aussage war die unbestreitbare Erkenntnis, dass die Wiedervereinigung weltweit auf Ablehnung stieß. Was Bruce Nussbaum 1983 in einem Buch geschrieben hatte, galt weithin noch immer: »Die meisten Amerikaner und Europäer sehen in der Teilung Deutschlands in Ost und West ein permanentes Faktum der Weltpolitik, als gerechtes Ergebnis des Krieges, den Deutschland begonnen und verloren hat.« Im *San Francisco Chronicle* zeigte eine Karikatur Hitler mit einem Schild »Reunification«. Ähnlich erschien im Londoner *Spectator* eine Titelzeichnung von Helmut Kohl mit Hitlers Stirnlocke und Schnurrbart. Hinter beiden Karikaturen stand eine weitverbreitete Besorgnis.

»In der Fortdauer der harschen Teilung Deutschlands mögen viele im Ausland einen Risikofaktor sehen«, schrieb ich, »doch eine Wiedervereinigung der beiden deutschen Staaten käme ihnen nach aller geschichtlichen Erfahrung noch bedrohlicher vor. … Aus diesem Grunde müssen sich die Deutschen in ihren beiden Staaten den Gedanken an einen nationalen Sonderweg in die Einheit wohl aus dem Kopf schlagen.« Dies war jedenfalls die Folgerung, die ich Anfang September beim 88. Bergedorfer Gesprächskreis aus den Erklärungen des britischen Botschafters Christopher Mallaby und des französischen Botschafters Henry Froment-Meurice zog.

In der Godesberger Redoute sagte der Brite: »Die Frage der Wiedervereinigung war lange Zeit eine rein theoretische Frage.« Jetzt müsse man sich fragen, ob nicht ein wirtschaftlich übermächtiger Konkurrent entstünde; auch müsse man über das Risiko nachdenken, dass aus der EG eine »Europäische Gemeinschaft deutscher Nation« werde. Großbritannien unterstütze nach wie vor eine Wiedervereinigung in Selbstbestimmung, aber die Frage werde noch für lange Zeit nicht aktuell sein.

Nicht viel anders klang der Franzose: »Seit 1945 sagt und wiederholt jede französische Regierung, dass die deutsche Frage offen ist und offen bleibt ... Das war so lange unproblematisch, als die deutsche Frage nicht nur offen blieb, sondern sich auch nicht veränderte. Aber heute ist die deutsche Frage in Bewegung gekommen.« Daraus zögen viele Franzosen die Schlussfolgerung, die Bundesrepublik sei im Abgleiten in einen deutschen Neutralismus. Eine gemeinsame Politik wäre unmöglich, wenn sie nur die Lösung der deutschen Frage zum Ziel habe und einen Verzicht bedeute auf wirtschaftliche und politische Integration Europas, etwa die Währungsunion.

Der amerikanische Diplomat Lawrence Eagleburger, damals stellvertretender Außenminister, hob die hervorragende Bedeutung der Evolution in Osteuropa hervor; die deutsche Wiedervereinigung sei dafür »not terribly relevant«. Vor einem Senatsausschuss hatte er dazu gesagt: »Ich kann mir schwer einen Zeitpunkt vorstellen – gewiss nicht zu meinen Lebzeiten –, an dem die Sowjetunion einem irgendwie wiedervereinigten Deutschland mit Gelassenheit entgegensehen wird.«

Jonathan Carr von der *Financial Times*, Verfasser einer Biografie Helmut Schmidts, spießte in aller journalistischen Unbefangenheit die Realität auf: »Wir sagen, wir sind für die Wiedervereinigung, aber in Wahrheit sind wir es nicht.«

Meine tägliche Zeitungslektüre bestätigte dies. Unter den sieben oder acht Zeitungen, die ich jeden Tag las, waren die *International Herald Tribune*, die *New York Times*, die Londoner *Times* und *Le Monde;* dazu kamen an den Wochenenden der *Observer* und die *Sunday Times*, ferner *Newsweek* und *Time*. Ausschnitte der Artikel über Deutschland sammelte ich in einer großen Plastikbox, die ich bis heute aufbewahrt habe und aus deren Artikeln ich im Folgenden zitiere. Nur wenige waren positiv.

Die offizielle Haltung Amerikas war zunächst gespalten. Der Top-Diplomat George Kennan schrieb im *Observer*: »Es darf kein vereinigtes Deutscland geben, schon gar nicht ein militarisiertes, das in Europa allein steht und nicht fest in eine weitere internationale Struktur eingebettet ist.« Im Frühjahr 1989 riet die stellvertretende Außenministerin Rozanne Ridgway dem Präsidenten davon ab, die »Deutsche Frage« auf die internationale Tagesordnung zu setzen, das sei verfrüht und destabilisierend.

Doch der Nationale Sicherheitsrat empfahl Bush genau dies; dabei spielten die Berater von Außenminister James Baker, Brent Scowcroft, Robert Zoellick und Robert Blackwill, eine besondere Rolle. Sie machten sich das mahnende Urteil zu eigen, das Henry Kissinger Anfang Dezember beim Geburtstagsfest für Gräfin Dönhoff formulierte: »Wir sind in einem Moment zusammengekommen, den viele von uns herbeigesehnt haben, ohne zu glauben, dass er je eintreten würde, und dann auch noch mit solchem Drama und solchem Tempo.« In seiner typischen Spitzfindigkeit fügte er hinzu: »Ich kenne nicht viele Leute, die unerfüllt ins Grab gesunken wären, wenn sich die deutsche Frage nicht gestellt hätte.«

In *Newsweek* formulierte er dann aber in aller Eindeutigkeit: »Es wäre höchst gefährlich für die westlichen Demokratien, was immer ihre heimlichen Wünsche oder ihre theoretischen Vorbehaltsrechte sein mögen, wenn sie versuchten, Deutschland entgegen den Wünschen des deutschen Volkes geteilt zu halten. Früher oder später würde ein neuer deutscher Nationalismus entflammen.« Er fügte hinzu: »Außer seiner Stellung als Vorposten des Kommunismus gibt es keine historische Basis für den ostdeutschen Staat. Wenn er demokratisch wird, verliert er die Begründung für seine separate Existenz.« Seine Ansicht, dass die Wiedervereinigung unausweichlich sei, trug er auch im Weißen Haus vor: »Sie muss nicht im nächsten Jahr stattfinden, aber sie kann auch nicht mehr zehn Jahre dauern.«

Präsident George H. W. Bush sah dies ähnlich. Er unterstützte denn auch die Zusammenführung der beiden deutschen Staaten in mehreren Reden, zuletzt nach dem Sturz Honeckers im Oktober. Mitte November entschied Washington, die Vereinigung im Wesentlichen den Deutschen zu überlassen; es dürfe weder ein Veto der Sowjetunion noch eine Einmischung der vier Mächte geben. Damit wichen die Amerikaner scharf von den Franzosen und den Briten ab, die eine Aktualisierung der alliierten Rechte wollten, um einen plötzlichen Wandel zu verhindern.

Aus Rücksicht auf London und Paris sprach Außenminister Baker nach dem Mauerfall erst lieber von Normalisierung, dann von Versöhnung, nicht von Vereinigung der Deutschen, und im Dezember schärfte er dem neuen DDR-Ministerpräsenten Modrow ein, den USA gehe es nicht nur um Demokratie, sondern auch um Stabilität. Deshalb solle die Vereinigung sich »graduell, friedlich und als Teil eines Schritt-für-Schritt-Prozesses« vollziehen; »prudent evolution« empfahl Bush.

Indes waren die Amerikaner in den folgenden Monaten die getreuesten Unterstützer der Deutschen. Bei der Bilderberg-Konferenz Ende 1990 habe ich Präsident Bush im Weißen Haus die Hand drücken dürfen und ihm bei dieser Gelegenheit für seinen Einsatz danken können: »Thank you, Sir, from the bottom of my German heart!«

Es waren nicht allein politische Interessen, historische Erinnerungen oder grundsätzlich antideutsche Einstellungen, die der Gegnerschaft zur deutschen Einheit in Frankreich, Großbritannien, Polen und anderen Ländern zugrunde lagen. Ein sehr starkes Motiv wurzelte in der Furcht vor einer deutschen Wirtschaftshegemonie. Der Engländer Roy Denman, Ex-Chef der EG-Delegation in Washington und nun Business Fellow der Harvard Kennedy School of Government, wies zwar darauf hin, dass das neu entstehende Gesamtdeutschland keineswegs ein Riesenkoloss sein werde; sein Anteil am Inlandsprodukt der EG werde von 26,7 Prozent bloß auf 31 Prozent steigen und, nach Kaufkraftparität bemessen, sogar unter 26 Prozent fallen.

Allerdings grassierte vielerorts die Furcht vor einer ausschließlichen deutschen Wirtschaftspartnerschaft mit der Sowjetunion. Wozu die *Times* hellsichtig schrieb: »Ostmitteleuropas hauptsächlicher Kummer ist nicht die Schimäre deutscher Panzer, sondern die Realität deutschen Kapitals.«

Selbst als die negativen Einstellungen zur deutschen Wiedervereinigung zusehends abgebaut werden konnten, blieb eine Frage umstritten: Konnte sie sofort vollzogen werden, oder sollte der Emanzipation Osteuropas, seiner Demokratisierung und seinem Wiederzusammenfinden mit Westeuropa Vorrang eingeräumt werden?

In diesem Punkt vertrat ich die Ansicht, dass unser Streben nach Einheit nicht die sich anbahnende Entkrampfung und Differenzierung in Osteuropa aufhalten dürfe. Als der Marxismus-Leninismus in Osteuropa seine Kraft als Identitätskitt verlor, rückte wieder in den Vordergrund, was diese Länder zuvor befeuert hatte: der Nationalismus. Ich teilte da die Auffassung des SPD-Vordenkers Peter Glotz: »Wenn ein vereinigtes Deutschland die Nachbarn so ängstigen würde, dass das den polnischen und tschechischen Nationalismus anstachelte, wäre das sehr schlecht.«

Wie Carl Friedrich von Weizsäcker, wie Peter Bender, wie auch Michael Stürmer, trat ich dafür ein, die deutsche Einheit nicht zu vollenden, ehe sich die Emanzipation Osteuropas aus sowjetischer Hegemonie und kommunistischer Vorherrschaft vollzogen habe und die Osteuropäer in der Integration in das westliche Europa ihr Unbehagen über das wieder größer gewordene Deutschland hätten abbauen können. In diesem Sinne schrieb Robert Leicht in der *Zeit*: »Die Europäische Konföderation muss der deutschen vorangehen.« Die deutsche Frage den säkularen Befreiungsprozessen aufzusatteln, barg aus meiner Sicht die Gefahr, beide aus der Bahn zu werfen oder gar zum Erliegen zu bringen.

Die rasante Entwicklung nach dem Fall der Mauer entzog dieser Diskussion rasch jede realistische Grundlage. Willy Brandt hatte am 2. Dezember bei einem privaten Fest zu Gräfin Dönhoffs achtzigstem Geburtstag gesagt: »Ich kann mich nicht darauf festlegen, dass die deutsche Einheit wartet, bis die europäische Einheit so weit fortgeschritten ist.« Er musste es auch nicht. Die Geschichte ging schneller darüber hinweg, als irgendjemand sich das am 9. November 1989 hatte vorstellen können.

Zu denen, die das nicht glauben konnten, gehörte auch ich. Es war mir klar: Wo ringsum Wandel sich breitmachte, konnte die Lage in Deutschland nicht unverändert bleiben. Aber dass die deutsche Einheit plötzlich wieder auf der Agenda stehen sollte, vermochte ich nicht zu glauben. Nicht die Abschaffung der DDR hielt ich für das entscheidende Thema, sondern ihre Reform an Haupt und Gliedern – eine Reform in Richtung Pluralismus, Markt und Freiheit. Anders ausgedrückt: in Richtung Glasnost und Perestrojka, Transparenz und Umgestaltung.

Dies war seit 1986 Gorbatschows Reformprogramm, das er beim 40. Gründungstag der DDR Anfang Oktober auch dem Honecker-Regime dringlich zur Nachahmung empfahl – mit der legendären (sinngemäßen) Mahnung: »Wer sich nicht bewegt, wer zu spät kommt, den bestraft das Leben.« Honecker sei »hart wie die Berliner Mauer« gewesen, verriet der Sowjetchef einem Journalisten. Am 17. Oktober wurde Honecker abgesetzt und am folgenden Tag von Egon Krenz ersetzt.

Um die gleiche Zeit sagte Gorbatschow zu Willy Brandt, der es Gräfin Dönhoff an deren achtzigstem Geburtstag erzählte: »Ich fühle mich, als ob ich von lauter brennbarem Material umgeben bin, in das nur einer ein Streichholz werfen müsste.« Reformen wollte der Kremlherr. Nichts deutete jedoch darauf hin, dass er je die DDR fallen lassen würde; er sah in dem ostdeutschen Staat einen stabilisierenden Faktor in Europa und der Welt.

Ich hielt denn auch die Wahrscheinlichkeit für null, dass Gorbatschow uns je ein Angebot nach Art der Stalin-Note unterbreiten würde. Die Mauer bildete ja zugleich den Wall, hinter dem er sein Perestrojka-Experiment vorantreiben konnte, ohne dass ihm die Trümmer seines Imperiums um die Ohren flogen. Dieses Instruments werde er sich nicht begeben, war meine Ansicht, und nicht nur meine.

»Wollte er die DDR in die kapitalistische Neutralität eines vereinten Deutschlands entlassen, so zerschlüge er mit einem Streich die Klammer, die den Warschauer Pakt und den Rat für Gegenseitige Wirtschaftshilfe (RGWH, COMECON) zusammenhält«, sagte ich in Bremen. »Die Fragmentierung des Sowjetimperiums wäre dann so unausweichlich wie die Zersplitterung des Osmanischen Reiches. Am Ende stünde nicht nur der Zerfall des Ostblocks, sondern auch die Auflösung des petrinischen Russlands. Ich wüsste nicht, warum er sich darauf einlassen sollte.«

Ich habe mich in Gorbatschow getäuscht: 1990 ließ er sich doch auf die deutsche Einheit und sogar auf den Verbleib des vereinten Deutschlands in der NATO ein. Die Folgen habe ich indes richtig vorhergesehen: Der Warschauer Pakt löste sich auf, und die Sowjetunion zerfiel Ende 1991 in fünfzehn Staaten. Die Zerstückelung des einstigen Imperiums erklärt, warum Gorbatschow in Russland als Totengräber der Einheit verhasst ist, die deutsche Wiedervereinigung, warum ihn die Deutschen als Freund und Retter ihrer staatlichen Zusammengehörigkeit verehren.

Dass Gorbatschow sich für die deutsche Einheit verwenden

werde, hielt ich 1989 für völlig irreal. Zugleich sah ich, wie die Vorbehalte, der Unmut, die Gegnerschaft unserer Nachbarn, ja selbst unserer Verbündeten wuchsen, je näher die Möglichkeit rückte, dass die deutsche Frage auf eine weithin höchst skeptisch beurteilte und vielfach missbilligte Antwort hinauslief: die Aufhebung der Teilung.

Mein Umdenken: Wiedervereinigung kommt

An der Harvard University versammelten sich Ende Oktober 1989 die Exponenten der westlichen Polit-Intelligenzia, um über die Rasanz der Entwicklung zu sprechen. Sie alle hörten, nach Bismarcks schönem Wort, den Mantel Gottes durch die Geschichte rauschen und machten sich Gedanken darüber, wie man dessen Saum am besten zu fassen kriege.

Pierre Hassner zeigte sich dagegen, die deutsche Einheit zu blockieren; er war für den Einbau von Sicherungshebeln. Stanley Hoffmann, der einen Widerspruch empfand zwischen den Geboten des Herzens und den Ratschlägen der Vernunft, fand die deutsche Frage zu bedeutsam, als dass man sie den Deutschen allein überlassen dürfe. Ihn besorgte die Zukunft der NATO, das Übergewicht der Deutschen in der EU, ihr mögliches Eingehen auf sowjetische Neutralitätsangebote; auch fragte er, ob die Deutschen sich wirklich geändert hätten. Doch fand er es absurd, die Einheit zu unterbinden, der Nationalismus sei nun einmal die stärkste Kraft in jeglicher Politik; man müsse nur in der Europäischen Union eine »structure d'acceuil« unterhalten, die ein geeintes Deutschland nicht unterlaufen könne.

Josef Joffe beruhigte die Skeptiker: Die Wiederkehr des deutschen Problems sei nicht akut, sondern »the dog that is not barking«; es gebe keinen Nationaltaumel, der Vulkan des aggressiven Nationalismus sei ausgebrannt, auch gehe es um Freiheit, nicht um Einheit. Der ostdeutsche Schriftsteller Rolf Schneider war sich nicht sicher, ob die Wiedervereinigung noch zu verhindern sei. Wie er zwei Wochen später in der DDR-Zeitung *Sonntag* ausführte, dürfe sie sich aber nicht auf dem Boden der BRD vollziehen: »Es kann nur eine ihrer selbst mächtige DDR sein, welche dem künftigen Gesamtdeutschland zuarbeitet und es mitkonstruiert – in den äußeren Grenzen von 1986, dies noch zu sagen.« Arnulf Baring, Graf Kielmannsegg, Hans Mommsen und Günter Gaus sprachen über Themen wie die »Finnlandisierung« Osteuropas, eine deutsche Sachkonföderation, Selbstbestimmung und die Überlebenswahrscheinlichkeit der DDR-Identität. Alle aber hatten das Gefühl, dass der Sekundenzeiger der Weltgeschichte unaufhaltsam eine neue Epoche anzeige.

In meinem Diskussionsbeitrag vertrat ich noch den Standpunkt, dass unter einem gemeinsamen europäischen Dach beides möglich sei, ein freier deutscher Staat oder zwei freie deutsche Staaten; ferner, dass nicht die Wiedervereinigung auf der Tagesordnung stehe, sondern die Reform der DDR. Das unmittelbare Ziel Bonns müsse es sein, den Wandel in der DDR wirtschaftlich zu unterstützen, nicht jedoch, die DDR zum Verschwinden zu bringen. Indessen verhehlte ich nicht, dass in allen Parteien die Zweifel an der bisherigen Politik der kleinen Schritte wuchsen und der Ruf nach einem großen Schritt zur Einheit immer lauter wurde; und dies auch in der DDR. Die Meinung beginne sich durchzusetzen, dass die Wiedervereinigung der beste Weg sei, die DDR zu reformieren.

Während der Konferenz zeigte mir Anne-Marie Burley, eine sympathische junge Jura-Professorin, die ich aus Chicago kannte, ein Manuskript, das sie für die *Foreign Affairs* verfasst hatte. Es trug den Titel »Divided they stand, united they fall: The renunciation of German unity«. Darin nannte sie die Wiedervereinigung »fundamental unakzeptierbar«. Stabilität heiße die Beibehaltung der gegebenen internationalen Struktur: zwei Supermächte, zwei Deutschlands. Burleys Empfehlung: ein formaler Verzicht auf die deutsche Einheit anstelle der Einheitsrhetorik, die bedrohlich und aggressiv klinge.

Ich konnte nicht anders, als Anne-Marie zu raten, das Manuskript zurückzuziehen, denn die Dinge liefen von Tag zu Tag eindeutiger in die andere Richtung. Dafür war es jedoch zu spät. Der Artikel erschien in stark redigierter Fassung in der Winter-Ausgabe von *Foreign Affairs*. Eine Kopie widmete sie mir »with admiration and affection«. Sie überlebte ihre Fehleinschätzung, wurde Professorin in Princeton und unter dem Namen Anne-Marie Slaughter Präsident Obamas außenpolitische Planungschefin. Als Politikerin und Publizistin war sie nie unumstritten, aber wir sind bis heute herzlich befreundet; ihr Mann Andrew Moravscik ist in Amerika wohl der entschiedenste Verfechter der europäischen Einigung.

Zwei Wochen nach der Harvard-Konferenz fiel die Berliner Mauer. Wie so vielen standen mir Tränen in den Augen, als ich die Menschen auf dem schändlichen Bauwerk tanzen sah. Es ging mir wie Walter Momper, Berlins Regierendem Bürgermeister 1989–1991, der zugab, er sei immer gegen das »Wiedervereinigungsgequatsche« gewesen, habe sich dann aber, als die Einheit kam, überschwänglich gefreut: »Wir Deutschen sind heute das glücklichste Volk der Welt.«

Die Emotion führte auch mir den Stift, als ich in der nächsten Woche meinen Leitartikel schrieb: »O Freiheit! Kehrest Du zurück?« Der Chor der Gefangenen hatte dies ein paar Tage vorher bei einer Leipziger *Fidelio*-Aufführung gesungen: in der Dresdner Semperoper hatte ich es 1984 schon einmal gehört: »Wir werden frei, wir finden Ruh'.« Darum ging es in der Tat. »In den Herzen der Deutschen läuten die Glocken«, schrieb ich. »Die Nation lebt. Ihr Zusammengehörigkeitsgefühl ist ungebrochen; die größte Wiedersehensfeier des 20. Jahrhunderts hat es aller Welt kundgetan. Die Mauer steht noch, aber sie ist vielfältig durchlöchert, ein Bauwerk auf Abbruch. Auch der Todesstreifen quer durch Deutschland verliert seinen Schrecken; Sperrzone und Schießbefehl sind aufgehoben.«

Aber noch blieb ich zurückhaltend. »Selbst jene, die sich mit einem Deutschland zu zweit nicht abfinden mögen, sind sich darüber im Klaren, dass die Einheit bestenfalls am Ende einer langen Entwicklung kommen wird, die eben erst begonnen hat; dass sie nicht unter Bedingungen zustande kommen darf, die uns von den Ankerketten in der Atlantischen und der Europäischen Gemeinschaft losreißen, an denen wir in den vergangenen Jahrzehnten Halt und Schutz gefunden haben; dass sie sich wohl in viel loseren Formen verwirklichen wird, als das an die Vorstellungen des Deutschen Reiches von 1871 bis 1945 geheftete Denken nahelegt, und dass überhaupt die deutsche Frage nicht den Deutschen allein gehört.«

Mir ging es damals auch darum, den europäischen Einigungsprozess, die Vollendung des Binnenmarktes und die Heraufkunft der EU-Währungsunion vor dem deutschen Wiedervereinigungs-Chauvinismus zu retten. Vertiefung, nicht Verwässerung Europas forderte Helmut Schmidt. Der CDU-Abgeordnete Jürgen Todenhöfer drängte die Bundesregierung indes für den Fall, dass die Wiedervereinigung nur möglich werde, wenn die Bundesrepublik aus der im Entstehen begriffenen Europäischen Union wieder austräte, einen entsprechenden Vorbehalt anzumelden. Der CSU-Deutschlandpolitiker Eduard Lintner sagte dazu ausdrücklich, der Austritt eines wiedervereinigten Deutschlands aus der Europäischen Union müsse als Möglichkeit erhalten bleiben.

In der Diskussion darüber tauchte immer wieder eine Protokollnotiz des damaligen AA-Staatssekretärs und späteren Brüsseler Kommissionspräsidenten Walter Hallstein vom 28. Februar 1957 auf, in der es hieß: »Die Bundesregierung geht von der Möglichkeit aus, dass im Falle der Wiedervereinigung Deutschlands eine Überprüfung der Verträge über den Gemeinsamen Markt und Euratom stattfindet.« Was mich zu der Frage veranlasste: »Wollen wir wirklich den nationalen Imperativ über den europäischen stellen?«

Eine kuriose Denkwürdigkeit möchte ich in diesem Zusammenhang festhalten: Dr. Alexander Gauland, damals Leiter der hessischen Staatskanzlei unter dem CDU-Ministerpräsidenten Wallmann, sah das genauso. In einem Leserbrief, den die *FAZ* am 22. Januar 1990 veröffentlichte, warnte er davor, wieder einen deutschen Sonderweg zu gehen: »Die Entwicklung einer westeuropäischen Staatengemeinschaft stellt die grundlegende Neuerung der europäischen Geschichte nach 1945 dar ... Wer jetzt die staatliche Einheit Deutschlands in einen Gegensatz zu dieser Entwicklung setzt, will einen Prozess rückgängig machen, dem die Osteuropäer mit ihre neu gewonnene Freiheit verdanken. ...

Die staatliche Einheit wird kommen, weil wir den Menschen in der DDR helfen müssen und die moralische Pflicht haben, sie nicht allein den Zweiten Weltkrieg bezahlen zu lassen. ... Wir Westdeutschen haben Gott sei Dank in den letzten Jahren eine neue Internationalität gewonnen und Zugang zu westlichem Rationalismus und angelsächsischer Weltzivilisation gefunden. Diese neu gewonnenen Tugenden werden in dem Prozess um die staatliche Einheit dringend gebraucht, sie sind nicht durch deutsch-russisches Raunen zu ersetzen.« Man staunt, wie sehr sich ein Politiker Jahre später seiner Vernunft entäußern kann ...

Zugleich sah ich, dass die Tendenz zur Wiedervereinigung in der DDR zunahm, der Volkszorn auf eine Art Entnazifizierung zutrieb. Bei einem Vortrag in Heidenheim sagte ich kurz vor Weihnachten, vor nicht allzu langer Zeit hätte ich die Wiedervereinigung vorsichtig für frühestens 2030 prophezeit. Jetzt jedoch könne das Redemanuskript vom Abend durch die Morgennachrichten zur Makulatur werden; das Wort veralte einem in der Schreibmaschine. »Wir sitzen in einem Zug mit der Endstation Sehnsucht. Die mag Wiedervereinigung heißen. Aber dann gibt es noch viele Stationen, und es ist durchaus ungewiss, an welcher unser Zug hält und wir aussteigen müssen.«

Die *Zeit* und die deutsche Frage

Hat die *Zeit* in all den vierzig Jahren der deutschen Teilung einer verfehlten Deutschlandpolitik angehangen? War ihr Bild von der DDR falsch, ihr Urteil über die Zukunft der Nation geschichtslos, wie es die *Bild*-Zeitung immer wieder behauptet, die sich dabei gern hinter dicken schwarz-rot-goldenen Balken verbarrikadiert? Lag die *Zeit* seit dem Bau der Mauer total daneben, als sie begann, für Entspannung zwischen Ost und West zu plädieren? Haben ihre Reporter ein lebensfernes, ja: ein unwahrhaftiges Bild der DDR-Wirklichkeit gezeichnet? Schließlich: Haben ihre Kommentatoren auch nach der Öffnung der Mauer wider alle Realität die deutsche Zweistaatlichkeit zum einzig gültigen Zukunftsentwurf erhoben und allenfalls eine Konföderation von DDR und Bundesrepublik für möglich und zulässig halten wollen?

Zunächst einmal: Die *Zeit* kennt keinen Kommando- und Sprachregelungsjournalismus. Da kommen viele mit ihrer Meinung zu Wort; die verschiedenen Ansichten müssen sich nicht partout zu einem einheitlichen Bild fügen. So schrieb die Herausgeberin Marion Gräfin Dönhoff: »Unser Ziel: nicht Wiedervereinigung, sondern Annäherung zwischen Ost und West.« Ihre Begründung: »Heute müssten bei einer Wiedervereinigung beide deutschen Staaten aus ihrer jeweiligen Militär-Allianz austreten. Das aber ist einfach nicht mehr vorstellbar.« Fritz J. Raddatz nannte das in einem langen Plädoyer für die deutsche Einheit »schlichteste Fantasieverweigerung«.

Der Herausgeber Helmut Schmidt formulierte: »Wer heute das Thema der deutschen Einheit durch endgültigen Verzicht erledigen möchte, verstärkt bloß das latente Misstrauen unserer Nachbarn in West und Ost. Ich bin zuversichtlich, dass es im Laufe des nächsten Jahrhunderts ein gemeinsames, Freiheit gewährendes Dach über der deutschen Nation geben wird.«

Robert Leicht postulierte als Chef des Politik-Ressorts: »Das wirkliche deutsche Problem ist – im europäischen Zusammenhang interpretiert – nicht die Existenz zweier Staaten, sondern das krasse Freiheits- und Wohlfahrtsgefälle zwischen ihnen. Darunter leiden die Menschen im zweiten deutschen Staat heute mehr als zuvor – und darin liegt ein permanentes Risiko für die europäische Staatenordnung.«

Der Feuilleton-Chef Ulrich Greiner legte seine Meinung dar,

warum wir keine Nation seien und keine werden müssten. Ihn beunruhigte das Interesse an einem größeren, mächtigeren deutschen Staat, und er wollte nicht Mittäter sein »bei einer machtpolitischen und ökonomischen Landnahme, sondern lieber Sand im Getriebe dessen, was läuft oder abfährt«.

Hingegen befand der Verleger Gerd Bucerius: »Ich bin erschrocken darüber, dass die uns nachfolgenden Generationen so beliebig mit den Gefühlen derer umgehen, um deretwillen die Wiedervereinigung eigentlich angestrebt wird: nämlich der Bürger der DDR ... Wenn wir da heute aufgeben, würden sich Freunde und Gegner fragen: Was morgen? Und sie werden uns verachten. Was ist eine Nation schon wert, wenn die eine Hälfte die andere verstößt? In die Müllkiste der Geschichte befördert?«

Monatelang druckte das Blatt die widerstreitenden Auffassungen der deutschen Intellektuellen ab. Günter Grass schrieb sich in der »kurzen Rede eines vaterlandslosen Gesellen« seinen Gram über die heraufkommende Einheit von der Seele. Die Spottgeburt eines durch Zugriff vergrößerten Vaterlandes wollte er nicht, das zu einem Einheitsstaat vereinfachte Deutschland lehnte er ab. Er wäre erleichtert, bekannte er, wenn es – sei es durch deutsche Einsicht, sei es durch Einspruch der Nachbarn – nicht zustande käme.

Der deutsche Einheitsstaat sei die Voraussetzung für Auschwitz gewesen, lautete sein zentrales Argument. Woraus er folgerte: »Wer gegenwärtig über Deutschland nachdenkt und Antworten auf die Deutsche Frage sucht, muss Auschwitz mitdenken. Der Ort des Schreckens ... schließt einen zukünftigen deutsche Einheitsstaat aus.« Seine Antwort war eine deutsche Konföderation, in der die DDR und die Bundesrepublik »eigenständige Gemeinsamkeit« finden und anderen geteilten Staaten wie Korea, Irland und Zypern ein Beispiel geben könnten.

Auch Jürgen Habermas gab seinem intellektuellen Frust Ausdruck. Die Einheit sei nicht mehr gewollt, argumentierte er. Die Deutschen hätten den Nationalismus delegitimiert und ein nicht nationales Selbstverständnis entwickelt; sie wollten nicht zurückgeworfen werden auf eine überwunden geglaubte nationalstaatliche Vergangenheit.

Habermas hielt es zwar für abwegig, Auschwitz als metaphysische Schuld ins Spiel zu bringen, die durch den bleibenden Verlust der Einheit beglichen werden könne. Ihn plagte jedoch die Vorstellung, dass auf den Ruinen des Reichstags die Flagge eines »pausbäckigen DM-Nationalismus« gehisst würde. In jedem Fall war er gegen einen einfachen Anschluss der DDR nach Artikel 23 des Grundgesetzes. Er trat für einen Volksentscheid über die Alternative »Konföderation oder gesamtdeutscher Bundesstaat« ein, der den DDR-Bürgern noch eine Atempause zur Selbstbestimmung schaffe.

Auf der anderen Seite des Arguments postierte sich Martin Walser; er forderte wie Fritz J. Raddatz die Einheit gleichsam als selbstverständlichen Tribut der Geschichte an die Deutschen. Walser bestritt schon ein Jahr vor dem Fall der Mauer, dass es *ein* Deutschland nie gegeben habe, sondern immer nur »hadersüchtige Kleinstaaten«. Er beklagte die Ansicht, dass Deutschland nie harmlos sein könne, und die Gefahr eines Rückfalls in die Zeiten imperialistischer Aggression schloss er aus. Mit der Teilung wollte er sich jedenfalls nicht abfinden. Auch hatte er keinerlei Zweifel: »Die Deutschen würden, wenn sie könnten, in ihren beiden Staaten für einen Weg in die Einheit stimmen.«

Desgleichen ließ sich Raddatz kein »Utopieverbot« auferlegen. Ihm war es zu wenig, dass die Politiker nur das Machbare verwalteten, aber darauf verzichteten, das Undenkbare zu denken. Für ihn galt Stefan Heyms Weisheit »Panta rhei«, alles fließt, alles verändert sich, auch in Deutschland, ebenso Rolf Hochhuths Satz »Die deutsche Uhr zeigt Einheit an«. Er räumte ein: »Ich weiß nicht, wie man die disparaten Gesellschaftssysteme angleichen kann, einander durchdringen, fruchtbar werden lassen kann.« Aber er blieb dabei: »Ich bin ein deutscher Patriot.« Er wollte sich nicht dreinschicken in die defätistische Annahme, dass es Deutschland für alle Zeit doppelt geben muss.

Diskurs also war die Losung, nicht Diktat. Das Problem wurde diskutiert, nicht wegdiskutiert; die Zeit erwies ihm die Ehre des Streits. Als Chefredakteur hatte ich meine eigene Meinung, die in der Redaktion weithin, wiewohl nicht durchweg geteilt wurde: Mir war, wie in den vorigen Kapiteln dargelegt, die Freiheit der Ostdeutschen wichtiger als die Einheit, und für ihre Verwirklichung hätte ich unseren Einheitsanspruch preisgegeben.

Eine Überzeugung hatten wir indes alle: dass die Substanz der deutschen Nation nur durch eine Politik der offensiven Entspannung, der Kontakte auch mit dem unappetitlichen SED-Regime, selbst des Geschäfts mit ihm nach dem Motto »Menschlichkeit gegen Kasse« zu erhalten sei; dass dies nicht Anbiederung war, sondern strategische Notwendigkeit; und dass man dabei zunächst ein Stück Stabilisierung der kommunistischen Herrschaft in Kauf nehmen konnte, obwohl es auf lange Sicht darum ging, sie auszuhöhlen, ohne dass sie es merkte. Von »Aggression auf Filzlatschen« sprach ahnungsvoll der DDR-Außenminister Winzer, wozu Egon Bahr 1992 sagte: »Er hatte recht, und es hat funktioniert.«

In der Tat: Genauso ist es gekommen. Der Helsinki-Prozess und die Politik der kleinen Schritte setzten jene gesellschaftliche Entwicklung in Gang, die 1989 zwischen Elbe und Bug den plötzlichen Zusammenbruch des Kommunismus bewirkte; auch das viel gescholtene Dialogpapier von SPD und SED spielte eine Rolle. Die Schlussakte von Helsinki, die kleinen Schritte, das Papier der beiden Parteien – sie waren allesamt von denen wüst angefeindet worden, die am lautesten jubelten, als die Einheit kam. Bis heute wollen sie nicht wahrhaben, dass ihre Politik den Kommunismus betoniert hätte. Die Kombination von Eindämmung und Hineinwirken aber zersetzte ihn.

Einen Vorwurf müssen wir uns freilich gefallen lassen: Wir haben uns allesamt nicht vorstellen können, dass dies noch zu unseren Lebzeiten Wirklichkeit werden könnte. Aber kaum einer dachte damals anders. Amerikas Botschafter Vernon Walters in Bonn verkündete zwar im Herbst 1989, Deutschland werde binnen fünf Jahren wiedervereinigt sein (und behielt damit sogar recht), aber er hatte dafür keinerlei Belege; die Behauptung war aus der Luft gegriffen, sodass ihm Außenminister Baker den Mund verbot.

Das Haus Springer, dessen Verleger die Anführungszeichen um den Namen DDR angeordnet hatte, weil der SED-Staat kein demokratischer Staat war, schaffte die Gänsefüßchen allerdings ausgerechnet in dem Augenblick ab, als die DDR sie wirklich zu verdienen begann – nicht in Erwartung des bevorstehenden Umsturzes, sondern in später Anpassung, nämlich im August 1989.

Die Hoffnung auf Einheit war vorhanden, bloß wann sie sich erfüllen werde und wie, lag im Dunkel der Zukunft verborgen. Aber da saßen alle im selben Boot: Historiker und Journalisten, Politiker und Staatsmänner. »Man kann nur abwarten, bis man den Schritt Gottes durch die Ereignisse hallen hört«, pflegte Bismarck zu sagen, »und dann vorspringen, um den Zipfel seines Mantels zu fassen.« Den Zeitpunkt kann sich niemand ausrechnen; erst recht nicht, wenn die Völker auf die Bühne stürmen und die Akteure in die Kulissen stoßen. Das Handeln der Regierungen ist halbwegs kalkulierbar, der dumpfe Drang der Völker nicht. Dass eine Revolution fällig oder überfällig war, eröffnet sich dem rückwärts gewandten Blick des Historikers leichter als dem wägenden Urteil des Zeitgenossen.

Den Deutschen widerfuhr 1990 das Glück der Einheit. Damit nicht gerechnet zu haben ist keine Schande. Darauf zu achten, dass wir dieses Glück nicht abermals durch Großmachtschwärmerei und Hurrapatriotismus verspielen, blieb die Aufgabe aller Verständigen im Lande. Es kam darauf an, die deutsche Selbstbestimmung mit Selbstbesinnung und Selbstbescheidung zu verbinden; mit unserer Macht umgehen zu lernen, um nicht neuem Allmachtswahn zu verfallen; Saturiertheit nicht nur zu erklären, sondern zu praktizieren. In einem Wort: der Einheit eine neue Qualität für die Nation wie für Europa zu geben.

XI.
THEMEN DER *ZEIT*: LIBERALITÄT UND LEITKULTUR

Gegen den Überwachungsstaat

Als ich 1973 Chefredakteur wurde, war meine liberale Haltung, so denke ich, rundum gefestigt. Ich war gegen den Radikalenerlass. Ich fragte mich, ob wir uns etwa auf dem Weg in einen Überwachungsstaat befanden. Am 11. August 1978 schrieb ich, wir seien dabei, die Freiheit zu Tode zu schützen. Die politische Haltung von Friedhofsgärtnern und Totengräbern müsse einem liberalen Staat gleichgültig sein.

Überhaupt war ich gegen übertriebene Überwachung. Der damalige Bundesinnenminister Höcherl erregte meinen besonderen Ärger vor allem wegen seiner Aussage im September 1963, die Verfassungsschützer seien Leute, die nicht den ganzen Tag mit dem Grundgesetz unterm Arm herumlaufen könnten. Ich ergänzte »wohl aber mit der SS-Blutgruppen-Tätowierung«. Auch im Fall des illegal abgehörten Physikers Klaus Traube nahm die *Zeit* 1977 Stellung. Ich verurteilte vor allem, dass der Verfassungsschutz, was er selbst nicht abhören durfte, von den westlichen Alliierten ausforschen ließ.

Höcherl strengte eine Klage gegen mich an, doch das Verfahren endete mit deren Abweisung. Jahre später, bei einer deutsch-englischen Konferenz in Cambridge, während Höcherl seinen Geburtstag feierte, verband ich einen Glückwunsch mit dem Bemerken: »Sie haben mir ja einmal den Staatsanwalt auf den Hals gehetzt!« Augenzwinkernd erwiderte er: »Aber aan' ganz aan' dummen!«

In dem Leitartikel »Mehr Angst als Vaterlandsliebe« verfocht ich zugleich das Recht der Bundesbürger auf Gespräche mit DDR-Vertretern: »Es gibt Menschen, die begehen Selbstmord aus Angst vor dem Tode. Und es gibt Demokraten, die machen der Demokratie aus lauter Fürsorge den Garaus. Sie klammern sich an den Buchstaben der Gesetze, ohne den Geist der Gesetze zu beachten. Sie beschneiden die Freiheit mit der absurden Begründung, sie retten zu müssen. Bei ihnen schlägt der Staatserhaltungstrieb in Staatsgefährdung um.« Und weiter schrieb ich: »Die Verhafter, Verhörer und Abschieber aber bilden sich ein, sie hätten der Verbreitung einer schlimmen Seuche gewehrt. Dabei haben sie nur bewiesen, daß sie selber an einer undemokratischen Allergie leiden. Es sind Menschen, die keinen Juckreiz ertragen können, weil sie sich in eine krankhafte Furcht vor dem Aussatz hineingesteigert haben. Sie haben mehr Angst als Vaterlandsliebe.« Und: »Es ist stets ein undankbares Geschäft, Selbstmördern in den Arm zu fallen. Aber wenn es um unsere Demokratie geht, würde es schon lohnen.«

Sehr früh habe ich Deutschland auch als Einwanderungsland bezeichnet, was nicht nur den Christdemokraten, sondern auch der Gräfin Dönhoff sehr missfiel. Für einen Leitartikel zum Thema überreichten mir mehrere junge, weltoffene Redaktionskollegen einen grünen Blumenstrauß.

In der von mir angestoßenen Debatte über »Leitkultur« habe ich dieses Thema ausführlich behandelt.

Leitkultur

Um die Jahrhundertwende stritt Deutschland um die Leitkultur, und ich gebe zu, dass ich es war, der den Streit ausgelöst hat. Den Begriff hatte ich wohl von dem in Göttingen lehrenden Orientalisten Bassam

Tibi, mit dem ich damals gelegentlich bei öffentlichen Diskussionen auf einem Podium saß und der ihn in seinem Buch *Europa ohne Identität* geprägt hatte Er forderte von den Europäern eine Leitkultur, die auf Demokratie, Laizismus, Aufklärung, Menschenrechten und Zivilgesellschaft beruhte. Ich nahm den Begriff auf, engte ihn aber ein: Mir schwebte eine deutsche Leitkultur vor.

Der Begriff schien mir unanfechtbar. Ähnliche Ausdrücke gab es überall: »culture dominante«, »defining culture«, »cultura dominante«, »culture de référence«, »American way of life«. Kaum einer nahm anderswo Anstoß daran. Wohl war die Absorptionskraft der nationalen Gesellschaften überall ein Thema. Allenthalben bildet Zuzugsbegrenzung ein Leitmotiv. Ihr dienen Abschiebung (beileibe nicht nur in der Bundesrepublik, sondern – weit rüder noch – auch in Frankreich), Stahlzäune und Mauern (USA, Spanien), die Vergabe von Aufenthaltsgenehmigungen per Lotterie (USA) oder die selektive Steuerung des Zuwandererstroms per Einwanderungsgesetz (USA, Kanada, Australien, Neuseeland). Aber an der Mehrheitskultur – eben der Leitkultur – wurde nicht gerüttelt. Bei uns wurde der Begriff zur großkalibrigen Waffe im parteipolitischen Kampf.

Meine Überzeugung zur Einwanderungs- und Integrationsfrage war in langen Jahren allmählich gewachsen. Sie bildete sich zumal in der Reaktion auf zwei Erscheinungen. Auf der einen Seite war dies die Deichgrafen-Metaphorik jener Konservativen, die um »den deutschen Charakter Deutschlands« bangten (so längst vor der AfD die *FAZ*): Flüchtlings-Springflut, Asylantenschwemme, Ausländerstrom, Einwandererwelle; die Vokabeln »Durchrassung« und »Umvolkung« brachten mich in Rage. Auf der anderen Seite aber hatte ich nicht das Geringste übrig für die unbedarfte Forderung der Grünen nach »offenen Grenzen« und ihre welt- und wirklichkeitsfremden Multikulti-Illusionen.

Ich blieb bei meiner Ansicht, dass jedes Volk einen gewissen Begriff von sich selbst brauche, ein Bewusstsein der Identität, und dass ein Grundkanon der Zugehörigkeit den gesellschaftlichen Zusammenhalt und das Zustandekommen eines Gemeinwillens sichern müsse. Die Einwanderer, die wir dringend brauchen, müssten sich uns daher ein gutes Stück anverwandeln, müssten sich assimilieren, argumentierte ich. Ihre heimischen Prägungen dürften sie unverändert behalten: Sie können ihre Religion ausüben, ihre angestammte Küche genießen, ihre Sitten und Gebräuche praktizieren. Private Multikulturalität sei möglich, staatliche Multikulturalität nicht.

So kann es in einem Land nur eine Rechtskultur geben. »Die Scharia neben dem Bürgerlichen Gesetzbuch, das geht nicht«, schrieb ich. »Wir können den islamistischen Grundsatz nicht hinnehmen, wonach Gottesgesetz über den Gesetzen der Menschen steht. Unsere Gesetze gelten für jedermann. Auch Zugewanderte müssen sie achten.«

Gegenüber dem Begriff »multikulturell« habe ich immer starke Vorbehalte gehabt. Es haftet ihm zu viel Fragwürdiges an. Deswegen redete ich lieber von »multiethnisch«. Gewöhnen wir uns an Bindestrich-Deutsche: an Turko-Deutsche und Graeco-Deutsche und Italo-Deutsche, forderte ich damals. Inzwischen haben wir es auf erstaunliche Weise getan. Im Fernsehen, in der Politik, in der Anwalt- und Ärzteschaft, in allen Lebensbereichen sind jetzt Mitbürger aktiv, deren Namen wir vor vierzig Jahren noch nicht richtig aussprechen konnten.

Ein Blick nach Amerika half mir, Maßstäbe und Kriterien für die eigene Debatte zu gewinnen. Dort wurde seit Jahren erbittert darüber gestritten, ob der »melting pot« noch funktionieren könne. Auf der Linken war das Schmelztiegel-Konzept in Misskredit geraten. Stattdessen wurde nun die »salad bowl« angepriesen, die Salatschüssel, in der die Bestandteile des Salats gemeinsam im »American dressing« schwimmen, sich aber nicht auflösen.

Diversity lautete die neue Losung: Gepriesen sei die Vielfalt. Das Staatsmotto »E pluribus unum« schien sich zu verkehren in »E pluribus plures«. Über der zum Dogma erhobenen Vielfalt, so befürchtete nicht allein der Historiker Arthur Schlesinger, drohe die

Einheit Amerikas in die Brüche zu gehen. Mittlerweile schwingt in den Vereinigten Staaten das Pendel wieder zurück. Aufs Neue wird die verloren gegangene Idee der »Amerikanisierung« beschworen.

Ich fand die Erwägungen des Kommunitaristen Amitai Etzioni sehr einleuchtend. In dem von ihm angeregten Manifest »Diversity in Unity« setzte er gegen den »Schmelztiegel« das Idealbild vom »Mosaik«: eine Komposition aus Steinchen verschiedener Farbe und Form, zusammengehalten durch einen Zement-Untergrund und einen Rahmen. Den Zement müssen Grundwerte bilden, die für alle verbindlich sind: das Bekenntnis zur demokratischen Grundordnung und zum Verfassungsstaat; praktizierte Toleranz; eine gemeinsame Sprache, die das Funktionieren und die Kohäsion der Gesellschaft fördert.

Jeder kann seiner eigenen Religion anhängen; alle können die eigenen Tänze tanzen und die eigene Cuisine kochen; jegliche Gemeinde darf das kulturelle Erbe, die Folklore der alten Heimat pflegen. Die überwölbende Gemeinschaft erträgt durchaus lebendige Untergemeinschaften – aber die Vielfalt hat sich in der Einheit zu bewähren. Das Rezept könnte auch in Deutschland taugen, befand ich.

Zur deutschen Leitkultur gehörten und gehören nach meinem Verständnis Freiheit, Toleranz, Offenheit, Gleichberechtigung der Geschlechter, Trennung von Staat und Kirche – das Erbe der Aufklärung. Demokratie ist unsere Lebensform; sie ist nicht bloß eine Option unter vielen. Wer bei uns leben will, hat sie zu respektieren.

Die Rechte der Minderheit, sagte ich in einem Vortrag an der Greifswalder Universität, dürfen die Rechte der Mehrheit nicht beschneiden. Die Alteingesessenen haben Verpflichtungen gegenüber den Neuankömmlingen, diese haben Verpflichtungen gegenüber den Alteingesessenen. Der Bringschuld der Zuwanderer steht eine Holschuld der Einheimischen gegenüber. Erstere müssen sich integrieren lassen, die Letzteren müssen die Integration wollen.

Um unseren Integrationswillen zu zeigen, schlug ich vor, den muslimischen Zuwanderern entgegenzukommen: »Viele Muslime wollen Deutsche muslimischen Glaubens werden. Müssen wir ihnen von vornherein islamischen Fundamentalismus unterstellen? Warum sie nicht in ihrem Glauben leben lassen? Warum nicht die städtischen Friedhofsordnungen so ändern, dass sie nach ihrem Ritus bei uns begraben werden können? Warum nicht an unseren Universitäten Islam-Fakultäten gründen, damit muslimische Lehrer mit deutschem Staatsexamen türkische Schüler im Koran unterrichten können? Warum nicht Möglichkeiten schaffen, dass muslimische Mädchen am Turn- und Schwimmunterricht teilnehmen können?« Damals waren das revolutionäre Ideen. Heute sind sie ihrer Verwirklichung deutlich näher gekommen.

XII.
DIE ENTDECKUNG ASIENS

Erste Begegnungen

Meine erste Begegnung mit Asien hatte ich als Vierzehnjähriger. In der Stunde »Blick in die Welt« musste ich in Sonthofen einmal in der Woche Nachrichten über das Geschehen im Asien-Pazifik vortragen. Dort war die japanische Armee seit einem halben Jahrzehnt immer tiefer in das chinesische Festland vorgedrungen, und nach Pearl Harbor hatte sie auch die Amerikaner aus der Inselwelt des Stillen Ozeans weit zurückgedrängt. Meine Kenntnisse schöpfte ich damals aus den Berichten des Wochenblatts *Das Reich*, dessen Herausgeber Reichspropagandaminister Joseph Goebbels war.

Die zweite Begegnung mit Asien erlebte ich dann, wie schon erzählt, als Student in Chicago. Ich ließ ab vom Thema »Deutsche Wiederbewaffnung nach dem Zweiten Weltkrieg«, über das ich eigentlich hatte schreiben wollen, und machte die deutsch-japanischen Beziehungen in den zehn Jahren zwischen 1935 und 1945 zum Subjekt meiner Doktorarbeit. Hans Rothfels, der Anfang der 1950er-Jahre aus Chicago an die Tübinger Universität ging, erklärte sich bereit, mein Doktorvater zu werden (»Da haben Sie Glück, ich verstehe gar nichts davon«). Meine Dissertation erschien unter dem Titel *Deutschland und Japan zwischen den Mächten, 1935–1940* und brachte mir 1961 eine Einladung des Gaimusho, des japanischen Außenministeriums, ins Reich des Tenno ein; sie wurde dann übrigens 1964 unter dem Titel *Nachisu Doitsu to Gunkoku* vom Jiji-Verlag auf Japanisch herausgebracht.

Es war die erste von etlichen Dutzend Japan-Reisen, durch die sich die Faszination mit dem Reich der aufgehenden Sonne immer wieder neu aufgeladen hat – und der Ausgangspunkt eines jahrzehntelangen intensiven Engagements nicht nur mit dem Tenno-Reich, sondern von dort aus mit Korea, der chinesischen Welt und schließlich Indien.

Im Land der aufgehenden Sonne

Aus der Ferne wirkt der Fujiyama glatt, erhaben, ein Bild makelloser Reinheit. In der Nähe jedoch verwandelt sich der Glattschliff in schrundige Schluchten, die Schönheit verliert sich in unansehnlichem Lava-Grus, das Erhabene löst sich auf in rauer, roher Wildheit. Und so still der Fuji mit seiner verschneiten Gipfelborte ins Blau ragt – rings um den Vulkan, der zuletzt im Jahr 1707 ausgebrochen ist, dampfen die heißen Schwefelquellen, bebt immer wieder die Erde. Alles wartet auf die nächste Eruption. Wie sein heiliger, 1776 Meter hoher Berg wirkte auch das Tenno-Reich bei meinem ersten Besuch 1961 auf mich.

Je besser ich Japan kennenlernte, je intensiver ich mich mit dem Thema befasste, desto mehr beeindruckte mich die verblüffende Parallelität, die seit dem ersten amtlichen Kontakt die Entwicklung unserer beiden Länder charakterisierte – genauer gesagt, seit dem 24. Januar 1861, an dem Graf Fritz zu Eulenburg den preußisch-japanischen Freundschafts-, Handels- und Schifffahrtsvertrag abschloss, nur sieben Jahre nachdem die »Schwarzen Schiffe« des US-Kommodore Matthew Perry die Öffnung Japans erzwungen hatten. Damals war Japan für die Europäer noch der Inbegriff des Fernen Ostens: fremdartig, exotisch, »undurchdringlich«. Binnen weniger Jahrzehnte änderte sich das völlig.

Beide Länder waren Spätkömmlinge der Geschichte. Sie traten fast gleichzeitig auf die Weltbühne: Japan mit der Meiji-Restauration von 1868, Deutschland mit Bismarcks Reichsgründung 1871. Beide stürzten sich mit martialischem Aplomb in den Imperialismus. Japan hatte nur ein Ziel: mit den anderen Großmächten gleichzuziehen und es ihnen auf der Weltbühne gleichzutun. Das Deutsche Reich schlitterte aus eigenem Antrieb in den Ersten Weltkrieg; Nippon, das 1895 China und 1905 Russland den Krieg erklärt und beide besiegt hatte, trat in ihn ein, um sich der seit 1897 deutschen Kolonie Tsingtao und des Pachtgebiets Kiaoutschou in der Provinz Shantung im Nordosten Chinas zu bemächtigen, dazu auch noch der deutschen Besitzungen in Mikronesien, den Marschall-Inseln, den Karolinen und den Marianen.

In den 1930ern mündeten dann die separaten Antriebe ihres waffenklirrenden verbrecherischen Expansionismus in den zerstörerischen Mahlstrom des Zweiten Weltkriegs, in dem sie erst getrennt losschlugen, dann getrennt geschlagen wurden. Ihre Bündnisse – zunächst der gegen die Sowjetunion gerichtete Antikominternpakt von 1936, dann der Dreimächtepakt (gemeinsam mit Italien) von 1940, schließlich das »Abkommen über die gemeinsame Kriegsführung bis zum siegreichen Ende« vom 11. Dezember 1941 blieben Allianzen ohne Inhalt. Auch im Krieg blieb die Allianz ein Papiertiger. Zu keiner Zeit gab es eine planvolle gemeinschaftliche deutsch-japanische Politik. Das Verhältnis der Bündnispartner war vielmehr bestimmt von ständigen Reibereien, Eifersüchteleien und gegenseitigem Misstrauen.

Im Jahre 1945 lagen beide Staaten in Schutt und Asche. Sie waren besetzt, schuldbeladen, gedemütigt, Deutschland verlor sofort ein Fünftel seines Gebietes; der Rest wurde über vier Jahrzehnte lang vom Eisernen Vorhang rigoros geteilt. Japan, das erst die amerikanischen Atombomben auf Hiroshima und Nagasaki zur Kapitulation veranlassten, blieb immerhin die Teilung erspart; allerdings nahm sich die Sowjetunion die südlichen Kurilen-Inseln Habomai, Kunashiri, Shikotan und Etorofu als Kriegsbeute.

Hier wie dort folgten die Re-Education, die sicherheitspolitische Anlehnung an die Vereinigten Staaten, der Wiederaufbau, die Festigung demokratischer Strukturen – der unglaubliche Wiederaufstieg beider Nationen. Dem deutschen Mirakel folgte das japanische. Beide Staaten wurden ökonomische Supermächte mit enormer industrieller Schlagkraft. Sie wurden reich. Und sie wurden friedlich auf eine zuvor ungeahnte Weise. Beide fanden nicht allein zu Wohlstand, weltweit wurden ihnen nach einiger Zeit auch Wohlanständigkeit, Friedlichkeit, Verträglichkeit attestiert und Einfluss gewährt.

Getrennt voneinander, doch parallel fanden sie den Weg in den Westen. Es war übrigens Helmut Schmidt, der in seiner Kanzlerschaft Japan zu den Gipfeltreffen der währungs- und wirtschaftspolitisch wichtigsten Staaten hinzuzog; aus den G-5 wurden damals die G-6. Trotz seiner geografischen Randlage und trotz vieler nationaler Eigenheiten, Denkweisen und Traditionen, die es sich bewahrt hat, gehört Japan untrennbar dazu. Wenn gelegentlich die Formel »the West and the rest« benutzt wird, wird das fernöstliche Inselreich von niemandem zum Rest gezählt.

Ein gewaltiger Unterschied zur Entwicklung in Deutschland fiel mir allerdings anfangs auf: die Fragilität der Politik. Das Mandarinat hielt die Dinge zusammen, doch die Regierungspolitiker wechselten mit fataler Häufigkeit. In dem Zeitraum, in dem die Bundesrepublik sieben Bundeskanzler und eine Bundeskanzlerin hatte, brachten es die Japaner auf zweiunddreißig Ministerpräsidenten. Manche schafften nur wenige Tage Amtszeit, fünf Jahre waren eine seltene Ausnahme. Boshaft sprach der Politologe Takashi Inoguchi von der Karaoke-Demokratie: »Ein Sänger nach dem anderen tritt auf die Bühne, aber die Melodien bleiben stets die gleichen, und die Texte, von anderen verfasst, lesen sie vom Prompter ab.« Immerhin hat sich das um einiges gebessert.

Das Japan, in dem ich mich November 1961 mehrere Wochen umtat, war zum guten Teil noch das alte Japan. Ich erlebte es als ein mit einigem westlichem Firnis überzogenes asiatisches Land. Es war ein Land mit zwei Gesichtern. Noch lebte das Morgenland in den Tempeln und Schreinen, in den ländlichen Gegenden, in der Anmut der Berge und Täler auf den wunderschönen Inseln. Selbst in den Städten trugen viele nach wie vor japanische Kleidung, und erst recht waren der Kimono und die Geta-Holzpantinen in den Dörfern weiterhin Standard. Der Gast wurde selbstverständlich ins Kabukitheater geladen. Man führte mich in die Teezeremonie ein und versuchte, mir Origami beizubringen, die Kunst des Papierfaltens; hätte ich hundert Gebilde ohne Schere und Klebstoff geschafft, so wäre ein Wunsch in Erfüllung gegangen.

Zweieinhalb Jahre vor den ersten Olympischen Spielen in Japan war Tokio eine Stadt im totalen Umbau. Die schönen alten Holzhaus-Stadtteile wurden abgerissen, es entstanden die neuen Geschäftsviertel aus Stahl, Beton und Glas. Sendemasten sprossen allenthalben aus den Dächern, und der Tokyo Tower, der sich vom Eiffelturm nur dadurch unterschied, dass er noch dreißig Meter höher ist und von keiner Alterspatina verschönert war, galt als letzter Schrei. Ich wohnte im damals besten Haus am Platze, dem Palace Hotel, direkt gegenüber dem Eingang zum Kaiserlichen Palast, dessen fünf Kilometer lange Mauern ich jeden Morgen entlang des wassergefüllten Burggrabens joggend umrundete.

Begleitet von einem jungen Attaché des Gaimusho fuhr ich mehrere Wochen über die Insel Honshu, war zum ersten Mal in Hakone am Fujiyama, übernachtete in traditionellen Ryokan-Hotels und entschlackte mich in heißen Onsen-Quellen. Ich sah mir nicht allein die Sehenswürdigkeiten von Kyoto und Nara an, sondern stand auch stumm, gedankenverloren, bewegt am Genbaku Dome in Hiroshima, einem der wenigen Gebäude, die den amerikanischen Atomangriff am 6. August 1945 überstanden hatten, als die Bombe »Little Boy« – Sprengkraft 13 Kilotonnen Trinitrotoluol – in 580 Metern Höhe über der Stadt explodierte. Mir fiel der Kommentar des amerikanischen Präsidenten Truman ein, der sich an Bord der »Augusta« auf dem Heimweg von der Potsdamer Konferenz befand, als ihm die Bombardierung Hiroshimas gemeldet wurde: »This is the greatest thing in history.« Verstört zündete ich – seinerzeit noch Raucher – mir eine Zigarette der populärsten Marke an: »Peace« – Frieden.

Seiner Bevölkerung nach – damals 94 Millionen – war das moderne Japan das fünftgrößte Land der Welt und die einzige nicht weiße Industriemacht. Wie ein junger Beamter, der spätere Außenminister Saburo Okita, im Frühjahr 1945 seinem Tagebuch anvertraut hatte: »Die Entwaffnung Japans ist ein verkappter Segen. Wir werden eine erstrangige Macht zweiten Ranges werden, eine Armee in Uniform ist nicht die einzige Streitmacht. Wissenschaftliche Technik und Kampfesmut unter dem dunklen Anzug des Geschäftsmannes werden in Zukunft unsere Armee bilden.«

So geschah es. Kaum dass die Japaner der militärischen Aggression entsagt hatten, richteten sie ihre nächste Herausforderung an die Welt, die wirtschaftliche. Aus der Nachkriegszeit des Hungers und der Behelfsunterkünfte arbeiteten die Samurai in ihren gedeckten Anzügen das fernöstliche Inselreich zwischen 1951 und 1961 mit Zuwachsraten von jährlich neun Prozent hoch zum größten Schiffbauer, zum größten Hersteller von Kunstseide, Kameras, Nähmaschinen, Transistorradios und zum fünftgrößten Stahlproduzenten.

Inzwischen war es die siebtgrößte Handelsnation. Im Jahr 1995 war Japan mit ausländischen Vermögenswerten von rund 1000 Milliarden Dollar der größte Gläubiger der Welt, hatte mit 230 Milliarden Dollar die größten Devisenreserven und mit 132 Milliarden den größten Handelsüberschuss. 1990 betrug Japans Anteil am Weltexport 22 Prozent. Einen ähnlich stürmischen Aufstieg hatte noch nie ein Land geschafft. Die Japaner machten es den Chinesen vor, wie es geht.

Sie trafen damals auf ähnliche Ängste wie vierzig Jahre später das aufstrebende China. Der Erfolg der japanischen Exportoffensive bewirkte tiefgreifende geo-ökonomische Verwerfungen. Man sah in

Japan den Konkurrenten, der den Weltmarkt mit seinen Produkten sturzbachartig überschwemmte und die alten Industriestaaten an die Wand drückte, man sah die Führungsmacht von morgen – Dschingis-Khan mit einer Armee von Robotern. »Bald werden sie die Ersten sein«, hieß 1970 das Zukunftsszenario Herman Kahns. Der Harvard-Professor Ezra Vogel griff 1979 in seinem Buch *Japan as Number One* in dieselben Saiten. Nur Zbigniew Brzezinski beurteilte die Entwicklung skeptischer; er sah Japan als »fragile blossom«, eine zerbrechliche Blüte.

Die alten Industriestaaten, deren Firmen von den Japanern in Marktnischen gedrängt oder ganz von der Bildfläche gefegt wurden, begannen sich zu wehren. Sie verhängten Importquoten, erhoben Sonderzölle und führten hinderliche Einfuhrverfahren ein. *Il faut stopper les Japonais*, war der Titel eines viel gelesenen französischen Buches, den zahlreiche Staaten als Handlungsanweisung betrachteten: »Man muss die Japaner stoppen.« Amerikaner wie Europäer drängten immer stärker auf Liberalisierung und Öffnung des japanischen Marktes – und nicht nur auf die Schleifung der Zollmauern, sondern auch auf die Beseitigung der nicht tarifären Handelshemmnisse. Ein halbes Jahrhundert später machte China dieselbe Erfahrung – die Welt suchte Pekings ungestümes Vordrängen auf ähnliche Weise abzublocken.

Als hätten sie dies gehört, machten die Japaner genau dies. In ihren Anfängen hatten sie alles abgekupfert, Fahrräder, Kinderspielzeug, Nähmaschinen. Sie lernten durch Nachahmung. Modernisierung war weithin Verwestlichung. Doch dann wurden sie schöpferisch. Sie holten den technischen Vorsprung des Westens ein und wurden selbst eine Technologie-Großmacht. Nicht länger konnten sie als bloße Nachahmer verschrien werden. Die Patentbilanz belegte ihren zunehmenden Einfallsreichtum. Kam Mitte der 1960er erst ein Prozent der Anmeldungen beim Bundespatentamt in München aus Japan, so stammte Anfang der 1980er schon jede zehnte Patentanfrage von dort. Bewusst beschränkten sich die Japaner dabei auf fünf

Produktionsbereiche: Stahl, Schiffbau, Kameras, Unterhaltungselektronik und Automobile.

Mir wurde in Osaka die Firma Matsushita gezeigt, die Fahrräder, Kühlschränke, Waschmaschinen und Staubsauger herstellte; aus ihr ging der Elektroriese Panasonic hervor. In Nagoya interviewte ich den Motorradkönig Soichiro Honda, dessen Maschinen im Jahr zuvor auf den Rennpisten von fünf Kontinenten die begehrtesten Lorbeerkränze errungen hatten. In Tokio traf ich schließlich Akito Morita, einen Abkömmling von Sake-Brauern, Erfinder des Walkman, der drei Jahre zuvor die Transistorfabrik Sony gegründet hatte, die heute der drittgrößte Elektronikkonzern Japans ist. Auf eine ähnlich erfolgreiche und eindrucksvolle Gründergeneration bin ich nur in Südkorea wieder gestoßen.

Indessen erlebte ich Japan nicht nur als Land im Aufbruch. Ich fand es janusköpfig, zugleich seinen Traditionen verhaftet und doch kulturell verwestlicht, seelisch und geistig zerrissen, ein Volk im Hader mit sich selbst. Die eine Hälfte – bienenfleißige, bildungshungrige Arbeiter, die unbeirrbar Mal für Mal die konservativen Liberal-Demokraten wählen – akzeptierte, was die andere Hälfte – eifernde marxistische Intellektuelle und enthemmte sozialistische Revolutionäre – umzustürzen trachtete: den florierenden Kapitalismus.

Das beherrschende Merkmal der Politik war eine rabiate Polarisierung. Es gab keinen nationalen Konsens, keine Übereinstimmung in den Grundfragen, nur ein Geflecht von Widersprüchlichkeiten und Unbegreiflichkeiten – eine Kluft zwischen der breiten Masse und jenen, die als Sprachrohr der Nation auftreten. Die Intelligenz flüchtete sich in kreative Bizarrerien, die Masse verschanzte sich in den Pachinko-Spielsalons, die jährlich mehr Umsatz und Gewinn machten als die Autoindustrie.

Das war auch noch nicht anders, als ich 1972 wieder nach Japan kam. Das Volk dachte in seiner Mehrheit noch immer bäuerlich bewahrend; nur so war die seit 25 Jahren ununterbrochene Herrschaft der Konservativen zu verstehen. Das Gros der Intelligenz hingegen,

Journalisten, Schriftsteller, Akademiker, neigte nach links, innenpolitisch zu der vagen Blauäugigkeit eines wohltätigen Sozialismus und geopolitisch zu einer neutralen Bündnislosigkeit. Zugleich dämmerte in allen Lagern die Erkenntnis, dass das japanische Wirtschaftswunder seine Grenzen erreicht hatte.

Die explosiven Zuwachsraten von 12, 13, 15 Prozent waren mittlerweile auf 7,5 Prozent geschrumpft. Hinzu kam, dass die bitteren Früchte des Fortschritts die Nachdenklichen in allen Parteien aufschreckten: die Zerstörung der Umwelt, die in der ganzen Welt nicht ihresgleichen hatte. In Tokio war die Luft so verpestet, dass der Fußgänger schon nach zehn Minuten im Freien einen galligen Geschmack am Gaumen verspürte; das machte mein morgendliches Joggen, einmal um den Kaiserpalast herum, zu einer ziemlichen Qual. Im Lande starben die Bäume ab, das Wasser wurde knapp und schlecht, die Verseuchung des Meeres schadete der einträglichen Perlenzucht.

Dies erklärt, weshalb Japan das erste Land war, das der Wachstumsanbetung ein Ende setzte und Umweltschutz zur politischen Priorität erhob. »Das Prinzip ›Produktion zuerst‹ muss von einer Politik nach dem Motto ›Das Leben zuerst‹ abgelöst werden«, verkündete Ministerpräsident Kakuei Tanaka.

In seiner Nachfolge erkannte Yasuhiro Nakasone, dass der aggressive Export nicht die Grundlage des japanischen Wohlstands bleiben konnte, dass vielmehr erhöhter Binnenkonsum an die Stelle der alten Konjunkturlokomotive, der Ausfuhr, treten müsse. Er selbst erstand im Kaufhaus Takashimaya einige italienische Hemden und ein französisches Sakko und appellierte an seine Landsleute, es ihm nachzutun. In einem unserer langen Gespräche erklärte er mir 1985, dass der Wesenskern des alten japanischen Geistes, das Positive an ihm, noch immer in seinem Volk lebendig sei: »Dies ist auch die eigentliche Ursache unseres wirtschaftlichen Aufblühens.«

Anfang der Neunziger begann es im Gebälk der japanischen Wirtschaft zu krachen. Der Kollaps des Aktienmarktes stand am Beginn der Misere, der Nikkei-Index sackte bis Sommer 1993 von 40 000 auf 14 000 ab. Der Grundstücksmarkt – der zuvor das Gelände des Kaiserpalastes in Tokio so hoch bewertet hatte wie die ganze Fläche Kaliforniens – brach zusammen. Die Unternehmensgewinne fielen drastisch. Dem Zusammenbruch der Seifenblasenwirtschaft folgte der Einbruch der Konjunktur. Die Autoexporte schrumpften, die Industrieproduktion ging zurück, der Privatverbrauch sank. Immer schwerer fiel es dem Volk, die alte japanische Weisheit zu beherzigen: »In guten Zeiten sei bescheiden, in schlechten Zeiten sei optimistisch.« Es begann die Zeit der zwanzig oder gar dreißig Jahre, die als »verlorene Jahrzehnte« in die Geschichte eingegangen sind.

Ich habe diese Einschätzung nie ganz nachvollziehen können. Denn in diesem Zeitraum erlebte das Land eine Entwicklung, um die andere es nur beneiden konnten. Die junge Generation erkämpfte sich mehr Freiheit, mehr Freizeit auch und längeren Urlaub; sie legte weniger Wert auf das Bruttosozialprodukt als auf Nettowohlfahrt. Zwischen 1989 und 2009 stieg die Lebenserwartung dank der verbesserten Gesundheitsvorsorge um 4,2 Jahre von 78,8 auf 83 Jahre. Die Arbeitslosigkeit lag bei 4,2 Prozent, was nach den gängigen Regeln Vollbeschäftigung bedeutet. Das Land war ein »early adopter« kostspieliger High-Tech: Die Internet-Abdeckung lag höher als in Amerika, die Digitalisierung war fast durchgehend vollzogen, von den 100 Städten mit dem schnellsten Netzzugang lagen 38 in Japan. Altersvorsorge wurde zum Thema, Sozialleistungen zum zentralen Projekt. Die Infrastruktur wurde in einem Tausend-Milliarden-Dollar-Arbeitsprogramm gründlich erneuert – Eisenbahnen, Straßen, Schulen, Krankenhäuser, vor allen Dingen die Kanalisation, die zwei Drittel der Haushalte bis dahin entbehrt hatten. Jeder Bach, war mein Eindruck, war dreimal betoniert. Tokio hatte laut dem *Michelin Guide* sechzehn Top-Restaurants der Welt, Paris nur zehn. Japan war eine Supermacht der Lebensqualität geworden.

Im Jahre 2011 äußerte ich zum ersten Mal einen Gedanken, der damals noch als ziemlich abwegig galt: Die Erwägung, ob Japan nicht doch das Modell für die Zukunft ist, nämlich ein reiches Land, das sein Wachstum minimal hält; dessen Pro-Kopf-Einkommen beneidenswert hoch ist; wo die Arbeitslosigkeit bei knappen 5 Prozent liegt, die Inflation bei 2,5 Prozent und die Menschen eine höhere Lebenserwartung haben als in irgendeinem anderen großen Staat und die Kriminalitätsrate eine der niedrigsten der Welt ist – ein sicheres, sauberes, gesundes, sozial spannungsfreies Land. Japan als Modell einer »post-growth world« – könnte das eine tragfähige, zukunftsfähige Vorstellung sein?

Im Dschungelkampf gegen den Vietcong

Auf meinem ersten Flug nach Asien machte ich im Herbst 1961 zunächst einmal in Vietnam Station. Dieses Land wurde, wie schon erwähnt, eines der schwierigsten Themen meines journalistischen Lebens.

Saigon war noch ein beschauliches, gemütliches französisches Provinzstädtchen; die Franzosen hatten ihm in den Jahrzehnten ihrer Kolonialherrschaft einen unauslöschlichen Stempel aufgedrückt. Nach der japanischen Besatzung im Zweiten Weltkrieg hatten sie sieben Jahre Krieg geführt, um ihren Machtanspruch abermals zu verwirklichen; er endete mit ihrer totalen Niederlage in der Schlacht von Điện Biên Phủ. Doch der kulturelle Grundton der alten Kolonialherren klang noch immer nach, »Südfrankreich in Asien« war mein Eindruck.

Im Hotel Continental sprach man Französisch und aß Französisch, zum Dessert gab es Käse aus der Normandie oder aus Savoyen. Auf der Terrasse – Graham Greene hat ihr mit seinem *Der stille Amerikaner* zu literarischem Ruhm verholfen – wimmelte es noch nicht von US-Soldaten; es standen erst 685 amerikanische Berater zwischen Cap Ca Mau und dem 17. Breitengrad, der Nord- und Südvietnam trennte, die im Straßenbild nicht weiter auffielen. Zwei Jahre später waren es schon 12 000, nach weiteren fünf Jahren 540 000 Mann, eine gewaltige Streitmacht.

Aber die Beschaulichkeit war schon 1961 alles andere als ungetrübt. Auf der Genfer Konferenz von 1954, die den französischen Indochina-Krieg beendete, war die Teilung Vietnams beschlossen worden; neben Deutschland und Korea war es das dritte geteilte Land der Nachkriegszeit. Im Norden regierte die Viet Minh des Kommunisten Ho Chi Minh, des Anführers im Kampf gegen die Japaner und die Franzosen, seit 1945 Präsident der Demokratischen Republik Vietnam. Sein Ziel war die Wiedervereinigung des geteilten Landes. Mit militärischer Gewalt und brutalstem Terror – Mord, Entführung, Folter – arbeitete seine Volksarmee darauf hin, unterstützt von seinen südvietnamesischen Anhängern, den Vietcong.

Als ich nach Saigon kam, standen in den Weilern des Mekong-Deltas, in den schwimmenden Wäldern der Küstenmarschen und im Bambusdschungel des kühlen Hochlandes um die 25 000 Vietcong-Partisanen zum Schlag bereit. Täglich gab es Bombenanschläge, Gefechte zwischen Armee und Guerillas, Attentate auf Zivilisten. Während ich mich in der Hauptstadt aufhielt, tobte in vierzig Kilometern Entfernung ein erbittertes Gefecht zwischen mehreren Vietcong-Bataillonen und regulären Fallschirmjägern. Der Eindruck war unabweisbar: In Vietnam steigt die rote Flut. So hieß auch der Titel meines ersten Berichts.

Mir war klar: Ich war auf Kriegsreportage. Sie war nicht ungefährlich. Meinem Freund und Kollegen Winfried Scharlau, dem späteren *Weltspiegel*-Moderator, der sich damals mit seinen NDR-Berichten aus dem Vietnamkrieg einen Namen machte, wurde bei einer Hubschrauberlandung ins Knie geschossen, als er aus dem Fenster blickte; hätte ihn der Schuss wenige Zentimeter höher getroffen, wäre er im Zinksarg nach Deutschland zurückgekehrt. Ich wusste, dass ich mit den vietnamesischen Truppen auf Dschungelpatrouille gehen und ins Bergland nach Kon Tum fahren sollte. Also kaufte ich mir auf dem Schwarzen Markt eine amerikanische Tropenausrüstung – Tarnuniform, olivfarbene Hemden und Unterwäsche, Feldjacke, Dschungelstiefel und Stahlhelm. Ich wusste: Im Feld würde ich sie brauchen. (Sie hängt noch sechzig Jahre danach in meinem Kellerschrank.)

Bei den Gesprächen in der Hauptstadt trug ich natürlich zivil. Aber überall war der Krieg das beherrschende Thema. Auch in der Unterhaltung mit dem Staatspräsidenten, dem französisch erzogenen Katholiken Ngo Dinh Diem, der mir in seinem panzerbewachten Unabhängigkeitspalast einen vierstündigen Monolog hielt.

»Wir kontrollieren das Land schon, aber die anderen eben auch«, sagte Diem in aller Offenheit. »Sie können sich auf den Kanälen oder im Dschungel an uns vorbeischleichen. Im Delta etwa, wo ein Dorf aus fünf, sechs verstreuten Weilern besteht, können wir nur in dem einen Weiler, in dem die Dorfverwaltung sitzt, ein paar Soldaten postieren. Diesen einen Weiler beherrschen wir, aber die übrigen vier oder fünf beherrscht der Gegner.«

Der Chef des Amtes für Psychologische Kriegsführung drückte sich nicht minder deutlich aus. »Uns gehören nur die wichtigsten Verbindungswege. Die Dörfer besitzen wir bei Tag, doch bei Nacht kontrollieren die Guerillas die Hälfte davon. Beinahe zwei Drittel des Hochlandes unterstehen dauernd ihrer Herrschaft. Wir haben einfach nicht genug Truppen.« Die anderen aber schleusten auf dem Ho-Chi-Minh-Pfad mehr und mehr Einheiten nach Süden ein.

Ausländische Truppen verlangte Ngo Dinh Diem nicht, wohl aber Hubschrauber, Jagdbomber, bessere Nachrichtenverbindungen, erhöhte Mobilität und mehr amerikanische Berater. »Gebt uns das Geld und die Werkzeuge, dann leisten unsere eigenen Soldaten die Arbeit.« Erregt setzte er hinzu, er sei kein »schoolboy«, und er habe die »Doktor-Dissertationen« satt, die über sein Regime und sein Land geschrieben würden. Reformen? Er habe vieles getan.

»Aber wie kann ich ein Land reformieren, in dem ich unserem Vierzehn-Millionen-Volk keine Sicherheit bieten kann?«

Diem war kein Demokrat, sondern ein autoritärer Mandarin, der ein eben aus dem Mittelalter entlassenes Volk patriarchalisch zu regieren trachtete. Der Katholik unterdrückte nicht bloß den Buddhismus. Zwei Jahre nach unserem Gespräch putschte das Militär gegen ihn; dabei wurde er auf grausame Weise ermordet.

In Saigon hatte ich nicht viel vom Krieg verspürt. Anders war es bei meinen Vorstößen ins Kampfgebiet des zentralen Hochlandes. Da sah ich Minenlöcher auf den Straßen, Überreste von Guerillaanschlägen, Kreuze auch an Stellen, wo die Vietcong harmlose Reisende überfallen hatten.

»Vergessen Sie nicht, Monsieur, in Berlin haben wir es mit einer Krise des Kalten Krieges zu tun«, sagte mir in Pleiku Oberst Co, der Stabschef des II. Armeekorps, in präzisem St.-Cyr-Französisch. »Hier ist ein heißer Schießkrieg in vollem Gange. Wehe uns, wenn wir ihn verlieren. Wehe der ganzen freien Welt.«

Er bestand darauf, mir für die fünfzig Kilometer Jeepfahrt nach Kon Tum eine Eskorte von zwei schwer bewaffneten Korporalschaften mitzugeben. Sie passten ebenso angespannt auf mich auf wie der Stoßtrupp auf der Dschungelpatrouille. Der hatte mich als Erstes darauf aufmerksam gemacht, dass die Vietcong am Rand der Waldpfade verdeckte Gruben ausgehoben hatten, in denen mit Exkrementen und Giften beschmierte Bambusspieße steckten; wer mit dünnem einheimischem Schuhwerk darauf trat, war binnen weniger Stunden tot. Gott sei Dank boten mir meine amerikanischen Stiefel davor Schutz.

In Kon Tum, wo ich in der Unterkunft von sechs amerikanischen Militärberatern übernachtete, machte ich eine Erfahrung, die auf Jahre hinaus meine Einstellung zum US-Vietnamkrieg bestimmte.

Vom Korps-Hauptquartier waren es keine zwei Kilometer bis zu einem kleinen Dorf, einer Ansammlung von wenigen Bambushütten nur. Dort hatten die Vietcong vier Wochen zuvor, wenige Hun-

Im Dschungelkampf gegen den Vietcong

dert Meter von der Nationalstraße 14 entfernt, den Dorfältesten und drei seiner Notabeln überfallen; alle vier wurden kurzerhand enthauptet. Die Köpfe warfen die Guerillas herausfordernd über den Zaun, der das Hauptquartier umgibt, gleich neben die Baracke, in der die amerikanischen Militärberater wohnten.

Geschockt, empört, auf Befriedung aus war ich von da an für den Krieg. Viel zu lange. Dreimal bin ich noch hingefahren, 1963, 1965, 1967. Und setzte mich ein für militärisches Engagement – amerikanisches Engagement, kein deutsches. Das Verlangen von Dean Rusk und Robert McNamara, dass Deutschland zwei Divisionen nach Vietnam schicke, lehnte ich rundheraus ab; Bundeskanzler Ludwig Erhard ließ sich auch nicht darauf ein. In der Fremdenlegion waren schon rund 30 000 ehemalige Wehrmachtssoldaten und Waffen-SS-Leute in Indochina stationiert gewesen, von denen viele dort den Tod gefunden hatten. Womöglich, schrieb ich im März 1968 in der Zeitschrift *Interplay,* würde die DDR sonst NVA-Einheiten nach Vietnam entsenden, Deutsche würden gegen Deutsche kämpfen.

Doch wurden mehrere zivile Projekte realisiert: eine Düngemittelfabrik, ein Schlachthaus in Saigon, die Lieferung von Medikamenten und Lebensmitteln und, am spektakulärsten, die Entsendung des zum Hospitalschiff umgebauten Seebäderschiffs »Helgoland«; den Chefarzt Christoph Nonnemann lernte ich sehr gut kennen. Besonders bei der Behandlung von Zivilisten und von Kindern leistete die »Helgoland« unschätzbare Dienste.

Die *Zeit* empfand zu Kennedys Lebzeiten Sympathien für die amerikanische Hilfsaktion. Er wollte dem Ostblock beweisen, dass das kommunistische Konzept der »gerechten Befreiungskriege« zum Scheitern verurteilt war; das klang vernünftig. Doch je mehr sein Nachfolger Lyndon B. Johnson erst den Süden und dann auch noch den Norden mit Krieg überzog, desto stärker gingen die Meinungen in der Redaktion auseinander.

In der Ausgabe vom 24. Dezember 1965 ließ das Blatt drei Redakteure ihre verschiedenen Ansichten darlegen. Rudolf Walter

Leonhardt zog sich auf eine moralische Ablehnung aller Kriege zurück, eingedenk der Verse des Matthias Claudius: »'s ist leider Krieg und ich begehre nicht schuld daran zu sein.« Rolf Zundel begründete die politische Gegenposition zum Vietnam-Konflikt: »Der sinnlos gewordene Krieg.« Er sah den schlimmen Ausgang voraus, wenn zerstört würde, was doch gerettet werden sollte; ein völlig verwüstetes Land als Preis für die Einführung der Demokratie westlichen Musters erschien ihm zu hoch.

Auf mich entfiel der schwierigste Part: das amerikanische Engagement im Grundsatz für richtig und unvermeidlich darzustellen: »Der notwendige Krieg« überschrieb ich meine Analyse, wobei mich das Pro-und-Kontra-Format sicherlich dazu verleitete, meine Argumente zu überziehen und zu überspitzen.

Drei Motive hielt ich den Amerikanern zugute: Als Zwei-Ozeane-Staat müssten die USA die Freiheit in Asien ebenso verteidigen wie in Europa; als Weltmacht hätten sie die Aufgabe, den chinesischen Kommunismus einzudämmen; nach der Dominotheorie würde eine Kapitulation in Vietnam nur weitere Aggressionen in Südostasien auslösen. Es sei deshalb nötig gewesen, den Fehdehandschuh aufzunehmen.

Was mich von dieser Auffassung in den folgenden Jahren abbrachte, war die fatale Entwicklung der amerikanischen Strategie. Der immer brutalere Bombenkrieg härtete im Norden den Widerstandswillen und forderte im Süden vor allem unschuldige Opfer; allein innerhalb von fünfzehn Monaten warf die US-Luftwaffe ein Drittel der Bombenlast auf Vietnam, die im Zweiten Weltkrieg auf Europa niedergegangen war.

Die Entlaubungsaktion in den Jahren 1965–1970 mit dem giftigen Herbizid Agent Orange, die dem Vietcong die Tarnung im Dschungel erschweren sollte, entblätterte ein Viertel Vietnams, brachte Hunderttausenden den Tod (befiel übrigens auch Amerikaner, die insgesamt 58 220 Gefallene zu beklagen hatten) und verursacht noch nach Jahrzehnten bei Neugeborenen schwere Missbildungen.

Schließlich empörte My Lay 1968 die Welt: ein grausiges Massaker an einem halben Tausend südvietnamesischer Dörfler, meist Frauen und Kindern. Das Foto der nackten Phan Thi Kim Phuc, damals ein neunjähriges Mäddchen, das vor einer Napalmwolke floh, machte dann 1972 Weltgeschichte; seine Veröffentlichung beschleunigte das Kriegsende.

Im Zug der Zeit war mein Vietnam-Urteil immer kritischer, zuletzt total negativ geworden. »Der Krieg artet immer mehr in eine Schlachthaus-Orgie aus«, schrieb ich im Februar 1968. Viel zu spät beendete Präsident Johnson den Bombenkrieg. Als ich ihn 1967 zusamnen mit *Stern*-Chef Henri Nannen auf seiner texanischen Farm besuchte, gab er sich noch starrsinnig: »Wenn ich den Bombenkrieg beende, ohne dass die nordvietnamesische Infiltration aufhört, müssen mehr amerikanische Soldaten sterben«, erklärte er uns. Erst Ende Oktober 1968 ließ er den Bombenkrieg einstellen. Indessen schlug er wenigstens dem General Westmoreland die Entsendung von weiteren 260 000 Soldaten ab.

»Man muss sich mit dem Gedanken vertraut machen«, formulierte ich damals, »dass der Vietnamkrieg nur um einen unzumutbar hohen Preis gewonnen werden kann und dass das bisherige Ziel – ein unabhängiges, stabiles, nichtkommunistisches Südvietnam – möglicherweise unerreichbar ist.« Ein paar Wochen später urteilte ich weit kategorischer: »Bestenfalls wird wieder ein halber Frieden herauskommen, und auf lange Sicht ist ein Triumph Ho Chi Minhs nicht mehr auszuschließen.«

Der hat seinen Triumph – den Friedensvertrag von 1973 mit den USA und den Fall von Saigon 1975 – nicht mehr erlebt, denn er starb im September 1969. Aber eine lange Sicht gab es auch nicht mehr. Auch meine hätte viel kürzer und anders sein müssen.

Schlimmer als mein lang hingezogener Gesinnungswechsel war auf jeden Fall die Begeisterung so vieler unserer 1968er, die den nordvietnamesischen Diktator als Galionsfigur vor sich hertrugen. Auf den Straßen skandierten die studentischen Anarchos frenetisch ihr

»Ho, Ho, Ho Chi Minh!«. Mit ihm und dem Lateinamerikaner Che Guevara wollten sie die Weltrevolution anstoßen. Da haben manche einiges mehr zu bereuen als ich.

Die Koreaner: Meine Lieblingsasiaten

Im Sommer 1972 ließ ich zum ersten Mal vom nördlichsten Posten der südkoreanischen 1. Infanteriedivision bei Panmunjom den Blick über das grüne Tal des Sanchon-Flusses nach Norden schweifen. Im Dunst der fernen Hügel, jenseits der vier Kilometer breiten entmilitarisierten Zone, war Kaesong zu sehen. Durch den Fernstecher konnte ich auch deutlich die Lautsprecher-Batterie erkennen, die diesen Abschnitt der Waffenstandslinie am 38. Breitengrad rund um die Uhr mit ohrenbetäubenden Lesungen aus den einschläfernden Schriften des Marschalls Kim Il-sung volldröhnten.

Die Männer der 1. Infanteriedivision übertönten den Zitatenlärm mit nicht minder geräuschvoller Schlagermusik, was der Szene einen Stich ins Fröhliche, ja ins Frivole gab. Doch die Laufgräben, die Beobachtungsposten, Unterstände und die Geschützstellungen, die drüben wie hüben auszumachen waren, ließen keinen Zweifel aufkommen: Hier standen sich an der kältesten Front des Kalten Krieges zwei Armeen gefechtsbereit gegenüber. Noch herrschte Konfrontation an der 243 Kilometer langen Grenze zwischen Südkorea und Nordkorea.

Es war dies die einzige Front, an der in den vier Jahrzehnten des Ost-West-Konflikts der Kalte Krieg in einen heißen Schießkrieg umschlug. Nach dem Überfall Nordkoreas auf den Süden im Juni 1950 verwüstete er drei Jahre lang die Halbinsel. Über fünf Millionen Menschen kamen ums Leben oder wurden verletzt, zerschossen und zerbombt waren die Städte, verbrannt die Dörfer, verheert die Fluren.

Als die Waffen 1953 endlich schwiegen, war Südkorea zerstört, von Flüchtlingen aus dem Norden überschwemmt – einer der ärmsten Staaten der Welt. In Bretterschuppen und Blechhütten auf den Bergen rund um Seoul fristeten die Menschen noch zu Zeiten meines ersten Besuchs ein karges Dasein. Die Behelfsunterkünfte sind längst abgerissen und haben ansehnlichen, hochmodernen Wohnblocks Platz gemacht. Aus der armseligen Drei-Millionen-Stadt ist eine moderne Hauptstadt von zehn Millionen Menschen geworden; von dreizehn Millionen, wenn man die Satellitenregion bis Incheon mit einbezieht. Wo damals noch Ochsenkarren, Fahrräder, Rikschas, allenfalls Motorroller die Straßen beherrschten, wälzen sich längst Autoblechlawinen durch die Städte.

In den 1970ern waren alle Energien auf die Saemaul-Bewegung konzentriert, die Bewegung »Neue Dörfer«. Sie sollte mit Nachdruck der Landwirtschaft aufhelfen, die Anbaumethoden verbessern, die Dörfer verschönern und sie an die Stromnetze anschließen. Damals wurden mir auf dem Land stolz die Bemühungen vorgeführt, die Bauern in die neue Zeit zu stoßen – durch die Einrichtung kleiner Werkstätten, die Einführung von Traktoren oder die Züchtung von Seidenraupen, Pilzen oder Muscheln.

Heute werden dem Besucher längst nicht mehr die Dörfer gezeigt, vielmehr werden ihm die Werften vorgeführt, die Automobilwerke und die Elektronik-Fertigungsstätten des Landes. Südkorea ist die Nummer zehn unter den Volkswirtschaften der Welt geworden und der siebtgrößte Exporteur. Es ist heute einer der größten Schiffsbauer, Autohersteller und Stahlkocher. Seine Elektronik, seine Mobiltelefone, Laptops und Tablets, seine Halbleiter und LCD-Displays haben die Weltmärkte erobert. Das Pro-Kopf-Einkommen hat sich seit 1962 von mageren 87 Dollar auf 32 000 Dollar erhöht (2020), das Bruttoinlandsprodukt von 2,4 auf rund 1600 Milliarden, das Handelsvolumen von ganzen 5 Milliarden Dollar auf über 979 Milliarden, wovon 512 Milliarden auf den Export entfallen. Und Ende der 1980er-Jahre haben die Generäle die Kommandohöhen des Staates geräumt und den Demokraten Platz gemacht. Die alte These, dass ab 6000 oder 8000 Dollar Pro-Kopf-Einkommen der Übergang von der Diktatur zur Demokratie fällig werde, hat sich dort wenigstens als realistisch erwiesen, wie übrigens ja auch in Taiwan.

All dies verdient Respekt und Bewunderung. Gewiss musste sich das Land mit schwierigen Problemen herumschlagen – indessen sind es die Probleme des Wohlstands, nicht mehr die der Armut; des Fortschritts, nicht der Rückständigkeit; der Freiheit, nicht der Diktatur.

Ich vermag nicht zu sagen, wie oft ich seit meinem ersten Besuch in Korea gewesen bin; bestimmt zwei oder zweieinhalb Dutzend Mal. Ich habe das Land aus den verschiedensten Perspektiven kennengelernt: als Journalist, als Mitglied des International Advisory Council der Federation of Korean Industries und Beiratsmitglied von Samsung, dem Henry Kissinger vorstand, als Mitgründer und langjähriger Vorsitzender des Deutsch-Koreanischen Forums, immer wieder auch als Vortragsredner und Podiumsdiskutant. Bei fast jeder dieser Gelegenheiten standen die Themen Teilung und Wiedervereinigung im Mittelpunkt der Gespräche. Das Schicksal der Teilung verband die Bundesrepublik Deutschland und die Republik Korea in besonderem Maße.

Das war bereits 1972 so. Willy Brandts Entspannungspolitik hatte damals gerade in einer Reihe von Ostverträgen mit Polen, der DDR und der Sowjetunion ihren ersten positiven Niederschlag gefunden. Das ließ in Korea die Hoffnung aufkeimen, dass auch dort Tauwetter seinen Einzug halten könnte. Aus eigenem Antrieb schlossen sich die Verantwortlichen in Pyöngyang und Seoul dem weltpolitischen Zug zum Ausgleich an. Ich war kaum eingetroffen, da hörte ich das Gerücht, ein nordkoreanischer Unterhändler sei vor Ort gewesen und habe Gespräche geführt. Der Chef des damaligen südkoreanischen Geheimdienstes KCIA suchte dringend um ein Gespräch mit mir nach, desgleichen der dortige Rotkreuz-Präsident, der den Kontakt nach Norden unterhielt. Sie wollten wissen, was das Geheimnis der deutschen Ostpolitik war. Was ließe sich davon nach Korea übertragen?

Kaum war ich drei oder vier Tage im Lande, wurde die dramatische Mitteilung veröffentlicht, dass Nord- und Südkoreaner sich in Geheimverhandlungen geeinigt hätten, ein geregeltes Nebeneinander der beiden Staaten und am Ende sogar ihre Wiedervereinigung anzustreben. Seit dem August des Vorjahres hatten Vertreter des Roten Kreuzes aus Nord und Süd über menschliche Erleichterungen für Millionen Menschen in den getrennten Landesteilen miteinander gesprochen; Anfang Mai hatte der südkoreanische Geheimdienstchef Lee Hu-rak in Pjöngjang mit Kim Il-sung verhandelt; in dessen Auftrag kam Ende Mai der zweite Vizepremier nach Seoul. Die Gespräche waren also in vollem Gange, während ich dort war.

Ich war dem Geheimnis zweimal ganz nahegekommen: das erste Mal, als ich den gemeinsamen Sicherheitsbezirk in Panmunjom besuchen wollte, jedoch zwei Stunden warten musste, weil dort ein außerplanmäßiges Treffen zwischen Nordkoreanern und Südkoreanern stattfand; das zweite Mal am 30. Juni, als der Außenminister eine Unterhaltung mit mir nach zehn Minuten abbrach, weil Präsident Park Chung-hee ihn dringend zu sich bestellt hatte; kurz danach sah ich ihn, wie er sich zusammen mit dem Premier in eine schwarze Limousine stürzte und in Richtung Blaues Haus entschwand.

Einen Reim auf beides vermochte ich mir erst zu machen, als ich ein paar Tage später in der Zeitung las, was Nord- und Südkorea vereinbart hatten: die »Prinzipien für die Vereinigung des Vaterlandes«: unabhängige gesamtkoreanische Anstrengungen ohne äußere Einmischung; Verzicht auf Gewaltanwendung; Einheit der Nation ungeachtet aller Unterschiede der Ideologien und Systeme; Maßnahmen zur Verhinderung militärischer Zusammenstöße; Einrichtung einer direkten Telefonlinie; Schaffung eines Ständigen Koordinationsausschusses; gemeinsames Hinwirken auf einen baldigen Erfolg der Rotkreuz-Gespräche.

Es war dies weit mehr, als mir nach meinen Gesprächen in Südkorea möglich erschienen war – mehr auch, als die meisten meiner Gesprächspartner für möglich hielten. Die Argumente, die mir verschiedene Amtspersonen vortrugen, klangen allzu sehr wie jene, die im Bonn des Jahres 1962 zu hören waren: keine Anerkennung der anderen Seite, Wiedervereinigung nur durch freie Wahlen, Sicherheit über alles. Nicht nur im Hauptquartier des südkoreanischen Geheimdienstes wurde mir in allen Einzelheiten vorgerechnet: »Der Norden hat seine Kriegsvorbereitungen vollendet, deshalb ist jederzeit mit einem neuerlichen Angriff zu rechnen.«

Tatsächlich versandeten die Gespräche bald in prozeduraler Ödnis und lähmender Unversöhnlichkeit – genauso wie ungezählte spätere Initiativen. Anders als seinerzeit in Deutschland hat sich die Hoffnung auf Lockerung, auf ein geregeltes Miteinander, auf fortschreitende Normalisierung, geschweige denn auf Wiedervereinigung bis heute nicht erfüllt.

Vergleichbare Kontakte wie die zwischen der Bundesrepublik und der DDR, wie sie vor allem durch die Entspannungspolitik nach 1969 möglich waren, haben sich in Korea bis heute nicht entwickelt: weder Postbeziehungen noch ein umfänglicher Handel, noch ein nennenswerter Besucheraustausch. Es gab und gibt keinen kleinen Grenzverkehr, auch keine Passierscheine zu Neujahr oder zum Erntemond. Es gab nicht einmal die Möglichkeit, im Norden die Fernsehprogramme des südlichen Landesteils zu empfangen.

Nordkorea verharrte in trotziger Selbstisolierung und verlegte sich immer wieder auf verbrecherische Methoden, um das Regime in Seoul zu unterminieren. Es versuchte, den Süden durch Guerillakämpfer sturmreif schießen zu lassen. Es beorderte 1968 ein Mordkommando in den Park des Blauen Hauses, brachte 1974 die Frau des Präsidenten Park um und jagte 1983 in Rangun das halbe südkoreanische Kabinett in die Luft. Es sprengte 1987 ein Passagierflugzeug der Korean Airlines. Immer wieder drangen nordkoreanische U-Boote in südkoreanische Gewässer ein; im März 2010 torpedierten und versenkten sie den südkoreanischen Zerstörer »Cheonan«, wobei sechsundvierzig Besatzungsmitglieder ums Leben kamen. Und stets aufs Neue nehmen die Nordkoreaner die Küsteninseln unter schweren Artilleriebeschuss.

Der Süden praktizierte lange Jahre seine eigene Art von Selbstisolierung oder Gegenisolierung. Er verbot Kontakte, beschwor ständig dramatisierend die Gefahr eines neuerlichen Angriffs aus dem Norden und verließ sich lieber auf seine militärische Macht, um den Status quo zu bewahren, als auf die Kraft des freien Denkens, um ihn zu verändern. Der nördlichen Spielart von Diktatur setzte er jahrzehntelang seine hausgemachte, südliche Diktatur entgegen.

An Nordkoreas sturer Unversöhnlichkeit sind bisher alle Ansätze zur Entspannung gescheitert. Auch der entschlossenste und bisher überzeugendste Ansatz des Südens, die »Sonnenscheinpolitik« des Präsidenten Kim Dae-jung, scheiterte an der halsstarrigen Unnachgiebigkeit des kommunistischen Nordens. Stets wechselten Tauwetter und neue Frostperioden einander ab.

In den vergangenen fünf Jahrzehnten habe ich mich viel in Südkorea aufgehalten. Es ist ein schönes Land. Ich liebe seine Berge, wenn deren Umrisse im Morgendunst verschwimmen. Auf der Vulkaninsel Jeju-do, halbwegs zwischen Südkorea und Japan gelegen, entsetzte mich die Geschichte eines Massakers im April 1948, bei dem die Armee zwischen 30 000 und 100 000 aufrührerische Inselbewohner umgebracht und 270 von 400 Dörfern dem Boden gleichgemacht hatte. Jetzt lagen die grünen Almen der Hallasan-Berge friedlich da.

Mich faszinierten die »Haenyeo«, sechstausend Meerjungfrauen, die ohne Sauerstoffgerät bis zu zwanzig Meter tief tauchten, um Schnecken, Seeigel und Seegurken nach oben zu holen. Am Krater eines Vulkans erwarb ich einen zwölf Kilo schweren Harubang aus bearbeitetem Lavagestein und schleppte ihn nach Hause, wo er seitdem meinen Garten schmückt, eine fünfzig Zentimeter hohe Großvater-Statue mit wulstigen Augen und breiter Nase auf der einen Seite, von der anderen gesehen ein Penis, Wächter und Fruchtbarkeitssymbol zugleich.

Die Koreaner sind ein liebenswertes Volk: fleißig und lebensfroh, technisch hochbegabt und kulturell interessiert, stolz und stilbewusst – direkter als die in ihre steifen Formalien verstrickten Japaner, und menschlich weniger aufdringlich als die in ihrem Überlegenheitsdünkel befangenen Chinesen. Nicht von ungefähr sind sie meine Lieblingsasiaten. Man kann gut mit ihnen tafeln, trinken auch und fröhlich lästern. Ich habe viele Freunde unter ihnen gefunden: Journalisten, Akademiker, Diplomaten, Geschäftsleute, Politiker, Männer wie Frauen. Einige haben mich besonders beeindruckt.

Einer war der Gründer des Riesenkonzerns Hyundai, Chung Ju-yung. Er lud mich einmal, schon hoch in den Achtzigern, in Seoul zu einem Abendessen im Hotel Lotte ein (das dessen Erbauer, ein Verehrer Goethes, nach Charlotte von Stein benannt hatte). Und er erzählte mir sein Leben. Geboren wurde er 1915 in Nordkorea, rannte als Junge von zu Hause weg und ging nach Seoul. Dort begann er als Fahrradkurier, doch richtete er sich bald eine Fahrradreparaturwerkstatt ein. Nach dem Krieg reparierte er die Jeeps der amerikanischen Befreier und gründete 1947 die Hyundai Engineering and Construction Company – die Keimzelle des größten multinationalen Konzerns Koreas.

Noch im hohen Alter strotzte der Vater von neun Kindern vor Vitalität. 1992 gründete er seine eigene Partei und kandidierte für das Präsidentenamt, vergeblich. 1998 machte er von sich reden, als er 500 Kühe über die entmilitarisierte Zone nach Norden trieb – ein Geschenk für die hungernden Brüder und Schwestern im Norden. Er stand auch, angestachelt von einem unbändigen Patriotismus, hinter zwei Entwicklungsprojekten des Südens im Norden, für die er Millionen ausgab – davon hundert Millionen Dollar wohl als verdeckte Zahlung an Kim Il-sung, den nordkoreanischen Diktator, um ihn für das Gipfeltreffen mit Kim Dae-jung zu erwärmen.

Das eine Vorhaben war der Bau einer Autobahn bis zu dem

klassischen Touristenziel Kumgang fünfzig Kilometer nördlich der Demarkationslinie, von alters her eine heilige Stätte der Koreaner. 1998 wurde der Zugang für südkoreanische Tagesausflügler geöffnet, von denen bald eine Viertelmillion jährlich kamen. Das andere Projekt war die Sonderwirtschaftszone des Industrieparks Kaesong, wo zuletzt 123 südkoreanische Unternehmen von 54 000 nordkoreanischen Billiglöhnern Textilien, Haushaltsgeräte und Autoteile herstellen ließen; dem devisenhungrigen nordkoreanischen Staat brachte das jedes Jahr Einkünfte von immerhin hundert Millionen Dollar ein.

Beide Vorhaben fielen freilich bald den üblichen Widrigkeiten und Widerwärtigkeiten des innerkoreanischen Verhältnisses zum Opfer. Kumgang wurde 2008 buchstäblich der Todesstoß versetzt, als die Wachleute eine Südkoreanerin, die sich für einen harmlosen Strandspaziergang von ihrer Gruppe getrennt hatte, hinterrücks erschossen. Das Aus für den Industriepark kam 2012, als das Pjöngjang-Regime die nordkoreanischen Arbeiter urplötzlich abzog. Der koreanische Patriot Chung Ju-yung hat dies nie wirklich verwunden; bei unserem Abendessen im Lotte machte er keinen Hehl daraus. Das Mahl war von erlesener Frugalität, was ganz Chungs schlichtem Lebensstil entsprach.

Die zweite Persönlichkeit war Hong Jin-ki, der von Mitte der 1970er bis Mitte der 1990er Verleger der *Jong Ang Ilbo* war – der zweitgrößten koreanischen Tageszeitung, die damals noch zum Samsung-Konzern gehörte –, ein großer Journalist und ein aufrechter Demokrat schon in Zeiten, als es noch einigen Mutes bedurfte, den Machthabern nicht nach dem Munde zu reden. Ich habe ihn bis zu seinem Tode 1996 immer wieder getroffen. Jedes Mal fragte er mich aus: am Anfang nach den Zuständen im geteilten Deutschland und nach dem Konzept »Wandel durch Annäherung«, später nach den kompliziertesten Facetten des deutschen Wiedervereinigungsprozesses. Aufs Tiefste bewegte ihn die Frage, wie weit sich die deutschen Erfahrungen auf Korea übertragen ließen. Mit seinem

Sohn Hong Suk-hyeon und meinem Kollegen, dem früheren Chefredakteur Kim Young-hie, verbindet mich noch heute eine freundschaftliche Nähe.

Der dritte Koreaner – derjenige, der mich am tiefsten beeindruckt hat – war Kim Dae-jung, Koreas Willy Brandt oder, wie andere sagen, Asiens Nelson Mandela. Er hatte vieles durchlitten, ehe er 1998 bis 2002 Staatspräsident der Republik Korea wurde: Gefangenschaft im Koreakrieg, Hausarrest und Gefängnis während der Generalsdiktatur in Südkorea, Exil, Entführung aus seinem japanischen Zufluchtsort durch den Geheimdienst KCIA, danach wiederum Haft und Folter und ein Todesurteil, zu guter Letzt Begnadigung und abermals Hausarrest.

Über die Jahre hin bin ich ihm immer wieder begegnet. Das erste Mal stand er noch unter Hausarrest. Es war damals nicht einfach, zu ihm zu gelangen, wo er, zwischen aufgestapelten Büchern, bei Ginsengtee und Reisgebäck dem Besucher von seinem Traum erzählte: dass Demokratie und Einheit auf der ganzen koreanischen Halbinsel Einzug hielten.

Während seiner Präsidentschaft habe ich Kim Dae-jung mehrmals im Blauen Haus erlebt – als Journalist, als Beiratsmitglied der Federation of Korean Industries, als Vorsitzender des Deutsch-Koreanischen Dialogforums in der Delegation des Staatsbesuchers Johannes Rau. Als Sprecher einer Europäisch-Asiatischen Medienkonferenz hatte ich im Jahre 2000 – unmittelbar nach dem innerkoreanischen Gipfeltreffen – die Ehre, dem Präsidenten für den Empfang in seinem Amtssitz zu danken und ihm zur Verleihung des Friedensnobelpreises zu gratulieren.

Brennend interessierte sich Kim Dae-jung für die deutsche Wiedervereinigung. Wie war sie möglich geworden? Mal für Mal erkundigte er sich nach den Grundprinzipien der Bonner Entspannungspolitik. Im November 2001 merkte ich bei einem Frühstück im kleinen Kreis, dass Kim Dae-jung sie verinnerlicht hatte. Zu seiner »Sonnenscheinpolitik« erklärte er: »Wir können an der deutschen

Erfahrung ablesen, dass wir uns auf lange Fristen einrichten müssen; dass wir mit Enttäuschungen zu rechnen haben; dass es manches Auf und Ab geben wird. Unser Dialog dient nicht dem Zweck einer unmittelbaren Wiedervereinigung. Das Ziel ist eine gesicherte Koexistenz. Erst wenn beide sich dann wohl genug miteinander fühlen, kommt die Zeit, da wir über die friedliche Wiedervereinigung reden können. Das mag zehn Jahre oder zwanzig Jahre dauern.«

Im Juni 2002 kam Bundespräsident Johannes Rau während der Fußballweltmeisterschaft auf Staatsbesuch nach Korea. Bei dieser Gelegenheit in Anwesenheit Raus und des Ministerpräsidenten Lee Han-dong wurde das Deutsch-Koreanische Forum gegründet, dessen deutscher Ko-Vorsitzender ich neben dem koreanischen Ko-Vorsitzenden Choi Chungho bis 2008 gewesen bin, als ich den Vorsitz an den CSU-Bundestagsabgeordneten Hartmut Koschyk übergab. Das Forum tagte jedes Jahr abwechselnd in Deutschland und Korea; Unternehmer, Akademiker und Medienvertreter tauschen sich dabei offenherzig über wichtige Themen aus. Das Ergebnis der Diskussionen wird den Regierungschefs in einem Empfehlungsschreiben übermittelt.

Die Einrichtung des Gremiums war vor allem dem unermüdlichen Drängen der Unternehmers Dr. Huh Young Sup zu verdanken, den der deutsche Botschafter Hubertus von Morr tatkräftig unterstützte. Dr. Huh war einer der außergewöhnlichsten Menschen, die ich je getroffen habe. Als Zwölfjähriger verdiente er sich sein erstes Geld, indem er aus einer Munitionskiste Eis am Stiel verkaufte. Sein Vater schickte ihn zum Studium nach Deutschland, wo er an der Aachener Universität 1968 sein Ingenieurdiplom ablegte. Er blieb den Aachenern treu, wurde Ehrensenator und in Seoul Präsident der Deutsch-Koreanischen Gesellschaft.

Er lebte von einem höchst anrüchigen Stoff: von Urin. Sein Unternehmen Green Cross stellte das Enzym Urokinase her, mit dem sich Blutgerinnungen aufheben lassen. Es wird aus Harn gewonnen, von dem er täglich im Süden zweihundert Tankwagen mit

300 000 Litern Inhalt einsammelte – und, das war das Besondere, dazu 50 000 Liter in Nordkorea. 1999 gründete er sogar eine Fabrik in Pjöngjang. Man wollte ihn ziemlich fernab von allem bauen lassen, aber er setzte sich durch: »Für Harn brauchen wir Menschen.« Urin stinkt zwar, aber geschäftlich galt: *non olet*. Er starb 2009 an einem Hirntumor. Ein außergewöhnlicher Mensch.

Aber ich will auch So-yeon Kim nicht vergessen, die fünfte Ehefrau von Altbundeskanzler Gerhard Schröder. Sie war beim Deutsch-Koreanischen Forum von Anfang an dabei, als Dolmetscherin und Organisatorin, und wir waren von Anfang an befreundet. Ich habe zunächst einmal ihr geschliffenes Deutsch bewundert. Wenn ich unser Empfehlungsschreiben an die Regierungschefs zu formulieren hatte, hat sie mir oft geholfen, Verständnisschwierigkeiten und Übersetzungsstreitigkeiten zu überwinden.

Aber sie war immer mehr als eine Sprachmittlerin, nämlich eine großartige Kulturvermittlerin zwischen Deutschland und Korea. Zudem habe ich sie als tüchtige Managerin und Geschäftsfrau zu respektieren gelernt. Ihr Dolmetscherbüro Mirae – »Zukunft« auf Deutsch – war nur ein Anfang. Danach spielte sie erst beim TÜV, danach bei NRW Invest eine bedeutsame Rolle. Nicht von ungefähr wird ihr zugeschrieben, dass sich achtzig koreanische Firmen im Bundesland NRW ansiedelten. Wir mochten uns, konnten endlos über Gott und die Welt ratschen und haben viel gelacht miteinander, gelacht und mitunter gelästert.

Dass sie eine zum Sich-Verlieben schöne Frau war, fiel dann Gerhard Schröder auf, für den sie bereits einige Reden gedolmetscht hatte und dessen Memoiren sie ins Koreanische übersetzte. Als der Band in Seoul vorgestellt wurde, trafen sich die beiden ein weiteres Mal. Da hat es dann gefunkt zwischen ihnen. Im Oktober 2018 heirateten sie. Mir fiel es zu, im Berliner Adlon wie im Seouler Shilla-Hotel eine Hochzeitsrede auf sie zu halten. Warum ausgerechnet ich? Ich war der einzige Deutsche, der beide seit zwei Jahrzehnten kannte, zudem der Einzige, der beide seit Langem duzte.

Mit Gerhard Schröder, unserem siebten Bundeskanzler, hatte sich das ergeben, als ich 1999/2000 stellvertretender Vorsitzender der Wehrstrukturkommission war. Er lud den Vorsitzenden Richard von Weizsäcker, den Verteidigungsminister Rudolf Scharping und mich zum abendlichen Mahl und Gespräch in sein Haus. Als die beiden gingen, bat er mich, noch zu bleiben, und ließ aus seinem Weinschrank Bordeaux holen. Wir saßen bis vier Uhr morgens zusammen, nach jeder Flasche fröhlicher, um halb vier bot er mir das Du an.

Das hat mich nicht daran gehindert, ihn als Journalist auch zu kritisieren, aber als er aus dem Amt schied, war mein Urteil eindeutig. Ich war mir sicher, dass er in den Geschichtsbüchern besser wegkommen würde als in manchen hämischen Leitartikeln jener Zeit. Seine Agenda 2000 wie sein donnerndes Nein zu Amerikas Irakkrieg sichern ihm seinen historischen Rang. Viele seiner damaligen Urteile besitzen noch immer volle Gültigkeit. Wenn er über die USA und Europa sagte, die Diskrepanzen zwischen ihnen würden zusehends wachsen; wenn er zu England erklärte, von Großbritannien würden auf absehbare Zeit keine europäischen Impulse ausgehen, »im Gegenteil«; wenn er zur Migration bemerkte, »Wir brauchen Einwanderung, aber maßvoll und für Gesellschaften wie die unsere verkraftbar«, so waren dies Einsichten, die auch in unserer Gegenwart Orientierung bieten und Richtung weisen.

Das gilt sogar für seine Mahnung, dass trotz aller »Rückfälle in alte Gewohnheiten« die »geschichtliche Entwicklung für Russland und das integrierte Europa auf eine partnerschaftliche Perspektive« zusteuern müsse. Allerdings hat der Altbundeskanzler durch seine Tätigkeit als russischer Gas-Lobbyist und durch sein Zögern, nach Putins Angriffskrieg gegen die Ukraine eindeutig auf Distanz zu dem Kremlherrscher zu gehen, gewaltig an Renommee, Respekt und Einfluss verloren.

Dies verdüstert nicht nur sein Bild in der Geschichte, es überschattet auch die Ehe mit So-yeon.. Die Kritik an ihm empfindet sie als Diffamierung und Hetze. In meiner Hochzeitsrede hatte ich einige böse Sprüche über das Verheiratetsein eingeflochten, darunter auch den Spruch »Ehestand, Wehestand«. Es sollte eigentlich keine Prophezeiung sein.

Von So-yeon habe ich übrigens gelernt, dass wir nach 1963 8000 koreanische Bergarbeiter und Krankenschwestern nach Deutschland geholt haben, um unser Wirtschaftswunder zu stützen – das Wirtschaftswunder am Rhein, das dem Wirtschaftswunder am Han um drei Jahrzehnte vorausging. Viele von ihnen sind bei uns geblieben. Zugleich hat sich das Beziehungsgeflecht zwischen unseren beiden Ländern enorm verdichtet. Das bilaterale Handelsvolumen lag 2020 bei 29,1 Milliarden Euro (deutsche Exporte nach Korea: 17,8 Milliarden Euro; koreanische Exporte nach Deutschland: 7,5 Milliarden). Zahllose deutsche Unternehmen sind mit Niederlassungen, Tochterfirmen oder Joint-venture-Beteiligungen in Korea präsent. Rund 500 deutsche Firmen geben 100 000 Koreanern Arbeit. Umgekehrt haben sich etwa 150 koreanische Firmen in der Bundesrepublik niedergelassen, meist im Speckgürtel von Frankfurt am Main.

Auch politisch und auf dem weiten Feld von Kultur und Wissenschaft sind die beiden Länder einander näher gerückt. Koreanische Musiker geben unseren philharmonischen Orchestern Glanz; koreanische Bässe und Sopranstimmen begeistern auf deutschen Opernbühnen. An die 30 000 Koreaner leben in der Bundesrepublik. eine kreative Gemeinde von Künstlern, Geschäftsleuten und freundlichen Krankenschwestern.

Ein Faktum gibt den deutsch-koreanischen Beziehungen ihr besonderes Gepräge: die Tatsache, dass Deutsche und Koreaner in der zweiten Hälfte des 20. Jahrhunderts beide das bittere Schicksal der Teilung erlitten haben. Uns Deutschen ist nach vierzig Jahren der Spaltung das Glück der Wiedervereinigung zuteilgeworden. Sie stand am Ende eines langen Weges, der über allmähliche Entspannung, viele kleine Schritte der Annäherung und ständige Ausweitung des Handels wie der menschlichen Kontakte trotz mancher Rückschläge schließlich zur Überwindung des kommunistischen Regimes und zur Wiederherstellung der nationalen Einheit führte.

Zwischen Südkorea und Nordkorea ist mehr geschichtlicher Schutt wegzuräumen als zwischen den beiden deutschen Staaten. Der Frieden bleibt heikel und brüchig. Daran wird sich wohl noch auf absehbare Zeit nichts ändern. Eine Politik des »Wandels durch Annäherung« – Wandel im Norden durch Annäherung des Südens – muss auf lange Sicht angelegt werden.

Das deutsche Beispiel zeigt, dass Geduld vonnöten ist. Es lehrt indessen auch, dass der Moment, in dem der Mantel Gottes durch die Geschichte rauscht, dessen Saum der Staatsmann dann ergreifen muss, rascher und überraschender kommen mag, als irgendjemand sich heute vorstellen kann.

Ich denke jedenfalls, dass unsere südkoreanischen Freunde gut daran tun, sich auf alles einzustellen: auf ein krisenträchtiges Nebeneinander, das sich noch lange hinzieht; auf allmähliche Entspannung bei fortdauernder Teilung; aber auch auf eine vereinigungspolitische Sturzgeburt. Bei jedem dieser drei Szenarien kämen gewaltige Herausforderungen auf das freie Korea zu.

Irgendwann wird auch Korea die Wiedervereinigung blühen. Niemand wird den Koreanern, wenn es so weit ist, aus tieferem Herzen Mut, Glück und Gelingen wünschen als das Volk der Deutschen. Es weiß, was Teilung heißt. Es weiß aber auch, welches Glück es allen Schwierigkeiten und Widrigkeiten zum Trotz bedeutet, wenn mit einem Mal die Mauern fallen und die Gräben zugeschüttet werden. Wir haben gelernt: Die Lasten der Einheit sind leichter zu ertragen als die Last der Teilung. Und wir können nur wünschen, dass den Koreanern bald die historische Chance winkt, dieselbe beglückende Erfahrung zu machen.

Fünf Jahrzehnte China im Blick

Fünfzehn Jahre lang hatte ich China nur umrundet, in dem die Roten Garden Maos sich in seiner großen proletarischen Kulturrevolution austobten; Russland, Vietnam, Taiwan, Südkorea und Japan waren meine Reiseziele. Im Herbst 1975 begab ich mich jedoch zum ersten Mal in die Volksrepublik. Von Tokio aus flog ich nach Peking, um mich dem Pressetross von Helmut Schmidt anzuschließen, der als erster Bundeskanzler dem kommunistischen China einen Staatsbesuch abstattete.

Ich mischte mich am Flughafen unter das Empfangskomitee, als die Lufthansa-Maschine langsam ausrollte. Die Tür öffnete sich, und heraus stieg als erster nicht der Kanzler, sondern mein Bruder Klaus. Er war Diplomat, hatte die Reise protokollarisch vorbereitet und kümmerte sich auch um einen reibungslosen Ablauf. An fahnenschwenkenden Jubelmädchen vorbei, führte er Schmidt und sein Gefolge, in das ich mich einreihte, in das schäbige alte Empfangsgebäude; das neue war noch im Bau.

Im VIP-Saal, wo zur Begrüßung Tee gereicht wurde, prangten an der einen Stirnseite die beiden deutschen Rauschebärte Marx und Engels neben Lenin (in Zivil) und Stalin (in Marschallsuniform). Die gegenüberliegende Wand schmückten Gemälde Mao Zedongs und Hua Guofengs, des damaligen Parteivorsitzenden. Im Foyer staubte eine beflissene Seele das überlebensgroße Mao-Standbild ab.

Die Fahrt in die Stadt führte durch ein Spalier von Weiden und Akazien, vorbei an Äckern, Lehmhütten und Teichen. Rostige Laster, vollgepackt mit Gemüse oder mit Menschen, die so dicht aneinandergedrängt standen, dass auch in den Kurven niemand umfallen konnte, tuckerten mit sechzig Kilometern pro Stunde in Richtung Hauptstadt. Pferdekarren, Lastrikschas, Bauersfrauen mit wippenden Nachtkübeln an ihren Tragestangen zogen am Straßenrand dahin, ununterbrochen angehupt von den Truckern.

Zur Stadt hin verdichteten sich die Schwärme von Radfahrern. Dann tauchte der markante Turm der sechshundert Jahre alten Sternwarte auf, deren Instrumentarium der flämische Jesuit Ferdinand Verbiest im 17. Jahrhundert modernisiert hatte (nach dem Boxeraufstand waren Teile nach Berlin gebracht und erst 1921 nach Peking zurückgeschafft worden). Wir bogen ein in die Prachtstraße Chang'an (»Ewiger Frieden«), hinter deren Nobelfassaden sich noch die engen Gängeviertel mit ihren Hutongs hinzogen, ein gepflasterter, grau ummauerter Hof neben dem anderen. Doch war bereits abzusehen, dass die Stadtplaner sie nicht lange würden stehen lassen; schon wuchs um die Altstadt ein Ring von Hochhäusern empor, der ihren baldigen Abriss ankündigte.

Peking hatte zu jener Zeit noch keine 23 Millionen Einwohner, es war eine eher ländliche Sieben-Millionen-Stadt. Das typische Bild: Fahrräder wie Heuschreckenschwärme, kaum Autoverkehr; frühmorgens wurde man vom Geklingel Zigtausender von Radlern aus dem Schlaf gerissen. Berge von Chinakohl türmten sich auf den Gehwegen; die Läden waren höchst spärlich bestückt. Die Menschen trugen alle die blaue oder graue Mao-Einheitskluft, die Offiziere Uniformen ohne Rangabzeichen, von den Gemeinen nur dadurch zu unterscheiden, dass sie vier Taschen am Rock hatten statt zwei. Die Leute auf der Straße wirkten angespannt, niedergedrückt, unfrei. Riesige Propagandaplakate mit Mao-Sprüchen prangten an den Straßen und Häuserwänden. In den Volkskommunen hieß es: »Lieber sozialistisches Unkraut als kapitalistisches Korn.«

Damals lebte Mao Zedong noch. Die Kulturrevolution, die das Reich der Mitte fast ein Jahrzehnt lang erschüttert hatte und in der an die zwei Millionen Menschen dem Mob-Terror der Roten Garden zum Opfer fielen, verebbte langsam, doch die Viererbande um Maos Frau Jiang Qing hatte immer noch großen Einfluss. Jegliche Entspannungs- und Gleichgewichtspolitik bezeichnete sie als »Vogel-Strauß-Politik«. Der »Große Steuermann« selbst versuchte Bundeskanzler Schmidt einzureden, die Sowjets würden China eines Tages mit einem Atomkrieg überziehen. Nach seiner Begegnung mit Mao gehörte ich zu einer kleinen Gruppe, der er abends in der Botschaft darüber berichtete.

Mao, zweiundachtzig Jahre alt, war schon höchst hinfällig. Apoplektischer Insult, altersbedingte Zerebralsklerose, möglicherweise Parkinson, diagnostizierte Schmidts Leibarzt, als er die Schilderung des Kanzlers vernahm. Das war keine üble Ferndiagnose; heute wissen wir, dass es Amyotrophische Lateralsklerose war, ALS. Mao zeigte alle Anzeichen dieser seltenen Krankheit: Sein Mund stand offen, die Kinnlade hing herunter; wenn er sich setzen oder erheben wollte, musste er sich helfen lassen. Viel Stimme hatte er nicht mehr, nur mühevoll krächzend konnte er sprechen. Dies zwang ihn zu gedanklicher und sprachlicher Ökonomie.

Drei Frauen, die zugegen waren, seine Nichte, seine Großnichte Wang Hairong, die stellvertretende Außenministerin, und seine Dolmetscherin, die in Brooklyn geborene Nancy Tang, lasen ihm die Worte von den Lippen ab und vergewisserten sich dann bei ihm, ob sie ihn richtig verstanden hatten. Bestanden Unklarheiten, schrieb Mao mit weichem Bleistift auf einen Zettel, was er gemeint hatte. Ein Hustenanfall setzte der Unterhaltung nach hundert Minuten ein Ende. Im kleinen Kreis erzählte Helmut Schmidt hinterher, Maos Gabe, die Dinge auf die großen Linien zu reduzieren, habe ihn an de Gaulle erinnert. Ein paar Wochen später, im persönlichen Gespräch, fiel sein Urteil schärfer aus: »Mao war klug, aber Vernunft war seine Stärke nicht.«

Eine halbe Stunde lang hatten sie sich im philosophischen Disput über Kant, Haeckel und Clausewitz unterhalten. Dann ging es um Weltpolitik. Die Amerikaner verzettelten ihre Kräfte, indem sie versuchten, an zu vielen Stellen auf einmal anwesend zu sein, dozierte Mao: »Das ist so, als ob man mit zehn Fingern zehn Flöhe fangen will.« Die Russen jedoch? Sie seien keine Leninisten mehr. Sie besäßen zu viele Atombomben, das korrumpiere. Eines Tages werde die Versuchung übermächtig, sie auch einzusetzen. An China würden sich die Sowjets jedoch die Zähne ausbeißen. »Hören Sie auf mich«, insistierte Mao. »Es wird Krieg mit der Sowjetunion geben. Ihre Abschreckungsstrategie ist nur hypothetisch ... Idealismus ist nichts Gutes.« Vergeblich widersprach ihm der Kanzler.

Der Vizepremier Deng Xiaoping, während der Kulturrevolution aufs Land verbannt und eben erst aus dem Schweinekoben freigelassen, spitzte diese Analyse im Blick auf Deutschland noch zu. Zu seinem Gespräch mit ihm nahm mich Schmidt in seiner Delegation mit. Ich notierte mir Dengs Aussage: »Es muss eines Tages in Europa zum Krieg kommen.«

Schmidt entgegnete, niemand brauche die Europäer über die Gefährlichkeit der Sowjets zu belehren, sie hätten schließlich Deutschland geteilt. Die Verteidigungsfähigkeit und der Verteidigungswille der NATO seien intakt. Er glaube nicht, dass die Kremlführer einen Krieg vom Zaun brechen wollten, es müssten denn Verrückte sein. Im Übrigen wisse er, dass die Sowjets ihrerseits Angst vor einem chinesischen Angriff hätten. Mao und Deng blieben freilich bei ihrer Ansicht. Es galt die Devise: »Tiefe Tunnel graben, überall Getreidevorräte anlegen, niemals nach Hegemonie trachten.«

Ich machte damals die ganze Wirbelwindtour des Bundeskanzlers mit, die uns auch nach Nanjing und Urumqi führte. Zum ersten Mal der Kaiserpalast, die Verbotene Stadt, die Große Mauer – Denkmäler der alten Zeit. Dann in Loki Schmidts Damenprogramm die Musterkommune Roter Stern, wo der Weizen des höheren Ertrags wegen von Hand gesetzt wurde, nicht gesät, und wo die Mastenten, eingeklemmt zwischen die Beine einer stämmigen Bauernmagd, für die zu Recht berühmte Peking Duck maschinell genudelt wurden: 400 Gramm Kraftfutter bekamen sie binnen drei Sekunden durch einen Schlauch in den Schlund geschossen. Die Peking-Ente sollte der Ausweis dafür sein, dass angeblich niemand mehr zu hungern brauchte, jedenfalls die Funktionäre nicht.

Nicht zu umgehen war die Besichtigung der fast sieben Kilometer langen, erst 1968 fertiggestellten Brücke über den Jangtse in Nanjing als Denkmal der neuen Zeit (nahebei hatte Mao im Sommer

1966 den Fluss durchschwommen, Mutprobe und Kraftbeweis zugleich). Die naturalistische Agitationsoper »Der Azaleenberg« in Peking und der vaterländisch eingefärbte Heimatabend im fernen Urumqi (»Wacht am Pamir« und »Preis dem Vorsitzenden Mao«) erlebten wir als Zeugnisse einer raffiniert-perfekten Propagandakunst.

In den vier Jahren nach diesem ersten Besuch war ich mehrere Male in China. Einmal besichtigte ich die erst 1974 entdeckte Terrakotta-Armee, die seit zwei Jahrtausenden das Grab des Kaisers Qin Shi Huang-di bewachte. Bauern, die einen Brunnen bohren wollten, um ihre Granatäpfel- und Persimonenbäume zu wässern, waren zufällig auf sie gestoßen. Noch gab es kein Dach über dem Ausgrabungsort, geschweige denn ein Museum; noch steckten die wenigen bis dahin ausgegrabenen Tonsoldaten bis zu den Knien im Lehm; und noch war die volle Stärke der Wachdivision – 8000 Mann, 520 Pferde und 130 Kampfwagen – unter dem Weizenfeld kaum zu ahnen.

Bei anderer Gelegenheit besuchte ich das chinesische Atomforschungszentrum in Lanzhou, inspizierte die 196. Infanteriedivision bei Tianjin und bewunderte die Wandmalereien in den Grotten von Dunhuang.

Dreimal hatte ich im Laufe weniger Jahre das Glück, an mehrstündigen Gesprächen mit Deng Xiaoping teilzunehmen, der – nach einer neuerlichen Verbannung – 1977 endgültig das Ruder übernahm und im Dezember 1978 die Öffnung zur Welt und die Transformation der kommunistischen Kommandowirtschaft in eine kapitalistische Marktwirtschaft in Gang setzte. Ministerpräsident Zhou Enlai hatte schon drei Jahre zuvor die Ziele der »Vier Modernisierungen« gesetzt – der Landwirtschaft, der Industrie, der Wissenschaft und Technik und der Landesverteidigung. Sie sollten China bis zum Ende des Jahrhunderts zu einem »modernen und starken sozialistischen Land« machen und es wirtschaftlich »in die Spitzengruppe der Welt« einrücken lassen. Damals war die Viererbande Zhou in den Arm gefallen. Sein Nachlassverwalter Deng Xiaoping und dessen Nachfolger Jiang Zemin hatten nun freie Hand.

Der Zufall wollte es, dass mich unser Botschafter Erwin Wickert, der Vater des späteren *Tagesthemen*-Moderators Ulrich Wickert, ausgerechnet im Oktober des Scharnierjahres 1978 mit neun deutschen Kollegen zu einer fünfzehntägigen Reise durch China einlud. Sie führte uns bis in die Taklamakan-Wüste, wo wir als erste Ausländer nach langen Jahren wieder in die Buddha-Höhlen von Dunhuang durften. Wohin wir auch kamen, überall war zu spüren, dass der politische Wind sich drehte.

Damals habe ich mich erkühnt, ein Buch über das erwachende China zu schreiben: *Die chinesische Karte*. Darin machte ich, wie viele andere auch, einen gewaltigen Fehler. Ich sah wohl, dass die Entwicklung des Landes eine neue Richtung nahm, aber ich traute meinem Urteil nicht so recht.» «Ob die Öffnung zur Welt, das Abenteuer der Modernisierung, der zaghafte Ansatz zur Liberalisierung von Dauer sein werden«, schrieb ich, »oder ob sich, was wie eine historische Wende wirkt, bald wieder als bloße taktische Wendung entpuppt – ich wage es nicht zu sagen. Mir scheint, der Wille zum grundsätzlichen Wandel ist diesmal stärker als je zuvor. Garantien gibt es dafür indes nicht.«

Begegnung: Deng Xiaoping

Er war nur 1,56 Meter groß, aber unter den Staatsmännern des 20. Jahrhunderts war er einer der ganz großen: Deng Xiaoping. Ich habe ihn im Lauf der Jahre viermal gesehen, zweimal mit Helmut Schmidt, einmal mit Bundesminister Volker Hauff und ein viertes Mal bei einer seiner Konferenzen mit deutschen Journalisten. Am Anfang war er noch umstritten, wurde während der Kulturrevolution auch mehrmals seines Amts enthoben, aber dann nahm er in

China die Zügel in die Hand. Zwei Jahre nach Mao Zedongs Tod stieg er zum Ersten Stellvertretenden Ministerpräsidenten der Volksrepublik auf.

Deng war ein Ausbund an Beharrlichkeit, Überlebensfähigkeit, Durchsetzungsvermögen, ein Veteran vieler militärischer und politischer Schlachten. Wenn man ihn im Gespräch vor sich sah, mit entschlossenem Kinn, einem Anflug von Bitterkeit um den Mund, so spürte man: Ihn konnte nichts mehr erschüttern. Ein Wunder war das nicht. Er hatte ein buntes und hartes Leben gelebt.

Die ersten fünfundsechzig Jahre dieses Bauernjungen aus der Südwestprovinz Szetschuan im Schnelldurchgang: Mittelschule; sechs Jahre Werkstudent in Frankreich, wo er Zhou Enlai kennenlernte und Kommunist wurde; Rückkehr nach China über Moskau, dort kurzer Zwischenaufenthalt; Parteifunktionär in Schanghai; Anfang der Dreißigerjahre Anschluss an Mao, 1934/35 Teilnahme am »Langen Marsch«, danach eine steile Karriere als militärischer Planungschef und Politkommissar, zuletzt der berühmten Zweiten Feldarmee; 1949 bis 1953 Parteichef Südwestchinas; 1952 stellvertretender Ministerpräsident in Peking; 1953/54 Finanzminister; 1954 Generalsekretär der Partei; 1955 Mitglied des Politbüros, bald darauf Mitglied von dessen Ständigem Ausschuss – eine solche Machtfülle vereinigten damals nur wenige auf sich. Keiner konnte so vielfältige Erfahrungen vorweisen wie er.

Mao wurde er alsbald zu mächtig, weil er auch mit Kritik an dem »großen Steuermann« nicht zurückhielt: »Was sich in der Praxis nicht bewährt hat, muss geändert werden, ganz gleich, wer die Politik zuerst vorgeschlagen hat.« Auch Mao könne irren, gab er ein andermal lakonisch von sich: »Alle Menschen sind subjektiven Einflüssen unterworfen, auch der Vorsitzende.« Als Deng feststellte, dass die privaten Äcker der Bauern – alles in allem nur fünf Prozent der landwirtschaftlichen Nutzfläche – ein Drittel der gesamten Getreideernte einbrachten, verlegte er sich in zähem Realismus auf eine Politik der materiellen Anreize. Maos Einwände wischte er beiseite:

Begegnung: Deng Xiaoping

»Egal, ob eine Katze schwarz oder weiß ist, Hauptsache, sie fängt Mäuse.«

Ich war dabei, als Helmut Schmidt 1984 frotzelnd zu dem Erzrealisten sagte: »Ihr nennt euch Kommunisten, aber in Wirklichkeit seid ihr Konfuzianer.« Deng zögerte einen Augenblick, dann antwortete er: »So what?« – Na und?

»Der Sozialismus soll etwas Gutes für das Volk leisten«, war seine Meinung. »Er muss auch den Lebensstandard heben. Deswegen dürfen wir uns nicht länger mit der Rückständigkeit abfinden.« Aus der Rückständigkeit wollte Deng mit aller Macht heraus.

Er war von napoleonisch winzigem Wuchs, aber ein gedrungenes Bündel Energie im gut geschneiderten Kader-Anzug. Im Gespräch zielte er gern haarscharf an den Schuhspitzen seiner Gesprächspartner vorbei in den allgegenwärtigen Spucknapf – »Ich bin bloß ein Bauernjunge«, sagte er.

In meinen ersten Gesprächen mit ihm gab er sich noch als unerbittlicher Gegner der Sowjets. Er hatte nur mitleidige Worte für die europäischen Völker, die nach zwei Weltkriegen Frieden und Sicherheit durch Entspannung wollten: »Der Wind wird nicht aufhören, auch wenn die Bäume Ruhe wünschen.« Deng zog heftig gegen die Sowjetunion vom Leder: »Gerade diejenige Supermacht, die das Lied von Entspannung und Abrüstung am lautesten anstimmt, betreibt in forcierter Weise Aufrüstung und Kriegsvorbereitung.« Die USA seien ein »lendenlahmer Tiger«, beschied er Helmut Schmidt. Bei dieser Ansicht blieb er noch mehrere Jahre.

In den Sechzigerjahren wurde er als Vertreter des kapitalistischen Weges, als Schlemmer und Völler, als Renegat und Agent fremder Staaten verfemt. Die Roten Garden von Maos Kulturrevolution setzten ihm eine Narrenkappe auf, zerrten ihn durch die Straßen, wobei sie ihn als »Dämon« und »Spottgeburt« verhöhnten; seinen Sohn Deng Pufang stürzten sie im Verhör aus dem Fenster, er blieb sein Leben lang querschnittsgelähmt. Sieben Jahre lang musste Deng am Ende büßen; er wurde zur Umerziehung in die Provinz verbannt, wo er angeblich in einem Schweinekoben arbeitete. Erst im Juli 1977 kehrte er als Vizepremier endgültig auf die Bühne zurück.

Als er fünfzehn Monate im Amt war, empfing er eine Gruppe deutscher Journalisten. Seine sechsundsiebzig Jahre merkte man ihm nicht an. Mit Begrüßungsfloskeln oder großen Vorreden hielt er sich nicht lange auf. Als ihm einer von uns Feuer reichte für die erste von unzähligen Zigaretten, die er in zwei Stunden paffte, kam er direkt zur Sache.

Auf das Feuerzeug tippend, sagte er: »Sie benutzen da sehr moderne Mittel. So etwas haben wir noch nicht. Darin spiegelt sich unsere Rückständigkeit.« Früher habe China vom Ausland gelernt: »Streichhölzer hießen einst bei uns fremde Hölzer. Wir sprachen von fremdem Öl, nicht von Erdöl. Und Baumwolle nannten wir fremden Stoff. Eine Zeit lang hieß es bei uns jedoch, vom Ausland zu lernen sei verwerfliche Anbetung alles Fremden. Jetzt begreifen alle, dass das dummes Geschwätz war. Das Tor zusperren, sich abkapseln und sich selbst als die Größten hinstellen – das ist Größenwahn.« Hatte Mao Zedong getönt: »Der Ostwind siegt über den Westwind«, so handelte Deng Xiaoping nach der Devise: »Man muss den Westwind hereinlassen.«

Es war eine lange Audienz. Deng erhob sich, verabschiedete jeden Einzelnen mit Handschlag, kritzelte einigen noch Bleistift-Autogramme in die Notizblocks, geleitete uns dann mit vollendeter Höflichkeit zum Ausgang – jeder Zoll ein Herrscher. Er mochte nicht der Kaiser von China sein, wie Mao einst höhnte, aber er war, in der geschichtlichen Bedeutung des Wortes, Chinas Kanzler.

Deng Xiaoping setzte auf kollektive Führung. Die Partei- und Staatschefs sollten nicht mehr als zwei Wahlperioden im Amt bleiben. Im Übrigen galt unter Deng der Grundsatz »tao guang yang hui«, in der englischen Wiedergabe »hide and bide«, auf deutsch etwa: Verbirg deine Stärke, drängle dich nicht vor, warte deine Zeit ab. Pragmatische Liberalität war die Essenz seiner Innenpolitik, unaufgeregte Bedachtsamkeit der Kern seiner Außenpolitik. Wenn

China sich aus seiner Rückständigkeit herausarbeiten sollte, musste es Ruhe halten auf dem auswärtigen Feld. Vom Ausland lernen, gab Deng als Parole aus. Tausende von Fachleuten, Bergarbeiter, Studenten wurden zum Lernen in die Welt hinausgeschickt. Sein Raisonnement: »Wir müssen das Fremde für China nutzen, wir müssen innovativ sein, müssen Westliches und Chinesisches verbinden.«

An der Ein-China-Politik ließ er nicht rütteln. Taiwans »Heimholung« blieb sein Ziel, aber er hatte damit keine Eile, sondern wollte die Beziehungen zwischen Peking und Taipeh reifen lassen. Auch darüber hinaus übte er sich in Zurückhaltung. Den Streit mit Japan über die Senkaku-Inseln (chinesisch: Diaoyutao) schob er beiseite. Man solle ihn der nächsten Generation überlassen, die zweifellos klüger sein würde, war seine Ansicht. Indes zeigte er auch seine harte Seite: Als die Studenten im Juni 1989 auf dem Tienanmen-Platz die Freiheitsstatue errichteten und Demokratie verlangten, ließ er sie rücksichtslos niederknüpppeln.

Auf jeden Fall wollte er der Innovationskraft der Privatunternehmen keine parteipolitischen Schranken setzen, vielmehr strebte er ein Gleichgewicht zwischen Markt und Staat an. Am 18. Dezember 1978, vor fast einem halben Jahrhundert, leitete er die Wirtschaftsreform der Volksrepublik ein und öffnete China zur Welt hin.

Seitdem hat das Reich der Mitte einen rasanten Aufschwung genommen. Einen vergleichbaren ökonomischen Aufbruch und gesellschaftlichen Umbruch hat es in der gesamten Menschheitsgeschichte noch nicht gegeben. Der meteorhafte Aufstieg Chinas ist laut Kevin Rudd, dem früheren australischen Ministerpräsidenten und angesehenen China-Experten, wie der gleichzeitige Ausbruch der Industriellen Revolution Englands und der weltweiten digitalen Revolution, beider Ablauf zusammengepresst nicht in dreihundert, sondern in dreißig Jahre.

Seit 1980 stieg das Bruttoinlandsprodukt von 191 Milliarden auf über 14 000 Milliarden Dollar, das Pro-Kopf-Einkommen von 195 Dollar auf rund 12 000 Dollar, der Export von ganzen 44 Milliarden auf 2591 Milliarden Dollar 2019. Chinas Anteil am Welthandel wuchs von einem Prozent auf fast 18 Prozent. Mit seiner Wirtschaftsleistung überholte es 2009 Deutschland, 2011 Japan, und den USA ist es dicht auf den Fersen. Heute ist die Volksrepublik die größte Handelsmacht der Erde. Für 130 Länder ist sie inzwischen der wichtigste Wirtschaftspartner. Am Anfang haben die Chinesen einfach abgekupfert und gefälscht, dann kauften sie wie wild westliche Champions auf.

Inzwischen sind aus den Imitatoren Innovatoren geworden, deren Einfallskraft und Produktionsvermögen vielen Politikern und Unternehmern im Westen graue Haare wachsen lässt. Aus einem Entwicklungsland voller armer Leute wurde ein moderner Industriestaat, in dem sich die 1,4 Milliarden Chinesen über die Armutslinie hochgearbeitet haben. Dies alles war Deng Xiaopings Werk.

Mao Zedong hat China unabhängig gemacht, Deng hat ihm Reichtum beschert, Xi Jinping will es zur führenden Weltmacht erheben.

Mein Irrtum über Chinas Zukunft

In meinen Gesprächen spürte ich: Zur Zukunftsvorstellung der Chinesen – einiger zumindest – gehörte auch eine gehörige Portion Freiheit. Wie viel Freiheit – ich wagte es nicht zu sagen. »Wo in dem Vexierbild der Zukunft das Reich der Freiheit durchschimmert«, war mein Resümee, »da mögen Geschichte, Gewöhnung, Veranlagung am Ende doch stärker sein als alle Sehnsucht nach Befreiung.« Wie ich überhaupt dem gewaltigen Modernisierungsprogramm Dengs Glück und Gelingen wünschte, aber skeptisch blieb, was die Verwirklichung anging.

Meine Skepsis galt in erster Linie den Möglichkeiten der wirtschaftlichen Entwicklung. Wenn man die Planziffern bis zur Jahrtausendwende hochrechnete, so ergab sich, dass China bis dahin in der Landwirtschaft ungefähr den Mechanisierungsgrad der Vereinigten Staaten im Jahre 1940 erreichen werde. Das Pro-Kopf-Einkommen würde bis 2000 nach dieser Rechnung von damals 350 auf höchstens 1000 Dollar ansteigen, was achtmal niedriger wäre als das westdeutsche Pro-Kopf-Einkommen 1978 und dem damaligen Niveau Mexikos und Brasiliens entsprach.

Die Exportfähigkeit des Landes, schrieb ich weiter, sei begrenzt. Es habe kaum genug Techniker und Facharbeiter, um die ausländische Technologie im gewünschten Umfang zu absorbieren; so werde es wohl ein Exporteur von Seide, Borsten und Nippes bleiben. Heute produzieren seine Hochschulen jährlich 600 000 Ingenieure.

Mein Besuch im Atomforschungszentrum in Lanzhou ließ mich auch an der Leistungsfähigkeit der chinesischen Wissenschaft zweifeln. Wohl wusste ich, dass die Regierung nach 1949 die Forschungsgebiete Kernenergie, Halbleitertechnik, Computertechnik, Elektronik und Automatisierung vorangetrieben hatte; dass die Chinesen 1964 ihre erste Atombombe gezündet und drei Jahre später die erste Wasserstoffbombe getestet hatten; dass sie 1967 ihre erste ballistische Rakete erfolgreich testeten; dass sie 1970 schon den ersten von inzwischen etwa 190 Satelliten in eine Erdumlaufbahn schossen; auch dass chinesische Physik-Genies beim Deutschen Elektronen-Synchroton (Desy) in Hamburg, im Fermi-Labor in Chicago, bei CERN in Genf und in britischen wie japanischen Labors wertvolle Beiträge leisteten.

Doch der Zustand des Kernphysik-Instituts in Lanzhou weckte Zweifel. Die Ausstattung war dürftig und alt. Ein französischer Kleincomputer war Gegenstand des Stolzes und Brennpunkt künftiger Hoffnungen. Das Labor wirkte wie ein altmodischer Handwerksbetrieb. Der Hof zwischen den Gebäuden: schmutzig, unaufgeräumt, voller Pfützen, ein Gewirr von rostigem Stahl. Kein Mitarbeiter unter fünfunddreißig; auch beim wissenschaftlichen Nachwuchs hatte die Kulturrevolution sichtbar eine große Lücke geschlagen.

Der Plan, bis 1985 ein Forschungspersonal von 800 000 Wissenschaftlern und Technikern heranzuziehen, erschien da reichlich vermessen. »Es fehlt die volkswirtschaftliche Infrastruktur«, schrieb ich, »es fehlt die Zeit zur Umgewöhnung eines Bauernvolkes an das Industriezeitalter, auch fehlt der Bildungsunterbau. Und woher denn sollen all die Präzisionswerkzeugmaschinen kommen, die hochgezüchtete Elektronik, das Computer-Know-how, die Heerscharen von Ingenieuren, Werkmeistern, Programmierern?«

In dieser Hinsicht lag ich genauso schief wie in der Einschätzung der wirtschaftlichen Entwicklungsmöglichkeiten des Landes. Auf jeden Fall, meinte ich, sei es noch weit hin bis zur Verwirklichung der Schreckensvorstellung des *Economist,* dass ein Volk von einer Milliarde Chinesen bei Zugrundelegung japanischer Pro-Kopf-Einkommen ein jährliches Bruttosozialprodukt von 10 000 Milliarden Mark erwirtschaftet und davon 4 Prozent exportiert.

Ich bekenne: Wie so viele andere habe ich mich da gründlich getäuscht. Und es ist mir kein Trost, dass der gefeierte schwedische Soziologe Gunnar Myrdal derselben Täuschung unterlag. In seinem 1968 erschienenen, 2200 Seiten starken Werk *Asian Drama* sah er wenig Hoffnung für Asien, was er unter anderem damit begründete, dass »die Epoche rasch wachsender Exportmärkte zu Ende ist« *(the epoch of rapidly growing export markets has come to an end).*

Heute hat China ein Bruttoinlandsprodukt von 14 200 Milliarden Dollar, wovon es knapp 20 Prozent exportiert. Das Land ist inzwischen die größte Handelsmacht der Erde und eine Supermacht des Geldes. Bald schon wird es die größte Volkswirtschaft der Welt sein. Rechnet man wie die CIA und der Internationale Währungsfonds nach Kaufkraftparität, so hat es die USA bereits überholt.

Alles begann vor vier Jahrzehnten in Shenzen, einem Fischerdorf von 20 000 Einwohnern an der Grenze zur britischen Kronkolonie Hongkong. Der Reformpatriarch Deng Xiaoping erhob es 1980 zum Labor der Volksrepublik, als er dort die erste von vier Sonderwirtschaftszonen des Landes einrichtete. Heute leben und arbeiten in Shenzen fast doppelt so viele Menschen wie in der Sieben-Millionen-Stadt Hongkong. 1990 wurde der Shanghaier Stadtteil Pudong zur zweiten Sonderwirtschaftszone erklärt. Auch er hat seitdem einen phänomenalen Aufstieg genommen.

Als ich vor achtundvierzig Jahren das erste Mal die Volksrepublik besuchte, war Pudong – der Kern des modernen Shanghai am Ostufer des Huangpu – großenteils noch ein moskitoverseuchter Sumpf mit vielen Ententeichen. Heute ist es Chinas Finanzdistrikt, der mit seinen Wolkenkratzern unweigerlich an Manhattan erinnert. Das 492 Meter hohe Shanghai World Financial Center, im Volksmund seiner Form wegen der »Flaschenöffner« genannt, war lange der dritthöchste Wolkenkratzer der Welt, der 632 Meter hohe Shanghai Tower der zweithöchste und der höchste Chinas. Ähnliche »Manhattans« sind in allen größeren Städten entstanden.

Allein in Shenzen ragen 120 Wolkenkratzer von über 150 Metern Höhe in den Himmel. Architektonisch weniger eindrucksvoll sind die Nullachtfünfzehn-Hochhaus-Wälder, die in den charakterlosen Metropolen emporgeschossen sind, selbst in den Oasen der Taklamakan und der Gobi. Fast zur Hälfte sind sie nicht fertig gebaut oder stehen leer – ein besorgniserregendes Anzeichen für eine möglicherweise heraufdräuende Immobilienblase.

Das China, das ich in den Siebzigerjahren des vergangenen Jahrhunderts kennenlernte, gibt es nicht mehr. Es war alt, arm und armselig, auf dem Land der Steinzeit näher als der Neuzeit. Nur ein knappes Fünftel der Bevölkerung lebte in Städten, 2020 waren es schon über 64 Prozent, bis 2030 sollen es 70 Prozent sein. Inzwischen gibt es modernste Flughäfen, 30 000 Kilometer Hochgeschwindigkeits-Bahnstrecken, ein dichtes Autobahnnetz und riesige Containerhäfen, massenhaft Millionäre und Wolkenkratzer.

Shanghai ist seit über einem Jahrzehnt der größte Warenumschlagplatz der Welt. Die Autobahn von Shanghai bis zur kirgisischen Grenze kann uns Deutsche nur vor Neid erblassen lassen. Sie ist weithin achtspurig in jeder Richtung und auf den öden Strecken zwischen den Großstädten opulent vierspurig. Selbst mit der Lupe lässt sich kaum ein Schlagloch erkennen. Und mit archaisch anmutenden Strauchbesen wird Kilometer für Kilometer der blumen- und heckenbestandenen Autobahn von »Optickern«, wie man in Hamburg die Leute nennt, die Abfall und Unrat von den Straßenrändern aufpiksen, sauber gehalten. An den Autobahnraststätten mit ihrem reichhaltigen Angebot leckerer Speisen einschließlich frisch handgedrehter Nudeln (und sogar an den Toiletten dort!) dürften wir uns gern ein Beispiel nehmen.

Chinas Führung hat den Ehrgeiz, die Nummer eins zu werden. Sie hat auch den brutalen Durchsetzungswillen, die finanziellen und technischen Mittel – und den Zuspruch des Volkes, das in seiner allergrößten Mehrheit den Fortschritt hin zu Wohlstand und Weltgeltung aus vollem Herzen billigt. Europa und Amerika müssen sich Gedanken darüber machen, wie sie sich in dem heraufdämmernden chinesischen Jahrhundert behaupten können.

Xi Jinping, der Ende 2012 Generalsekretär der KPC und 2013 Präsident der Volksrepublik China wurde, gab bald nach seinem Amtsantritt seine weltpolitischen Ziele bekannt. Er hat einen ehrgeizigen Traum: den Traum vom großartigen Wiederaufleben der chinesischen Nation. Er ist wohl der einzige Staatslenker der Gegenwart, der ein weltpolitisches *Grand Design* hat – und dazu die *Grand Strategy*, es zu verwirklichen. China müsse Diplomatie als Großmacht treiben, ist seine Ansicht. Es müsse sich zur Führungsmacht in Asien aufschwingen und eine asiatische Schicksalsgemeinschaft aufbauen; inzwischen redet er sogar von einer »Schicksalsgemeinschaft der Menschheit«.

Unter ihm ist China zu einer auftrumpfenden und ausgreifenden Macht geworden. Das zeigt sich in aller Deutlichkeit an seiner Androhung militärischer Gewalt gegenüber Taiwan, an seiner robusten Expansionspolitik im Südchinesischen Meer, vor allem jedoch an seinem weltumspannenden Jahrhundertprojekt der Seidenstraße. Da legt er entschlossen und gezielt das wirtschaftliche Gewicht Chinas in die Waagschalen der Weltpolitik.

Sein Führungswille verändert das globale Mächtemuster, er hat Großes vor mit der Volksrepublik. Nicht länger sieht er sie als Regionalmacht, vielmehr will er sie ins »Zentrum der Weltbühne« rücken. Zur mächtigsten Militärmacht will er sie machen, zur größten und führenden Wissenschaftsmacht, zur Innovationsgroßmacht, zur Infrastruktur-Supermacht, zum Anführer im Kampf gegen den Klimawandel, zur Weltkulturmacht und zur Weltfußballmacht. Covid-19 hat seinen Ehrgeiz allerdings gedämmt. Mit aller Brutalität sperrte er Hunderte von Millionen Menschen monatelang ein. Ob es genutzt hat, bleibt abzuwarten.

Ich habe sehr früh in meiner »5vor8«-Kolumne auf *Zeit-Online* Zug um Zug seine Politik und den Aufstieg Chinas zur Weltmacht kommentiert. Er wird das bestimmende Moment der globalen Entwicklung im 21. Jahrhundert werden. Dies ist die Schlussfolgerung, die ich in meinem zweiten China-Buch – *China First*, das 2019 erschien – aus der Entwicklung gezogen habe.

XIII.
KRITERIEN UND KRISEN DES JOURNALISMUS

Vom Wesen des Journalismus

Es war boshaft und geistreich zugleich, was Arthur Schopenhauer vor anderthalb Jahrhunderten über den Journalismus, über Pressefreiheit und die Zeitungsschreiber sagte. Es hat bis heute nichts von seiner Gültigkeit verloren: »Was für die Dampfmaschine die Sicherheitssalve, ist für die Staatsmaschine die Pressefreiheit, denn mittels derselben macht jede Unzufriedenheit sich alsbald durch Worte Luft. Andererseits ist die Pressefreiheit auch anzusehen als die Erlaubnis, Gift zu verkaufen, Gift für Geist und Gemüt.«

Es kann bei dem Großmeister des philosophischen Pessimismus nicht verwundern, dass er der Ansicht war, die Gefahr, die von der Pressefreiheit ausgeht, überwiege ihren Nutzen. »Übertreibungen jeder Art sind der Zeitungsschreiberei wesentlich«, formulierte er spitz, »es gilt, aus jedem Vorfall so viel als möglich zu machen.« Maliziös fügte er hinzu: »Daher sind die Zeitungsschreiber Alarmisten und gleichen den kleinen Hunden, die bei allem, was sich regt, alsogleich ein lautes Gebell erheben.«

Wohlwollender hat sich 1784 der Journalist und Pädagoge Karl Philipp Moritz ausgedrückt. In einem Entwurf für die *Vossische Zeitung* skizzierte er das »Ideal einer vollkommenen Zeitung« – so der Titel. Eine »öffentliche Zeitung«, schrieb er, sei »vielleicht unter allem, was gedruckt wird, bei weitem das Wichtigste. Sie ist der Mund, wodurch zu dem Volke gepredigt, und die Stimme der Wahrheit, die sowohl in die Paläste der Großen als in die Hütten der Niedrigen dringen kann. Sie könnte das unbestechliche Tribunal sein, wo Tugend und Laster unparteiisch geprüft, echte Handlungen der Mäßigkeit, Gerechtigkeit und Uneigennützigkeit gepriesen und Unterdrückung, Bosheit, Ungerechtigkeit, Weichlichkeit und Üppigkeit mit Verachtung und Schande gebrandmarkt werden.«

Thomas Jefferson, den dritten Präsidenten der Vereinigten Staaten von Amerika, haben bittere Erfahrungen im Laufe seiner Karriere sozusagen von einem Anhänger der hochgemuten Moritz'schen Thesen zu einem Schopenhauer'schen Giftspritzen-Pessimisten werden lassen. Vor seinem Einzug ins Weiße Haus sagte er: »Hätte ich zu entscheiden, ob wir lieber eine Regierung ohne Zeitungen haben sollten oder lieber Zeitungen ohne eine Regierung, so würde ich nicht einen Augenblick lang zögern, Letzteres zu wählen.«

Am Ende seiner Präsidentschaft (1801–1809) und mehrjähriger Bekanntschaft mit einer wütenden, wüsten Kampfpresse klang Jefferson nicht mehr so überzeugt. Ernüchtert schrieb er einem Freund: »Ich glaube nichts mehr, was ich in der Zeitung lese. Selbst die Wahrheit gerät in Verdacht, wenn sie in solch schmutzigen Vehikeln transportiert wird.«

Die beiden Zitate bezeugen die abgrundtiefe Enttäuschung eines Staatsmannes und Philosophen, dem die raue Wirklichkeit der hemdsärmeligen amerikanischen Jungdemokratie all jene hehren Vorstellungen austrieb, die er sich in seiner Gelehrtenstube über das Verhältnis von Presse und Politik gemacht hatte.

Auch in der heutigen Zeit betrachten viele – selbst demokratische – Politiker das ungehemmte Wirken, Wühlen und Wüten einer freien Presse, unseres freien Rundfunks und Fernsehens sowie neuerdings obendrein der hemdsärmeligen, oft pöbelhaften sozialen Medien mit scheelen Augen. Sie empfinden die vierte Gewalt als lästigen Störfaktor. Manchmal übrigens durchaus mit Recht. Wenn die Presse in freien Ländern unter Druck gerät, dann ist das oft genug bloß die Folge ihrer eigenen Verfehlungen, Übertretungen oder Geschmacklosigkeiten.

Jefferson hatte sicherlich unrecht mit beiden Aussprüchen. Lieber Presse als Regierung – das wäre Anarchie. Andererseits: Regierung ohne Presse – das wäre Autokratie. Wir brauchen beide, Medien wie Regierung, und wir brauchen sie in einem ausgewogenen Verhältnis. Die Ausgewogenheit hängt freilich davon ab, dass sie sich als Partner und zugleich Widerpart auf gleicher Augenhöhe gegenüberstehen.

Wie sehe ich – zweiundsiebzig Jahre nachdem die ersten Zeilen aus meiner Feder für 25 Pfennig Zeilenhonorar in der Schwäbisch Gmünder *Rems-Zeitung* gedruckt wurden – die Rolle des Journalisten? Seine Glanzleistungen und seine Gefährdungen? Seine Probleme, seine Risiken und vor allem seine Chancen?

Für mich war das Attraktivste an meinem Beruf, dass ich, wie schon gesagt, dabei Ideen mit Fakten verbinden, Meinungen mit sachlichen Belegen unterfüttern konnte. Den Vertretern der Auffassung, wir sollten uns alle aufs ungerührte Vermitteln von Nachrichten beschränken und uns ansonsten einer charakterlosen Meinungsaskese unterwerfen, möchte ich eine scharfe Absage erteilen. Sie berufen sich fälschlicherweise auf Hanns Joachim Friedrichs, den legendären *Tagesthemen*-Moderator.

Von Friedrichs stammt angeblich der Satz: »Einen guten Journalisten erkennt man daran, dass er sich nicht gemein macht mit einer Sache, auch nicht mit einer guten Sache, dass er überall dabei ist, aber nirgendwo hinzugehört.« Ich war mit Hajo befreundet, und ich weiß von ihm, dass er diesen Satz so nie gesagt hat. Es ging ihm lediglich darum, dass man dem Moderator einer Nachrichtensendung nicht anmerken dürfe, ob er es gut oder schlecht finde, was er jeweils vermelde, sei es zum Ehegattensplitting, zur Vermögensteuer oder zum Deutschland-Vertrag.

Er hat nie sagen wollen, dass der Journalist keine Haltung haben, kein Urteil fällen, keine Sache verfechten dürfe. Er darf sich sehr wohl mit einer Sache »gemein machen«: für etwas eintreten, gegen etwas plädieren, Zweifel anmelden oder Unterstützung signalisieren. Wäre es anders, wäre ich nie Zeitungsmann geworden. Ein Leitartikel soll schließlich leiten.

Ich habe Geschichte studiert und wollte eigentlich Universitätshistoriker werden oder auch Diplomat, wurde dann aber Journalist. Zeitungsmann bin ich nun seit mehr als sieben Jahrzehnten. Aber auch als Journalist habe ich die Geschichte nie aus dem Auge verloren. In meinem Verständnis ist der Journalist der kleine Bruder des Historikers.

Zu Recht ist gesagt worden, die Zeitungen seien die Sekundenzeiger der Welthistorie. Sie sind es, die den ersten Entwurf der Geschichte verfassen. Wir schreiben, wie es unsere Berufsbezeichnung sagt, für den *jour*, den Tag, wo der Historiker für die Ewigkeit schreiben will. Aber wir arbeiten nach denselben Grundsätzen. Leopold von Rankes Auftrag – herauszufinden, »wie es wirklich gewesen« – gilt auch für uns.

Die Neugierigen in beiden Zünften wollen darüber hinaus nach Möglichkeit dabei sein, »wenn die Weltgeschichte um die Ecke biegt«, wie es Theodor Mommsen einmal trefflich ausgedrückt hat, der als Journalist in Rendsburg anfing, ehe er die Gipfelhöhen der historischen Wissenschaften erklomm. Die ganz Aktiven lassen es dabei nicht bewenden: Sie versuchen (oder sind immer wieder versucht), der Weltgeschichte den Weg zu bahnen.

Der Journalist und der Historiker – sie beackern verschiedene Zeitflächen, doch sind sie wesensverwandt. Beide wollen sie zunächst die Fakten ergründen. Beide formulieren sie Ansichten über die Fakten. Und beide sind sie bestrebt, das Verhalten der Heutigen zu beeinflussen, indem sie Lehren ziehen aus ihren Einsichten, Empfehlungen abgeben oder Beifall bekunden – im Lichte der Geschichte der Historiker, im Lichte des gegenwärtigen Geschehens der Journalist.

Rudolf Augstein, Marion Dönhoff, Georg Mascolo und Christoph Schwennicke auf der einen Seite, Karl Dietrich Bracher, Hans-Ulrich Wehler, Heinrich August Winkler und Herfried Münkler auf der anderen – sie gehören sämtlich der Gilde der Welterklärer und Weltverbesserer an. Ihr habe ich mich zeitlebens zugehörig gefühlt.

Die Begriffe »Zeitungsschreiber« und »Geschichtsschreiber« kennzeichnen, was beide gleichermaßen beherrschen müssen: sich schriftlich ausdrücken zu können. Die besten beider Zünfte, so schwer ihnen das Schreiben auch fallen mag, sind preiswürdige Literaten. Wobei es jedoch einen gravierenden Unterschied gibt. Während der Historiker sich Zeit lassen, seine Werke reifen lassen kann, sitzt dem Journalisten immer der Redaktionsschluss im Nacken. Die *deadline* hält oder bringt ihn auf Trab, aber sie zwingt auch dazu, Unvollendetes in Satz zu geben, manchmal auch Halbgares. Bei dem, was wir Tag für Tag oder Woche für Woche in kürzester Frist auf die Beine stellen müssen, können uns immerfort Kunstfehler unterlaufen (eine *Zeit*-Ausgabe von hundert Seiten enthält so viel Text wie Thomas Manns *Buddenbrooks*).

Vor Fehltritten ist da niemand gefeit. »Nur wer nicht schreibt, macht keine Fehler,« hat mich der *Zeit*-Verleger Gerd Bucerius einmal getröstet, als mir eine sachliche Unrichtigkeit unterlaufen war. »Nur wer sich auf keinen Pferderücken traut, wird sich niemals vergaloppieren.« Die Freiheit zu irren gestand er seinen Redakteuren zu. Oft sind ja auch die Reize extravaganter Formulierungen verführerischer als die kargen Pointen, die sich der Wahrheit abringen lassen. Wozu Henri Nannen in bemerkenswerter Offenheit sagte: »Die reine Wahrheit gibt es im Journalismus nicht. Objektivität kann der Journalist nur erreichen als subjektive Ehrlichkeit.«

Und wer dem Grundgesetz journalistischen Schreibens folgt – »erst vereinfachen, dann übertreiben«, wie es ein Chefredakteur des *Economist* einst sarkastisch zuspitzte –, der schießt in der Hitze des Gefechts zuweilen übers Ziel hinaus. Gegen diese berufsspezifischen Gefährdungen hilft nur eines: Man muss sich immer wieder selbstkritisch ans Portepee fassen.

Vieles verbindet die Journalisten auch mit den Politikern. Als aktiver Staatsmann hatte sich Helmut Schmidt oft genug über die Medien geärgert – über die »Wegelagerer, die unsereins vor der Haustür auflauern oder im Korridor zwischen Sitzungssaal und Waschraum«; über die »Indiskretins«, die Bemerkungen aus Hintergrundgesprächen in unzulässiger Weise verwerten; über Journalisten, die dreist ganze Sätze erfinden, um sie dann als autorisiertes Zitat auszugeben.

Aber zu vielen Leitartiklern und Kommentatoren im In- und Ausland hielt er engen Kontakt. Zwar frotzelte er gern. Etwa wenn er sagte: »Politiker und Journalisten haben eines gemeinsam: Sie sollen heute schon über Sachverhalte reden und schreiben, die sie erst morgen oder übermorgen verstehen werden.« Oder wenn er stichelte, er sei auch nach 25 Jahren bei der *Zeit* noch nicht Journalist, weil er sich nicht abgewöhnen könne, gründlich zu arbeiten.

Doch war es ihm damit nie wirklich ernst. Jenseits solch schelmischer Piesackerei wusste keiner besser als er, der 1964 als Hamburger Innensenator ein mustergültiges liberales Pressegesetz in Kraft gesetzt hatte, dass Politik und Medien einander brauchen. »Politiker und Journalisten leben in einer antagonistischen Symbiose«, bekannte er. »Einer kann ohne den anderen nicht leben.« Beide seien Teil der politischen Klasse, und in beiden Berufen reiche die Spannweite vom Staatsmann bis zum Kriminellen, vom miesen Rufmörder bis zum weisen Ratgeber.

Damit hatte er völlig recht. Wir sind nicht durchweg Engel. Es gibt in unserer Zunft Genies und Einfaltspinsel, Vorbilder an Rechtschaffenheit und Ausbünde an Gaunerei, Stümper und Meister, Scharlatane und Philosophen, Aufrechte und Arschkriecher – in ziemlich der gleichen Verteilung wie in der übrigen Bevölkerung. Und in der Politik.

Vieles ist Politikern und Journalisten gemeinsam. Wenn sie gut sind, haben beide ihre Spezialgebiete, auf denen sie sich auskennen, aber sie blicken auch über den Tellerrand ihres Fachs hinaus und haben das Gemeinwohl im Auge. Insofern sind sie nicht bloß

Anwalt von Partikularinteressen, sondern Sachwalter des Ganzen. Doch Entscheidendes trennt sie auch. Zwischen Politik und Medien besteht ein Spannungsverhältnis. Die Unterschiede und Gegensätze sind nicht zu übersehen.

Die Sache des Politikers ist das Sich-Bemächtigen, die Sache des Journalisten ist das Begreifen. Der eine muss *handeln*, wie er es für richtig hält, der andere soll *merken*, was gut und was schiefläuft. Und die Medien müssen die Freiheit haben, alles zu sagen – damit die Politiker nicht die Freiheit haben, alles zu tun. Eine »kritische, wegweisende Publizistik« hielt noch der neunzigjährige Helmut Schmidt für ein »Herzstück« der Demokratie. Jürgen Habermas hat es ähnlich formuliert: »Die seriöse Presse ist das Rückgrat der politischen Öffentlichkeit.«

Ich habe es immer genauso gesehen. Als es Mitte der Neunzigerjahre beim *Spiegel* kriselte, fragte ich: »Wenn aber erst einmal der *Spiegel* aus dem Kernverband der schwergewichtigen Publizistik ausschere – wie sollten sich dann die anderen Flaggschiffe des seriösen Journalismus auf die Dauer gegen die Flotte der Lustbarken und Vergnügungsdampfer behaupten? Soll die gewollte Anspruchslosigkeit des gedruckten Fernsehens ... auch die bisher noch der Seriosität verhafteten Zeitungen und Zeitschriften in seichte Gewässer zwingen? Eine Kultur-Havarie wäre die Folge – eine Havarie auch unserer politischen Kultur.«

Ich fuhr fort: »Demokratie lebt vom öffentlichen Räsonieren, vom intelligenten Diskurs. Beides setzt Sachinformation, Tiefenanalyse und ernsthaften Richtungsstreit voraus: Aufklärung, nicht Infotainment; publizistische Prinzipien, nicht bloß Marketingstrategien; den Willen, Meinung zu bilden, nicht nur den Drang, das Publikum zu unterhalten.« In diesem Sinne wollte die *Zeit* immer Kurs halten.

Wer so lange im Beruf ist wie ich, der weiß, dass die Prinzipien unseres Tuns immer wieder neu erstritten und umkämpft werden müssen – im Auf und Ab der Zeitläufte, im Wechsel der Moden, in der Aufeinanderfolge der Generationen. Sie sind es jedoch wert, nicht nur erhalten, sondern weitergegeben zu werden. Und im Grunde sind sie einfach zu erklären.

Erstens: *Sagen, was ist* – »legein ta eonta«, wie es schon bei Herodot heißt, dem Vater der Geschichtsschreibung und erstem Mitglied unserer Zunft. Augstein hat es zum Credo des *Spiegel* gemacht. Information muss sein. Die Demokratie lebt davon, dass der Bürger Bescheid weiß.

Zweitens: *Sagen, was es bedeutet* – und es furchtlos sagen ins Getümmel der Mächtigen, die es gern anders gesehen haben möchten, im Gewimmel auch der Details. Wir werten und bewerten, jeder nach seiner Fasson, die Fakten wie die Fakes. In Kommentaren und Glossen und Leitartikeln weisen wir den Ereignissen ihren Platz im Strom der Geschichte zu, erklären das Woher und versuchen, das Wohin zu erkunden.

In dieser ordnenden, orientierenden, gewichtenden Funktion der Medien liegt ihr spezifischer Beitrag zur politischen Kultur des Gemeinwesens. Sie sorgen dafür, dass der öffentliche Diskurs nicht auf die oft sterilen Wortgefechte und Ideologieschlachten der Parteien beschränkt bleibt, sondern dass im Widerstreit der Meinungen die Vielfalt der Farben und der Reichtum der Temperamente erhalten bleibt. Dabei kommt es darauf an, solides Räsonnement gegen die »machtvolle Beredsamkeit« (Hobbes) zu setzen.

Drittens: *Die Machthaber zu überwachen* ist eine wesentliche Funktion der Medien. »Wo Herrschaft ist, da ist auch Unbehagen«, hat Theodor Eschenburg, der Grandseigneur der bundesrepublikanischen Politologie, einmal geschrieben. Die Presse ist dazu da, das Unbehagen zu artikulieren. Dies ist nicht ihre einzige Aufgabe, aber ihre vornehmste. Sie muss den Regierenden auf die Finger sehen und notfalls auf die Finger klopfen. Sie zieht die Decke weg, wenn darunter gemauschelt wird.

Damit leistet sie ein unerlässliches Stück demokratischer Kontrolle. Denn wo Macht ist, da ist auch Vertuschung – in diesem Faktum liegt die sittliche Begründung und Rechtfertigung des Enthüllungsjournalismus. Da aber, wo Macht ist, immer auch Missbrauch der Macht ist, werden die Medien stets mehr zu den Skeptikern als zu den Claqueuren gehören. Deswegen hatte Rudolf Augstein recht mit seinem Bonmot, dass jede gute Publikation mindestens zu 51 Prozent Opposition sein müsse, ganz gleich, wer regiert.

Einer, der dies verstand, war Willy Brandt. »Journalismus kann abdanken, wenn er harmlos wird«, schrieb er einmal an Henri Nannen. In der Tat: Presse ist gegenhaltende Kraft. Sie muss dafür sorgen, dass die Wahrheit im Kampf um die Macht ein Konkurrent bleibt.

Man nennt die Medien gern die »vierte Gewalt« neben Legislative, Exekutive und Judikative. Zu Recht hat Sigmar Gabriel jedoch darauf hingewiesen, dass selbst der beste Journalismus keine vierte staatliche Gewalt ist – »weil er weder über staatliche Hoheit verfügt noch sich gegenüber dem Volk als Ganzes zu legitimieren hat«. In Wahrheit sind wir eher eine »vierte Potenz«. Unser Einfluss reicht nur so weit wie unsere Überzeugungskraft.

Die Pressefreiheit gehört ja auch nicht den Journalisten allein, sie gehört der Gesamtheit der Bürger. Wir sind nur deren Treuhänder. Und in all unserem Tun sind wir nicht *legibus absolutus*, der Beachtung von Recht und Gesetz enthoben. Vielmehr stehen wir unter den gleichen Gesetzen des Staates wie jeder andere auch und ebenso unter den allgemeinen Gesetzen von Moral und Ethik. In diesem Selbstverständnis müssen wir unseren Auftrag erfüllen.

Es gibt keine journalistische Ethik, die sich von der allgemeinen Ethik unterscheidet. Die Journalisten können sich nicht freizeichnen von dem Begriff des Geziemenden und der überkommenen Anschauung vom richtigen, vernunftgemäßen und tugendhaften Handeln. Von George Bernard Shaw wird erzählt, er habe einmal vor einem Bettler, der um ein paar Pennys bat, einfach seinen Presseausweis gezückt: »Tut mir leid, ich bin von der Presse!«

Das war witzig, aber irreführend. Die Feststellung »Ich bin von der Presse« entbindet uns nicht von den Grundregeln menschlichen Zusammenlebens. Es kann auch in unserer Zunft nicht als ehrenhaft gelten, was überall sonst als unehrenhaft gilt. Unsere Legitimation liegt nicht in der Schrillheit der redaktionellen Schlagzeilen oder der Grellheit der Verlagswerbebotschaften. Sie liegt in unserer Rechtschaffenheit und Vertrauenswürdigkeit.

Vor Anmaßung sollten sich die Medien hüten. Das heißt allerdings nicht, dass sie zu rückgratloser Anpassung verurteilt wären. Sie dürfen sich nicht zu Handlangern und Harmoniehuren, zu Büchsenspannern und Wasserträgern der Mächtigen machen, indem sie sich zur Zimperlichkeit verdonnern lassen. In der Demokratie würden sie ihren Dienst an der Öffentlichkeit verraten, wenn sie sich darauf einließen. Vielmehr muss es ihr Bestreben sein, den Herrschenden auf die Schliche zu kommen.

In den Vereinigten Staaten wurde die Veröffentlichung der geheimen »Pentagon Papers« in der *New York Times* vom Obersten Gerichtshof ausdrücklich gerechtfertigt; der erste Verfassungszusatz, so Justice Hugo Black, schütze die Presse, »so that it could bare the secrets of government and inform the people«. Damit wurde ein Grundsatz bekräftigt, der schon 1964 im Kampf um die Gleichberechtigung der Schwarzen formuliert worden war (*New York Times* vs. Sullivan).

Es gebe, erklärte Justice Brennan, »a profound national commitment to the principle that debate on public issues should be uninhibited, robust and wide-open, and that it may well include vehement, caustic and sometimes unpleasantly sharp attacks on government and public officials« – die Debatte über öffentliche Angelegenheiten müsse ohne Hemmungen, robust und weit offen geführt werden, und heftige, ätzende und zuweilen unangenehm scharfe Angriffe auf die Regierung und öffentliche Bedienstete könnten durchaus dazugehören.

Hinter diesem Schutzschirm höchstrichterlicher Verfassungsauslegung wurde die amerikanische Presse zusehends kühner. In den Jahren 1972–1974 brachte die *Washington Post* die Watergate-Affäre ans Licht, die Richard Nixon das Amt kostete; die Reporter Bob

Woodward und Carl Bernstein kreierten damals das Leitbild des »investigative journalism«.

Auch in der Bundesrepublik haben die Gerichte die in Artikel 5 des Grundgesetzes garantierte Freiheit der Presse, von Funk und von Fernsehen in mehreren Urteilen höchstrichterlich verankert. Ein Meilenstein der Pressefreiheit war das *Spiegel*-Urteil aus dem Jahr 1966, ausgelöst durch den Artikel »Bedingt abwehrbereit« des Hamburger Nachrichtenmagazins über die mangelnde Abwehrbereitschaft der Bundeswehr und durch die infolge einer Strafanzeige wegen Landesverrats strafrechtliche Verfolgung des *Spiegel*, die Durchsuchung seiner Redaktionsräume und die wochenlange, ja monatelange Festnahme des Herausgebers, des Verlagsdirektors und mehrerer Redakteure.

Die Verfassungsrichter stellten damals fest: »Soll der Bürger politische Entscheidungen treffen, muss er umfassend informiert sein [...]. Die Presse [...] beschafft die Informationen, nimmt selbst dazu Stellung und wirkt damit als orientierende Kraft in der öffentlichen Auseinandersetzung. [...] Presseunternehmen stehen miteinander in geistiger und wirtschaftlicher Konkurrenz, in die die öffentliche Gewalt grundsätzlich nicht eingreifen darf.« Auch könne »etwa die Aufdeckung wesentlicher Schwächen der Verteidigungsbereitschaft trotz der zunächst damit verbundenen militärischen Nachteile für das Wohl der Bundesrepublik auf lange Sicht wichtiger sein als die Geheimhaltung«.

Im Jahre 2007 bekräftigte das Bundesverfassungsgericht die Entscheidung von 1966, indem es eine auf die Paragrafen 353b, 27 des Strafgesetzbuches (»Beihilfe zur Verletzung des Dienstgeheimnisses«) gestützte, von Bundesinnenminister Otto Schily befürwortete und von unteren Gerichten legitimierte Durchsuchung der *Cicero*-Redaktion und die Beschlagnahme von journalistischen Unterlagen für illegal erklärte. *Cicero* hatte einen Artikel über einen al-Qaida-Terroristen publiziert, der offensichtlich auf einem vertraulichen Bericht des Bundeskriminalamts basierte. Der Informantenschutz wurde mit diesem Urteil als wesentliches Element der Pressefreiheit anerkannt, der investigative Journalismus höchstrichterlich abgesegnet. Die Presse ist Mitteiler und Mittler, Wächter und Warner, Kontrolleur der Mächtigen und Helfer der Schwachen, Anstifter und, wo es sein muss, auch Ankläger. Drei Arten von Journalismus halte ich dabei für gerechtfertigt.

Da ist erstens der *Auflagenjournalismus*. Auflage, Schlagzeilen, exklusive Scoops, auch die Sensation, so sie echt ist – das alles hat seine Berechtigung. Es verstößt so wenig gegen die guten Sitten, nach hoher Auflage oder hoher Einschaltquote zu streben, wie es sittenwidrig ist, dass Politiker bei Wahlen einen hohen Stimmenanteil auf sich vereinigen wollen. Jedenfalls ist diese Art von Journalismus so lange nicht problematisch, wie dem Streben nach Auflage nicht die Qualitätsmaßstäbe, die Zivilcourage oder die bessere Einsicht geopfert werden. Es muss in einem Zeitungshaus nun einmal die Kasse stimmen. Journalistische Unabhängigkeit kann allein in ökonomischer Unabhängigkeit gedeihen. Nur wo die Kasse stimmt, werden Rückgratverbiegungen nicht zur Berufskrankheit. Aber diese Überlegung darf nicht dazu verführen, dem Publikum ein X für ein U vorzumachen, damit die Kasse stimmt.

Auch der *Scheckbuchjournalismus* ist nicht prinzipiell zu verurteilen. In einem Lande, in dem alle möglichen Mächte, Lobbys und Einflussagenten versuchen, den politischen Prozess mit Geld zu korrumpieren, ist es gut, dass auch die publizistische Gegenmacht nicht ohne alle Geldmittel ist. Allerdings birgt der Scheckbuchjournalismus auch gewisse Risiken. Die größte Gefahr liegt in dem Trugschluss, etwas, das man teuer bezahlt hat, müsse schon deswegen gut und wahr sein. Den *Stern* hat dies im Skandal um die Hitler-Tagebücher des Herrn Kujau neun Millionen Mark gekostet; ähnlich hat der *Spiegel* einmal 50 000 Mark in den Sand gesetzt, um bei einem jugoslawischen Gauner ein gefälschtes Waldheim-Telegramm loszueisen.

Das waren keine journalistischen Heldenstücke. Sie lehren, was über das Scheckbuch des Journalismus nicht in Vergessenheit geraten darf: das saubere Nachrecherchieren, die gebotene redaktionelle Sorgfalt, das unverblendete Urteil.

Unbeeindruckt lässt mich desgleichen der Vorwurf des »*Hinrichtungsjournalismus*«, wie der FDP-Politiker Otto Graf Lambsdorff den unerbittlichen Umgang der Presse mit Machtträgern einmal in rhetorischer Übertreibung nannte. Wenn die Fakten den Ruf nach Rücktritt oder Sturz tragen, braucht niemand ihn zu unterdrücken. Journalistische Sorgfaltspflicht, jawohl. Doch wo ihr Genüge getan ist, da hat das »J'accuse!« sein Recht. In der Demokratie gehört dies zur öffentlichen Hygiene.

Hüten müssen wir uns jedoch vor drei anderen Arten des Journalismus. Sie verursachen mir jedenfalls großes Bauchgrimmen.

Da ist zum Ersten der *Inszenierungs-Journalismus*. Die Autoren erfinden sich ihre eigene Realität; sie geben den Leuten Fake anstelle von Fakten. Michael Born zum Beispiel, der *Stern-tv* spektakuläre Fernseh-»Dokumentationen« verkaufte, deren Inhalt aus der Luft gegriffen war; eine handelte von Kröten, die man nur abzulecken brauchte, um in einen Drogenrausch zu verfallen. Born wurde zu vier Jahren Haft verurteilt, doch schreckte das andere Fälscher nicht ab. Ähnlich dreist sog sich der Schweizer Tom Kummer Interviews mit Hollywood-Stars wie Brad Pitt oder Sharon Stone aus den Fingern. Er nannte dies Borderline-Journalismus. Seine Interviews fanden reißenden Absatz, darunter auch im *SZ-Magazin*. Zuletzt flog Claas Relotius auf, der vor allem dem *Spiegel* in großem Umfang Geschichten angedreht hatte, die mindestens teilweise frei erfunden waren. Solcher Borderline-Journalismus ist und bleibt, was der Ausdruck besagt: grenzwertig.

Da ist zum zweiten der blindwütige *Angriffsjournalismus*, der in Amerika viel beklagte »attack journalism«. Er respektiert keine Privatheit der Handelnden mehr; er kolportiert ungeprüft Gerüchte; er sieht sich der Mühe der Investigation enthoben. Es geht immer weniger um Information und immer mehr um reine Schlammschlachten, in denen man den anderen in den Dreck werfen, ihn zur Strecke bringen will. Gebrüll und Häme nehmen überhand. Die kritische Presse verkommt dabei zur Kampfpresse. Rupert Murdochs britische *Sun* und sein amerikanischer Fernsehsender *Fox News* haben dabei unrühmliche Vorbilder abgegeben, desgleichen der Radiomoderator Rush Limbaugh, der mit seinen vulgären Hetztiraden täglich die Hirne eines Millionenpublikums vergiftete. Bei uns ist da neben den sozialen Medien die *Bild*-Zeitung besonders anfällig.

Und da ist schließlich der *Buchmacher-Journalismus*, der politische Vorgänge behandelt wie Pferderennen: Es kommt nur darauf an, wer vorn liegt und wer zurückfällt. Man schreibt über die parteitaktischen Aspekte einer öffentlichen Angelegenheit, kaum mehr über den eigentlichen Inhalt eines Vorschlags, einer Initiative, einer Kontroverse. Das Brutzeln in der Pfanne wird dabei wichtiger als der Braten.

In der Demokratie ist der Bürger der Souverän. Aber Walter Lippmann, wohl der angesehenste und einflussreichste amerikanische Journalist des 20. Jahrhunderts, hat schon vor Jahrzehnten darauf aufmerksam gemacht, dass in der heutigen Welt kein Individuum mehr in der Lage ist, die komplexen Zeitläufte im Einzelnen zu überblicken und danach seine Entscheidungen zu fällen. Notwendigerweise hängt der Bürger von den Medien ab, die ihn informieren. Sie verhelfen ihm, so Lippmann, »sich ein verlässliches Bild von der Welt zu machen«. In einem *Abendblatt*-Interview hat Robin Alexander denselben Gedanken in die einfache Formulierung gebracht, »dass man in einer Demokratie wichtige politische Vorgänge auch Leuten erklären können muss, die nicht so viel Zeit hatten, darüber nachzulesen, wie man selbst«.

Wenn der Respekt vor der Presse verloren geht, kann sich die Regierung leicht aus der Verantwortung stehlen. Deswegen sollten wir uns vor totaler Boulevardisierung hüten; auch vor dem ausufernden Celebrity-Journalismus, bei dem immer dieselben Köpfe – ein Quiz-Moderator, ein Sternekoch, ein Satiriker, ein Kolumnist und eine Quotenfrau – die Spalten füllen und die Talkshows bevölkern. Der Boulevard hat durchaus sein Recht, doch er darf nicht alles überwuchern. Es ist überlebenswichtig für die Demokratie, dass Qualitätsmedien die »Umkehr der Wichtigkeiten« nicht mitmachen, vor der Bundespräsident Richard von Weizsäcker einmal gewarnt hat, das Missverhältnis also zwischen den Dingen, über die geredet wird, und jenen anderen Themen, über die geredet werden *müsste*.

Journalismus ist Dienst an der Öffentlichkeit. Wohl tragen wir Warzen im Gesicht und Narben am Körper. Wir schwanken zuweilen zwischen Anpassung und Anmaßung. Manche unter uns neigen zur Skrupellosigkeit. Alles in allem brauchen wir uns des Dienstes indes nicht zu schämen, den wir der Gesellschaft, dem Gemeinwesen leisten. Wir müssen unser Licht nicht unter den Scheffel stellen. An der Formung unserer politischen Kultur, dem Herausmeißeln der neuen Bundesrepublik aus den Trümmerbrocken des Zweiten Weltkrieges und dem Wiederzusammenwachsen des vierzig Jahre geteilten Landes wie an der Ziselierung des gesellschaftlichen Filigrans unserer Republik haben große Publikationen, große Verleger, große Journalisten ebenso viel Anteil wie große Politiker, große Erzieher, große Künstler. Was Deutschland in fünfundsiebzig Nachkriegsjahren geworden ist, das ist es auch durch seine Publizistik geworden.

Es haben stets auch Zeitungen, Zeitschriften, Magazine und Funk- wie Fernsehsendungen existiert, welche die journalistischen Höhen besetzt hielten und von dort aus dem Gemeinwesen, den Bürgern Orientierungshilfe leisteten, indem sie Tatsachen berichteten, Hintergründe ausleuchteten und verschiedene Handlungsoptionen aufzeigten – manchmal auch, indem sie große Diskussionen vom Zaun brachen, die sich die Politik gern erspart hätte. Solche Diskussionen sind das Lebenselixier einer jeden Demokratie – und Demokratie bedeutet ja, nach einer alten englischen Definition, nichts anderes als »government by discussion«.

Alexis de Tocqueville schrieb in seinem magistralen Werk *Über die Demokratie in Amerika*, die Wirkung der Presse liege weniger darin, dass sie Nutzen stifte, als vielmehr darin, dass sie Schaden abwende. Walter Lippmann urteilte da, wie schon gesagt, wohlwollender und, wie ich finde, gerechter: »It is no mean calling« – es ist keine geringe Berufung, sagte er zu unserem Beruf. So habe ich es auch immer empfunden. Ich hoffe, dass die Nachfolgenden, die Nachdrängenden es ebenso sehen. Ich wünsche ihnen, dass sie die Fehler zu vermeiden wissen, die wir Älteren begangen haben. Wir taten, was wir konnten. Mögen sie es besser machen.

Was ist ein Chefredakteur?

Die seltsamsten Vorstellungen über die Journalisten und ihre Arbeit sind landläufig. Dass eine wirklich gute journalistische Leistung mindestens so viel »Geist« beansprucht wie irgendeine Gelehrtenleistung ... ist nicht jedermann gewärtig. Dass die Verantwortung eine weit größere ist, wird fast nie gewürdigt, weil naturgemäß gerade die verantwortungslosen journalistischen Leistungen, ihrer oft furchtbaren Wirkung wegen, im Gedächtnis haften.
MAX WEBER, POLITIK ALS BERUF (1919)

Was war der rote Faden in meinem redaktionellen Leben? Es war die nicht zu unterdrückende Neugier auf das Zeitgeschehen, und keineswegs nur das politische. So wanderte ich, den Zeit- und Weltläuften folgend, durch ein Themenlabyrinth, das sich ständig veränderte.

Vietnam-Krise, amerikanische Wahlen, Notstandsgesetzgebung, Berlin-Krise, RAF-Terrorismus, Kaschmir-Konflikt, Maos Kulturrevolution, Entspannungspolitik – jedes Mal versenkte man sich wie in bei einem neuen Seminar an der Uni in das aktuelle Thema, manchmal ein Vierteljahr lang, oft über Jahre, ja: Jahrzehnte hinweg; las Stapel von Büchern, reiste in die Schwerpunktzonen, interviewte die Handelnden, sprach mit akademischen Fachleuten, unterhielt sich mit Betroffenen.

Was ist eigentlich ein Chefredakteur? Er ist – daran hat sich auch nicht viel geändert – eine Art von eierlegender Wollmilchsau. Er soll alles können: Schreiben, Redigieren, Blattmachen, Verwalten, Ideen haben für sich und vor allem für andere, die Kollegen inspirieren oder bremsen, den Verlag bremsen oder ihm Beine machen und stets klaglos den Grüßaugust mimen. Dazu braucht er ein ausgleichendes und ausgeglichenes Temperament und Einfühlungsvermögen, Einfallskraft und Leidensfähigkeit. Auch Humor hilft. Nur selten habe ich mir ein Aufbrausen erlaubt. Bereitschaft zur Härte: ja, wo sie denn unumgänglich ist. Doch Besänftigen ist meist wichtiger als Donnern.

So habe ich, um ein Beispiel zu geben, folgende handschriftliche Rüge nie abgeschickt: »Lieber [Vorname], ich will es Ihnen nicht verhehlen: Ihr unangemeldetes Sadat-Stück hätte ich am liebsten ganz gelassen. Zu spät, zu inhaltsarm – und stilistisch zuweilen geradezu Courths-Mahlerei, das Ihre Leser vertreibt. Deswegen sage ich es auch so unumwunden. Auch damit das Saudi-Stück anders wird: geschliffenes Kristall, Bleikristall – nicht Pressglas. Nichts für ungut. Herzlichst, Ted.«

Bei Lichte betrachtet, ist Chefredakteur ein unmöglicher Job. Er erfordert die Arbeitskraft eines Kulis, die Geduld eines Missionars, die Beredsamkeit eines Ministers, die Würde eines Erzbischofs, den Optimismus eines Schiffbrüchigen, das Lächeln eines Filmstars, die Durchschlagskraft eines Preisboxers. Der Chefredakteur muss es machen wie das Sandkorn, das die Auster so lange reizt, bis sie eine Perle produziert. Doch darf er es mit dem Reizen auch nicht übertreiben. Besser, er hält sich an das Rezept des chinesischen Weisen Laotse: »Einen Staat« – in diesem Fall eine Redaktion – »muss man so lenken, wie man kleine Fische brät: mit Geduld, Umsicht und leichter Hand, ohne abrupte Bewegungen, sonst bleiben nur die Gräten übrig.«

Reisen: Der schönste Teil des Journalismus

Das Schönste am Journalismus, vor allem am außenpolitischen Journalismus, ist die Möglichkeit, zu reisen und die Welt kennenzulernen. Es kann auch anstrengend sein, aber es hat mir Hunderte von faszinierenden Eindrücken und begeisternden Erlebnissen beschert.

Ich habe in der Antarktis die Pinguine gefüttert (sie stinken übrigens gottserbärmlich). In Alaska bin ich auf einem Floß durch die wirbelnden Schnellen am Mendelhall-Gletscher geschossen. Halbe Tage lang ritt ich in Aspen, Colorado, auf 2000 Meter Höhe durch die grünen Almen der Rocky Mountains. Am Korallenstrand von Bali ging ich zusammen mit dem Deutschbanker Cartellieri Windsurfen und holte mir an einem Riff üble Schürfungen. Und in Japan bin ich durch schwarzes Lavageröll den halben Fujiyama emporgestiegen.

Aber Sport war nicht alles. Ich hatte mir zur Gewohnheit gemacht, in vielen Städten, in denen ich dienstlich zu tun hatte, mir an deren freien Tagen Zugang zu ihren Museen zu verschaffen; dem Chefredakteur der *Zeit* wurde dies gern gewährt. Paris bot den Louvre, die Rodin- und Picasso-Museen und das großartige Museé des arts asiatiques, Florenz die Uffizien, London das Tate, Shanghai und Taipeh die schönsten Hervorbringungen chinesischer Kunst.

Für zwei Sammlungen hatte ich jedoch eine besondere Schwäche: die Phillips Collection in Washington und das Hokusai-Museum Sumida in Tokio. Mehrmals besuchte ich auch Hollywood-Studios, und in Las Vegas brachte mich meine Schwester Sigrid, unsere Konsulin, hinter die Bühne zu Siegfried und Roy.

Auch Friedhöfe faszinierten mich. Der jüdische Friedhof Weißensee in Ostberlin. Der Breslauer Friedhof mit dem Grab Ferdinand Lassalles, des Urvaters der deutschen Sozialdemokratie. Die letzte Ruhestätte von Karl Marx in Londons Highgate Cemetery. Die Gräber Friedrichs des Großen und seiner Hunde in Sanssouci, das Bismarck-Mausoleum in Aumühle, die Grablegen John F. Kennedys in Arlington und Charles de Gaulles in Colombey, Napoleons Grabmal im Hotel des Invalides zu Paris, dort aber vor allem der Père Lachaise, wo Balzac und Oscar Wilde liegen, dann das Grab Mahatma Gandhis am Yamuna-Fluss in Delhi.

Die einsamen Gräber von Xerxes und Darius in der persischen Wüste. In Amerika der Sleepy Hollow Cemetery in Concord, Massachussetts, der Ruheplatz von Literaten wie Henry Thoreau und Ralph Waldo Emerson und von Familien wie den Rockefellers und Carnegies, außerdem unendlich viele Kirchhöfe mit den Gräbern deutscher Auswanderer. Die Grabinschrift von Nikos Kazantzakis auf der Bastion in Iraklion hat mich durch mein Leben begleitet:

Ich hoffe nichts, ich fürchte nichts, ich bin frei

XIV.
UND UNVERSEHENS IST ES ABEND

Rien n'est jamais acquis, Rien n'est jamais conquis
LOUIS ARAGON/GEORGES BRASSENS

Nach zeitgenössischem, meist abwertend gemeintem Sprachgebrauch bin ich ein alter weißer Mann. Das bin ich in der Tat. Ich bin es auch in dem Sinne, dass ich, obwohl dem Fortschritt aufgeschlossen, nicht alles an der Gegenwart gut finde und nicht alles an der Vergangenheit verdamme. Ich bin dankbar dafür, dass ich vieles erleben und genießen durfte, was meinen Nachfahren, Kindern und Kindeskindern nie vergönnt sein wird.

Ich war neunundzwanzig Jahre alt, junger Redakteur der *Zeit*, als ich das erste Mal in meinem Leben flog. Die Spanier hatten eingeladen, sich mit ihren Plänen für die Entwicklung des Fremdenverkehrs vertraut zu machen. »Daraus wird nie etwas«, sagte die Chefin der Reiseabteilung, »aber wenn Sie Lust haben …« Ich hatte Lust. Unserer Journalistengruppe wurde Lloret de Mar gezeigt, Benidorm, die Costa Brava und die Costa Blanca mit ihren heimeligen Fischerdörfern, dazu Mallorca, wo in einem der wenigen Hotels in Palma abgetakelte englische Obristen ihre Pension verzehrten. Alles war ursprünglich, echt, althergebracht, die Menschen herzlich, nicht geschäftsgierig. Das Benidorm mit seinen Touristen-Hochburgen und dreihundert Wolkenkratzern war noch so weit weg wie der mallorquinische Ballermann.

Kurz danach kam ich das erste Mal nach Kreta. Anfang der Sechzigerjahre baute ich dort mit meiner griechischen Frau ein Ferienhäuschen, zwischen Olivenbäumen und Rebstöcken, 150 Meter vom Strand gelegen – in Chersonissos, damals ein Fischerdorf von 400 Seelen, mit einer uralten römischen Kaimauer im Hafen und drei Restaurants, die köstliche Barbounia und Weinbergschnecken servierten, gelegentlich einen frisch gefangenen Hummer und Seeigel (die ich mit einem kretischen Neffen in den Mondnächten auch in vier Metern Wassertiefe von den Felsen pflückte). In unserer Bucht standen insgesamt fünf kleine Ferienhäuser. Heute gibt es im Umkreis von fünf Kilometern schätzungsweise 30 000 Hotel- und Pensionszimmer. Chersonissos und das Nachbardorf Malia sind Kretas Ballermann geworden. Man muss nun schon an abgelegene Südstrände oder in die Weißen Berge fahren, um noch etwas von dem alten Kreta zu erahnen.

Im Jahre 1961 habe ich, wie erzählt, in einer sechswöchigen Rundreise noch das alte Japan kennengelernt, als auf dem Land die Menschen im Alltag noch Kimonos und Geta-Holzpantinen trugen – ehe vor den Olympischen Spielen von 1964 die alten Holzhausviertel abgerissen wurden, ersetzt durch Stahl, Beton und Glas.

Als ich das erste Mal in Kairo war, lagen die Pyramiden von Chephren, Cheops und Mykerinos noch weit außerhalb des Weichbilds der ägyptischen Hauptstadt, heute sind sie von dem Stadtteil Gizeh so gut wie ganz umschlossen. Sie wirken weit weniger wuchtig als früher.

Und was ist aus den Main Streets des amerikanischen Mittleren Westens geworden? Während meines Studiums in den Fünfzigern des vorigen Jahrhunderts pulsierte dort das Leben. Es gab viele Läden, ein oder zwei Kinos, dazu Imbisse und Restaurants, die eine oder andere Bar. Heute sind die Main Streets wie ausgestorben, die Schaufenster der längst geschlossenen Geschäfte verbrettert, die Restaurants und Bars zugesperrt. Eine versunkene Welt.

Und auch die deutsche Landschaft ist nicht mehr die Eichendorffs (»Vom Grund bis zu den Gipfeln«) oder Goethes (»Stille, reine, leidenlose Vegetation«). Es ist nicht mehr des Mondes Glanz, der Busch und Tal füllt, es sind ... Windräder. So notwendig sie auch sein mögen, um das Klima zu retten – das unverspargelte Deutschland war schöner.

Nostalgie? Sicher. Einem Zweiundneunzigjährigem ist sie erlaubt.

ANHANG

Bildnachweis

Abb. 1: privat; Abb. 2: privat; Abb. 3 bpk/Lala Aufsberg; Abb. 4: bpk/Lala Aufsberg; Abb. 5: privat; Abb. 6: privat; Abb. 7: privat; Abb. 8: privat; Abb. 9: ullstein bild/Hugo Schmidt-Luchs; Abb. 10: privat; Abb. 11: picture alliance/dpa/Manfred Rehm; Abb: 12: Süddeutsche Zeitung Photo/Max Scheler; Abb: 13: Süddeutsche Zeitung Photo/Max Scheler; Abb. 14: privat; Abb. 15: privat; Abb. 16: privat; Abb. 17: privat; Abb. 18: picture alliance/dpa/Chris Pohlert; Abb. 19: Imago/teutopress; Abb. 20: privat; Abb: 21: privat; Abb. 22: privat; Abb. 23: privat; Abb. 24: ullstein bild/Kalabis; Abb. 25: privat; Abb. 26: picture alliance/dpa/Maurizio Gambarini; Abb. 27: picture alliance/dpa/Ulrich Perrey; Abb. 28: picture alliance/dpa/Christian Charisius; Abb. 29: picture alliance/dpa/Daniel Reimann

Quellennachweis

Der Abschnitt »Fünf Jahrzehnte China im Blick« wurde dem von Theo Sommer 2019 veröffentlichten Buch *China First* entnommen.

© Theo Sommer: *China First. Die Welt auf dem Weg ins 21. Jahrhundert*, München: C.H. Beck Verlag

Personenregister

Acheson, Dean 320
Adenauer, Konrad 33, 178, 232, 238, 253 f., 257, 260, 263 f., 267, 269, 277, 295, 312, 337, 386 f.
Agnes von Hohenstaufen 232
Ahlers, Conrad 310, 314
Albers, Hans 95
Alexander II., Zar 238
Alexander, Robin 477
Alsop, Stewart 320
Aly, Götz 122
Amelunxen, Rudolf 177
Amrehn, Franz 339
Andropow, Juri 360
Apel, Erich 355
Aragon, Louis 483
Arfs, Dieter 91, 116 f., 139, 166, 168 f., 179, 211, 219
Aristoteles 191, 238, 243
Armstrong, Christa 299
Asch, Henry van 104
Astor, David 298
Augstein, Anna 270
Augstein, Rudolf 12, 245, 247, 253, 255 f., 265–271, 282, 300, 308, 333, 467, 471 f.
Axen, Hermann 367

Bach, Johann Sebastian 215
Bachmann, Ingeborg 237, 303
Baez, Joan 218, 306
Beaz, Mimi 306
Bahr, Egon 333, 337 ff., 341–347, 356, 409
Baker, James 396 f., 410
Balz, Bruno 102

Balzac, Honoré de 482
Bargheer, Eduard 298
Baring, Arnulf 402
Barraclough, John Ashworth 178
Baudissin, Wolf Graf 29
Baumann, Hans 94, 100
Beard, Charles 172
Beaufre, André 313 f.
Bebel, August 372
Becker, Hellmuth 298
Becker, Kurt 318
Beethoven, Ludwig van 115, 215
Bender, Peter 391, 398
Benjamin, Walter 24
Benn, Gottfried 45
Bernstein, Carl 474
Bertram, Christoph 319
Beumelberg, Werner 93
Bhumipol, König v. Thailand 292
Biden, Joe 203, 205, 218
Biermann, Wolf 355
Binding, Rudolf 94
Birdseye, Clarence 25
Birgel, Willy 95
Bismarck, Otto von 52, 95, 245, 265, 297, 382, 387, 401, 410, 419, 481
Black, Hugo 473
Blackwill, Robert 396
Blank, Theodor 309
Blücher, Franz 282
Blumenfeld, Erik 259, 298
Blunck, Friedrich 45

Boehlich, Walter 303
Böhme, Erich 270
Böll, Heinrich 50, 298
Bonesteel, Charles 305
Borchert, Wolfgang 12, 18 f.
Born, Michael 476
Bowers, Floy 183 f., 224, 227
Bowie, Robert 313
Bracher, Karl Dietrich 125, 467
Brandt, Willy 33, 248, 254, 269, 275, 286, 294, 333, 335, 337–343, 347, 388, 399 f., 436, 442, 472
Brassens, Georges 483
Bräuer, Bruno 158
Brauer, Max 177
Brauner, Artur 112
Brehm, Bruno 93
Breker, Arno 115
Brennan, William Joseph 473
Brentano, Heinrich von 278
Breschnew, Leonid 277, 391
Briand, Aristide 23
Brüning, Heinrich 24
Brutus, Decimus Iunius 199
Bruyn, Günter de 367
Brzezinski, Zbigniew 307, 356, 423
Bucerius, Gerd 33, 63, 240, 245 ff., 249 f., 253–265, 271, 273, 275, 277 f., 282 f., 306, 311, 333 f., 407, 468
Bucerius, Gretel (geb. Goldschmidt) 257 f.
Buchan, Alastair 313 f.
Buchner, Rudolf 107
Bulganin, Nikolai A. 277
Burckhardt, Carl J. 292

Burley, Anne-Marie s. Slaughter, Anne-Marie
Busch, Wilhelm 248
Bush, George H. W. 269, 396 f.
Bush, George W. 139
Bussche, Axel von dem 293
Buzzard, Anthony 313
Byrnes, James 176

Callas, Maria 255
Capone, Al 207
Caracciola, Rudolf 58
Carlebach, Alfred 257
Carr, Jonathan 395
Carson, Rachel 236
Cartellieri, Ulrich 481
Carter, Jimmy 307
Cäsar, Gaius Julius 17, 199, 202, 288
Catilina, Lucius Sergius 199
Catull 170
Choi Chungho 443
Christ, Peter 367, 371
Chruschtschow, Nikita 252, 277, 301, 304, 335, 338 f., 351, 386
Chung Ju-yung 440 f.
Churchill, Winston 118, 210, 255, 260, 303, 379
Cicero, Marcus Tullius 199
Clark, Christopher 289
Claudius, Matthias 93, 244, 319, 432
Clausewitz, Carl von 450
Clay, Lucius D. 153
Cooper, Gary 206, 272
Cooper, James Fenimore 57
Cordier, Andrew 203

Personenregister

Courths-Mahler, Hedwig 480
Crosby, Bing 172
Curtius, Robert 241

Dahl, Gunter 275
Dahn, Felix 93
Dahrendorf, Ralf 87, 254, 257, 261 f., 298
Dante Alighieri 175
Darius, König v. Persien 482
Darwin, Charles 112
Deavel, Gary 201
Dechamps, Bruno 302
Degerman, Allan 191 f.
Deist, Heinrich 106
Deng Pufang 455
Deng Xiaoping 316, 394, 451–458, 460
Denman, Roy 398
Dibelius, Otto 267
Diem, Ngo Dinh 429 f.
Diestel, Franz 170
Dietl, Eduard 120
Dietrich, Marlene 22
Dominik, Hans 93
Dönhoff, Heinrich Graf 290
Dönhoff, Marion Gräfin 11 f., 14, 33, 105, 168, 211, 240 ff., 247, 249–252, 255, 259, 262, 286–301, 308 f., 311, 316, 333 f., 336 f., 341, 352, 354, 367, 396, 399 f., 406, 412, 467
Doren, Carl van 172
Dorsey, Tommy 172
Dos Passos, John 172
Droste-Hülshoff, Annette von 93 f.
Dschingis-Khan 423

Dulles, Allen 390
Dürr, Heinz 124

Eagleburger, Lawrence 395
Earp, Wyatt 206
Ecevit, Bülent 302
Eckart, Dietrich 94
Ehrich, Kurt 334
Eichendorff, Joseph von 94, 484
Einstein, Albert 45
Eisenhower, Dwight D. 134, 202, 213, 222, 252
Eisler, Gerhart 334
Elgar, Edward 209
Elisabeth II., Zarin 135
Elizabeth II., Königin v. Großbritannien 379
Elliott, William Yandell 304
Elser, Georg 288
Emerson, Ralph Waldo 482
Engels, Friedrich 364, 448
Eppler, Erhard 303
Erdmann, Karl Dietrich 383
Erhard, Ludwig 177, 264, 351, 387, 431
Erler, Fritz 311, 315
Eschenburg, Theodor 11, 191, 211, 214, 237 f., 240, 298, 356, 383, 471
Etzioni, Amitai 415
Eulenburg, Fritz zu 418

Fahrendorf, Sophie Luise 85
Faulkner, William 172
Fein, Charles Samuel 209
Felfe, Werner 367
Feller, Barbara 86
Feller, Wolfgang 86

Fest, Joachim 47
Feuchtwanger, Lion 45
Feuerbach, Ludwig 124
Fink, Ortwin 252
Fischbacher, Siegfried 481
Fischer, Joschka 270
Fitzgerald, F. Scott 172
Flach, Hermann 356
Fleischer, Otto H. 175
Flex, Walter 137
Floyd, George 196
Fontane, Theodor 94, 289
Franklin, Benjamin 172, 209
Freud, Sigmund 297, 385
Freytag, Gustav 93
Frick, Wilhelm 25
Fricker, Ludwig 170, 180
Friedrich der Große 95, 135, 270, 289, 481
Friedrich I. Barbarossa 109
Friedrichs, Hanns Joachim 466
Fröhlich, Elke 111
Froment-Meurice, Henry 395
Fukuyama, Francis 192
Fulbright, J. William 320
Furtwängler, Wilhelm 45

Gable, Clark 271
Gabriel, Sigmar 472
Gallois, Pierre 313 f.
Gandhi, Mahatma 118, 482
Gauland, Alexander 404 f.
Gaulle, Charles de 346, 450, 482
Gaus, Günter 285, 375, 378, 402
Gebühr, Otto 95
Gehl, Walther 109
Gehlen, Reinhard 253
Geisel, Margaret 183 f., 224, 227

Gemmer, Bob 183
Genscher, Hans-Dietrich 347, 392
George, Stefan 167 f.
Geringer, Walter 206
Gersdorff, Christoph von 293
Gerstäcker, Friedrich 57
Giesler, Hermann 89
Gillhausen, Rolf 272, 274
Girnus, Wilhelm 333
Giscard d'Estaing, Valéry 302
Glotz, Peter 398
Goebbels, Joseph 106, 110, 118, 136, 140, 199, 244, 417
Goethe, Johann Wolfgang von 22, 55, 93, 173, 188, 378, 440, 484
Goetz, Curt 159
Goldschmidt, Jakob Isidor 257
Gorbatschow, Michail 330, 362, 368, 390 f., 399 f.
Göring, Edda 117
Göring, Emmy 117
Göring, Hermann 89, 117 f.
Göring, Michael 306
Gottschalk, Thomas 41
Grass, Günter 407
Greene, Graham 427
Greiner, Ulrich 406
Gresmann, Hans 247–250, 272, 274 f., 296, 303, 333, 387
Grill, Bartholomäus 346
Grillparzer, Franz 170
Grimm, Hans 93
Grimme, Adolf 238
Gross, Johannes 251, 356
Gründgens, Gustaf 22, 45
Grundtvik, Nikolai 190

Personenregister

Grunenberg, Nina 15, 251, 367
Guevara, Che 434
Günther, Hans F. K. 111 f.
Gyptner, Rudolf 372
Gysi, Gregor 367
Gysi, Klaus 367

Häber, Herbert 359 f.
Haberberger, Lena 206
Habermas, Jürgen 407 f., 470
Hackett, A. J. 103
Haeckel, Ernst 450
Haffner, Sebastian 384
Hagelstange, Rudolf 298
Hagenburg, Otto Heinrich Graf von 128, 132, 138, 141
Hager, Kurt 367, 392
Hahlbohm, Siegfried 266
Hahn, Kurt 96 f.
Haile Selassie, Kaiser v. Abessinien 346
Hallstein, Walter 404
Hamilton, Alexander 191, 209
Hammer, Oberpräzeptor 78
Hampel, Peter 206
Hanson, Per Albin 190
Harlan, Veit 95
Harnack, Arvid 211, 238, 288
Harnack, Mildred 211, 238
Hassner, Pierre 401
Hatzfeld, Christina Gräfin 291
Hatzfeld, Hermann Graf 291
Hauff, Volker 453
Hauff, Wilhelm 52
Hauptmann, Gerhart 45, 63, 173
Havemann, Robert 355
Hayek, Friedrich 212
Healey, Denis 313

Hebbel, Friedrich 94, 163
Hegel, Georg Wilhelm Friedrich 52, 192
Heggemann, Dieter 348
Heidegger, Martin 45
Heimpel, Hermann 383
Heine, Heinrich 94
Held, Heinrich 25
Hemingway, Ernest 172
Herodot 471
Herrhausen, Alfred 123 ff.
Herrmann, Frank-Joachim 363
Herrmann, Georg 28 f., 31, 68, 82, 85, 348
Hesse, Hermann 52, 173 f., 176
Heusinger, Adolf 309
Heuss, Theodor 52, 178, 263
Heym, Stefan 355, 392, 408
Hilz, Sepp 115
Himmler, Heinrich 259
Hindemith, Paul 102, 215, 291
Hindenburg, Paul von 24, 44, 47
Hitler, Adolf 12, 23 ff., 32 ff., 44–48, 59, 69 f., 74, 77, 80, 85, 87 ff., 93 f., 97–101, 105, 108 f., 112, 115, 117–120, 125–128, 132 f., 135 f., 140 ff., 162, 164 f., 168, 204, 211, 216, 237, 240, 258, 260, 266, 274, 284, 286, 288, 293 f., 299 f., 305, 366, 382, 394, 475
Ho Tschi Minh 428 f., 433 f.
Hobbes, Thomas 471
Höcherl, Hermann 411
Hochhuth, Rolf 408
Hoegner, Wilhelm 177
Höfer, Werner 110, 247, 336
Hoff, Kay 126, 303, 306

Hoffmann, Peter 288
Hoffmann, Stanley 401
Hojer, Filmvorführer 165
Hölderlin, Friedrich 52, 93 f.
Holmes, Oliver Wendell 243
Holtzbrinck, Georg von 154
Holzer, Werner 123
Honecker, Erich 124, 335, 341, 356, 358–367, 369 f., 375 ff., 390–393, 397, 399
Honecker, Margot 394
Hong Jun-ki 441
Hong Suk-hyeon 442
Hoover, Herbert 166
Horn, Roy 481
Hossfeld, Drucker 350
Hrycyk, Josef 363
Hua Guofeng 448
Huch, Ricarda 94
Huh Young Sup 443
Hülsen, Ignes von 168
Hutchins, Robert 213

Ibsen, Henrik 188
Ihrt, Fred 274
Inoguchi, Takashi 420

Jahr, Angelika 39
Jefferson, Thomas 465 f.
Jiang Zemin 453
Jannings, Emil 95
Jaspers, Karl 383
Jefferson, Thomas 204
Jens, Walter 50
Joffe, Josef 401
John, Erich 116
Johnson, Claudia Alta »Ladybird« 281

Johnson, George 206
Johnson, Lyndon B. 276, 278–281, 431, 433
Joubert, Joseph 251
Jünger, Ernst 24, 239
Jungk, Robert 50

Kagan, Robert 212
Kah, Hermann 233 ff.
Kahn, Herman 423
Kaisen, Wilhelm 177
Kant, Hermann 366 f.
Kant, Immanuel 450
Karasek, Hellmuth 123
Karl der Große 17, 109
Karl IV., König v. Böhmen 233
Kästner, Erich 94, 173, 267, 351
Katzantzakis, Nikos 482
Kaunda, Kenneth 292
Keller, Gottfried 94
Kennan, George F. 294, 396
Kennedy, John F. 279, 303, 313, 335, 337 f., 351, 431, 481 f.
Kennedy, Robert 213
Kerr, Alfred 45
Keynes, John Maynard 212
Kielmannsegg, Peter Graf von 402
Kiesinger, Kurt Georg 278, 280, 387
Kim Dae-jung 439, 442
Kim Il-sung 434, 437, 440
Kim Young-hie 442
King, Martin Luther 195 f.
Kissinger, Henry 13, 33, 217, 296, 298, 300 ff., 304–309, 313, 320, 331, 344, 347, 356, 381, 396 f., 436

Klee, Paul 116
Klink, Vincent 170
Klink, Vinz 170
Klopstock, Friedrich Gottlieb 93
Klüver, Max 86
Knef, Hildegard 273
Knorr, Klaus 313
Koch, Thilo 383
Koch-Weser, Erich 257
✕ Kogon, Eugen 164 f.
Kohl, Helmut 12, 32, 126, 164, 267, 285, 341, 358, 364, 383, 391, 394
Kolbenheyer, Erwin Guido 94
Konert, Elisabeth 206
Königsdorf, Helga 367
Konjew, Iwan S. 128
Konrad, Franz 233, 235
Kopelew, Lew 398
Kopf, Hinrich 177
Korn, Karl 110
Kornatzki, Jürgen von 277 f.
Körner, Theodor 94
Koschyk, Hartmut 443
Kossygin, Alexei N. 280
Krabatsch, Ernst 358
Kraemer, Fritz 305
Kraft, Joseph 320
Krause, Tilman 174
Krekeler, Heinrich 224
Krenz, Egon 356, 358, 361, 383, 394, 399
Kristol, William 212
Kröger, Theodor 93
Krüger, Hardy 97 ff., 103, 115, 123
Krüger, Ohm 95

Krumm, Karl-Heinz (Charly) 124
Kuenheim, Haug von 287
Kujau, Konrad 284, 475
Kummer, Tom 476

Lach, Donald 210, 212
Laftis, Katina Tenda 225
Lahnstein, Manfred 306
Laird, Melvin 320, 325
Lamberz, Werner 124
Lambsdorff, Otto Graf 476
Lämmle, Ernst 170
Lassalle, Ferdinand 372, 481
Leander, Zarah 102
Lebeck, Robert 274, 278
Lee Han-dong 443
Lee Hu-rak 437
Leeb, Johannes 125
Lehndorff, Heinrich Graf von 293
Lehr, Robert 177
Leicht, Robert 399, 406
Lemmer, Ernst 337
Lenbach, Franz von 52
Lenin, Wladimir I. 356, 448
Leonhard, Wolfgang 105
Leonhardt, Rudolf Walter 241, 352, 354, 367 f., 370, 431 f.
Lersch, Heinrich 106
Lessing, Gotthold Ephraim 159, 171, 173
Lettow-Vorbeck, Paul 57
Leutze, Emanuel 52
Lewis, Flora 299
Ley, Robert 86, 91, 97, 109, 116, 119 f.
Liddell Hart, B. H. 313

Liebermann, Max 22, 116
Liebknecht, Karl 393
Liebknecht, Wilhelm 372, 378
Liliencron, Detlef von 94
Limbaugh, Rush 477
Lincoln, Abraham 195, 199
Lintner, Eduard 404
Lippmann, Walter 243, 477, 479
Löffler, Kurt 357f.
Löns, Hermann 109, 134
Louis, Joe 58
Löwenthal, Gerhard 285
Löwith, Karl 239
Luce, Henry 267
Lüderitz, Adolf 57
Lüth, Erich 244
Luther, Martin 93, 358
Lütkehaus, Ludger 54
Luxemburg, Rosa 393

MacArthur, Douglas 201f.
Machiavelli, Niccolò 56, 212
Maier, Reinhold 153, 177, 234
Maizière, Ulrich de 324f., 327
Malinowski, Wolfgang 272
Mallaby, Christopher 395
Mandela, Nelson 292, 442
Mann, Erika 76, 145
Mann, Golo 298, 383
Mann, Heinrich 45
Mann, Thomas 22f., 45, 94, 176, 468
Mansfield, Mike 320
Mao Zedong 255, 448-452, 454ff., 458, 479
Marc Anton 199
Marc, Franz 116
Marcks, Gerhard 298

Marcuse, Herbert 295
Markert, Werner 237f.
Maron, Monika 367
Marquard, Udo 124
Marshall, George C. 197, 282
Marwitz, Friedrich Adolph von der 289
Marx, Karl 124, 356, 364, 372, 448, 481
Mascolo, Georg 467
May, Karl 57, 169, 367
McCarthy, Joseph 213
McNamara, Robert 431
Mehnert, Klaus 175, 251
Meier, Christian 288, 384
Meinhof, Ulrike 352
Melzer, Fiete 255
Mende, Erich 282
Mendel, Gregor 112
Menge, Marlies 363
Metternich, Klemenz Wenzel von 347
Meyer, Conrad Ferdinand 94
Meyer, Gerhard 367f.
Meyer, Wolfgang 363
Meysel, Inge 274
Michel, Oberst 373
Miller, Glenn 172
Mittag, Günter 367
Modrow, Hans 359, 367, 397
Moffat, Alistair 212
Mohamad, Mahathir bin 302
Mommer, Karl 329
Mommsen, Hans 402
Mommsen, Theodor 467
Momper, Walter 403
Montesquieu, Charles de 191
Montgomery, Bernard 153

Moravscik, Andrew 403
Morgenthau, Hans 210f., 304
Mörike, Eduard 52, 55, 94
Morita, Akito 424
Moritz, Karl Philipp 464f.
Morr, Hubertus von 443
Mozart, Wolfgang Amadeus 209, 215
Müller, Heiner 367, 369
Müller-Marein, Josef (Jupp) 251, 255
Münkler, Herfried 467
Murdoch, Rupert 477
Mussolini, Benito 59, 74
Myers, Zimmerwirtin 208
Myrdal, Gunnar 460

Nakasone, Yasuhiro 302, 425
Nannen, Eske 284
Nannen, Henri 12, 247, 253, 255, 271–279, 281–286, 342, 433, 472
Napoleon Bonaparte 17, 237, 482
Nayhauß, Mainhardt Graf 124
Nehru, Jawaharlal 292, 298
Ney, Elly 115
Nikolai I., Zar 238
Nitze, Paul 298
Nixon, Richard 303, 307, 320, 473
Nkrumah, Kwame 292
Noelle-Neumann, Elisabeth 110
Nonnemann, Christoph 431
Norden, Albert 354
Norstad, Lauris 314, 324
Nunn, Sam 331
Nussbaum, Bruce 394

Obama, Barack 403
Obermann, Emil 315
Okita, Saburo 422
Ottersberg, Kurt 352f.
Otto I. der Große 109
Owens, Jesse 59

Pareto, Vilfredo 191
Park Chung-hee 437f.
Parler, Peter 53, 233
Paul, König v. Griechenland 221
Parseval, Rudolf von 70, 232
Peltz, Dieter 120
Perikles 199
Perle, Richard 212f.
Perry, Matthew 418
Perry, William 331
Pétain, Philippe 118
Peter III., Zar 135
Peters, Carl 57
Petersen, Carl 177
Petter, Kurt 87, 108, 121, 135f.
Pfannenstiel, Ekkehart 101, 116
Pferdmenges, Robert 260, 263
Phuc, Phan Thi Kim 433
Picasso, Pablo 481
Pinochet, Augusto 212
Pitt, Brad 476
Pius XII., Papst 118
Plato 191
Ponto, Jürgen 168
Popper, Karl 384
Priestley, Joseph 188
Putin, Wladimir 445

Qiao Shi 394
Qin Shi Huang-di 452

Raddatz, Carl 95
Raddatz, Fritz J. 270, 406, 408
Raison, Tim 303
Ramm, Thilo 384
Ranft, Else 27
Ranft, Heinrich 21, 27
Ranke, Leopold von 466
Rapacki, Adam 294
Rathenau, Walther 347
Rau, Johannes 442 f.
Rauschning, Hermann 98
Reagan, Ronald 360
Reinhold, Otto 360 f.
Relotius, Claas 476
Remarque, Erich Maria 22, 172
Reza Pahlavi, Schah Mohammad 274, 287
Rice, Condoleezza 139
Richter, Horst-Eberhard 50
Ridgway, Rozanne 396
Riemenschneider, Tilman 277
Rilke, Rainer Maria 138, 144, 176, 178
Ringelnatz, Joachim 173
Rittberger, Volker 384
Rodin, Auguste 481
Röhl, Klaus Rainer 352
Röhm, Ernst 44
Rökk, Marika 95
Römhild, Erika 31
Römhild, Hedwig 26, 34–38, 40 f., 44, 68, 157
Römhild, Oswald 25 f., 34 ff., 39 f., 44, 46 f., 68, 82, 152, 157, 348
Römhild, Udo 31
Römhild, Waldemar 26 f., 31, 36, 348, 353

Rommel, Erwin 114, 151, 238
Roosevelt, Franklin D. 46, 117, 134
Roosevelt, Theodore 199
Rose, Alf 191
Rosemeyer, Bernd 58
Rosenberg, Alfred 109
Rosh, Lea 384
Ross, Colin 93
Rothfels, Hans 33, 210 f., 214, 222, 237, 240, 298, 417
Rousseau, Jean-Jacques 191
Royer, Byron 183
Rudd, Kevin 457
Rühe, Volker 326
Rühl, Lothar 310
Rühmann, Heinz 79, 95
Rusk, Dean 431
Rust, Bernhard 109

Sadat, Anwar as- 292, 480
Samhaber, Ernst 110
Sartre, Jean-Paul 174
Sauerbruch, Ferdinand 45
Schäffer, Fritz 177
Scharlau, Winfried 428
Scharping, Rudolf 329, 445
Schäuble, Wolfgang 340
Scheel, Walter 346
Scheler, Max 274
Schelling, Thomas 313
Schelsky, Helmut 122
Schenzinger, Karl Aloys 93
Schiller, Friedrich 52, 93, 106, 173
Schiller, Karl 311
Schilling, Ernst 95, 108, 166 f.
Schily, Otto 474

Schirach, Baldur von 75, 80, 86, 94, 101, 113, 119, 141
Schlabrendorff, Fabian von 293
Schlamm, William S. 255
Schlecht, Ferdinand 206
Schlesinger, Arthur 414
Schleyer, Hanns Martin 317, 330
Schmeißer, Hans-Konrad 266
Schmeling, Max 25, 58
Schmelz, Hans 310, 315, 333
Schmid, Carlo 161 ff., 298
Schmidt, Helmut 14, 32, 173, 242, 269, 298, 300, 306, 308, 310–332, 365 f., 377, 395, 404, 406, 420, 448, 450 f., 453, 455, 469 f.
Schmidt, Loki 38, 173, 311, 316, 325, 451
Schmitt, Carl 24, 45, 239
Schmücker, Irma 175, 180, 182
Schneider, Klaus 124
Schneider, Rolf 401
Schnitzler, Eduard von 333 f.
Scholl, Hans 211, 288
Scholl, Sophie 211, 288
Scholtz, Harald 86
Schopenhauer, Arthur 464 f.
Schröder, Gerhard (CDU) 321, 327
Schröder, Gerhard (SPD) 444 f.
Schröder-Kim, Soyeon 444 ff.
Schubert, Helga 367
Schukow, Georgi K. 128
Schulze-Boysen, Harro 238, 288
Schulte-Hillen, Gerd 275
Schulte-Hillen, Irene 276
Schulze, Hagen 383
Schumacher, Kurt 177, 263
Schuman, Robert 216
Schuster, Rudolf 240
Schütz, Heinrich 147
Schütz, Helga 367
Schwalm, V. F. 198
Schwarzer, Alice 274
Schwennicke, Christoph 467
Scowcroft, Brent 396
Seebacher-Brandt, Brigitte 347
Seghers, Anna 45
Shakespeare, William 115, 174, 188, 199, 201
Sharkey, Jack 25
Shaw, George Bernard 303, 472
Shulman, Marshall 320
Shultz, George 331
Sigg, Rosa 229, 237
Silcher, Friedrich 52
Simoneit, Ferdinand 165
Sinatra, Frank 172, 391
Slaughter (Burley), Anne-Marie 402 f.
Slessor, John 313
Smirnow, Andrei A. 386
Smith, Gerard 320
Soell, Hartmut 328 f.
Sommer, Christl 52
Sommer, Elda (geb. Tsilenis) 219–228
Sommer, Ella 28, 31, 34, 68, 82, 158, 348
Sommer, Else (geb. Römhild) 20 f., 25 ff., 29–32, 34, 40–44, 49 f., 60 ff., 64, 66 ff., 78, 80–85, 113, 143, 148 ff., 152–158
Sommer, Eva 52
Sommer, Gerald (Jerry) 225, 227
Sommer, Heide 276, 278

Sommer, Ingeborg 52
Sommer, Klaus 49, 143, 156, 242, 448
Sommer, Kurt Martin 158
Sommer, Kurt-Martin 52
Sommer, Sigrid 52, 143, 481
Sommer, Theo (Vater) 21, 29–32, 34, 36, 43 f., 48–51, 53, 60, 63, 67–70, 72, 81 f., 85, 100, 113, 148, 151–154, 157 ff., 169, 187, 288, 348
Sommer, Theodor 21, 28, 158, 288
Sonnenfeldt, Helmut (Hal) 305, 320
Soraya Esfandiary Bakhtiary 273 f., 303
Sottorf, Sonny 38
Speer, Albert 127
Speidel, Hans 238 f., 309
Spengler, Thea 142
Spinoza, Baruch de 168
Spörl, Gerhard 367, 370
Springer, Axel 12, 247, 254, 269 f., 381, 390, 410
Stalin, Josef 59, 118, 203, 379, 400, 448
Stauffenberg, Claus Schenk von 168, 240, 293
Stein, Charlotte von 440
Steinbeck, John 172
Steiner, Felix 132
Steinhoff, Johannes 321 ff., 325
Steinmeier, Frank-Walter 308
Steltzer, Theodor 177
Stern, Fritz 18, 298, 382
Stieler, Caspar 245
Stoltenberg, Gerhard 253

Stone, Sharon 476
Stone, Shepard 298
Storm, Theodor 94
Stourzh, Gerald 209 f., 224 f., 227
Strauß, Franz Josef 253 f., 266, 269, 274, 312, 314, 340 f., 386 ff.
Strauss, Leo 210, 212
Streicher, Julius 83, 113, 258
Stresemann, Gustav 23, 347
Stürmer, Michael 398
Stützle, Walter 321
Sütterlin, Ludwig 54
Suzman, Helen 299

Taft, Robert 222
Tanaka, Kakuei 425
Tandecki, Hans-Peter 321
Tang, Nancy 450
Theophanopoulos, Professor 227
Thomas, Michael 262
Thorak, Josef 115
Thoreau, Henry David 305, 482
Tibi, Bassam 412 f.
Tindemans, Leo 302
Tito, Josip Broz 387
Tocqueville, Alexis de 175, 478
Todenhöfer, Jürgen 404
Traube, Klaus 411
Treitschke, Heinrich von 112
Trenker, Luis 93
Tresckow, Henning von 293
Truman, Harry S. 196, 202, 421
Trump, Donald 196, 202, 205, 218
Tschernenko, Konstantin U. 360
Tucholsky, Kurt 23, 93, 173
Tüngel, Richard 273

Personenregister

Uhland, Ludwig 52, 55
Ulbricht, Walter 105, 335, 351, 355, 358, 370
Unseld, Siegfried 302

Vacano, Wilhelm von 108
van der Rohe, Mies 215
van der Velde, Theodor Hendrik 92
van Gogh, Vincent 116
Vogel, Ezra 423

Waldheim, Kurt 475
Wallmann, Walter 404
Walser, Martin 52, 268, 312, 408
Walter, Bruno 215
Walters, Vernon 409
Walther von der Vogelweide 93
Wang Hairong 450
Warburg, Eric 298
Washington, George 52, 203 f.
Weber, Max 317, 479
Wechmar, Rüdiger von 123
Wehler, Hans-Ulrich 467
Wehner, Herbert 173, 245, 387
Weinheber, Josef 94
Weinstein, Adalbert 310
Weizsäcker, Carl Friedrich von 398
Weizsäcker, Richard von 29, 298, 300, 329, 390, 445, 478
Wenck, Walther 132
Wessel, Horst 72
Westmoreland, William 433
Wickert, Erwin 453
Wickert, Ulrich 453

Wicki, Bernhard 163
Wiechert, Ernst 160, 173
Wieck, Hans-Georg 321
Wilde, Oscar 482
Wilder, Thornton 174
Wilhelm II. 21, 28 f.
Wilson, Woodrow 204
Winkler, Heinrich August 467
Winter, Lorenz 206
Winzer, Otto 409
Wolf, Christa 351, 355
Wolfers, Arnold 313
Wolfowitz, Paul 212
Woodward, Bob 473 f.
Wright, Frank Lloyd 215
Wright, Quincy 210, 212

Xerxes, König v. Persien 482
Xi Jinping 458, 462

Yorck von Wartenburg, Marion 336
Yorck von Wartenburg, Peter 336

Zbinden, Hans 175, 179
Zeppelin, Ferdinand Graf von 58
Zhou Enlai 452, 454
Ziegler, Adolf 115
Zimmermann, Udo 368
Zoellick, Robert 396
Zuckmayer, Carl 276
Zukschwerdt, Ludwig 151 f.
Zundel, Rolf 249, 303, 316, 432

Gegen die Republik – Geschichte und Gegenwart der Hohenzollern

Stephan Malinowski, einer der besten Kenner der deutschen Adelsgeschichte im 20. Jahrhundert, zieht in einer großen historischen Erzählung den Bogen über drei Generationen der Hohenzollern von 1918 bis in die Gegenwart und analysiert das antirepublikanische Milieu aus ebenso neuer wie origineller Perspektive.

»Stephan Malinowskis brillantem Buch gelingt ein Gleichgewicht zwischen der forensischen Analyse individuellen Verhaltens und einem neuen Verständnis dafür, wie die giftige politische Kultur einer besiegten Monarchie dazu beitrug, die Demokratie in Deutschland zu zerstören.« Christopher Clark

»Mit seinem großartigen Buch Die Hohenzollern und die Nazis ist Stephan Malinowski eine Meisterleistung der historischen Aufklärung gelungen.« John C. G. Röhl

Stephan Malinowski
Die Hohenzollern und die Nazis
Geschichte einer Kollaboration

Hardcover mit Schutzumschlag
Auch als E-Book erhältlich
www.ullstein.de

Propyläen

100 Jahre Kriegsgeschichte und das Selbstverständnis unserer demokratischen Gesellschaft

Soldaten leben in einer eigenen Welt. Begriffe wie Tapferkeit, Gehorsam und Kameradschaft sind für sie so aktuell wie eh und je. Das Bedürfnis nach authentischen Vorbildern ist groß, das gilt auch für die Bundeswehr. Doch in welcher Tradition stehen deutsche Soldaten?

»Sönke Neitzel hat mit ›Deutsche Krieger‹ ein Werk geschaffen, an dem künftig niemand vorbeikommen wird, der über die Deutschen und ihre Beziehung zum Militär schreiben will.«
Richard Overy, Historiker

Sönke Neitzel
Deutsche Krieger
Vom Kaiserreich zur Berliner Republik – eine Militärgeschichte

Hardcover mit Schutzumschlag
Auch als E-Book erhältlich
www.ullstein.de

Propyläen

1923 – Das Jahr der Extreme

Es war das Jahr, in dem die deutsche Politik von Krise zu Krise taumelte, als ein Bürgerkrieg realistisch erschien und die Republik an politischem Extremismus und prekärer Wirtschaftslage zu zerbrechen drohte. Was verrät die traumatische Erfahrung des Jahres 1923 über uns?

In einer großen historischen Erzählung führt uns Mark Jones hinein ins Herz des Jahres der Extreme, seine Darstellung zeigt: Die Weimarer Republik wiederholt sich nicht, aber wer die digitalen Bierkeller der Gegenwart verstehen will, wird aus dem Populismus dieser Zeit viel lernen.

»Mark Jones ist ein begnadeter Erzähler.«
Frankfurter Allgemeine Zeitung

Mark Jones
1923
Ein deutsches Trauma

Hardcover mit Schutzumschlag
Auch als E-Book erhältlich
www.ullstein.de

Propyläen

23. Mai 1949   BRD   (S.379)

7. Oktober 1949 DDR

464
479